윤혜정의

개념의 나비효과

수능 대비 수능 국어 개념

네 꿈에 날개 달아 줄

만점 국어의 시작.

since 2011

제 1 권 - 문학, 독서

본 교재는 전년도 발행한 교재와 동일한 내용을 수록하고 있습니다.

EBS

수능개념

EBS*i* 고교강의

문제를 사진 찍고 해설 강의 보기

Google Play | App Store

EBS*i* 사이트 무료 강의 제공

기획 및 개발

이미애
경희원
정혜진
최정인

집필 및 검토

윤혜정(덕수고)

검토

노은주

편집 검토

김태현
서연희
조훈화

책임 편집

김혜미

본 교재는 전년도 발행한 교재와 동일한 내용을 수록하고 있습니다.
본 교재의 강의는 TV와 모바일 APP, EBS*i* 사이트(www.ebs*i*.co.kr)에서 무료로 제공됩니다.

발행일 2023. 10. 15. **5쇄 인쇄일** 2024. 12. 5. **신고번호** 제2017-000193호 **펴낸곳** 한국교육방송공사 경기도 고양시 일산동구 한류월드로 281
표지디자인 김혜미 **표지** ㈜무닉 **편집** 김혜미 **인쇄** 동아출판㈜
인쇄 과정 중 잘못된 교재는 구입하신 곳에서 교환하여 드립니다. 신규 사업 및 교재 광고 문의 pub@ebs.co.kr

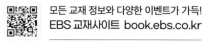

윤혜정의

개념의 나비효과

제1권 - 문학, 독서

· 정답은 EBS*i* 사이트(www.ebs*i*.co.kr)에서 내려받으실 수 있습니다.

· 교재 내용 문의, 정오표 확인, 교재 정정 신청은 EBS*i* 사이트의 학습 Q&A를 활용하시기 바랍니다.

윤혜정의
개념의 나비효과

수능 국어 개념

네 꿈에 날개 달아 줄
만점 국어의 시작.
since 2011

제 1 권 - 문학, 독서

강사
윤혜정 선생님

약력

-前 면목고등학교 교사(2004~2008)
-現 덕수고등학교 교사(2009~)
-EBS 국어 영역 강사(2007~)
-교육과학기술부장관상 수상(2009)
-EBS 수능강의연구센터 파견 교사(2010~2011, 2014)
-EBS 언어 영역 교재관리단 감수 교사(2011)
-EBS 언어 영역 최우수 강사 표창(2010~2012, 3년 연속 수상)

저서

-EBS [수능개념- 윤혜정의 개념의 나비효과]
-EBS [수능개념- 윤혜정의 개념의 나비효과 워크북]
-EBS [윤혜정의 나비효과 입문편]
-EBS [윤혜정의 나비효과 입문편 워크북]
-EBS [윤혜정의 패턴의 나비효과]
-EBS [윤혜정의 기출의 나비효과]
-EBS [윤혜정의 파이널 프러포즈 국어]

수학, 공식 모르면 문제에 손 못 대죠.
영어, 어휘 모르면 지문 못 읽죠.
탐구, 개념 모르면 문제 못 풀죠.
국어, 개념 없어도 문제에 손도 대고 발도 대죠!!

그게 바로 쉽게 눈치채기 어려운 '문제의 국어 공부!!'
개념도 안 챙기고 그냥 손 막 대 봅니다.
그냥 문제 막 풀어 봅니다.
이게 답인 것도 같고 저게 답인 것도 같고.
처음 보는 시를, 소설을 나한테 해석을 하라고 하니!
비뚤어지고 싶죠.
그래서 결심한 혜정 샘.
방법을 몰라서 일 년 동안 억울한 공부만 하다 끝내는 녀석들!
제대로 국어 공부의 방향을 잡아 주자. '개념나비'로.
그냥 심플하게 국어 영역 다 맞는 게 목표일 뿐인데,
당최 답이 안 나오는 학생들과 그 답을 보여 주려는 혜정 선생님이
이 교재와 강의로 딱! 40시간 달립니다.
(그러나 선택 과목에 따라 시간은 달라질 수 있다는 거~!)

잘 따라올 수 있지?
눈은 무릎까지 쌓여 있지만 선생님이 먼저 발자국 꾹꾹 내면서 간다.
뒤에서 고 자리 그대로 발 쏙쏙 넣으면서 따라오면 돼.^^
그러면 곧 눈은 사삭 녹을 거야~!
날갯짓 한번 제대로 해 보자고!
그럼 시작한다.

귀한 시간 갉아먹지 않기 위한

우리 교재 활용법

강의 전

예습은 부담 없이
가벼운 마음으로!

강의 중

강의 중에는
'내 생애 마지막
개념 공부'라는
마음으로 초집중해서!

강의 후

복습은 어금니 꽉 깨물고
뼛속까지 새기며
완벽하게 내 것으로!!!

개념의 나비효과 워크북 들고
그날 배운 것을 온전히 내 것으로 만들기!
진짜 내 공부는 워크북으로 연습하는
바로 그 시간부터야.

혜정 샘의

개념의 나비효과는!

이미 서른세 번 치러진 수능 시험,
문학 작품들은 달라지고, 독서 지문의 내용도 달라지고,
시험의 구성도 막 달라지지만 결코 달라지지 않는 것이 있죠.
우리는 변하지 않는 '이것'을 공부합니다. 국어 영역의 개.념.
해 놓고도 억울한 공부는 이제 그만두죠.
공부할수록 세포 하나하나 채워져 가는 기분, 읽히기 시작하는 지문과 선지.
여러분의 개념의 나비효과는 2025년 11월 13일, 감격으로 확인합니다.

※ 나비효과란?

브라질에 있는 나비의 날갯짓이 미국 텍사스에 토네이도를 발생시킬 수도 있다는 과학 이론. 미국의 기상학자 로렌즈(Lorenz, E. N.)가 사용한 용어로, 초기 조건의 사소한 변화가 전체에 막대한 영향을 미칠 수 있음을 이르는 말이다.

상식이도 하식이도

같이 공부하는 개념의 나비효과

無(없을 무)개념, 誤(그릇할 오)개념 학생들을 위한

편파 강의 전문 교사

과거를 묻지 않아서 좋음.
기본이 엄청 부실한 희망 실종 학생에게
수능 1등급의 한 줄기 빛을 선물하기도 함.
가끔 잔소리 폭발 주의.
당근 달린 채찍을 잘 사용한다고 함.
사실은 착한 샘임.

예비 고3 나상식

공부 잘한다고 잘난 척하지 않는
착한 애임.
1, 2학년 때 국어 성적 좀 나온다고
자만하다가 폭망(?)한 형이 있어서
기본 개념부터 차근차근
공부하는 것의 중요성을 앎.

예비 고3 이하식

맨날 놀지 않았음.
뭔가 한다고는 했는데,
성적이 안 오르는 게 고민임. ㅠㅠ
국어는 포기할까 하다가 개념부터 잡으면
된다기에 도전해 보기로 함.
성공 신화의 주인공이 될 것 같은
느낌적인 느낌임.

개념의 나비효과

우리 교재 구성

STEP. 1 내 생애 마지막 개념 정리!

내년에 나랑 또 개념 정리할 거 아니지? 샘이 그렇게 좋아도(?) 수능은 한 번만 보자~!
수능 이후에는 오프라인에서 만나는 걸로! ㅎㅎ
기왕 공부하는 거 아작을 내겠다는 마음으로 해야지. 한 번 공부할 때 제대로 해야 하는 거야.
2회독? 3회독? 그런 생각을 하니까 자꾸 여지를 남기는 헐렁한 공부를 하게 되는 것임.

STEP. 2 기출, 이것은 진리

기출에 누가 토를 달아? '기출은 진리'라는 전제하에 배운 것을 적용 연습한다. 여기서부터 되게 진지함.
개념 별거 아니라고? 개념은 기출에 바로 연결된다!(궁서체로 말했음.)

별책 워크북

진짜 실력은 여기에서 폭풍 성장하는 법. 생장점이 터지는 지점.

(제 1 권)

모두가 봐야 하는 국어 영역

문학

운문

산문

독서

1 시 읽기 매뉴얼

학습 목표

❶ **수능형 마인드**를 정립한다.
❷ **〈보기〉**느님의 존재를 안다.
❸ 시의 출제 요소, **정·태·의·기**를 이해한다.
❹ **3ㅅ**으로 시어(시구)의 의미를 파악한다.

개념 태그

#절대론적 관점 #표현론적 관점 #반영론적 관점 #효용론적 관점 #수능형 마인드
#〈보기〉는 레알 선물 #정·태·의·기 #수능 시 읽기 매뉴얼 #깨·그·매 #3ㅅ

STEP. 1 내 생애 마지막 개념 정리!

개념 001
문학 작품 감상 방법

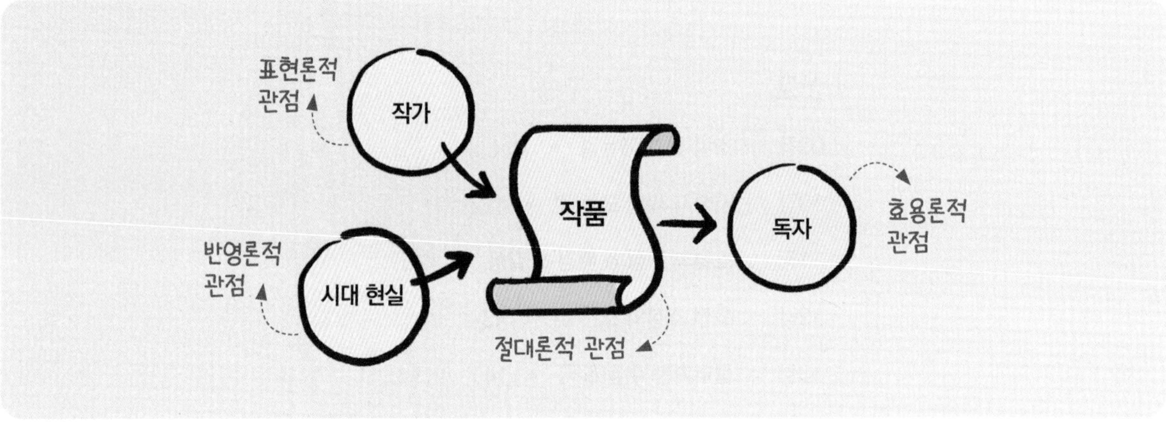

1. 內재적 관점: 수능 문학 읽기의 대전제 '절대론적 관점'***

'내재(內 안 내, 在 있을 재)'란 '안'에 있는 거죠~! 작품의 내적 요소를 중심으로 작품을 감상하는 관점을 말하는 거야.

_______ 관점

키워드는 그냥 작품 그 자체!
문학 작품을 외부의 요소로부터 독립적인 것으로 보는 거야. 작품을 감상할 때, 작가, 독자, 시대 같은 외적 요소들은 신경 쓰지 말자는 주의! 작품을 이해하기 위한 모든 것은 오로지 작품 안에서만 찾자는 감상 방법을 절대론적 관점이라고 해.

- 시의 화자와 청자, 시적 화자의 정서나 태도, 어조, 시어, 운율, 이미지, 표현법 등
- 소설의 서술자, 시점, 문체, 인물, 구성 등

2. 外재적 관점

'외재(外 바깥 외, 在 있을 재)'란 '밖'에 있는 것들! 아는 만큼 보인다고 했던가! 작품을 감상할 때, 작품을 쓴 작가에 대한 정보도 좀 찾아보고, 작품이 쓰인 시대 현실에 대해서도 좀 알아보고, 이 작품을 읽고 다른 사람들, 즉 다른 독자들은 어떤 걸 느꼈는지, 그리고 자신(작품을 감상하고 있는 '나')의 경험과 관련해 작품이 자신에게 어떤 의미를 주는지도 좀 생각해 보자는 거야.

① ______ 관점

키워드는 작가!

영화를 볼 때도, '그 영화, 감독이 누구지?'라는 생각을 하지? 그 감독이 앞서 만든 작품들의 경향을 보면 새로 개봉하는 영화도 어떤 영화일지 대충 감이 오니까. 문학 작품도 마찬가지! 어떤 작가의 작품인지를 따져 가며 작품을 감상하는 것도 의미가 있거든. 이렇게 작가에 대해 생각해 보면서 문학 작품을 감상하는 방법을 **표현론적 관점**이라고 해.

- 작가의 내면 심리, 정신세계, 가치관, 성장 과정, 가족 관계, 생활 환경, 취미, 종교, 영향받은 사상 등
- 작가의 창작 의도, 창작 동기
- 작가의 또 다른 작품

② ______ 관점

키워드는 시대 현실!

한국사 시간에 배운 우리나라 역사를 한번 떠올려 볼 것. 일제 강점기나 6·25 전쟁 때처럼 온 나라가 힘들 때도 있었고, 나라가 태평할 때도 물론 있었어. 그런데 그 작품이 쓰인 그 시대가 어떤 때였는지가 희한하게 작품의 의미를 좌우할 때가 많다는 것! 문학 작품을 감상하면서 '이 작품이 쓰였을 때의 시대 현실이 어땠지?' 하고 고민해 보는 감상 방법을 **반영론적 관점**이라고 해.

- 작품 속 배경이 되는 당시의 제도, 역사적 상황, 생활상, 시대상, 사회상 등

③ ______ 관점

키워드는 독자!

'효용(效 본받을 효, 用 쓸 용)'이라는 말의 뜻은 '효험'. 그럼 또 '효험'은 뭐냐! '일이나 작용의 보람. 기도나 치료의 보람. 효력'이라는 뜻! 그러니까 문학 작품이 읽는 사람에게 주는 보람, 교훈, 가치, 의미 같은 것을 중요하게 생각하는 감상 방법을 **효용론적 관점**이라고 해.

- 독자가 얻은 깨달음, 교훈, 감동, 흥미, 미적 쾌감, 반성 등
- 독자의 인생관이나 세계관, 인식, 태도의 변화 등

3. 종합적 관점

이제까지 배운 관점 중 하나의 관점으로만 문학 작품을 보는 것이 아니라 다양한 관점에서 작품을 종합적으로 감상하는 방법을 말하는 거야.

개념 콕

수능형 마인드

수능 국어 영역에서만큼은 작가, 작품이 배경으로 하고 있는 시대 현실 등 외워야 할 것 같은 느낌적인 느낌(?)을 주는 '배경지식'들을 챙겨 둘 의무가 없음을 기억하자! 우리에게 필요한 것은 절대론적 관점으로 감상할 수 있는 힘! 그래, 때론 반영론적 관점이나 표현론적 관점에서의 감상을 요구하는 문제들도 있다. 그러나 걱정하지 말자. ㅎㅎ 그럴 때의 대처 방법은 잠시 후에 공개할 테니. ㅎ

문학 작품을 볼 때는, 우선 **절대론적 관점**으로 작품을 볼 수 있는 힘이 있어야 한다!
그것이 바로 개념의 힘!

고뤠? 그렇다면 이 시 한번 읽어 볼까?

연습 1

님은 갔습니다. 아아, 사랑하는 나의 님은 갔습니다.

푸른 산빛을 깨치고 단풍나무 숲을 향하여 난 작은 길을 걸어서, 차마 떨치고 갔습니다.

황금의 꽃같이 굳고 빛나던 옛 맹서는 차디찬 티끌이 되어서 한숨의 미풍에 날아갔습니다.

날카로운 첫 키스의 추억은 나의 운명의 지침을 돌려놓고, 뒷걸음쳐서 사라졌습니다.

나는 향기로운 님의 말소리에 귀먹고, 꽃다운 님의 얼굴에 눈멀었습니다.

사랑도 사람의 일이라, 만날 때에 미리 떠날 것을 염려하고 경계하지 아니한 것은 아니지만, 이별은 뜻밖의 일이 되고, 놀란 가슴은 새로운 슬픔에 터집니다.

그러나 이별을 쓸데없는 눈물의 원천을 만들고 마는 것은 스스로 사랑을 깨치는 것인 줄 아는 까닭에, 걷잡을 수 없는 슬픔의 힘을 옮겨서 새 희망의 정수박이에 들어부었습니다.

우리는 만날 때에 떠날 것을 염려하는 것과 같이, 떠날 때에 다시 만날 것을 믿습니다.

아아, 님은 갔지마는 나는 님을 보내지 아니하였습니다.

제 곡조를 못 이기는 사랑의 노래는 님의 침묵을 휩싸고 돕니다.

- 한용운, 「님의 침묵」 -

댓글 4

아침산책
ㄴ 한용운 시인이 승려였다는 점을 생각해 봤을 때, '님'은 '절대자'라고 할 수 있을 거 같은데, 그럼 '님'이 떠나갔다는 건 무슨 뜻일까? ----▶ ______ 관점

강산이십년
ㄴ 이 시는 일제 강점기에 쓰인 시이고, 그래서 이별한 '님'은 '조국'을 의미한다고 배웠는데? ----▶ ______ 관점

실존고딩
ㄴ '그러나' 이후부터는 화자의 태도가 달라졌다는 게 느껴져. ----▶ ______ 관점

행복할용기
ㄴ 이별 통보를 받고 힘들었을 때, '걷잡을 수 없는 슬픔의 힘을 옮'긴다는 말이 너무 와닿더라고. ----▶ ______ 관점

오오~ 선생님. 네 개의 댓글에 네 가지 문학 감상 방법이 적용이 돼요~. ㅋㅋ

개념 002

〈보기〉를 참고하여 맥락으로 읽기

문학 작품은 하늘에서 뚝 떨어진 게 아니야.
당연히 그 시가 쓰인 시대 현실의 모습이 작품에 반영돼 있기 마련이지.
ㅎㅎ 자, 그럼 이 시점에서 방금 전에 공부한 걸 안 까먹었는지, 돌발 질문!
작품이 쓰인 '시대 현실'이라는 맥락을 고려해서 작품을 이해하는 관점을 뭐라고 했지?
지금 말 더듬고 있는, 누구냐 넌...? -_-+ 답은 '반영론적 관점'!
수능에서는 때론 '반영론적 관점'으로 작품을 읽어 내길 원해. 때론 '표현론적 관점'으로도!
"선쉥님~!!! 말이 다르잖아요! 아까는 수능에선 '절대론적 관점'이 중요하다면서요!!!"라고 항의하는 사람? ㅎㅎ
그래, 수능에서는 작품을 '절대론적 관점'으로 읽어 내야지. 그.러.나! 〈보기〉를 통해 '시대 현실'에 대한 정보나 '작가'에 대한 정보 등을 제시해 준다면 제공된 사회 · 문화적 맥락, 문학사적 맥락, 작가의 생애 등을 고려해 작품을 이해할 수 있어야 돼. 정리하자면! 작품 이외의 정보를 고려해서 작품을 읽어야 할 일이 생길 수도 있다.
그러나 걱정은 말자! 그러한 정보들을 미리 외울 필요는 없다!
〈보기〉느님이 다 말해 주실지니. 〈보기〉와 시와 선지를 연결하는 연습만 해 놓으면 된다!

문제를 풀 때, 문두를 자꾸 무시하는 경향이 있는데… 문두는 중요하다.
문두가 시키는 대로 하면 뒤탈이 없어. 〈보기〉가 달린 문제는 문두에서 분명히 '〈보기〉를 참고해서' 작품을 감상하라고 할 거야. 그럼 그냥 시키는 대로 하면 됨.

● 기출 속으로

최근 기출문제에서만 뽑았다. 항상 나온다, 계속 나온다, 또 나올 거다.

2023.09　27. 〈보기〉를 참고하여 (다)를 감상한 내용으로 적절하지 않은 것은?
2023.06　34. 〈보기〉를 참고하여 (가), (나)를 감상한 내용으로 적절하지 않은 것은?
2022.09　31. 〈보기〉를 바탕으로 (가), (나)를 감상한 내용으로 적절하지 않은 것은?
2022.06　34. 〈보기〉를 참고하여 (가), (나)를 감상한 내용으로 적절하지 않은 것은?
2021.수능　45. 〈보기〉를 참고하여 (가)와 (나)를 이해한 내용으로 적절하지 않은 것은?
2021.09　45. 〈보기〉를 참고하여 (가), (나)를 감상한 내용으로 적절하지 않은 것은?

개념 003
시의 출제 요소(정·태·의·기)

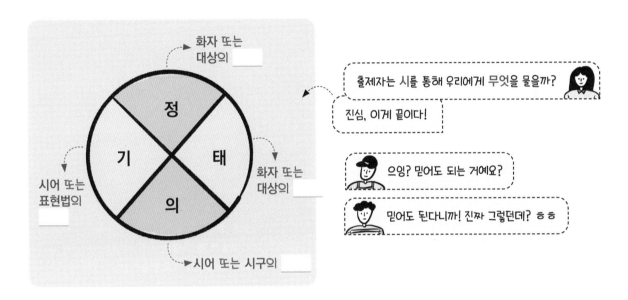

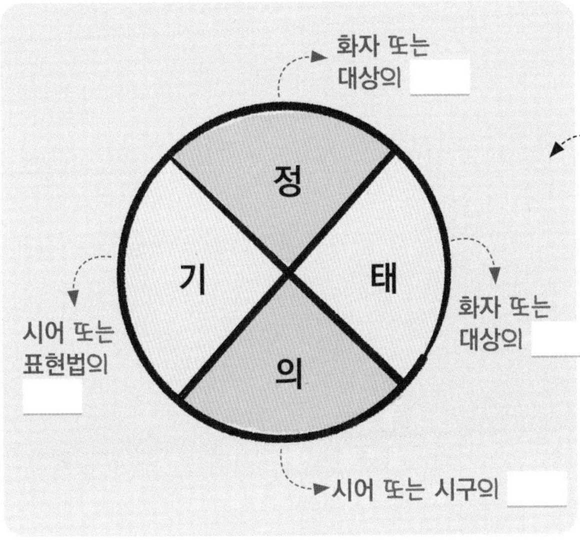

출제자는 시를 통해 우리에게 무엇을 물을까?

진심, 이게 끝이다!

으잉? 믿어도 되는 거예요?

믿어도 된다니까! 진짜 그렇던데? ㅎㅎ

개념 004
수능 시 읽기 매뉴얼

시는 대략 두 가지로 나눠 볼 수 있어. 화자가 막~ 자기 얘기하는 시. 화자가 자기보다는 다른 주인공에 대해서 막~ 얘기하는 시. 다시 말하면, 화자 중심 시, 대상 중심 시.('화자'와 '대상'에 대해서는 2강에서 자세히.) 그럼 화자 중심 시부터 읽어 나가 볼까?

연습 2

윤동주 시집이 든 가방을 들고

- 정호승

나는 왜 아침 출근길에
구두에 질펀하게 오줌을 싸 놓은
강아지도 한 마리 용서하지 못하는가
윤동주 시집이 든 가방을 들고 구두를 신는 순간
새로 갈아 신은 양말에 축축하게
강아지의 오줌이 스며들 때
나는 왜 강아지를 향해
이 개새끼라고 소리치지 않고는 견디지 못하는가

개나 사람이나 풀잎이나
생명의 무게는 다 똑같은 것이라고
산에 개를 데려왔다고 시비를 거는 사내와
멱살잡이까지 했던 내가
왜 강아지를 향해 구두를 내던지지 않고는 견디지
못하는가
세상에서 가장 어려운 일은
사람의 마음을 얻는 일이라는데

나는 한 마리 강아지의 마음도 얻지 못하고
어떻게 사람의 마음을 얻을 수 있을까
진실로 사랑하기를 원한다면
용서하는 법을 배워야 한다고
윤동주 시인은 늘 내게 말씀하시는데

나는 밥만 많이 먹고 강아지도 용서하지 못하면서
어떻게 인생의 순례자가 될 수 있을까
강아지는 이미 의자 밑으로 들어가 보이지 않는다
오늘도 강아지가 먼저 나를 용서할까 봐 두려워라

0. **제목**부터 본다.
1. **화자**를 찾는다.(화자가 잘 안 보이면 자꾸 등장하는 **대상**을 찾는다.)
2. 화자(혹은 대상)가 처해 있는 **상황**을 이해한다.
3. 그 상황 속에서 화자가 느끼고 있는 **정서** 또는 화자의 **태도**를 파악한다.

매뉴얼의 적용

0. ______
1. ______
2. ______
3. ______

접동새

- 김소월

접동
접동
아우래비 접동

진두강 가람가에 살던 누나는
진두강 앞마을에
와서 웁니다.

옛날, 우리나라
먼 뒤쪽의
진두강 가람가에 살던 누나는
의붓어미 시샘에 죽었습니다.

누나라고 불러 보랴
오오 불설워
시새움에 몸이 죽은 우리 누나는
죽어서 접동새가 되었습니다.

아홉이나 남아 되는 오랩동생을
죽어서도 못 잊어 차마 못 잊어
야삼경(夜三更) 남 다 자는 밤이 깊으면
이 산 저 산 옮아가며 슬피 웁니다.

혜정 샘의 잠깐 Tip!
시에서의 자연물은 '깨·그·매'

'깨·그·매'가 뭐지?
상식아, 넌 알아?

응! 깨달음, 그대로, 매개체!
선생님이 자세히 설명해 주실 거야. ^^

매뉴얼의 적용

0. ______
1. ______
2. ______
3. ______

이 매뉴얼이 <'코끼리를 냉장고에 넣는 법!' 1. 문을 연다. 2. 코끼리를 넣는다. 3. 문을 닫는다.> 같은 느낌이 좀 있음. ㅎㅎ
그런 느낌을 없애기 위해선 수많은 출제 작품들을 가지고 적용 연습을 해 봐야 한다는 것 알지?

개념 005

3ㅅ으로 섬세히 읽기

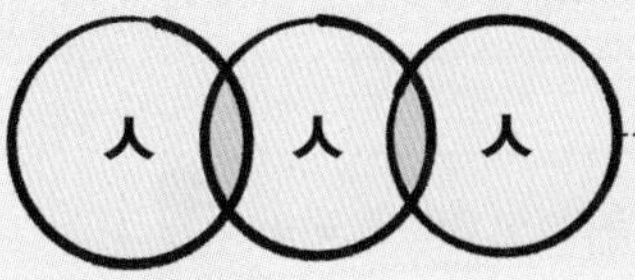

1. 같은 시어라도 **상황**에 따라 다른 의미가 될 수 있다.
2. 그 시어를 **수식**하는 말을 보면 긍정/부정으로 나눌 수 있다.
3. 그 시어를 **서술**하는 말을 보면 긍정/부정으로 나눌 수 있다.

1. ________이 달라.

상황 A. 난 2학년 때까지 따로 국어 공부를 안 해도 항상 1, 2등급이 나왔거든. 근데 3학년 3월 학평에서 **3등급** 떴어. ㅠㅠ
상황 B. 난 죽어라 국어만 파도 맨날 5등급이었어. 진~짜 잘해 봐야 4등급? 근데 이번에 드디어 **3등급** 나왔어! ㅠㅠ

2. ________가 달라.

수식어 1. 지긋지긋한 **3등급.**
수식어 2. 나에겐 꿈같은 **3등급.**

3. ________가 달라.

서술어 1. **3등급**은 이제 그만! ㅠㅠ
서술어 2. **3등급**을 향하여! *0*

연습 3

(2013.09)

전신이 검은 까마귀,
까마귀는 까치와 다르다.
마른 가지 끝에 높이 앉아
먼 설원을 굽어보는 저
형형한* 눈,
고독한 이마 그리고 날카로운 부리.
얼어붙은 지상에는
그 어디에도 낟알 한 톨 보이지 않지만
그대 차라리 눈발을 뒤지다 굶어 죽을지언정
결코 까치처럼
인가의 안마당을 넘보진 않는다.
검을 테면
철저하게 검어라. 단 한 개의 깃털도
남기지 말고……
겨울 되자 온 세상 수북이 ㉠눈은 내려
저마다 하얗게 하얗게 분장하지만
나는
빈 가지 끝에 홀로 앉아
말없이
먼 지평선을 응시하는 한 마리
검은 까마귀가 되리라.

- 오세영, 「자화상·2」 -

***형형한:** 광채가 반짝반짝 빛나며 밝은.

㉠에 대한 설명으로 가장 적절한 것은?

① 충만한 느낌을 통해 평온한 삶을 드러낸다.
② 본질을 가리는 속성을 통해 세상의 허위를 암시한다.
③ 색채 이미지를 통해 화자의 순결한 정신을 드러낸다.
④ 하강 이미지를 통해 화자가 연약한 존재임을 보여 준다.
⑤ 역동적 이미지를 통해 미래에 대한 화자의 소망을 나타낸다.

STEP. 2 기출, 이것은 진리

부쩍 어려워진 최근 평가원 기출문제로 연습해 보자.

전 둘 다 모르는 시들이고, 시인 두 분 다 첨 봐요. ㅠㅠ

너 「향아」도 몰라?

그래, 모른다. 넌 아냐? ㅠㅠ

알지. 이 시 유명한데… 근데 나도 「전문가」라는 시는 처음 봐.
샘, 근데요. 저도 아는 시는 조금 자신 있지만, 모르는 시가 나오면 당황스러워요. ㅠㅠ

너희 맘 완전 이해함! 그러나 모르는 시를 맞닥뜨리게 되는 것이 이제 너희가 받아들여야 할 현실이야.
처음 보는 시도 읽어 낼 수 있어야 한다고. 지금부터 선생님 입, 봉인 풀릴 테니까, 집중해라~! ㅎㅎ

[01-03] 다음 글을 읽고 물음에 답하시오. (2023학년도 대학수학능력시험 6월 모의평가)

(가)

향아 너의 고운 얼굴 조석으로 우물가에 비최이던 오래지 않은 옛날로 가자

수수럭거리는 수수밭 사이 걸찍스런 웃음들 들려 나오며 호미와 바구니를 든 환한 얼굴 그림처럼 나타나던 석양……

구슬처럼 흘러가는 냇물가 맨발을 담그고 늘어앉아 빨래들을 두드리던 전설같은 풍속으로 돌아가자

눈동자를 보아라 향아 회올리는 무지갯빛 허울의 눈부심에 넋 빼앗기지 말고
철따라 푸짐히 두레를 먹던 ㉠정자나무 마을로 돌아가자
미끈덩한 기생충의 생리와 허식에 인이 배기기 전으로 눈빛 아침처럼 빛나던 우리들의 고향 병들지 않은 젊음으로 찾아가자꾸나

향아 허물어질까 두렵노라 얼굴 생김새 맞지 않는 발돋움의 흉낼랑 그만 내자
들국화처럼 소박한 목숨을 가꾸기 위하여 맨발을 벗고 콩바심하던 차라리 그 미개지에로 가자 달이 뜨는 명절밤 비단치마를 나부끼며 떼지어 춤추던 전설같은 풍속으로 돌아가자 냇물 굽이치는 싱싱한 마음밭으로 돌아가자.

- 신동엽, 「향아」 -

(나)

이사온 그는 이상한 사람이었다
그의 집 담장들은 모두 빛나는 유리들로 세워졌다

골목에서 놀고 있는 부주의한 아이들이
잠깐의 실수 때문에
풍성한 햇빛을 복사해내는
그 유리 담장을 박살내곤 했다

그러나 얘들아, 상관없다
유리는 또 갈아 끼우면 되지
마음껏 이 골목에서 놀렴

유리를 깬 아이는 얼굴이 새빨개졌지만
이상한 표정을 짓던 다른 아이들은
아이들답게 곧 즐거워했다
견고한 송판으로 담을 쌓으면 어떨까
주장하는 아이는, 그 아름다운
골목에서 즉시 추방되었다

유리 담장은 매일같이 깨어졌다
필요한 시일이 지난 후, 동네의 모든 아이들이
충실한 그의 부하가 되었다

어느 날 그가 유리 담장을 떼어냈을 때, ㉡그 골목은
가장 햇빛이 안 드는 곳임이
판명되었다, 일렬로 선 아이들은
묵묵히 벽돌을 날랐다

- 기형도, 「전문가」 -

★ 선지에 담긴 개념들을 잘 알아두기.

01 문항 코드 | 23670-0001

(가), (나)에 대한 설명으로 가장 적절한 것은?

① (가)는 과거를 회상하며 현실을 관망하는 태도를 드러내고 있다.
② (나)는 상징성을 띤 사건의 전개를 통해 주제를 암시하고 있다.
③ (가)와 (나)는 모두 음성 상징어를 활용하여 상상 세계의 경이로움을 나타내고 있다.
④ (가)와 (나)는 모두 동일한 시구의 반복과 변주를 통해 시적 분위기를 고조하고 있다.
⑤ (가)는 위로하는 어조로, (나)는 충고하는 어조로 시적 청자에게 말을 건네고 있다.

★ 한 문제가 둘 이상의 작품에 대해 묻는다면, 쪼개.

02 문항 코드 | 23670-0002

㉠과 ㉡을 비교한 내용으로 가장 적절한 것은?

① ㉠은 '향'에게 귀환이 금지된 공간이고, ㉡은 '아이들'에게 이탈이 금지된 공간이다.
② ㉠은 '향'이 자기반성을 수행하는 공간이고, ㉡은 '아이들'이 '그'의 요청을 수행하는 공간이다.
③ ㉠은 '향'이 본성을 찾아가는 낯선 공간이고, ㉡은 '아이들'이 개성을 박탈당한 상실의 공간이다.
④ ㉠은 '향'의 노동과 놀이가 공존하던 공간이고, ㉡은 '아이들'의 놀이가 사라지고 노동만 남은 공간이다.
⑤ ㉠은 '향'과 화자의 우호적 관계가 드러나는 공간이고, ㉡은 '아이들'과 '그'의 상생 관계가 드러나는 공간이다.

★ <보기>의 중요성.

03 문항 코드 | 23670-0003

〈보기〉를 참고하여 (가), (나)를 감상한 내용으로 적절하지 않은 것은?

〈보기〉

(가)와 (나)는 모두 부정적 현실을 비판한 작품이다. (가)는 물질문명의 허위와 병폐에 물들어 가는 공동체가 농경 문화의 전통에 바탕을 두고 건강한 생명력과 순수성을 회복하기를 소망하는 작가 의식을 담고 있다. (나)는 환영(幻影)을 통해 대중의 이성을 마비시키고 대중을 획일적으로 길들이는 권력의 기만적 통치술에 대한 비판 의식을 담고 있다.

① (가)에서 '차라리 그 미개지에로 가자'라는 화자의 권유는 공동체의 터전을 확장하여 순수성을 지켜 나가려는 의식을 보여 주는군.
② (나)에서 골목이 '가장 햇빛이 안 드는 곳'으로 판명되었다는 것은 '유리 담장'이 대중을 기만하는 환영의 장치였음을 보여 주는군.
③ (가)에서 '기생충의 생리'는 자족적인 농경 문화 전통에 반하는 문명의 병폐를, (나)에서 '주장하는 아이'의 추방은 획일적으로 통제된 사회의 모습을 보여 주는군.
④ (가)에서 '발돋움의 흉내'를 낸다는 것은 물질문명에 물들어 가는 상황을, (나)에서 '곧 즐거워했다'는 것은 권력의 술수에 대중이 길들여지고 있는 상황을 보여 주는군.
⑤ (가)에서 '떼지어 춤추던' 모습은 농경 문화 공동체의 건강한 생명력을, (나)에서 '일렬로', '묵묵히' 벽돌을 나르는 모습은 권력에 종속된 대중의 형상을 보여 주는군.

태그 체크

✓ #절대론적 관점 ☐ #표현론적 관점 ☐ #반영론적 관점 ☐ #효용론적 관점 ☐ #수능형 마인드
☐ #〈보기〉는 레알 선물 ☐ #정·태·의·기 ☐ #수능 시 읽기 매뉴얼 ☐ #깨·그·매 ☐ #3ㅅ

2 화자 씨의 모든 것

학습 목표 ❶ **화자**의 모든 것을 안다. ❷ **대화체**와 **독백체**를 이해한다.

개념 태그 #화자 #표면에 드러난 화자 #시적 대상 #시적 상황 #시적 정서 #어조 #독백체 #대화체 #태도 #반성 #성찰 #관조 #구도 #자조 #내적 갈등

STEP. 1 내 생애 마지막 개념 정리!

개념 006
시적 화자

시적 화자? 사실 지금 이 시점에서도 화자가 뭔지 모른다면, 초등학교로 가야 돼. -.-;
현재 시점에서 가장 최근의 평가원 시험인 2023학년도 대학수학능력시험 9월 모의평가 문제지에만 '화자'가 20번 등장했어. 시적 화자는 별거 아닌 것 같아도 중요한 개념이니, 그 나이(?)에 초등학교로 되돌아가기 싫으면 꼭 챙겨 두자!

시적 화자란 시 속에서 이야기하는 사람을 말해. 시의 한 구절, 한 구절이 다 시적 화자의 입에서 나오는 말이라고 생각하면 돼. 시 속에서 이야기하는 ________의 주인이 바로 시적 화자인 거야.

시적 화자는 시인이 드러내고자 하는 ______를 가장 효과적으로 전달할 수 있는 사람이 누구일까 고민 고민한 끝에 설정한 시인의 허구적 대리인이라고 생각하면 돼.

(전략)
나는 나의 참회의 글을 한 줄에 줄이자.
— 만 이십사 년 일 개월을
무슨 기쁨을 바라 살아왔던가.

내일이나 모레나 그 어느 즐거운 날에
나는 또 한 줄의 참회록을 써야 한다.
— 그때 그 젊은 나이에
왜 그런 부끄런 고백을 했던가.

밤이면 밤마다 나의 거울을
손바닥으로 발바닥으로 닦아 보자.
(후략)

- 윤동주, 「참회록」 -

이 시의 시인은 윤동주, 시적 화자는 '만 이십사 년 일 개월의 삶을 되돌아보며 참회의 글을 쓰고 있는 누군가'야. 윤동주 시인은 1917년 12월생이고, 이 시는 1942년에 발표됐어. 이 시의 시적 화자는 윤동주 시인이라고 보아도 큰 무리가 없어.
그렇다면 시적 화자는 곧 시인인 건가?

안녕히 계세요,
도련님.

지난 오월 단옷날, 처음 만나던 날
우리 둘이서 그늘 밑에 서 있던
그 무성하고 푸르던 나무같이
늘 안녕히 안녕히 계세요.

저승이 어딘지는 똑똑히 모르지만
춘향의 사랑보다 오히려 더 먼
딴 나라는 아마 아닐 것입니다.

천 길 땅 밑을 검은 물로 흐르거나
도솔천의 하늘을 구름으로 날더라도
그건 결국 도련님 곁 아니어요?

더구나 그 구름이 소나기 되어 퍼부을 때
춘향은 틀림없이 거기 서 있을 거여요.

\- 서정주, 「춘향유문(春香遺文) - 춘향의 말·3」 -

이 시의 시인은 서정주, 그러나 시적 화자는 '춘향'이야. 시인은 '죽음도 초월하는 간절한 사랑'을 표현하기에 가장 적합한 인물로 '춘향'을 떠올렸고, 바로 '춘향'을 시적 화자로 내세운 거야.
그러니까 모든 시의 시인이 무조건 화자가 되는 것은 아니야. 다시 말해 시인과 화자는 100% 일치하는 개념이 아니라는 것!

시적 화자가 하는 일

1. 시적 상황을 묘사해 준다.
2. 시적 상황이나 대상에 대한 정보를 전달해 준다.
3. 화자의 내면세계를 효과적으로 드러내 준다.

개념 콕

시적 상황

시적 화자가 처해 있는 **형편**, **분위기**, **정황**.

아름다운 ______	임과의 ______	아픈 만큼 성숙한다는 ______	대상의 ______	어떤 대상이나 상황을 ______ 중	도망치고 싶을 만큼 ______스러운 현실	______한 현실

시적 대상

시 속에서 시적 화자의 말을 들어주는 **청자**뿐만 아니라 시적 화자가 바라보고 있는 **인물**, **자연물**, **현상** 등.

기출 속으로

2023.09 화자는 금강산으로 가는 길에서 만난 자연의 모습을 자신의 내면에 투영하여 형상화하고 있다.
2022.06(1) 작품의 표면에 나타난 화자가 자신의 정서를 직접적으로 드러내고 있다.
2006.06 시적 화자를 시의 표면에 직접 내세워 시인의 생각을 드러내고 있다.

개념 콕

표면에 드러난 화자

시적 화자인 '나'가 겉으로 드러나 있다는 뜻이야. 시에 '______' 혹은 '______'라는 표현이 있다면, 그 시의 시적 화자는 시의 표면에 드러나 있다고 볼 수 있어.

개념 007
정서

시 속에 드러나는 '정서'를 파악하는 일은 아주 중요해. 이제부터 시를 읽을 때, 시적 화자가 대놓고 정서를 드러냈다면? 무조건 표시하는 걸로! 좋은 정서에는 ○, 나쁜 정서에는 △! 물론 좋은 정서인지 나쁜 정서인지 구분하기 애매한 것도 있음. >.<

시적 화자의 정서란 시적 화자가 자신이 처한 상황이나, 바라보고 있는 시적 대상과 관련하여 느끼는 다양한 ______, ______을 말해.

시에 툭하면 등장하는 정서 모여!

1. 긍정적 정서라고 볼 수 있는 것: 기쁨, 희망, 소망, 동경, 사랑, 즐거움, 안도감, 경외감 등
2. 부정적 정서라고 볼 수 있는 것: 슬픔, 절망, 한, 체념, 갈등, 외로움, 노여움, 안타까움 등

기출 속으로

2023.09	(가)의 '어부'는 강호 자연의 삶 속에서 홀로 자족감을 표출하고 있고, (나)의 어부는 벗들과 함께한 흥겨운 뱃놀이를 통해 만족감을 표출하고 있군.
2023.06	㉡을 통해, 새봄을 맞이하여 이별의 슬픔을 극복하기 위해 마음을 다잡으려 노력하고 있음을 알 수 있어요.
2019.09	'빛 발하는 눈깔'은 '손 안 닿는' '은전'과 연결되어 '한'의 정서를 유발하는군.
2019.09	'손 시리게 떨던가'에서는 추운 밤 '별 밭' 아래의 '골방' 속에서 느꼈던 행복감이 드러나는군.
2018.수능	㉠과 ㉡은 모두 화자가 경외감을 가지고 바라보는 소재이다.

개념 008
어조(말투)

시적 화자의 어조란 시적 화자가 바라보고 있는 대상이나 청자에게 취하는 ______라고 이해하면 돼.
어조는 ______를 통해 드러날 때가 많아.

어조의 기능

1. 시의 분위기를 알 수 있다.
2. 시적 화자의 정서와 태도를 알 수 있다.
3. 시적 화자가 강조하는 시의 주제를 파악할 수 있다.

어조의 유형

1. 청자의 유무에 따라: ______, ______.
2. 시적 화자의 정서에 따라: 낙천, 분노, 희망, 비애, 영탄, 격정, 그리움 등
3. 청자에 대한 화자의 태도에 따라: 명령, 청유, 의문, 기원(소망), 예찬, 순응 등
4. 대상에 대한 화자의 태도에 따라: 냉소, 친화, 비판, 동정, 풍자, 해학 등

선생님, '희망적 태도', '예찬적 태도', '비판적 태도'라는 말들을 자주 들어 본 것 같아요. 그럼 '희망', '예찬', '비판' 이런 것들은 '어조'가 아니라 '태도'라고 해야 하지 않나요?

그게 뭐가 달라?

올~ 맞아. 시에서는 바로 어조를 통해서 시적 화자의 태도가 드러나거든. 그래서 어조를 파악하는 게 중요한 거고. 어조와 태도를 꼭 칼같이 구분하려고 하지 않아도 되는 거야. 굿!

어조를 파악할 때 도움이 될 수 있는 힌트!

1. 화자의 연령
- 어린아이 ⇒ 순수함

2. 문체
- 경어체(높임말) ⇒ 성찰, 예찬, 기원 등
- 의고체(예스러운 표현이나 문체) ⇒ 진지함, 장중함, 우아함 등
- 방언(사투리) ⇒ 현실감, 향토감, 친근감 등
- 비속어 ⇒ 비판, 풍자 등

3. 종결 어미
- 평서형 ⇒ 성찰, 관조, 구도 등
- 명령형 ⇒ 의지, 단호 등
- 청유형 ⇒ 의지, 권유 등

기출 속으로

2019.03	'찰랑찰랑'에서 '출렁출렁'으로의 어감 변화를 통해 화자의 정서가 심화되었음을 드러내고 있다.
2018.수능	반어적 어조를 활용하여 현실에 대한 비관적 태도를 드러내고 있다.
2018.06	전통적인 소재와 예스러운 말투로 고전적인 분위기를 조성하고 있다.
2018.03	반어적 어조를 통해 현실 비판적 태도를 나타내고 있다.
2016.04	명령적 어조를 통해 현실에 대한 비판 의식을 드러내고 있다.
2015.09	(가)와 (나) 모두 격정적 어조를 통해 고요한 분위기를 드러낸다. ---▶ 믿고 거르는 자체 모순 선지
2015.03	격정적 어조를 통해 결연한 의지를 드러내고 있다.

개념 콕

독백체와 대화체

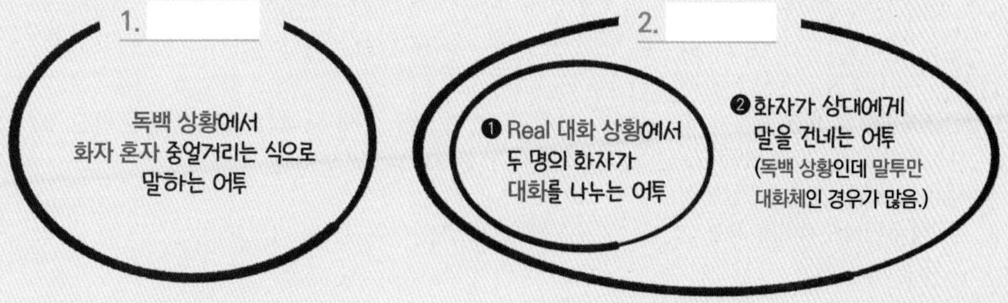
1.
독백 상황에서 화자 혼자 중얼거리는 식으로 말하는 어투
2.
❶ Real 대화 상황에서 두 명의 화자가 대화를 나누는 어투
❷ 화자가 상대에게 말을 건네는 어투 (독백 상황인데 말투만 대화체인 경우가 많음.)

● 기출 속으로

2023.06	(가)는 위로하는 어조로, (나)는 충고하는 어조로 시적 청자에게 말을 건네고 있다.
2021.03(1)	(가)와 (나)는 청자와 대화하는 방식을 활용하여 주제를 형상화하고 있다.
2020.10	대화체와 독백체를 교차하여 시적 상황을 구체화하고 있다.
2020.09(1)	[A]와 [B]는 대화의 형식을 통해, [C]는 독백의 형식을 통해 시적 의미를 전달하고 있다.
2014.수능	(다)는 화자가 혼잣말을 하는 방식으로, 〈보기〉는 화자가 청자에게 말을 건네는 방식으로 자신의 내면을 드러내고 있군.

개념 009

태도

시적 화자의 태도란 시적 화자가 자신이 처한 상황이나 바라보고 있는 대상에 대해 취하는 심리적 ______ 또는 ________을 말하는 거야.

확실하게 이해가 됐다면 ◯에 ☑ 표시할 것!

✚ 시에 툭하면 등장하는 태도 모여!

◯ 1. **예찬(禮예 예, 讚기릴 찬)**
: 무엇이 훌륭하거나 좋거나 아름답다고 찬양함.

님이여, 당신은 백 번(百番)이나 단련한 금(金)결입니다. / 뽕나무 뿌리가 산호(珊瑚)가 되도록 천국(天國)의 사랑을 받읍소서. / 님이여, 사랑이여, 아침 볕의 첫걸음이여.

- 한용운, 「찬송」 -

◯ 2. **반성(反되돌릴 반, 省살필 성)**
: 자신의 언행에 대하여 잘못이나 부족함이 없는지 돌이켜 봄.

바람이 어디로부터 불어와 / 어디로 불려 가는 것일까, // 바람이 부는데 / **내 괴로움에는 이유가 없다.** // 내 괴로움에는 이유가 없을까, // **단 한 여자를 사랑한 일도 없다. / 시대를 슬퍼한 일도 없다.** // 바람이 자꾸 부는데 / 내 발이 반석 위에 섰다. // 강물이 자꾸 흐르는데 / 내 발이 언덕 위에 섰다.

- 윤동주, 「바람이 불어」 -

◯ 3. **성찰(省살필 성, 察살필 찰)**
: 자기의 마음을 반성하고 살핌.

멀리 동해바다를 내려다보며 생각한다
널따란 바다처럼 너그러워질 수는 없을까
깊고 짙푸른 바다처럼 / **감싸고 끌어안고 받아들일 수는 없을까**
스스로는 억센 파도로 다스리면서
제 몸은 맵고 모진 매로 채찍질하면서

- 신경림, 「동해바다」 -

◯ 4. **관조(觀볼 관, 照비출 조)**
: 고요한 마음으로 사물이나 현상을 관찰하거나 비추어 봄.

가난이야 한낱 남루에 지나지 않는다. / **저 눈부신 햇빛 속에 갈맷빛의 등성이를 드러내고 서 있는** / **여름 산 같은** / 우리들의 타고난 살결 타고난 마음씨까지야 다 가릴 수 있으랴// (중략) //어느 가시덤불 쑥구렁에 누일지라도 / 우리는 늘 옥돌같이 호젓이 묻혔다고 생각할 일이요 / 청태(靑苔)라도 자욱이 끼일 일인 것이다.

- 서정주, 「무등(無等)을 보며」 -

◯ 5. **달관(達통달할 달, 觀볼 관)**
: 사소한 사물이나 일에 얽매이지 않고 세속을 벗어난 활달한 식견이나 인생관에 이름. 또는 그 식견이나 인생관.

구름이 꼬인다 갈 리 있소 / 새 노래는 공으로 들으랴오. // 강냉이가 익걸랑 / 함께 와 자셔도 좋소. / **왜 사냐건** / **웃지요.**

- 김상용, 「남으로 창을 내겠소」 -

6. **깨달음**
: 생각하고 궁리하다 알게 됨.

세상의 열매들은 왜 모두 / 둥글어야 하는가. / 가시나무도 향기로운 그의 탱자만은 둥글다./ (중략) //그대는 아는가, / **모든 생성하는 존재는 둥글다는 것을 / 스스로 먹힐 줄 아는 열매는 / 모가 나지 않는다는 것을.**

- 오세영, 「열매」 -

7. **구도(求구할 구, 道길 도)**
: 진리나 종교적인 깨달음의 경지를 구함.

아아, 어이하리. 내 홀로 / 다만 내 홀로 지닐 즐거운 / **무상한 열반을 / 나는 꿈꾸었노라.** / 그러나 나도 모르는 어지러운 티끌이 / 내 맘의 맑은 거울을 흐리노라.

- 신석초, 「바라춤」 -

8. **냉소(冷찰 랭/냉, 笑웃을 소)**
: 쌀쌀한 태도로 비웃음. 또는 그런 웃음.

내 말씀 광언인가 **저 화상** 구경하세 / **남촌한량 개똥이**는 부모덕에 편히 놀고 호의호식 무식하고 미련하고 용통하여 / 눈은 높고 손은 커서 가량없이 주제넘어 시체 따라 의관하고 남의 눈만 위하것다.

- 작자 미상, 「우부가」 -

9. **자조(自스스로 자, 嘲비웃을 조)**
: 자기를 비웃음.

그대의 정의(正義)도 우리들의 섬세(纖細)도 / 행동이 죽음에서 나오는 이 욕된 교외에서는 / 어제도 오늘도 내일도 마음에 들지 않어라 // 그대는 반짝거리면서 하늘 아래에서 간간이 / 자유를 말하는데 / **우스워라 나의 영은 죽어 있는 것이 아니냐**

- 김수영, 「사령」 -

10. **비웃거나 웃음을 유발하는 태도**

- **풍자(諷욀 풍, 刺찌를 자)**
: 현실의 부정적 현상이나 모순 따위를 빗대어 비웃으면서 씀.

참새야 어디서 오가며 나느냐 / 일 년 농사는 아랑곳하지 않고. / 늙은 홀아비 홀로 갈고 맸는데 / 밭의 벼며 기장을 다 없애다니

- 이제현, 「사리화」 -

- **해학(諧고를 해, 謔희롱거릴 학)**
: 사회적 현실이나 부정적 대상을 우스꽝스럽게 묘사하여 냉소나 조소가 포함되지 않은 웃음을 유발함.

님이 오마 하거늘 저녁밥을 일찍 지어 먹고,
중문(中門) 나서 대문(大門) 나가 지방 위에 올라가 앉아 손을 이마에 대고 오는가 가는가 건넌 산 바라보니 거머희뜩 서 있거늘 저것이 님이로구나. 버선을 벗어 품에 품고 신 벗어 손에 쥐고 곰븨님븨 님븨곰븨 천방지방 지방천방 진 데 마른 데를 가리지 말고 워렁퉁탕 건너가서 정(情)엣말 하려 하고 **곁눈으로 흘깃 보니 작년 칠월 사흗날 껍질 벗긴 주추리 삼대가 얄밉게도 날 속였구나.**
모쳐라 밤이기에 망정이지 행여나 낮이런들 **남 웃길 뻔하였어라.**

- 작자 미상의 사설시조 -

11. **부정적인 세계에 대한 대결**

껍데기는 가라. / 4월도 알맹이만 남고 / 껍데기는 가라. // 껍데기는 가라. / 동학년 곰나루의, 그 아우성만 살고 / 껍데기는 가라. // (중략) //껍데기는 가라. / 한라에서 백두까지 / 향그러운 흙 가슴만 남고 / **그, 모오든 쇠붙이는 가라.**

- 신동엽, 「껍데기는 가라」 -

12. **의지(意뜻 의, 志뜻 지)**
: 어떠한 일을 이루고자 하는 마음.

흔들리지 않는 갈대가 되리 / 겨울강 강언덕에 눈보라 몰아쳐도 // 눈보라에 으스스 내 몸이 쓰러져도 / **흔들리지 않는 갈대가 되리**

- 정호승, 「겨울강에서」 -

13. **단호(斷끊을 단, 乎어조사 호)**
: 결심이나 태도, 입장 따위가 과단성 있고 엄격함.

푸른 하늘에 닿을 듯이 / 세월에 불타고 우뚝 남아 서서 / **차라리 봄도 꽃피진 말아라** // 낡은 거미집 휘두르고 / 끝없는 꿈길에 혼자 설레이는 / **마음은 아예 뉘우침 아니라** // 검은 그림자 쓸쓸하면 / 마침내 호수(湖水) 속 깊이 거꾸러져 / **차마 바람도 흔들진 못해라**

- 이육사, 「교목」 -

○ 14. **그리움**
: 보고 싶어 애타는 마음.

노친(老親) 소식 나 모를 제 내 소식 노친 알까 / 산과 강물 막힌 길에 일반고사(一般苦思) 뉘 헤울고 / 묻노라 밝은 달아 두 곳에 비추는가 / 따르고저 뜨는 구름 남천(南天)으로 닫는구나 / **흐르는 내가 되어 집 앞에 두르고저 / 나는 듯 새나 되어 창가에 가 노닐고저**

- 이광명, 「북찬가(北竄歌)」 -

○ 15. **연민(憐불쌍히 여길 련/연, 愍/憫근심할 민)**
: 불쌍하고 가련하게 여김.

저 지붕 아래 제비집 너무도 작아 / 갓 태어난 새끼들만으로 가득 차고 / 어미는 둥지를 날개로 덮은 채 간신히 잠들었습니다 / 바로 그 옆에 누가 박아 놓았을까요, 못 하나 / 그 못이 아니었다면 / 아비는 어디서 밤을 지냈을까요 / **못 위에 앉아 밤새 꾸벅거리는 제비를 / 눈이 뜨겁도록 올려다봅니다**/ (중략) /실업의 호주머니에서 만져지던 / 때 묻은 호두알은 쉽게 깨어지지 않고 / 그럴듯한 집 한 채 짓는 대신 / 못 하나 위에서 견디는 것으로 살아온 아비, / 거리에선 아직도 흙바람이 몰려오나 봐요 / 돌아오는 길 희미한 달빛은 그런대로 / 식구들의 손잡은 그림자를 만들어 주기도 했지만 / 그러기엔 골목이 너무 좁았고 / 늘 한 걸음 늦게 따라오던 아버지의 그림자 / 그 꾸벅거림을 기억나게 하는 / 못 하나, 그 위의 잠

- 나희덕, 「못 위의 잠」 -

○ 16. **삶에 대한 긍정적 태도**

푸른 산처럼 든든하게 지구를 디디고 **사는 것은 얼마나 기쁜 일이냐** // 뼈에 저리도록 '생활'은 슬퍼도 좋다 / 저문 들길에 서서 푸른 별을 바라보자…… / 푸른 별을 바라보는 것은 / 하늘 아래 사는 거룩한 나의 일과이거니……

- 신석정, 「들길에 서서」 -

○ 17. **미래에 대한 긍정적 전망**

겨울은, / 바다와 대륙 밖에서 / 그 매서운 눈보라 몰고 왔지만 / **이제 올 / 너그러운 봄은** 삼천리 마을마다 / 우리들 가슴속에서 / 움트리라. // 움터서, / 강산을 덮은 그 미움의 쇠붙이들 / **눈 녹이듯 흐물흐물 / 녹여 버리겠지.**

- 신동엽, 「봄은」 -

○ 18. **자연 친화적 태도**

엊그제 겨울 지나 새 봄이 돌아오니 / 도화행화는 석양리에 피어 있고 / 녹양방초는 세우 중에 푸르도다. / 칼로 말아냈나 붓으로 그려 냈나 / 조화신공이 물물마다 헌사롭다. / 수풀에 우는 새는 춘기를 못내 겨워 / 소리마다 교태로다 / **물아일체**어니 흥이야 다를소냐.

- 정극인, 「상춘곡」 -

○ 19. **회고(回돌아올 회, 顧돌아볼 고)**
: 지나간 일을 돌이켜 생각함.

흙에서 자란 내 마음 / 파란 하늘빛이 그리워 / **함부로 쏜 화살을 찾으려 / 풀섶 이슬에 함추름 휘적시던 곳**, // — 그곳이 차마 꿈엔들 잊힐 리야.

- 정지용, 「향수」 -

○ 20. **회의(懷품을 회, 疑의심할 의)**
: 의심을 품음. 또는 마음속에 품고 있는 의심.

땀내와 사랑내 포근히 품긴 / 보내 주신 학비 봉투를 받어 // 대학 노-트를 끼고 / **늙은 교수의 강의 들으러 간다.** // 생각해 보면 어린 때 동무들 / 하나, 둘, 죄다 잃어버리고 // 나는 무얼 바라 / 나는 다만, 홀로 침전(沈澱)하는 것일까? // 인생은 살기 어렵다는데 / 시(詩)가 이렇게 쉽게 쓰어지는 것은 / 부끄러운 일이다.

- 윤동주, 「쉽게 씌어진 시」 -

○ 21. **내적 갈등**

주의! 갈등은 둘 이상의 선택지 중 뭘 선택할지 고민하는 것만을 의미하는 게 아니야. 자기반성, 불안, 걱정, 미련 등도 내적 갈등 또는 내적 고뇌라고 할 수 있어.

장안(長安)을 돌아보니 **북궐(北闕)**이 천 리(千里)로다
어주(漁舟)에 누어신들 잊은 때가 있으랴
두어라 내 시름 아니라 제세현(濟世賢)*이 없으랴.

*제세현: 세상을 구제할 현명한 인재.

- 이현보, 「어부단가」 -

지상(地上)에는 / 아홉 켤레의 신발. / 아니 현관에는 아니 들깐에는 / 아니 어느 시인의 가정에는 / 알전등이 켜질 무렵을 / 문수(文數)가 다른 아홉 켤레의 신발을. / 내 신발은 / 십구문반(十九文半). / **눈과 얼음의 길을 걸어,** / 그들 옆에 벗으면 / 육문삼(六文三)의 코가 납짝한 / 귀염둥아 귀염둥아 / 우리 막내둥아 // 미소하는 / 내 얼굴을 보아라 / **얼음과 눈으로 벽(壁)을 짜올린** / 여기는 / 지상. / **연민한 삶의 길이여.** / 내 신발은 십구문반(十九文半). // 아랫목에 모인 / 아홉 마리의 강아지야 / 강아지 같은 것들아. / **굴욕과 굶주림과 추운 길을 걸어** / 내가 왔다. / 아버지가 왔다. / 아니 십구문반(十九文半)의 신발이 왔다. / 아니 지상에는 / 아버지라는 어설픈 것이 / 존재한다. / 미소하는 / 내 얼굴을 보아라.

- 박목월, 「가정(家庭)」 -

● 기출 속으로

2005.06 38. (가)~(다)의 공통점으로 볼 수 있는 것은?

정답 ④ 시적 화자의 내적 갈등을 보여 준다.

(가)는 이현보의 「어부단가」, (다)는 박목월의 「가정」이었음.

STEP. 2 기출, 이것은 진리

하아... 두 개 다 처음 보는 시…. ㅠㅠ

하식아, 선생님께서 수능이나 모평에는 처음 보는 시가 나오는 게 자연스러운 일이라고 하셨잖아.

그치? 나도 할 수 있겠지?

그럼, 자신감을 가져. 누적 복습이라는 말 들어 봤지? 지난 시간에 배운 것들도 잊어버리지 말고, 잘 챙겨서 적용해 보는 거야.

[04-06] 다음 글을 읽고 물음에 답하시오. 《 2021학년도 4월 고3 전국연합학력평가 》

(가)

저물도록 학교에서 아이 돌아오지 않아
그를 기다려 저녁 한길로 나가보니
보오얀 초생달은 거리 끝에 꿈같이 비껴 있고
느릅나무 그늘 새로 화안히 불밝힌 우리 집 영머리엔
북두성좌의 그 찬란한 보국(譜局)이 신비론 ㉠풋대처럼
지켜 있나니
때로는 하나이 병으로 눕고
또는 구차함에 항상 마음 조일지라도
도련도련 이뤄지는 너무나 의고(擬古)*한 단란을
먼 천상(天上)에선 ㉡밤마다 이렇게 지켜 있고
인간의 수유(須臾)*한 영위(營爲)*에
우주의 무궁함이 이렇듯 맑게 인연 되어 있었나니
아이야 어서 돌아와 손목 잡고
북두성좌가 지켜 있는 우리 집으로 가자

- 유치환, 「경이(驚異)는 이렇게 나의 신변에 있었도다」 -

*의고: 옛것을 본뜸.
*수유: 짧은 시간.
*영위: 일을 꾸려 나감.

(나)

냉장고 문을 열면 달걀 한 줄이
온순히 꽂혀 있지,
차고 희고 순결한 것들
㉢아무리 배가 고파도
난 그것들을 쉽게 먹을 순 없을 것 같애

교외선을 타고 갈곳없이 방황하던 무렵,
어느 시골 국민학교 앞에서
초라한 행상아줌마가 팔고 있던
수십 마리의 그 노란 **병아리들**,
마분지곽 속에서 바글바글 끓다가
마분지곽 위로 ㉣보글보글 기어오르던
그런 노란 것들이
(생명의 중심은 그렇게 따스한 것)
살아서 즐겁다고 꼬물거리던 모습이
살아서 불행하다고 늘상 암송하고 있던
나의 눈에 문득 눈물처럼 다가와 고이고

그렇다면 **나는** 여태 **부화를 기다리**고 있던
중이었을까,
아아, 얼마나 슬픈가,

차가운 냉장칸 맨 윗줄에서
달걀껍질 속의 흰자위와 노른자위는
무슨 꿈들을 꾸고 있을까,
중풍으로 쓰러진 아버지의 병실에서
입원비 걱정을 하고 있는 **우리 가난**한 **형제**들처럼
흰자위와 노른자위도
무슨 그런 절망의 의논들을 하고 있을 것인가

사계절 전천후 **냉장고**
하얀 문을 조용히 열면
추운 **달걀들의 속삭임소리**가 들리는 것 같다,
엄마 엄마 안아줘요 따스한 품속에
어미닭에 안기지 못하고 만 **달걀**들처럼
희망소비자 가격보다 더 ㉤싸게 팔려온
너희들처럼
나도 역시 여권이 분실된 사람
희망의 온도가 차츰 내려갈 때
오히려 절망은 조용하고 초연해지는 것 같지,

- 김승희, 「달걀 속의 생(生) 2」 -

★ 시어의 의미를 파악할 때는, 3ㅅ 참고하기.

04 문항 코드 | 23670-0004

㉠~㉤을 중심으로 (가)와 (나)를 이해한 내용으로 적절하지 않은 것은?

① ㉠을 보면 '북두성좌'는 화자 가족의 불행을 초래하는 주체로 형상화되어 있음을 알 수 있다.
② ㉡을 보면 '천상'은 가족을 보호하는 주체가 밤에 항상 존재하는 공간으로 형상화되어 있음을 알 수 있다.
③ ㉢을 보면 '그것들'은 화자가 허기를 느끼더라도 쉽게 먹을 수 없는 존재로 형상화되어 있음을 알 수 있다.
④ ㉣을 보면 '노란 것들'은 생명력이 느껴지는 행동을 하는 주체로 형상화되어 있음을 알 수 있다.
⑤ ㉤을 보면 '너희들'은 금전적으로 평가 절하된 존재로 형상화되어 있음을 알 수 있다.

★ 시어의 의미 및 기능을 파악해 보자.

05 문항 코드 | 23670-0005

다음은 (가)와 (나)를 읽은 학생의 반응이다. A와 B에 들어갈 말로 가장 적절한 것은?

> (가)의 '우리 집'은 화자가 (A)으로 활용된 소재이고, (나)의 '냉장고'는 화자가 (B)로 활용된 소재이겠군.

① A: 현실에서 외면하고자 하는 공간
B: 이상 실현의 어려움을 인식하는 근거

② A: 가족과 함께 회귀하고자 하는 공간
B: 자신의 처지를 확인하게 되는 기회

③ A: 타인의 능력을 발견하게 되는 공간
B: 자신의 미래를 계획하게 되는 계기

④ A: 세대교체를 통한 변화를 추구하는 공간
B: 현실에 만족감을 표시한 이유

⑤ A: 과거의 전통적 질서를 유지하려는 공간
B: 현재의 행복한 삶을 지속하려는 동기

★ 오늘 배운 개념이 담겨 있는 <보기>야.

06 문항 코드 | 23670-0006

〈보기〉를 바탕으로 (가)와 (나)를 감상한 내용으로 적절하지 않은 것은?

> 〈보기〉
> 시적 화자는 일반적으로 일인칭에 해당하며, 시적 대상 혹은 시적 상황에 대한 주관적 인식을 화자 자신의 목소리로 표현한다. 시적 대상은 보통 시적 화자가 아닌 존재인데, 청자로 설정되어 나타나기도 하고 시적 화자와 동일시되기도 한다. 그리고 시적 상황은 시적 화자나 시적 대상과 같은 존재들에 의해 형성되는 맥락을 의미한다.

① (가)에서는 '아이야'를 통해 시적 대상인 '아이'가, (나)에서는 '너희들'을 통해 시적 대상인 '달걀들'이 청자로 설정되어 나타나고 있음을 확인할 수 있군.

② (가)에서는 '저녁 한길'로 '나가' 본 화자를 통해 시적 대상인 '거리 끝'과 시적 화자가, (나)에서는 '부화를 기다리'는 '나'를 통해 시적 대상인 '달걀들'과 시적 화자가 동일시되어 있음을 확인할 수 있군.

③ (가)에서는 화자가 '보오얀 초생달'을 통해 시적 대상인 '초생달'을 시각적으로, (나)에서는 화자가 '달걀들의 속삭임소리'를 통해 시적 대상인 '달걀들'을 청각적으로 나타내어 시적 화자의 주관적 인식을 표현하고 있음을 확인할 수 있군.

④ (가)에서는 화자와 '저물도록' '돌아오지 않'는 '아이'를 통해 '학교' 간 아이를 시적 화자가 기다리는 시적 상황을, (나)에서는 '중풍으로 쓰러진 아버지'와 '입원비 걱정을 하'는 '우리'를 통해 '형제들'이 '가난'하다는 시적 상황을 확인할 수 있군.

⑤ (가)에서는 '인간'의 '수유한 영위에' '인연 되어 있'는 '우주의 무궁함'을 통해 대비되는 존재들에 의해 형성되는 맥락을, (나)에서는 '살아서 즐'거워 보이는 '병아리들'과 '살아서 불행'한 '나'를 통해 삶의 태도가 대비되는 존재들에 의해 형성되는 맥락을 확인할 수 있군.

태그 체크

- ◯ #화자 ◯ #표면에 드러난 화자 ◯ #시적 대상 ◯ #시적 상황 ◯ #시적 정서
- ◯ #어조 ◯ #독백체 ◯ #대화체 ◯ #태도 ◯ #반성
- ◯ #성찰 ◯ #관조 ◯ #구도 ◯ #자조 ◯ #내적 갈등

3 시상 전개 방식

학습 목표 ❶ **시상**의 **전개**가 무엇인지 설명할 수 있다. ❷ 시상의 전개와 관련된 **기출 선지**들을 이해할 수 있다.

개념 태그 #시상 #순행적 구성 #계절감을 드러내 주는 시어들 #역순행적 구성 #시간의 역전 #시선의 이동 #대립 #수미상관 #선경후정 #점층 #기승전결 #어조의 변화

STEP. 1 내 생애 마지막 개념 정리!

개념 010

시상

「표준국어대사전」

시상 (詩시 시, 想생각 상) 「명사」

「1」 시를 짓기 위한 착상이나 구상.

- 시상을 가다듬다.
- 멋진 시상이 떠오르다.

「2」 시에 나타난 사상이나 감정.

「3」 시적인 생각이나 상념. ≒ 시사.

- 시상에 잠기다.
- 들에 홀로 핀 들꽃을 보고 발걸음을 멈추고 깊은 시상에 잠겼다.

시상 전개 방식

시상 전개 방식이란 시인의 생각, 시에 나타난 사상이나 감정들을 표현해 나가는 방식을 말하는 거야.

시상 전개 방식을 파악하는 일이 중요한 이유

시인은 자신이 말하고 싶었던 생각, 정서, 태도를 효과적으로 표현하기 위해서 어떤 방식으로 시를 전개해 나가는 것이 좋을지 고심했을 거야. 시상이 전개되면서 변화하는 화자의 생각, 정서, 태도를 찾아가다 보면 시의 주제를 이해할 수 있어.

시상 전개 방식을 파악하는 방법

달라지는 것! 문학에서든 독서에서든, 무언가가 달라진다는 것, 변화가 있다는 것, 차이점이 있다는 것은 언제든 중요해.

시를 읽으면서 달라지는 것이 있으면 그것에 주목해 보자. 시간이 달라지든, 공간이 달라지든, 상황이 달라지든, 화자의 정서가 달라지든, 태도가 달라지든. 시가 전개됨에 따라 달라지는 요소에 주목하고 있다면 이미 시상 전개 방식을 파악하며 시를 읽고 있는 거야.

개념 011
시간적 시상 전개 방식

시간적 시상 전개 방식이란 시상을 전개할 때, '시간'이라는 요소가 중요하게 작용하는 경우를 말해. 시 속에 달라지는 시간의 흐름이 드러나는 거지. 크게 두 가지로 나눠 볼 수 있어.

1. 순행적 구성

시간의 흐름에 따른 구성

① 일반적인 시간의 흐름(과거 → 현재 → 미래)

____ → ____ → ____로의 시간의 흐름이 느껴지지?
이 시에는 시간의 흐름에 따라 달라지는 상황이 드러나 있어. 부정적이었던 과거와 대비되는 미래에 대한 화자의 ____을 파악할 수 있었다면 굿!

태양을 의논하는 거룩한 이야기는
항상 태양을 등진 곳에서만 비롯하였다.

달빛이 흡사 비오듯 쏟아지는 밤에도
우리는 헐어진 성(城)터를 헤매이면서
언제 참으로 그 언제 우리 하늘에
오롯한 태양을 모시겠느냐고
가슴을 쥐어뜯으며 이야기하며 이야기하며
가슴을 쥐어뜯지 않았느냐?

그러는 동안에 영영 잃어 버린 벗도 있다.
그러는 동안에 멀리 떠나 버린 벗도 있다.
그러는 동안에 몸을 팔아 버린 벗도 있다.
그러는 동안에 맘을 팔아 버린 벗도 있다. ····▶ 과거

그러는 동안에 드디어 서른여섯 해가 지나갔다.

다시 우러러보는 이 하늘에
겨울밤 달이 아직도 차거니 ····▶ 현재
오는 봄엔 분수(噴水)처럼 쏟아지는 태양을 안고
그 어느 언덕 꽃덤불에 아늑히 안겨 보리라. ····▶ 미래

- 신석정, 「꽃덤불」 -

● 기출 속으로

2021.06(1) (가)와 (나)는 모두 시간의 흐름에 따라 시상을 전개하여 화자의 태도 변화를 드러내고 있다.
2021.03 (가)와 (나)는 모두 시적 대상의 변화 과정을 통해 시간의 흐름에 따른 세태 변화를 드러내고 있다.
2020.09(1) [A]에서 [B], [B]에서 [C]로 시간의 흐름에 따라 시상이 전개되고 있다.

② 하루의 흐름(아침 → 점심 → 저녁 → 밤 → 새벽)

지는 저녁 해를 바라보며 ····▶ 저녁
오늘도 그대를 사랑하였습니다.
날 저문 하늘에 별들은 보이지 않고 ····▶ 밤
잠든 세상 밖으로 새벽달 빈 길에 뜨면 ····▶ 새벽
사랑과 어둠의 바닷가에 나가
저무는 섬 하나 떠올리며 울었습니다.
외로운 사람들은 어디론가 사라져서
해마다 첫눈으로 내리고
새벽보다 깊은 새벽 섬 기슭에 앉아 ····▶ 더 깊어진 새벽
오늘도 그대를 사랑하는 일보다
기다리는 일이 더 행복하였습니다.

- 정호승, 「또 기다리는 편지」 -

____ 시간에서 ____으로, ____으로, 더 깊은 ____으로 시간이 흐르고 있어. 그리고 그 속에서 시적 화자의 '그대'를 향한 사랑과 그리움을 느낄 수 있는 거야. 그런데 시를 잘 들여다보면 시간의 흐름에 따라 달라지는 화자의 미묘한 정서의 변화를 찾을 수 있거든. 저녁 해가 질 땐 '그대를 ____하는 마음' → 날이 저물고 새벽달이 떴을 땐 '그리움으로 인한 ____(안타까움)' → 더 깊은 새벽에는 '기다림으로 인한 아픔까지 ____으로 여긴다는 간절함'을 파악할 수 있었다면 굿!

기출 속으로

2020.10	[A]의 '거리거리'와 [B]의 '신작로'에는 시간의 경과에 따른 화자의 변화된 인식이 내포되어 있다.
2020.09(2)	'방안'의 '사위어가는 호롱불'은 시간의 경과를 나타내는 동시에 어린 시절 화자의 심리를 상징적으로 보여 주는군.
2016.04	(가)는 시간의 경과에 따라, (나)는 시선의 이동에 따라 시상이 전개된다.

③ 계절의 변화(봄 → 여름 → 가을 → 겨울)

행궁견월상심색(行宮見月傷心色)*의 달만 비쳐도 님의 생각
춘풍도리화개야(春風桃李花開夜)*의 꽃만 피여도 님의 생각 ----▶ 봄
야우문령단장성(夜雨聞鈴斷腸聲)*의 비 죽죽 와도 님의 생각 ----▶ 여름
추절(秋節)가고 동절(冬節)이 오면 명사벽해(明沙碧海)를 바라보고 ----▶ 가을, 겨울
뚜루룰 낄룩 울고 가는 기러기 소리에도 님의 생각
앉어 생각 누어 생각 생각 끝일 날이 전혀 없어
모진 간장의 불이 탄들 어느 물로 이 불을 끌거나
아이고 아이고 내 일이야

- 작자 미상, 「춘향가」 -

***행궁견월상심색:** 행궁에서 달을 보니 사뭇 구슬픈 느낌이 듦.
***춘풍도리화개야:** 복숭아꽃, 오얏꽃이 활짝 핀 봄의 으스름달밤.
***야우문령단장성:** 밤비에 울리는 풍경 소리가 간장을 도려내는 듯함.

꽃 피는 ____에도 임 생각, 비 죽죽 내리는 ____에도 임 생각, 기러기 우는 ____, ____에도 임 생각. 시적 화자는 임에 대한 생각뿐이야. 이번에는 시간의 흐름은 느껴지는데, 임에 대한 화자의 그리움은 변하지를 않는 거지.

기출 속으로

2022.수능	계절의 변화에 조응하는 여러 자연물을 활용해 화자의 인식 전환을 보여 주고 있다.
2021.07	(가)와 (나)는 계절감을 드러내는 소재를 통해 시간의 경과를 드러내고 있다.
2020.06	계절의 변화를 통해 과거와 대비되는 현재의 상황을 드러내고 있다.
2016.03	계절의 변화 양상과 관련지어 시상을 전개하고 있다.

개념 콕

계절감을 드러내는 시어들

1. **봄:** 동풍(東風), 이화(梨花), 도화(桃花), 행화(杏花), 신록(新綠), 삼춘화류(三春花柳) 등
2. **여름:** 녹음(綠陰) 등
3. **가을:** 기러기, 낙엽(落葉), 단풍(丹楓), 추풍(秋風) 등
4. **겨울:** 백설(白雪), 눈 등

특히 고전 시가에 자주 등장해.

또 개념 콕

계절적 이미지와 조응하는 시의 분위기 & 화자의 정서

(가)

이화우(梨花雨) 흩뿌릴 제 울며 잡고 이별한 임 → 봄
추풍낙엽(秋風落葉)에 저도 날 생각는가 → 가을
천 리(千里)에 외로운 꿈만 오락가락 하노매

- 계랑의 시조 -

(나)

억만겁 윤회(輪回)하여 금강산 학이 되어
일만이천 봉에 마음껏 솟아올라
가을 달 밝은 밤에 두어 소리 슬피 울어 → 가을
임의 귀에 들리기도 옥황상제 처분일세
한(恨)이 뿌리 되고 눈물로 가지 삼아
임의 집 창밖에 외나무 매화(梅花) 되어
눈 속에 혼자 피어 베갯머리에 시드는 듯 → 겨울
달빛 아래 그림자가 임의 옷에 비치거든
가여운 이 얼굴을 네로다 반기실까

- 조위, 「만분가」 -

계절에 따라 조응하는 화자의 정서가 달라짐! 흔히, 봄은 '사랑의 설렘, 그리움', 가을은 '쓸쓸함, 외로움', 겨울은 '고통, 괴로움'으로 연결되는 경우가 많아. 단, 100%는 아니라는 것에 주의하자.

문제: (가)와 (나)의 공통점으로 적절한 것은? (2007.수능)

정답: 계절적 이미지를 활용하여 시의 분위기를 형성하고 있다.

또 개념 콕

자연의 순환적 질서에 따른 시상 전개 방식

가장 아름다운 걸 버릴 줄 알아
꽃은 다시 핀다
제 몸 가장 빛나는 꽃을
저를 키워 준 들판에 거름으로 돌려보낼 줄 알아
꽃은 봄이면 다시 살아난다

가장 소중한 걸 미련 없이 버릴 줄 알아
나무는 다시 푸른 잎을 낸다
하늘 아래 가장 자랑스럽던 열매도
저를 있게 한 숲이 원하면 되돌려 줄 줄 알아
나무는 봄이면 다시 생명을 얻는다

변치 않고 아름답게 있는 것은 없다
영원히 가진 것을 누릴 수는 없다
나무도 풀 한 포기도 사람도
그걸 바라는 건 욕심이다

바다까지 갔다가 제가 태어난 강으로 돌아와
제 목숨 다 던져 수천의 알을 낳고
조용히 물밑으로 돌아가는 연어를 보라
물고기 한 마리도 영원히 살고자 할 때는
저를 버리고 가는 걸 보라

저를 살게 한 강물의 소리 알아듣고
물밑 가장 낮은 곳으로 말없이 돌아가는 물고기
제가 뿌리내렸던 대지의 목소리 귀담아듣고
아낌없이 가진 것을 내주는 꽃과 나무
깨끗이 버리지 않고는 영원히 살 수 없다는

- 도종환, 「다시 피는 꽃」 -

계절의 흐름이나 자연의 순리에 따라 시상이 전개될 때가 있어. 이때 자연의 순환적 질서는 ________을 얻을 수 있는 대상으로 드러날 때가 많아.

● **기출 속으로**

2021.10 (가)에서 '다른 태양이 솟는 날 아침'에 '내가 다시 무덤에서 부활할 것'을 믿는다고 한 것은 자연의 순환적 질서를 통해 생명이 억압되어 있는 절망적 상황에서 벗어날 수 있다는 화자의 생각을 드러낸 것이겠군.

2020.09(2) 〈제5곡〉은 '농기'를 수리하며 '봄'을 준비하는 모습을 통해 자연의 순환적 질서를 따르는 농촌의 생활을 보여 준다.

2. 역순행적 구성

현재(말하고 있는 시점) - 과거(회상)

시간의 '흐름'에 따른 구성이라고는 할 수 없지만, 어쨌든 시상의 전개에 있어 '시간'이라는 요소가 중요하게 작용한다는 점에서 역순행적 구성도 시간적 전개 방식이라고 볼 수 있어.

여승(女僧)은 합장(合掌)하고 절을 했다
가지취의 내음새가 났다.
쓸쓸한 낯이 옛날같이 늙었다.
나는 불경(佛經)처럼 서러워졌다. ---▶ 현재

평안도(平安道)의 어늬 산(山) 깊은 금점판*
나는 파리한 여인(女人)에게서 옥수수를 샀다.
여인은 나 어린 딸아이를 따리며 가을밤같이 차게 울었다. ---▶ 과거

섶벌같이 나아간 지아비 기다려 십 년(十年)이 갔다.
지아비는 돌아오지 않고
어린 딸은 도라지꽃이 좋아 돌무덤으로 갔다. ---▲ 더 과거

산(山) 꿩도 섧게 울은 슬픈 날이 있었다.
산(山) 절의 마당귀에 여인의 머리오리가 눈물방울과 같이 떨어진 날이 있었다. ---▶ 가장 가까운 과거

- 백석, 「여승」 -

*금점판: 금광의 일터.

이 시는 사건이 일어난 순서대로 전개돼 있지 않아. 1연에서 여승과 합장을 하고 있는 시적 화자는 이 여인이 여승이 되기까지의 삶을 추적해서 보여 주고 있는 거야. ______ 시점에서 ______를 회상하고 있는 거지. ___연에서는 여승이 된 현재 모습을, ___~___연에서는 여인이 여승이 되기까지의 과거 모습을 보여 주고 있는 거야.

● **기출 속으로**

2019.07 [D]: 회상의 방식을 사용하여 과거와 달라진 현재 상황에서 느끼는 화자의 정서를 부각하고 있다.

2009.10(1) 시간의 역전을 통해 미래지향적 태도를 드러내고 있다.

2005.09 (다)는 시간의 역전(逆轉)을 통해 화자의 의지를 강화하고 있다.

개념 012

공간적 시상 전개 방식

공간적 시상 전개 방식이란 시상을 전개할 때, '공간'이라는 요소가 중요하게 작용하는 경우를 말해. 시 속에 여러 공간이 나올 거야. 공간의 변화에 따라 달라지는 화자의 생각이나 정서를 잘 파악해야 돼.

1. 화자가 직접 여러 공간을 이동하는 경우

징이 울린다 막이 내렸다
오동나무에 전등이 매어달린 가설 무대
구경꾼이 돌아가고 난 텅 빈 운동장

우리는 분이 얼룩진 얼굴로
학교 앞 소줏집에 몰려 술을 마신다
답답하고 고달프게 사는 것이 원통하다

꽹과리를 앞장세워 장거리로 나서면
따라붙어 악을 쓰는 쪼무래기들뿐
(중략)
비료값도 안 나오는 농사 따위야
아예 여편네에게나 맡겨 두고
쇠전을 거쳐 도수장 앞에 와 돌 때
우리는 점점 신명이 난다
한 다리를 들고 날라리를 불거나
고갯짓을 하고 어깨를 흔들거나

- 신경림, 「농무」 -

공간이 '운동장 → 소줏집 → 장거리 → 쇠전 → 도수장'으로 달라지고 있지? 시적 화자가 직접 이러한 공간들을 거쳐서 이동하고 있어. 그럼, 공간의 변화에 따라 화자의 정서가 어떻게 달라지고 있는지 알겠어? 화자의 울분이 점점 ______ 되고 있다는 걸 파악할 수 있었다면 굿!

● **기출 속으로**

2022.03(2) (가)와 (나)는 화자의 공간 이동에 따른 정서 변화의 추이를 중심으로 시상을 전개하고 있다.
2021.06 (가)는 계절의 변화에 따라 달라지는 주변 풍경을, (나)는 공간의 이동에 따른 풍경 변화를 묘사하고 있다.
2020.09(2) 공간의 이동에 따라 내적 갈등이 고조되고 있다.

2. 화자가 직접 공간을 이동하지는 않지만 화자의 시선이 이동하는 경우

화자의 시선이 이동한다는 건 화자가 직접 여러 공간을 이동하지는 않지만, 화자의 시선이 '여러 대상들로', '위에서 아래로', '아래에서 위로', '가까운 경치(근경)에서 먼 경치(원경)로', '먼 경치에서 가까운 경치로' 이동하는 걸 말해.

✚ 시선의 이동에 따라 시상을 전개하면

1. 시선의 이동에 따라 대상이 ______ 되는 경우가 많다.
2. 시선에 이동에 따라 ______ 이미지가 강조되는 효과를 거둘 수 있다.

① 대상의 나열

1
향료를 뿌린 듯 곱다란 노을 위에
전신주 하나하나 기울어지고

먼— 고가선 위에 밤이 켜진다.

2
구름은
보랏빛 색지 위에
마구 칠한 한 다발 장미

목장의 깃발도, 능금나무도
부울면 꺼질 듯이 외로운 들길

- 김광균, 「데생」 -

화자가 직접 이동하는 것은 아니지만, 화자의 ______ 이 '노을 → 전신주 → 고가선'으로 이동하고 있어. 또 화자의 시선이 이동하며 닿는 '구름 → 깃발 → 능금나무 → 들길'이라는 대상들을 나열하면서 시상이 전개되고 있는 거야.

● **기출 속으로**

2021.09(1) 시선의 이동을 통해 대상의 변화 과정을 제시하고 있다. ---▶ 믿고 거르는 자체 모순 선지
2019.03(2) 시선의 이동에 따라 시상을 전개한다.
2014.09(2) 화자의 시선 이동에 따라 시상이 전개되고 있다.

② 원경 → 근경, 근경 → 원경, 위 → 아래, 아래 → 위 등

'근경'과 '원경'은 어디까지나 상대적인 개념이라는 것을 이해하자!

해ㅅ살 피여
이윽한* 후,

머흘 머흘
골을 옮기는 구름. ----▶ 원경

길경(桔梗)* 꽃봉오리 ----▶ 근경
흔들려 씻기우고.

차돌부리
촉 촉 죽순(竹筍) 돋듯.
물 소리에
이가 시리다.
(후략)

- 정지용, 「조찬(朝餐)」 -

* 이윽한: 시간이 지난.
* 길경: 도라지.

2연에서 3연으로 전개되면서 화자의 ______ 이 멀리 있는 '구름'에서 상대적으로 가까이 있는 '길경 꽃봉오리'로 이동하고 있어.

● 기출 속으로

2021.06(2) 원경에서 근경으로 시선을 이동하여 계절감을 드러내고 있다.
2021.03 (나)는 원경에서 근경으로, (다)는 근경에서 원경으로 화자의 시선이 이동되고 있다.
2018.03 원경에서 근경으로 시선을 이동하며 심리의 변화를 드러내고 있다.

개념 013

대립적 시상 전개 방식

대립적 시상 전개 방식이란 시상을 전개할 때, 상반된 의미를 지니는 시어, 상반된 이미지를 드러내는 시어, 상반된 태도 등이 나란히 전개되는 경우를 말해. 이런 시상 전개 방식이 사용된 시에서는 시어에 드러나는 긍정적 이미지(○)와 부정적 이미지(△)를 잘 파악해서 구분해야 돼.

✚ 대립적으로 시상을 전개하면

대립되는 두 대상의 의미, 이미지, 태도가 ______ 되는 효과가 있음.

제 손으로 만들지 않고
한꺼번에 싸게 사서
마구 쓰다가
망가지면 내다 버리는
플라스틱 물건처럼 느껴질 때
나는 당장 버스에서 뛰어내리고 싶다
현대 아파트가 들어서며
홍은동 사거리에서 사라진
털보네 대장간을 찾아가고 싶다
풀무질로 이글거리는 불 속에
시우쇠처럼 나를 달구고
모루 위에서 벼리고
숫돌에 갈아
시퍼런 무쇠 낫으로 바꾸고 싶다
땀 흘리며 두들겨 하나씩 만들어 낸
꼬부랑 호미가 되어
소나무 자루에서 송진을 흘리면서
대장간 벽에 걸리고 싶다
지금까지 살아온 인생이
온통 부끄러워지고
직지사 해우소
아득한 나락으로 떨어져 내리는
똥덩이처럼 느껴질 때
나는 가던 길을 멈추고 문득
어딘가 걸려 있고 싶다

- 김광규, 「대장간의 유혹」 -

'플라스틱 물건', '현대 아파트', '똥덩이'라는 부정적 시어와 '털보네 대장간', '시퍼런 무쇠 낫', '꼬부랑 호미'라는 긍정적 시어의 대립이 두드러져. 이럴 때 시의 주제는 '부정적인 것들에 대한 비판', '긍정적인 것들을 지향'이 되는 법!

선생님, 처음 보는 시인데, 어떻게 긍정인지 부정인지 알아요?

너, 설마 벌써 까먹었냐? 3ㅅ!

아, 맞다. 상황, 수식어, 서술어~! ㅎㅎㅎ

기출 속으로

2016.수능 〈제2장〉과 〈제125장〉은 모두 자연 현상과 인간의 삶을 대조적으로 보여 주고 있다.
2016.09 공간의 대조를 통해 이상과 현실의 괴리를 드러내고 있다.
2016.09 [A]와 〈보기〉는 모두 젊음과 늙음을 대조적으로 제시하여 주제를 표출하고 있다.

개념 014

수미상관의 시상 전개 방식

머리 수 ◀ 꼬리 미 ◀

수미상관의 시상 전개 방식이란 시상을 전개할 때, 시의 처음 부분과 끝부분에 동일하거나 유사한 내용을 배치하는 방법을 말해. 시험에서도 정말 자주 묻는 개념이야.

수미상관의 방법으로 시상을 전개하면

1. 반복되기 때문에 그 의미가 ______ 된다.
2. 앞에서 보여 주고, 뒤에서 한 번 더 보여 줌으로써 형태적 ______ 이 느껴진다.
3. 반복을 통해 ______ 이 형성된다.

어느 날 당신과 내가
날과 씨로 만나서
하나의 꿈을 엮을 수만 있다면
우리들의 꿈이 만나
한 폭의 비단이 된다면
나는 기다리리, 추운 길목에서
오랜 침묵과 외로움 끝에
한 슬픔이 다른 슬픔에게 손을 주고
한 그리움이 다른 그리움의
그윽한 눈을 들여다볼 때
어느 겨울인들
우리들의 사랑을 춥게 하리
외롭고 긴 기다림 끝에
어느 날 당신과 내가 만나
하나의 꿈을 엮을 수만 있다면

- 정희성, 「한 그리움이 다른 그리움에게」 -

이 시는 수미상관의 방법으로 작품 전체에 안정감을 주고 있어. 시의 시작 부분과 마무리 부분이 완벽하게 똑같이 생기지 않아도 수미상관으로 볼 수 있거든. 수능 공부의 판단 기준은 기출에서 찾아야 하는 거야.

선생님, 막상 문제 풀 땐 '대응한다', '상응한다'의 기준을 정확히 잘 모르겠어요. 차라리 100% 똑같이 생긴 것만 수미상관이면 좋겠어요. ㅠㅠ

ㅎㅎ 그래서 평가원 기출문제를 분석하는 게 중요하다고 하는 거야. 바로 기준점을 찾기 위해서지. 기출 작품을 하나 더 볼까?

향단(香丹)아 그넷줄을 밀어라
머언 바다로
배를 내어 밀듯이,
향단아
(중략)
바람이 파도를 밀어 올리듯이
그렇게 나를 밀어 올려 다오
향단아.

- 서정주, 「추천사」 -

문제: 윗글에 대한 설명으로 적절한 것은? (2007.09)

정답: 첫 연과 끝 연을 대응시켜 화자의 정서를 심화하고 있다.

요 봐라! 시의 첫 부분과 끝부분이 똑같이 생기지 않았지? 상당히 달라 보이지 않아? 그런데 기출문제의 선지를 한번 봐 봐. 이렇게 첫 연과 끝 연이 일란성 쌍둥이처럼 똑같지 않아도 대응한다고 볼 수 있는 거야. 약간의 변형이 있더라도 시상이 대응한다면 수미상관이라고 생각하자!

● 기출 속으로

2022.06(1)	변형된 수미상관의 구조를 통해 시의 주제를 강조하고 있다.
2021.10	수미상관의 방식을 통하여 구조적 안정감을 주고 있다.
2021.03(2)	수미상관의 기법을 활용하여 리듬감을 조성하고 있다.
2020.03(1)	수미상관의 기법을 활용하여 주제 의식을 강조하고 있다.
2015.04	처음과 끝을 유사한 구조로 상응하여 시적 안정감을 부여한다.
2012.04	처음과 끝을 대응시켜 화자의 정서를 부각하고 있다.

개념 015

선경후정의 시상 전개 방식

(선경: 먼저 경치 / 후정: 뒤에 기분)

선경후정의 시상 전개 방식이란 시상을 전개할 때, 시의 앞부분에는 대상의 외적 요소나 경치를 묘사(선경)하고, 그다음에 그 대상이나 경치를 통해 얻게 된 화자의 정서(후정)를 드러내는 경우를 말해.

낙동강 빈 나루에 달빛이 푸릅니다.
무엔지 그리운 밤 지향 없이 가고파서
흐르는 금빛 노을에 배를 맡겨 봅니다.

낯익은 풍경이되 달 아래 고쳐 보니,
돌아올 기약 없는 먼 길이나 떠나온 듯,
뒤지는 들과 산들이 돌아 돌아 뵙니다.

아득히 그림 속에 정화된 초가집들, → 선경
할머니 조웅전에 잠들던 그 날 밤도
할버진 율 지으시고 달이 밝았더이다.

미움도 더러움도 아름다운 사랑으로
온 세상 쉬는 숨결 한 갈래 맑습니다.
차라리 외로울망정 이 밤 더디 새소서. → 후정

- 이호우, 「달밤」 -

뭔가 조용하고 아늑한 느낌이 들지 않아? 시적 화자는 낙동강의 빈 나루에서 배를 탔어. 화자는 흘러가는 들과 산, 그림 같은 초가집들을 보며 어린 시절의 추억에 잠기기도 해. 1~3연에서 먼저 ________를 보여 주잖아(선경). 그런 다음 온 세상이 미움도 더러움도 아름다운 사랑으로 맑기를, 이 평화로운 모습이 계속되기를 ________하고 있어(후정).

● 기출 속으로

2022.07	(나)는 외부 세계에서 내면으로 화자의 시선을 이동하며 시상을 전개하고 있다.
2020.11(1)	선경후정 방식을 활용하여 시상을 전개하고 있다.
2014.03(1)	배경을 묘사한 후 그에 대한 화자의 정서를 드러내고 있다.
2003.03	외적 상황을 묘사한 다음 화자의 감정을 제시하고 있다.

'선경후정'이라는 말도 시험지에 그대로 노출되는 경우는 많지 않아. 대상, 자연이나 외부 경관을 묘사한 다음에 그것을 통해 화자가 느낀 바를 드러낼 때, '화자의 시선이 외부에서 화자의 내면으로 이동한다'고 할 수 있어. 이것이 바로 '선경후정'의 변신 모드라고 할 수 있겠지?

개념 016

점층적 시상 전개 방식

점층적 시상 전개 방식이란 시상을 전개할 때, 전체적으로 혹은 시의 일부분에서 시어나 시구의 의미, 또는 화자의 정서가 점차적으로 심화되는 방법을 말해. 참고로 '점층'의 반대는 '점강'이라고 해.

점층의 방법으로 시상을 전개하면

그 의미가 조금씩 서서히 ______, ______된다.

나모도 돌도 바히 업슨 뫼에 매게 쪼친 불가토리 안*과,
대천(大川) 바다 한가온대 일천 석(一千石) 시른 대중강(大中舡)*이 노도 일코 닷도 일코 돗대도 것고 뇽층*도 끈코 키도 빠지고 바람 부러 물결치고 안개 뒤셧거 자자진 날의, 갈 길은 천 리 만 리 남고 사면(四面)이 거머어둑 천지 적막 가치노을 떠난대* 수적(水賊) 만난 도사공(都沙工)*의 안과,
엇그졔 님 여흰 내 안히야 엇다가 가을하리오*.

- 작자 미상의 사설시조 -

*안: 안(內), 곧 심정.
*대중강: 규모가 제법 큰 배.
*뇽층: 돛대에 맨 굵은 줄.
*가치노을 떠난대: 사나운 물결이 일어나는데.
*도사공: 뱃사공의 우두머리.
*가을하리오: 견주리오. 비교하겠는가.

뱃사공의 상황 좀 봐. 완전 불쌍하다. 바다 한가운데에서 노 잃어버렸지, 돛대 부러졌지, 돛대에 맨 줄도 끊어졌지, 배의 키도 망가졌지, 바람 불지, 안개 꼈지, 어두워지지, 사나운 물결 일기 시작하지, 거기에다가 심지어 해적까지 만났음. -.-;;; 점점 상황이 안 좋아지고 있어. 이런 게 바로 ______ 이야.

● 기출 속으로

2019.07	(가)와 (나) 모두 점층법을 활용한 시상 전개로 감정의 고조를 드러내고 있다.
2015.03	3연은 명령형 종결 어미가 반복되며 화자의 정서가 점차 고조되고 있으므로, 특히 마지막 행에서는 느낌표에 유의하여 격정적인 어조로 낭송하는 게 좋겠어요.
2014.11(2)	1연에서 '사랑 이야기' 끝에 보인 화자의 '눈물'이 2연에서 '울음'으로 이어지는 것으로 보아 슬픔의 감정이 점차 고조되어 감을 알 수 있어.

개념 017

기승전결의 시상 전개 방식

기승전결의 시상 전개 방식이란 시상을 전개할 때, 먼저 시상을 제시하고(起일어날 기) → 시상을 심화하다가(承받들 승) → 시상이 고조되면서 절정에 이르거나 전환되어(轉구를 전) → 시상을 마무리(結맺을 결)하는 시상 전개 방식이야. 현대시보다 한시에서 많이 사용되는 방법이야.

매운 계절(季節)의 채찍에 갈겨
마침내 북방(北方)으로 휩쓸려 오다.

하늘도 그만 지쳐 끝난 고원(高原)
서릿발 칼날진 그 위에 서다.

어데다 무릎을 꿇어야 하나
한 발 재겨 디딜 곳조차 없다.

이러매 눈 감아 생각해 볼 밖에
겨울은 강철로 된 무지갠가 보다.

- 이육사, 「절정」 -

_____(1연): 극한의 현실
_____(2연): 더 심화된 극한의 현실
_____(3연): 물러설 곳이 없는 극한의 절정 인식
_____(4연): 극한 상황에 대한 극복 의지

● 기출 속으로

2011.09(2) (가)와 달리 (나)는 기승전결의 한시 구조를 통해 주제를 이끌어 내고 있다.

개념 018

어조 변화에 따른 시상 전개 방식

어조 변화

시상이 전개될 때, 시적 화자의 어조의 변화가 중요하게 작용하는 경우가 있어. 어조의 변화에는 태도의 변화가 담겨 있는 법! 이런 시상 전개 방식의 시에서는 어조를 통해 파악할 수 있는 화자의 태도 변화에 주목해야 돼. 단순히 겉으로 드러나는 말투(종결 어미)만으로 어조를 판단하는 것은 5등급의 세계에서나 있는 일이야.

님은 **갔습니다**. 아아, 사랑하는 나의 님은 **갔습니다**.
푸른 산빛을 깨치고 단풍나무 숲을 향하여 난 작은 길을 걸어서, 차마 떨치고 **갔습니다**.
황금의 꽃같이 굳고 빛나던 옛 맹서는 차디찬 티끌이 되어서 한숨의 미풍에 **날아갔습니다**.
날카로운 첫 키스의 추억은 나의 운명의 지침을 돌려놓고, 뒷걸음쳐서 **사라졌습니다**.
나는 향기로운 님의 말소리에 귀먹고, 꽃다운 님의 얼굴에 **눈멀었습니다**.
사랑도 사람의 일이라, 만날 때에 미리 떠날 것을 염려하고 경계하지 아니한 것은 아니지만, 이별은 뜻밖의 일이 되고, 놀란 가슴은 새로운 슬픔에 **터집니다**.
그러나 이별을 쓸데없는 눈물의 원천을 만들고 마는 것은 스스로 사랑을 깨치는 것인 줄 아는 까닭에, 걷잡을 수 없는 슬픔의 힘을 옮겨서 새 희망의 정수박이에 **들어부었습니다**.

우리는 만날 때에 떠날 것을 염려하는 것과 같이, 떠날 때에 다시 만날 것을 **믿습니다**.
아아, 님은 갔지마는 나는 님을 보내지 **아니하였습니다**.
제 곡조를 못 이기는 사랑의 노래는 님의 침묵을 휩싸고 **돕니다**.

- 한용운, 「님의 침묵」 -

이 시에는 처음부터 끝까지 '-ㅂ니다'라는 종결 어미가 쓰였어. 근데, 똑같은 '-ㅂ니다'지만 뭔가 달라. '그러나' 이전까지는 이별로 인한 시적 화자의 슬픔과 ______의 태도(어조)가 드러나 있지만, '그러나' 이후에는 슬픔을 극복하고 새로운 ______을 갖겠다는 태도(어조)로 전환되고 있어. 이런 화자의 태도 변화를 파악할 수 있어야 하는 거야. 이거 아주 중요해.

와, 시상 전개 방식 진짜 많네요. ㅠㅠ

하식아, 근데 막상 시들을 보면 이 시상 전개 방식들이 다가 아니야. 더 많아.

진짜? ㅠㅠ

응. 근데 이렇게 자주 쓰이는 전개 방식들을 잘 이해해 놓고 시를 많이 접해 보면, 시상 전개 방식을 파악하는 것만으로도 정서, 태도나 주제가 보이니까 너무 걱정하지 않아도 돼.

기출 속으로

2023.06	어조의 변화를 통해 긴장감을 조성하고 있다.
2020.10	어조의 변화를 통해 시상을 전환하고 있다.
2019.03	(나)와 (다)는 어조의 변화를 통해 화자나 글쓴이의 심리 변화 과정을 보여 주고 있다.

STEP. 2 기출, 이것은 진리

헉, 또 모르는 시들이지~만 당황하지 않고, <보기>에서 힌트를 Get! 하겠습니다!

그리고 세 문제 모두 적절하지 않은 것을 찾으라는 문제예요. 전 세 문제의 선지들에서도 힌트를 얻을 수 있을 거 같아요.

처음 보는 시에도 당황하지 않는 태도, 훌륭해. ㅎㅎ

[07-09] 다음 글을 읽고 물음에 답하시오. (2021학년도 7월 고3 전국연합학력평가)

(가)

[A]
내 골방의 커-튼을 걷고
정성된 맘으로 황혼을 맞아들이노니
바다의 흰갈매기들같이도
인간은 얼마나 외로운 것이냐

[B]
황혼아 네 부드러운 손을 힘껏 내밀라
내 뜨거운 입술을 맘대로 맞추어 보련다
그리고 네 품안에 안긴 모-든 것에
나의 입술을 보내게 해다오

[C]
저-십이성좌의 반짝이는 별들에게도
종소리 저문 삼림 속 그윽한 수녀들에게도
시멘트 장판 위 그 많은 수인(囚人)들에게도
의지할 가지 없는 그들의 심장이 얼마나 떨고 있을까

[D]
고비사막을 끊어가는 낙타 탄 행상대에게나
아프리카 녹음 속 활 쏘는 인디언에게라도
황혼아 네 부드러운 품안에 안기는 동안이라도
지구의 반쪽만을 나의 타는 입술에 맡겨다오

[E]
내 오월의 골방이 아늑도 하오니
황혼아 내일도 또 저-푸른 커-튼을 걷게 하겠지
암암(暗暗)히 사라지긴 시냇물 소리 같아서
한번 식어지면 다시는 돌아올 줄 모르나 보다

- 이육사, 「황혼」 -

(나)
차운 물보라가
이마를 적실 때마다
나는 소년처럼 울음을 참았다.

길길이 부서지는 파도 사이로
걷잡을 수 없이 나의 해로(海路)가 일렁일지라도

나는 홀로이니라,
나는 바다와 더불어 홀로이니라.

일었다간 스러지는 감상(感傷)의 물거품으로
자폭(自暴)의 잔(盞)을 채우던 옛날은
이제 아득히 띄워보내고,

왼몸을 내어맡긴 천인(千仞)의 깊이 위에
나는 꽃처럼 황홀한 순간을 마련했으니

슬픔이 설사 또한 바다만 하기로
나는 뉘우치지 않을
나의 하늘을 꿈꾸노라.

- 김종길, 「바다에서」 -

★ [A]~[E]로 범위를 나누어 서 시를 이해해 보자.

07 문항 코드 | 23670-0007

[A]~[E]에 대한 이해로 적절하지 않은 것은?

① [A]: '바다의 흰갈매기'에 빗대어 '인간'이 '외로운' 존재임을 부각하고 있다.
② [B]: '황혼'의 '손'에 '입술'을 '맞추어 보'려는 것에서 '모-든 것'에 '입술'을 '보내'려는 것으로 인식이 확장되고 있다.
③ [C]: '의지할 가지 없'이 '떨고 있'는 존재들이 '별들', '수녀들', '수인들'에게 위로 받기를 바라는 마음을 보여 주고 있다.
④ [D]: '지구의 반쪽'을 '타는 입술'에 맡겨달라고 하며, '행상대'나 '인디언'을 향한 관심을 드러내고 있다.
⑤ [E]: '오월의 골방'에서 '아늑'함을 느끼면서 '내일도' '커-튼을 걷'어 '황혼'을 맞이하고 싶은 마음을 드러내고 있다.

★ 시간적 전개 방식이 드러나는 시. 화자의 정서와 태도가 어떻게 변화하는지에 주목해야 돼.

08 문항 코드 | 23670-0008

(나)를 '과거-현재-미래'의 시간 구조를 바탕으로 감상한 내용으로 적절하지 않은 것은?

① 화자는 '차운 물보라'와 같은 시련을 겪었던 과거의 경험을 떠올리고 있군.
② 화자는 '부서지는 파도' 속에 '해로가 일렁'이는 상황에도 현재 '홀로'임을 느끼고 있군.
③ 화자는 '물거품'같이 '일었다간 스러'졌던 과거의 자신에 대한 미련으로 인해 '왼몸을 내어맡'기며 현재의 바다와 맞서고 있군.
④ 화자는 '자폭의 잔'을 채우던, '옛날'이라는 부정적 과거가 '아득히' 사라져 현재의 자신과 단절되기를 바라고 있군.
⑤ 화자는 자신이 느끼는 '슬픔'이 '바다만 하'더라도 '뉘우치지 않을' 수 있는 미래의 삶을 지향하고 있군.

★ (가)와 (나)에 드러나는 대립적 의미를 이해하는 게 포인트.

09 문항 코드 | 23670-0009

〈보기〉를 참고하여 (가)와 (나)를 감상한 내용으로 적절하지 않은 것은?

〈보기〉

시에서는 대립적 구조를 이용해 시적 의미를 효과적으로 드러내기도 한다. (가)에는 화자가 머무르고 있는 골방 안과, 만물을 포용할 수 있는 황혼이 존재하는 골방 밖 세계의 대립이 나타난다. 커튼이 쳐진 골방 안의 고립성과 골방 밖 세계의 개방성이 대립 구조를 이루며 화자의 인식이 부각되고 있는 것이다. 또한 (나)에서 바다와 하늘은 상하 공간 구조의 대립을 이루고 있다. 부정적 속성을 지니고 있는 바다와 긍정적 대상인 하늘을 대비하여 나타냄으로써 화자의 내면 상황을 선명하게 드러내고 있는 것이다.

① (가)에서 화자는 '커-튼을 걷'는 행위를 통해 골방 안과 골방 밖 세계라는 대립적 구조를 이루는 두 공간이 연결될 수 있음을 인식하고 있군.
② (가)에서 골방 안에 있는 화자는 골방 밖 세계에 존재하는 대상들 중에서 소외된 상황에 놓인 존재들을 떠올리며 그들에게 황혼의 포용성이 전해지기를 바라고 있군.
③ (가)에서 화자는 골방 밖 세계에 있는 황혼에게 자신의 바람을 전달함으로써 골방 안이라는 고립된 공간의 한계를 넘어서고자 하는 모습을 보이고 있군.
④ (나)에서 화자는 '천인의 깊이'의 바다를, 이와 대비를 이루는 '꿈꾸'어야 할 하늘로 여기는 인식의 전환을 통해 내면의 슬픔을 극복하려 하고 있군.
⑤ (나)에서 화자는 '이마를 적'시는 바다에 '울음을 참'으며 대응하던 소극적 자세에서 '꽃처럼 황홀한 순간'을 마련하여 하늘을 향해 나아가려는 능동적 자세로 변화하는 모습을 보이고 있군.

태그 체크

○ #시상 ○ #순행적 구성 ○ #계절감을 드러내 주는 시어들 ○ #역순행적 구성 ○ #시간의 역전 ○ #시선의 이동
○ #대립 ○ #수미상관 ○ #선경후정 ○ #점층 ○ #기승전결 ○ #어조의 변화

4 시의 형상성

학습 목표

❶ **이미지**와 **심상**이 무엇인지 안다.
❷ 추상적 관념을 구체적으로 **형상화**한 것을 찾아낼 수 있다.
❸ 시 속에 드러난 **이미지**를 찾아내 이해할 수 있다.

개념 태그

#추상적 대상의 구체적 형상화 #이미지나 심상이나 #감각적 이미지 #오감이란 시각 청각 후각 촉각 미각
#색채어 #색채 이미지 #색채 대비 #공감각적 이미지
#긍정적 이미지 #부정적 이미지 #상승 이미지 #하강 이미지
#동적 이미지 #정적 이미지

STEP. 1 내 생애 마지막 개념 정리!

개념 019
형상화, 이미지, 심상

시에서 가장 중요한 것은 시인이 말하고자 하는 거잖아. 그런 것은 대부분 정서나 태도, 생각… 이런 건데, 그런 것들은 눈에 안 보이는 것인 경우가 많아. '슬픔'이 눈에 보여? '마음의 평화'가 보여? '고통'이 보여? '슬픔, 평화, 고통, 외로움, 극복 의지…' 이런 것들은 추상적이고 관념적인 것들이기 때문에, 솔직히 맘에 와닿지 않는 경우가 너무 많은 거야. 그래서 시인들은 이렇게 와닿지 않는 것들을 좀 더 구체적으로 표현할 필요가 있었어. 그 방법을 '형상화'라고 해.

「표준국어대사전」

형상화 (形형상 형, 象형상 상, 化될 화) 「명사」

형체로는 분명히 나타나 있지 않은 것을 어떤 방법이나 매체를 통하여 구체적이고 명확한 형상으로 나타냄.

이미지 (image) 「명사」

「1」『문학』 감각에 의하여 획득한 현상이 마음속에서 재생된 것. = 심상.

· 이 작품은 청각적 이미지가 뛰어나다.

심상 (心마음 심, 象형상 상 / 心마음 심, 像모양 상) 「명사」

「1」『문학』 감각에 의하여 획득한 현상이 마음속에서 재생된 것. ≒ 이미지, 표상.

· 공감각적 심상.
· 이 작품은 시각적 심상이 뛰어나다.

이미지랑 심상은 똑같은 말이야. 영어로 말하면 '이미지', 한자어로 말하면 '심상'인 거다. 쉬운 말로 풀어 쓰면 시를 읽으면서 떠오르는 모든 것들을 이미지, 심상이라고 하는 거야. 자, 그럼 본격적으로 이미지에 대해 파고들어 보자.

● 기출 속으로

2022.06(2) 세월의 흐름을 시각적으로 형상화하여 시적 분위기를 조성하고 있다.
2021.06(1) 「성탄제」에도 삼대로 이어지는 따뜻한 가족애가 다양한 소재를 통해 형상화되어 있다.
2021.03 '나뭇가지'가 '사철 고드름 달고' '위로 설악에 뻗는' 것은, 어떤 시련에서도 지키고 싶은 사랑에 대한 화자의 지향을 형상화한 것이겠군.

개념 콕

추상적 대상의 구체적 형상화

시인이 전달하고자 하는 추상적이고 관념적인 정서나 대상을 구체적인 ______으로 표현하는 것. 독자들은 시어를 통해 특정한 영상이나 ______를 머릿속에 구체적으로 그려 보게 됨.

낙타는 어린 시절 선생님처럼 늙었다.
나도 따뜻한 봄볕을 등에 지고
금잔디 위에서 낙타를 본다.

내가 여읜 동심(童心)의 옛 이야기가
여기저기
떨어져 있음 직한 동물원의 오후.

- 이한직, 「낙타」 -

문제: 윗글을 감상한 내용으로 적절한 것은? (2015.10(2))

정답: 마지막 연에서는 '동심의 옛 이야기'이라는 추상적 관념을 '여기저기 떨어져 있'다고 하여 구체적인 감각으로 형상화한 거야.

개념 020
감각적 이미지

이제부터 시에 등장하는 감각적 이미지에 대한 개념들을 싹 다 끌어모아 설명할 거야. 앞으로는 감각적 이미지를 모르면 안 되는 겁니다앙~. 모르면 초등학교로 가는 거예요~.

감각이란 눈, 귀, 코, 피부, 혀를 통해서 외부의 어떤 자극을 알아차리는 거야. 시를 읽으면서 떠오르는 이미지가 어떤 감각과 관련되는지를 생각해 보면 되는 거야.

✚ 감각적 이미지가 하는 일

1. 시어를 통해 마음속에 감각을 재생시킨다.
2. 시적 상황을 생생하게 느낄 수 있게 한다.
3. 시적 대상의 인상을 구체화한다.
4. 시적 정서나 분위기를 환기한다.

선생님, '환기하다'가 무슨 뜻이에요?

주의나 여론, 생각 따위를 불러일으킨다는 뜻이야.
선지에도 진짜 자주 나오는 어휘니까 꼭 알아 둬.

감각적 이미지의 종류

> 흔히 시각적 이미지라고 하면 색깔만을 떠올리는 경우가 많아. 모양이나 움직임을 떠올릴 수 있는 표현도 시각적 이미지라는 것 기억하자.

1. 시각적 이미지

눈으로 확인할 수 있는 ______ 뿐만 아니라 ______(밝고 어두움), ______, ______ 을 나타내는 시어나 시구를 통해 떠올릴 수 있는 이미지.

● 기출 속으로

2017.09	(가)와 (나)는 모두 **색채 이미지**를 활용하여 사물의 역동성을 드러내고 있다.
2016.06	색감을 드러내는 시어를 활용하여 대상을 **선명한 이미지**로 제시하고 있다.
2015.09	흑백의 대비를 통해 **회화적 이미지**를 강화하고 있다.

2. 청각적 이미지

귀로 들을 수 있는 구체적인 ______ 를 나타내는 시어나 시구를 통해 떠올릴 수 있는 이미지.

> '짹짹', '쾅쾅' 같은 의성어(사람이나 사물의 소리를 흉내 낸 말)가 쓰였다면 청각적 이미지가 드러났다고 말할 수 있는 거야.

> 어? 그럼 '엉금엉금', '번쩍번쩍' 같은 의태어(사람이나 사물의 모양이나 움직임을 흉내 낸 말)가 쓰였다면 시각적 이미지가 드러났다고 말할 수 있겠네요?

> 그러네!

● 기출 속으로

2021.06(2)	**청각적 심상**을 활용하여 시적 상황을 구체화하고 있다.
2017.수능	**청각적 이미지**를 사용하여 대상이 지닌 슬픔을 표현하고 있다.
2016.06	'바람비 뿌린 소리'와 '두어 소리'의 **청각적 이미지**를 활용하여 임에게 알리고 싶은 화자의 심정을 나타내고 있다.

3. 후각적 이미지

코로 맡을 수 있는 ______ 를 나타내는 시어나 시구를 통해 떠올릴 수 있는 이미지.

● 기출 속으로

2021.06(1)	(가)와 (나)는 모두 **후각적 이미지**를 통해 시적 상황을 구체화하고 있다.
2016.11(1)	**후각적 심상**을 활용하여 공간의 분위기를 형상화하고 있다.
2013.10	'갓 볶아낸 커피의 냄새', '잘 익은 개암의 냄새' 등 **후각적인 심상**을 통해 ㉠에서 느끼는 즐거움을 드러내고 있다.

4. 촉각적 이미지

피부로 느낄 수 있는 ______ 뿐만 아니라 ______, ______ 을 나타내는 시어나 시구를 통해 떠올릴 수 있는 이미지.

● 기출 속으로

2021.07	**촉각적 심상**을 활용하여 대상의 속성을 구체화하고 있다.
2021.04	**촉각적 심상**의 대비를 제시하여 시적 분위기를 조성하고 있다.
2014.04	[C]에서는 **촉각적 심상**을 활용하여 고향의 정취를 느끼고 싶어 하는 화자의 심리를 표출하고 있습니다.

5. 미각적 이미지

혀로 인식할 수 있는 ___을 나타내는 시어나 시구를 통해 떠올릴 수 있는 이미지.

● 기출 속으로

2020.11(1) 4연의 [밤]은 '명절날' '곰국'의 '구수한 내음새'가 나고 화사가 '설탕 든 콩가루 소를 먹'는 등 먹을거리로 풍요로운 시간으로, 그 기억은 후각적 이미지와 미각적 이미지를 통해 구체적으로 형상화되고 있군.

2016.09 미각을 돋우는 소재들을 통해 화자의 흥취가 드러난다.

2016.03(1) 화자가 느끼고 있는 그리움을 미각적 이미지를 통해 환기하고 있어.

연습 4

다음 다섯 문장은 실제 기출문제의 선지를 거의 그대로 가져온 거야. 각 선지에서 설명하고 있는 감각적 이미지의 기능에 유의해서 딱 적용할 수 있는 작품을 찾아 봐.

→ 셋 이상의 감각이라고 생각하자.

① 다양한 감각을 활용하여 시상을 전개한다.
② 청각적 심상을 활용하여 화자의 인상을 표현하고 있다.
③ 주로 시각적 이미지를 활용하여 회화성을 잘 살리고 있군.
④ 미각을 돋우는 소재들을 통해 화자의 흥취가 드러난다.
⑤ 비정하고 매정한 현실을 촉각적 이미지를 통해 표현하고 있다.

(가)

동리(東籬)에 국화 피니 중양(重陽)이 거에로다
자채(自蔡)*로 비존술이 ᄒᆞ마 아니 니것ᄂᆞ냐
아희야 자해(紫蟹)* 황계(黃鷄)로 안주 쟝만ᄒᆞ야라

- 신계영, 「전원사시가(田園四時歌)」 -

*자채: 올벼. 철 이르게 익은 벼.
*자해: 꽃게.

(나)

어린 시절에 불던 풀피리 소리 아니 나고
메마른 입술에 쓰디쓰다.
고향에 고향에 돌아와도
그리던 하늘만이 높푸르구나

- 정지용, 「고향」 -

(다)

아랫목에 모인
아홉 마리의 강아지야
강아지 같은 것들아.
굴욕과 굶주림과 추운 길을 걸어
내가 왔다.
아버지가 왔다.
아니 십구문반(十九文半)의 신발이 왔다.
아니 지상에는
아버지라는 어설픈 것이
존재한다.
미소하는
내 얼굴을 보아라.

- 박목월, 「가정(家庭)」 -

(라)

긴―여름해 황망히 나래를 접고
늘어선 고층(高層) 창백한 묘석(墓石)같이 황혼에 젖어
찬란한 야경 무성한 잡초인 양 헝클어진 채
사념(思念) 벙어리 되어 입을 다물다.

- 김광균, 「와사등」 -

(마)

호르 호르르 호르르르 가을 아침
취어진* 청명을 마시며 거닐면
수풀이 호르르 벌레가 호르르르
청명은 내 머릿속 가슴속을 젖어 들어
발끝 손끝으로 새어 나가나니

- 김영랑, 「청명」 -

*취어진: 계절의 정취에 젖어 든.

6. 공감각적 이미지

다섯 개의 감각적 이미지의 개념을 바탕으로 다음 개념을 잘 이해해 보자.

대상을 인식하기 위한 감각을 다른 종류의 감각으로 전이하여 표현하는 이미지.

순이 벌레 우는 고풍한 뜰에
달빛이 밀물처럼 밀려왔구나!

달은 나의 뜰에 고요히 앉아 있다.
달은 과일보다 향그럽다.

- 장만영, 「달·포도·잎사귀」 -

달은 눈으로 인식할 수 있는 대상인데, 향그럽다니? 달을 냄새 맡아서 인식할 수 있어? 이게 바로 ________ 이미지를 ________ 이미지로 전이시켜 표현한 공감각적 이미지인 거야.

전나무 우거진 마을
집집마다 **누룩을 디디는 소리, 누룩이 뜨는 내음새**……

- 오장환, 「고향 앞에서」 -

그렇다면 '누룩을 디디는 소리, 누룩이 뜨는 내음새'라는 시구는 공감각적 이미지로 표현한 걸까? 아니, 이땐 감각의 전이가 일어나지 않았어. 그냥 고향 마을을 표현하기 위해 ________ 이미지와 ________ 이미지를 나란히 둔 것뿐이야.

● 기출 속으로

2021.09(1) (가)의 '흰 옷고름 절로 향기로워라'에서는 흰 옷고름의 시각적 이미지를 향기로움이라는 후각적 이미지로 표현함으로써 봄에 대한 화자의 느낌을 나타내고 있군.
2011.수능 [B]는 [A]와 달리 공감각적 심상을 통해 입체감을 부여한다.
2011.07 [B]는 [A]와 달리 대상의 감각을 전이시켜 입체감을 드러낸다.

개념 콕

색채 이미지가 색채어를 포함하는 개념인 거야.

색채어와 색채 이미지

색채어는 '색깔을 나타내는 시어'를 말하는 거다. 예를 들면 '빨간', '푸른', '흰' 이런 것들. 그런데 이런 색채어를 쓰지 않아도 색채 이미지는 환기할 수 있는 법. '바다 위 갈매기'라고 하면 파란 바다 위를 날고 있는 흰 갈매기를 떠올리게 되지? 이런 경우엔 색채어를 사용하지는 않았어도 **'색채 이미지를 환기한다'**고 볼 수 있는 거야.

● 기출 속으로

2013.09 색채 이미지를 통해 화자의 순결한 정신을 드러낸다.
2009.05(1) '검은', '푸른' 등의 색채어를 통해 시상을 구체화하고 있다.
2006.09(2) 색채어를 활용하여 시각적 이미지가 더욱 선명하게 느껴지도록 표현하고 있군.

또 개념 콕

색채 대비

말 그대로 선명한 ____를 가까이 두었을 때, ____되는 색채의 특성이 서로 강하게 되어, 그 ____가 두드러지게 나타나는 것을 말해. 보통 흰색과 푸른색, 흰색과 검정, 검정과 빨강의 색채 대비가 자주 나와.

서러운 서른 살, 나의 이마에
불현듯 아버지의 서느런 옷자락을 느끼는 것은,
눈 속에 따 오신 산수유 붉은 알알이
아직도 내 혈액(血液) 속에 녹아 흐르는 까닭일까.

- 김종길, 「성탄제(聖誕祭)」 -

문제: 윗글을 영상물로 만들기 위한 계획으로 적절한 것은? (2010.03(1))

정답: 산수유 열매의 붉은색이 눈의 흰색과 뚜렷이 대비되도록 화면을 구성한다.

기출 속으로

2016.11(2) 색채를 대비하여 표현 효과를 높이고 있다.
2007.10(1) 색채의 대비를 통해서 시각적 이미지를 선명하게 드러내고 있어.
2003.06(2) 색채의 대비를 통해서 시각적 이미지를 선명하게 드러내고 있어.

→ 이렇게 똑같을 수가! 복붙 아님.

개념 021

긍정적 이미지, 부정적 이미지

사실 긍정적, 부정적 이미지는 3ㅅ 공부하면서 이미 배웠다.

1. 긍정적 이미지

긍정적 이미지란 시적 화자가 ____하고 ____하는 느낌을 주는 시어를 통해 형성되는 이미지라고 생각하면 돼.

어느 짧은 산자락에 집을 모아
아들 낳고 딸을 낳고
흙담 안팎에 호박 심고
들찔레처럼 살아라 한다.
쑥대밭처럼 살아라 한다.

산이 날 에워싸고
그믐달처럼 사위어지는 목숨
구름처럼 살아라 한다.
바람처럼 살아라 한다.

- 박목월, 「산이 날 에워싸고」 -

'들찔레', '쑥대밭', '구름', '바람'은 화자가 ____하는 삶을 보여 주는 대상들! 기억하고 있겠지? 3ㅅ!

'~처럼 살아라 한다.'라는 문장 구조가 반복되고 있지? 동일하게 반복되는 문장 구조 속의 시어들은 이미지가 유사한 경우가 많아!

2. 부정적 이미지

부정적 이미지란 시적 화자가 ______하거나, 시적 화자를 고통스럽게 하는 대상, 또는 ______과 ______의 의미를 지닌 시어에 의해 형성되는 이미지라고 생각하면 돼.

향단(香丹)아 그넷줄을 밀어라
머언 바다로
배를 내어 밀듯이,
향단아

이 다소곳이 흔들리는 수양버들나무와
베갯모에 놓이듯한 풀꽃더미로부터,
자잘한 나비 새끼 꾀꼬리들로부터
아주 내어 밀듯이, 향단아

산호(珊瑚)도 섬도 없는 저 하늘로
나를 밀어 올려 다오
채색(彩色)한 구름같이 나를 밀어 올려 다오
이 울렁이는 가슴을 밀어 올려 다오!

- 서정주, 「추천사」 -

'수양버들나무', '풀꽃더미', '나비', '새끼 꾀꼬리들'로부터 밀어내 달라고 하잖아. 그렇다면 이 대상들은 이 시에서만큼은 부정적 대상이야. '산호', '섬'도 마찬가지지! 잊지 말자, 3ㅅ! 다시 보자, 3ㅅ!

연습 5

우리들의 사랑을 위하여서는
이별이, 이별이 있어야 하네.

높았다, 낮았다, 출렁이는 물살과
물살 몰아 갔다오는 바람만이 있어야 하네.

오, 우리들의 그리움을 위하여서는
푸른 은핫물이 있어야 하네.

- 서정주, 「견우의 노래」 -

① 이별 (긍정 / 부정)
② 물살 (긍정 / 부정)
③ 바람 (긍정 / 부정)
④ 은핫물 (긍정 / 부정)

자, 이 시에 표시된 시어들이 긍정적 이미지를 드러내는지, 부정적 이미지를 드러내는지 생각해 보자.

시에서 시어의 이미지를 판단할 때는 3ㅅ을 근거로 이해해야 하지요!

개념 022

상승 이미지, 하강 이미지

1. 상승 이미지

상승이란 낮은 데서 ______ 올라가는 걸 말하잖아. 상승 이미지는 시에서 시적 화자의 정서를 끌어올리는 기능을 하는 이미지야. 상승 이미지는 위로 오르는 듯한 사물이나 상황을 통해서 드러나고, 밝고 ______적인 이미지들과 연결되는 경우가 많아.

㉮ 날아오른다, ~을 향하여

● 기출 속으로

2019.06 '임자 업시 구닐'던 '이 몸'이 '학'이 되어 솟아오르게 함으로써 상승의 이미지를 구현하고 있다.
2018.03 '살구꽃'은 '하늘'을 '여러 번씩 쳐다보던' 시선에서 비롯되는 상승의 심상과 '내려온'에서 비롯되는 하강의 심상이 공존하고 있는 것이라고 볼 수 있군.
2017.11(1) 상승 이미지를 반복하여 화자의 의지를 나타내고 있다.

2. 하강 이미지

하강이란 높은 곳에서 ________ 향하여 내려오는 걸 말하잖아. 하강 이미지는 시적 화자의 정서를 축~ 가라앉게 하는 이미지야. 아래로 꺼지는 듯한 사물이나 상황을 통해서 드러나고, 어둡고 ________적인 이미지들과 연결되는 경우가 많아.

예 이지러진, 기울고, 주저앉는다.

● 기출 속으로

2019.03(1) '하염없이 내리는' ⓒ는 하강의 이미지를 통해 만남이 무산된 화자의 좌절감과 조응한다고 볼 수 있겠군.
2013.09 하강 이미지를 통해 화자가 연약한 존재임을 보여 준다.
2011.07 제1연에서 '촛불'이 '녹아버린다'는 여인의 고독을 하강 이미지를 통해 드러내는 것이겠군.

그래 살아봐야지
너도 나도 공이 되어
떨어져도 튀는 공이 되어 ····▶ 하강 + 상승 이미지

살아봐야지
쓰러지는 법이 없는 둥근
공처럼, 탄력의 나라의
왕자처럼

가볍게 떠올라야지 ····▶ 상승 이미지
곧 움직일 준비 되어 있는 꼴
둥근 공이 되어

옳지 최선의 꼴
지금의 네 모습처럼
떨어져도 튀어 오르는 공 ····▶ 하강 + 상승 이미지
쓰러지는 법이 없는 공이 되어.

- 정현종, 「떨어져도 튀는 공처럼」 -

이 시에는 상승 이미지와 하강 이미지가 반복되고 있어. 반복적으로 튀어 오르는 공의 이미지를 떠올리게 해서 현실의 어려움 속에서도 쓰러지지 않고 다시 도전하며 꿋꿋하게 다시 일어나는 삶의 자세를 얘기하고 있는 거야.

하지만! 항상 '상승 이미지 = 긍정적 이미지', '하강 이미지 = 부정적 이미지'인 것은 아니라는 거!

엊그제 겨울지나 새봄이 돌아오니
도화행화(桃花杏花)는 석양리(夕陽裏)에 피어 있고
녹양방초(綠楊芳草)는 세우(細雨) 중에 푸르도다

- 정극인, 「상춘곡(賞春曲)」 -

문제: 윗글을 감상한 내용으로 적절한 것은? (2013.09(2))

정답: '석양'과 '세우'의 하강 이미지 속에 피어나는 '꽃'과 파랗게 돋는 '풀'의 상승 이미지는 조화를 이루고 있군.

개념 023

동적 이미지, 정적 이미지

1. 동적 이미지

동적 이미지란 힘차고 ______이 느껴지는 이미지를 말해. 역동적 이미지라고도 해.

> 산아, 우뚝 솟은 푸른 산아. 철철철 흐르듯 짙푸른 산아. 숱한 나무들, 무성히 무성히 우거진 산마루에 금빛 기름진 햇살은 내려오고, 둥둥 산을 넘어, 흰구름 건넌 자리 씻기는 하늘, 사슴도 안 오고, 바람도 안 불고, 너멋 골 골짜기서 울어 오는 뻐꾸기…….
>
> - 박두진, 「청산도」 -

'철철철 흐르듯'이라고 표현하니까 마치 생명력이 철철 넘치는 듯한 느낌이 들어. 이렇게 힘차게 움직이는 듯한 느낌이 드는 것을 동적 이미지라고 해.

● 기출 속으로

2020.09 역동적인 이미지를 활용하여 바람이 부는 강변의 풍경을 감각적으로 표현하고 있다.
2014.수능 시상이 전개되면서 역동적인 분위기가 정적인 분위기로 바뀐다.
2012.11(2) 역동적 이미지를 활용하여 생동감을 자아내고 있다.

2. 정적 이미지

정적 이미지란 시적 상황이 ______하거나, 시적 대상의 움직임이 없는 듯한 느낌을 주는 이미지를 말해.

> 흰 달빛 / 자하문 // 달 안개 / 물 소리 //
> 대웅전 / 큰 보살 // 바람 소리 / 솔 소리 //
> 범영루 / 뜬 그림자 // 흐는히 / 젖는데 //
> 흰 달빛 / 자하문 // 바람소리 / 물 소리 //
>
> - 박목월, 「불국사」 -

이 시를 가만히 읽어 보면 불국사의 고요한 정경이 떠오르는 것 같아. 한 폭의 그림을 보는 것 같을 뿐, 움직임은 느껴지지 않아. 이런 게 바로 정적 이미지야.

● 기출 속으로

2010.03(2) '순이 누나의 파르라한 옷고름'의 정적 이미지는 '흰옷자락'의 역동적 이미지와 대비되고 있다.
2002.11(1) 정적인 이미지를 통해 고요한 분위기를 그려 냈다.

STEP. 2 기출, 이것은 진리

선생님, (가)랑 (나)는 시가 맞는데, (다)는 뭘까요? 시도 아닌 게 왜 저기서 나오죠?

ㅎㅎ 당황하지 않아도 돼. 그냥 (다)를 문제의 <보기>라고 생각해 봐. 10번 문제도 (다)를 바탕으로 (가)와 (나)를 감상하라고 했잖아.

아항~! 우리 편이었군요.

[10-11] 다음 글을 읽고 물음에 답하시오. (2018학년도 4월 고3 전국연합학력평가)

(가)

마음 후줄근히 시름에 젖는 날은
동물원으로 간다.

사람으로 더불어 말할 수 없는 슬픔을
짐승에게라도 하소해야지.

난 너를 구경오진 않았다
뺨을 부비며 울고 싶은 마음.
혼자서 숨어 앉아 시를 써도
읽어줄 사람이 있어야지
쇠창살 앞을 걸어가며
정성스레 써서 모은 시집을 읽는다.

철책 안에 갇힌 것은 나였다
문득 돌아다보면
사방에서 창살 틈으로
이방(異邦)의 **짐승들이 들여다본다.**

'여기 나라 없는 시인이 있다'고
속삭이는 소리……

무인(無人)한 동물원의 오후 전도(顚倒)된 위치에
통곡과도 같은 **낙조(落照)가 물들고 있었다.**

- 조지훈, 「동물원의 오후」 -

(나)

무르익은
과실의 밀도(密度)와 같이
밤의 내부는 달도록 고요하다.

잠든 내 어린것들의 숨소리는
작은 벌레와 같이
이 고요 속에 파묻히고,

별들은 나와
자연(自然)의 구조에
질서있게 못을 박는다.

한 시대 안에는 밤과 같이 해체(解體)나 분석(分析)에는
차라리 무디고 어두운 시인들이 산다.
그리하여 토의의 시간이 끝나는 곳에서
밤은 상상으로 저들의 나래를 이끌어 준다.

꽃들은 떨어져 열매 속에
그 화려한 자태를 감추듯……

그리하여 시간으로 하여금
새벽을 향하여
이 풍성한 밤의 껍질을
서서히 탈피케 할 줄을 안다.

- 김현승, 「밤은 영양이 풍부하다」 -

(다)

문학에서 이미지를 활용한다는 것은 좁은 의미에서는 시각적으로 인지할 수 있는 대상이나 장면을 묘사하는 것을 의미하고, 넓은 의미에서는 감각적 체험을 통해 얻은 심리적 인상 체계나 비유적 표현 등을 통해, 시적 의미를 드러내는 것을 말한다. 특히 시에서의 이미지는 추상적이고 관념적인 것을 구체화함으로써 내용을 보다 선명하게 인식하게 하고, 시적 상황을 암시하여 독자의 정서적 반응을 유발하는 기능을 갖고 있다. 따라서 ㉠**이미지란 독자의 상상력에 호소하는 방법으로서, 작가의 상상력에 의해 그려진 그림인 것이다.**

한편 이미지의 기능으로 신선감, 강렬성, 환기력 등을 들기도 한다. 신선감이란 어휘나 소재의 이미지를 바탕으로 빚어내는 새로움을 뜻한다. 예를 들어 낯익은 대상을 낯설게 드러내어 독자들이 참신함을 느끼는 경우가 이에 해당한다. 강렬성이란 작품 속 이미지 간의 긴밀한 관계를 통해 의미를 집중시키는 것을 말하고, 환기력이란 이미지를 통해 특정한 정서가 환기되는 것을 뜻한다.

★ (다)를 <보기>라고 생각하자.

10 문항 코드 | 23670-0010

(다)를 바탕으로 (가)와 (나)를 감상한 내용으로 적절하지 않은 것은?

① (가)의 '쇠창살', '철책', '창살 틈' 등의 유사한 이미지가 반복되어 긴밀성이 강조된 것으로 보아, 이미지의 강렬성을 통해 단절과 속박이라는 시적 의미가 형상화되었다고 할 수 있군.
② (가)의 '사방'에서 '짐승들이 들여다본다'와 같이 시각적 체험으로 얻은 인상을 표현한 것으로 보아, 이미지를 통해 대상과 전도된 화자의 상황이 형상화되었다고 할 수 있군.
③ (가)의 '낙조가 물들고 있었다'와 같은 하강의 이미지가 사용된 것으로 보아, 이미지의 환기력을 통해 비통한 화자의 정서가 형상화되었다고 할 수 있군.
④ (나)의 '별들'이 '질서있게 못을 박는다'와 같이 친숙한 대상을 낯설게 드러낸 것으로 보아, 이미지의 신선감을 통해 시간적 상황이 형상화되었다고 할 수 있군.
⑤ (나)의 '꽃들'이 '그 화려한 자태를 감추듯'과 같이 비유를 통해 대상의 변화 과정을 표현한 것으로 보아, 이미지를 통해 삶의 유한함이라는 화자의 인식이 형상화되었다고 할 수 있군.

★ <보기>의 중요성.

11 문항 코드 | 23670-0011

㉠과 〈보기〉를 바탕으로 (나)를 이해한 내용으로 적절하지 않은 것은?

〈보기〉

작가는 과실 '밤[栗]'과 시간 '밤[夜]'의 이미지를 의도적으로 중첩시키고 있다. 과실이 지니는 속성과 가치는, 시간적 배경인 '밤'의 의미와 연결되어 성장이라는 시적 의미를 강조한다. 한편 시간으로서의 '밤'은 이성적 사유의 시간과 대비되며 '시인'의 감성을 자극하는 배경으로 형상화되어 있다. 이 경우에도 과실로서의 '밤'의 속성은, '시인'의 창작 능력을 배가시키는 시간으로서의 '밤'과 중첩된다.

① 1연의 '과실의 밀도'처럼 '달도록 고요하다'는 것을 통해 독자는 '밤'이라는 것에서 과실과 시간의 중첩된 이미지를 떠올릴 수 있겠군.
② 2연의 '어린것들의 숨소리'가 '파묻히고'를 통해 독자는 '밤'이 '새벽'이 오기 전 '시인'의 감성이 위축된 시간임을 짐작할 수 있겠군.
③ 4연의 '해체나 분석'과 '상상'의 대비를 통해 독자는 '밤'이 이성적 사유의 시간과 대비되는 시간임을 알 수 있겠군.
④ 4연의 '저들의 나래를 이끌어 준다'는 것을 통해 독자는 '밤'이 '시인'의 창작 능력을 배가시키는 시간임을 느낄 수 있겠군.
⑤ 6연의 '껍질'을 '서서히 탈피케' 하는 것을 통해 독자는 '밤'이 성장이 이루어지는 시간이라는 시적 의미를 짐작할 수 있겠군.

태그 체크

○ #추상적 대상의 구체적 형상화 ○ #이미지나 심상이나 ○ #감각적 이미지 ○ #오감이란 시각 청각 후각 촉각 미각
○ #색채어 ○ #색채 이미지 ○ #색채 대비 ○ #공감각적 이미지
○ #긍정적 이미지 ○ #부정적 이미지 ○ #상승 이미지 ○ #하강 이미지
○ #동적 이미지 ○ #정적 이미지

5 시의 함축성

학습 목표 ❶ **비유, 상징, 반어, 역설**에 대해 완벽히 정리한다. ❷ **객관적 상관물**이 무엇인지 안다.

개념 태그 #함축성 #객관적 상관물 #감정 이입 #직유 #은유 #대유 #의인 #활유 #상징 #반어 #역설

STEP. 1 내 생애 마지막 개념 정리!

시에서 함축성이 왜 중요하게~?

비유, 상징, 반어, 역설 등의 표현법을 통해 일상적 · 과학적 언어로는 드러내기 어려운 정서적 효과를 불러일으켜 정신적 가치를 드러낼 때, 시의 아름다움이 실현되니까요.

그렇게 어려운 말은 잘 모르겠고! 시어의 함축적 의미를 묻는 문제는 맨날 나오니까?

ㅎㅎ 둘 다 정답!

개념 024

함축성

「표준국어대사전」

함축성 (含머금을 함, 蓄쌓을 축, 性성품 성) 「명사」

말이나 글이 많은 뜻을 담고 있는 성질.

출제자는 시에서 시어나 시구가 담고 있는 의미를 꼭 물어봐. 기억하지? 정·태·의·기! 함축성은 정·태·의·기에서 '의'와 관련되는 개념인 거야.

개념 025

객관적 상관물

슬프면 그냥 '슬프다', 기쁘면 그냥 '기쁘다' 딱 말하면 좋잖아? 그런데 시에서는 그렇게 대놓고 말해 주는 경우가 많지 않아. 화자의 감정을 직접적으로 표현하기보다는 간접적으로 돌려 말하는 경우가 더 많거든. 그렇게 화자의 감정을 간접적으로 드러내는 데에 동원되는 구체적인 사물을 '객관적 상관물'이라고 해.

객관적 상관물이란 시인이 표현하고자 하는 정서나 생각을 직접 표현하지 않고 그 정서와 직접적으로 관계가 없는 어떤 대상을 이용해 객관적으로 표현할 때, 사용된 자연물이나 사물을 말해.

1. 화자와 객관적 상관물의 감정이 ______ 하는 경우 (= ______)

화자가 가만히 있는 사물에다가 자신의 감정을 쑥 집어넣는 경우가 있어. 그 사물 입장에서는 괜히 화자의 감정을

뒤집어쓰는 거지, 뭐. 자기는 상관도 없는데 말이야. 살짝 억울할 수도 있겠지. ㅎㅎ 이때의 그 억울한 녀석을 화자의 ____이 ____된 대상, 즉 '객관적 상관물'이라고 할 수 있는 거야.

심중에 남아 있는 말 한마디는
끝끝내 마저 하지 못하였구나.
사랑하던 그 사람이여!
사랑하던 그 사람이여!

붉은 해는 서산마루에 걸리었다.
사슴의 무리도 슬피 운다.
떨어져 나가 앉은 산 위에서
나는 그대의 이름을 부르노라

- 김소월, 「초혼」 -

사랑하는 사람과 함께하지 못하는 ____에 빠져 있는 화자는 사슴의 무리도 자기처럼 슬피 운다고 생각하는 거지. 자신의 정서를 사슴의 무리에 ____한 거야. 자신의 울고 싶은 마음을 사슴에게 이입하여 슬픔의 정서를 간접적으로 표현하고 있는 거야. 가만히 있다가 졸지에 슬픈 감정을 이입당한 사슴의 무리가 바로 이 시에서의 객관적 상관물이야.

2. 화자와 객관적 상관물의 상황이나 감정이 ____되는 경우

감정 이입을 당한 녀석만 객관적 상관물인 건 아니야. 화자는 때로 자신의 처지와 너무도 대비되는 대상물을 보면서, 느끼고 있던 감정이 더 심화될 때가 있어. 바로 그때, 화자의 정서 혹은 상황과 대비되는 대상물도 '객관적 상관물'이라고 할 수 있는 거야.

창밖에 세우(細雨) 오고 뜰가에 제비 나니
적객*의 회포는 무슨 일로 끝이 없어
저 제비 비비(飛飛)를 보고 한숨 겨워하나니 〈3장〉

- 이신의, 「단가육장」 -

*적객: 귀양살이 하는 사람.

화자는 지금 귀양지에 있어. 화자는 자유가 없는 갇힌 몸, 묶인 몸인 거지. 그런데 화자가 바라보고 있는 제비는 훨훨 날고 있잖아. 화자는 자신의 처지와 달리 자유롭게 날 수 있는 제비를 보면서 귀양살이를 하고 있는 자신의 처지가 더 서글프게 느껴질 거야. 화자의 상황과 ____되는 자유로운 제비가 바로 이 시에서의 객관적 상관물이야.

3. 객관적 상관물이 화자의 감정을 ____하는 경우 (= ____)

어떤 사물은 화자에게 예전의 기억을 떠올리게 하거나 화자의 감정을 불러일으키기도 해. 그런 걸 '환기한다'고 해. 이렇게 화자의 기억이나 감정을 ____하는 사물도 '객관적 상관물'이라고 할 수 있는 거야.

어두운 방 안엔
바알간 숯불이 피고,

외로이 늙으신 할머니가
애처로이 잦아드는 어린 목숨을 지키고 계시었다.

이윽고 눈 속을
아버지가 약을 가지고 돌아오셨다.

아, 아버지가 눈을 헤치고 따 오신
그 붉은 산수유 열매

나는 한 마리 어린 짐승,
젊은 아버지의 서느런 옷자락에
열로 상기한 볼을 말없이 부비는 것이었다.

이따금 뒷문을 눈이 치고 있었다.
그날 밤이 어쩌면 성탄제의 밤이었을지도 모른다.

어느새 나도
그때의 아버지만큼 나이를 먹었다.

옛것이란 거의 찾아볼 길 없는
성탄제 가까운 도시에는
이제 반가운 그 옛날의 것이 내리는데

서러운 서른 살, 나의 이마에
불현듯 아버지의 서느런 옷자락을 느끼는 것은,

눈 속에 따 오신 산수유 붉은 알알이
아직도 내 혈액 속에 녹아 흐르는 까닭일까.

- 김종길, 「성탄제」 -

서른 살의 화자는 '그 옛날의 것'을 보고 있어. 그게 뭐지? 그래, ____ 이야. 화자는 내리는 눈을 보면서, 화자가 어렸을 때 눈이 많이 내리던 밤에 열이 오르던 어린 화자를 위해 그 눈을 헤치고 산수유 열매를 따 오셨던 아버지를 떠올리고 있어. 화자에게 과거를 떠올리게 하고 아버지에 대한 그리움을 환기하는 ____ 인 눈이 바로 이 시에서의 객관적 상관물이야.

기출 속으로

2019.09(2) [C]: 객관적 상관물을 통해 화자의 쓸쓸하고 외로운 처지를 강조한다.
2015.03 객관적 상관물을 통해 애상적 분위기를 조성하고 있다.
2004.10(1) 객관적 상관물을 통해 정서를 간접적으로 표현할 수도 있고~

이 세 가지 경우 이외에도 객관적 상관물이라고 부를 수 있는 시적 대상은 아주 많아. 이 세 가지는 자주 볼 수 있는 경우를 이해하기 쉽게 추려낸 것일 뿐! 객관적 상관물의 정의를 다시 한번 기억하자. 화자의 감정을 간접적으로 드러내는 데에 동원되는 시 속의 대상물이라면 바로 그것을 '객관적 상관물'이라고 부를 수 있는 거야.

개념 026

비유법 (比견줄 비, 喩깨달을 유, 法법도 법)

설마 아직도 비유법에 '직유법'이랑 '은유법'만 있는 줄 알고 있는 건 아니겠지? 들어는 봤나, '의인법', '활유법', '대유법'이라는 요런 개념들. 비유법의 종류에는 이런 것들도 있다고~. 개념의 존재 자체도 모르면 어떻게 적용을 하고 문제의 답을 찾나, 이 사람아~! 게다가 시험에서는 비유법이 쓰인 시어의 의미까지도 파악할 수 있어야 돼. 정·태·의·기! 그걸 외워서? 생판 처음 보는 시가 나올 수도 있는데 세상 모든 시들을 다 외워 놓을 수도 없고 어쩔…. 그러니까 시는 '외워서' 해석하는 게 아니라 처음 보는 시도 스스로 읽어 낼 수 있는 '진짜 실력을 기르는 방법'으로 준비해야 하는 거야.

비유법이란 어떤 현상이나 사물을 직접 설명하지 않고, 다른 비슷한 현상이나 사물에 ____ 표현하는 방법을 말해.

- ____ : 표현하고자 하는 대상.
- ____ : 원관념을 표현하기 위해 끌어온 대상.

사전 속에 개념 있다. 사전 좀 자주 찾아라잉~!

1. 직유법 (直곧을 직, 喩깨달을 유, 法법도 법)

「표준국어대사전」 『문학』 비슷한 성질이나 모양을 가진 두 사물을 '같이', '처럼', '듯이'와 같은 ____ 로 결합하여 직접 비유하는 수사법. 예를 들면, '그는 여우처럼 교활하다.', '내 누님같이 생긴 꽃이여.' 따위가 있다.

직유법은 원관념이랑 보조 관념을 '처럼', '같이', '듯이'와 같은 연결어를 써서 직접적으로 표현해. 그래서 직유법은 딱 알아보기 너무 쉬워.

모래 더미처럼 길거리에 쌓이고
건어물집의 푸석한 공기에 풀리다가
기름에 튀겨지고 접시에 담겨졌던 것이다

- 김기택, 「멸치」 -

'______'는 생명력을 상실하고 '길거리에 쌓'인 ______의 모습을 직유법으로 표현한 거야. 원관념인 ______와 보조 관념인 ______를 '처럼'이라는 연결어로 결합해서 나타냈어.

2. 은유법 (隱숨을 은, 喩깨달을 유, 法법도 법)

「표준국어대사전」 『문학』 사물의 상태나 움직임을 ______으로 나타내는 수사법. 예로는 "내 마음은 호수요." 따위가 있다.

은유법의 '은'이 '숨을 은(隱)'이라고. 은유법은 원관념과 보조 관념을 바로 연결해서 마치 두 대상이 동일한 것처럼 표현하잖아. 'A = B' 많이 들어 봤지? 직유법은 직접적인 비유, 은유법은 숨어 있는 비유라고들 해.

삶은 언제나
은총의 돌층계의 어디쯤이다.
사랑도 매양
섭리의 자갈밭의 어디쯤이다.

- 김남조, 「설일」 -

은유법을 활용해서 '______'과 '______'이라는 추상적 대상의 특성을 효과적으로 드러내고 있어.

앗, 이것은 바로 추상적 대상의 구체적 형상화! 비유도 구체적 형상화의 한 방법이군요.

이런~ 하나를 가르쳐 주면 둘을 아는 녀석 같으니라고. ㅎㅎ

3. 대유법 (代대신할 대, 喩깨달을 유, 法법도 법)

「표준국어대사전」 『문학』 하나의 사물이나 관념을 나타내는 말이 경험적으로 그것과 밀접하게 ______된 다른 사물이나 관념을 나타내도록 표현하는 수사법. '흰옷'으로 우리 민족을, '백의(白衣)의 천사'로 간호사를, '요람에서 무덤까지'로 태어나서 죽을 때까지를 나타내는 것 따위이다.

대유법이 좀 생소하시죠? 대유법은 제유법과 환유법으로 나눌 수 있지만, 수능에서는 이게 제유법인지 환유법인지를 구분할 수 있는지 묻지 않아. ^^ 대유법이란 사물의 한 부분이나, 그 사물과 밀접한 관계가 있는 다른 낱말을 빌려서 표현하는 방법이라고 이해하면 돼.

껍데기는 가라.
한라에서 백두까지
향그러운 흙 가슴만 남고
그, 모오든 쇠붙이는 가라.

- 신동엽, 「껍데기는 가라」 -

한반도 남단인 '______'와 북단인 '______'를 보조 관념으로 하여 원관념인 '______'를 표현했어.

● 기출 속으로

2022.수능 문학적 표현에는 표현 대상을 그와 연관된 다른 관념이나 사물로 대신하여 나타내는 방법이 있다. 여기에는 사물의 속성으로 실체를 대신하거나 대상의 한 부분으로 전체를 대신하는 것 등이 포함된다. 이러한 방법들은 서로 혼재되기도 하면서 구체적이고 생생한 이미지와 분위기를 환기한다.

→ 환유 → 제유

4. 의인법 (擬헤아릴 의, 人사람 인, 法법도 법)

「표준국어대사전」 『문학』 ______이 아닌 것을 ______에 비겨 사람이 행동하는 것처럼 표현하는 수사법. 예를 들면 '꽃이 웃는다', '강물은 말없이 흐른다' 따위가 있다.

진짜 기본 개념인데 시험에 진짜 자주 나온다. 뽀인뜨는 사람이 아닌 대상에 사람만의 속성, 즉 인격을 부여한다는 점! 절대 잊지 말아야 할 Tip은? 화자가 어떤 대상물에 감정을 이입했다면 의인법이다! 화자가 어떤 대상물에 말을 건넸다면 그것도 의인법이다!

돌도 늙어야 품 안이 너른 법
오랜 날이 흘러서야 알게 되었지
그래 아름다운 일이란 때로 늙어갈 수 있기 때문이야
흐르고 흘렀던가
바람에 솔씨 하나 날아와 안겼지
이끼들과 마른풀들의 틈으로
그 작은 것이 뿌리를 내리다니
비가 오면 바위는 조금이라도 더 빗물을 받으려
굳은 몸을 안타깝게 이리저리 틀었지

사랑이었지 가득 찬 마음으로 일어나는 사랑
그리하여 소나무는 자라나 푸른 그늘을 드리우고
바람을 타고 굽이치는 강물 소리 흐르게 하고
새들을 불러 모아 노랫소리 들려주고

뒤돌아본다
산다는 일이 그런 것이라면
삶의 어느 굽이에 나, 풀꽃 한 포기를 위해
몸의 한편 내어 준 적 있었는가 피워 본 적 있었던가

- 박남준, 「아름다운 관계」 -

'______'와 '______'를 의인화해서 '바위'가 '소나무'를 받아들이고 키워 내는 상황을 표현했어.

● 기출 속으로

질문을 던졌다는 건 말을 건넨다는 것. 말을 건네면 의인법이랬지?

2020.03(2) 자연물에 인격을 부여하여 질문을 던짐으로써 이어질 내용을 이끌어 내고 있다.
2019.03(1) 자연물에 인격을 부여하여 화자가 자연과 교감하는 모습을 보여 주고 있다.
2015.09(2) 자연물에 인격을 부여하여 대상에 대한 친근감을 나타내고 있다.
2014.11(2) 자연물에 인격을 부여하여 대상과의 거리를 좁히고 있다.
2014.09(2) 사물에 인격을 부여하여 화자의 감정을 이입하고 있다.

교감한다.
≒ 친근감을 나타낸다.
≒ 거리를 좁힌다.

감정 이입하면 의인법이랬지?

5. 활유법 (活살 활, 喩깨달을 유, 法법도 법)

「표준국어대사전」 『문학』 ______을 생물인 것처럼, ______이 없는 것을 감정이 있는 것처럼 표현하는 수사법. 예를 들면 '나를 에워싸는 산', '울음 우는 바다' 따위이다.

앞산의 검푸른 숲이 짙은 숨결 뿜어내고
대추나무 우듬지*에 한두 개
누르스름한 이파리 생겨날 때
광복절이 어느새 지나가고
며칠 안 남은 여름방학을
아이들이 아쉬워할 때
한낮의 여치 노래 소리보다

저녁의 귀뚜라미 울음소리 더욱 커질 때
가을은 이미 곁에 와 있다
여름이라고 생각지 말자
아직도 늦여름이라고 고집하지 말자
이제는 무엇인가 거두어들일 때

- 김광규, 「때」 -

*우듬지: 나무의 꼭대기 줄기

'앞산의 검푸른 ______'이 '짙은 숨결 뿜어'낸다고 표현하여 숲의 모습을 생동감 있게 묘사하고 있어.

기출 속으로

2019.11(2) 활유의 방식을 사용하여 관념적 대상을 묘사하고 있다.
2013.04 활유법을 구사하여 대상을 생동감 있게 묘사하고 있다.
2005.09 (다)는 활유의 기법을 사용하여 대상에 생동감을 부여하고 있다.

의인법과 활유법을 구분 못해서 머리카락 쥐어뜯는 녀석들 참 많다. Why~? 잘 봐라. 표준국어대사전상의 개념 정의를 보면 의인법과 활유법을 구분하는 것이 너무 애매하다. 의인법은 사람이 아닌 대상에 사람만의 인격(사고하고 감정을 느끼는 것 등)을 부여하는 거고, 활유법은 무생물에 생물적 속성(숨 쉬고 움직이는 것 등)을 부여하는 건데.
예를 들어 산이 생각을 하거나, 슬퍼하거나, 웃거나, 옷을 입거나 하면 의인법이고, 산이 누워 있거나, 숨을 내쉬거나, 밥을 먹으면 활유법인 거지. 눕거나 숨 쉬거나 밥 먹는 건 사람만 하냐? 생물이면 다 하는 거잖아.
그런데! 중요한 건 수능에서는 의인법이 쓰인 시를 가지고는 '여기에 의인법이 쓰였는지 안 쓰였는지, 썼다면 무슨 효과가 있는지'를 묻지, '이게 의인법일까, 활유법일까?' 요렇게는 묻지 않는다고. 또 활유법이 쓰인 시를 가지고 '여기에 활유법이 쓰였는지 안 쓰였는지를 묻거나, 여기에 활유법이 쓰였는데, 이런 효과가 있게, 없게?' 이런 걸 묻지, '여기 쓰인 게 의인법일까, 활유법일까?' 맞혀 보라고 안 한다고.
난리 날 일 있냐. 사전적 정의도 저렇게 애매한데, 50만 수험생과 그 선생님들과 그 학부모들의 '이거 의인법이라고 할 수도 있지 않느냐!', '이게 정확히 의인법이냐, 활유법이냐?' 이런 이의 제기들 어쩔...? 그런 논란의 싹을 틔울 만한 문제는 애초에 출제도 안 하신다. 그러니까 우리는 의인법과 활유법의 개념만 제대로 확실하게 정립하면 되는 거야. 의미 없는 걸로 머리카락을 쥐어뜯지 말자. 우리의 머리카락은 소중하니까. ㅎㅎ

그런데 막상 시험에는 '직유법, 은유법, 대유법, 의인법, 활유법'보다는 그냥 '비유'라는 표현으로 등장하는 경우가 훨씬 많아. 그러니 문제의 선지에서 '이 작품에 비유가 쓰였다'고 한다면, 우리는 비유의 이 모든 개념들을 떠올리고, 작품 속에서 찾아낼 수 있어야 한다는 거야. 또 비유법을 사용한 시어나 시구의 비유적 의미까지도 파악할 수 있어야 하고!

개념 027

상징 (象상징 상, 徵부를 징)

「표준국어대사전」 『문학』 ________인 사물이나 관념 또는 사상을 ________인 사물로 나타내는 일. 또는 그 사물. 예를 들면 '비둘기'라는 구체적인 사물로 '평화'라는 추상적인 관념을 나타내는 것 따위가 있다.

1. 원형적 상징

원형적 상징이란 인류의 역사를 통하여 수없이 많은 사람들에 의해서 수없이 되풀이되는 원초적 이미지로서의 상징을 말해.

公無渡河(공무도하) 님아, 그 물을 건너지 마오
公竟渡河(공경도하) 기어이 건너시다가
墮河而死(타하이사) 물에 빠져 죽으니
當奈公何(당내공하) 님을 장차 어이할거나
- 백수광부의 아내, 「공무도하가」 -

여기에서 '물'은 '임과의 ______', '임의 ______'을 상징해. 원형적 상징은 시대와 지역을 초월해서 반복성과 동일성을 지니는데, '물'은 '생명' 혹은 '죽음'을 상징하거든. 하나의 대상이 정반대의 의미를 가질 수 있다는 게 특이하지?

2. 관습적 상징

관습적 상징이란 한 사회에서 오랫동안 쓰인 결과 그 의미가 굳어져서 모든 사람에게 그러한 뜻이라고 인정받고 있는 상징을 말해.

이 몸이 주거가서 무어시 될꼬 하니
봉래산 제일봉에 **낙락장송** 되야 이셔
백설이 만건곤할 제 독야청청 하리라

- 성삼문의 시조 -

고전 시가에 정말 툭하면 등장하는 '소나무'는 ______ 와 ______ 를 의미하는 관습적 상징물이야.

3. 개인적(창조적) 상징

개인적(창조적) 상징이란 개인에 의해 독창적으로 만들어져 참신한 문학적 효과를 발휘하는 상징을 말해.

기다리지 않아도 오고
기다림마저 잃었을 때에도 너는 온다.
어디 뻘 밭 구석이거나
썩은 물웅덩이 같은 데를 기웃거리다가
한눈 좀 팔고, 싸움도 한 판 하고,

- 이성부, 「봄」 -

이 시에서의 '너(봄)'는 온갖 더러움과 역경을 딛고 결국 찾아오리라 믿는 ______ 와 ______ 를 상징해. 원형적 상징이나 관습적 상징의 의미보다는 이런 개인적 상징의 의미를 찾는 게 더 어려워. 그럴 땐 <보기>의 내용이 꼭 필요할 거야.

'선생님, 이건 비유예요, 상징이에요?'라고 묻지 말자. '비유'인지 '상징'인지가 중요한 것이 아니라, '비유' 혹은 '상징'의 방법을 통해서 드러내고자 하는 '의미'가 중요한 거다!

또 개념 콕

외우지 마, 외우지 마, 외우지 말라고! 물론 이런 상징적 의미를 가진 시어들이 자주 나오기는 해. 그러나 이런 의미들을 외워서 모든 시에 무조건 적용하려 들면 안 되는 거야. 어디까지나 참고용으로 알아 두자.

시 속 단골, 상징적 시어들

- **하늘**: 희망, 이상적 가치, 포부.
- **별**: 희망, 소망, 이상적 가치.
- **해**: 희망, 왕.(고전 시가)
- **어둠**: 부정적 상황, 평안.
- **눈**: 순결함, 정화, 포용, 시련과 고통.
- **바람**: 자유로움, 시련과 고통, 부질없음.
- **불**: 생명력, 정화, 파괴, 죽음, 대립.
- **물**: 생명력, 정화, 생성, 죽음.
- **강물**: 역사의 흐름.
- **푸른색**: 생명력.
- **바위**: 굳은 의지, 불변.
- **고개**: 장애물, 시련.
- **구름**: 간신배, 장애물.(고전 시가)
- **대나무, 난, 매화, 국화, 소나무**: 절개, 지조.(고전 시가)

개념 028

반어법 (反돌이킬 반, 語말씀 어, 法법도 법)

「표준국어대사전」『문학』 참뜻과는 ________ 되는 말을 하여 문장의 의미를 강화하는 수사법. 풍자나 위트, 역설 따위가 섞여 나타나는 경우가 많다. 인색하다는 뜻으로 쓴 '참 푸지게도 준다!' 따위이다.

나는 이 겨울을 누워 지냈다.
사랑하는 사람을 잃어버려
염주처럼 윤나게 굴리던
오랜 독백도 끝이 나고
바람도 불지 않아
이 겨울 누워서 편히 지냈다.

저 들에선 벌거벗은 나무들이
추워 울어도
서로 서로 기대어 숲이 되어도
나는 무관해서

문 한 번 열지 않고
반추 동물처럼 죽음만 꺼내 씹었다.
나는 누워서 편히 지냈다.
사랑하는 사람을 잃어버린
이 겨울.

- 문정희, 「겨울 일기」 -

아, 역시 반어법은 임팩트가 있어. 이 시의 화자는 '이 겨울 누워서 편히 지냈다'는 ________ 표현을 통해 사랑하는 사람을 잃어버린 ________을 강조하고 있어. 진심으로 '아~, 누워 있으니까 정말 편해.'라고 말하는 게 아닌 거 알지? 사랑하는 사람을 잃은 심정이 죽음에 가까울 만큼 절망적이라는 거야. 일상생활에서 반어를 혼자 못 알아들으면 안 된다, 얘들아~~!

기출 속으로

2014.04 반어는 겉으로 드러난 표현 속에 감춰진 화자의 의도를 강조하는 효과가 있다.
2011.06(2) 역설과 반어를 통해 화자의 의도를 효과적으로 부각하고 있다.
2008.07 반어를 사용하여 풍자적 태도를 보여 주고 있다.

우린 평상시에도 알게 모르게 반어법을 참 많이 써. 선생님도, 부모님께서도 우리에게 반어법을 참 많이 쓰시지. '잘~ 한다.', '너 그러다 ㅎㅂㄷ 가겠다?' 등. 반어법을 잘 알아야, 평소 대화 속의 숨은 뜻도 잘 알 수 있는 거야~.

아… 내가 하루에 잘한다는 소리 열 번씩 듣는 이유가…. ㅠㅠ

아니야, 그래도 그중 절반은 진짜 잘해서 듣는 걸 거야.

개념 029

역설법 (逆거스를 역, 說말씀 설, 法법도 법)

역설법은 표면적으로는 모순되거나 부조리한 것 같지만 그 표면적인 진술 너머에서 진실을 드러내는 표현 방법이야.

역설법을 단순히 '말이 안 되는 거'라고 알고 있으면 안 되는 거다! 이제부터는 역설법의 정확한 개념을 알고 이해하자. 역설법은 외견상 모순되는 사물이나 관념을 연결함으로써 독자에게 신선함과 경이감을 줄 수 있는 표현 방법이야.

우리는 만날 때에 떠날 것을 염려하는 것과 같이,
떠날 때에 다시 만날 것을 믿습니다.
아아, 님은 갔지마는 나는 님을 보내지 아니 하였습니다.
제 곡조를 못 이기는 사랑의 노래는 님의 침묵을 휩싸고 돕니다.

- 한용운, 「님의 침묵」 -

기출 속으로

2021.09(1) '아름다운 상처'에서는 표면적으로 모순이 되는 두 시어를 연결하는 역설의 방법을 사용함으로써 시련을 겪고 피어나는 것의 아름다움을 강조하고 있군.

2020.03(1) 역설법을 활용하여 내면 심리를 부각하고 있다.

2014.07 역설적 표현 방식을 통해 영원한 사랑을 다짐하는 화자의 태도를 그리고 있다.

2011.09(2) 설의적 표현으로 지향하는 삶의 모습을 역설(力說)하고 있다.

이 역설(**力說**)과 저 역설(**逆說**)은 다르다!! 이 선지의 '역설(**力**힘 력, **說**말씀 설)'이란 '자기의 뜻을 힘주어 말함. 또는 그런 말.'을 의미하는 거야. 어휘의 의미를 헷갈려서 실수하지 말자.

연습 6

(가)
태양을 사모하는 아이들아
별을 사랑하는 아이들아

㉠밤이 어두웠는데
눈감고 가거라.

가진 바 씨앗을
뿌리면서 가거라.

발부리에 돌이 채이거든
감았던 눈을 와짝 떠라.

- 윤동주, 「눈감고 간다」 -

(나)
꽃 사이 타오르는 햇살을 향하여
ⓐ고요히 돌아가는 해바라기처럼
높고 아름다운 하늘을 받들어
그 속에 맑은 넋을 살게 하자.

ⓑ가시밭길 넘어 그윽히 웃는 한 송이 꽃은
눈물의 이슬을 받아 핀다 하노니
깊고 거룩한 세상을 우러르기에
삼가 육신의 괴로움도 달게 받으라.

괴로움에 짐짓 웃을 양이면
ⓒ슬픔도 오히려 아름다운 것이
고난을 사랑하는 이에게만이
ⓓ마음 나라의 원광(圓光)*은 떠오른다.

푸른 하늘로 푸른 하늘로
항시 날아오르는 노고지리같이
ⓔ맑고 아름다운 하늘을 받들어
그 속에 높은 넋을 살게 하자.

- 조지훈, 「마음의 태양」 -

*원광: 둥글게 빛나는 빛.

ⓐ~ⓔ 중, ㉠과 유사한 발상과 표현이 나타난 것은? (2006.11(1))

① ⓐ ② ⓑ ③ ⓒ ④ ⓓ ⑤ ⓔ

연습 7

섶벌같이 나아간 지아비 기다려 십 년(十年)이 갔다
지아비는 돌아오지 않고
어린 딸은 도라지꽃이 좋아 돌무덤으로 갔다

㉠산(山)꿩도 섧게 울은 슬픈 날이 있었다
산(山) 절의 마당귀에 여인(女人)의 머리오리가 눈물방울과 같이 떨어진 날이 있었다

- 백석, 「여승(女僧)」 -

발상 및 표현이 ㉠과 유사한 것은? (2005.03(2))

① 구름에 달 가듯이
가는 나그네.
- 박목월, 「나그네」 -

② 우리들의 사랑을 위하여서는
이별이, 이별이 있어야 하네.
- 서정주, 「견우의 노래」 -

③ 내 마음은 낙엽(落葉)이오,
잠깐 그대의 뜰에 머무르게 하오.
- 김동명, 「내 마음은」-

④ 우리가 물이 되어 만난다면
가문 어느 집에선들 좋아하지 않으랴.
- 강은교, 「우리가 물이 되어」 -

⑤ 딴은, 밤을 새워 우는 벌레는
부끄러운 이름을 슬퍼하는 까닭입니다.
- 윤동주, 「별 헤는 밤」 -

STEP. 2 기출, 이것은 진리

이제 조금씩 표현법들을 챙겨 가고 있는 중이야. 표현법 그 자체에만 주목하면 1등급으로 갈 수 없어. 배운 표현법들을 통해 드러나는 의미와 효과까지 챙겨야 돼.

개념 공부할 때는 자신감이 좀 생기는데, 막상 실제 기출문제들을 보면 넘 거창해 보여서 쫄게 돼요. ㅠㅠ

거창해 보이는 기출문제에도 다 개념들이 녹아 있어. 작아진 자신감 복원을 위해 워크북 문제로 적용 연습 꼭 하자!

[12] 다음 글을 읽고 물음에 답하시오. (2018학년도 대학수학능력시험)

구렁에 났는 ㉠풀이 봄비에 절로 길어
아는 일 업스니 긔 아니 조흘쏘냐
우리는 너희만 못ᄒᆞ야 시름겨워 ᄒᆞ노라

〈제8수〉

조그만 이 한 몸이 하늘 밖에 떨어지니
오색 구름 깊은 곳에 어느 것이 서울인고
바람에 지나는 ㉡검불* 갓ᄒᆞ야 갈 길 몰라 ᄒᆞ노라

〈제9수〉

- 이정환, 「비가(悲歌)」 -

*검불: 마른 나뭇가지나 낙엽 따위.

다른 문제에 딸려 있던 〈보기〉지만 참고해서 읽어도 됨. 아니, 참고해야 함~!

〈보기〉

임병양란 이후의 사대부들 사이에서는 긴 사연을 담을 수 있는 연시조 양식을 활용해 전란 후 현실의 문제를 다루려는 경향이 나타났다. 병자호란 직후 지어진 「비가」에도, 잡혀간 세자를 그리는 마음, 임금을 향한 충정, 전란 후 상황에 대한 견해 등 여러 내용이 복합되어 있다. 각 수의 시어를 연결하여 이해할 때 그 같은 내용들이 올바로 파악될 수 있다.

★ 시어의 의미와 기능 파악하기 (+ 객관적 상관물 개념 체크)

12 문항 코드 | 23670-0012

㉠과 ㉡을 비교한 내용으로 가장 적절한 것은?

① ㉠과 ㉡은 모두 화자가 경외감을 가지고 바라보는 소재이다.
② ㉠과 ㉡은 모두 세월의 흐름을 나타내어 인생의 무상함을 느끼게 하는 소재이다.
③ ㉠은 화자의 울분을 심화하는 소재로, ㉡은 화자의 울분을 완화하는 소재로 활용되고 있다.
④ ㉠은 현재의 상황에 대한 인식의 계기가, ㉡은 과거의 사건에 대한 회고의 계기가 된 소재이다.
⑤ ㉠은 화자의 처지와 대비되는 소재로, ㉡은 화자의 처지와 동일시되는 소재로 제시되고 있다.

[13] 다음 글을 읽고 물음에 답하시오. (2014학년도 4월 고3 전국연합학력평가 A형)

가을 연기 자욱한 저녁 들판으로
상행 열차를 타고 평택(平澤)을 지나갈 때
흔들리는 차창에서 너는
문득 낯선 얼굴을 발견할지도 모른다.
그것이 너의 모습이라고 생각지 말아 다오.
오징어를 씹으며 화투판을 벌이는
낯익은 얼굴들이 네 곁에 있지 않느냐.
황혼 속에 고함치는 원색의 지붕들과
잠자리처럼 파들거리는 TV 안테나들
흥미 있는 주간지를 보며
㉠고개를 끄덕여 다오.
농약으로 질식한 풀벌레의 울음 같은
심야 방송이 잠든 뒤의 전파 소리 같은
듣기 힘든 소리에 귀 기울이지 말아 다오.
확성기마다 울려 나오는 힘찬 노래와
고속도로를 달려가는 자동차 소리는 얼마나 ㉡경쾌하냐.
예부터 인생은 여행에 비유되었으니
맥주나 콜라를 마시며
㉢즐거운 여행을 해 다오.
되도록 생각을 하지 말아 다오.
놀라울 때는 다만
'아!'라고 말해 다오.
보다 긴 말을 하고 싶으면 ㉣침묵해 다오.
침묵이 어색할 때는
오랫동안 가문 날씨에 관하여
아르헨티나의 축구 경기에 관하여
성장하는 GNP와 증권 시세에 관하여
㉤이야기해 다오.
너를 위하여
그리고 나를 위하여.

- 김광규, 「상행(上行)」 -

★ 시구의 진짜 의미 파악하기 (+ 반어 개념 체크)

13 문항 코드 | 23670-0013

〈보기〉를 바탕으로 ㉠~㉤을 이해한 내용으로 적절하지 않은 것은?

> 〈보기〉
> 시에서는 화자의 메시지를 직설적으로 전달하기보다 간접적으로 표현함으로써 표현 효과를 높이기도 한다. 특히 반어는 실제 언어로 표현된 표면적 진술 내용과 화자의 내적 표현 의도가 서로 반대되도록 표현하는 기법이다. 이와 같이 반어는 겉으로 드러난 표현 속에 감춰진 화자의 의도를 강조하는 효과가 있다.

① ㉠은 주어진 현실을 맹목적으로 받아들이기보다는 문제의식을 가져야 한다는 점을 강조하여 표현한 것이군.
② ㉡은 사회의 침울한 분위기가 외형적 경제 발전에 의해 가려져 있다는 점을 강조하여 표현한 것이군.
③ ㉢은 향락에 탐닉하여 이성적 판단이 마비된 삶이 결코 즐겁지만은 않다는 점을 강조하여 표현한 것이군.
④ ㉣은 불합리한 현실 세계에 수동적으로 대응하기보다는 적극적인 자세를 지녀야 한다는 점을 강조하여 표현한 것이군.
⑤ ㉤은 사소해 보이기는 하지만 평범한 일상에도 관심을 기울여야 한다는 점을 강조하여 표현한 것이군.

[14] 다음 글을 읽고 물음에 답하시오. (2017학년도 4월 고3 전국연합학력평가)

나는 당신의 옷을 다 지어 놓았습니다.
심의*도 짓고 도포도 짓고 자리옷도 지었습니다.
짓지 아니한 것은 작은 주머니에 수놓는 것뿐입니다.

그 주머니는 **나의 손때가 많이 묻었습니다.**
짓다가 놓아두고 짓다가 놓아두고 한 까닭입니다.
다른 사람들은 나의 바느질 솜씨가 없는 줄로 알지마는
그러한 비밀은 나밖에는 아는 사람이 없습니다.
나의 마음이 아프고 쓰린 때에 주머니에 수를 놓으려면
나의 마음은 수놓는 금실을 따라서 바늘구멍으로 들어가고
주머니 속에서 **맑은 노래가 나와서 나의 마음이 됩니다.**
그리고 아직 이 세상에는 그 주머니에 넣을 만한 무슨 보물이 없습니다.
이 작은 주머니는 짓기 싫어서 짓지 못하는 것이 아니라
짓고 싶어서 다 짓지 않는 것입니다.

- 한용운, 「수(繡)의 비밀」 -

***심의:** 예전에, 신분이 높은 선비들이 입던 웃옷.

★ 시구를 통해 상황, 정서, 태도 파악하기 (+ 역설 개념 체크)

14 문항 코드 | 23670-0014

〈보기〉를 통해 윗글을 감상한 내용으로 적절하지 <u>않은</u> 것은?

〈보기〉

'수(繡)의 비밀'에서 역설(逆說)은 화자가 대상의 부재를 인식하면서도 이를 인정하고 싶지 않은 마음에서 비롯된다. 즉 임의 부재라는 자신의 현실을 인식하면서도 그 현실을 부인(否認)하고 있는 것이다. 이러한 부인은 화자가 일상적 행위를 반복하면서도 그것을 종결짓지 않음으로써 임의 부재가 환기되는 상황을 지연시키면서 드러난다. 하지만 행위의 과정에서 자기 정화가 동반된다는 점에서 그것은 현실 도피라기보다는 주체적 선택이자 극복 의지의 발현이라고 할 수 있다.

① '나의 손때가 많이 묻었습니다'를 통해 화자의 일상적 행위가 오랫동안 지속되었음을 짐작할 수 있군.
② '짓다가 놓아두고 짓다가 놓아두고'에는 임의 부재라는 현실을 부인하고 싶은 화자의 심리가 내재되어 있다고 할 수 있군.
③ '나의 마음이 아프고 쓰린'에는 화자의 주체적 선택과 극복 의지가 드러나 있다고 할 수 있군.
④ '맑은 노래가 나와서 나의 마음이 됩니다'에서 수를 놓는 과정을 통해 화자의 자기 정화가 이루어졌다고 할 수 있군.
⑤ '짓고 싶어서 다 짓지 않는 것입니다'에는 임의 부재가 환기되는 상황을 지연시키려는 화자의 태도가 드러나 있다고 할 수 있군.

태그 체크

☐ #함축성 ☐ #객관적 상관물 ☐ #감정 이입 ☐ #직유 ☐ #은유 ☐ #대유
☐ #의인 ☐ #활유 ☐ #상징 ☐ #반어 ☐ #역설

6 시의 표현법 몽땅

학습 목표

❶ 시에 사용된 **표현법**을 딱 찾아낼 수 있다.
❷ 찾아낸 표현법이 어떤 **효과**가 있는지 말할 수 있다.
❸ 찾아낸 표현법이 사용된 시어나 시구의 **의미**도 말할 수 있다.
❹ 실제 **작품**과 문제의 **선지**에 **개념이 어떻게 녹아 있는지** 안다.

개념 태그

#운율 #반복 #통사 구조 #음성 상징어 #시적 허용 #대조 #대비 #영탄 #설의 #열거 #연쇄 #도치 #서술어의 제한 #시상의 집약 #중첩

STEP. 1 내 생애 마지막 개념 정리!

6강은 진정 하식이를 위해 준비했다! 이 시간은 맘 딱 잡고, 딱 요 한 강만 완벽하게 공부해 놓으면 '앞으로는 꽃길이로구나~~.' 라는 마음가짐으로! 알았지, 하식아? 상식이도 함께해라~. 자만은 금물, 오(誤)개념 노노!
표현법 자체만을 아는 것은 아무 의미가 없어. 표현법을 잘 이해했다면 모르는 시를 딱 봐도 그 안에 쓰인 표현법을 발견해 낼 수 있어야 돼. 그렇다고 또 발견만 하면 뭐하나? 그 표현법을 통해 드러내고자 했던 의미, 그 표현법을 통해 얻을 수 있는 효과(기능)를 알아야 돼. 그러기 위해 가장 기본은 우선 표현법 자체에 대한 이해라는 것!

자, 준비되셨으면 개념 30부터 41까지 달립니다. 이 표현법들은 시에 운율감을 불어넣기도 하고, 의미를 강조하거나, 변화를 줌으로써 시를 더 생동감 있게 만들어 주는 표현법들이야!
딱 보면 척 하고 알아야만 하는 표현법들이니 얘들아, 개념을 제대로 이해하자.

개념 030

운율

1. **외재율** (外바깥 외, 在있을 재, 律법 률/율)

정형시에서, 음의 고저(高低)·장단(長短)·음수(音數)·음보(音步) 따위의 ________ 에 의하여 생기는 운율.

① **음위율**

같거나 비슷한 음을 일정한 ______ 에 배치함으로써 형성되는 운율(각운, 요운, 두운).

② **음보율**

일정한 ______ 가 규칙적으로 반복됨으로써 생기는 운율(3음보, 4음보 등).

③ **음수율**

________ 가 일정하게 반복됨으로써 이루어지는 운율(3·4조, 4·4조 등).

2. 내재율 (內안 내, 在있을 재, 律법 률/율)

자유시나 산문시에서 문장에 잠재적으로 깃들어 있는 운율.

개념 031

반복

운율 형성의 기본은 반복이야~. 반복에는 장사 없다. 반복하면 자연스레 운율이 생길 수밖에 없어.
지금부터는 무엇을 어떻게 반복하면 운율이 형성되는지, 그리고 기본적으로 시를 구성하는 요소(시어, 시구, 시행…)에는 어떤 것이 있는지도 명확하게 해 두자. 별것도 아닌 것 때문에 헷갈려서 점수 날아가면 그게 또 잠도 안 오게 억울하거든.

반복의 두 가지 효과

1. 의미의 ________
2. ________ 형성

1. 음운, 음절의 반복

① 음운

말의 뜻을 구별하여 주는 소리의 가장 작은 단위. 사람들이 같은 음이라고 생각하는 추상적 소리. '님'과 '남'이 다른 뜻의 말이 되게 하는 'ㅣ'와 'ㅏ', '물'과 '불'이 다른 뜻의 말이 되게 하는 'ㅁ'과 'ㅂ' 같은 것. 쉽게 말하면 자음과 모음인 거야.

② 음절

하나의 종합된 음의 느낌을 주는 말소리의 단위. 음절은 몇 개의 음운으로 이루어지며, 모음은 단독으로 한 음절이 되기도 함. '아침'의 '아'와 '침' 같은 것. 쉽게 말해 한 글자, 한 글자를 말하는 거야. 내신 시험지에서 많이 봤지? '3음절로 쓰시오.'라고 하면 세 글자로 쓰라는 말이잖아.

2. 시어, 시구, 시행의 반복

① 시어

수능에서 '시어'라고 할 때는 시에 쓰인 하나의 단어라고 생각하면 돼.

② 시구

수능에서 '시구'라고 할 때는 시에 쓰인 둘 이상의 어절이 모인 구라고 생각하면 돼.

③ 시행

'시행'은 시의 한 줄을 말하는 거야. 한 행은 한 개의 시어로 이루어질 수도 있고, 몇 개의 시어가 모인 시구로 이루어질 수도 있고, 몇 개의 문장으로 이루어질 수도 있는 거지.

연습 8

바람은 넘실 천 이랑 만 이랑
이랑 이랑 햇빛이 갈라지고

- 김영랑, 「오월」 -

> '____', '____', '____' 같은 부드러운 음운과 모음을 효과적으로 사용하여 운율감을 느끼게 하고 있어.

푸름 속에 펄럭이는 피깃발의 외침을 알았다.

- 박두진, 「3월 1일의 하늘」 -

> '____'이라는 ____을 반복하여 리듬감을 형성하고 있어. 거친 느낌 추가요~!

굳은 몸을 안타깝게 이리저리 틀었지
사랑이었지 가득 찬 마음으로 일어나는 사랑
그리하여 소나무는 자라나 푸른 그늘을 드리우고
바람을 타고 굽이치는 강물 소리 흐르게 하고
새들을 불러 모아 노랫소리 들려주고

- 박남준, 「아름다운 관계」 -

> '틀었지', '사랑이었지', '드리우고', '흐르게 하고', '들려주고'와 같이 '____', '____'와 같은 어미를 반복하여 운율감을 형성하고 있어.

방범대원의 호각 소리, 메밀묵 사려 소리에
눈을 뜨면 멀리 육중한 기계 굴러가는 소리

- 신경림, 「가난한 사랑 노래」 -

> '____'라는 ____를 반복하여 리듬감을 형성하고 있어.

심중에 남아 있는 말 한마디는
끝끝내 마저 하지 못하였구나
사랑하던 그 사람이여!
사랑하던 그 사람이여!

- 김소월, 「초혼」 -

> '____!'라는 동일한 ____을 반복하여 '사랑하는 사람에 대한 그리움'을 강조하면서 리듬감을 형성하고 있어.

살어리∨살어리∨랏다 청산에∨살어리∨랏다
멀위랑∨ᄃᆞ래랑∨먹고, 청산에∨살어리∨랏다

- 작자 미상, 「청산별곡」 -

> 3음보의 리듬과 ____ · ____ · ____ 조의 운율은 고려 가요에 잘 나타나는 특징이야.

3. 통사 구조의 반복 & 대구 & 후렴구의 반복 ----▶ 모두 시행의 반복과 관련돼.

① 통사 구조의 반복

통사 구조란 문장 구조라고 이해해도 돼. 통사 구조의 반복이란 시구나 시행을 이루는 특정한 ____를 반복하여 표현하는 방법을 말해.

선지에는 '유사한 통사 구조의 반복'이라는 표현으로 수도 없이 등장해. 유사한 통사 구조의 반복이란 문장 구조가 완벽하게 일치하지 않지만, 거의 유사한 형태를 띠고 있는 걸 말해. 이런 식으로.

산마다	단풍만 저리	고우면	뭐헌다요	
	물빛만 저리	고우면	뭐헌다요	
서리밭에	하얀 들국으로	피어 있으면	뭐헌다요	뭔 소용이다요

└▶ 여기서 팁 하나! 유사한 통사 구조가 반복될 때, 그 문장 구조 안에서 같은 자리에 놓인 시어나 시구의 의미는 유사할 때가 많아.

산 머리에 조각달 되어 님의 낯에 비추고자
바위 위에 오동 되어 님의 무릎 베고자
빈산에 잘새 되어 북창(北窓)에 가 울고자
- 작자 미상, 「춘면곡」 -

'~에 ~ 되어 ~고자'라는 유사한 ______를 지니는 구절을 반복해서 제시함으로써 화자의 ______이 간절함을 강조하고 있어.

아~, '조각달', '오동', '잘새'는 모두 임을 만나기 위해 화자가 되고 싶은 존재들이네요.

기출 속으로

2019.07 동일한 문장 구조를 반복하여 화자의 정서와 조응하는 시적 분위기를 자아내고 있다.
2022.06(2) 유사한 통사 구조를 반복하여 시적 의미를 강조하고 있다.
2018.03(1) 유사한 문장 구조를 사용하여 가난하고 외롭게 살아가는 화자의 모습을 강조하고 있다.

② 대구법 (對대답할 대, 句구절 구, 法법도 법)

대구란 비슷한 어조나 어세를 가진 어구를 ____ 지어 표현의 효과를 나타내는 표현 방법을 말해. 대구법도 진짜 자주 나오는 표현 방법이야. 예를 들면 '난 자장면을 먹고, 넌 짬뽕을 먹지.' 같은 이런 문장. 그러니까 결국 '대구법'도 문장 구조의 반복이라고 할 수 있는 거야. 그렇다면 대구법의 효과는? 그렇지, 의미 강조, 운율감 형성!

나라 빚과 이자는 무엇으로 장만하며
부역과 세금은 어찌하여 차려낼꼬
(중략)
시절이 풍년인들 지어미 배부르며
겨울을 덥다 한들 몸을 어이 가릴고
- 정훈, 「탄궁가」 -

대구의 방식으로 화자의 ______를 드러내고 있어. ______도 살리고.

기출 속으로

2022.09 [B], [C]는 대구를 활용하여 리듬감을 형성하였다.
2014.09(1) 대구를 사용하여 시적 의미를 강조하고 있다.

③ 후렴구의 반복

후렴구란 시의 각 절 끝에 되풀이되는 같은 시구를 말해. 후렴구를 통해서도 운율감이 형성될 수 있어. 후렴구는 고전 시가에서만 볼 수 있는 건 아니야. 후렴구를 반복하면 ______이 형성되고, 구조적 ______도 확보되는 효과가 있어. 또한 후렴구를 통해 ____의 구분이 더 확실해지기도 해.

넓은 벌 동쪽 끝으로
옛이야기 지줄대는 실개천이 휘돌아 나가고,
얼룩백이 황소가 해설피 금빛 게으른 울음을 우는 곳,

— 그곳이 차마 꿈엔들 잊힐 리야

질화로에 재가 식어지면
비인 밭에 밤바람 소리 말을 달리고,
엷은 졸음에 겨운 늙으신 아버지가
짚베개를 돋아 고이시는 곳,

— 그곳이 차마 꿈엔들 잊힐 리야.
- 정지용, 「향수」 -

'그곳이 차마 꿈엔들 잊힐 리야'라는 ______를 반복해서 ______을 형성하면서 화자의 고향에 대한 ______의 정서를 강조하고 있어.

● 기출 속으로

2022.04 후렴구를 활용하여 음악적 효과를 드러내고 있다.
2014.03(1) 음악적 효과를 높여 주는 역할을 하는 후렴구를 반복함.
2005.10(1) 각 장 끝에 후렴구를 삽입하여 시적 구조에 통일성을 부여하고 있다.

4. A-A-B-A 구조

해야 솟아라. 해야 솟아라. 말갛게 씻은 얼굴 고운 해야 솟아라.
A A B A

- 박두진, 「해」 -

A 부분을 세 번이나 반복하니 운율감이 생기겠지?

5. 음성 상징어 사용

음성 상징어는 대부분 그 자체로 반복되는 표현을 포함하기 때문에 운율감을 형성할 뿐만 아니라 대상을 생동감 있게 표현할 수 있어.

'의성어'와 '음성 상징어'가 같은 말 아니에요?

그 말은 맞기도 하고 틀리기도 해. '음성'이라는 표현 때문에 '음성 상징어=의성어'로 오해하는 학생들이 많아. '의성어'도 '음성 상징어'지만 '의태어'도 '음성 상징어'라는 걸 알아 두자.

① 의성어

의성어란 사람이나 사물의 소리를 흉내 낸 말이야. 예를 들면 '쌕쌕', '멍멍', '우당탕' 같은 말들이야.

② 의태어

의태어란 사람이나 사물의 모양이나 움직임을 흉내 낸 말이야. 예를 들면 '아장아장', '엉금엉금', '번쩍번쩍' 같은 말들이야.

저것이 임이로구나. 버선을 벗어 품에 품고 신 벗어 손에 쥐고 곰비임비* 임비곰비 천방지방* 지방천방 진 데 마른 데를 가리지 말고 **워렁퉁탕** 건너가서 정(情)엣말 하려 하고 곁눈으로 흘깃 보니

- 작자 미상의 사설 시조 -

***곰비임비** : 거듭거듭 앞뒤로 계속하여.
***천방지방** : 몹시 급하게 허둥대는 모양.

음성 상징어를 사용해서 ________을 형성하면서 작중 상황을 ________ 있게 나타냈어.

● 기출 속으로

2023.09 '자깔자깔', '끼득깨득'과 같은 음성 상징어에서 '새악시 처녀들'의 '허물없는 즐거움'과 쾌감을 느낄 수 있겠군.
2020.10 음성 상징어를 활용하여 대상을 생동감 있게 묘사하고 있다.
2018.03(2) 음성 상징어를 활용하여 대상에 동적 이미지를 부여하고 있다.

개념 콕

수미상관도 반복?

수미상관은 시상의 전개 방식에서 배웠지? 동일하거나 유사한 구절이나 연을 시의 첫 부분과 마지막 부분에 반복하는 방법이잖아. 반복하니까 운율이 발생하지. 수미상관의 세 가지 효과 다시 한번 체크해 보자. ______ 형성, 형태적 ______ 부여, 반복된 ______ 강조!

> 시험에서는 '수미상관'이라는 말보다는 '첫 연과 끝 연을 대응시켜~' 라는 표현을 더 많이 써. 그리고 이 선지가 적용될 때는 꼭 첫 연과 끝 연이 쌍둥이처럼 똑같이 생기지 않아도 된다는 것, 기억하지?

기출 속으로

2022.06(2) 수미상관 방식을 통해 구조적 안정감을 드러내고 있다.
2022.06(1) 변형된 수미상관의 구조를 통해 시의 주제를 강조하고 있다.
2005.10(1) 수미상관의 구조와 유사한 시구의 반복이 리듬감을 만들어 내는 핵심적인 요소라고 할 수 있어.

또 개념 콕

반복과 변주

동일한 시어(시구)가 여러 번 출현하면 반복이라고 해. 그리고 변형하여 반복하는 부분이 있다면 그럴 땐 ______ 라는 표현을 써.

집을 치면, 정화수(精華水) 잔잔한 위에 아침마다 새로 생기는 물방울의 선선한 우물집이었을레. 또한 윤이 나는 마루의, 그 끝에 평상(平床)의, 갈앉은 뜨락의, 물 냄새 창창한 그런 집이었을레. 서방님은 바람 갈단들 어느 때고 바람은 어려 올 따름, 그 옆에 순순(順順)한 스러지는 물방울의 찬란한 춘향이 마음이 아니었을레.

- 박재삼, 「수정가」 -

문제: 윗글에 나타난 표현상의 특징으로 적절한 것은? (2006.09)

정답: 시어의 반복과 변형을 통해 주제를 강화하고 있다.

기출 속으로

2021.11(2) 세상 물정에 어두운 스스로에 대한 인식을, '영욕을 어이 알며'와 '출척을 어이 알까'와 같은 반복과 변주를 통해 드러냈군.
2012.06(1) 특정 서술어의 반복과 변형을 통해 시적 의미가 심화되고 있다.
2016.06 유사한 시구를 점층적으로 변주하여 리듬감을 형성하고 있다.

개념 032

시적 허용

시적 허용이란 문법상 틀린 표현이라도 문학에서 시적인 효과를 위하여 허용하는 표현 방법을 말해.

문법적으로 틀린 표현을 시에서는 왜 사용할까?

1. 글자 수를 조정하여 ________ 을 형성할 수 있다.
2. 규범을 파괴한 낯선 표현을 통해 그 의미에 ______ 하게 한다.
3. ____________ 를 풍부하게 드러낼 수 있다.

제가끔 떨어져서 혼자 가는 길
하이얀 여울턱에 날은 저물 때.

- 김소월, 「나의 집」 -

글자 수를 ___ · 4 · 5로 조절하여 ______ 을 형성하고 있어.

그러나 신령님…….
바닷물이 적은 여울물을 마시듯이
당신은 다시 그를 데려가고
그 훠-ㄴ한 내 마음에
마지막 타는 저녁 노을을 두셨습니다.
그러고는 또 기인 밤을 두셨습니다.

- 서정주, 「다시 밝은 날에」 -

'훠-ㄴ한'은 '그'와 _____ 한 화자의 마음을, '기인'은 이별 후의 ________ 과 ________ 을 더 효과적으로 느껴지게 해.

개념 033

대조 & 대비

대조란 서로 반대되는 대상이나 내용을 내세워 주제를 강조하거나 인상을 선명하게 표현하는 방법을 말하고, 대비란 두 가지의 차이를 밝히기 위하여 서로 맞대어 비교하는 방법을 말해. 실제 시험에서는 '대조'와 '대비'가 유사한 개념으로 쓰이고 있어. 둘 다 주제를 ______ 하거나 이미지를 선명하게 드러내 주는 효과가 있어.

① 대조

서로 대립되는 내용을 맞세워 강조하거나 선명한 인상을 주려는 방법. 장단(長短), 강약(强弱), 광협(廣狹) 등으로써 대조되는 내용의 단어나 구절을 대립시켜서 표현함.

2018.04	자연 현상과 인간의 삶을 대조하여 삶의 무상함을 드러내고 있다.
2016.09	공간의 대조를 통해 이상과 현실의 괴리를 드러내고 있다.
2014.수능	색채의 선명한 대조를 통해 시적 분위기를 환기한다.
2014.06	어둠과 밝음의 대조를 통해 긍정적 미래의 도래를 암시하고 있다.
2013.03(1)	대조적인 소재로 대상의 속성을 부각하고 있다.
2009.10(1)	외부 세계와 내면세계의 대조를 통해 현실 극복의 의지를 드러내고 있다.
2007.10(1)	화자의 처지와 대조되는 사물로 그리움을 심화시키는 기능을 한다.

② 대비

두 가지의 차이를 밝히기 위하여 서로 맞대어 비교함. '대비'는 차이점이 보다 두드러지기는 하지만 대조처럼 꼭 반대되는 속성만 두드러지는 것은 아님.

2023.06	자연과 인간의 대비를 통해 세태를 비판하고 있다.
2013.11(2)	공간의 대비를 통해 지향하는 가치를 드러내고 있다.
2013.11(1)	색채의 대비를 활용하여 시적 긴장감을 고조시키고 있다.
2010.09(1)	명암의 대비를 통해 화자의 내면을 드러내고 있다.
2015.09	흑백의 대비를 통해 회화적 이미지를 강화하고 있다.
2014.04	시적 공간을 대비하여 화자가 지향하는 세계를 드러내고 있다.
2014.03	현실과 대비되는 화자의 소망이 반영되어 있다.

어느 접어든 골목에서 발을 멈춘다.
잿더미가 소복한 울타리에
개나리가 망울졌다.

- 구상, 「초토의 시 1」 -

전쟁의 비극을 드러내는 '잿더미'와 희망의 의미를 드러내는 '개나리'가 대비(대조)를 이루고 있어.

훨훨 나는 꾀꼬리는
암수 다정히 노니는데
외로울사 이 내 몸은
뉘와 함께 돌아가리.

- 유리왕, 「황조가(黃鳥歌)」 -

'꾀꼬리'와 화자의 대비(대조)를 통해 화자의 외로운 심정을 부각하고 있어.

개념 034

영탄법 (詠읊을 영, 歎탄식할 탄, 法법도 법)

「표준국어대사전」 『문학』 감탄사나 감탄 조사 따위를 이용하여 기쁨 · 슬픔 · 놀라움과 같은 감정을 강하게 나타내는 수사법. '아아!', '오!', '보았는고!' 따위이다.

'영탄법'과 '설의법'은 헷갈려서는 안 될 개념이야.

① 감탄사

아, 어즈버, 아으, 어ᄼ와 등

② 감탄형 어미

-는구나, -ㄴ뎌, -도다, -ㄹ샤(-ㄹ셔) 등

③ 의문형 어미

-ㄴ가, -ㄴ고 등

가야 할 때가 언제인가를
분명히 알고 가는 이의
뒷모습은 얼마나 아름다운가.

- 이형기, 「낙화」 -

문제: 윗글의 표현상 특징으로 가장 적절한 것은? (2014.수능(A))

정답: 영탄과 독백의 어조를 통해 화자의 심정을 드러내고 있다.

'뒷모습은 얼마나 아름다운가.'에서 ________ 어조를 드러내고 있어. 이별의 의미, 가치에 대해 깨닫고 있는 화자가 가야 할 때를 알고 가는 이가 아름답다고 감탄하고 있는 거야.

● 기출 속으로

2014.07 '어져 내일이야 그릴 줄을 모로ᄂᆞ냐'는 영탄과 설의적 표현을 활용하여 화자의 회한을 나타내고 있다.
2013.수능 영탄법을 사용하여 화자의 고조된 감정을 나타낸다.
2010.09 영탄의 어조로 시상을 집약하고 있다.

개념 035

설의법 (設베풀 설, 疑의심할 의, 法법도 법)

「표준국어대사전」 『문학』 쉽게 판단할 수 있는 사실을 의문의 형식으로 표현하여 상대편이 스스로 판단하게 하는 수사법.

정말 몰라서 묻는 것은 설의법이 아니다! 설의법이 쓰인 문장은 내용상으로는 의문이 아니야. 처음에는 일반적인 서술문으로 표현해 나가다가 결론이나 단정 부분에서 의문 형식으로 의미를 강조하는 방법이야.

흔들리지 않고 피는 꽃이 어디 있으랴.
이 세상 그 어떤 아름다운 꽃들도
다 흔들리며 피었나니
흔들리면서 줄기를 곧게 세웠나니
흔들리지 않고 가는 사랑이 어디 있으랴.

젖지 않고 피는 꽃이 어디 있으랴.
이 세상 그 어떤 빛나는 꽃들도
다 젖으며 젖으며 피었나니
바람과 비에 젖으며 꽃잎 따뜻하게 피웠나니
젖지 않고 가는 삶이 어디 있으랴.

- 도종환, 「흔들리며 피는 꽃」 -

궁금해서 묻는 것이 아니라, '꽃들도 다 흔들리면서, 젖으면서 핀다.', '사랑도, 삶도 완성을 위해서는 ______ 과 ______ 을 겪어야 한다.'는 것을 강조하기 위한 설의적 표현인 거야. 우리도 공부하면서 살아가면서, 흔들리고 젖더라도 ______ 하지 말자. 멋지게 흔들려도 보고, 젖어도 보자!

● 기출 속으로

2021.06(2) 설의적 표현을 활용하여 주제 의식을 강조하고 있다.
2016.수능 설의적인 표현을 통해 안타까움의 정서가 강조되고 있다.
2013.03(1) 설의적 표현을 통해 독자의 공감을 유도하고 있다.

개념 036

열거법 (列벌일 렬/열, 擧들 거, 法법도 법)

「표준국어대사전」 『문학』 내용적으로 연결되거나 비슷한 어구를 여러 개 늘어놓아 전체의 내용을 표현하는 수사법. 예를 들면, '꽃밭에는 장미, 백합, 튤립, 칸나가 활짝 피어 있다.' 따위가 있다.

대체로 셋 이상을 늘어놓을 때 '열거법'으로 봐. 같은 어구를 늘어놓은 것은 '열거법'이 아니고 '반복법'인 거고. 그리고 열거된 대상들은 ______ 한 속성을 지니는 경우가 많다는 것도 기억하자.

별 하나에 추억과, 별 하나에 사랑과, 별 하나에 동경과, 별 하나에 시와, 별 하나에 어머니…… **어머니, 벌써 아기 어머니 된 계집애들의 이름과 가난한 이웃 사람들의 이름과, 강아지, 토끼, 노새, 노루, '프랑시스 잼', '라이나 마리아 릴케'**의 이런 시인의 이름을 불러 봅니다.

- 윤동주, 「별 헤는 밤」 -

열거된 대상들은 모두 화자가 ________ 하는 대상들이야. 각각의 대상들을 나열함으로써 화자의 ________ 을 효과적으로 드러내고 있는 거야.

● 기출 속으로

2016.09 악화되는 상황의 열거를 통해 '도사공'의 심리적 압박이 고조되고 있음을 나타내고 있다.
2014.03(1) 열거법을 사용하여 시의 리듬감을 높이고 있다.
2013.수능 고향에서의 삶과 관련된 소재들을 열거하고 있다.
2003.09 동질적 상황을 열거하여 시적 의미를 강화하고 있다.

개념 037

연쇄법 (連잇닿을 련/연, 鎖쇠사슬 쇄, 法법도 법)

「표준국어대사전」 『문학』 앞 구절의 끝 어구를 다음 구절의 앞 구절에 이어받아 이미지나 심상을 강조하는 수사법.

연쇄법은 가락을 통해 글에 변화를 줌으로써 흥미를 일으키는 방법이야. 연쇄계의 고전! 누구나 어렸을 적, 한 번쯤은 불러 봤을 '원숭이 엉덩이~'가 있다. '원숭이 엉덩이는 빨개. 빨가면 사과, 사과는 맛있어. 맛있으면 바나나. 바나나는 길어. 길면 기차. 기차는 빨라. 빠르면 비행기. 비행기는 높아. 높으면 백두산.' 이런 것이 바로 연쇄!

어이 못 오던다 무슨 일로 못 오던다
너 오는 길 위에 **무쇠로 성(城)을 쌓고 성안에 담 쌓고 담 안에란 집을 짓고 집 안에란 뒤주* 놓고 뒤주 안에 궤를 놓고 궤 안에 너를 결박ᄒᆞ여 놓고** 쌍비목* 외걸새에 용거북 ᄌᆞ물쇠로 수기수기 ᄌᆞᆷ갓더냐 네 어이 그리 아니 오던다
ᄒᆞᆫ ᄃᆞᆯ이 셜흔 놀이여니 날 보라 올 하루 업스랴

- 작자 미상의 사설시조 -

*뒤주: 쌀 따위의 곡식을 담아 두는 세간의 하나.
*쌍비목: 쌍으로 된 문고리를 거는 쇠.

문제: 윗글을 이해한 내용으로 적절한 것은? (2016.06(B))
정답: '무쇠로 성을 쌓고 성안에 담 쌓고' 등에서 구절들이 연쇄적으로 이어진 것을 알 수 있다.

● 기출 속으로

2022.04 연쇄의 방식을 통해 대상의 속성을 부각하고 있다.
2021.03 연쇄와 반복을 통해 운율을 형성하고 있다.
2014.07 연쇄법을 사용하여 임의 절대성을 강조하고 있다.

개념 038

도치법 (倒거꾸로 도, 置둘 치, 法법도 법)

「표준국어대사전」 『언어』 정서의 환기와 변화감을 끌어내기 위하여 말의 차례를 바꾸어 쓰는 문장 표현법. '보고 싶어요, 붉은 산이, 그리고 흰옷이.' 따위이다.

원래 낯선 것은 한 번 더 되돌아보게 되잖아. 도치법은 문장 성분의 정상적인 배열 순서를 바꿔 ______를 줌으로써 그 내용을 ______할 수 있어.

—저어, 방을 한 칸 얻었으면 하는데요.
일주일에 두어 번 와 있을 곳이 필요해서요.
내가 조심스럽게 한옥 쪽을 가리키자
아주머니는 빙그레 웃으며 이렇게 대답했다.
—글씨, 아그들도 다 서울로 나가불고
우리는 별채서 지낸께로 안채가 비기는 해라우.
그라제마는 우리 집안의 내력이 짓든 데라서
맴으로는 지금도 쓰고 있단 말이요.
이 말을 듣는 순간 정갈한 마루와
마루 위에 앉아 계신 저녁 햇살이 눈에 들어왔다.
세놓으라는 말도 못하고 돌아섰지만
그 부부는 알고 있을까,
빈방을 마음으로는 늘 쓰고 있다는 말 속에
내가 이미 세들어 살기 시작했다는 걸.

- 나희덕, 「방을 얻다」 -

'내가 이미 세들어 살기 시작했다는 걸'에서 도치의 방식을 사용해서 화자가 '아주머니'의 따뜻함에 깊은 ______을 느꼈다는 것을 ______하고 있어.

● **기출 속으로**

2022.09	도치의 방식을 활용하여 시적 상황을 부각하고 있다.
2022.06(1)	도치의 방식으로 시상을 마무리하여 시적 의미를 강조하고 있다.
2013.수능	도치의 방식으로 시상을 마무리하여 주제 의식을 드러낸다.

오늘 개념 진짜 많지? 정신 줄 붙들어 매고 있냐?

들어는 봤는데, 대충만 알고 있었던 것들이 의외로 많아요. ^^

전 거의 잘 모르는 거라 잘 챙기고 있습니당! ^^

이제부터는 레벨 업을 위한 조금 더 어려운 개념들, 그래서 많이들 틀리는 개념들을 꽉 잡아 볼 거야. 꼭 기억해야 할 것은 표현법들은 정직하게 문제의 선지에 'OO법~' 이런 식으로만 나오지 않아. 트랜스포머인 양, 3단 변신 모드로 그 모양새를 자꾸 바꿔 주시니, 변신 모드에 절대 낚이지 말고 똑똑하게 찾아내고 이해할 수 있어야 돼.

개념 039

서술어의 제한 (서술어의 생략)

별것도 아닌데, 모평에 '서술어의 제한적 사용'이라는 말이 등장했을 때, 많은 수험생들이 당황했었어. 서술어를 제한했다는 것은 문학의 특별한 개념도 아니고, 그냥 서술어를 생략했다는 의미의 표현일 뿐이었어. 낯선 표현에 당황하지 말고 국어 원어민답게 그 어휘와 문장의 의미를 이해하면 되는 거야.

산으로 오면 산이 들썩 산 소리 속에 나 홀로
벌로 오면 벌이 들썩 벌 소리 속에 나 홀로
정주 동림 구십여 리 긴긴 하룻길에
산에 오면 산 소리 벌에 오면 벌 소리 ----▶ 명사로 종결 (= 서술어의 제한적 사용)
적막강산에 나는 있노라

- 백석, 「적막강산」 -

'나 홀로 있노라.'라거나, '벌 소리가 들리네.'처럼 완결된 문장으로 표현할 수 있는 시행을 '나 홀로', '벌 소리'처럼 서술어를 생략하여 끝맺고 있는 거야.

● 기출 속으로

2016.수능B	거쳐 온 곳을 열거하면서 행위를 나타내는 서술어를 최소화하여 여정을 압축적으로 표현하고 있다.
2014.예비시행	불완전한 문장으로 작품을 마무리하여 여운을 주고 있다.
2014.03(고1)	명사형으로 시행을 종결하여 시적 여운을 주고 있다.
2013.10	명사로 시상을 마무리하여 시적 여운을 자아내고 있다.
2011.09	(가)는 의문과 확인을 통해, (나)는 서술어의 제한적 사용을 통해 화자의 의지를 드러낸다.

개념 040

시상의 집약 (集모을 집, 約맺을 약)

집약이란 '한데 모아서 요약한다'는 뜻이야. 문제의 선지에는 '시상의 집약'이라는 표현이 자주 사용돼. 시상을 집약하는 방법은 여러 가지가 있는데, 감탄사, 감탄형 표현에 화자의 고조된 감정이 딱! 집약될 수도 있고, 문장의 종결을 명사나 명사형으로 끝냈을 때 시상이 집약되기도 해. 이외에도 더 많은 방법이 있을 수 있다는 점에 주의하자.

문 한 번 열지 않고
반추 동물처럼 죽음만 꺼내 씹었다.
나는 누워서 편히 지냈다.
사랑하는 사람을 잃어버린
이 겨울.

- 문정희, 「겨울 일기」 -

사랑하는 사람을 잃어버린 ______ 을 쓸쓸한 ______ 의 이미지에 집약하여 시를 끝맺고 있어.

● 기출 속으로

2018.07	명사형으로 시행을 종결하여 시상이 집약되는 효과를 나타낸다.
2017.09(1)	왕족이기 때문에 현실 정치에 참여할 수 없는 체념의 정서를 '엇더타'에 집약해서 나타냈군.
2017.03(2)	'외로운 황홀한 심사'를 통해 죽은 자식을 떠올리고 있는 상황에서 나타나는 화자의 모순된 심리를 집약적으로 제시하고 있다.
2015.10	'한 떨기 들국화처럼 차고 서글프다'에는 '눈물지'을 수밖에 없는 화자의 비애감이 집약되어 있다.

개념 041

중첩 (重무거울 중, 疊겹쳐질 첩)

중첩이란 두 대상이나 이미지, 시간 등이 어떤 연결 고리에 의해 겹쳐지는 것을 말해.

청계천 7가 골동품 가게에서
나는 어느 황소 목에 걸렸던 방울을
하나 샀다.
그 영롱한 소리의 방울을 딸랑거리던
소는 이미 이승의 짐승이 아니지만,
나는 소를 몰고 여름 해 질 녘 하산하던
그날의 소년이 되어, 배고픈 저녁 연기 피어오르는
마을로 터덜터덜 걸어 내려왔다.
장사치들의 흥정이 떠들썩한 문명의
골목에선 지금, 삼륜차가 울려 대는 경적이
저자바닥에 따가운데
내가 몰고 가는 소의 딸랑이는 방울소리는
돌담 너머 옥분이네 안방에
들릴까 말까,
사립문 밖에 나와 날 기다리며 섰을
누나의 귀에는 들릴까 말까.

- 이수익, 「방울소리」 -

방울 소리를 매개로 과거와 현재가 중첩되면서 ________의 정서가 효과적으로 드러나고 있어. 여기서 방울은 추억을 떠올리게 하는 ________가 되는 거지.

● 기출 속으로

2014.11(2) ㉠은 미래에 대한 희망을 가진 삶과 고통스러운 삶이 중첩된 공간이라고 할 수 있다.
2007.09(고2) '눈'과 '흰 당나귀'의 흰색 이미지를 중첩시켜 순결함에 대한 '나'의 지향을 드러내고 있다.
2006.수능 '서로 비슷하네'는 과거와 현재의 경험이 중첩됨을 드러낸다.

STEP. 2 기출, 이것은 진리

오늘 표현법 엄청 배웠다. 지금은 표현법 위주로 문제들을 좀 풀어 볼 거야~.

오~ 선생님. 선지들이 보이는 게 달라요. >.<

[15-16] 다음 글을 읽고 물음에 답하시오. (2012학년도 6월 고1 전국연합학력평가)

(가)
㉠내 죽으면 한 개 바위가 되리라.
아예 애련(愛憐)에 물들지 않고
희로(喜怒)에 움직이지 않고
비와 바람에 깎이는 대로
억년(億年) 비정(非情)의 함묵(緘默)에
안으로 안으로만 채찍질하여
드디어 생명도 망각하고
흐르는 구름
㉡머언 원뢰(遠雷)
꿈 꾸어도 노래하지 않고
두 쪽으로 깨뜨려져도
소리하지 않는 바위가 되리라.

- 유치환, 「바위」 -

(나)

겨울 나무와
바람
㉢머리채 긴 바람들은 투명한 빨래처럼
진종일 가지 끝에 걸려
나무도 바람도
혼자가 아닌 게 된다.

혼자는 아니다
누구도 혼자는 아니다
나도 아니다.
실상 하늘 아래 외톨이로 서보는 날도
하늘만은 함께 있어 주지 않던가.

㉣삶은 언제나
은총의 돌층계의 어디쯤이다.
사랑도 매양
섭리의 자갈밭의 어디쯤이다.

㉤이적진* 말로써 풀던 마음
말없이 삭이고
얼마 더 너그러워져서 이 생명을 살자.
황송한 축연이라 알고
한 세상을 누리자.

새해의 눈시울이
순수의 얼음꽃,
승천한 눈물들이 다시 땅 위에 떨구이는
백설을 담고 온다.

- 김남조, 「설일」 -

*이적진: '이제까지는'의 방언.

(다)

우리가 눈발이라면
허공에서 쭈빗쭈빗 흩날리는
진눈깨비는 되지 말자.
세상이 바람 불고 춥고 어둡다 해도
사람이 사는 마을
가장 낮은 곳으로
따뜻한 함박눈이 되어 내리자.
우리가 눈발이라면
잠 못 든 이의 창문 가에서는
편지가 되고
그이의 깊고 붉은 상처 위에 돋는
새살이 되자.

- 안도현, 「우리가 눈발이라면」 -

★ 딱 정해진 범위에 개념 적용.

15 문항 코드 | 23670-0015

㉠~㉤에 대한 설명으로 적절하지 않은 것은?

① ㉠: 극단적인 상황의 가정을 통해 되고자 하는 바를 효과적으로 제시하고 있다.
② ㉡: 시적 허용과 동일한 의미의 중첩을 통해 거리감을 강조하고 있다.
③ ㉢: 보이지 않는 대상을 시각화하여 구체적인 모습으로 보여 주고 있다.
④ ㉣: 비유적 표현을 통해 추상적 대상의 특성을 효과적으로 드러내고 있다.
⑤ ㉤: 반어적 표현을 통해 시적 의미를 강조하고 있다.

★ <보기>에서 지정한 범위 체크.

16 문항 코드 | 23670-0016

(다)를 〈보기〉와 같이 파악할 때, 이에 대한 이해로 적절한 것은?

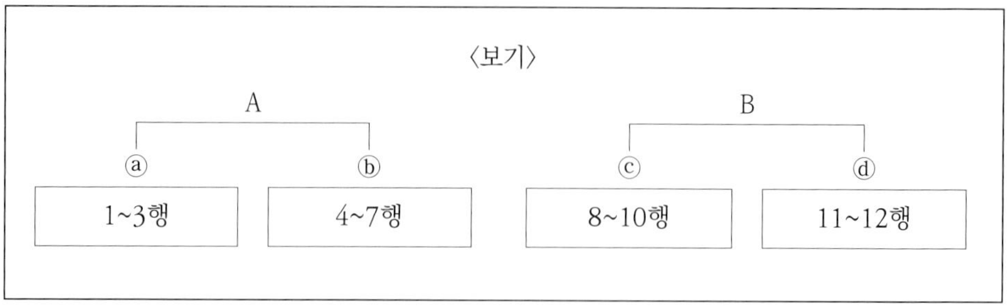

① A에서 B로 전개되면서 시상의 반전이 일어나고 있다.
② A에서는 화자의 경험이, B에서는 이에 대한 화자의 깨달음이 나타나고 있다.
③ ⓐ와 ⓒ는 화자 자신을 향한 내면의 목소리가, ⓑ와 ⓓ는 청자에게 호소하는 화자의 목소리가 드러나고 있다.
④ ⓐ~ⓓ에서는 특정 서술어의 반복과 변형을 통해 시적 의미가 심화되고 있다.
⑤ ⓓ는 ⓐ와 달리 의태어를 사용하여 생동감을 주고 있다.

[17-18] 다음 글을 읽고 물음에 답하시오. (2022학년도 6월 고1 전국연합학력평가)

(가)

모란이 피기까지는
나는 아직 나의 봄을 기둘리고 있을 테요
모란이 뚝뚝 떨어져 버린 날
나는 비로소 봄을 여읜 설움에 잠길 테요
오월 어느 날 그 하루 무덥던 날
떨어져 누운 꽃잎마저 시들어 버리고는
천지에 모란은 자취도 없어지고
뻗쳐오르던 내 보람 서운케 무너졌느니
모란이 지고 말면 그뿐 내 한 해는 다 가고 말아
삼백예순 날 하냥 섭섭해 우옵네다
모란이 피기까지는
나는 아직 기둘리고 있을 테요 찬란한 슬픔의 봄을

- 김영랑, 「모란이 피기까지는」 -

(나)

아래층에서 물 틀면 단수가 되는
좁은 계단을 올라야 하는 전세방에서
만학을 하는 나의 등록금을 위해
사글셋방으로 이사를 떠나는 형님네
달그락거리던 밥그릇들
베니어판으로 된 농짝을 리어카로 나르고
집안 형편을 적나라하게 까 보이던 이삿짐
가슴이 한참 덜컹거리고 이사가 끝났다
형은 시장 골목에서 자장면을 시켜주고
쉽게 정리될 살림살이를 정리하러 갔다
나는 전날 친구들과 깡소주를 마신 대가로
냉수 한 대접으로 조갈증을 풀면서
자장면을 앞에 놓고
이상한 중국집 젊은 부부를 보았다
바쁜 점심시간 맞춰 잠자주는 아기를 고마워하며
젊은 부부는 밀가루, 그 연약한 반죽으로
튼튼한 미래를 꿈꾸듯 명랑하게 전화를 받고
서둘러 배달을 나아갔다
나는 그 모습이 눈물처럼 아름다워
물배가 부른데도 자장면을 남기기 미안하여
마지막 면발까지 다 먹고 나니
더부룩하게 배가 불렀다, 살아간다는 게

그날 나는 분명 슬픔도 배불렀다

- 함민복, 「그날 나는 슬픔도 배불렀다」 -

★ 배운 표현법들 중심으로.

17 문항 코드 | 23670-0017

(가)에 대한 설명으로 적절하지 않은 것은?

① 색채어를 활용하여 대상의 불변성을 부각하고 있다.
② 변형된 수미상관의 구조를 통해 시의 주제를 강조하고 있다.
③ 도치의 방식으로 시상을 마무리하여 시적 의미를 강조하고 있다.
④ 음성 상징어를 통해 대상의 움직임에서 느끼는 인상을 드러내고 있다.
⑤ 작품의 표면에 나타난 화자가 자신의 정서를 직접적으로 드러내고 있다.

★ 대비 개념 체크.

18 문항 코드 | 23670-0018

〈보기〉를 참고하여 (가)와 (나)를 감상한 것으로 적절하지 않은 것은?

〈보기〉

시에서 대비되는 정서나 태도, 이미지가 제시될 때, 화자가 처한 상황이나 대상에 대한 인식이 강조되는 효과가 있다. 그런데 상반되거나 이질적인 정서나 태도, 이미지들이 함께 나타날 때는 표면적으로 모순이 있는 것처럼 보이기도 한다. 하지만 시인은 모순적으로 보이는 것들을 통해서 표면적 진술 너머에 있는 보다 높은 차원의 인식을 보여 준다.

① (가): '섭섭해 우옵네다'와 '아직 기둘리고 있을 테요'에서는 꽃이 사라진 것에 대한 화자의 태도가 대비되면서 화자의 기다림이 강조되는군.
② (가): '찬란한 슬픔'은 모순된 진술처럼 보이지만, 표면적 진술 너머에 슬픔을 극복하려는 화자의 인식이 담겨 있음을 볼 수 있군.
③ (나): '연약한 반죽'과 '튼튼한 미래'에서는 이미지의 대비를 통해 희망을 잃지 않는 중국집 젊은 부부의 건강한 삶을 강조하고 있군.
④ (나): '이상한'과 '눈물처럼 아름다워'에서는 중국집 젊은 부부를 향한 태도가 대비되면서 중국집 젊은 부부에 대한 화자의 긍정적인 인식이 부각되고 있군.
⑤ (나): '슬픔도 배불렀다'는 모순된 진술을 통해 중국집 젊은 부부의 고단한 삶과의 대비에서 느끼는 화자 자신의 삶에 대한 만족감을 강조하고 있군.

태그 체크

○ #운율 ○ #반복 ○ #통사 구조 ○ #음성 상징어 ○ #시적 허용 ○ #대조 ○ #대비
○ #영탄 ○ #설의 ○ #열거 ○ #연쇄 ○ #도치 ○ #서술어의 제한 ○ #시상의 집약
○ #중첩

7 고전 시가, 읽기 & 갈래

학습 목표

❶ 우선 **읽을 수 있다.**
❷ 고전 시가에 단골로 등장하는 **어휘의 의미**를 안다.
❸ 고전 시가를 딱 보면! **어떤 갈래의 작품**인지 알 수 있다.
❹ 갈래에 따라 자주 나타나는 **주제**를 안다.

개념 태그

#진작 했어야 할 고어 읽기 방법 공부
#-ㄹ샤
#제일 많이 나오는 시조랑 가사
#출제 빈도 저조한 민요랑 향가
#얘도 나오기 쉽지 않을 걸, 경기체가
#-ᄒᆞ다
#홍진, 무심, 백구 모르면 이제 나가
#자주 나오지 않아도 알아 둘게, 한시
#나오기 힘든 고대 가요
#-는다
#봄이면 이화와 도화
#요즘 살짝 뜨는 고려 가요
#한 번 출제돼서 깜놀, 악장

STEP. 1 내 생애 마지막 개념 정리!

쌤! 전 고전 시가가 정말 너무 무서워요.

어허! 모르는 소리. 고전 시가를 제대로 한번 정리해 놔 봐. 남들은 무서워서 벌벌 떠는 고전 시가가 내 경쟁력이 된다고. 언제까지 무섭다고 미루고 미룰래? 눈 딱 감고 7강, 8강 두 강만 제대로 따라와 봐. 너도 고전 시가 읽으면서 웃을 수 있어. ㅎㅎㅎ

선생님, 근데 고전 시가 갈래에 대한 이해도 중요한가요?

맞아. 한때 시와 역사적 갈래에 관한 이론 글이 엮여 지문으로 만들어지기도 했었고, 예전에는 잘 출제되지 않던 갈래의 작품들이 출제되기도 했어. 물론 꼭 이론을 미리 알아 두어야만 문제를 풀 수 있는 건 아니지만, 고전 시가의 역사적 갈래들에 대한 정보를 잘 이해해 두면 작품을 이해하는 데에 도움을 받을 수 있거든.

개념 042

고어 읽는 법

1. 이어 적기 ····▶ 소리 나는 대로 표기했다. 소리 내어 읽으면서 원래 단어의 형태로 써 보자.

㉠ 바블 머그니 기부니 조타. ⇒ ______________________

우러라 우러라 새여 ⇒ ______________________

2. 지금은 사라진 음운들 ····▶ 이상한 애들의 정체를 알아 두자!

① ·(아래아)

일단은 '____'나 '____'로 바꿔 읽어 보자.

㉠ ᄉᆡ ⇒ [____], ᄉᆞᄉᆞᆷ ⇒ [____]

② ㅿ(반치음)

'ㅿ'을 '____'으로 바꿔 읽어 보자.

㉠ ᄆᆞᅀᆞᆷ ⇒ [____], ᄀᆞᅀᆞᆯ ⇒ [____]

③ ㅸ(순경음 비읍)

'ㅗ'나 'ㅜ'로 바꿔 읽어 보자.

예 고ᄫᅡ ⇒[ ], 더ᄫᅥ ⇒ [ ]

3. 어두 자음군 ---▶ 맨 뒤에 있는 자음의 된소리 발음으로 읽어 보자.

① ᄯᆞ ⇒ [ ]
② ᄢᅵ ⇒ [ ]
③ ᄠᅳᆮ ⇒ [ ]

개념 043 필수 고전 어휘

3분만에 일단 고어를 읽을 수는 있게 됐어. ㅎㅎ 그럼 이번에는 단골 어휘들의 의미 챙기기!

이 정도는 고전 시가에 대한 예의라고 본다.

★ 1. 하다 = 많다[多], 크다[大]

★ 2. ᄒᆞ다 = ~하다[爲]

3. 시름 = 걱정, 근심

> **널라와** **시름 한** 나도 자고 니러 우니로라.
> 너보다 걱정 많은
> - 작자 미상, 「청산별곡」 -

4. 버혀 = 베어

> 冬至(동지)ᄉᄃᆞᆯ 기나긴 밤을 한 허리를 **버혀** 내여,
> 베어
> 春風(춘풍) **니불** 아릐 서리서리 너헛다가,
> 이불
> **어론님** 오신 날 밤이여든 구뷔구뷔 펴리라.
> 정분을 맺은 임
> - 황진이의 시조 -

5. 둏다 = 좋다

6. ᄶᅩᇂ다 = 깨끗하다

7. ~예 = ~에 (처소 부사격 조사)

> **物外(물외)예** **조ᄒᆞᆫ** 일이 漁夫生涯(어부 생애) 아니러냐.
> 자연에 깨끗한
> - 윤선도, 「어부사시사」 -

> 말ᄉᆞᆷ도 우음도 아녀도 몯내 **됴하ᄒᆞ노라**.
> 좋아하노라
> - 윤선도, 「만흥」 -

8. 어리다 = 어리석다

9. 지다, 듣다 = 떨어지다

> ᄆᆞ음이 **어린 後(후) ㅣ니** ᄒᆞᄂᆞᆫ 일이 다 **어리다**.
> 어리석으니 어리석다
> 萬重雲山(만중 운산)에 어ᄂᆡ 님 오리마ᄂᆞᆫ,
> **지ᄂᆞᆫ 닙** 부ᄂᆞᆫ ᄇᆞ람에 幸(행)혀 **긘가** ᄒᆞ노라.
> 떨어지는 잎 그인가
> - 서경덕의 시조 -

★ 10. ~ㄹ세라 = ~할까 봐 두렵다

> 잡ᄉᆞ와 두어리마ᄂᆞᄂᆞᆫ
> **선ᄒᆞ면 아니 올셰라**
> 서운하면 안 올까 봐 두렵다
> - 작자 미상, 「가시리」 -

> 어긔야 **즌 ᄃᆡᄅᆞᆯ** **드ᄃᆡ욜셰라**.
> 진 데를 디딜까 봐 두렵다
> 어긔야 어강됴리
> 어느이다 노코시라.

어귀야 내 가논 디 **졈그를셰라.**
저물까 봐 두렵다
- 작자 미상, 「정읍사」 -

11. 고텨(고쳐) = 다시

珠슈簾렴을 **고텨 것고**, 玉옥階계를 다시 쓸며,
다시 걷고
그제야 **고텨 맛나 또** 흔 잔 **흐잣고야.**
다시 만나 또 하자꾸나
- 정철, 「관동별곡」 -

★ 12. 녜다, 녀다, 니다 = 가다

져 물이 거스리 흐르고져 나도 우러 **녜리라.**
가리라
- 원호의 시조 -

★ 13. 2인칭 주어 + -는다 (눈다) = ~는가?(의문형)

14. 장소 + 의/희 = ~에(처소 부사격 조사)

弓궁王왕 大대闕궐 **터희** 烏오鵲쟉이 지지괴니,
터에
千쳔古고 興흥亡망을 **아는다, 몰으는다.**
아는가, 모르는가
- 정철, 「관동별곡」 -

15. 혀다 = 켜다, 연주하다

이월 보로매 아으 노피 **현** 등ㅅ불 다호라
켠
- 작자 미상, 「동동」 -

사수미 짒대예 올아셔 히금을 **혀거를** 드로라.
연주하거늘
- 작자 미상, 「청산별곡」 -

16. 머흘다 = 험하다

님의게 보내오려 **님 겨신** 대 바라보니,
임에게 임 계신

山산인가 구롬인가 **머흐도 머흘시고.**
험하기도 험하구나
- 정철, 「사미인곡」 -

17. ~도곤 = ~보다

李니謫뎍仙션 이제 이셔 **고텨** 의논흐게 되면,
이적선(이태백) 다시
廬녀山산이 **여긔도곤** 낫단 말 못 흐려니.
여산 여기보다
(중국의 산 이름)
- 정철, 「관동별곡」 -

18. 편작(扁鵲) = 중국 전국 시대의 의사. 성은 진(秦). 이름은 월인(越人). 임상 경험을 바탕으로 치료하였다. 장상군(長桑君)으로부터 의술을 배워 환자의 오장을 투시하는 경지에까지 이르렀다고 전한다. (명의(名醫)의 대유)

므음의 미쳐 이셔 **골수의 쎄텨시니**
뼛속까지 사무쳤으니
편작(扁鵲)이 열히 오나 이 병을 엇디흐리
명의가 열 명이 온다 한들
- 정철, 「사미인곡」 -

19. 괴다 = 사랑하다

★ 20. 'ㄷ, ㅌ' = 'ㅈ, ㅊ'으로 읽어 보자. 구개음화가 안 일어난 거니까.

어마님 그티 괴시리 업세라
어머님같이 사랑하실 이
- 작자 미상, 「사모곡」 -

21. 시비 = 사립문

22. 인간 = 인간 세상(속세)

인간(人間)을 떠나와도 내 몸이 겨를 없다
인간 세상
이것도 보려 하고 저것도 들으려코

바람도 쐬려 하고 달도 맞으려코

밤으란 언제 줍고 고기란 언제 낚고

시비(柴扉)란 뉘 닫으며 진 꽃으란 뉘 쓸려뇨
사립문

- 송순, 「면앙정가」 -

23. 혬 = 생각

24. 혜다 = 생각하다, 헤아리다

긴 한숨 **디는** 눈물 속절업시 **혬만 만타**
떨어지는 생각만 많다

- 허난설헌, 「규원가」 -

★ 25. 홍진(紅塵) = 속세

★ 26. 무심(無心) = 욕심 없음.

굽어보면 천심(千尋) 녹수(綠水) 돌아보면 만첩(萬疊) 청산(靑山)

십장(十丈) **홍진(紅塵)**이 얼마나 가렸는고
속세

강호(江湖)에 월백(月白)하거든 더욱 **무심(無心) 하여라**.
욕심이 없어라

- 이현보, 「어부가」 -

★ 27. 암향(暗香) = 매화의 그윽한 향기. 충(忠)을 상징하는 경우가 많음.

어리고 성근 매화(梅花) 너를 밋지 안앗더니

눈 기약(期約) 능(能)히 직켜 두세 송이 푸엿구나

촉(燭) 잡고 갓가이 사랑할 제 **암향부동(暗香浮動)하더라**.
촛불 그윽한 향기가 떠도는구나

- 안민영, 「매화사」 -

28. 어엿브다 = 불쌍하다

귓도리 뎌 귓도리 **어엿브다** 뎌 귓도리
귀뚜라미 불쌍하다

- 작자 미상의 시조 -

29. 헌사ᄒᆞ다 = 야단스럽다

어와 조화옹이 **헌사토 헌사ᄒᆞ샤**
야단스럽기도 야단스럽구나

- 정철, 「관동별곡」 -

★ 30. 싀어디다 = 사라지다, 죽다

ᄎᆞ하리 **싀어디여** 범나븨 되오리라.
죽어서

- 정철, 「사미인곡」 -

31. 어와, 어즈버 = 아아(감탄사)

어와 내 일이야 가련이도 되얐고나
아아

- 안조원, 「만언사」

어즈버 인간 이별을 또 엇지다 ᄒᆞᄂᆞ다
아아

- 신흠의 시조 -

32. 져근덧 = 잠깐 사이에, 문득

져근덧 ᄉᆡᆼ각마라 이 시름 닛쟈 ᄒᆞ니
잠깐 사이에

- 정철, 「사미인곡」 -

33. 슬ᄏᆞ장, 슬ᄏᆞ지 = 실컷

바횟긋 믉ᄀᆞ의 **슬ᄏᆞ지** 노니노라.
실컷

- 윤선도, 「만흥」 -

34. -고져 = -고자(소망)

양츈을 부쳐 내여 님 겨신 듸 **쏘이고져**.
따뜻한 봄볕 쏘이고자
- 정철, 「사미인곡」 -

35. 우희(우ㅎ+의) = 위에

춘산에 눈 녹인 바람 건듯 불고 간 듸 업다.

져근덧 비러다가 머리 **우희** 불니고져.
위에
- 우탁의 시조 -

36. ~ᄏᆞ니와 = 커녕

각시님 **돌이야ᄏᆞ니와** 구즌 비나 되쇼셔
달은 커녕
- 정철, 「속미인곡」 -

★ 37. 백구 = 흰 갈매기

白빅鷗구야 ᄂᆞ디 마라, 네 버딘 줄 엇디 아ᄂᆞᆫ
흰 갈매기
- 정철, 「관동별곡」 -

38. 녀름 = 여름(夏, 계절)

39. 여름 = 열매(果)

40. 곶 = 꽃(花)

41. 곧 = 곳(處, 장소)

불휘 기픈 남ᄀᆞᆫ ᄇᆞᄅᆞ매 아니 **뮐씨**, **곶 됴코 여름 하ᄂᆞ니**
뿌리 깊은 나무 흔들릴 새, 꽃 좋고 열매 많나니
이 곧 져 고대 후(後)ᅀ 날 다ᄅᆞ리잇가.
이곳저곳에 훗날 다르겠는가
- 정인지 등, 「용비어천가」 -

★ 42. 이화 = 배꽃(봄의 계절감)

이화우 흣ᄲᅮ릴 제 울며 잡고 이별(離別)ᄒᆞᆫ 님
비처럼 배꽃이 흩날릴 때
- 계랑의 시조 -

43. 약수 = 신선이 살았다는 중국 서쪽의 전설 속의 강. 길이가 3,000리나 되며 부력이 매우 약하여 기러기의 털도 가라앉는다고 한다.(임과 화자의 사이를 가로막는 장애물)

우리 님 가신 후는 무슨 **약수(弱水) 가렷관듸**
장애물이 가렸기에
- 허난설헌, 「규원가」 -

★ 44. 도화 = 복숭아꽃(봄의 계절감, 무릉도원)

도화(桃花) 뜬 ᄆᆞᆰ은 물에 산영(山影)조ᄎᆞ 잠겻세라.
복숭아꽃
- 조식의 시조 -

45. 행화 = 살구꽃(봄의 계절감)

도화행화는 석양리예 픠여잇고
복숭아꽃 살구꽃
- 정극인, 「상춘곡」 -

46. 삼공(三公) = 삼정승(높은 지위)

누고셔 삼공(三公)도곤 낫다하더니 **만승(萬乘)이 이만하랴**
누가 삼정승보다 천자가 이만하겠는가?
- 윤선도, 「만흥」 -

47. 백이숙제 = 백이와 숙제, 지조와 절개를 지킨 인물들

수양산(首陽山) 바라보며 **이제(夷齊)를 한ᄒᆞ노라**.
백이와 숙제를 한탄하노라
- 성삼문의 시조 -

★ 48. 어옹(漁翁) = 고기잡는 늙은이(생계형 어부가 아님.)

> **<u>어옹</u>을 웃지마라** 그림마다 그렸더라
> **늙은 어부**를 비웃지 마라
> - 윤선도, 「어부사시사」 -

49. 천석고황(泉石膏肓) = 자연을 사랑하는 것이 병이 될 정도로 깊음. = 연하고질(煙霞痼疾)

> ᄒᆞ믈며 **<u>천석고황</u>을 고텨 무슴ᄒᆞ료.**
> **자연을 사랑하는 병**을 고쳐서 무엇하겠는가?
> - 이황, 「도산십이곡」 -

50. 실솔 = 귀뚜라미

> 가을 ᄃᆞᆯ 방에 들고 **<u>실솔(蟋蟀)</u>이 상(床)에** 울 제
> **귀뚜라미**가 침상에서
> - 허난설헌, 「규원가」 -

51. 니르다(일러, 닐러) = 말하다

> 이 듕에 왕래풍류(往來風流)ᄅᆞᆯ **<u>닐러</u> 므슴 ᄒᆞᆯ고.**
> **말해** 무엇할 것인가
> - 이황, 「도산십이곡」 -

52. 앙금(원앙금) = 원앙을 수놓은 이불. 부부가 함께 덮는 이불

> 꿈의나 님을 보려 턱밧고 비겨시니,
>
> **<u>앙금(鴦衾)</u>도 ᄎᆞ도 ᄎᆞᆯ샤** 이 밤은 언제 샐고.
> **원앙새를 수놓은 이불**이 차기도 차구나
> - 정철, 「사미인곡」 -

★ 53. -ㄹ샤 = -구나(감탄형) ---▶ '-ㄹ셰라'랑 헷갈리지 말자!

> 션산(仙山) 동해(東海)예 갈 길히 **머도 <u>멀샤</u>.**
> 멀기도 **멀구나**
> - 정철, 「관동별곡」 -

★ 54. 자규 = 두견새, 귀촉도, 불여귀(한의 정서)

> **일지춘심을 <u>자규</u>**야 **알랴마는**
> 배나무 가지 끝에 맺힌 봄의 정서를 **두견새**가 알겠느냐마는
> - 이조년의 시조 -

55. 수이 = 쉽게

> 청산리 벽계수야 **<u>수이</u>** 감을 자랑마라.
> **쉽게**
> - 황진이의 시조 -

개념 044
고전 시가의 역사적 갈래

> 현대시는 그냥 현대시인데, 고전 시가는 고대 가요, 향가, 고려 가요, 시조, 가사 등 갈래가 다양해. 갈래별로 불린 시기도 다르고, 작가층도 다르고, 많이 다뤄지는 주제도 조금씩 달라. 정리해 놓자. 지금부터 딱 한 시간 정도면 될 거 같은데. 그 정도는 걍 투자하지?
> 아, 지금부터 배우는 순서는 교과서에 나온 역사적 순서가 아니라 수능에 자주 출제되는 순서이니, 참고해 줘. ㅎㅎ

1. 시조

시조란 고려 중엽에 발생하여 고려 말엽에 완성된 정형시야.(현재까지도 창작되고 있는 시조 갈래.)

① 시조 알아보기

3장 6구 45자 내외, 3 · 4조 또는 4 · 4조의 음수율, 4음보가 기본 형태라고 할 수 있어. 그리고 종장의 첫 음보는 3음절로 고정되는 편이야.

② 시조는 종류도 많다.

㉠ 평시조

3장 6구 45자 내외의 글자로 구성된 정형시. 평시조가 두 수 이상이 모여 한 작품을 이루면 연시조라고 하는 거야. ····► 사실 수능에는 연시조가 젤 많이 나오지.

㉡ 엇시조

초장, 중장 가운데 어느 한 장이 평시조보다 1음보 정도 더 길어진 시조.

㉢ 사설시조

초장 · 중장이 제한 없이 길며, 종장도 길어진 시조. 조선 중기 이후 발달한 것으로, 산문적 성질을 띠며 서민적 내용이 담겨 있어.

③ 시조의 작가는 누구?

임금부터 양반, 기녀, 평민에 이르기까지 다양해. 그리고 그 작가층에 따라서 주제도 대략적으로 정해진다는 점 참고하자.

㉠ 작가가 양반이면 유교적 ______ 사상, 부모에 대한 ____, ______ 속에서 누리는 즐거움 등	• 고려 시대 시조에는 유교적 충의 사상에 바탕을 둔 절의가, 늙음을 한탄하는 탄로가 등이 있어. • 조선 초기에는 주로 충의 사상을 반영한 회고가, 절의가 등이 주류를 이뤘는데, 점차 유교적 이념만이 아니라 자연과 애정으로 주제가 다양화됐어.
㉡ 작가가 기녀이면 임에 대한 ______ 과 ______ 등 ㉢ 작가가 평민이면 탐관오리 ______, ____ 에 대한 답답함 해소, ____ 에 대한 그리움 등	• 조선 후기에는 작가층이 평민까지로 확대되면서 내용도 유교적 관념에서 벗어나 다양한 삶의 현실을 표현한 것으로 확대됐어. 특히 평민층의 사설시조는 현실의 모순을 날카롭게 풍자하거나 고달픈 삶을 해학적으로 그려 내는 등 웃음의 미학을 살려 내는 것이 많았어.

2. 가사

가사란 고려에서 조선 초기에 형태를 갖추었고, 시조와 함께 주로 사대부들이 창작하여 부른 노래야.

① 가사 알아볼기

㉠ 운문과 산문의 중간 형태, 3 · 4조, 4 · 4조의 연속체.(4음보의 운율 속에 산문의 내용을 담고 있으며, 행수에는 제한이 없어. 하고 싶은 말 다 할 수 있음.)

㉡ 마지막 행은 대체로 시조의 종장과 음수율이 일치(3 · 5 · 4 · 3)함.(마지막 행이 시조의 종장과 같은 형식인 것을 정격 가사, 같지 않은 것을 변격 가사라고 해.)

② 가사도 종류가 많다.

㉠ 은일 가사

관직을 떠나 자연에 묻혀 사는 선비의 생활이 드러나. 주제는 '______에 대한 예찬'과 '유유자적하는 삶의 태도'가 되기 쉽겠지? 그리고 자연 속에 묻혀 살면서 '______에 대한 감사'를 드러내기도 해.

예 정극인의 「상춘곡」, 송순의 「면앙정가」, 박인로의 「누항사」

ⓛ 내방 가사

내방(규방)이란 부녀자들이 생활하는 공간을 말해. 그러니까 '내방 가사'란 ________ 들의 노래라고 생각하면 돼. 주제는 다양하지만 부녀자의 속박된 생활의 고민과 정서를 호소하는 내용이 주류를 이룬다고 볼 수 있어.

예 허난설헌의 「규원가」

ⓒ 기행 가사

________ 하면서 보고 들은 것을 적은 가사야. 한마디로 기행문이라고 할 수 있어.

예 정철의 「관동별곡」

ⓓ 유배 가사

________ 에서의 경험과 견문을 적은 가사야. '자신의 잘못에 대한 ________', '자신의 무죄와 억울함', '정적에 대한 복수심', '________ 에 대한 일편단심'을 표출하는 경우가 많아.

예 조위의 「만분가」, 안조환의 「만언사」

③ 가사의 작가는 누구?

시조의 작가층과 비슷하다고 생각하면 돼. 주로 양반 사대부들의 ________ 속에서 유유자적하는 심정, ________ 에 대한 연모의 정, ________ 을 통해 얻게 된 견문 등을 주로 다뤘어. 그러나 조선 후기에 가서는 평민층으로 작가층이 확대되면서 ________ 들의 생활이 사실적으로 표현되는 작품들이 나타나게 돼. 시조와 진짜 비슷하지?

④ 가사의 대표 주자들 모여!

★ 표는 평가원 시험에 출제된 적이 있는 작품.

작품명	작가	내용
★상춘곡	정극인	아! 아름다워라! 봄 경치를 보면서 자연에 묻혀 사는 즐거움을 누려 보아요~!
★면앙정가	송순	면앙정 주변의 경치가 참 아름답구나! 이것도 다 임금님의 은혜야!
★성산별곡	정철	성산은 참 아름답구나!
★관동별곡	정철	오! 이 관동 지방의 아름다움! 이 아름다움을 즐기고도 싶고, 관리로서 선정도 베풀고 싶으니 고민이로구나!
★사미인곡	정철	나를 버리신 당신이지만 정말 당신이 그립고 걱정이 됩니다.
★속미인곡	정철	사미인곡 속편. 두 여인의 문답 형식으로 이루어짐. 난 당신을 향한 일편단심 민들레!
★규원가	허난설헌	진짜 내가 당신을 만나서 살 수가 없어! 속상해. ㅠㅠ 봉건 제도 아래 살아가는 여인의 아픔이 바로 이런 거야.
★고공가	허전	이 어리석은 머슴들아!! 어떻게 이 나라 관리들이랑 하는 짓이 똑같냐, 그래!!! -.-+
★고공답주인가	이원익	고공가에 화답한 가사. 진짜 이 머슴들, 안 되겠네~!
★선상탄	박인로	임진왜란의 아픔을 딛고 태평성대를 누리고 싶구나!
★누항사	박인로	그래, 나 찢어지게 가난해. 그렇지만 난 안분지족하면서 생긴 대로 살 거야!
★일동장유가	김인겸	사신으로 일본을 오고 가며 보고 들은 일본인과 일본의 풍속 이야기.
★농가월령가	정학유	정월부터 섣달까지 한 해의 할 일을 적어서 농촌 사람을 계몽하는 가사. 월령가란 달거리 노래란 뜻.
★만분가	조위	임금님, 그립습니다. 그리고요, 전 정말 억울하거든요!
★춘면곡	미상	임과 이별한 것을 슬퍼하며 입신양명한 후에 다시 만날 것을 다짐하는 노래.
★만언사	안조환	귀양살이 정말 힘들다. ㅠㅠ 제가 정말 잘못했습니다.

3. 고려 가요

고려 가요란 넓은 의미로는 고려 시대의 시가를 통틀어 이르는 말로 보지만, 일반적으로 고려 시대의 시가 중에서 경기체가, 향가, 시조, 가사 등에 속하는 작품들을 제외한 나머지 우리말 시가를 의미해.

① 고려 가요 알아봅기

㉠ 대체로 연 구분이 있고, ________가 있어. 그리고 '이게 뭐임?' 싶은 의미 없는 ______이 있는 게 특징이야.

㉡ 율격이 꼭 고정된 것은 아니지만 3 · 3 · 2조, ____음보의 율격이 많이 나타나.

② 고려 가요의 작가는 누구?

고려 가요는 대부분 작가가 '미상'이야. 주로 ________이 향유하던 노래들이었고, 아직 우리의 문자가 없던 때였기 때문에 입에서 입으로 구전되어 오다가 조선 시대에 와서 『악학궤범』, 『악장가사』, 『시용향악보』 따위의 악서에 정착됐거든. 주제도 대부분 '남녀 간의 ______', '______의 슬픔' 같은 내용들이야.

③ 고려 가요가 의미 있는 이유

고려 가요에는 평민들의 소박하고 진솔한 감정이 꾸밈없이 나타나 있어. 너무 솔직해서 남녀상열지사(男女相悅之詞)라고 비난을 받기도 했을 정도야. 이렇게 꾸밈없고 솔직한 내용이기에 강인한 생명력을 가지고 입에서 입으로 수백 년을 전하여 마침내 문헌에 오를 수 있었던 거야. 당대 사람들의 진솔한 심정과 풍부한 정서가 순수한 우리말 속에서 잘 형상화되어 국문학의 중요한 유산이 되었다는 점이 고려 가요가 높이 평가받는 이유라고 할 수 있어.

④ 고려 가요의 대표 주자들 모여!

★ 표는 평가원 시험에 출제된 적이 있는 작품.

작품명	작가	내용
★동동	미상	계절에 따른 세시 풍속과 임을 향한 마음을 월별로 노래했어.(월령체, 달거리)
처용가	미상	역신을 몰아내는 처용의 능력을 찬양하는 노래.(향가에도 처용가가 있어.)
★청산별곡	미상	살기 힘들다. 외롭다. 삶의 비애와 고뇌에서 벗어나고 싶어 몸부림치는 노래.
★가시리	미상	정말 나를 버리고 가시는 건가요? ㅠㅠㅠㅠ 이별을 소극적으로 거부하는 노래.
★정석가	미상	불가능한 상황을 설정하면서 그런 일이 벌어져야만 이별하겠다고 하는 독특한 발상의 노래.
★서경별곡	미상	적극적인 여인의 이별 거부 노래. 안 돼, 나 놔두고는 절대 못 가! 나도 따라갈 거야.
쌍화점	미상	남녀상열지사. 남녀 간의 향락 추구의 성격을 띤 노래.
★사모곡	미상	어머니의 사랑을 낫에 비유한 소박한 노래.
이상곡	미상	남녀상열지사. 변하지 않는 사랑의 노래.
만전춘	미상	남녀상열지사. 임과의 사랑을 대담하게 읊은 노래.
상저가	미상	곡식을 찧으면서 부모님을 위하는 마음을 노래함.
★정과정	정서	저는 결백합니다. 임금님을 향한 충성의 마음, 믿어 주세요.(고려 가요스럽지 않아서 출신을 의심받기도 해.)

4. 한시

한시란 한문으로 이루어진 정형시야. 한문으로 쓰였지만 우리나라 사람이 지은 한시는 우리 문학에 포함되는 거야.

① 한시 알아뵙기

평측과 각운에 엄격하며, 한 구(句)는 네 자, 다섯 자, 일곱 자로 이루어지고, 고시, 절구, 율시, 배율이 있다고만 알아 두자.(한시가 출제될 때는 현대어로 풀이되어 나와서 큰 의미가….)

② 한시의 대표 주자들 모여!

★ 표는 평가원 시험에 출제된 적이 있는 작품.

작품명	작가	내용
★야청도의성	양태사	가을 달밤에 어디선가 들려오는 다듬이 소리. 아, 내 나라가 그립구나.
★송인	정지상	대동강의 푸른 물결을 바라보며 부르는 이별에 대한 노래.
★강설	유종원	눈 내리는 강가에서 홀로 낚시질하는 늙은이를 바라보며 느끼는 쓸쓸함.

5. 향가

향가란 한자의 음과 뜻을 빌려 우리말의 형태와 의미 요소를 전면적으로 기록하는 표기 체계인 ________로 표기한 신라 때의 노래야. 현재『삼국유사』에 14수,『균여전』에 11수로 모두 25수가 전해지고 있어.

① 향가 알아뵙기

4구체, 8구체, 10구체의 세 가지 형식이 있는데, 이 중 10구체가 가장 정제된 형식이야. 4구체는 민요가 정착된 노래, 8구체는 4구체 향가가 두 배로 늘어난 과도기 형태의 노래, 10구체는 가장 정제된 형태의 향가라고 이해할 수 있어. 10구체 향가의 경우 마지막 낙구(9, 10행)의 첫머리에 ________가 놓이는 게 특징이야.

② 향가의 작가는 누구?

귀족이나 승려 등 여러 계층에 걸쳐 작가층이 분포하는데, 현전하는 작품의 작가로는 승려가 가장 많아. 그래서 ________인 내용이 많기도 하고.

③ 향가가 의미 있는 이유

향가는 통일 신라 이후 한반도 전역에 걸쳐 널리 창작되고 향유된 우리 민족의 문학이야. 우리글이 없었던 당시 부득부득 한자의 음과 훈을 이용한 향찰 문자를 구상한 것에서 강한 민족적 주체성을 알 수 있어. 향가를 통해 신라인들의 소박한 정서와 차원 높은 정신세계를 엿볼 수 있다는 점에서 향가의 의의를 찾을 수 있어.

④ 향가의 대표 주자들 모여!

★ 표는 평가원 시험에 출제된 적이 있는 작품.

작품명	작가	형식	내용
서동요	백제 무왕	4구체	서동이 선화 공주를 차지하기 위하여 아이들을 꼬드겨 부르게 한 동요. 일종의 참요(讖謠).
풍요	여러 남녀	4구체	양지가 영묘사 장육존상을 주조할 때 장안의 남녀들이 진흙을 나르며 불렀다는 노동요.
★헌화가	어느 노인	4구체	소를 몰던 노인이 예쁜 수로 부인(水路夫人)을 위해 꽃을 꺾어 바치며 불렀다는 노래.
도솔가	월명사	4구체	해가 동시에 두 개가 나타나자 괴변을 없애기 위해 부른 산화공덕(散華功德)의 노래. 일명 산화가(散華歌).
모죽지랑가	득오	8구체	화랑인 죽지랑(竹旨郎)을 사모하여 부른 노래. 만가, 추모가.
처용가	처용	8구체	아내를 침범한 역신(疫神)을 용서하여 감복시킨 주술적인 노래.
혜성가	융천사	10구체	침략해 온 왜구와 큰 별을 범한 혜성을 물리치기 위해 부른 축사(逐邪)의 노래.

원왕생가	광덕	10구체	사후에 극락 왕생을 바라는 불교적 성격의 노래.
원가	신충	10구체	효성왕이 약속을 지키지 않자 그것을 원망하여 지어 잣나무에 부쳤다는 노래. 8구만 전해 옴.
★제망매가	월명사	10구체	죽은 누이를 추모하여 재(齋)를 올리며 부른 노래.
★안민가	충담사	10구체	충담사가 치세안민(治世安民)의 노래를 지으라는 왕의 요청을 받고, 군(君)·신(臣)·민(民) 각자가 할 바를 강조한 노래.
★찬기파랑가	충담사	10구체	화랑인 기파랑을 찬양하고 추모하여 부른 노래.
천수대비가	희명	10구체	희명이 분황사 관음보살에게 실명(失明)한 아들의 눈을 뜨게 해 주기를 비는 노래.
우적가	영재	10구체	영재가 대현령에서 도둑을 만나 도둑을 회개시킨 노래.

6. 민요

민요란 예로부터 민중 사이에 불려 오던 전통적인 노래를 말해. 대개 특정한 작사자나 작곡자가 없이 민중 사이에 구전되어 내려오며 민중들의 사상, 생활, 감정을 담고 있어.

① 민요 알아봅기

연속체의 긴 노래로 후렴이 붙어 있는 경우가 많고, 3음보 혹은 4음보의 노래가 많아.

② 민요의 작가는 누구?

민요는 그 자체가 '民'들의 노래잖아. 주제도 '민중들의 삶의 애환과 고달픔', '남녀의 사랑', '놀이의 즐거움' 등의 내용이 주를 이루고 있어.

7. 악장

악장이란 나라의 제전(祭典)이나 연례(宴禮)와 같은 공식 행사 때 궁중 음악에 맞추어 부른 노래인데, 주로 조선 왕조의 개국과 번영을 송축하는 내용을 담고 있어.

악장의 대표 주자 모여!

★ 표는 평가원 시험에 출제된 적이 있는 작품.

작품명	작가	내용
★용비어천가	정인지 외	하늘의 뜻으로 건국된 조선이여, 영원하라!

8. 고대 가요

고대 가요란 고대 부족 국가 시대에서 삼국 시대 초기까지 향가 성립 이전에 불린 노래를 통틀어 이르는 말이야. 창작된 시기별로 정렬한다면 고대 가요가 제일 처음이겠지? 알려진 작품은 많지 않아.

① 고대 가요 알아봅기

㉠ 배경 설화 속에 삽입되어 전하다가 후대에 와서야 한자로 정착된 거야.

㉡ 의식요, 노동요의 성격을 지닌 집단 가요에서 점차 개인의 서정을 노래한 개인 서정 가요로 변모됐어.

② 고대 가요의 대표 주자들 모여!

★ 표는 평가원 시험에 출제된 적이 있는 작품.

작품명	작가	내용
공무도하가(公無渡河歌)	백수광부의 아내	임이여! 내 말 안 듣고 결국 그렇게 가시는군요.
구지가(龜旨歌)	구간 등	임금이여! 오시옵소서!!!
★황조가(黃鳥歌)	유리왕	난 이별해서 이렇게 슬픈데, 꾀꼬리 니들은 되게 좋아 보인다? 어흑. ㅠㅠ
★정읍사(井邑詞)	미상	달님, 비나이다. 행상 나간 우리 남편 안전하게 돌아오게 해 주소서.
해가(海歌)	미상	수로 부인을 돌려 달라!

9. 경기체가

경기체가는 고려 중기에 발생하여 조선 초기까지 귀족층 사이에서 유행하던 노래야. 주로 신흥 사대부 귀족들의 향락적인 생활 양식과 그들의 자부심을 노래했어.

① 경기체가 알아볩기

㉠ 주로 3 · 3 · 4조, 3음보의 율격이 많이 나타나.

㉡ 일반적으로 각 연은 전소절과 후소절로 나뉘는데, 각 소절의 끝에 '경기하여(景幾何如)' 또는 '경(景)긔 엇더ᄒᆞ니잇고' 라는 구절이 반복돼. 그래서 경기체가라고 부르는 거야.

② 경기체가의 작가는 누구?

대부분 귀족 계급의 문신들, 신흥 사대부(고려 무신 정권이 들어선 후, 지방 향리 출신으로 중앙 관직에 오른 새로운 계층)였어.

③ 경기체가의 대표 주자들 모여!

작품명	작가	내용
한림별곡	한림제유	시부(詩賦) · 서적 · 명필 · 명주(名酒) · 화훼 · 누각 · 추천(鞦韆)을 소재로 해서 무신 집권하 문인들의 향락적 · 유흥적 생활 감정을 읊은 노래.
관동별곡	안축	강원도 순무사로 있다가 돌아오는 길에 관동 지방의 절경을 보고 읊은 노래.
죽계별곡	안축	작가의 고향인 풍기 땅의 죽계와 순흥의 아름다운 경치를 읊은 노래.
불우헌곡	정극인	임금의 은덕, 전원생활의 즐거움, 제자를 기르는 즐거움, 나라의 태평함 따위를 읊은 노래.
화전별곡	김구	경상남도 남해의 화전으로 귀양 가서 그곳의 뛰어난 경치를 읊은 노래.

STEP. 2 기출, 이것은 진리

오늘은 고전 시가를 공부하기 전에 기반을 닦았다고 보면 돼.

그래도 고전 시가에 자주 쓰이는 어휘들이랑 고전 시가의 특징들을 이해해 놓으니까 마음이 조금 든든해졌어요.

굿! ^^

[19-20] 다음 글을 읽고 물음에 답하시오. 〔 2015학년도 대학수학능력시험 9월 모의평가 A형 〕

(가)

구슬이 ㉠**바위**에 떨어진들
구슬이 바위에 ㉡**떨어진들**
㉢**끈**이야 끊어지겠습니까.
천 년을 ㉣**외따로이** 살아간들
㉤**천 년**을 외따로이 살아간들
믿음이야 끊어지겠습니까. 〈제6연〉

- 작자 미상, 「정석가」 -

(나)

임이 오마 하거늘 **저녁밥**을 일찍 지어 먹고

중문(中門) 나서 대문(大門) 나가 지방 위에 올라가 앉아 손을 이마에 대고 오는가 가는가 **건넌 산** 바라보니 **거머희뜩*** 서 있거늘 저것이 임이로구나. 버선을 벗어 품에 품고 신 벗어 손에 쥐고 곰비임비* 임비곰비 천방지방* 지방천방 진 데 마른 데를 가리지 말고 **워렁퉁탕** 건너가서 정(情)엣말 하려 하고 곁눈으로 흘깃 보니 작년 칠월 사흗날 껍질 벗긴 주추리 **삼대***가 살뜰히도 날 속였구나.

모쳐라 **밤**이기에 망정이지 행여나 낮이런들 남 웃길 뻔하였어라.

- 작자 미상의 사설시조 -

***거머희뜩:** 검은빛과 흰빛이 뒤섞인 모양.
***곰비임비:** 거듭거듭 앞뒤로 계속하여.
***천방지방:** 몹시 급하게 허둥대는 모양.
***삼대:** 삼[麻]의 줄기.

★ 중요한 개념이 담긴 고마운 <보기>

19 문항 코드 | 23670-0019

㉠~㉤ 중 〈보기〉의 ⓐ의 의미와 가장 가까운 것은?

> 〈보기〉
>
> 고려 시대에는 민간의 노래 가운데 풍속을 교화하는 데 적합하다고 여겨지는 노래를 궁중의 악곡으로 편입시켰다. 궁중 연회에서 사랑 노래가 많이 불린 것은 사랑 노래가 잔치 분위기와 잘 어울리면서도 남녀 간의 사랑을 ⓐ군신 간의 충의로 그 의미를 확장하여 수용할 수 있었기 때문이다. 민간에서 널리 불린 「정석가」가 궁중 연회의 노래로 정착된 것 역시 이런 맥락에서 볼 수 있다.

① ㉠　② ㉡　③ ㉢　④ ㉣　⑤ ㉤

★ 이것도 중요한 개념이 담긴 고마운 <보기>

20 문항 코드 | 23670-0020

〈보기〉를 참고할 때, (나)에 대한 이해로 가장 적절한 것은?

> 〈보기〉
>
> 사설시조에서의 해학성은 독자가 화자와 거리를 두되 관용의 시선을 보내는 데서 발생한다. 화자의 착각, 실수, 급한 행동과 그로 인한 낭패가 웃음을 유발하지만 독자는 그런 행동을 할 수밖에 없는 화자의 행동 이면에 있는 절실함, 진지함, 진솔함, 애틋함, 간절함을 느끼면서 화자와 공감하는 마음을 갖게 되는 것이다.

① 화자가 '저녁밥'을 짓다가 '임'이 온다는 소식을 듣고 혼잣말하는 모습에서 독자는 웃음 지으면서도 그 속에 담긴 진솔함을 공감한다.
② 화자가 '임'이라 여긴 '거머희뜩'한 것을 향해 '워렁퉁탕' 건너가는 모습에서 독자는 웃음 지으면서도 그 속에 담긴 절실함을 공감한다.
③ 화자가 집 안 마당에서 서성대며 '건넌 산'을 느긋하게 바라보는 모습에서 독자는 웃음 지으면서도 그 속에 담긴 애틋함을 공감한다.
④ 화자가 처음 보는 '삼대'를 '임'으로 착각하여 '임'을 원망하는 모습에서 독자는 웃음 지으면서도 그 속에 담긴 간절함을 수용한다.
⑤ 화자가 '임'이 오지 못하게 된 이유를 '밤' 탓으로 돌리는 모습에서 독자는 웃음 지으면서도 그 속에 담긴 진지함을 수용한다.

[21-22] 다음 글을 읽고 물음에 답하시오. (2016학년도 대학수학능력시험 A형)

(가)

뿌리 깊은 나무는 바람에 아니 뮐새 꽃 좋고 열매 많나니
샘이 깊은 물은 가뭄에 아니 그칠새 내가 일어 바다에 가나니 〈제2장〉

천세(千世) 전에 미리 정하신 한강 북녘에 누인개국(累仁開國)하시어 복년(卜年)*이 가없으시니
성신(聖神)*이 이으셔도 경천근민(敬天勤民)하셔야 더욱 굳으시리이다
임금하 아소서 낙수(洛水)에 사냥 가 있어 조상만 믿겠습니까* 〈제125장〉

- 정인지 외, 「용비어천가(龍飛御天歌)」 -

(나)

강호(江湖)에 봄이 드니 미친 흥(興)이 절로 난다
탁료계변(濁醪溪邊)에 금린어(錦鱗魚)가 안주로다
이 몸이 한가(閑暇)하옴도 역군은(亦君恩)이샷다 〈제1수〉

강호에 여름이 드니 초당(草堂)에 일이 없다
유신(有信)한 강파(江波)는 보내나니 바람이로다
이 몸이 서늘하옴도 역군은이샷다 〈제2수〉

강호에 가을이 드니 고기마다 살쪄 있다
소정(小艇)에 그물 실어 흘리띄워 던져두고
이 몸이 소일(消日)하옴도 역군은이샷다 〈제3수〉

강호에 겨울이 드니 눈 깊이 한 자가 넘네
삿갓 빗기 쓰고 누역으로 옷을 삼아
이 몸이 춥지 아니하옴도 역군은이샷다 〈제4수〉

- 맹사성, 「강호사시가(江湖四時歌)」 -

***복년:** 하늘이 주신 왕조의 운수.
***성신:** 훌륭한 임금의 자손.
***낙수에 ~ 믿겠습니까:** 중국 하나라의 태강왕이 정사를 돌보지 않고 사냥을 갔다가 폐위당한 일을 가리킴.

★ 표현법에 주목하여.

21 문항 코드 | 23670-0021

〈보기〉는 (나)의 글쓴이가 창작을 위해 세운 계획을 가상적으로 구성한 것이다. 〈제1수〉~〈제4수〉에 공통적으로 반영된 것만을 있는 대로 고른 것은?

〈보기〉

ㄱ. 각 수 초장의 전반부에는 계절적 배경을 제시하며 시상의 단서를 드러내야겠군.
ㄴ. 각 수 초장의 후반부에서는 내면적 감흥을 구체적 사물을 통해 표현해야겠군.
ㄷ. 각 수 중장에서는 주변의 자연 풍광을 묘사하여 내가 즐기고 있는 삶의 모습을 제시해야겠군.
ㄹ. 각 수 종장의 마지막 어절에는 동일한 시어를 배치하여 전체적 통일성을 확보해야겠군.

① ㄱ, ㄴ ② ㄱ, ㄹ ③ ㄴ, ㄷ
④ ㄱ, ㄷ, ㄹ ⑤ ㄴ, ㄷ, ㄹ

★ 이것도 중요한 개념이 담긴 고마운 <보기>

22 문항 코드 | 23670-0022

〈보기〉를 바탕으로 (가)와 (나)를 감상한 것으로 적절하지 않은 것은?

〈보기〉

「용비어천가」는 새 왕조에 대한 송축, 왕에 대한 권계 등 정치적 목적으로 왕명에 따라 신하들이 창작하여 궁중 의례에서 연행된 작품이고, 「강호사시가」는 정계를 떠난 선비가 강호에서 누리는 개인적 삶을 표현한 작품이다. 두 작품 모두 사대부들에 의해 창되었다. 사대부들은 수신(修身)을 임무로 하는 사(士)와 관직 수행을 임무로 하는 대부(大夫), 즉 선비와 신하라는 두 가지 정체성을 지니고 있었다. 이로 인해 사대부들이 향유한 시가는 정치적인 성격을 띠기도 한다.

① (가)에서 '뿌리 깊은 나무'와 '샘이 깊은 물'은 기반이 굳건하고 기원이 유구하다는 뜻을 내세워 왕조를 송축하는 표현이겠군.
② (가)에서 '경천근민'의 덕목을 부각하여 왕에 대해 권계한 것은 '대부'로서의 정치적 의식을 드러낸 것이군.
③ (나)에서 '한가'하게 '소일'하는 개인적 삶도 임금의 은혜 덕분이라고 표현한 데서 정치적 성격을 엿볼 수 있군.
④ (나)에서 '강파', '바람' 등의 자연물과 '소정', '그물' 등의 인공물의 대립은 '사'와 '대부'라는 정체성 사이에서 고뇌하는 모습을 드러내는군.
⑤ (가)의 '한강 북녘'은 새 왕조의 터전이라는 정치적 의미를 지니고, (나)의 '강호'는 개인적, 정치적 의미를 모두 지니고 있겠군.

태그 체크

- ○ #진작 했어야 할 고어 읽기 방법 공부
- ○ #-ㄹ샤
- ○ #제일 많이 나오는 시조랑 가사
- ○ #출제 빈도 저조한 민요랑 향가
- ○ #얘도 나오기 쉽지 않을 걸, 경기체가
- ○ #-ᄒᆞ다
- ○ #홍진, 무심, 백구 모르면 이제 나가
- ○ #자주 나오지 않아도 알아 둘게, 한시
- ○ #나오기 힘든 고대 가요
- ○ #-는다
- ○ #봄이면 이화와 도화
- ○ #요즘 살짝 뜨는 고려 가요
- ○ #한 번 출제돼서 깜놀, 악장

8 고전 시가, 주제 & 발상

학습 목표

❶ 고전 시가에 단골로 등장하는 **발상**을 정리한다.

❷ 고전 시가에 단골로 등장하는 **주제**를 정리한다.

개념 태그

#자연의 아름다움 #자연 친화, 물아일체 #이별의 슬픔과 그리움 #임에 대한 사랑 #애국, 애군
#산다는 건 #탐관오리 싫어 #부정적 현실도 싫어 #효 #탄로

STEP. 1 내 생애 마지막 개념 정리!

고전 시가, 제대로 공부하면 현대시보다 쉬울 수도 있어. 너무나 뻔한 주제들, 너무나 뻔한 발상들. 그걸 정리하자 이거야! 조금씩 달라질 뿐, 주요 작품들의 주제와 발상은 항상 반복된다는 걸 기억하면서, 고전 시가의 기본 뼈대를 정리해 두자!

개념 045

고전 시가의 단골 주제와 발상

1. 자연의 아름다움

① 초라한 ________ 도 괜찮아요

그 유명한 안빈낙도(安편안할 안, 貧가난할 빈, 樂즐길 락/낙, 道길 도), 안분지족(安편안할 안, 分나눌 분, 知알 지, 足만족할 족), 단사표음(簞광주리 단, 食먹일 사, 瓢표주박 표, 飮마실 음), 단표누항(簞광주리 단, 瓢표주박 표, 陋천할 누, 巷거리 항), 빈이무원(貧가난할 빈, 而어조사 이, 無없을 무, 怨원망할 원)

② ________ (白鷗)야

고전 시가 최다 출연 동물 → 자연 친화(親친할 친, 和화목할 화), 물아일체(物만물 물, 我나 아, 一한 일, 體몸 체)

③ ________ (無心)

고전에서 무심은 '________ 이 없다'는 뜻이야.

④ ________ (桃花)

그곳은 이상 세계 → 무릉도원(武호반 무, 陵큰 언덕 릉, 桃복숭아 도, 源근원 원)

⑤ 가끔 자연은 체험, ____ 의 현장

건강한 ________ 이 이루어지는 공간

부귀라 구(求)치 말고 빈천이라 염(厭)치 말라
인생 백년에 한가할사 이내 것이
______ ◀┈ 백구야 날지 말라 너와 망기(忘機)* 하오리라 〈제1수〉

______, ______ ◀┈ 보리밥 파 생채를 양 맞춰 먹은 후에
모제(茅齊)*를 다시 쓸고 북창하에 누웠더니
눈앞에 태허* 부운(太虛浮雲)이 오락가락 하는구나. 〈제3수〉

- 권구, 「병산육곡」 -

*망기: 속세의 일이나 욕심을 잊음.
*모제: 초가.
*태허: 하늘을 달리 이르는 말.

______, ______ ◀┈ 보리밥 픗ᄂᆞ물을 알마초 머근 후(後)에,
바횟긋 믉ᄀᆞ의 슬ᄏᆞ지 노니노라.
그 나믄 녀나믄 일이야 부ᄅᆞᆯ 줄이 이시랴.

- 윤선도, 「만흥」 -

강호(江湖) ᄒᆞᆫ ᄭᅮᆷ을 ᄭᅮ언지도 오ᄅᆡ러니,
구복(口腹)이 위루(爲累)ᄒᆞ야 어지버 이져ᄡᅥ다.
첨피기욱(瞻彼淇燠)*ᄒᆞᆫᄃᆡ 녹죽(綠竹)도 하도 할샤.
유비군자(有斐君子)들아 낙ᄃᆡ ᄒᆞ나 빌려ᄉᆞ라.
노화(蘆花) 깁픈 곳애 명월 청풍(明月淸風) 벗이 되야,
님ᄌᆡ 업ᄉᆞᆫ 풍월강산(風月江山)애 절로절로 늘그리라. ┈▶ ______
무심한 백구야 오라 ᄒᆞ며 말라 ᄒᆞ랴.
다토리 업슬ᄉᆞᆫ 다문 인가 너기로라.

- 박인로, 「누항사」 -

*첨피기욱: 물가를 바라봄.

두류산 양단수를 녜 듯고 이제 보니,
______꽃 ◀┈ 도화(桃花) 뜬 몱은 물에 산영(山影)이 잠겻셰라.
아희야, 무릉(武陵)이 어ᄃᆡ오, 나ᄂᆞᆫ 옌가 ᄒᆞ노라.
┈▶ ______

- 조식의 시조 -

ᄯᆞᆷ은 든ᄂᆞᆫ 대로 듯고 볏슨 ᄶᅬᆯ 대로 ᄶᅬᆫ다. ┈▶ 건강한 ______
______ ◀┈ 청풍의 옷깃 열고 긴 파람 흘리 불 제,
= ______의 공간 어ᄃᆡ셔 길 가ᄂᆞᆫ 소님ᄂᆡ 아ᄂᆞᆫ ᄃᆞ시 머무ᄂᆞᆫ고

- 위백규, 「농가구장」 -

2. 임을 향한 사랑 & 이별의 슬픔

① 죽어서라도 ________ 에게

○○으로 빙의(憑依)하여 ____ 에게 갈 거야.

② 죽어도 못 보내

이런 불가능한 일이 일어나야 임과 헤어지는 걸로. ________ 을 거부한다.

ᄭᅮᆷ의나 님을 보려 턱밧고 비겨시니,
鴦앙衾금도 ᄎᆞ도 찰사 이 밤은 언제 샐고.
ᄒᆞᄅᆞ도 열두 ᄣᅢ, ᄒᆞᆫ ᄃᆞᆯ도 셜흔 날,
져근덧 ᄉᆡᆼ각 마라. 이 시ᄅᆞᆷ 닛쟈 ᄒᆞ니
ᄆᆞ음의 ᄆᆡ쳐 이셔 骨골髓슈의 ᄢᅦ텨시니,
扁편鵲쟉 이 열히 오나 이병을 엇디ᄒᆞ리.
어와 내 병이야 이 님의 타시로다.
ᄎᆞᆯ하리 싀어디여 범나븨 되오리라. ----► 죽어서라도 ____ 을 만나고파.
곳나모 가지마다 간 ᄃᆡ 죡죡 안니다가,
향 므든 날애로 님의 오ᄉᆡ 올므리라.
님이야 날인줄 모ᄅᆞ샤도 내 님 조ᄎᆞ려 ᄒᆞ노라.

- 정철, 「사미인곡」 -

님 글인 상사몽(相思夢)이 실솔(蟋蟀)의 넉시 되야 ----► 이렇게라도 ____ 을 만나고파.
추야장(秋夜長) 깊픈 밤에 님의 방(房)에 드렀다가
날 닛고 깁히 든 ᄌᆞᆷ을 ᄭᆡ와 볼가 ᄒᆞ노라.

- 박효관의 시조 -

삭삭기 셰몰애 별헤 나ᄂᆞᆫ
삭삭기 셰몰애 별헤 나ᄂᆞᆫ
구은 밤 닷 되를 심고이다.
그 바미 우미 도다 삭나거시아 ----► ________ 한 일
그 바미 우미 도다 삭나거시아
有德(유덕)ᄒᆞ신 님믈 여ᄒᆡᄋᆞ와지이다. ----► 헤어지지 ________ 는 의미

- 작자 미상, 「정석가」 -

3. 충(忠)

① 소나무, 매화, 난, 국화, 대나무

추운 겨울이 돼도 변하지 않는 이들은 ________ 와 ________ 의 상징이야.

② 나쁜 구름

밝은 태양[王]을 가리는 ________ (奸臣)인 거죠.

③ 자연에서 유유자적할 수 있는 건?

그것 역시 ________의 은혜여~!

ᄇᆞ람이 눈을 모라 山窓(산창)에 부딋치니,
찬 氣運(기운) ᄉᆡ여 드러 ᄌᆞᆷ든 梅花(매화)를 侵擄(침노)ᄒᆞ다. → ______, ______
아무리 얼우려 ᄒᆞ인들 봄 뜻이야 아슬소냐.

- 안민영, 「매화사」 -

눈 마ᄌᆞ 휘여진 ᄃᆡ를 뉘라셔 굽다턴고.
구블 節(절)이면 눈 속에 프를소냐. → ______, ______
아마도 歲寒孤節(세한 고절)은 너뿐인가 ᄒᆞ노라.

- 원천석의 시조 -

더우면 꽃 피고 추우면 잎 지거늘
솔아 너는 어찌 눈서리를 모르느냐. → ______, ______
구천(九泉)의 뿌리 곧은 줄을 글로* 하여 아노라.

- 윤선도, 「오우가(五友歌)」 -

*글로: 그것으로

______ ← 구룸이 無心(무심)ᄐᆞᆫ 말이 아마도 虛浪(허랑)ᄒᆞ다.
中天(중천)에 떠 이셔 任意(임의)로 ᄃᆞᆫ니면셔
구ᄐᆡ야 光明(광명)ᄒᆞᆫ 날빗ᄎᆞᆯ 따라가며 덥ᄂᆞ니.
→ ______

- 이존오의 시조 -

______ ← 江湖(강호)에 봄이 드니 미친 興(흥)이 절로 난다.
濁醪溪邊(탁료계변)에 錦鱗魚(금린어)ㅣ 안주로라.
이 몸이 閒暇(한가)히옴도 亦君恩(역군은)이샷다.
→ ______의 은혜

______ ← 江湖(강호)에 녀름이 드니 草堂(초당)에 일이 업다.
有信(유신)ᄒᆞᆫ 江波(강파)ᄂᆞᆫ 보내ᄂᆞ니 ᄇᆞ람이다.
이 몸이 서늘히옴도 亦君恩(역군은)이샷다.
______의 은혜 ←

- 맹사성, 「강호사시가(江湖四時歌)」 -

4. 효(孝)

______의 은혜, 갚을 수나 있을까요.

盤中(반중) 早紅(조홍)감이 고아도 보이ᄂᆞ다.
柚子(유자) ㅣ 안이라도 품엄즉도 ᄒᆞ다마ᄂᆞᆫ
품어 가 반기리 없슬시 글노 설워 ᄒᆞᄂᆞ다.
→ 반길 이 = ______

- 박인로의 시조 -

→ ____
어버이 사라신 제 셤길 일란 다ᄒᆞ여라.
디나간 후에 애둛다 엇디하리.
평싱애 고텨 못홀 일이 이뿐인가 ᄒᆞ노라.
→ ______를 섬기는 일 = ____

- 정철, 「훈민가」 -

→ ______의 은혜와 덕
세상(世上) 사룸들아 부모(父母) 은덕(恩德) 아ᄂᆞ산다.
부모(父母)곳 아니면 이 몸이 있을쏘냐.
생사(生死)장제(葬祭)에 예(禮)로써 종시(終始)갓게 섬겨서라. → 한결같은 마음으로 ______을 섬길 것.

- 박인로의 시조 -

호ᄆᆡ도 눌히언마ᄅᆞᄂᆞᆫ
낟ᄀᆞ티 들 리도 업스니이다.
아바님도 어이어신마ᄅᆞᄂᆞᆫ
위 덩더둥셩
어마님ᄀᆞ티 괴시리 업세라.
→ ______의 사랑 < ______의 사랑
아소 님하.
어마님ᄀᆞ티 괴시리 업세라.

- 작자 미상, 「사모곡」 -

5. 탐관오리 or 부정적 현실에 대한 비판

______할 때는 은근히 비꼬아 봅니다. 이런 걸 ______라고 하죠.

→ 힘없는 ______ → 지위가 높은 ______
______ ← 두터비 ᄑᆞ리를 물고 두험 우희 치ᄃᆞ라 안자
것넌 山(산) ᄇᆞ라보니 白松骨(백송골)이 떠잇거늘 가슴이 금즉ᄒᆞ여 풀덕 뛰여 내ᄃᆞᆺ다가 두험 아래 쟛바지거고
모쳐라 눌낸 낼싀만졍 에헐질 번ᄒᆞ괘라.

- 작자 미상의 사설시조 -

乍晴乍雨雨還晴 잠깐 개었다 비 내리고 내렸다가 도로 개이니
天道猶然況世情 하늘의 이치도 이러한데 하물며 세상 인심이야.
譽我便是還毁我 나를 칭찬하다 곧 도리어 나를 헐뜯고
逃名却自爲求名 명예를 마다더니 도리어 명예를 구하게 되네.
花門花謝春何管 꽃이 피고 꽃이 지는 것을 봄이 어찌 하리오
雲去雲來山不爭 구름이 오고 구름이 가는 것을 산은 다투질 않네.
寄語世人須記認 세상 사람에게 말하노니 반드시 알아 두소
取歡無處得平生 기쁨을 취하되 평생 누릴 곳은 없다는 것을.

→ 현실의 ______인 면 비판

- 김시습, 「사청사우」 -

→ ______

黃雀何方來去飛 참새야 어디서 오가며 나느냐,
一年農事不曾知 일 년 농사는 아랑곳하지 않고,
鰥翁獨自耕耘了 늙은 홀아비 홀로 갈고 맸는데,
耗盡田中禾黍爲 밭의 벼며 기장을 다 없애다니.

→ 수탈당하는 ______

- 이제현, 「사리화」 -

6. **삶**

① 아, 사는 게 뭔지. 삶의 ______.
② ______ 거, 싫어. 어흑.

→ 삶의 ______

노래 삼긴 사름 시름도 하도할샤
닐러 다 못닐러 불러나 푸돗듼가
眞實(진실)로 플릴거시면은 나도 불러 보리라.

- 신흠의 시조 -

梧桐(오동)에 듯는 빗발 無心(무심)히 듯건마는
나의 시름 하니 닙닙히 愁聲(수성)*이로다. → ______의 소리
이 後(후)야 입 넙은 남기야 시물 줄이 이시랴.

- 김상용의 시조 -

*수성: 근심하여 탄식하는 소리.

삶의 ______ ← 한숨아 셰한숨아 네 어닉 틈으로 드러온다.
고모 장즈 셰술 장즈 들 장즈 열 장즈에 암돌젹귀 수돌젹귀 비목걸시 뚝닥 박고 크나큰 줌을쇠로 숙이숙이 추엿눈듸 屛風(병풍)이라 덜걱 접고 簇子(족자) ㅣ 라 딕딕골 말고, 녜 어닉 틈으로 드러온다.
어인지 너 온 날이면 좀 못 드러 ᄒ노라.

- 작자 미상의 사설시조 -

ᄒᆞᆫ 손에 막ᄃᆡ 잡고 또 ᄒᆞᆫ 손에 가싀 쥐고,
늙ᄂᆞᆫ 길 가싀로 막고, 오ᄂᆞᆫ 白髮(백발) 막ᄃᆡ로 치려터니, ----► ______
白髮(백발)이 제 몬져 알고 즈럼길노 오더라.

- 우탁의 시조 -

STEP. 2 기출, 이것은 진리

이제 두 세트의 기출문제를 볼 거야. 각 작품에 드러나는 발상과 주제를 파악해 보자.
<보기> 속 개념에도 집중해 보고.

[23-25] 다음 글을 읽고 물음에 답하시오. (2022학년도 대학수학능력시험 9월 모의평가)

(가)
공후배필은 못 바라도 군자호구 원하더니
삼생의 원업(怨業)이오 월하의 연분으로
장안유협(長安遊俠) 경박자(輕薄子)를 ㉠꿈같이 만나 있어
당시의 용심(用心)하기 살얼음 디디는 듯
삼오이팔 겨우 지나 천연여질 절로 이니
이 얼골 이 태도로 백년기약하였더니
연광(年光)이 훌훌하고 조물이 다시(多猜)*하여
[A] ┌ 봄바람 가을 물이 베오리에 북 지나듯
└ 설빈화안 어디 두고 면목가증(面目可憎)* 되거고나
내 얼골 내 보거니 어느 임이 날 괼소냐
(중략)
옥창에 심은 매화 몇 번이나 피여 진고
[B] ┌ 겨울밤 차고 찬 제 자최눈 섯거 치고
└ 여름날 길고 길 제 궂은비는 무슨 일고
삼춘화류(三春花柳) 호시절(好時節)의 경물이 시름없다
가을 달 방에 들고 실솔(蟋蟀)이 상(床)에 울 제
긴 한숨 지는 눈물 속절없이 혬만 많다
아마도 모진 목숨 죽기도 어려울사
도로혀 풀쳐 혜니 이리하여 어이하리
청등을 돌라 놓고 녹기금(綠綺琴) 빗겨 안아
벽련화(碧蓮花) 한 곡조를 시름 좇아 섯거 타니
소상야우(瀟湘夜雨)의 댓소리 섯도는 듯
화표천년(華表千年)의 별학이 우니는 듯
옥수(玉手)의 타는 수단 옛 소리 있다마는
부용장(芙蓉帳) 적막하니 뉘 귀에 들리소니
간장이 구곡되어 굽이굽이 끊쳤어라
차라리 잠을 들어 ㉡꿈에나 보려 하니
바람의 지는 잎과 풀 속에 우는 짐승
무슨 일 원수로서 잠조차 깨우는다

- 허난설헌, 「규원가」 -

*다시: 시기가 많음.
*면목가증: 얼굴 생김이 남에게 미움을 살 만한 데가 있음.

(나)
[C] ┌ 재 위에 우뚝 선 소나무 바람 불 적마다 흔덕흔덕
└ 개울에 섰는 버들 무슨 일 좇아서 흔들흔들
임 그려 우는 눈물은 옳거니와 입하고 코는 어이 무슨 일 좇아서 후루룩 비쭉 하나니

- 작자 미상 -

★ 현대시와 고전 시가는 개념 공유, 다르지 않아.

23 문항 코드 | 23670-0023

[A]~[C]의 표현상 특징에 대한 설명으로 적절하지 않은 것은?

① [A]는 여성의 생활에 밀접한 소재를 활용하여 흘러가는 세월에 대한 화자의 인식을 시각적으로 표현하였다.
② [B]는 단어를 반복하는 구절을 행마다 사용하여 화자가 주목하는 각 계절의 특성을 강조하였다.
③ [C]는 두 대상을 발음이 비슷한 의태어로 표현하여 움직이는 모습의 유사성을 드러내었다.
④ [A], [B]는 계절적 배경을 알려 주는 시어를 활용하여 시간에 따라 화자의 처지가 달라졌음을 드러내었다.
⑤ [B], [C]는 대구를 활용하여 리듬감을 형성하였다.

★ '꿈'의 의미 파악.

24 문항 코드 | 23670-0024

㉠, ㉡에 대한 이해로 가장 적절한 것은?

① ㉠은 흐릿한 기억 때문에 혼란스러운 화자의 심정을 나타낸다.
② ㉡은 현실에서는 화자가 문제를 해결할 수 없어서 선택한 방법이다.
③ ㉠은 임과의 만남에 대한 기대에서, ㉡은 임과의 이별에 대한 망각에서 비롯된다.
④ ㉠은 이미 일어난 일에 대해 회상하고, ㉡은 곧 일어날 일에 대해 단정하고 있다.
⑤ ㉠은 인연의 우연성에 대한, ㉡은 재회의 필연성에 대한 화자의 우려를 드러내고 있다.

★ 이별에 대처하는 화자의 자세.

25 문항 코드 | 23670-0025

〈보기〉를 참고하여 (가), (나)를 감상한 내용으로 적절하지 않은 것은?

〈보기〉

(가), (나)는 이별에 대한 서로 다른 대처를 보여 준다. (가)의 화자는 외부와 단절된 채 자신의 쓸쓸한 내면에 몰입하고, 자신의 슬픔을 주변으로 확장한다. (나)의 화자는 외부 대상의 모습에서 자신과의 동질성을 발견하며 슬픔을 확인하면서도, 슬픔을 분출하는 자신의 우스운 외양에 주목한다. (가)는 슬픔을 확장하고 펼쳐 냄으로써, (나)는 슬프지만 슬픔과 거리를 둠으로써 이별에 대처한다.

① (가)에서 '실솔이 상에 울 제'는 화자가 자신의 슬픔을 주변으로 확장한 것을 보여 주는군.
② (가)에서 '부용상 적막하니 뉘 귀에 들리소니'는 화자가 외부와의 교감을 거부하고 내면에 몰입하는 모습을 드러내는군.
③ (나)에서 화자는 '소나무'가 '바람 불 적마다 흔덕'거리는 모습에서 자신과의 동질성을 발견한 것이겠군.
④ (가)의 '삼춘화류'는, (나)의 '버들'과 달리 화자의 내면과 대비되어 외부와의 단절감을 강조하는군.
⑤ (나)의 '후루룩 비쭉'하는 '입하고 코'는, (가)의 '긴 한숨 지는 눈물'과 달리 화자가 자신의 우스운 외양에 주목하여 슬픔과 거리를 두는 것을 보여 주는군.

[26-27] 다음 글을 읽고 물음에 답하시오. 〔 2022학년도 7월 고3 전국연합학력평가 〕

(가)

청강(淸江) 녹초변(綠草邊)의 소 먹이는 아이들이
석양에 흥이 겨워 피리를 비껴 부니
물 아래 잠긴 용이 잠을 깨어 일어날 듯
안개 기운에 나온 학이 제 집을 버리고
반공(半空)에 솟아 뜰 듯
소선(蘇仙) 적벽(赤壁)*은 가을 칠월(秋七月)이 좋다 하되
팔월 보름달을 모두 어찌 칭찬하는고
고운 구름 흩어지고 물결이 잔잔할 때
하늘에 돋은 달이 솔 위에 걸렸거든
달을 잡으려다 물에 빠진 적이 있는 적선(謫仙)이 야단스럽구나
공산(空山)에 쌓인 잎을 삭풍(朔風)이 거둬 불어
떼구름 거느리고 눈조차 몰아오니
천공(天空)이 호사로워 옥으로 꽃을 지어
만수(萬樹) 천림(千林)을 꾸며 내는구나
앞 여울 가려 얼어 독목교(獨木橋) 비꼈는데
막대 멘 늙은 중이 어느 절로 가는 건가
산옹(山翁)의 이 ㉠부귀(富貴)를 남에게 전하지 마오
경요굴(瓊瑤窟) 은세계(隱世界)를 찾을 이 있을세라
산중에 벗이 없어 한기(漢紀)*를 쌓아 두고
만고 인물을 거슬러 헤아리니
성현도 많거니와 호걸도 많고 많다
하늘 삼기실 제 곧 무심할까마는
어찌하여 시운(時運)이 일락배락* 하였는가
모를 일도 많거니와 애달픔도 그지없다
기산(箕山)의 늙은 고불 귀는 어찌 씻었던가*
박 소리 핑계하고* 조장(操狀)*이 가장 높다
인심이 낯 같아서 볼수록 새롭거늘
세사(世事)는 구름이라 험하기도 험하구나
엊그제 빚은 술이 얼마큼 익었나니
잡거니 밀거니 실컷 기울이니
마음에 맺힌 시름 적게나 하리로다

- 정철, 「성산별곡(星山別曲)」 -

***소선 적벽:** 송나라 문인 소동파가 지은 적벽부.
***한기:** 책.
***일락배락:** 흥했다가 망했다가.
***기산의 ~ 씻었던가:** 기산에 숨어 살던 허유가 임금의 자리를 제안 받았을 때, 이를 거절하면서 그 말을 들은 자신의 귀를 씻었다는 고사.
***박 소리 핑계하고:** 표주박 하나도 귀찮다면서 허유가 핑계하고.
***조장:** 기개 있는 품행.

(나)

㉡부귀(富貴)라 구(求)치 말고 빈천(貧賤)이라 염(厭)치 마라
인생 백 년(百年)이 한가(閑暇)할사 이내 것이
백구(白鷗)야 날지 마라 너와 **망기(忘機)***하오리라
〈제1곡〉

서산(西山)에 해 져 간다 고깃배 떴단 말가
죽간(竹竿)을 둘러메고 십 리 장사(十里長沙) 내려가니
연화(煙花) 수삼(數三) **어촌(漁村)**이 **무릉(武陵)**인가 하노라
〈제6곡〉

- 권구, 「병산육곡(屛山六曲)」 -

***망기:** 속세의 일이나 욕심을 잊음.

★ 대상에 대한 시적 화자의 태도에 주목.

26 문항 코드 | 23670-0026

㉠과 ㉡에 대한 설명으로 가장 적절한 것은?

① ㉠은 ㉡과 달리 과거를 극복하게 하는 대상이다.
② ㉡은 ㉠과 달리 화자가 추구하는 가치와 거리가 먼 대상이다.
③ ㉠은 갈등을 해소하는 계기가, ㉡은 갈등을 심화하는 계기가 되는 대상이다.
④ ㉠은 화자의 체념적 태도를, ㉡은 화자의 달관적 태도를 드러내는 대상이다.
⑤ ㉠과 ㉡은 모두 화자에게 인생의 무상함을 느끼게 하는 대상이다.

★ 고전 시가에 자주 쓰이는 발상에 주목. O/X 문제야~.

27 문항 코드 | 23670-0027

〈보기〉를 참고하여 (가)와 (나)를 감상한 내용으로 적절한가?

〈보기〉

작가는 화자나 인물을 통해 인간과 세계를 바라보는 자신의 생각을 언어로 형상화하여 표현하기 때문에 문학 작품을 읽는 것은 곧 작가의 생각을 이해하는 것이라고도 할 수 있다. 따라서 작가가 화자나 인물을 어떻게 그리고 있는지 파악하는 것은 문학 작품 속에 담겨 있는 작가의 생각을 이해하는 방법이 된다.

① (가)에서 고사를 인용하며 '늙은 고불'을 '조장'이 높은 인물로 보고 있는 화자를 통해 바람직한 삶의 자세에 대한 인식을 드러내고 있군. O X
② (가)에서 세상의 일이 '구름'처럼 험하다면서 '술'로 '시름'을 잊겠다고 말하는 화자를 통해 속세를 부정적 대상으로 인식하고 있음을 드러내고 있군. O X
③ (나)에서 '백구'에게 날지 말라고 말하며 함께 '망기'하고 싶다는 화자를 통해 자연물을 물아일체의 대상으로 인식하고 있음을 드러내고 있군. O X
④ (나)에서 삶의 터전인 '어촌'을 '무릉'에 비유하며 생활에 대한 만족감을 느끼고 있는 화자를 통해 일상의 공간에 대한 긍정적인 인식을 드러내고 있군. O X

태그 체크

○ #자연의 아름다움 ○ #자연 친화, 물아일체 ○ #이별의 슬픔과 그리움 ○ #임에 대한 사랑 ○ #애국, 애군
○ #산다는 건 ○ #탐관오리 싫어 ○ #부정적 현실도 싫어 ○ #효 ○ #탄로

9 소설 읽기 매뉴얼

학습 목표 ❶ 소설의 **출제 요소**를 안다. ❷ 서술자가 **인물을 제시하는 방법**을 이해한다.

개념 태그 #소설의 3요소는 주제, 구성, 문체 #인물, 사건, 배경은 구성의 3요소 #소설 읽기 매뉴얼 #직접 제시 #간접 제시

STEP. 1 내 생애 마지막 개념 정리!

이제 소설이야.

아, 시도 어렵지만 처음 보는 소설도 어려운데. ㅠㅠ

그러니까~. 시는 짧아서 어렵고, 소설은 길어서 어렵지?

어떻게 아셨어요? 역쉬~!

ㅋㅋ 어쨌든 소설 지문도 문제를 내기 위해서 콕 뽑아 온 장면이잖아. 그 안에는 문제를 내기 위한 요소들이 있기 마련이야. 소설 지문에서는 어떤 문제들이 출제되는지부터 알아 두자고!

개념 046
소설의 3요소

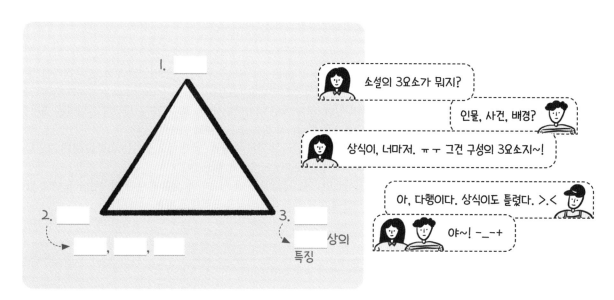

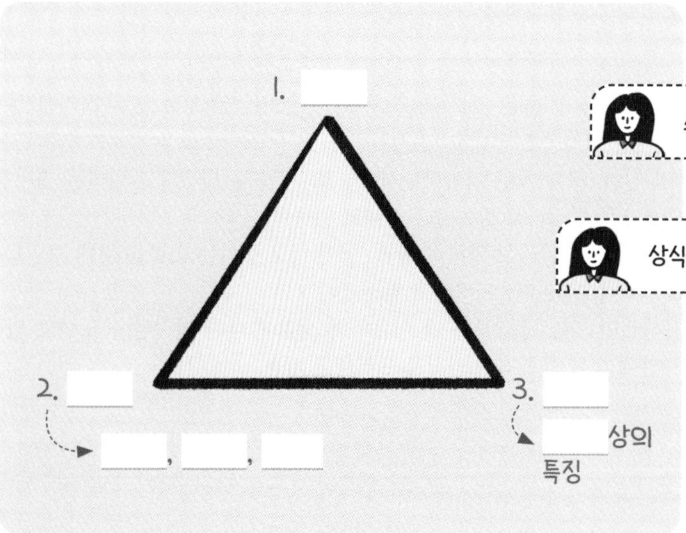

소설의 3요소가 뭐지?

인물, 사건, 배경?

상식이, 너마저. ㅠㅜ 그건 구성의 3요소지~!

아, 다행이다. 상식이도 틀렸다. >.<

야~! -_-+

개념 047

소설 읽기 매뉴얼

시랑 소설은 서로 다른 갈래지만, 접근하는 방법이 아주 다른 건 아니야. 문제 유형도 서로 통하거든. 잘 봐~.

시	소설
화자	______
〈보기〉를 참고한 감상	〈______〉를 참고한 감상
표현상의 특징	______상의 특징
화자의 정서나 태도	______의 심리나 생각
시어나 시구의 의미	구절의 ______
시상 전개 방식	소설의 ______ 방식
…	…

시를 읽을 때와 마찬가지로 주어진 <보기>가 있다면 <보기>를 참고해서 인물 중심으로 읽어 내려가는 거야. 한 문장 한 문장 꼼꼼히 읽는 게 아니라 빠르게 줄거리를 파악하면서 숙~ 읽어 내려 가면 돼.

0. [앞부분의 ______]가 있다면?

[앞부분의 줄거리]는 출제자가 손수 쓰신 거야. 이걸 모르면 지금 제시하는 지문 속 사건을 이해할 수가 없겠다 싶은 내용들의 알짜만 깔끔하게 요약해서 제공해 주시는 것이 바로 [앞부분의 줄거리]인 것이지. 이건 정말 〈보기〉만큼 중요한 내용이니까 인물, 인물을 수식하는 내용, 사건 위주로 잘 읽자!

1. ______ 중심으로 읽는 거야.

2. 인물이 처해 있는 ______을 이해해야지.

뭐가 문제인지, 누구와의 갈등인지, 문제의 원인은 무엇인지 생각하면서.

3. 그 상황 속에 놓인 인물의 ______를 파악해야 돼.

특히 주인공이 하염없이 자기의 속 얘기만 하고 있다면, 주인공의 심리(내적 갈등)에 주목해야 돼.

4. 문두(문제)에서 ______이나 ______를 지정해 뒀다면(㉠, ⓐ) 그 ______에 주목해야 돼.

출제 들어갔을 때 현대시 문제 내기가 어려울 것 같아, 아니면 현대 소설 문제 내기가 어려울 것 같아? 시가 더 어려울 것 같지? 여러 개의 시를 묶어야 되잖아. 훗, 그런데 소설도 정말 만만치가 않다는 것!
왜냐하면! 소설은 완전 길~~~~~~~잖니. 그 긴 소설에서 어디서부터 어디까지 Cut 해야 할지를 결정하는 일이 정말 머리카락 빠지게 한다는 거야. 하나의 소설 지문에서 의미 있는 3~4개의 문제를 출제하는 일은 생각보다 쉽지 않거든. 소설 한 세트에 주제 문제도 넣고, 배경의 기능 문제도 넣고, 인물 제시 문제도 넣고, 시점 문제도 넣고, 이것도 넣고 저것도 넣고. 이렇게 구성하는 일이 어려워, 어려워. ㅠㅠ 그렇게 많은 출제 요소를 한꺼번에 다 담고 있는 장면을 찾기란 너무 힘들거든. 그 말은 선택된 소설 지문에는 초점이 되는 출제 요소가 있다는 거야. 그것이 인물의 심리든, 갈등 구조든, 구성 방식이든 뭔가 중심이 되는 출제 요소가 있고, 다른 출제 요소들이 더해지는 거야.
이제부터 소설 공부를 할 때는 수동적으로 지문에 끌려다니지 말고, 출제자가 수많은 출제 요소 중에 어떤 요소에 꽂혀서 그 장면을 선택한 것일지를 생각해 보는 소설 공부를 해 보는 거야.

연습9

(2022.06)

[앞부분의 줄거리] 나는 기범이 죽기 전에 무슨 일이 있었는지 알기 위해, 그가 살았던 구천동을 찾아간다. 기범의 행적을 잘 알고 있는 '임 씨'를 만나 사연을 듣기 전에, 일규의 장례식 후에 있었던 기범과의 과거 일을 회상한다.

▶ 사건에 대해 서술하고 있는 인물은 '____'구나. '____'는 ______의 행적에 대해 궁금해하고 있는 거 같아.

"네가 일규를 어떻게 아냐? 네깐 게 뭘 안다구 감히 일규를 입에 올리냐?" ▶ 누가 하는 말이지?

기범은 순간 잔을 던지고 미친 듯이 웃기 시작했다. 너무나 돌연한 웃음이어서 나는 그때 꽤나 놀랐다. 기범이 그처럼 미친 듯이 웃는 것을 나는 그날 처음 보았다.

"그래, 네 말이 맞다. 나는 그놈을 입에 올릴 자격이 없다. 허지만 누가 그놈을 진심으로 사랑한 줄 아냐? 너희냐? 너희가 그놈을 사랑한 줄 아냐?" ▶ 이건 ______의 대사야. 그럼 첫 대사는 '____'의 말이었겠구나.

나는 긴장했다. 그의 눈에서 번쩍이는 눈물을 보았기 때문이다. ▶ '나'가 긴장한 이유는 뭐지?

"너는 그놈이 아깝다구 했지만 나는 그놈이 죽어 세상 살맛이 없어졌다. 나는 살기가 울적할 때마다 허공에서 그놈의 쌍판을 찾았다. 나는 그놈을 통해서만 살아가는 재미와 기쁨을 느꼈다. 그러나 그놈 역시 사정은 나하구 똑같았다. 나를 발길로 걷어찼지만 그놈은 나를 잊은 적이 없다. 우리는 서로 사랑했지만 사랑하는 방법이 달랐을 뿐이다."

▶ 기범에게 ______는 굉장히 의미가 큰 사람이었네.

(중략)

"원래 그 사람은 도회지에서 살던 사람인데 왜 그때 도시를 버리구 깊은 산골을 찾았는지 모르겠군."

"처음엔 저두 많이 궁금하게 생각했습니다. 뭔가 세상에 죄를 짓구 숨어 사는 분이 아닌가 했습니다. 더구나 이리루 들어오시자 머리를 깎구 수염까지 기르셨거든요. 그러나 오래 뫼시구 살다 보니 저대루 차츰 납득이 갔습니다. 한마디로 말하기는 어렵지만 세상에 뭔가 실망을 느끼신 게 아닌가 싶습니다."

▶ 아, [앞부분의 줄거리]를 참고해 보면, (중략) 이후 부분은 '____'와 ______의 대화 장면이구나.

"본인이 그런 말을 한 적이 있소?"

"과거 얘기는 좀체 안 하시는 편이었는데 언젠가는 내게 그 비슷한 말씀을 하시더군요. 듣기에 따라서는 궤변 같지만 그분은 남하구 다른 묘한 철학을 지니구 계셨습니다."

▶ 임 씨는 ______을 '그분'이라고 지칭하네. ______의 '묘한 철학'이 뭔지 알아내야 돼.

"그걸 한번 들려줄 수 없소?"

"그분은 세상이 어지럽구 더러울 때는 그것을 구하는 방법이 한 가지밖에 없다구 하셨습니다. 세상을 좀 더 썩게 해서 더 이상 그 세상에 썩을 것이 없도록 만들어야 한다는 것입니다. 그걸 썩지 않게 고치려구 했다가는 공연히 사람만 상하구 힘만 배루 든다는 것입니다. '모두 썩어라, 철저히 썩어라'가 그분이 세상을 보는 이상한 눈입니다. 제 나름의 어설픈 추측입니다만 그분은 사람만이 지닌 이상한 초능력을 믿으시는 것 같았습니다. 사람은 온갖 악행에도 불구하고 자기 스스로를 송두리째 포기하지는 않는다는 것입니다. 세상이 철저히 썩어서 더 썩을 것이 없게 되면 사람은 살아남기 위해 언젠가는 스스로 자구책을 쓴다는 것입니다. 당신은 바로 그걸 믿으셨고, 이러한 자기 생각을 부정(不正)의 미학이라는 묘한 말루 부르시기두 했습니다."

▶ 임 씨의 이야기를 들어 보니 ______은 역시 뭔가 평범하지 않은 사고를 가진 사람이었던 거 같아.

나는 순간 가슴 한구석에 뭔가가 미미하게 부딪쳐 오는 진동을 느꼈다. 진동의 진상은 확실치 않지만, 나는 그것이 기범을 이해하는 어떤 열쇠가 아닌가 생각했다. 그의 온갖 기행과 궤변들이 어지러운 혼란 속에서 그제야 언뜻 한 가닥의 질서 위에 어렴풋이 늘어서는 것이었다.

▶ '나'는 임 씨의 이야기를 들으면서 ______에 대해 조금은 이해하기 시작하는 것 같아.

"헌데 세상에 대해 그런 생각을 지닌 사람이 갑자기 왜 세상을 등지구 이런 산속에 박혀 사는 거요?"

"당신께서 아끼시던 친구 한 분이 갑자기 세상을 버리셨다구 하시더군요. 그때 아마 충격을 받으시구 이리루 들어오신 게 아닌가 싶습니다."

"누구랍니까, 그 친구가?" ▶ '그 친구'란 ______겠구나.

"이름은 말씀 안 하시구 그분을 언제나 '미련한 놈'이라구만 부르셨습니다."

오일규다. 나는 그제야 오일규의 장례식 후에 기범이 격렬하게 지껄인 저 시끄럽던 요설들이 생각났다. 어쩌면 기범은 그때 이미 세상을 등질 결심을 했는지도 알 수 없다. 아니 그는 그 얼마 후에 내 앞에서 정말로 깨끗하게 사라져 버린 것이다.

▶ 기범이 도시를 버리고 ____________로 들어가 버린 걸 말하는 거구나.

"그래 그 친구가 죽은 후로 왜 세상을 등졌답디까?"

"세상 살 재미가 없어졌다구 하시더군요. 아마 친구분을 꽤나 좋아하셨던 모양입니다. 그 미련한 놈이 죽어 버렸으니 자기도 앞으로는 미련하게 살밖에 없노라구 하셨습니다. 당신이 미련하다고 말씀하는 건 우습게 들리시겠지만 착한 일을 뜻하시는 것이었습니다."

▶ 임 씨는 기범을 참 ________으로 생각했던 거 같아.

"그래서 이곳에 온 후 사람이 갑자기 달라진 거요?"

"전 그분의 과거를 몰라서 어떻게 달라졌는지는 잘 모릅니다. 허지만 이곳에 오신 후로는 그분은 거의 남을 위해서만 사셨습니다. 제가 생명을 구한 것두 순전히 그분의 덕입니다."

나는 다시 기범이 지껄였던 과거의 요설들이 생각난다.

▶ '나'가 기범의 요설들을 떠올리면서 어떤 생각을 하는지가 중요할 거 같아. 집중하자.

세상을 항상 역(逆)으로만 바라보던 그의 난해성이 또 한 번 나를 혼란 속에 빠뜨린다. 그는 어쩌면 이 세상을 역순(逆順)과 역행(逆行)에 의해 누구보다 열심으로 가장 솔직하게 살다 간 것 같다. 그에게 악과 선은 등과 배가 서로 맞붙은 동위(同位) 동질(同質)의 것이었는지도 알 수 없다. 그는 악과 선 중 아무것도 믿지 않았고 오직 믿은 것이라고는 세상에는 아무것도 믿을 것이 없다는 사실뿐이었다. 그와 오일규가 맞부딪쳤을 때 오일규가 해체되는 것은 너무나 당연하다. 그것은 가장 비열한 삶이 가장 올바른 삶을 해체시키는 역설적인 예인 것이다.

▶ '가장 비열한 삶'이란 ________의 삶을, '가장 올바른 삶'이란 ________의 삶을 의미하는 거겠구나.

- 홍성원, 「무사와 악사」 -

개념 048

인물 제시 방법

1. 직접 제시(________(Telling), ______적 제시, ________ 제시)

직접 제시는 서술자가 인물의 성격이나 상황, 사건을 직접적으로 ______해서 설명하는 방법을 말해. 서술자가 인물이나 상황에 대해 ______해서 대놓고 속 시원하게 말해 주는 방법이야.

① 서술자가 인물의 성격이나 심리를 ______하여 ______없이 독자에게 전달할 수 있어.

② 서술자가 인물에 대해서 그냥 말해 주면 되니까 사건 전개 속도가 ________고 할 수 있어.

③ 서술자가 분석한 내용을 직접 설명하다 보면 내용이 ________일 수 있어.

④ 서술자가 다 말해 줘 버리니까 읽는 사람은 할 일이 없네. 독자의 ________을 제한할 수도 있어.

● 기출 속으로

2020.03(2)	인물과 관련된 사건의 추이를 요약적으로 서술하여 인물에 대한 독자의 이해를 돕고 있다.
2017.06(1)	사건을 요약적으로 제시하여 전개 속도를 빠르게 하고 있다.
2016.04	인물의 말을 통해 과거의 행적이 요약적으로 제시되어 있다. ★주의!
2011.03(1)	중심인물의 성격을 요약적으로 제시하고 있다.

2. 간접 제시(__________(Showing), ____적 제시)

간접 제시는 서술자가 인물 간의 ______장면을 그대로 제시하거나, 인물의 ______ 및 ______을 ______해 줌으로써 인물의 성격이나 상황, 사건에 대한 정보를 ______가 스스로 파악하게 하는 방법을 말해. 이런 방법은 연극에서 인물이 관객들에게 제시되는 방법과 유사하기 때문에 ____적 제시라고도 해.

① 서술자가 인물의 외양이나 행동을 ______해 주니까 독자는 장면을 보는 것 같은 ______한 느낌을 받을 수 있어.

② 독자는 서술자가 묘사해 주는 것을 바탕으로 장면을 떠올리게 되기 때문에 한 편의 ____을 보는 듯한 느낌을 받을 수 있어.

기출 속으로

2022.03(2) 섬세하고 치밀한 묘사로 인물의 외양과 행동을 부각하고 있다.
2016.수능 ㉠에는 '남편'의 행동 묘사를 통해 '남편'의 성격이 드러나 있고 ㉤에는 '남편'의 외양 묘사를 통해 '나'의 심리가 드러나 있다.
2009.09(2) 보여 주기 기법을 구사하여 극적인 효과를 거두고 있다.

연습 10

(2005.06(1))

㉮ 더군다나 곱단이 어머니는 피가 무서워 닭모가지 하나 못 비트는 착하디착한 위인이었다. 그 피 묻은 소문에 살이 떨려 우두망찰했을 것이다. 곱단이는 만득이와의 언약을 저버리고 딴 데로 시집을 가느니 차라리 죽고 싶었을 것이다. 그러나 그녀도 스스로 제 목숨을 끊을 만큼 모질지는 못했다. 죽은 것과 마찬가지로 넋을 놓아 버리는 게 고작이었을 것이다.

- 박완서, 「그 여자네 집」 -

㉮를 〈보기〉와 같이 바꾸었을 때, 표현상의 효과로 가장 적절한 것은?

〈보기〉

"아이고, 이 일을 어떡한다냐……. 동구 밖에서 끔찍한 일도 생겼다는데……."
"그래도, 어머니. 저는 만득 씨를 더 기다려 보렵니다."
"아니, 이것아. 그런 소문을 듣고도 끝까지 만득이를 기다린다고?"
"그래도……."
"그래. 나도 널 저 측량기산지 뭔지 하는 사람한테 보내고 싶지는 않다만……."
"……."

① 보여 주기 방식을 통해 현장성과 구체성을 확보한다.
② 서술자가 사건에 적극적으로 개입하여 목소리를 낼 수 있다.
③ 상황을 요약적으로 제시하여 사건 전개의 긴박성을 부여한다.
④ 인물을 직접 제시함으로써 등장인물의 성격 파악이 쉬워진다.
⑤ 사건을 극적으로 제시하여 서술자와 독자와의 거리가 가까워진다. ····▶ 10강에서 자세히! ^^

STEP. 2 기출, 이것은 진리

처음 보는 소설 지문도 주어진 상황을 잘 이해하고, 그 상황 속 인물들의 처지와 심정을 파고들면 잘 읽어 낼 수 있다는 거 알겠지?

넵! [앞부분의 줄거리]가 있다면, 그 내용을 잘 파악하고, <보기>가 있을 땐 〈보기〉에서 설명한 출제 요소에 집중해야 한다는 것도 잘 챙기겠습니다. 시에서 화자가 처한 상황, 화자의 정서, 태도 파악에 집중했던 것처럼, 소설에서는 인물이 처한 상황, 인물의 심리, 생각에 집중하겠습니다!

오~, 하식이 하산 각인데? 이번에 '기출, 이것은 진리'는 아까 지문 읽기 연습했던 지문의 실제 문제들을 풀어 보자. 지문을 잘~ 읽으면 문제도 잘~ 해결할 수 있어. ^^

[28-31] 다음 글을 읽고 물음에 답하시오. 《 2022학년도 대학수학능력시험 》

[A] 김달채 씨는 퇴근하기 무섭게 뽀르르 집으로 달려가던 묵은 습관을 버리고 밤늦도록 하릴없이 길거리를 배회하면서 시간을 보내는 새로운 습관을 몸에 붙였다. 지하철이나 버스 혹은 공중변소나 포장마차 안에서, 백화점에서 사지도 않을 물건을 흥정하거나 정류장에서 토큰 아니면 올림픽복권을 사면서, 그리고 행인에게 담뱃불을 빌거나 더욱 과감하게는 파출소에 들어가 경찰관에게 길을 묻는 시늉을 하는 사이에 마주치는 각계각층의 사람들을 상대로 달채 씨는 실수를 가장하기도 하고 때로는 또렷한 목적의식을 드러내기도 해 가며 우산의 존재를 알리기 위해 갖가지 수단과 방법을 다 동원했다. 그런 다음 상대방의 눈에 과연 우산이 어떻게 비치는지, 그리하여 상대방이 우산 임자인 자기를 어떻게 대우하는지 반응을 떠보는 작업을 일삼아 계속해 나갔다. 참으로 긴장과 전율이 넘치는 뻐근한 나날들이었다. 구청 호적계장의 직위에 오르기까지 여태껏 전혀 몰랐던 세계가 구청과 자기 집구석 바깥에 따로 있음을 그는 우산을 통해서 비로소 실질적으로 체험할 수가 있었다.

그는 사람들의 반응을 종합해서 몇 가지 결론을 얻어내는 데 성공했다.

첫째는, 진짜 무전기에 익숙한 일부 극소수의 사람들을 제외한 거개의 서민들은 의외로 쉽사리 우산에 속아 넘어간다는 사실이었다.

둘째는, 상대방이 무전기를 지니고 있다고 알아차리는 그 순간부터 사람들의 태도가 확 달라진다는 사실이었다. 일껏 하던 이야기를 뚝 그치거나 얼렁뚱땅 말머리를 돌리는 등으로 지은 죄도 없이 공연히 겁부터 집어먹고는 꾀죄죄한 몰골의 자기한테 갑자기 저자세로 구는 것이었다. 밤늦도록 수고가 많다면서 한사코 술값을 받지 않으려 하던 어떤 포장마찻집 주인의 경우가 단적인 예였다.

셋째는, 노골적으로 손에 쥐고 보여 줄 때보다 그냥 뒤꽁무니에 꿰 찬 채 부주의한 몸가짐인 척하면서 웃옷 자락을 슬쩍 들어 ㉠케이스의 끝부분만 감질나게 보여 주는 편이 오히려 사람들을 놀라게 하는 데 훨씬 더 효과적이고 반응도 민감하다는 사실이었다.

김달채 씨는 그러잖아도 짧은 머리를 더욱 짧게 깎았다. 옷차림도 낡은 양복에서 스포티한 잠바 스타일로 개비했는가 하면 구청 밖에서는 항상 선글라스를 끼고 다녀 버릇했다. 달채 씨는 그처럼 달라진 모습으로 짬만 생기면 하릴없이 길거리를 나다니며 청명한 가을날에 우산을 이용해서 사람들을 떠보는 색다른 취미에 점점 깊숙이 빠져 들어가기 시작했다.

(중략)

그리 멀지 않은 곳에서 뭔가 벌어지고 있는 중이라고 생각하자 까닭 모를 흥분과 기대감이 그를 사로잡아 버렸다. 한 건 올리는 정도가 아니라 뭔가 이제껏 맛보지 못한 엄청난 보람을 느끼게 될 일대 사건을 만날 듯싶은 예감 때문이었다. 그는 다른 행인들이 종종걸음으로 달아나는 방향과는 정반대 편을 향해 정신없이 달려가기 시작했다.

예상했던 그대로의 살벌한 풍경이었다. 깨진 보도블록 조각이나 돌멩이들이 인도와 차도 가릴 것 없이 사방에 흩어져 나뒹굴고 있었다. 시커먼 그을음 연기를 피워 올리며 불타는 자동차와 창유리가 박살 난 건물도 보였다. 김달채 씨는 주체 못 할 지경으로 쏟아지는 눈물 콧물도 돌볼 겨를 없이 여전히 선글라스를 착용한 채 최루 가스에 심하게 오염된 지역을 향해 가까이 접근했다. 중무장한 전경대에 의해 도로가 완전 차단되어 더 이상 접근이 불가능해지자 달채 씨는 구경꾼들 뒷전에서 작은 키를 한껏 발돋움하고는 시위 현장의 분위기를 살폈다. 어디선가 보이지 않는 저쪽 건물 모퉁이에서 어기찬 함성이 아직도 기세를 올리는 중이었다. 사복 경찰관들한테 붙잡혀 끌려오는 학생의 모습이 구경꾼들 어깨 너머로 내다보였다.

달채 씨는 저도 모르는 사이에 앞사람들 틈바귀를 비집고 전면으로 썩 나섰다.
"이봐요, 거기!"
김달채 씨는 창문마다 철망이 쳐진 버스 안으로 학생들을 마구 밀어 넣는 사복들을 향해 느닷없이 목청을 높였다.
"아직도 어린애야! 다치지 않게 살살 좀 다뤄!"
어디서 그런 용기가 솟아나는지 김달채 씨 자신도 깜짝 놀랄 지경이었다.
"당신 뭐야?"
옷깃에 비표를 단 사복 차림의 청년 하나가 달려와서 김달채 씨의 가슴을 떼밀었다.
"나 이런 사람이오."
김달채 씨는 엉겁결에 잠바 자락 한끝을 슬쩍 들어 뒷주머니에 꿰 찬 우산 케이스를 내보였다. 하지만 상대방 청년은 그런 물건 따위는 애당초 거들떠볼 생심조차 하지 않았다.
"당신도 저 차에 같이 타고 싶어? 여러 소리 말고 빨리 집에나 들어가 봐요!"
이른바 닭장차에 어린 학생들과 함께 실리고 싶은 생각은 물론 털끝만큼도 없었다. 옷깃에 비표를 단 청년이 우산을 ⓒ우산 이상의 것으로 보아 주지 않는다면 그건 어쩔 도리 없는 노릇이었다. 김달채 씨는 남의 채마밭에서 무 뽑아 먹다 들킨 아이처럼 무르춤한 꼬락서니가 되어 맥없이 돌아설 수밖에 없었다.

- 윤흥길, 「매우 잘생긴 우산 하나」 -

★ 범위가 딱 지정돼 있는 문제 유형

28 문항 코드 | 23670-0028

[A]의 서술상 특징으로 가장 적절한 것은?

① 중심인물이 알지 못하는 사건을 제시해 긴장감을 조성하고 있다.
② 공간 이동에 따른 인물의 내면 변화를 회상을 통해 제시하고 있다.
③ 동시적 사건들의 병치로 사건에 대한 서로 다른 관점을 드러내고 있다.
④ 한 가지의 목적으로 수렴되는 인물의 의도적인 행위들을 나열하고 있다.
⑤ 상대를 달리하여 벌이는 인물의 행동을 서술하여 점진적으로 심화되는 갈등을 묘사하고 있다.

★ 인물 중심으로 읽어야 하는 문제 유형

29 문항 코드 | 23670-0029

윗글의 내용에 대한 이해로 가장 적절한 것은?

① 거리를 배회하며 새로운 습관을 익히려는 김달채는 생활의 활기를 찾기 위해 비 오는 날을 기다린다.
② 꾀죄죄한 몰골의 김달채는 사람들이 자신을 무시하는 태도를 변화시키기 위해 무전기를 보여 준다.
③ 흥미를 느낄 만한 일이 벌어지고 있음을 짐작한 김달채는 달아나는 행인들과 달리 시위 현장으로 향한다.
④ 시위 진압의 영향으로 고통 받던 김달채는 전경대의 위세에 압도되어 구경꾼들 뒤로 물러선다.
⑤ 닭장차에 끌려가게 된 김달채는 건물 모퉁이에서 들려오는 함성에 안도감을 느낀다.

★ 소재의 의미 및 기능을 잘 파악해야 하는 문제 유형

30 문항 코드 | 23670-0030

㉠, ㉡에 대한 이해로 적절하지 않은 것은?

① 김달채는 ㉠을 그 생김새로 인해 ㉡으로 인식하는 사람들이 있다는 사실을 발견한다.
② 김달채는 사람들로부터 기대하는 반응을 효과적으로 이끌어 낼 수 있는 ㉠의 사용법을 알게 된다.
③ '일부 극소수의 사람들'에게는 ㉡을 가진 사람으로 보이려는 김달채의 의도가 실현되지 않는다.
④ 김달채는 ㉡에 익숙하지 않은 '거개의 서민들'이 ㉠을 ㉡으로 오인한다고 판단한다.
⑤ '사복 차림의 청년'은 ㉡에 익숙하여 ㉠을 이용하려는 김달채의 의도를 알아챈다.

★ <보기>의 내용을 잘 이해하고 지문의 내용과 연결해야 하는 문제 유형

31 문항 코드 | 23670-0031

〈보기〉를 바탕으로 윗글을 감상한 내용으로 적절하지 않은 것은?

〈보기〉

소시민은 자신의 기득권을 지키기 위해 권력관계에 민감하게 반응한다. 권력관계가 형성되기 위해서는 타인의 승인이 요구되며, 이로 인해 힘의 우열 관계가 발생한다. 이 작품은 허구적 권력 표지를 통해 타인의 승인을 얻음으로써 자신감을 갖게 된 인물이, 승인을 거부하는 타인 앞에서는 소시민적 면모를 드러내는 상황을 그려낸다. 이를 통해 상황 논리를 따르는 소시민의 타산적 태도를 비판하고 있다.

① 김달채가 각계각층 사람들의 반응을 떠보는 것은, 권력이 타인들에게 미치는 영향을 살핀다는 점에서 김달채가 권력관계를 의식하는 인물임을 드러내는군.
② 김달채가 준 술값을 포장마찻집 주인이 받지 않으려는 것은, 권력에 대한 사람들의 태도를 나타낸다는 점에서 권력이 인물 간의 우열 관계를 형성하는 요인임을 보여 주는군.
③ 김달채가 외양에 변화를 준 것은, 타인의 승인을 용이하게 받으려 한다는 점에서 허구적 권력 표지를 이용하는 데 더 적극적으로 나서려는 김달채의 의도를 나타내는군.
④ 김달채가 사복들에게 목청을 높이며 항의하는 것은, 자신도 모르게 용기를 드러냈다는 점에서 승인받은 경험들을 통해 얻게 된 김달채의 자신감을 보여 주는군.
⑤ 김달채가 비표를 단 청년 앞에서 돌아서는 것은, 학생들과 맺은 유대 관계를 단절하여 기득권을 지키려 한다는 점에서 상황 논리를 따르는 김달채의 타산적 태도를 드러내는군.

태그 체크

○ #소설의 3요소는 주제, 구성, 문체　○ #인물, 사건, 배경은 구성의 3요소　○ #소설 읽기 매뉴얼
○ #직접 제시　○ #간접 제시

10 서술자 씨의 모든 것

학습 목표

❶ 지문을 읽고 어떤 **시점**으로 서술되고 있는지 파악할 수 있다.
❷ **시점**의 **변신 모드**를 선지 속에서 찾아낼 수 있다.
❸ **거리**의 개념을 외워 버리는 게 아니라, **이해할 수 있다**.

개념 태그

#1인칭 주인공 시점 #1인칭 관찰자 시점 #3인칭 관찰자 시점 #전지적 서술자 시점 #의식의 흐름 #특정 인물의 시각 #거리

STEP. 1 내 생애 마지막 개념 정리!

시점은 중학교 때부터 배웠어. 그러나 아직도 구분이 안 되는 학생이 있을 거야. 완전 친절 돋는 혜정 쌤이 진짜 마지막으로 정리해 준다! 왜? 이 강의는 無개념 & 誤개념 학생들을 위한 편파 강의니까~. >0<

이런 선생님 또 없습니다!!!

내 말이~. ㅎㅎ

개념 049
시점 파악하기 매뉴얼

시에서 '화자'라는 개념 배웠지? 모르면 초등학교로 다시 가야 합니다? ㅎㅎ 시에 화자가 있듯이 소설에는 ________가 있어. 서술자란 작품에서 독자에게 이야기를 해 주는 누군가를 말하는 거야. 시의 화자가 반드시 시인인 것은 아니었듯이 소설의 서술자도 반드시 작가가 되는 건 아니야. 그리고 서술자의 위치나 서술자가 말하는 방식에 따라서 시점이 달라져.

기본적으로 서술자가 이야기의 ________에 있으면 1인칭 시점, 서술자가 이야기의 ________에 있으면 3인칭 시점이 되는 거야. 그게 뭐냐고? ㅎㅎ 자세한 설명 들어갑니당~!

1단계

본문을 딱 봐서 '____'라는 인물이 나오는지 안 나오는지 찾기.

- '____'가 나온다. ⇒ ____ **인칭 시점** (1인칭 주인공 시점 or 1인칭 관찰자 시점인 거야.)
- '____'가 눈 씻고 찾아도 안 나온다. ⇒ ____ **인칭 시점** (3인칭 관찰자 시점 or 전지적 서술자 시점인 거야.)

2단계

'나'라는 인물이 나온다면, 그 '나'가 ________인지 아닌지를 파악하기.

- '나'가 ______ 얘기하는 데 바쁘다. ⇒ **1인칭 ________ 시점** ('나'가 주인공인 거야.)
- '나'가 자기 얘기는 안 하고 자꾸 ____ 얘기만 한다. ⇒ **1인칭 ________ 시점** ('나'는 관찰자인 거야.)

3단계

'나'도 안 나오고, 누가 이야기를 해 주고 있는 건지 당최 모르겠다면.

- 누구신지 모르겠지만 아는 게 별로 없다. 인물의 속마음이 궁금해 죽겠는데 말을 직접 잘 안 해 준다. 못 해 주는 건가?
  ⇒ **3인칭 ________ 시점**
- 누구신지 모르겠지만 Wow 모르는 게 없다. 과거에 무슨 사건이 있었는지 궁금할 만한 모든 것을 알려 주시고, 인물의 속마음도 싹 분석해 주는 것이 님, 신이심? ⇒ ________ **서술자 시점**

개념 050

1인칭 주인공 시점

1인칭 주인공 시점이란 '나'라는 인물이 작품의 ______으로 등장하여 이야기 ______에서 사건을 서술하는 시점을 말해.

① 주인공이 자기의 이야기를 직접 해 주니까 ______의 내면세계를 효과적으로 표현할 수 있어.
② 독자는 ______이 보고 느낀 것만을 알게 된다는 한계점이 있어.
③ 주인공이 자신의 입장에서 말하기 때문에 내용이 ______이라고 할 수 있어.

그러나 이때는 그걸 모르고 장인님을 원수로만 여겨서 잔뜩 잡아당겼다.
"아! 아! 이놈아! 놔라, 놔."
장인님은 헛손질을 하며 솔개미에 챈 닭의 소리를 연해 질렀다. 놓긴 왜, 이왕이면 호되게 혼을 내 주리라 생각하고 짓궂이 더 댕겼다. 마는 장인님이 땅에 쓰러져서 눈에 눈물이 피잉 도는 것을 알고 좀 겁도 났다.
"할아버지! 놔라, 놔, 놔, 놔, 놔."
그래도 안 되니까,
"얘, 점순아! 점순아!"
이 악장에 안에 있었던 장모님과 점순이가 헐레벌떡하고 단숨에 뛰어나왔다. **나의 생각에 장모님은 제 남편이니까 역성을 할는지도 모른다. 그러나 점순이는 내 편을 들어서 속으로 고수해서 하겠지……, 대체 이게 웬 속인지(지금까지도 난 영문을 모른다.)** 아버질 혼내 주기는 제가 내래 놓고 이제 와서는 달겨들며,
"에그머니! 이 망할 게 아버지 죽이네!"
하고, 귀를 뒤로 잡아댕기며 마냥 우는 것이 아니냐. 그만 여기에 기운이 탁 꺾이어 나는 얼빠진 등신이 되고 말았다. 장모님도 덤벼들어 한쪽 귀마저 뒤로 잡아채면서 또 우는 것이다.
이렇게 꼼짝도 못 하게 해 놓고 장인님은 지게막대기를 들어서 사뭇 내려 조겼다. 그러나 나는 구태여 피하려지도 않고 **암만 해도 그 속 알 수 없는 점순이의 얼굴만 멀거니 들여다보았다.**
"이 자식! 장인 입에서 할아버지 소리가 나오도록 해?"

\- 김유정, 「봄·봄」 -

1인칭 서술자인 '나'는 자기 이외의 ______들의 정확한 속마음까지는 알 수 없는 거야.

기출 속으로

2022.09 이야기 내부의 인물이 자신의 내면을 진술하고 있다.
2017.03(1) 서술자가 주인공으로 등장하여 자신의 체험을 이야기하고 있다.
2008.06(1) 이야기 내부에 있는 서술자가 자신의 이야기를 진술하여 사실성을 높이고 있다.
2006.05(1) 사건의 중심인물이 직접 자신의 입장에서 자신의 이야기를 서술하고 있다.

개념 콕

의식의 흐름 기법

의식의 흐름 기법이란 한 인물의 의식을 통해 인간 내면의 생각이나 관념, 본성을 아무런 제한이나 제재 없이 의식이 흐르는 대로 자연스럽게 서술하는 방법을 말해.

커피. 좋다. 그러나 경성역 홀에 한 걸음을 들여놓았을 때 나는 내 주머니에는 돈이 한 푼도 없는 것을, 그것을 깜빡 잊었던 것을 깨달았다. 또 아뜩하였다. 나는 어디선가 그저 맥없이 머뭇머뭇하면서 어쩔 줄을 모를 뿐이었다. 얼빠진 사람처럼 그저 이리 갔다 저리 갔다 하면서…….

나는 어디로 어디로 들입다 쏘다녔는지 하나도 모른다. 다만 몇 시간 후에 내가 미쓰꼬시 옥상에 있는 것을 깨달았을 때는 거의 대낮이었다.

나는 거기 아무 데나 주저앉아서 내 자라 온 스물여섯 해를 회고하여 보았다. 몽롱한 기억 속에서는 이렇다는 아무 제목도 불그러져 나오지 않았다.

나는 또 나 자신에게 물어보았다. 너는 인생에 무슨 욕심이 있느냐고. 그러나 있다고도 없다고도, 그런 대답은 하기가 싫었다. 나는 거의 나 자신의 존재를 인식하기조차도 어려웠다.

허리를 굽혀서 나는 그저 금붕어나 들여다보고 있었다. 금붕어는 참 잘들도 생겼다. 작은 놈은 작은 놈대로 큰 놈은 큰 놈대로 다 싱싱하니 보기 좋았다. 내리비치는 오월 햇살에 금붕어들은 그릇 바탕에 그림자를 내려뜨렸다. 지느러미는 하늘하늘 손수건을 흔드는 흉내를 낸다. 나는 이 지느러미 수효를 헤어 보기도 하면서 굽힌 허리를 좀처럼 펴지 않았다. 등허리가 따뜻하다.

나는 또 회탁의 거리를 내려다보았다. 거기서는 피곤한 생활이 똑 금붕어 지느러미처럼 흐늑흐늑 허비적거렸다. 눈에 보이지 않는 끈적끈적한 줄에 엉켜서 헤어나지들을 못한다. 나는 피로와 공복 때문에 무너져 들어가는 몸뚱이를 끌고 그 회탁의 거리 속으로 섞여 들어가지 않는 수도 없다 생각하였다.

나서서 나는 또 문득 생각하여 보았다. 이 발길이 지금 어디로 향하여 가는 것인가를…….

그때 내 눈앞에는 아내의 모가지가 벼락처럼 내려 떨어졌다. 아스피린과 아달린.

우리들은 서로 오해하고 있느니라. 설마 아내가 아스피린 대신에 아달린의 정량을 나에게 먹여 왔을까? 나는 그것을 믿을 수는 없다. 아내가 대체 그럴 까닭이 없을 것이니.

그러면 나는 날밤을 새면서 도적질을, 계집질을 하였나? 정말이지 아니다.

- 이상, 「날개」 -

문제: 윗 글의 서술적 특징과 효과로 적절한 것은? (2008.09)

정답 : 독백적인 어조로 현실과 단절된 의식 상태를 표현하고 있다.

이것이 바로 의식의 흐름 기법. 논리적 순서 같은 거 없음. 그냥 인물이 인과적 연관성이 없이 순간적으로 떠오르는 생각을 그대로 이야기하는 거야. 인물의 ________ 이 드러나야 하니까, 의식의 흐름 기법은 ________ 시점에서는 나타나기 어렵겠지?

● 기출 속으로

- 2021.09(2) 의식의 흐름 기법을 통해 인물의 무의식적 욕망을 드러낸다.
- 2017.04 의식의 흐름 기법을 활용하여 인물의 내적 욕망을 드러내고 있다.
- 2013.09 의식의 흐름을 통해 사건을 요약적으로 진술하고 있다. ····► 믿고 거르는 자체 모순 선지

개념 051

1인칭 관찰자 시점

1인칭 관찰자 시점이란 부수적 인물인 '나'가 이야기 ________ 에서 자신이 ________ 한 주인공에 대한 사건을 서술하는 시점을 말해.

① 작품에 '___'가 등장하지만 '나'는 주인공이 아닌 ______야.
② 독자는 '나'가 전해 주는 내용을 바탕으로 주인공의 심리나 성격을 ______해야 할 때가 있어.

1945년 봄에도 행촌리에 살구꽃 피고, 꽈리꽃, 오랑캐꽃, 자운영이 피었을까. 그럴 리 없건만 괜히 안 피고 말았을 거 같다. 그 꽃들이 피어나기 전에 만득이와 곱단이의 연애도 끝나고 말았을까. 만학이었던 만득이는 읍내의 사 년제 중학교를 졸업하자마자 징병으로 끌려 나갔다. 며칠간의 여유는 있었고, 양가에서는 그 사이에 혼사를 치르려고 했다. 연애 못 걸어 본 총각도 씨라도 남기려고 서둘러 혼처를 구해 혼사를 치르는 일이 흔할 때였다. 더군다나 만득이는 외아들이었고, 사주단자는 건네지 않았어도 서로 연애 건다는 걸 온 동네가 다 아는 각싯감이 있었다. 그러나 그는 한사코 혼사 치르기를 거부했다. **그건 그의 사랑법이었을 것이다**. 남들이 다 안 알아줘도 곱단이한테만은 그의 사랑법을 이해시키려고, 잔설이 아직 남아 있는 이른 봄의 으스름 달밤을 새벽닭이 울 때까지 곱단이를 끌고 다녔다**고 한다**. 곱단이가 그의 제안에 마음으로부터 승복했는지 아닌지는 **알 길이 없다**. 그러나 끌려다니지를 않고 어디 방앗간 같은 데서 밤을 지냈다고 해도 만득이의 손길이 곱단이의 젖가슴도 범하질 못하였으리라는 걸 곱단이의 부모도, 마을 사람들도 믿었다.
그런 시대였다. 순결한 시대였는지, 바보 같은 시대였는지는 모르지만 그때 우리가 존중한 법도라는 건 그런 거였다.

- 박완서, 「그 여자네 집」 -

1인칭 관찰자 시점의 서술자인 '___'는 자기가 보고 들은 것을 얘기하거나 추측할 뿐 ______들의 진짜 속마음은 알 수 없어.

● 기출 속으로

2022.06　이야기 내부의 서술자가 인물의 행동을 객관적으로 서술하고 있다.
2020.09　이야기 내부의 서술자가 인물의 행위를 묘사하며 사건의 원인을 추리하고 있다.
2018.09(2)　작중 인물인 서술자가 객관적인 입장에서 인물의 행동을 관찰하고 있다.
2018.03(1)　사건을 체험한 서술자가 중심인물과 관련된 자신의 생각을 드러내고 있다.

개념 콕

때로는 미덥지 못한 서술자 '나'를 만날 수도 있다.

1인칭 시점의 소설을 읽을 때, 독자는 서술자인 '나'가 전해 주는 이야기에 의존할 수밖에 없어. 그런데 당최 믿음이 안 가는 서술자들이 있으니, 서술자 '나'가 어린아이이거나 미성숙한 사람이거나 교양도 없고 무지한 사람이거나, 눈치도 센스도 없는 인물일 때, 독자는 작가가 작품을 통해 전하고자 하는 진짜 의미를 찾기 위해 분발해야만 해.

하루는 밤에 아저씨 방에서 놀다가 졸려서 안방으로 들어오려고 일어서니까 아저씨가 하얀 봉투를 서랍에서 꺼내어 내게 주었습니다.
"옥희, 이거 갖다 엄마 드리고 지나간 달 밥값이라구, 응."
나는 그 봉투를 갖다가 어머니에게 드렸습니다. **어머니는 그 봉투를 받아 들자 갑자기 얼굴이 파랗게 질렸습니다.** 그 전날 달밤에 마루에 앉았을 때보다도 더 새하얗다고 생각되었습니다. **어머니는 그 봉투를 들고 어쩔 줄을 모르는 듯이 초조한 빛이 나타났습니다**. 나는,
"그거 지나간 달 밥값이래."
하고 말을 하니까 **어머니는 갑자기 잠자다 깨는 사람처럼 '응' 하고 놀라더니, 또 금시에 백지장같이 새하얗던 얼굴이 발갛게 물들었습니다. 봉투 속에 들어갔던 어머니의 파들파들 떨리는 손가락이 지전을 몇 장 끌고 나왔습니다.** 어

머니는 입술에 약간 웃음을 띠면서 '후' 하고 한숨을 지었습니다. 그러나 그것도 잠깐, 다시 어머니는 무엇에 놀랐는지 흠칫하더니 금시에 얼굴이 다시 창백해지고 입술이 바르르 떨렸습니다. 어머니의 손을 바라다보니 거기에는 지전 몇 장 외에 네모로 접은 하얀 종이가 한 장 잡혀 있는 것이었습니다.

- 주요섭, 「사랑 손님과 어머니」 -

어머니는 왜 이러시는 걸까요? 우린 다 알겠는데 옥희(____ 인칭 서술자 ' ____ ')만 모르는 걸까요?

개념 052

3인칭 관찰자 시점

3인칭 관찰자 시점이란 이야기 ____의 서술자가 소설의 사건이나 인물의 행동을 ____의 위치에서 서술하는 시점을 말해.

① 서술자는 대체로 ____인 태도를 유지하면서 자신이 ____한 내용을 중심으로 서술하고, 해설이나 평가를 자제하는 모습을 보여. 서술자가 객관적인 입장에서 인물을 묘사하고 사건을 서술하기 때문에 ____적인 효과가 있어.

② 서술자는 이야기의 ____에 있으므로 인물을 가리킬 때는 '그, 그녀, 개똥이, 아무개'처럼 대명사나 고유 명사(인물의 이름)로 지칭해.

③ 독자는 서술자의 ____인 설명을 통해서 사건 전개나 작가의 의도에 대해 적극적으로 상상해 의미를 찾아내야 해.

"아비 어미란 말에 가슴이 터지는 것도 같았으나 제겐 아버지가 없어요. 피붙이라고는 어머니 하나뿐인걸요."

"돌아가셨나?" / "당초부터 없어요." / "그런 법이 세상에……"

생원과 선달이 야단스럽게 껄껄들 웃으니 동이는 정색하고 우길 수밖에는 없었다.

"부끄러워서 말하지 않으려 했으나 정말예요. 제천 촌에서 달도 차지 않은 아이를 낳고 어머니는 집을 쫓겨났죠. 우스운 이야기나, 그러기 때문에 지금까지 아버지 얼굴도 본 적 없고 있는 고장도 모르고 지내와요."

고개가 앞에 놓인 까닭에 세 사람은 나귀를 내렸다. 둔덕은 험하고 입을 벌리기도 대근하여 이야기는 한동안 끊겼다. 나귀는 건듯하면 미끄러졌다. 허 생원은 숨이 차 몇 번이고 다리를 쉬지 않으면 안 되었다. 고개를 넘을 때마다 나이가 알렸다. 동이 같은 젊은 축이 그지없이 부러웠다. 땀이 등을 한바탕 쭉 씻어 내렸다.

고개 너머는 바로 개울이었다. 장마에 흘러버린 널다리가 아직도 걸리지 않은 채로 있는 까닭에 벗고 건너야 되었다. 고의를 벗어 띠로 등에 얽어매고 반 벌거숭이의 우스꽝스런 꼴로 물속에 뛰어들었다. 금방 땀을 흘린 뒤였으나 밤물은 뼈를 찔렀다.

"그래 대체 기르긴 누가 기르구?"

"어머니는 하는 수 없이 의부를 얻어 가서 술장사를 시작했죠. 술이 고주래서 의부라고 전 망나니예요. 철들어서부터 맞기 시작한 것이 하룬들 편한 날 있었을까. 어머니는 말리다가 채이고 맞고 칼부림을 당하고 하니 집 꼴이 무어겠소. 열여덟 살 때 집을 뛰쳐나와서부터 이 짓이죠."

"총각 낫세론 동이 무던하다고 생각했더니 듣고 보니 딱한 신세로군."

물은 깊어 허리까지 찼다. 속 물살도 어지간히 센데다가 발에 채이는 돌멩이도 미끄러워 금시에 휩칠 듯하였다. 나귀와 조 선달은 재빨리 거의 건넜으나 동이는 허 생원을 붙드느라고 두 사람은 훨씬 떨어졌다.

"모친의 친정은 원래부터 제천이었던가?" / "웬걸요. 시원스리 말은 안 해주나 봉평이라는 것만은 들었죠."

"봉평, 그래 그 아비 성은 무엇이구?" / "알 수 있나요. 도무지 듣지를 못했으니까." / "그 그렇겠지."

하고 중얼거리며 흐려지는 눈을 까물까물하다가 허 생원은 경망하게도 발을 빗디디었다. 앞으로 고꾸라지기가 바쁘게 몸째 풍덩 빠져버렸다. 허위적거릴수록 몸을 건잡을 수 없어 동이가 소리를 치며 가까이 왔을 때에는 벌써 퍽이나 흘렀었다. 옷째 쫄딱 젖으니 물에 젖은 개보다도 참혹한 꼴이었다. 동이는 물속에서 어른을 해깝게 업을 수 있었다. 젖었다고는 하여도 여윈 몸이라 장정 등에는 오히려 가벼웠다.

(중략)

허 생원은 젖은 옷을 웬만큼 짜서 입었다. 이가 덜덜 갈리고 가슴이 떨리며 몹시도 추웠으나 마음은 알 수 없이 둥실둥실 가벼웠다.

"주막까지 부지런히들 가세나. 뜰에 불을 피우고 훗훗이 쉬어. 나귀에겐 더운 물을 끓여주고, 내일 대화장 보고는 제천이다."

"생원도 제천으로……?" / "오래간만에 가 보고 싶어. 동행하려나 동이?"

나귀가 걷기 시작하였을 때, 동이의 채찍은 왼손에 있었다. 오랫동안 아둑시니같이 눈이 어둡던 허 생원도 요번만은 동이의 왼손잡이가 눈에 띄지 않을 수 없었다.

걸음도 해깝고 방울소리가 밤 벌판에 한층 청청하게 울렸다.

달이 어지간히 기울어졌다.

- 이효석, 「메밀꽃 필 무렵」 -

「메밀꽃 필 무렵」은 전체적으로는 전지적 서술자 시점으로 서술돼 있어. 그런데 위에 제시된 이 장면은 3인칭 ________ 시점으로 서술돼 있다고 볼 수 있어. 이야기 밖의 서술자가 인물들의 대화와 행동 위주로 보여 주고 있거든. 독자는 그 ________와 ________에 담긴 인물의 ________를 추측할 수 있어야 하는 거고. 이렇게 하나의 소설은 단 하나의 시점만으로 서술돼 있는 건 아니야. 그래서 같은 작품이라도 제시된 장면에 따라서 그 장면이 어떤 시점으로 서술돼 있는지 파악할 수 있어야 돼.

● 기출 속으로

2020.11(2) 이야기 외부의 서술자가 관찰자의 입장에서 사건을 객관적으로 전달하고 있다.
2018.06(1) 객관적인 시선으로 등장인물들의 행동을 관찰하고 있다.
2015.03(1) 서술자가 관찰자 입장에서 사건을 객관적으로 전달하고 있다.

개념 053

전지적 서술자 시점

전지적 서술자 시점이란 이야기 ________의 서술자가 마치 전지적(全온전할 전, 知알 지, 的과녁 적)인 ____처럼 등장인물들의 모든 것(속마음, 인간관계, 과거와 미래 등)과 사건의 전말(일의 처음부터 끝까지의 양상)을 훤히 들여다보듯 알고 사건을 서술하는 시점을 말해.

① 서술자는 인물과 사건에 대해 ________하고 ________하기도 해.
② 때로는 서술자가 작가의 인생관이나 전달하고자 하는 ________까지도 직접적으로 드러내기도 해.

소유는 본디 하남 땅 베옷 입은 선비라. 성천자(聖天子) 은혜를 입어 벼슬이 장상(將相)에 이르고, 제 낭자 서로 좇아 은정(恩情)이 백 년이 하루 같으니, 만일 전생 숙연(宿緣)으로 모두 인연(因緣)이 진(盡)하면 각각 돌아감은 천지에 떳떳한 일이라. 우리 백 년 후 높은 대 무너지고, 굽은 못이 이미 메워지고, 가무(歌舞)하던 땅이 이미 변하여 거친 뫼와 쇠(衰)한 풀이 되었는데, 초부(樵夫)와 목동(牧童)이 오르내리며 탄식하여 가로되, '이것이 양 승상의 제 낭자로 더불어 놀던 곳이라. 승상의 부귀 풍류와 제 낭자의 옥용 화태(玉容花態) 이제 어디 갔나뇨.' 하리니 **어이 인생이 덧없지 아니리요?**

- 김만중, 「구운몽」 -

이야기 외부의 전지적 서술자가 인물의 성격이나 사건의 전개를 ________으로 제시하기도 하고, 때로는 작품의 ________를 직접 드러내기도 해.

기출 속으로

2022.06 이야기 외부의 서술자가 인물의 내면을 묘사하여 인물 간의 갈등이 지속되고 있음을 서술하고 있다.
2020.10 이야기 외부의 서술자가 전지적 시점을 통해 갈등 상황을 부각하고 있다.
2019.06 이야기 외부의 서술자가 인물의 행위를 해설하고 사건의 의미를 직접 제시한다.

개념 콕

이 시점으로 서술될 때는 이상하게 1인칭 주인공 시점 같은 느낌인데, '나'라는 인물은 없어. ㅎㅎ

특정 인물의 시각에서 서술한다.

선지에 정말 자주 나와. 서술자가 특정 인물의 시각에서 서술한다는 것은 서술자가 직접 인물과 사건을 바라보고 서술하는 것이 아니라 특정 인물의 입장에서 보고 듣는 것들을 서술하는 방식을 말해. 이때 독자들은 그 특정 인물의 시각과 입장에서 이야기의 상황을 보게 되기 때문에 아무래도 그 인물이 제시하는 시각과 입장을 수용하고 그것에 공감하게 되기 쉬워.

기출 속으로

2021.10 서술자가 서술의 초점이 되는 인물의 시선으로 주변 인물들의 행위에 담긴 의미를 제시하고 있다.
2021.03(1) 이야기 외부의 서술자가 특정 인물의 관점에서 사건을 해석하고 있다.
2019.11(1) 특정 인물의 시각에서 사건을 서술하여 인물의 내면을 드러내고 있다.

연습 11

(2012.06)

무슨 관청 같은 집도 **화산댁이**는 그리 달갑지 않았다. 아들을 만난 반가움보다도 수세미처럼 엉클리는 심사를 주체할 수 없었다.

빨간 스웨터를 입고 너덧 살 되어 보이는 계집아이가 말끄러미 화산댁이를 바라보고,

"아부지, 이거 누고 응?"

화산댁이가 그렇게도 보고 싶어 하던 손녀딸이다.

"할매다!"

"우리 할매?"

"음!"

아들은 맥없는 대답을 하면서 헌 고무신 한 켤레를 내왔다. 화산댁이는 걸레로 터실터실 분 발뒤꿈치 더더기를 훔치면서,

"그렇기, 나고는 첨 보니……."

하는데, 아들은 손끝에 짚세기를 걸고 나가 쓰레기통에다 던져 버렸다. 고무신이 대견찮은 것은 아니다. 그러나 길 걷는 데는 짚세기가 고작인데 하니 아직 날도 안 드러난 짚세기가 화산댁이는 못내 아까웠다.

다다미방도 어색했지만, 눈이 부시도록 번들거리는 의롱이 두 개나 놓였고, 그 옆에는 앉은키만 한 경대도 놓였다. 벽에는 풀기 없는 무색옷들이 쭈르르 걸렸다. 모든 것이 낯선 것들이었다. ①**모든 것이 손도 못 댈 것 같고 주저스럽고 조심스럽기만 했다**. 우선 어디가 구들목이며 어디 어떻게 앉아야 할지, 마치 종이 상전 방에 불려 온 것처럼 앉을 자리부터가 만만치 못했다.

(중략)

화산댁이는 어서 날이 새면 싶었다. 잠도 안 오거니와 아까부터 뒤가 마려운 것을 참아 왔기 때문이다. 그러나 날은 언제 샐지 모르겠고 뒤는 자꾸 급해 왔다. 화산댁이는 참다못해 조심조심 더듬어 부엌으로 내려갔다. 부엌에서 다시 더듬어 밖으로 나갔다. 비는 그쳤고 갈라진 구름 사이로 별이 보였다. 뒷간이 있음 직한 곳을 이리저리 찾았으나 없었다. 집을 두 바퀴나 돌았으나 뒷간은 역시 없었다. ②**대체 적산집* 뒷간이 밖에 있을 리가 없다**. 화산댁이는 뒷간이 없는 집이란 상상도 할 수 없었으나, 일이 급해서 그만 어수룩한 담 밑에다 대고 뒤를

보았다. ③**한결 개분했다**. 문살만 훤하면 나와서 뒤본 자리를 챙기리라 맘먹고 다시 들어왔다.
화산댁이는 소스라쳐 일어났다. 날이 활짝 샜다. 아들 내외가 깰까 싶어 조심조심 밖으로 나왔다. 뒤본 자리는 공교롭게도 돌가루로 마련된 수채였다. 수채는 앞집으로 통했다. ④**아침에 봐도 역시 뒷간은 없었다**.

- 오영수, 「화산댁이」 -

*적산집: 해방 전에 일본인들이 지은 신식 가옥을 이르는 말.

〈보기〉를 참고할 때, ①~④ 중 성격이 다른 것은?

〈보기〉

서술자는 **자신의 시각**에서 이야기를 직접 서술하거나, **인물의 시각**에서 인물의 경험과 인식을 반영하여 서술한다. 즉 '서술'은 서술자가 담당하지만 '**시각**'은 **서술자의 것일 수도, 인물의 것일 수도 있는 것**이다.

①은 누구의 시각? 서술자 vs. 화산댁이
②는 누구의 시각? 서술자 vs. 화산댁이
③은 누구의 시각? 서술자 vs. 화산댁이
④는 누구의 시각? 서술자 vs. 화산댁이

▶ 이 말은 한 지문 안에서 어떤 부분은 서술자의 시각으로, 어떤 부분은 특정 인물의 시각으로 서술할 수 있다는 거야. 이 지문에서도 특정 문장들은 '화산댁이'의 시각에서 서술되고 있다는 걸 알 수 있어.

개념 054
거리

여기에서 거리란 서술자, 인물, 독자 사이에 가깝고 멀게 느껴지는 ________ 거리를 의미하는 거야. 서술자가 대상을 바라보고 서술하는 태도에 따라 달라질 수 있어.

1. 독자와 서술자

독자는 어떤 서술자가 가깝게 느껴질까? 서술자가 이야기 속 인물의 심리나 사건의 전모에 대해서 자세하게 설명해 주고, 이해가 좀 어려운 부분에 대해서는 '그건 예전에 이런 일이 있어서 그래.'라며 사건과 관련된 과거의 이야기도 들려준다면, 아무래도 독자 입장에서는 그런 친절한 서술자가 가깝게 느껴질 거야.

그러므로 **독자**는
1인칭 주인공 시점과 전지적 서술자 시점의 **서술자**와 거리가 ________.
1인칭 관찰자 시점과 3인칭 관찰자 시점의 **서술자**와 거리가 ________.

2. 독자와 인물

독자와 인물 사이의 관계는 독자와 서술자의 관계랑 반대라고 보면 돼. 삼각관계라고 생각하면 쉬울 거 같아. 서술자가 인물의 모든 것을 독자에게 친절하게 알려 주면, 독자는 굳이 인물들을 자세히 관찰할 필요가 없어져. 그냥 서술자의 옆에 가까이 서서 '아하, 응~.' 하며 고개를 끄덕끄덕하면 되거든. 그래서 (1인칭 주인공 시점, 전지적 서술자 시점처럼) 서술자가 독자에게 가까이 다가와서 친절하게 다 설명한다면, 독자는 인물과 거리가 멀어져.

반대로 서술자가 (1인칭 관찰자 시점, 3인칭 관찰자 시점처럼) 독자에게 관찰한 사실만을 말해 준다면 어떨까? 서술자가 자세히 설명해 주지 않을 때, 독자는 인물에게 가까이 다가갈 수밖에 없어. 독자는 인물의 말과 행동에 보다 집중해서 인물의 심리를 파악하기 위해 노력해야 하거든. 그러니까 서술자가 독자에게서 좀 멀리 떨어져서 관찰한 것만을 서술한다면, 독자는 인물과 거리가 가까워져.

그러므로 **독자**는
1인칭 주인공 시점과 전지적 서술자 시점의 **인물**과 거리가 ______.
1인칭 관찰자 시점과 3인칭 관찰자 시점의 **인물**과 거리가 ______.

→ 단, 1인칭 주인공 시점의 '나'는 인물이기도 하지만
독자에게 이야기를 전달하는 **서술자**이므로,
1인칭 주인공 시점의 '나'는 독자와 거리가 가깝다고 보는 거야.

선생님. 1인칭 주인공 시점의 '나'는 서술자이면서 인물이기도 한데, 어떻게 이해해야 해요?

1인칭 주인공 시점에서 독자는
작중 인물이지만 서술자인 '나'와는 가깝고, '나'를 제외한 인물과는 ______ 고 이해하면 돼.

3. 서술자와 인물

서술자가 인물의 성격이나 심리를 자세히 서술하는 시점은 뭘까? 바로 1인칭 주인공 시점과 전지적 서술자 시점이라고 할 수 있어. 1인칭 주인공 시점과 전지적 서술자 시점의 서술자는 인물에게 관심이 아주 많아. 인물에 대해 아주 자세히 알고 있어. 그만큼 알기 위해서는 서술자는 인물에게 가까이 다가가야 할 거야.

그렇다면 서술자가 인물의 성격이나 심리에 대해서 눈에 보이는 만큼, 관찰해서 알 수 있는 만큼만 서술했던 시점은 뭐였지? 그래, 바로 관찰자 시점들이야. 1인칭 관찰자 시점과 3인칭 관찰자 시점의 서술자는 인물에 대해 관찰할 수 있는 만큼만 서술할 뿐, 인물의 심리를 자세히 들여다보려고 애써 노력하지 않아. 1인칭 관찰자 시점과 3인칭 관찰자 시점의 서술자는 그만큼 인물들에게 가까이 다가가지는 않는 거야.

그러므로
1인칭 주인공 시점과 전지적 서술자 시점의 **서술자**는 **인물**과 거리가 ______.
1인칭 관찰자 시점과 3인칭 관찰자 시점의 **서술자**는 **인물**과 거리가 ______.

특히 1인칭 주인공 시점의 '나'는
서술자이면서 인물이니까 거리가 '0'이라고 할 만큼 ______ 고 이해하면 돼.

연습 12

'거리'의 개념, 외워서 말고, 이해한 다음 빈칸 채우기

	독자 - 서술자	독자 - 인물	서술자-인물
1인칭 주인공	가깝다	멀다 서술자인 '나' 이외의 인물	가깝다
전지적 서술자			
1인칭 관찰자 / 3인칭 관찰자			

STEP. 2 기출, 이것은 진리

선생님, 시점은 다 아는 것 같은데 문제로 보면 너무 헷갈려요.

맞아. 다 아는 것 같아도 막상 문제를 보면 헷갈릴 수 있어. 그리고 선지에는 항상 변신 모드로 등장하잖아. 개념 적용 연습을 꾸준히 해야 돼. 시점의 개념은 진짜 나오고 나오고 또 나오고 계속 나온다고.

[32] 다음 글을 읽고 물음에 답하시오. (2020학년도 10월 고3 전국연합학력평가)

아들은

그러나, 돌아와, 채 어머니가 뭐라고 말할 수 있기 전에, 입때 안 주무셨어요, 어서 주무세요, 그리고 자리옷으로 갈아입고는 책상 앞에 앉아, 원고지를 펴 놓는다.

[A]
그런 때 옆에서 무슨 말이든 하면, 아들은 언제든 불쾌한 표정을 지었다. 그것은 어머니의 마음을 아프게 한다. 그래, 어머니는 가까스로, 늦었으니 어서 자거라, 그걸랑 낼 쓰구…… 한마디를 하고서 아들의 방을 나온다.

"얘기는 낼 아침에래두 허지."

그러나 열한 점이나 오정에야 일어나는 아들은, 그대로 소리 없이 밥을 떠먹고는 나가 버렸다.

(중략)

[B]
구보는

집을 나와 천변 길을 광교로 향해 걸어가며, 어머니에게 단 한마디 "네—" 하고 대답 못했던 것을 뉘우쳐 본다. 하기야 중문을 여닫으며 구보는 "네—" 소리를 목구멍까지 내어 보았던 것이나 중문과 안방과의 거리는 제법 큰 소리를 요구하였고, 그리고 공교롭게 활짝 열린 대문 앞을, 때마침 세 명의 여학생이 웃고 떠들며 지나갔다.

그렇더라도 대답은 역시 해야만 하였었다고, 구보는 어머니의 외로워할 때의 표정을 눈앞에 그려 본다. 처녀들은 어느 틈엔가 그의 시야에서 사라졌다.

- 박태원, 「소설가 구보 씨의 일일」 -

★ 시점 개념을 완벽하게 소화해야 하는 이유.

32 문항 코드 | 23670-0032

[A]와 [B]에 대한 설명으로 가장 적절한 것은?

① [A]는 어머니가 서술자가 되어 자신의 행동과 심리를 제시하고 있다.
② [B]는 구보가 관찰자의 입장에서 사건을 전달함으로써 객관성을 높이고 있다.
③ [A]와 달리 [B]는 이야기 외부의 서술자가 전지적 시점을 통해 갈등 상황을 부각하고 있다.
④ [B]와 달리 [A]는 서술자의 시각을 통해 상황의 변화에 대한 서술자의 인식을 전달하고 있다.
⑤ [A]는 어머니의 입장에서, [B]는 구보의 입장에서 바라본 사건을 이야기 외부의 서술자가 전달하고 있다.

[33-34] 다음 글을 읽고 물음에 답하시오.

(2023학년도 대학수학능력시험 6월 모의평가)

[앞부분의 줄거리] 해방 직후, 미군 소위의 통역을 맡아 부정 축재를 일삼던 방삼복은 고향에서 온 백 주사를 집으로 초대한다.

"서 주사가 이거 두구 갑디다."

들고 올라온 각봉투 한 장을 남편에게 건네어 준다.

"어디?"

그러면서 받아 봉을 뜯는다. 소절수 한 장이 나온다. 액면 만 원짜리다.

미스터 방은 성을 벌컥 내면서

"겨우 둔 만 원야?"

하고 소절수를 다다미 바닥에다 홱 내던진다.

"내가 알우?"

"우랄질 자식 어디 보자. 그래 전, 걸 십만 원에 불하 맡아다, 백만 원 하난 냉겨 먹을 테문서, 그래 겨우 둔 만 원야? 엠병헐자식, 내가 엠피*헌테 말 한마디문, 전 어느 지경 갈지 모를 줄 모르구서."

"정종으루 가져와요?"

"내 말 한마디에, 죽을 눔이 살아나구, 살 눔이 죽구 허는 줄은 모르구서. 흥, 이 자식 경 좀 쳐 봐라……. 증종 따근허게 데와. 날두 산산허구 허니."

새로이 안주가 오고, 따끈한 정종으로 술이 몇 잔 더 오락가락하고 나서였다.

백 주사는 마침내, **진작부터 벼르던 이야기**를 꺼내었다.

백 주사의 아들 백선봉은, 순사 임명장을 받아 쥐면서부터 시작하여 8 · 15 그 전날까지 칠 년 동안, 세 곳 주재소와 두 곳 경찰서를 전근하여 다니면서, 이백 석 추수의 토지와, 만 원짜리 저금통장과, 만 원어치가 넘는 옷이며 비단과, 역시 만 원어치가 넘는 여편네의 패물과를 장만하였다.

[A] **남들**은 주린 창자를 졸라맬 때 그의 광에는 옥 같은 정백미가 몇 가마니씩 쌓였고, 반년 일 년을 남들은 구경도 못 하는 고기와 생선이 끼니마다 상에 오르지 않는 날이 없었다.

[B] ××경찰서의 경제계 주임으로 있던 마지막 이 년 동안은 더욱더 호화판이었었다. 8 · 15 그날 밤, **군중**이 그의 집을 습격하였을 때에 쏟아져 나온 물건이 쌀 말고도

광목 여섯 필
고무신 스물세 켤레
지카다비 여덟 켤레
빨랫비누 세 궤짝
양말 오십 타
정종 열세 병
설탕 한 부대

[C] 이렇게 **있었더란다**. 만 원어치 여편네의 패물과, 만 원어치의 옷감이며 비단과, 만 원짜리 저금통장은 고만두고 말이었다.

물건 하나 없이 죄다 빼앗기고, 집과 세간은 조각도 못 쓰게 산산 다 부수고, 백선봉은 팔이 부러지고, 첩은 머리가 절반이나 뽑히고, 겨우겨우 목숨만 살아, 본집으로 도망해 왔다.

[D] 일변 고을에서는, 백 주사가, 자식이 그런 짓을 해서 산 토지를 가지고, **동네 사람**한테 거만히 굴고, 작인들한테 팔 할 가까운 도지를 받고, 고리대금을 하고 하였대서, 백선봉이 도망해 와 눕는 그날 밤, 그의 본집인 백 주사네 집을 습격하였다.

[E] 집과 세간 죄다 부수고, 백선봉이 보낸 통제 배급 물자 숱한 것 죄다 빼앗기고, **가족**들은 죽을 매를 맞고, 백선봉은 처가로, 백 주사는 서울로 각기 피신하여 목숨만 우선 보전하였다.

백 주사는 비싼 여관 밥을 사 먹으면서, 울적히 거리를 오락가락, 어떻게 하면 이 분풀이를 할까, 어떻게 하면 빼앗긴 돈과 물건을 도로 다 찾을까 하고 궁리를 하는 것이나, 아무런 묘책도 없었다.

그러자 오늘은 우연히 이 미스터 방을 만났다. 종로를 지향 없이 거니는데, 지나가던 자동차가 스르르 멈추면서, 서양 사람과 같이 탔던 신사 양반 하나가 내려서더니, 어쩌다 눈이 마주치자

"아, 백 주사 아니신가요?"

하고 반기는 것이었었다.

자세히 보니, 무어 길바닥에서 신기료장수를 한다던 코삐뚤이 삼복이가 분명하였다.

"자네가, 저, 저, 방, 방……."

"네, 삼복입니다."

"아, 건데, 자네가……."

"허, 살 때가 됐답니다."

그러고는 내 집으루 갑시다, 하고 잡아끄는 대로 끌리어 온 것이었었다.

의표하며, 집하며, 식모에 침모에 계집 하인까지 부리면서 사는 것하며, 신수가 훤히 트여 가지고, 말도 제법 의젓하여진 것 같은 것이며, 진소위 개천에서 용이 났다고 할 것인지.

옛날의 영화가 꿈이 되고, 일조에 몰락하여 가뜩이나 초상집 개처럼 초라한 자기가, 또 한 번 어깨가 옴츠러듦을 느끼지 아니치 못하였다. 그런 데다 이 녀석이, 언제 적 저라고 무엄스럽게 굴어, 심히 불쾌하였고, 그래서 엔간히 자리를 털고 일어설 생각이 몇 번이나 나지 아니한 것도 아니었었다. 그러나 참았다.

보아하니 큰 세도를 부리는 것이 분명하였다. 잘만 하면 그 힘을 빌려, 분풀이와, 빼앗긴 재물을 도로 찾을 여망이 있을 듯싶었다.

- 채만식, 「미스터 방」 -

*엠피(MP) : 미군 헌병.

★ 간접 제시되어 있는 내용을 통해 인물 파악하기

33 문항 코드 | 23670-0033

윗글의 대화를 중심으로 '방삼복'을 이해한 것으로 가장 적절한 것은?

① 자신이 꾸미고 있는 일에 관심 없는 상대에게 자기 업무를 떠넘기는 뻔뻔함을 보이고 있다.
② 질문에 대꾸하지 않음으로써 상대가 같은 질문을 반복하도록 거드름을 피우고 있다.
③ 눈앞에 없는 사람을 비난하고 위협함으로써 함께 있는 상대에게 자신의 위세를 드러내고 있다.
④ 차에서 내려 상대에게 먼저 알은 체하며 동승자에게 자신의 인맥을 과시하고 있다.
⑤ 상대가 이름을 제대로 말하기 전에 말을 가로채 상대에 대한 열등감을 감추고 있다.

★ 개념 적용의 심화 버전. 정답률 38%밖에 안 됐던 문제

34 문항 코드 | 23670-0034

〈보기〉를 참고하여 [A]~[E]를 감상한 내용으로 적절하지 않은 것은?

〈보기〉

'진작부터 벼르던 이야기'는 백 주사가 자신과 가족의 억울함을 하소연하는 부분이다. 그런데 서술자는 그 '이야기'를 서술자의 시선뿐 아니라 여러 인물들의 시선으로 초점화하여 서술함으로써 독자와 작중 인물 간의 거리를 조절한다. 또한 세부 항목을 하나씩 나열하여 장면의 분위기를 고조하고 정서를 확장하는 서술 방법으로 독자에게 현장감을 전해 준다. 이때 독자는 백 주사와 그의 가족에게 고통받았던 사람들의 입장에 서서 그들을 비판적으로 보게 된다.

① [A]: 백선봉의 풍요로운 생활을 '남들'의 굶주린 생활과 비교하여 서술함으로써 독자가 그를 비판적으로 보게 하고 있군.
② [B]: 부정하게 모은 많은 물건들을 하나씩 나열하여 습격 당시 현장의 들뜬 분위기를 환기함으로써 '군중'의 놀람과 분노를 독자에게 전하려 하고 있군.
③ [C]: '있었더란다'를 통해 누군가에게 들은 것처럼 전하면서도, 전하는 내용을 '군중'의 시선으로 초점화하여 독자가 '군중'의 입장에 서도록 유도하고 있군.
④ [D]: '동네 사람'의 시선으로 초점화하여 백 주사의 만행을 서술함으로써 백 주사가 습격의 빌미를 제공한 것처럼 독자가 느끼게 하고 있군.
⑤ [E]: 백 주사 '가족'의 몰락을 보여 주는 사건들을 백 주사의 시선으로 일관되게 초점화하여 그들에게 고통받았던 사람들의 편에 선 독자가 통쾌함을 느끼게 하고 있군.

[35] 다음 글을 읽고 물음에 답하시오. (2000학년도 대학수학능력시험)

[A] 우리가 이 마을에 처음 들어와 집이 없어서 곤란으로 지낼 제, 집터를 빌리고 그 위에 집을 또 짓도록 마련해 준 것도 점순네의 호의였다. 그리고 우리 어머니 아버지도 농사 때 양식이 딸리면 점순네한테 가서 부지런히 꾸어다 먹으면서, 인품 그런 집은 다시 없으리라고 침이 마르도록 칭찬하곤 하는 것이다. 그러면서도 열일곱씩이나 된 것들이 수군수군하고 붙어 다니면 동리의 소문이 사납다고 주의를 시켜 준 것도 또 어머니였다. 왜냐 하면, 내가 점순이하고 일을 저질렀다가는 점순네가 노할 것이고, 그러면 우리는 땅도 떨어지고 집도 내쫓기고 하지 않으면 안 되는 까닭이었다.

- 김유정, 「동백꽃」 -

★ 변화의 방향 체크.
[A] → <보기>
시점과 거리의 개념 적용하기

35 문항 코드 | 23670-0035

[A]를 〈보기〉로 바꾸었을 때 독자가 얻을 수 있는 효과로 적절한 것은?

〈보기〉

그의 부모가 이 마을에 처음 들어왔을 때는 아무 거처도 없는 매우 곤란한 상황이었다. 그 때 그들을 구해 준 것은 바로 점순네였다. 점순네의 도움으로 그들은 집터를 마련할 수 있었고, 또 양식이 떨어지면 곧바로 빌려다 먹을 수 있었다. 그 은혜에 감복하여 그의 부모는 늘 고마워했고 인품으로는 그런 집이 없다고 칭찬을 아끼지 않았다. 그래서 어머니는 점순네의 고마움에 보답하기 위해서라도 쓸데없는 행동을 삼가라고 주의를 주었던 것이다. 더구나 나이가 열일곱이나 되는 그가 동갑인 점순과 어울려 다닌다면 동네에 나쁜 소문이 나는 것은 불을 보듯 번한 노릇이고, 또 자칫 마름집을 노하게 할 수도 있다고 우려했기 때문이었다. 무례한 행동으로 소작지가 떨어지고 집에서도 쫓겨날지 모른다고 생각한 것이다.

① 극적 긴장감을 뚜렷이 느낄 수 있다.
② 인물의 육성을 생생하게 느낄 수 있다.
③ 서술자와 독자의 거리가 더 가까워진다.
④ 인물의 내면 심리를 정밀하게 파악할 수 있다.
⑤ 인물이 처한 상황을 좀더 객관적으로 볼 수 있다.

태그 체크

○ #1인칭 주인공 시점 ○ #1인칭 관찰자 시점 ○ #3인칭 관찰자 시점 ○ #전지적 서술자 시점
○ #의식의 흐름 ○ #특정 인물의 시각 ○ #거리

11 소설의 구성 & 배경 & 갈등

학습 목표

❶ 소설의 다양한 **구성 방식**을 안다.
❷ 소설의 **배경**과 주요 **갈등**을 파악할 수 있다.
❸ 실제 **작품**과 문제의 **선지**에 **개념이 어떻게 녹아 있는지** 안다.

개념 태그

#순행적 구성은 평면적 구성 #역순행적 구성은 입체적 구성 #액자식 구성 #빈번한 장면의 전환
#병렬, 병치 #열일하는 소설의 배경 #내적 갈등, 외적 갈등

STEP. 1 내 생애 마지막 개념 정리!

요즘엔 워낙에 변화의 바람이 강해서 단언하기 어렵게 됐지만 예전엔 현대 소설 지문의 첫 문제는 무조건 '서술상의 특징'에 대해 묻는 문제였어. 그래도 여전히 소설 지문에서는 서술상의 특징을 묻는 문제가 자주 출제돼. 특히 시점과 사건의 구성에 관련된 개념이 선지로 만들어지는 경우가 많아. 개념이 꽉꽉 담긴 이 유형의 문제들을 잘 정리하면 너희가 수능 시험장에서 만날 문제의 선지들을 딱 알아볼 수 있을 거야. 그러나 선지의 개념만 아는 건 놉! 지문과 연결하는 연습도 같이 하자. ^^

개념 055

소설의 구성

1. 순행적 구성(______ 구성)

순행적 구성이란 ______의 흐름대로 사건이 진행되는 구성 방식을 말해. 인물의 ________ 구성이 많은 고전 소설은 대부분 순행적 구성이라고 볼 수 있어.

● 기출 속으로

2017.09 시간의 흐름을 단계적으로 보여 줌으로써, 갈등이 해소되는 과정을 부각하고 있다.
2013.06(2) 시간의 흐름에 따라 이야기를 진행하고 있다.(홍계월전)
2010.09(1) 시간의 흐름에 따라 사건을 전개하고 있다.(심청전)

2. 역순행적 구성(________ 구성)

역순행적 구성이란 시간의 흐름을 ________ 사건을 구성하는 방식을 말해. 현대 소설에서 어떤 특정 장면을 ______하고자 할 때 이런 구성 방식이 잘 쓰여.

> 성기가 다시 자리에서 일어나게 된 것은 이듬해 우수(雨水)도 경칩(驚蟄)도 다 지나, 청명(淸明) 무렵의 비가 질금거릴 무렵이었다. 주막 앞에 늘어선 버들가지는 다시 실같이 푸르러지고 살구, 복숭아, 진달래 들이 골목 사이로 산기슭으로 울긋불긋 피고 지고 하는 날이었다.
> 아들의 미음상을 차려 들고 들어온 옥화는 성기가 미음 그릇을 비우는 것을 보자 이렇게 물었다.
> "아직도, 너, 강원도 쪽으로 가 보고 싶냐?" / "……"
> 성기는 조용히 고개를 돌렸다.
> "여기서 장가들어 나랑 같이 살겠냐?" / "……"

성기는 역시 고개를 돌렸다.

그해 아직 봄이 오기 전, 보는 사람마다, 성기의 회춘을 거의 다 단념하곤 하였을 때 옥화는, 이왕 죽고 말 것이라면, 어미의 맘 속이나 알고 가라고, 그래, 그 체 장수 영감은, 서른여섯 해 전 남사당을 꾸며 와 이 화개 장터에 하룻밤을 놀고 갔다는 자기의 아버지임에 틀림이 없었다는 것과, 계연은 그 왼쪽 귓바퀴 위의 사마귀로 보아 자기의 동생임이 분명하더라는 것을, 통정*하노라면서, 자기의 같은 왼쪽 귓바퀴 위의 검정 사마귀까지를 그에게 보여 주었다.

"나도 처음부터 영감이 '서른여섯 해 전'이라고 했을 때 가슴이 섬뜩하긴 했다. 그렇지만 설마 했지 그렇게 남의 간을 뒤집어 놀 줄이야 알았나. 하도 아슬해서 이튿날 악양으로 가 명도*까지 불러 봤더니, 요것도 남의 속을 빤히 들여다나 보는 듯이 재잘대는구나, 차라리 망신을 했지."

옥화는 잠깐 말을 그쳤다. 성기는 두 눈에 불을 켜듯 한 형형한 광채를 띠고, 그 어머니의 얼굴을 쳐다보고 있었다.

"차라리 몰랐으면 또 모르지만 한번 알고 나서야 인륜이 있는듸 어쩌겠냐."

그리고 부디 어미 야속타고나 생각지 말라고, 옥화는 아들의 뼈만 남은 손을 눈물로 씻었다.

옥화의 이 마지막 하직같이 하는 통정 이야기에 의외로도 성기는 도로 힘을 얻은 모양이었다. 그 불타는 듯한 형형한 두 눈으로 천장을 한참 바라보고 있던 성기는 무슨 새로운 결심이나 하듯 입술을 지그시 깨물고 있었다.

아버지를 찾아 강원도 쪽으로 가 볼 생각도 없다, 집에서 장가들어 살림을 할 생각도 없다, 하는 아들에게 그러나, 옥화는 이제 전과 같이 고지식한 미련을 두는 것도 아니었다.

"그럼 어쩔라냐? 너 졸 대로 해라." / "……"

성기는 아무런 말도 없이 도로 자리에 드러누워 버렸다.

- 김동리, 「역마」 -

***통정:** 통사정. 딱하고 안타까운 형편을 털어놓고 말함.
***명도:** 마마를 앓다가 죽은 어린 계집아이의 귀신.

문제: 윗글에 대한 설명으로 적절한 것은? (2013.09)

정답: 과거 장면을 삽입하여 인물들의 관계를 드러내고 있다.

역순행적 구성은 이렇게 시간적 배경이 정말 과거로 돌아가 과거의 시점에서 사건이 서술돼야 하는 거야. 그럼 다음 지문을 볼까?

산허리는 온통 메밀밭이어서 피기 시작한 꽃이 소금을 뿌린 듯이 흐붓한 달빛에 숨이 막힐 지경이다. 붉은 대궁이 향기같이 애잔하고 나귀들의 걸음도 시원하다. 길이 좁은 까닭에 세 사람은 나귀를 타고 외줄로 늘어섰다. 방울 소리가 시원스럽게 딸랑딸랑 메밀밭께로 흘러간다. 앞장선 허 생원의 이야기 소리는 꽁무니에 선 동이에게는 확적히는 안 들렸으나, 그는 그대로 개운한 제멋에 적적하지는 않았다.

"장 선 꼭 이런 날 밤이었네. 객줏집 토방이란 무더워서 잠이 들어야지. 밤중은 돼서 혼자 일어나 개울가에 목욕하러 나갔지. 봉평은 지금이나 그제나 마찬가지지. 보이는 곳마다 메밀밭이어서 개울가가 어디 없이 하얀 꽃이야. 돌밭에 벗어도 좋을 것을, 달이 너무도 밝은 까닭에 옷을 벗으러 물방앗간으로 들어가지 않았나. 이상한 일도 많지. 거기서 난데없는 성 서방네 처녀와 마주쳤단 말이네. 봉평서야 제일가는 일색이었지."

"팔자에 있었나 부지."

아무렴 하고 응답하면서 말머리를 아끼는 듯이 한참이나 담배를 빨 뿐이었다. 구수한 자줏빛 연기가 밤기운 속에 흘러서는 녹았다.

- 이효석, 「메밀꽃 필 무렵」 -

이 장면은 역순행적 구성이라고 할 수 없어. 시간적 배경이 달라지지 않잖아. 인물들이 대화를 나누면서 과거에 있었던 사건을 회상하며 언급했을 뿐인 거야.

● 기출 속으로

시험지에서 '시간의 역전'이라는 말을 만나면 당황하지 말고, '역순행적 구성'을 떠올리자.

2021.수능 [A]는 회상 장면을 삽입하여, [B]는 시간의 흐름에 따라 사건을 서술하여 인물들이 처한 상황을 객관적으로 전달하고 있다.

2021.06(1) [A]는 시간의 흐름에 역행하여 사건이 진행되고 있고, [B]는 시간의 흐름에 따라 사건이 순차적으로 진행되고 있다.

2018.수능 시간의 역전을 통해 인과 관계를 재구성한 서사를 함께 제시하여 사건의 내막을 감추고 있다.

2014.07 역순행적 구성을 통해 사건을 입체적으로 서술하고 있다.

2011.07 시간의 입체적 구성으로 사건의 새로운 국면을 암시하고 있다.

2004.09(1) '현재-과거-현재'의 시간적 구성에 따라 사건이 전개되고 있다.

개념 콕

관찰과 서술 사이에 시간적 간격을 둠.

이것이 바로 개념의 변신 모드야. 관찰과 서술 사이에 시간적 간격을 두었다는 건 쉽게 말해 '**과거에 관찰했던 것을 시간이 흐른 뒤 서술한다.**' = '**현재의 시점에서 과거에 관찰했던 것을 떠올려 서술한다.**'라는 뜻인 거야.

나는 키가 모자라 사람 다리만 빽빽한 쪽마루에 비비대고 올라가 넘어다보았다. 그리고 놀랐다. 놀라지 않을 수 없던 것이다. 한 손으로 주안상 가장자리를 두들겨 가며 앉아서 노래하는 어른, 코와 눈이 그렇게 크고 음성 또한 굵직한 신사, 그이는 아버지였다. 나는 가슴이 벅차올라 숨조차 제대로 쉴 수가 없었다. 황홀하기도 하고 의심스럽기도 하여 얼마를 두고 뚫어지게 바라보았으나 분명 아버지였다. 당신으로서는 도저히 있을 수 없는 일에 도취된 모습이기도 했다.

우선 석공네 울안에 들어왔다는 사실이 현실 같지 않았고, 노래를 하는 것도 사실일 수가 없으련만, 모든 것은 눈에 보인 그대로였다. 아버지는 안팎 동네 어느 누구네 집도 울안은 들어가 본 적이 없는 터였다. 일가 간인 한산 이가네로서 노인을 모시는 집안이거나 당내 간의 사랑이라면 더러 출입이 있었을 따름이요, 그것도 울안에 발을 들인 일이란 한 번도 없던 터였으니, 하물며 전에 일갓집 행랑살이를 했던 사람네 집이겠던가. 신 서방은 덩실덩실 춤을 추었고, 아버지의 맞은편에 꿇어앉은 석공은 연방 싱글벙글 웃어 가며 솟음솟음하는 신명을 어쩌지 못해 답답한 표정이었다.

아버지가 노래를 마치자 요란스런 박수 소리가 터져 나오고, 신 서방이 두 손에 술잔을 받쳐 드니 석공은 주전자를 기울였다. 아버지가 술잔을 받아 들자 신 서방은 일어서며 노래를 부르기 시작했는데 아, 나는 그때 또 한 번 크게 놀라고 말았다. 다시 한번 뜻하지 않은 일이 벌어졌음이니 그것은 아버지가 일어서서 어깨춤을 추기 시작한 거였다. 그때까지 내가 알고 있던 아버지는 그렇게 평범한 사람이 아니었다.

(중략)

"삼십 년을 모시면서 보기를 첨 보겄다. 아마 평생 첨이실걸……." 어머니 음성이 들려오고 있었다. "저만 첨인 중 알았더니 아씨두유?" 옹점이 대꾸하는 소리도 들려왔다. 나중 안 일이지만, 어머니에게 평생 처음으로 보인 일이란 그날 밤에 아버지가 손수 행한 바의 모두를 말함이었다. 귀로에 한쪽 발을 헛디뎠던 일도 그중에 포함되어 있었다. 아버지의 양말 한 짝이 마당가 우물 도랑물에 젖어 있었다던 것이다. **어쨌든 그날 밤에 있었던 아버지의 거동은 오랫동안 여러 동네의 큰 화젯거리였은 줄 안다. 모두들 처음이며 아울러 마지막일 터임을 미루어 볼 줄 알았기 때문이었다. 그래서 나는 석공의 추억이 일기 시작하면, 내가 즐겨 놀았던 마당으로서보다도 나의 아버지가 평생에 단 한 번 객스럽게 놀아 보신 장소라는 데에 보다 소중함이 느껴져서 잊지 못해 해 온 사실을 밝혀 두고 싶다.**

- 이문구, 「관촌수필」 -

문제: 윗글의 서사적인 특성으로 볼 수 있는 것은? (2003.수능)

정답: 사건의 관찰과 서술 사이에 시간적 간격을 두었다.

3. 액자식 구성

액자식 구성이란 하나의 이야기(_____) 속에 또 하나의 이야기(_____)가 들어 있는 구성 방식을 말해. 이때 작품이 전달하고자 하는 주제를 담고 있는 핵심 내용은 _____ 이야기(_____)라고 할 수 있어.

① 외부 이야기(외화)는 내부 이야기(내화)를 도입하고 그것을 객관화하여 이야기의 ________을 더해 주는 역할을 해.
② 외부 이야기(외화)의 인물이 내부 이야기(내화)의 서술자가 되는 경우가 많기 때문에, 외부 이야기(외화)는 ____인칭 시점, 내부 이야기(내화)는 ____인칭 시점이 되는 경우가 많아.

● 기출 속으로

2022.07 외부 이야기 속에 내부 이야기를 삽입하여 사건을 전개하고 있다.
2018.03(1) 외부 이야기에서 내부 이야기로 장면을 전환하면서 사건을 전개하고 있다.
2016.06 다른 사람의 체험을 듣고 독자에게 전해 주는 액자식 구성을 취하고 있다.

개념 콕

환몽 구조

환몽 구조란 주인공이 입몽(入들 입, 夢꿈 몽) 과정을 거쳐 꿈속에서 어떤 경험을 한 후에 각몽(覺깨달을 각, 夢꿈 몽) 과정을 거쳐 현실로 되돌아오는 구성 방식을 말해. '_____-_____-_____'의 구조를 지니기 때문에 환몽 구조도 일종의 액자식 구성 방식이라고 볼 수 있어. 현실의 이야기는 _____, 꿈속의 이야기는 _____라고 할 수 있어.

그런 높은 대와 많은 집이 일시에 없어지고 제 몸이 한 작은 암자 중의 한 포단 위에 앉았으되 ⓜ향로에 불이 이미 사라지고 지는 달이 창에 이미 비치었더라.

- 김만중, 「구운몽(九雲夢)」 -

문제: 〈보기〉를 참고하여 ㉠~ⓜ에 대해 이해한 것으로 가장 적절한 것은? (2016.04)

〈보기〉

「구운몽」은 꿈에서 깨어난 주인공이 꿈속의 경험을 통해 꿈꾸기 이전보다 더욱 정진하여 득도에 이르게 된다는 내용이 주제의 한 축을 형성하고 있다. 이는 '**현실-꿈-현실**'의 **환몽 구조**를 통해 잘 드러나는데, 특히 꿈속 경험이 단 하룻밤의 '꿈'임을 강조하기 위해 **입몽**에서 **각몽**에 이르기까지의 **시간 경과** 및 **그것이 이루어지고 있는 공간**을 효과적으로 나타내고 있다.

정답: ⓜ의 향로의 '불'은 주인공의 입몽에서 각몽에 이르기까지의 시간 경과를 드러내는 소재이다.

또 개념 콕

빈번한 장면의 전환

기출문제 좀 풀어 봤다면 '장면을 빈번하게 교차(전환)하여 긴박한 분위기를 조성하고 있다.'라는 내용의 선지를 종종 봤을 거야. '빈번하다'는 건 '번거로울 정도로 도수(度법도 도, 數셀 수)가 _____'는 뜻이야. 그런데 제한된 분량의 수능 소설 지문에서 번거로울 정도로 장면이 자주 바뀌기가 쉽냐고. 게다가 장면을 번거로울 정도로 자꾸 바꿔 버리면 긴박한 분위기가 만들어지기 쉽겠냐고. 되게 자주 나오지만 정답이 되는 건 거~의 본 적이 없는 선지야.

> 2022.03(2) 장면의 빈번한 전환을 통해 사건의 이면을 폭로하고 있다.
> 2021.09(1) 장면이 빈번하게 교차되며 긴박한 분위기를 조성하고 있다.
> 2020.11(2) 장면을 빈번하게 전환하여 사건을 반복적으로 제시하고 있다.

병렬, 병치

병렬 혹은 병치란 사건이나 사건의 배경이 되는 공간이나 시간적 배경 등을 ________ 배열하는 것을 말해.

> 2022.06(2) 두 사건을 병치하여 이야기의 흐름을 지연시키고 있다.
> 2014.06(2) 동일한 시간에 서로 다른 장소에서 펼쳐진 사건을 병렬하여 긴장감을 높이고 있다.

개념 056

소설의 배경

배경의 종류

1. 자연적 배경

소설에서 나타나는 자연적인 환경. 주로 사건이 일어나는 구체적인 시간과 공간.

2. 사회적 배경

소설 속에 나타나는 사회 현실과 역사적 상황. 정치, 경제, 종교, 문화는 물론 직업, 계층, 연령 등과 시대적 상황까지도 포함함.

3. 심리적 배경

인물의 심리 상황의 독특한 내면세계. 심리적 배경은 주로 사건의 논리적인 전개 과정보다는 등장인물의 내면 심리와 그 변화에 초점을 맞추어 서술하는 소설에 나타남.

4. 상황적 배경

인간의 실존적인 상황을 배경으로 설정하는 것으로 전쟁, 죽음, 질병과 같은 극한 상황에서 느끼는 한계 의식을 보여 줌. 상황적 배경은 배경 그 자체가 주제를 드러내는 데 중요한 역할을 하며 실존주의 소설에서 나타남.

배경이 하는 일

1. ________를 조성해 줘.
2. 인물의 ______나 앞으로의 ______에 대해 힌트를 주기도 해.
3. ______까지 슬쩍 알려 줄 수도 있어.
4. ____________고 인정하게 만들어.

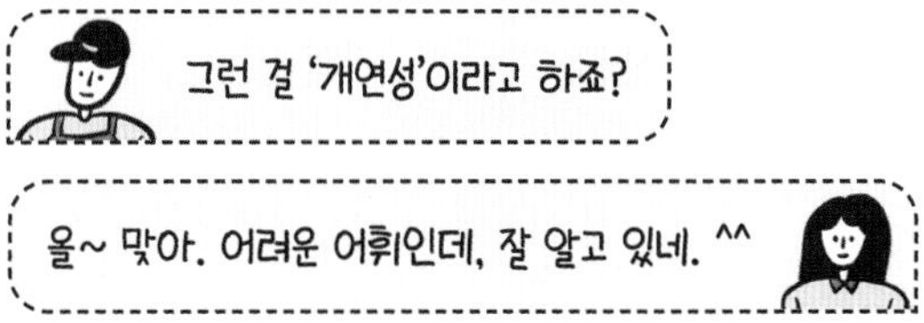

그런 걸 '개연성'이라고 하죠?
올~ 맞아. 어려운 어휘인데, 잘 알고 있네. ^^

개념 콕

챙겨 두면 도움 되는 시대적 배경과 주제

- **개화기:** 신교육 사상, 계몽 운동, 개화 의식 고취. ㊎ 이광수 「무정」, 심훈 「상록수」
- **일제 강점기:** 민족의 수난과 고통, 항일 정신. ㊎ 현진건 「고향」, 염상섭 「만세전」
- **8·15 광복:** 해방 이후의 혼란한 사회의 모습. ㊎ 채만식 「논 이야기」
- **6·25 전쟁:** 이념의 갈등, 전쟁의 참혹함. ㊎ 오상원 「유예」, 손창섭 「비 오는 날」

챙겨 두면 도움 되는 공간적 배경의 의미

- **농촌:** 전원적이고 향토적인 공간. ㊎ 김유정 「봄봄」
- **땅(토지):** 민중들의 삶의 터전. ㊎ 박경리 「토지」, 채만식 「논 이야기」
- **도시:** 기계 문명이 발달하고 인간 간의 관계가 단절된 공간. ㊎ 김승옥 「서울, 1964년 겨울」

개념 057

소설의 갈등

소설에서의 갈등이란 등장인물 사이에 일어나는 ________ 과 충돌 또는 등장인물과 환경 사이의 ________ 과 모순을 말해.

갈등의 종류

1. ________ 갈등

내적 갈등이란 한 인물의 마음속에서 일어나는 상반되거나 분열된 심리가 원인이 되는 갈등을 말해. 인물의 마음속 고민, 근심, 불안, 방황, 망설임, 분노 등도 모두 내적 갈등에 포함될 수 있어.

2. ________ 갈등

외적 갈등이란 인물과 그를 둘러싼 외부적인 요소와 상반된 입장과 태도가 원인이 되어 생기는 갈등을 말해.

① 인물과 ________ 간의 갈등

주동 인물과 반동 인물 간의 대립과 충돌로 인해 생기는 갈등이야. 인물과 인물 간의 갈등을 통해 개인의 가치관이나 성격, 태도, 감정 등을 포착해 낼 수 있어.

② 인물과 ________ 간의 갈등

인물이 속한 사회의 윤리나 제도, 현실 등과 충돌하여 생기는 갈등이야.

③ 인물과 ________ 간의 갈등

인물이 거대한 힘을 가진 자연 환경과 부딪쳐 싸우면서 겪게 되는 갈등이야.

④ 인물과 ________ 간의 갈등

인물의 삶에 주어진 가혹한 운명의 테두리를 벗어나지 못함으로써 겪게 되는 갈등이야. 대부분 인간의 능력으로 어찌할 수 없는 운명론적인 조건을 제시하고 이에 인물들이 패배하거나 순응하는 내용의 결말로 구성돼.

✚ 갈등이 하는 일

1. 사건을 ______ 시키지.
2. 인물의 ______ 을 분명히 드러내 줘.
3. ______ 가 드러나도록 해 줘.

STEP. 2 기출, 이것은 진리

현대 소설의 마지막 시간인데, 풀 세트로 한번 도전해 볼래?

넵. 잘 할 수 있습니다!

[36-38] 다음 글을 읽고 물음에 답하시오. 《 2018학년도 11월 고2 전국연합학력평가 》

송 노인도 그중의 한 사람이었다. 그는 더욱 심한 손해를 보았다. 〈원지본위〉란 환지* 원칙이 있는데도 불구하고 송 노인의 경우는 도합 천오백열 평 중 원지로 받은 것은 불과 사백 평뿐이고 나머지 천백열 평은 말도 안 되는 박토——산을 깎은 개간지를 환지로서 받았던 것이다.

㉠"죽일 놈들!"

송 노인의 입에서는 또 이런 말이 나왔다. 환지에 불만을 가진 사람들은 모두 불평을 했다. 마을 환지위원들이 공정하지 못했다는 말이 떠돌았다. 진흥공사의 ××사업소 사람들도 그러고 그랬으리란 소문도 나돌았다. 이런 소문들이 맹탕 거짓말이 아니란 것은, 가령 마을 환지위원들 가운데는 그런 억울한 변을 당한 사람이 없었다는 사실과 또 환지위원들과 가까이 지내는 사람들도 어느 정도 덕을 본 셈이라는 얘기들을 미루어서 능히 짐작할 수 있는 일이었다.

부당한 환지를 받은 사람은 모두 같은 기분들이었지만 그런 뜻을 모아서 어떻게 해 보자는 사람들은 없는 것 같았다. 가뜩이나 〈오리엔탈 골프장〉의 경우와는 달라서 이건 바로 **정부에서 한 일**이니까 어쩔 도리가 없다고 생각하는 눈치들이었다. 말하자면 다루기 쉬운 백성들로 잘 훈련이 되어 있었던 것이다.

"망했다, 망했어!"

송 노인의 불평은 한 계단 더 비약했다. 그는 자기에게 내려진 부당한 처사를 참을 수가 없었다. 늙은 몸으로 두 달을 계속 관계요로에 〈부당 환지의 시정〉을 호소하고 다녔다. 새어 나온 그의 유서 내용에 의하면 마을 환지위원장인 이성복 동장에게는 무려 15회, 농업진흥공사 ××사업소에는 6회나 찾아간 것으로 되어 있다. 그러나 모두가 허사였다. 시종일관 묵살을 당하고 만 셈이니까.

게다가 고속도로가 통하면 사람 왕래도 많아져서 송 노인의 집에서는 **가게도 차릴 수 있을 것**이란 메기입 이성복 동장의 말도 턱도 아닌 헛나발이 되고 말았다. 고속도로를 다니는 차들은 아무 데나 설 수도 없고 또 고속도로는 함부로 건너갈 수도 없다는 것을 시골 사람들은 길이 통한 뒤에야 비로소 알았다. 바로 길 너멋 논에 두엄을 내는 사람들도 **먼 굴다리 쪽을 일부러 돌아**야만 되었다.

"제-기, 이기 무슨 지랄고!"

짐이 무거울수록 그들의 입에서는 욕이 절로 나왔다.

길에서 집이 가까운 송 노인의 경우는 은근히 희망을 걸어 보던 가게를 내긴커녕 지나가는 차들이 내뿜는 매연과 소음과 먼지 때문에 도리어 역정만 늘어날 판이었다. 그래서 처음에는 행여 구멍가게라도 될까 싶어 일부러 길 쪽으로 내 보았던 마루방도 이내 문을 닫아걸었다. 길 쪽 창유리가 쉴 새 없이 밀어닥치는 먼지로 인해 마치 매가릿간의 그것처럼 뿌옇게 되어 버렸다.

㉡"망했다, 망했어!"

[중략 부분의 줄거리] 마을의 농토는 공장 부지 조성 등의 명목으로 자본가들에게 넘어간다. 이러한 상황을 심각하게 받아들이지 않고 가벼운 농담이나 하는 마을 젊은이들과 송 노인은 갈등하게 된다.

"비꼬지 마이소."

이번에는 메기입의 친구요 역시 마을 환지위원의 한 사람인 상출이란 청년이 불쑥 나섰다.

"영감님이 젊었을 때 무슨 대단한 일이라도 했다고 툭하면 젊었을 때는 —— 하고 나서는기요? 농민 조합에 들어가서 경찰서 때리부수는 일에 가담했다는 것밖에 더 있소?"

청년회장까지 겸하고 있는 만큼 비교적 머리가 영리하고 옛날 일도 제법 알고 있는 편이다. 안다는 놈이 그러니 송 영감은 더욱 부아가 치밀었다.

"그래 농민 조합에 가담한 기 그렇게 나쁜 일인가?"

"농민 조합은 빨갱이 단체 아니오?"

상출이는 숫제 위협 비슷하게 나왔다. 송 노인은 드디어 부아통이 터지고 말았다.

"머 빨갱이 단체? 이놈들이 몬하는 말이 없구나. 그래 왜놈의 경찰이 우리 경찰이더냐? 일제 때 고자질이나 하고 헌병 앞잡이나 돼서 독립운동하던 사람들을 괴롭히고 쏘아 죽이고 하던 놈들이 요새 와서는 자긴 반공 투쟁을 했을 뿐이라고 도리어 큰소릴 치고 돌아다닌다 카디이, ㉢**바로 느그가 생사람 잡을 소릴 하는구나. 어데 그 소리 한 번 더 해 봐라!"**

송 노인은 뼈만 남은 팔을 걷어 올렸다. 금방 칼이나 창 구실을 할는지도 모를 그런 팔이었다.

"영감님 참으이소. 장난으로 한 소리 아잉기요."

송 노인의 성깔을 누구보다도 잘 아는 메기입이 얼른 사이에 들었다. 다행히 별일은 없었다.

㉣**"아나, 이놈아 어서 파출소에 가서 신고나 해라! 송기호는 늙은 빨갱이라고——."**

송 노인은 상출의 얼굴에 침이라도 뱉아 주려다 그대로 돌아섰다. 그러나 따지고 보면 송 노인의 그러한 감정은 비단 상출이에게만이 아니라 아무런 주견도 패기도 없으면서 그래도 마을의 무슨 대표인 체하고 우쭐거리는 젊은 치 전체에 대한 것인지도 모른다. 물론 모든 청년들이 다 그렇다는 것은 아니다. 이른바 세대교체의 탓인지도 모르되 옛날과 달라서 요즘은 어느 마을 할 것 없이 어른들은 다 뒤로 물러앉고 그런 젊은 치들이 마을 일을 도맡듯 해서 옳든 그르든 위에서 시키는 대로만 용춤을 추고 있는 판국이라고 송 노인은 생각했다. 환지 문제 기타로 인해 송 노인과 같은 생각을 가진 사람들도 많았지만 노인네들은 그저 **"세상이 그런 걸 머!"** 할 뿐 드러내 놓고 말을 잘 안 했다.—— 요컨대 아직은 드러내 놓고 말은 하지 않더라도 마을 사람들 사이에는 **눈에 보이지 않는 어떤 틈이 생기고 있는** 것만은 숨길 수 없는 사실이었다. 멍청한 얼굴들에 나타나게 마련인 씁쓸한 웃음들만 보아도 능히 짐작할 만한 일이었다.

㉤**'철딱서니 없는 놈들…….'**

- 김정한, 「어떤 유서」 -

***환지:** 토지를 서로 바꿈. 또는 바꾼 땅. 환토(換土).

★ 서술상의 특징 문제는 개념 집합 문제

36 문항 코드 | 23670-0036

윗글의 서술상의 특징으로 가장 적절한 것은?

① 외부의 이야기에 내부의 이야기가 삽입되어 있다.
② 다양한 인물들의 경험을 삽화 형식으로 나열하고 있다.
③ 인물의 회상을 중심으로 과거와 현재를 반복하여 교차하고 있다.
④ 같은 시간에 벌어지는 다양한 장면을 병렬적으로 제시하고 있다.
⑤ 이야기 밖의 서술자가 특정 인물의 입장에서 사건을 전개하고 있다.

★ 송 노인의 심리에 주목해야 하는 이유, 이런 문제는 지문을 읽으면서 바로바로 해결하기.

37 문항 코드 | 23670-0037

㉠~㉤에 대한 설명으로 적절하지 않은 것은?

① ㉠: 송 노인은 자신이 재산상의 피해를 입은 일로 인해 분노하고 있다.
② ㉡: 송 노인은 자신의 기대와 다른 상황이 벌어진 것에 대해 실망하고 있다.
③ ㉢: 송 노인은 과거에 그가 한 일을 왜곡하는 젊은이들에 대해 노여움을 드러내고 있다.
④ ㉣: 송 노인은 폭력 행위에 적극적으로 가담했던 자신의 실수에 대해 인정하고 있다.
⑤ ㉤: 송 노인은 자신이 생각하는 기준과는 다르게 행동하는 사람들의 모습에 대해 불편한 마음을 갖고 있다.

★ <보기>에서 설명한 내용을 지문에 적용하며 읽기.

38 문항 코드 | 23670-0038

〈보기〉를 바탕으로 윗글을 감상한 내용으로 적절하지 않은 것은?

〈보기〉

이 작품은 1970년대 국가 발전이라는 명목으로 권력자들에게 토지를 침탈당하는 농민들의 현실을 보여 준다. 이 과정에서 가해자와 피해자의 갈등이 나타나는데, 여기에는 가해자 편에 서 있는 중간자가 개입되어 있다. 또한 권력이 휘두르는 폭력 앞에서 농민들은 다양한 양상을 보이는데, 무기력한 태도로 방관하거나 세대 간의 갈등을 일으키며 분열되는 등 파편화된 모습을 보인다.

① '정부에서 한 일'로 인해 '부당한 환지를 받은' 것은 권력자들에 의해 토지를 침탈당한 농민들의 모습이라고 할 수 있겠군.
② 송 노인에게 '가게도 차릴 수 있을 것'이라고 한 점에서 이성복 동장은 가해자의 편에 서서 개발에 동조하고 있는 중간자라고 할 수 있겠군.
③ '먼 굴다리 쪽을 일부러 돌아'가는 모습을 통해 권력이 휘두르는 폭력 앞에서 세대 간의 갈등을 일으키는 농민들의 모습을 확인할 수 있겠군.
④ '세상이 그런 걸 머!'라고 체념하는 노인들의 모습을 통해 현실에 대해 무기력한 태도로 방관하고 있는 농민들의 모습을 확인할 수 있겠군.
⑤ 마을 사람들 사이에 '눈에 보이지 않는 어떤 틈이 생기고 있는' 모습을 통해 파편화되어 가는 농민들의 모습을 확인할 수 있겠군.

태그 체크

- ▢ #순행적 구성은 평면적 구성
- ▢ #역순행적 구성은 입체적 구성
- ▢ #액자식 구성
- ▢ #빈번한 장면의 전환
- ▢ #병렬, 병치
- ▢ #열일하는 소설의 배경
- ▢ #내적 갈등, 외적 갈등

12 고전 소설의 모든 것

학습 목표

❶ **고전 소설만의 특징**을 모두 정리한다.
❷ 너무나도 **뻔한 고전 소설의 주제**를 안다.
❸ 고전 소설과 현대 소설의 접근법이 **다르지 않음을 안다**.

개념 태그

#권선징악(勸善懲惡) #전기적(傳奇的)과 전기적(傳記的) #편집자적 논평은 서술자의 개입 #애정 소설 #가정 소설 #영웅 군담 소설 #풍자 소설 #우화 소설 #판소리계 소설 #가전체

STEP. 1 내 생애 마지막 개념 정리!

으아, ㅎㄷㄷ 고전 소설이다….

고전 소설은… 그냥 옛~날에 쓰인 소설인 거야. 현대 소설이랑 크게 다르지 않아.

그렇지만 읽기부터 어려워요. ㅠㅠ

고전 소설은 주제별로 줄 세울 수 있어. 어떻게 보면 주인공과 세부 이야기만 달라지지, 큰 틀은 달라지지 않는 게 고전 소설이라고 볼 수 있거든. 작품 하나하나를 언제 다 정리해? 길이도 엄청 길잖아. 그것보다는 고전 소설에서 자주 다루는 주제들을 정리해 놓자고.

맞아요. 분명 처음 보는 작품인데, 언젠가 본 거 같은 느낌적인 느낌. 주인공만 바뀐 것 같은 아침 드라마의 느낌이…. >.<

개념 058

고전 소설의 일반적인 특징

1. 주제

웬만해선 ______(勸권할 권, 善착할 선, 懲혼날 징, 惡악할 악), 즉 ______을 권장하고 ______을 징계한다는 주제를 담고 있는 경우가 많아.

① ______ 소설

동서고금을 막론하고 가장 관심받던 주제 아니겠어? 요즘 드라마에도 빠지지 않잖아. 남녀 간의 ______과 ______을 주제로 한 소설이 많아.

춘향전	성춘향과 이몽룡의 사랑 이야기를 중심으로, 당시 사회적 특권 계급의 횡포를 고발하고 춘향의 정절을 찬양하면서, 평민(서민)들의 신분 상승 욕구도 나타내었다.
운영전	안평 대군이 거처하였던 수성궁에 놀러 간 유영이 잠시 잠이 들었다 깨어나 죽은 두 사람(궁녀 운영과 김 진사)을 만나 그들의 슬픈 사랑 이야기를 듣고, 다시 잠들었다 깨어 보니 두 사람은 사라지고 김 진사가 그들의 이야기를 기록한 서책만 남아 있어, 이를 후세에 전한 것이 「운영전」이라 한다.

숙영낭자전	조선 세종 때 숙영 낭자가 남편 백선군이 과거를 보러 간 사이 하녀인 매월의 모략을 받고 자결하지만, 급제한 백선군이 돌아와 매월을 처단하고 선약(仙신선 선, 藥약 약)으로 숙영 낭자를 다시 살려 행복하게 살다가 둘 다 신선이 되었다는 내용으로, 도교적 신선관을 담고 있는 작품이다.
이생규장전	조선 세조 때 김시습이 지은 전기(傳전할 전, 奇기이할 기) 소설. 이생이 부모의 허락을 얻어 몰래 만나던 최랑과 혼인을 하지만 홍건적의 난으로 양가 가족이 모두 죽고 이생만 살아남아 슬픔에 잠겨 있는데 최랑이 나타난다. 이생은 그녀가 이미 죽은 줄 알면서도 열렬히 사랑하는 나머지 의심하지 않고 반갑게 맞아 수년간 행복하게 산다. 어느 날 최랑은 이승의 인연이 끝났다며 사라지고 이생은 최랑의 뼈를 찾아 묻어 준 뒤 하루같이 그리워하다가 병을 얻어 죽는다는 내용이다.

② ________ 소설

축첩 제도로 인한 ________ 간의 갈등을 다룬 가정 소설이 많아.

사씨남정기	조선 숙종 때 김만중이 지은 가정 소설. 유연수가 첩 교 씨의 모함에 속아 착하고 현명한 본처 사 씨를 내쳤으나, 끝내 교 씨는 그녀의 음모가 발각되어 처형당하고 유연수는 다시 사 씨를 맞이하여 행복하게 살았다는 내용이다. 인현 왕후를 폐하고 희빈 장 씨를 왕비로 맞아들인 숙종의 마음을 바로잡아 보려고 김만중이 지은 것으로, 후에 종손인 김춘택이 한문으로 번역하였다.
장화홍련전	조선 세종 때 부사 정동우가 계모의 학대로 억울하게 죽은 장화와 홍련의 원한을 풀어 주었다는 내용이다.
콩쥐팥쥐전	착한 콩쥐가 계모와 이복동생 팥쥐에게 심한 구박을 받으나 선녀의 도움으로 어려움을 이겨 내고 감사와 혼인한다는 내용으로, 권선징악을 주제로 하고 있다.

③ ________ 소설

________ 이 등장하여 ________ 에서 큰 공을 세우는 내용의 소설이 정말 많아.

유충렬전	영웅의 기상을 가진 유충렬이 간신 정한담의 반란으로 항복할 위기에까지 처한 천자를 구하고 나라를 바로잡아 부귀영화를 누린다는 내용이다.
임진록	임진왜란을 배경으로 하면서도 실재의 사실과는 다소 다르게 영웅적 과장을 덧붙여 허구화한 것으로, 이순신 · 곽재우 · 사명당을 비롯한 많은 영웅들이 등장하여 곳곳에서 도술 따위를 이용한 눈부신 활약으로 왜적을 굴복시킨다는 내용이다.
장국진전	중국 명나라를 배경으로 하여 장국진의 결혼담과 그 부인의 무용담을 그렸다.

④ ________ 소설

조선 후기 사회로 갈수록 ________ 제도가 동요하고 ________ 의식이 성장하기 시작했어. 그러다 보니 ________ 하고 ________ 한 양반과, 사회의 ________ 을 비판하는 목소리가 소설에도 반영된 거야.

양반전	조선 정조 때 박지원이 지은 한문 소설. 가난한 양반이 관아에 진 빚을 갚기 위하여 고을 원의 참석하에 천한 신분의 부자에게 양반 신분을 팔려고 하였으나 양반의 조건이 너무 까다로워 부자가 양반 신분을 사양하였다는 내용이다. 양반 계급의 허위와 부패를 폭로하였으며 실학사상을 고취한 작품으로 『연암집』에 실려 있다.
허생전	박지원이 지은 한문 소설. 허생의 상행위를 통하여 당시 허약한 국가 경제를 비판하고, 양반의 무능과 허위의식을 풍자한 작품으로 『열하일기』에 실려 있다.
호질	박지원이 지은 한문 소설. 호랑이를 통하여 도학자의 위선을 신랄하게 꾸짖는 내용으로, 『열하일기』에 실려 있다.

예덕선생전	박지원이 지은 한문 소설. 똥을 져 나르는 것을 업으로 삼는 엄행수라는 인물을 통하여 탐욕에 눈이 어두워 신의를 저버리는 부도덕한 선비와 관리들의 위선적 생활을 비판한 작품으로『연암집』에 실려 있다.

⑤ ______ 소설

동식물이나 기타 사물을 ______ 하여 쓴 소설. ______ 이고 ______ 인 주제를 드러내.

장끼전	장끼가 까투리의 말을 무시하고 콩을 먹다 덫에 걸려 죽은 일과, 까투리가 남편인 장끼를 잃은 후 재가하려는 일을 통하여 당시의 사회 제도를 풍자한 작품이다.
토끼전	용왕의 병을 낫게 하기 위해 토끼의 간을 구하러 육지로 나간 별주부(자라)가 토끼를 용궁에 데려오는 데는 성공하지만, 토끼가 간을 빼놓고 다닌다는 말로 잔꾀를 부려 죽음의 위기에서 벗어나 도망친다는 내용이다.
서동지전	게으름뱅이 다람쥐가 부자인 쥐에게 구걸하러 갔다가 거절당하자 그를 관가에 무고하였으나, 오히려 쥐의 결백이 밝혀짐으로써 다람쥐가 처벌을 받는다는 내용으로, 게으르고 거짓으로 남을 무고한 사람을 징계한 작품이다.

2. 구성

① ______ 적 구성(= 순행적 구성)

______ 의 흐름에 따라 사건이 전개되는 구성이 대부분이야.

② ______ 적 구성

주인공이 태어나서 죽을 때까지의 사건이 ______ 의 순서에 따라 전개되는 경우가 많아.
주인공의 영웅적 ______ 를 그린 이야기들 많이 들어 봤지?

③ ______ 한 결말

대부분의 작품이 ______ 한 결말이야. 착한 애들은 행복하게 살고, 나쁜 애들은 벌을 받는 내용이 많으니까. (물론 드물지만 「운영전」처럼 해피엔딩이 아닌 경우도 있음.)

3. 문체

① ______ 체

고전 소설은 보통 한 사람이 읽고, 여러 사람이 둘러 앉아 그것을 듣는 형식으로 읽혔기 때문에, 읽기 편하고 알아듣기 쉬운 ______ 이 느껴지는 부분도 있어.

② ______ 체

고전 소설은 일상생활에서 사용하는 언어(______ 체)가 아니라, 글을 쓸 때 사용하는 ______ 체로 쓰였어.

그래서 너무 어려워요. 말투 적응 안 됨. ㅠㅠ

4. 인물

① ________적 인물

작품에 등장하는 인물의 성격이 처음부터 끝까지 웬만해서는 ________ 않아.

② ________적 인물

고전 소설의 인물들은 한 사회의 ________ 성격을 대표하며 성격의 ________을 가지는 경우가 많아.

평면적 인물 ↔ 입체적 인물

전형적 인물 ↔ 개성적 인물(이 정돈 나도 알아~.)

개념 콕

고전 소설에 이런 인물 꼭 있다.

① 시련과 고난을 이겨 내는 ________은 대부분 ________(才 재주 재, 子 아들 자, 佳 아름다울 가, 人 사람 인)

예) 홍길동 in 「홍길동전」, 박씨 부인 in 「박씨전」

> **※ 영웅 소설 주인공들의 평행 이론(흔히 '영웅의 일대기적 구성'이라고 하지.)**
> 고귀한 혈통 ⇒ 비범한 출생 ⇒ 탁월한 능력 ⇒ 가족과 헤어짐, 죽을 고비(위기·시련) ⇒ 구출·양육 ⇒ 성장 후 위기 ⇒ 고난의 극복과 승리

② 사랑을 지켜 내는 ________

예) 춘향 in 「춘향전」

③ 봉건적 사고를 ________하는 깨어있는 작가의 ________

예) 광문 in 「광문자전」, 부자 in 「양반전」, 엄행수 in 「예덕선생전」, 허생 in 「허생전」

④ 양반을 ________하고 ________하는 평민

예) 방자 in 「배비장전」

5. 사건

① ________적

사건이 필연적인 상황이나 원인 없이 우연히 발생해.

② ________적

현실 세계에서는 도저히 일어날 수 없는 사건이 갑자기 발생해.

③ ________적(傳전할 전, 奇기이할 기)

일상적이고 현실적인 것과 거리가 먼 신비로운 내용이 등장하는 경우가 많아.

'현실과 비현실을 교차한다.'라는 선지가 나오면 '비현실적 사건이 등장한다는 거구나.'라고 이해하면 돼. 그리고 선지에 '전기적'이라는 말이 나왔을 땐 문맥을 통해 어떤 의미인지 잘 파악해야 돼. '한 사람의 일생 동안의 행적을 적은 기록'이라는 뜻의 '전기(傳전할 전, 記기록할 기)'라는 단어일 수도 있거든. 한자까지 써 주지는 않을 때도 많지만 문맥을 통해 충분히 구분할 수 있으니 주의를 조금만 기울이자고.

● 기출 속으로

2011.03(1) 고전 소설은 선인과 악인을 선명하게 대립시켜 권선징악(勸善懲惡)을 주제로 담아내는 경우가 많다. 그리고 대개 외모가 출중하고 재주가 남다른 인물을 주인공으로 내세워 그들이 고난을 극복하고 행복한 결말에 이르는 과정을 보여 준다. 전개 과정에서 비현실적인 이야기가 등장하기도 하고, 우연적인 사건이 자주 발생하기도 한다. 서술 과정에서는 서술자가 상황에 대한 자신의 생각을 직접 드러내는 부분도 있고, 산문이지만 운율을 느낄 수 있는 부분도 있다.

개념 059

서술자의 개입(≒ 편집자적 논평)

서술자의 개입이란 ________가 이야기 속 인물과 사건에 대한 자신의 ________이나 ________, ________ 등을 서술하는 걸 말해. 그러니까 '서술자의 개입'이라는 개념은 ________________ 시점의 소설에 적용할 수 있는 거야.

이때에 호장 체탐이 호왕께 고하되, 대성이 장안에 갔다 하거늘 호왕이 크게 기뻐하여 철기 삼천을 거느려 그날 밤 삼경에 명진에 다다르니 일진이 고요하여 인마 다 잠을 들었는지라 고함하며 지쳐 엄살하니 명진이 불의에 난을 만나매 **제장 군졸의 머리 추풍낙엽일네라 뉘 능히 당하리요?**

이때 명진 천자가 중군에서 취침하여 계시다가 함성 소리 천지진동하거늘 놀라 장 밖에 나와 보니 화광이 충천한 가운데 일원 대장이 크게 외쳐 말하기를,

"명제 어디 있느냐?"

하며 달려 들어오니 본즉 이는 곧 호왕이라.

상이 대경하여 제장을 부르니 제장 군졸이 다 흩어지고 없는지라 다만 삼장*을 겨우 찾아 일지병을 거느려 북문으로 달아나더니 날이 이미 밝으며 황강 강가에 다다르니 강촌 백성이 난을 피할 길이 없는지라.

상이 삼장을 돌아보아 가라사대,

"좌우에 태산 막혀 있고 앞에 황강이 있어 건널 길이 없고 호왕의 추병은 급하였으니 그 가운데 있어 어디로 가리요? 삼장은 힘을 다하여 뒤를 막으라."

하시니 삼장과 군사가 말 머리를 돌려 호적을 대하여 마음을 둘 곳이 없더니 호왕이 달려와 삼장과 군사를 다 죽이고 **명제는 함정에 든 범이라 어찌 망극지 아니하리요?** 명제 하늘을 우러러 통곡하여 말하기를,

"죽기는 서럽지 아니하되 사직이 오늘날 내게 와 망할 줄 알리요. 황천에 들어간들 태종 황제께 하면목으로 뵈오리요?"

하시고 슬피 울으실 새 호왕이 황제 탄 말을 찔러 거꾸러치니 상이 땅에 떨어지거늘 호왕이 창으로 상의 가슴을 겨누며 꾸짖어 말하기를,

"죽기를 서러워하거든 항서를 써 올리라."

상이 총망 중에 대답하되,

"지필이 없으니 무엇으로 항서를 쓰리요?"

호왕이 크게 소리하여 말하기를,

"목숨을 아낄진대 용포를 떼고 손가락을 깨물라."

하니

"차마 아파 못할네라."

소리 나는 줄 모르고 통곡하시니 **용의 울음소리가 구천에 사무치는지라 하늘이 어찌 무심하리요?**

- 작자 미상, 「소대성전」 -

***삼장:** 세 명의 장수.

문제: 윗글에 대한 설명으로 가장 적절한 것은? (2020.03(2))

정답: 서술자가 개입하여 인물이 처한 상황에 대해 논평한다.

● 기출 속으로

2021.06(2) 서술자 개입으로 인물에 대한 주관적 감정을 드러내고 있다. (옥단춘전)
2017.11(2) 편집자적 논평을 활용하여 서술자의 생각을 드러내고 있다. (유문성전)
2015.07 서술자가 작중 상황에 개입하여 주관적 견해를 드러내고 있다. (이춘풍전)
2012.09(1) 편집자적 논평을 통해 인물의 아픔에 공감하고 있다. (김영철전)

고전 소설 지문에 적용된 정답 선지, 너무 많다. 백 개도 찾겠다. 그만큼 단골 선지임.

서술자의 개입, 편집자적 논평. 고전 소설 문제에 자주 등장한다는 건 알겠는데, 지문에서 직접 찾는 게 어려워요.

하식아, 우리 설의법 배웠잖아. 서술자의 개입은 설의적 의문문으로 등장하는 경우가 되게 많아.

고뤠~? 설의법은 내가 또 꽉 잡고 있지. ㅎㅎ

연습 13

1번 문제. 다음 장면에서 편집자적 논평을 활용하여 서술자의 생각을 드러내고 있는 부분을 찾아봐. 힌트는 설의적 의문문을 통해 드러나 있다는 것!

(2017.11(2))

홀연 광풍이 대작하며 공중에서 벽력같은 소리 나며 은하검이 번뜻하더니, 장발의 머리 검광을 좇아 떨어지니 한 줄기 무지개 일어나며, 슬프다, 이 같은 장사로 천수를 알지 못하고 몸을 그릇 역적에게 허하여 천의를 거스르니, 제 비록 천하 명장이요 만고 영웅인들, 당시 창업 주 씨를 어찌 대적하며 유문성을 당하리오. 산천이 슬퍼하는 듯하고, 일월이 무광하더라. 장발이 죽었으니 뉘라서 대적하리오. 무인지경같이 짓쳐들어가니, 삼국 청병 장졸과 본진 장졸의 머리 추풍낙엽일러라.

- 작자 미상, 「유문성전」 -

①

②

2번 문제. 다음 장면에서 서술자가 개입해서 인물에 대한 주관적 감정을 드러내고 있는 부분을 찾아봐. 무려 세 군데나 있음.

(2021.06(2))

"아아, 낭군 팔자나 내 팔자나 전생의 무슨 죄로 이다지도 험악하단 말인가? 사주팔자가 이럴진대 누구를 원망하겠소. 죽어도 같이 죽고 살아도 같이 살 우리이매, 저승에서 죽어도 후세에 다시 만나 이승에서 미진한 우리 정을 백 년 다시 살아 보십시다. 임아 임아, 우리 낭군 어찌하여 살아날까? 아무리 원통해서 저승에 만나자고 빌어 봐도 지금 한 번 죽어지면 모든 것이 허사로다."

하며 통곡하는 옥단춘의 정상을 누가 아니 슬퍼하랴.

(중략)

그중에서 각 읍의 수령들은 불의의 변을 당하고 겁낸 거동 가관이다. 칼집 쥐고 오줌 싸고 안장 없는 말을 타고, 개울로 빠져들고, 말을 거꾸로 타기도 하고, 동서를 분별하지 못하여 이리저리 갈팡질팡 도망친다. 오다가 혼을 잃고 가다가 넋을 잃고 수라장으로 요란할 제, 평양 감사 김진희의 거동이 가장 볼 만하니라.

- 작자 미상, 「옥단춘전」 -

①

②

③

개념 060

판소리계 소설

판소리계 소설이란 판소리 사설이 독서의 대상으로 전환되면서 이루어진 작품들을 말해. 「춘향전」, 「흥부전」, 「심청전」 등 다 익숙한 작품들이지?

판소리계 소설의 특징

1. 장면의 극대화

장면의 극대화란 독자들이 관심 있어 할 만한 흥미로운 장면을 ________, ______의 방법으로 자세하게 서술하는 방법이야. 이런 장면에서는 ________과 ______을 느끼기 쉬워.

(가) 이때에 흥보(興甫) 아내는 여러 날 굶은 가장을 형의 집에 보내고서 전곡간(錢穀間)에 얻어 오면 굶은 자식 먹일 걸로 동구에 나가서 기다린다. 스물다섯 되는 자식 다른 사람 자식 낳듯 한 배에 하나 낳아, 삼사 세(三四歲) 된 연후에 낳고 낳고 했어야 사십이 못다 되어 그리 많이 낳겠느냐. 한 해에 한 배씩 한 배에 두셋씩 대고 낳아 놓았구나. 그래도 아이들을 칠칠일(七七日)이 지나며는 안기도 하여 보고, 백일이 지나며는 업기도 해 보고, 첫돌이 지나면 손 잡고 걸어 보고, 삼사 세가 되면 의복 입고 다녔어야 다리에 골이 오르고 몸이 활발할 터인데, 이 집 자식 기르는 법은 덕석*을 엮을 때에 세 줄로 구멍을 내어 한 줄에 열 구멍씩 첫 구멍은 조그맣고 차차 구멍이 커 간다. 한 배에 낳은 자식 둘이 되나 셋이 되나 앉혀 보아 앉으면은 첫 구멍에 목을 넣고, 하루 몇 때씩을 암죽만 떠 넣으면 불쌍한 이것들이 울어도 앉아 울고, 자도 앉아 자고, 똥 오줌이 마려우면 덕석 쓴 채 앉아 누어, 세상에 난 연후에 실오라기 하나라도 몸에 걸쳐 본 일 없고, 한 번도 문턱 밖에 발 디뎌 본 일 없고, 다른 사람의 얼굴을 보거나 소리 들어 본 일 없고, 그저 앉아 큰 것이라 때문은 여윈 낯이 터럭이 거칠거칠. 동지(冬至) 섣달 강아지가 아궁에서 자고 난 듯, 덕석 쓴 채 새고 나면 빼빼 마른 몸뚱이가 대강이를 엮어 놓은 듯, 못 먹고 앉아 크니, 원 무르게 되어서 큰 놈들은 스무 살씩, 작은 놈들은 십칠팔 세. 남의 자식 같으면 농사하네, 나무하네, 한참들 벌이를 하련마는 원 늦되어서 부르는 게 어메, 아비. 음식 이름 아는 것이 밥뿐이로구나. 다른 음식 알려 한들 세상에 난 연후에 먹기는 고사하고 보거나 듣거나 하였어야지. 밥 갖다 줄 때가 조금 지나면 뭇놈이 그저 각각 "어메 밥, 어메 밥" 하는구나.

- 작자 미상, 「박타령」 -

*덕석: 멍석. 짚으로 짜서 만든 큰 자리.

문제: (가)에서 해학적 분위기를 느낄 수 있는 이유로 적절한 것은? (2003.06)

정답: 상황의 과장과 열거

(가)는 가난한 상황에서 많은 자식들을 어찌할 수 없어 신경을 쓰지 못하는 광경을, 과장하고 열거해서 청중들이 해학적 분위기를 느끼게 하는 부분이야.

기출 속으로

2016.06 [A]는 인물의 외양 묘사를 통해, [B]는 과장된 표현을 통해 장면을 극대화하고 있다.
2013.03 인물의 행동들을 나열하면서 사건을 요약해 제시하고 있다.
2004.06(2) 특정 상황을 과장하여 해학의 효과를 높이고 있다.

2. 해학과 골계

① ______

익살과 재미를 통해 냉소나 조소가 포함되지 않은 웃음을 유발하는 어조를 말해.

② ______

익살을 부리는 가운데 어떤 교훈을 주는 것을 말해.

기출 속으로

2010.03(1) 인물의 탐욕스러운 면모를 해학적인 말과 묘사를 통해 드러내고 있는 작품이야.
2009.09 신체 부위(볼기)를 소재로 하여 해학적 효과를 자아낸다.
1995.수능 해학을 통해 심리적 긴장을 이완시킨다.

3. 언어유희

언어유희란 동음이의어나 각운 등을 이용하여 재미있게 꾸미는 ______의 표현을 말해.

① ______를 통한 언어유희

예 운봉의 갈비(사람의 갈비뼈)를 직신, "갈비(소갈비) 한 대 먹고 지고."

② 유사한 ______의 ______을 통한 언어유희

예 아, 이 양반이 허리 꺾어 절반인지, 개다리소반인지, 꾸레미전에 백반인지.

③ 언어 ______를 통한 언어유희

예 어 추워라, 문 들어온다, 바람 닫아라. 물 마른다, 목 들여라.
어이구, 그만 정신없다 보니 말이 빠져서 이가 헛 나와 버렸네.

④ ______의 유사성을 통한 언어유희

예 마구간에 들어가 노새원님(노(老늙을 노)생원님)을 끌어다가 등에 솔질을 살살하여

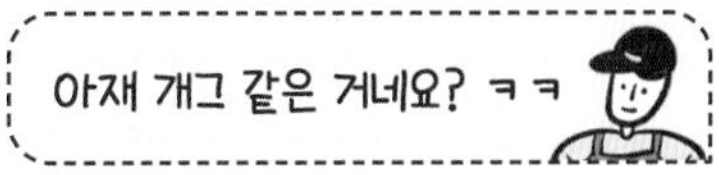

기출 속으로

2022.04 언어유희를 통해 인물의 성격을 비판하고 있다.
2020.04 언어유희를 통해 대상의 속성을 희화화하고 있다.
2010.06(2) 언어유희를 통해 극적 긴장감을 이완시킨다.

개념 061

가전체 (假거짓 가, 傳전할 전, 體몸 체)

가전체란 사물을 ________하여 ________(傳전할 전, 記기록할 기) 형식으로 서술하는 문학 양식을 말해.

국순전	고려 고종 때 임춘이 지은 가전체 작품. 술을 의인화하여 당시의 정치 현실을 풍자하고 술로 인한 패가망신을 경계하였다.
공방전	고려 고종 때 임춘이 지은 가전체 작품. '공방'은 엽전의 둥근 모양에서 공(孔)을, 구멍의 모난 모양에서 방(方)을 따서 붙인 이름이다. 돈을 의인화하여 돈의 폐해에 대한 비판적 인식을 드러내었다.
국선생전	고려 고종 때 이규보가 지은 가전체 작품. 등장인물의 이름과 지명을 모두 술 또는 누룩에 관련된 한자를 써서 지었으며, 당시의 문란한 사회상을 풍자하였다.

(2014.09(B))

〈보기〉

가전(假傳)은 **사물을 의인화**하여 그 일생을 **전(傳)의 형식**으로 서술한 글로서 인물의 가계와 성품, 생애, 공과(功過) 등을 '**가계-행적-논평**'이라는 틀 속에 담아내었다. 내용상으로는 **인간 세태를 풍자**하고 **세상을 경계(警戒)**하려는 성격이 강해 **교훈성**을 지닌다.

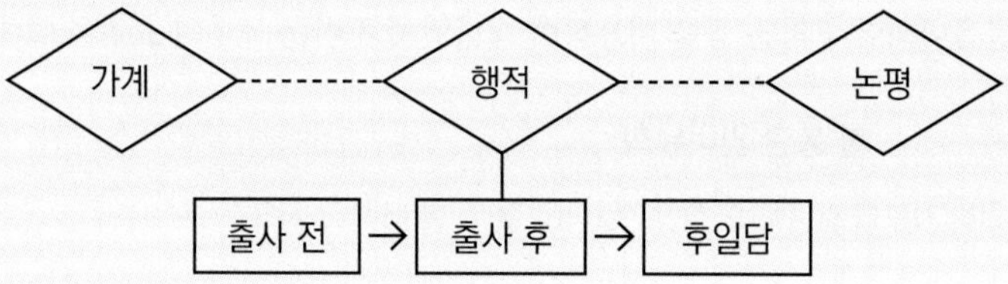

그럼 가전체도 우화로 볼 수 있어요?

그렇지! 사물을 의인화했으니까.

STEP. 2 기출, 이것은 진리

고전 소설은 개념도, 문제 유형도, 풀이 방법도 현대 소설에 묻어 가면 되는 거야. 하던 대로 도전해 보자.

[39] 다음 글을 읽고 물음에 답하시오. (2013학년도 11월 고1 전국연합학력평가)

[앞부분 줄거리] 왕생은 태어나자마자 부모를 잃고 양어머니의 보살핌 속에 자란다. 어려서부터 뛰어난 능력을 지녔던 왕생은 중국외교사절단의 일원이 되고, 중국으로 가던 도중 용왕의 딸과 혼인하게 된다. 이후 왕생은 용궁을 떠나 송악산 아래 자리를 잡게 된다.

그러던 어느 날, 칡베로 만든 두건에 베옷을 입은 도사 한 사람이 손에 육환장을 들고 어깨에 바랑을 메고 와서는 왕생에게 절을 했다. 왕생이 물었다.

"뉘시오?"

도사가 대답했다.

"저는 산인입니다. 산수를 좋아해서, 기러기가 남북으로 오가고 뜬구름이 동서로 흘러가는 것처럼 사방을 유유히 다니고 있지요. 그러다 이곳에 이르러 댁의 집터를 보니 참으로 천하의 명승지가 아닐 수 없습니다. 1년 안에 성인(聖人)이 태어나시어 이 나라의 주인이 되실 것이 틀림없습니다. 주인장께서는 소중히 잘 기르시기 바랍니다. 저는 3년 뒤에 다시 찾아뵙겠습니다."

왕생이 말했다.

"참으로 위험천만한 소리군요. 부디 그 말을 입 밖에 내지 말기 바라오. 그런데 그대의 성명을 알 수 있겠소?"

도사가 대답했다.

"제 이름은 도선*으로, 중국 사람 일행*의 제자입니다."

도사가 절하고 물러갔다. 왕생은 도사의 말을 듣고 혼자 속으로 기뻐하며 큰 자부심을 가졌다.

이달부터 문득 아내에게 태기가 있더니 열 달 만에 아들을 낳았다. 콧대가 우뚝 솟고 용과 같은 제왕의 상(相)에 이마가 훤하고 눈은 샛별처럼 빛났으며, 상서로운 광채가 은은히 비치고 기상이 엄숙했다. 왕생은 속으로 매우 기뻐했다.

3년 뒤 과연 도사가 다시 찾아와 왕생에게 축하 인사를 올렸다.

"주인장께서 성인을 낳으신 것을 축하드립니다! 잘 기르시면, 흉악한 무리들을 모조리 평정하고 삼한(三韓)을 통일하여 도탄에 빠진 만백성을 구하고 후세에 큰 이름을 남길 분이 되실 것입니다."

거듭 축하 인사를 하고는 떠나갔다.

그 뒤 부인이 또 딸을 하나 낳았는데, 딸을 낳고부터는 모습이 초췌해지더니 얼굴에 핏기가 없고 갑자기 숨이 끊어질 듯 숨기운이 약해지며 말을 제대로 하지 못했다. 왕생이 물었다.

"무슨 병이기에 몸이 이리도 수척해지는 거요?"

부인이 대답했다.

"저는 원래 용의 자손이기 때문에 때때로 변신하여 기운을 펼쳐야 하는데, 낭군을 따라온 뒤로는 그렇게 할 수가 없었어요. 그게 병이 돼서 죽을 날이 임박했으니 슬프기 그지없네요."

왕생이 말했다.

"그게 뭐 어려운 일이오. 내가 한번 보고 싶으니 변신을 해 보오."

"변신하는 걸 못 볼 거야 없지만, 부부간에는 보여 드릴 수 없어요. 낭군이 만일 제 병을 낫게 하시겠다면 제 말대로 해 주세요. 앞으로 낭군이 이 방을 출입하실 때 종들을 먼저 보내 알린 뒤에 들어와 주세요. 그렇게만 해 주시면 제 병은 자연 낫게 될 거예요."

"어려울 게 뭐 있겠소?"

그 뒤로 방을 출입할 때마다 부인의 말대로 종들을 먼저 보내 알린 뒤에 들어가니, 부인은 마음대로 변신할 수 있었으므로 병세가 차츰 좋아졌다.

하루는 왕생이 급한 일이 있어 부인의 말을 잊고서 먼저 알리지 않은 채 총총걸음으로 안으로 들어갔다. 이때 부인은 뜰 가의 작은 우물 안에서 바야흐로 변신을 하고 있었다. 황룡으로 변해 머리는 구름 위로 쳐들고 꼬리는 우물 안에 두었는데, 그 길이가 100여 길이나 되었고 몸통의 굵기는 여남은 아름이나 되었다. 입에 문 여의주는 항아리만큼 컸고, 등에 난 갈기는 모양이 키와 같았다. 생생한 광채는 혹은 황금색으로 보이고 혹은 순백색으로 보였으며, 차가운 기운이 사람을 엄습하며 비린내가 진동했다.

왕생은 그 모습을 보고는 기겁을 하고 물러나왔다. 차분히 생각해 보았지만 아내와 즐겁게 지내던 정이 싹 사라지며 멀리 하고 싶은 마음만 일어날 뿐이었다. 이렇게 근심 걱정을 하며 속을 썩이고 있을 때 부인이 종을 시켜 왕생을 불렀다. 왕생이 안으로 들어가니 부인은 엷은 화장을 하고 소복을 입은 채 난간에 기대 앉아 있었다. 예전의 모습과 조금도 다름이 없었지만, 단지 근심 걱정에 쌓여 수심 어린 기색이 얼굴에 가득했다. 부인이 왕생을 보고는 이렇게 말했다.

"'군자의 도는 부부간에 시작된다'는 옛말이 있습니다. 그렇다면 허물없이 친한 부부간이라도 무례하거나 신의가 없어서는 안 될 것이 분명합니다. 그런데 지금 낭군께선 아무 통보도 없이 중문 안으로 들어오셨으니, 이는 무례한 일입니다. 부부간에서 시작되는 군자의 도리를 벌써 잃으신 것이지요. 이제 변신한 제 모습을 보셨으니 마음속으로 겁을 먹고 정이 이미 멀어졌을 겁니다. 지난날의 즐거움을 계속하기 어려워졌으니 저는 떠나겠습니다. 아들딸을 모두 데리고 가야겠지만 그건 너무 심한 일일 것 같아 아들은 남겨 두고 가겠어요. 잘 기르고 가르치시면 한 나라의 군주가 될 겁니다. 다만 한 가지 한스러운 일은 제가 3년만 더 있었더라면 반드시 성스러운 아들을 낳아, 중국을 쓸어 버리고 9주를 평정해 삼대의 정치를 펼치게 할 수 있었다는 점입니다. 낭군이 신의 없는 행동을 하신 탓에 그 일을 볼 수 없게 됐으니 퍽 한스럽습니다. 하지만 이 역시 하늘이 정한 운명이요, 사람이 어찌할 수 있는 일이 아니니 어쩌겠습니까!"

왕생이 말했다.

"비록 부부간에 잘못이 있었다고는 하지만 이렇게까지 심하게 할 필요가 뭐 있겠소? 부디 떠나지 말았으면 하오."

부인이 말했다.

"제 마음은 결정됐어요. 이미 화살이 시위를 떠났으니, 아무리 많은 말을 하신들 되돌릴 수 없습니다."

그러고는 아들의 등을 어루만지고 눈물을 뿌리면서 이별했다. 부인이 딸을 겨드랑이에 끼고 뜰 가운데 서서 바람과 비를 부르니 먹구름이 사방에서 일어나고 비바람이 크게 일더니 우르릉 쾅 천둥이 치고 번갯불이 번뜩였다. 그러자 부인은 황룡으로 변해 바람과 구름을 타고 하늘 위로 날아 올라갔다.

- 작자 미상, 「왕수재」 -

***도선:** 신라 말의 승려.
***일행:** 중국 당나라 때의 승려이자 천문학자.

★ 이 시간에 배운 개념의 집합체. 적용까지 돼야 진짜 공부임.

39 문항 코드 | 23670-0039

〈보기〉의 ㉠~㉣ 중, 윗글에서 확인할 수 있는 것만을 있는 대로 고른 것은?

〈보기〉

고전 소설은 ㉠선인과 악인을 대립시켜 권선징악(勸善懲惡)적 가치관을 드러내는 경우가 많다. 대부분의 등장인물이 성격의 변화가 없는 평면적 인물이며, 주인공은 외모가 출중하고 재주가 남다르다. 이야기의 전개 과정은 ㉡시간적 순서를 따르고 있어 구성상의 입체성이 결여되어 있으며, 서사의 초점이 한 인물의 일생이나 그의 역경에 집중되어 있다. 그리고 행복한 결말이라는 상투적인 구조를 가지고 있다. ㉢고전 소설에서는 신적 존재와 인간이 인연을 맺는 경우가 종종 있으며, ㉣초경험적인 현상들이 자주 나타난다.

① ㉠, ㉡
② ㉡, ㉢
③ ㉠, ㉡, ㉣
④ ㉠, ㉢, ㉣
⑤ ㉡, ㉢, ㉣

[40-41] 다음 글을 읽고 물음에 답하시오. (2023학년도 대학수학능력시험 9월 모의평가)

이때 예부 상서 진량을 황제 가장 총애하시니 진량이 의기양양하고 교만 방자한지라, 정 상서 일찍 진량이 소인인 줄 알고 황제께 간하되 황제 종시 그렇지 않다 하심에, 진량이 이 일을 알고 정 상서를 해하려 하더라. 차시 황제의 탄생일이 되었는지라, 마침 정 상서 병이 있어 상소하고 참석지 못하였더니 황제 만조백관더러 묻기를,

"정 상서의 병이 어떠하더뇨?"

하시고 사관을 보내려 하시니 진량이 나아가 왈,

"정 상서는 간악한 사람이라 그 병세를 신이 자세히 아옵니다. 상서가 요사이 황제께 조회하는 것이 다르옵고 신이 상서의 집에 가오니 상서의 말이 수상하옵더니 오늘 조회에 불참하오니 반드시 무슨 생각 있는 줄 아나이다."

황제 대경하여 처벌하려 하시거늘 중관이 아뢰길,

"정 상서의 죄 명백함이 없으니 어찌 벌로 다스리오리까?"

황제 듣지 않고 절강에 귀양을 정하시니 중관이 명을 듣고 정 상서의 집에 나아가 황명을 전하니, 상서 크게 울며,

"내 일찍 국은을 갚을까 하였더니 소인의 참언을 입어 이제 귀양을 가니 어찌 애달프지 않으리오."

하고 칼을 빼어 서안을 치며 말하기를,

"소인을 없애지 못하고 도리어 해를 입으니 누구를 원망하리오."

하며 눈물을 흘리니 부인은 애원 통도하고 친척 노복이 다 서러워하더라.

사관이 재촉 왈,

"황명이 급하오니 수이 행장 차리소서."

정 상서가 일변 행장을 준비하여 부인더러 이르기를,

"나는 천만 의외에 귀양 가거니와 부인은 여아를 데리고 조상 제사를 받들어 길이 무탈하소서."

하고 즉시 발행할새, 모녀 가슴이 막혀 아무 말도 못하더라. 정 상서 여러 날 만에 귀양지에 이르니 절강 만호가 관사를 깨끗이 하고 정 상서를 머물게 하더라.

차설. 정 상서 적거한 후로 슬픔을 머금고 세월을 보내더니 석 달 만에 홀연 득병하여 마침내 세상을 영결하니 절강 만호 슬퍼 놀라 황제께 장계로 보고하고 부인께 기별하니라. 이때 부인과 정수정이 정 상서를 이별하고 눈물로 세월을 보내더니 일일 문득 시비 고하되,

"절강에서 사람이 왔나이다."

하거늘 부인이 급히 불러 물으니 답하기를,

"정 상서께서 지난달 보름께 별세하셨나이다."

하는지라. 부인과 정수정 이 말을 듣고 한마디 소리를 내며 혼절하니 시비 등이 창황망조하여 약물로 급히 구함에 오랜 후에야 숨을 내쉬며 눈물이 비 오듯 하더라.

[중략 부분의 줄거리] 남장을 한 정수정은 장원 급제한 뒤 북적을 물리친다. 이후 황제에게 자신이 여성임을 밝히고 정혼자인 장연과 혼인한다. 호왕이 침공하자 정수정은 대원수, 장연은 중군장으로 출전한다.

대원수 호왕에 승리하여 황성으로 향할새 강서 지경에 이르러 한복더러 묻기를,

"진량의 귀양지가 여기서 얼마나 되는가?"

"수십 리는 되나이다."

대원수 분부하되 철기를 거느려 결박하여 오라 하니 한복 등이 듣고 나는 듯이 가 바로 내실로 들어갈새 진량이 대경하여 연고를 묻거늘 한복이 칼을 들어 시종을 베고 군사를 호령하여 진량을 결박하여 본진으로 돌아와 대원수께 고하되, 대원수 이에 진량을 잡아들여 장하에 꿇리고 노기 대발하여 부친 모해하던 죄상을 문초하니 진량이 다만 살려 달라 빌거늘, 대원수 무사를 호령하여 빨리 베라 하니 이윽고 무사 진량의 머리를 드리거늘, 대원수 **제상을 차려 부친께 제사 지내**더라.

황제께 첩서를 올려 승전을 알리고, 중군 장연을 기주로 보내고 대군을 지휘하여 경사로 향하여 여러 날 만에 궐하에 이르니, 황제 백관을 거느려 대원수를 맞아 치하하시고 좌각로 평북후를 봉하시니 대원수 사은하고 청주로 가니라.

차설. 장연이 기주에 이르러 모친 태부인 뵈옵고 전후사연을 고하되 태부인이 듣고 통분 왈,

"너를 길러 벼슬이 공후에 이르니 기쁨이 측량없던 차에 **전쟁터에서 부인에게 욕을 보고 돌아**올 줄 어찌 알았으리오."

장연의 다른 부인들인 원 부인과 공주가 아뢰기를,

"정수정 벼슬이 높으니 능히 제어치 못할 것이요, 저 사람 또한 대의를 알아 삼가 화목할 것이니 이제는 노하지 마소서."

태부인이 그렇게 여겨 이에 시녀를 정하여 서찰을 주어 청주로 보내니라. 이때 정수정은 전쟁에서 **장연 징계한 일로 심사**

답답하더니 시비 문득 아뢰되 기주 시녀 왔다 하거늘 불러들여 서찰을 본즉 태부인의 서찰이라. 기뻐 즉시 회답하여 보내고 익일에 행장 차려 갈새, 홍군 취삼으로 봉관 적의에 명월패 차고 수십 시녀를 거느려 성 밖에 나오니, 한복이 정수정을 호위하여 기주에 이르러 **태부인께 예**하고 두 부인으로 더불어 예필 좌정함에, 태부인이 지난 일에 조금도 거리낌이 없으니, 정수정 또한 태부인을 지성으로 섬기더라.

- 작자 미상, 「정수정전」 -

★ 세부 정보에 주목하며 줄거리 파악하기

40 문항 코드 | 23670-0040

윗글의 인물에 대한 이해로 적절하지 않은 것은?

① '황제'는 자신이 총애하는 사람의 말을 듣고 정 상서를 처벌하기로 결심한다.
② '중관'은 정 상서를 처벌하기에는 그 죄가 분명하지 않음을 황제에게 주장한다.
③ '정 상서'는 자신이 소인의 참언 때문에 뜻하지 않게 귀양을 가게 되었다고 생각한다.
④ '한복'은 대원수의 명령에 따라 진량의 귀양지로 가서 그의 죄를 묻고 처벌을 내린다.
⑤ '원 부인'과 '공주'는 정수정이 도리를 지켜 원만하게 지낼 것임을 내세워 태부인을 진정시킨다.

★ 고전 소설에 등장하는 전형적 인물의 면모 파악하기

41 문항 코드 | 23670-0041

〈보기〉를 참고하여 윗글을 감상한 내용으로 적절하지 않은 것은?

〈보기〉

정수정은 국가적 위기를 해결하는 영웅이자, 부친의 원수를 갚는 효녀이고, 부녀자로서의 덕목을 지녀야 하는 장씨 가문의 여성이다. 정수정은 주어진 상황과 조건에 따라 세 역할 사이에서 갈등하기도 하지만, 결과적으로는 모든 역할에 충실하며 다양한 능력과 덕목을 갖춘 인물로 형상화된다.

① '진량의 귀양지가 여기서 얼마나 되는'지 묻는 '대원수'의 발언에서, '진량'을 찾아 부친의 한을 풀어 주려는 '정수정'의 효녀로서의 면모가 드러남을 알 수 있군.
② '제상을 차려 부친께 제사 지내'는 '대원수'의 모습에서, '정수정'은 부친의 원수를 갚는 효녀로서의 소임을 수행하여 죽은 부친의 넋을 위로하고 있음을 알 수 있군.
③ '장연'이 '전쟁터에서 부인에게 욕을 보고 돌아'왔다며 통분하는 '태부인'의 모습에서, '태부인'은 '정수정'이 아내의 역할보다 대원수의 역할을 중시한 것에 대해 못마땅해함을 알 수 있군.
④ '장연 징계한 일로 심사 답답'한 '정수정'의 모습에서, '정수정'은 군대를 통솔했던 국가적 영웅으로 돌아가고 싶어 함을 알 수 있군.
⑤ '한복'의 '호위'를 받으며 기주로 가서 '태부인께 예'하는 '정수정'의 모습에서, 국가적 영웅의 면모를 유지하는 '정수정'이 며느리로서의 역할도 수행함을 알 수 있군.

태그 체크

○ #권선징악(勸善懲惡) ○ #전기적(傳奇的)과 전기적(傳記的) ○ #편집자적 논평은 서술자의 개입 ○ #애정 소설
○ #가정 소설 ○ #영웅 군담 소설 ○ #풍자 소설 ○ #우화 소설
○ #판소리계 소설 ○ #가전체

13 묻어가는 수필 & 극

학습 목표

1. **수필**에서 무엇을 파악해야 할지를 안다.
2. **극**에서 무엇을 파악해야 할지를 안다.
3. **극 문학만의 특징**을 파악할 수 있다.

개념 태그

#수필은 시처럼 #극은 소설처럼 #희곡 #시나리오
#대사에는 대화 독백 방백 #대사 해설 지시문이 다했네 #필수 시나리오 용어들 #희곡과 시나리오의 차이점

STEP. 1 내 생애 마지막 개념 정리!

수능 국어 시험의 체계에 변화가 있을 때마다 왔다 갔다 하는 게 만만한 수필과 극 지문이야. 그럴 때마다 '아, 이제 수필, 극을 어떻게 공부해야 하지? 혼란스럽다.' 이럴 필요 없다고. 그러는 사람 없지! 시험 경향이 어찌되든, 우리는 그저 개념을 충실히 공부하면 되는 법! 예전에 수필은 고전 시가와 반드시 묶여서 출제되던 때가 있었어. 지금도 자주 그렇게 출제되기도 하고. 그건 시와 수필에 공통적으로 물어볼 출제 요소가 있다는 거야. 시의 개념, 이미 다 공부했잖아. 수필에도 시에서 공부했던 정서나 태도, 표현법 같은 것이 모두 적용돼. 극도 마찬가지야. 극은 소설과 많은 특징을 공유해. 서술자가 있고 없고 차이가 큰 거지, 접근 방식은 소설과 크게 다르지 않다고. 이제 쓸데없는 걱정은 '걱정 인형'에게나?

개념 062

수필의 특징 몽땅

수필을 통해서는 무엇을 물을까? 수필의 정의를 찬찬히 읽어 보면 알 수 있어. 수필의 특징은 간단해. 작가의 개성이 잘 드러나는 문학, 자유로운 형식의 문학, 다양한 제재의 문학, 작가의 사색, 철학, 유머, 위트가 있는 문학이라는 거. 이따가 문제를 통해서 수필의 이러한 특징들을 확인해 보자.

「표준국어대사전」

수필(隨따를 수, 筆붓 필) 「명사」

『문학』 일정한 형식을 따르지 않고 인생이나 자연 또는 일상생활에서의 느낌이나 체험을 생각나는 대로 쓴 산문 형식의 글. 보통 경수필과 중수필로 나뉘는데, 작가의 개성이나 인간성이 두드러지게 나타나며 유머, 위트, 기지가 들어 있다.

개념 063

희곡의 특징 몽땅

희곡은 허구적 사건을 다룬다는 점에서 소설과 같지만, 소설처럼 서술자가 사건을 ________ 하거나 ________ 하지 않고, 인물의 ________ 와 ________ 을 통해서 사건을 제시한다는 점에서 차이가 있어. 바로 ________ 의 존재 유무가 아주 큰 차이를 만드는 거야.

선생님, 희곡 읽기 매뉴얼은 없어요?

「표준국어대사전」

희곡(戲놀 희, 曲굽을 곡) 「명사」

「1」 『문학』 공연을 목적으로 하는 연극의 대본.
「2」 『문학』 등장인물들의 행동이나 대화를 기본 수단으로 하여 표현하는 예술 작품.

기본적으로 인물의 성격이나 심리 상태, 갈등 구조와 갈등의 심화와 해소 과정을 파악하는 일은 소설과 또~~옥같다는 점을 기억할 것!! 소설은 서술자가 '________'와 '________'의 방법으로 사건을 서술해 나가지만, 극 문학에서는 서술자가 없으니, 인물들이 알아서 저희들끼리 '________'의 방법으로만 사건을 끌고 나가는 거야. 설마... '________'가 뭔지 잊은 것은 아니겠지? 진짜 '백 투 더 초등학교' 안 하려면, 꼭 기억해라….(어금니 꽉 깨물고 말하고 있뜸. ㅎㅎ)

'보여 주기'란, 인물의 ____와 ____으로 모든 것을 제시하는 방법이잖아. 그래서 극문학은 인물의 행동을 제시해 주는 '____', 인물의 말을 제시해 주는 '____'가 포인트야.

하식아, 너 그거 알아? 희곡의 형식적 구성의 3요소?

야… 대사, 해설, 지시문! 그럼 넌 희곡의 내용적 구성의 3요소 알아?

인물, 행동, 주제!

오… 소설의 3요소도 모르던 녀석들이~. 근데 둘이 준비해 온 거 티 나거든. ㅋ

1. 희곡은 대사의 문학

대사의 종류

① ____

두 명 이상의 등장인물이 직접 ____ 말이야. 인물들의 대사는 사건을 진행시키고, 인물의 성격, 인물 사이의 관계 등 많은 정보들을 제공해 줘.

② ____

상대 없이 한 사람이 ____ 하는 말이야. 주로 등장인물의 ____을 관객에게 전달하는 데에 사용돼. 인물의 독백은 ____적, ____ 성격을 띨 때가 많아.

③ ____

____은 들을 수 있지만, 무대 위의 ____에게는 들리지 않는 것으로 약속된 대사를 말해.

영화나 드라마의 대본인 시나리오에서는 인물의 속마음을 음향 효과로 처리할 수 있지만, 희곡은 무대 상연이라는 특수성 때문에 때로 방백이라는 요런 장치가 필요하겠네요.

헐, 하식아~!

2. 희곡은 행동의 문학

희곡은 배우에게 연기를 지시하여 무대 위에서 인간의 행동을 표출하는 문학 갈래야. 그래서 희곡에서의 행동은 ____과 ____, ____과 ____이라는 특성이 있어.

① ____

주로 희곡의 맨 처음에 등장인물, 시간적·공간적 배경, 무대 구성 등을 제시하는 부분을 말해.

② ____

등장인물의 행동, 동작, 표정, 심리 상태와 무대 상황의 변화에 관한 지시와 설명 부분을 말해. 동작 지시문과 무대 지시문으로 나눌 수 있어.

3. 희곡은 현재화된 인생을 표현하는 문학

희곡은 무대 위에서 배우들이 직접적으로 인생을 표현하는 문학 갈래야. 그렇기 때문에 모든 이야기를 ________하여 표현해. 과거의 사건이라도 배우가 무대에서 연기를 과거형(?)으로 할 수는 없잖아. ㅎㅎ

4. 희곡은 무대 상연을 전제로 한 문학

무대 상연을 전제로 하기 때문에 많은 ________(시·공간의 제약, 등장인물 수의 제약 등)이 따를 수밖에 없어.

물론 공연을 전제로 하지 않고 순전히 읽히기 위해서 쓰이는 희곡(레제 드라마: 상연보다는 읽히는 것을 목적으로 쓴 희곡. 연극성보다는 문학성을 강조한 것으로, 괴테의 「파우스트」 따위가 있음.)도 있기는 해.

전 연극 보러 온 관객인데용,

- 꾸며진 무대의 공간을 현실적 공간으로 생각하겠습니다.
- 배우의 행동을 실제 인물의 실제 행동으로 인정하겠습니다.
- 배우의 방백을 다른 인물들은 듣지 못하는 것으로 생각하겠습니다.

개념 콕

낯설게 하기

[A]

파수꾼 가: 이리 떼다, 이리 떼! 이리 떼가 몰려온다!

'파수꾼 나'는 확신 있게 양철북을 두드린다. '파수꾼 다'는 여느 때와는 달리 침착하게 일어선다. 그리고 담요를 벗어 네모반듯하게 갠 다음 식탁 위에 놓는다. 그는 북을 두드리는 '파수꾼 나'를 바라보면서 몹시 안타까운 표정이 된다.

파수꾼 가: 북소리 중지! 이리 떼는 물러갔다.
파수꾼 다: 정말 이리가 있다구 믿으세요?
파수꾼 나: 보렴, 방금도 이리 떼가 오질 않았니? 그렇지 않다면 내가 왜 양철북을 치며 평생을 보냈겠느냐? 서운하다. 아무리 아픈 애라지만 너무 심한 말을 하는구나.
파수꾼 다: 죄송해요. 하지만 어쩜 그 많은 나날을 단 한 번도 의심 없이 보내셨어요?
파수꾼 나: 넌 그렇게도 무섭니, 이리가?
파수꾼 다: 오히려 이리가 있다구 믿었던 때가 좋았던 것 같아요. 그땐 숨기라도 했으니까요. 땅에 엎드리면 아늑하게 느껴졌어요. 지금은요, 이리가 없으니 땅에 엎드려야 아무 소용 없구요, 양철북도 쓸모가 없게 됐어요. 오직 이제는 제가 본 그 사실만을 말하고 싶어요.

해설자, 촌장이 되어 등장. 검은 옷차림. 이해심이 많아 보이는 얼굴과 정중한 태도. 낮고 부드러운 음성으로 말한다.

문제: 〈보기〉를 참조하여 [A]를 서사극으로 공연하기 위한 의견으로 적절한 것은? (2009.09)

〈보기〉

정통 연극은 무대의 모든 사건과 인물이 **현실 그대로라는 것을 강조**한다. 무대 위의 햄릿은 **진짜 햄릿**이지 특정한 배우가 아니며 무대 위의 상황도 **현실의 상황**인 것처럼 보여야 한다. 하지만 서사극은 현실과 극 중 상황을 분리하여 관객을 관찰자로 만든다. 관객에게 무대에서 이루어지는 모든 것은 '연극' 일 뿐이다. 그리고 그 비판적 거리를 유지하기 위해 서사극에서는 '낯설게 하기'의 기법을 활용하여, 일부러 무대 장치를 노출하기도 하고 배우가 관객에게 극 중 상황을 설명하기도 한다.

정답: '촌장'이 해설자의 역할도 맡고 있다는 점을 관객이 알게 한다.

개념 064

시나리오의 특징 몽땅

「표준국어대사전」

시나리오 (scenario) 「명사」

『영상』 영화를 만들기 위하여 쓴 각본. 장면이나 그 순서, 배우의 행동이나 대사 따위를 상세하게 표현한다.

희곡은 소설에 묻어 가고, 시나리오는 희곡에 묻어 가고~. 희곡과 시나리오의 차이점만 간단히 알아 두면 되겠어. 아, 또 시나리오는 ________ 을 전제로 하기 때문에 특수한 용어들이 쓰여. 몇 가지 알아 둬야 할 것들이 있으니, 챙기셔.

시나리오 용어

- **S#(Scene Number)**: 장면 번호.
- **NAR.(Narration)**: 해설. 등장인물이 아닌 사람에게서 들려오는 설명체의 대사.
- **F.I.(Fade In)**: 화면이 차차 밝아짐. 용명.
- **F.O.(Fade Out)**: 화면이 차차 어두워짐. 용암.
- **O.L.(Over Lap)**: 앞 화면에 뒤 화면이 포개어지는 기법. 주로 과거 회상 장면에 많이 이용됨.
- **C.U.(Close Up)**: 어떤 대상이나 인물이 두드러지게 화면에 확대되는 것.
- **I.O.(Iris.Out)**: 화면이 천천히 닫히는 것.
- **PAN.(Panning)**: 카메라를 상하 좌우로 이동하는 것.
- **Ins.(Insert)**: 일련의 화면에 신문이나 편지 따위의 화면이 끼이는 것.
- **monologue**: 독백.
- **M.(Music)**: 효과 음악.
- **Bust**: 상반신의 화면.
- **E.(Effect)**: 효과음. 주로 화면 밖에서의 음향이나 대사에 의한 효과를 말함.
- **앙각(仰角, Low-angle)**: 주로 인물의 권위나 위세를 시각적으로 표현하기 위해 카메라를 인물보다 아래쪽에 설치하여 올려 찍는 기법.

음향 효과를 잘 사용하면, ________ 조성에 굿! 관객을 사건 및 극의 흐름에 ________ 하게 하는 데에 굿! 극에 ________ 과 ________ 을 불어넣는 데에 굿!

맞아요. 공포 영화도 음 소거하고 보면 그닥 안 무서워요.

희곡과 시나리오를 비교해 보아요.

	희곡	시나리오
창작 목적	무대 상연이 목적임.	영화(or 드라마) 상영이 목적임.
전달 방식	관객 앞에서 직접 상연함.	스크린을 통해 상영함.
등장인물 수의 제약	등장인물 수에 제한 있음.	등장인물 수에 제한 없음.
시 · 공간적 제약	시 · 공간적 제약 있음.	시 · 공간적 제약 거의 없음.
구성단위	막, 장 막(幕, act) 연극의 단락을 세는 단위. 한 막은 무대의 막이 올랐다가 다시 내릴 때까지로 하위 단위인 장(場)으로 구성돼. 장(場, scene) 연극의 단락을 세는 단위. 막(幕)의 하위 단위로 무대 장면이 변하지 않고 이루어지는 사건의 한 토막을 말해.	시퀀스, 장면(신) 시퀀스(sequence) 영화에서, 하나의 이야기가 시작되고 끝나는 독립적인 구성단위를 말해. 극의 장소, 행동, 시간의 연속성을 가진 몇 개의 장면이 모여서 시퀀스를 이뤄. 장면(scene) 영화를 구성하는 극적 단위의 하나. 같은 장소, 같은 시간 내에서 이루어지는 일련의 행동이나 대사가 이루어지는 부분을 말해.

STEP. 2 기출, 이것은 진리

수필, 희곡, 시나리오 한 세트씩 적용 연습해 보자!

[42] 다음 글을 읽고 물음에 답하시오. 〔 2022학년도 6월 고2 전국연합학력평가 〕

달관한 사람에게는 괴이한 것이 없으나 속인(俗人)들에게는 의심스러운 것이 많다. 이른바 '본 것이 적으면 괴이하게 여기는 것이 많다.'는 것이다. 그러나 어찌 달관한 사람이라 해서 사물들을 일일이 찾아 눈으로 직접 보았겠는가. 한 가지를 들으면 열 가지를 눈앞에 그려보고, 열 가지를 보면 백 가지를 마음속으로 상상해 보았을 뿐이다. 천만 가지 괴기한 것들이란 도리어 사물에 잠시 붙은 것이고, 자기 자신과는 아무런 상관이 없는 것이다. 따라서 마음이 한가롭게 여유가 있으며, 사물에 응수함이 무궁무진하다.

반면 본 것이 적은 자는 해오라기를 기준으로 까마귀가 검다고 비웃고, 오리를 기준으로 학의 다리가 길다고 위태롭다고 여긴다. 그 사물 자체는 본디 괴이할 것이 없는데 저 혼자 화를 내고, **한 가지 일**이라도 제 생각과 같지 않으면 **만물**을 모조리 모함하려 든다.

아! 저 까마귀를 보라. 그 깃털보다 더 검은 것이 없건만, 홀연 옅은 황금빛이 번지기도 하고 다시 연한 녹색을 발하기도 한다. 해가 비치면 자주색이 튀어 올라, 눈에 어른거리다가 비취색으로 바뀐다. 그렇다면 내가 그 새를 **푸른 까마귀**라 불러도 될 것이고, **붉은 까마귀**라 불러도 될 것이다. 그 새에게는 본래 **일정한 색이 없**는데도, 내가 눈으로 먼저 그 색깔을 정한 것이다. 어찌 단지 **눈**으로만 정했으리오. 보지도 않고서 먼저 **마음속**으로 정해 버린 것이다.

아! 까마귀를 검은색에 가두어 두는 것만으로 충분하거늘, 다시 까마귀를 기준으로 이 세상의 모든 색을 가두어 두려는구나. 까마귀가 과연 검기는 하지만, 앞서 말한 푸른색과 붉은색이 까마귀의 검은색 중에 들어 있는 빛인 줄 누가 또 알겠는가. **검은색을 일러 어둡다고 하는 것**은 비단 까마귀만 알지 못하는 것이 아니라 검은색이 무엇인지조차도 모르는 것이다. 왜냐하면 **물**은 검기 때문에 사물을 비출 수가 있고, **옻칠**도 검기 때문에 능히 거울이 될 수 있기 때문이다. 이런 까닭에 색이 있는 것치고 빛이 있지 않은 것이 없으며, 형체가 있는 것치고 맵시가 있지 않은 것이 없다.

(중략)

세상에는 **달관한 사람**은 적고 속인들만 많으니, 내가 **입을 다물**고 말하지 않는 것이 좋을 것이다. 그럼에도 **쉬지 않고 말을 하**게 되는 것은 무슨 까닭인가? 아, 연암 노인이 연상각(烟湘閣)에서 쓰노라.

-박지원, 「능양시집서(菱洋詩集序)」-

★ 수필을 통해 글쓴이가 말하고자 하는 주제 파악하기

42 문항 코드 | 23670-0042

〈보기〉를 바탕으로 윗글을 감상한 것으로 적절하지 않은 것은?

〈보기〉

글쓴이는 고정 관념에 사로잡혀 사물의 다양한 현상을 제대로 살피지 못하는 태도를 비판하고 있다. 대상의 외양에 얽매이지 않고 본질적 속성을 파악해야 대상의 참모습을 인식하고 있다고 본 것이다. 이를 통해 관습적인 태도에서 벗어나 열린 사고를 지향하는 글쓴이의 통찰을 드러내고 있다.

① 자기 생각과 '한 가지 일'이라도 다르면 '만물'을 모함하려는 것은 다양성을 인정하지 못하는 태도로 볼 수 있겠군.

② 까마귀를 '푸른 까마귀'나 '붉은 까마귀'로 부르는 것이 모두 옳다고 여기는 것은 대상의 참모습을 파악하려는 태도로 볼 수 있겠군.

③ 까마귀의 '일정한 색이 없'다는 인식은 '눈'으로 정한 대상의 외양보다는 '마음속'으로 정한 본질적 속성에 주목해야 함을 강조한 것으로 볼 수 있겠군.

④ '검은색을 일러 어둡다고 하는 것'은 '물'과 '옻칠'에서 사물을 비출 수 있다는 속성을 발견하지 못하고 관습적인 태도에 머물러 있는 모습으로 볼 수 있겠군.

⑤ '달관한 사람'이 적은 현실에서 '입을 다물'기보다 '쉬지 않고 말을 하'는 것은 사물의 본질을 파악하지 못한 어리석은 사람을 깨우치려는 의도로 볼 수 있겠군.

[43] 다음 글을 읽고 물음에 답하시오. 〔 2023학년도 대학수학능력시험 6월 모의평가 〕

그 집은 그 집 아이들에게 작은 우주였다. 그곳에는 많은 비밀이 있었다. 자연 속에는 눈에 보이는 것 말고도 눈에 보이지 않는 무한한 비밀이 감춰져 있었다. 그는 그 집에서 크면서 자연 속에 감춰진 [비밀들]을 깨달아 갔다.

석양의 북새, 혹은 **낮게 깔리는 굴뚝 연기**를 보고 그는 비설거지를 했다. 그런 다음 날은 틀림없이 **비**가 올 것이므로. 비가 온 날 저녁에는 또 지렁이가 밤새 운다는 것을 그는 알고 있었다. 똑또르 똑또르 하는 지렁이 울음소리. 냄새와 소리와 맛과 색깔과 형태들이 그 집에서는 선명했다. 모든 것들이 말이다. 왜냐하면 봄과 여름과 가을과 겨울과 아침과 낮과 저녁과 밤이 그 집에서는 뚜렷했으므로. 자연이 그러한 것처럼 사람들의 삶이 명료했다.

이제 그 집을 떠난 그에게는 모든 것이 불분명하다. 아침과 저녁이 불분명하고 사계절이 불분명하고 오감이 불분명하다. 병원에서 태어나 수십 군데 이사를 다니고 나서 겨우 장만한 **아파트. 그 사각진 콘크리트 벽 속**에 살고 있는 **그의 아이**는 **여름에 긴팔 옷을 입고 겨울에 반팔 옷을 입**는다.

돈은 은행에서 나고 먹을 것은 슈퍼에서 나는 것으로 아는 아이는, 수박이 어느 계절의 과일인지 분간하지 못하는 아이는 그래서 봄 여름 가을 겨울을 알지 못한다. 아침 저녁의 냄새와 소리와 맛과 형태와 색깔이 어떻게 다른지 알지 못한다.

어머니의 부음을 듣고 그는 그가 나고 성장한 그 노란 집으로 갔다. 팔 남매를 낳고 기르느라 조그마해질 대로 조그마해진 어머니는 바로 자신의 아이들을 낳았던 그 자리에 자신의 몸을 부려 놓고 있었다.

그 집, 노란 그 집에 탄생과 죽음이 있었다. 그 집 안주인의 죽음 이후 그 집은 적막해졌다. 아무도 그 집에 들어와 살지 않을 것이며 누구도 아이를 그 집에서 낳지 않을 것이며 그러므로 죽음 또한 그 집에서는 일어나지 않을 것이다. 그 집의 역사는 그렇게 끝이 난 것이다.

우리들의 어머니의 죽음과 함께 조왕신과 성주신이 살지 않는 우리들의 집은 이제 적막하다. 더 이상의 탄생과 죽음이 없는 우리들의 집은 쓸쓸하다.

우리는 오늘 밤도 쓸쓸한 집으로 돌아들 간다.

- 공선옥, 「그 시절 우리들의 집」 -

★ 정답률이 50%도 안 됐던 문제

43 문항 코드 | 23670-0043

[비밀들]을 중심으로 윗글을 이해한 내용으로 적절하지 않은 것은?

① '그 집'을 떠난 후 그의 오감이 불분명한 것은 비밀들이 그의 '아파트'에 감춰져 있기 때문이다.

② '그 집 아이들'은 '그 집'에서 '낮게 깔리는 굴뚝 연기'에 감춰진 '비'에 관한 비밀들을 깨달을 수 있었다.

③ '그의 아이'가 '여름에 긴팔 옷을 입고 겨울에 반팔 옷을 입는' 것은 비밀들을 모르고 살아가는 모습을 보여 준다.

④ '그 집'의 역사가 어머니의 죽음 후 끝났다고 한 것은 비밀들과 함께할 사람들의 '탄생과 죽음'이 사라졌기 때문이다.

⑤ '그 사각진 콘크리트 벽 속'에 사는 '그의 아이'는 비밀들을 알아차릴 줄 아는 감각을 익히지 못해 삶이 불분명하다.

[44-45] 다음 글을 읽고 물음에 답하시오. (2021학년도 3월 고2 전국연합학력평가)

숙주: 저 선생님! 제가 신숙주라는 인물과 비유되는 것마저 저로서는 불쾌합니다.

학자: 신숙주와는 같은 신씨이며 본까지 같은 자네로서는 혈통을 거슬러 올라가 자네의 먼 할아버지 입장이 한번 되어 보게. 지금 같은 말이 나오나.

숙주: 제가 그 사람의 입장에 서더라도 친구들을 배반하진 않을 겁니다.

학자: 좋아 그럼 자넨 자네의 의지로써 신숙주의 입장을 타개해 보게. 결국 자넨 자신보다는 그분을 존경하게 될 걸세.

숙주: 전 그렇잖을 자신이 있습니다.

학자: 그래? 그럼 한번 해 보세.

세조: ㉠**저…… 선생님**.

학자: 응? 뭔가?

세조: 저 좀 다른 얘기입니다만 저희가 그 옛날 사람들의 입장으로 돌아가 본다는 건 이해하겠습니다만 저흰 옛날 의상 같은 것의 준비가 전혀 없잖습니까? ㉡**그러구 저흰 궁중어 같은 건 서툴러 놔서**…….

학자: ㉢**하하하…… 알겠네**. 하지만, 여보게 의상에 대한 고증이나 궁중어 따위라면 저속한 야담 잡지에도 아주 상세하게 나와 있네. 우리가 목적하는 바는 그따위 옷이나 말 같은 것이 아니잖나? 물론 지금과 그때는 제도나 풍습의 차이 같은 것이 있겠지만 그것도 우리가 연구해 보려는 것에 부작용을 일으킬 정도로 대단한 게 아니잖을까? 그런 걱정은 말고, 자! 세조 역은 자네가 맡도록 하게. 때는 세조가 즉위한 지 일 년 후로 하지. 자넨 저 위로 올라가게. 옳지, 옛날에 산과 들을 뛰어 돌아다니며 주색을 즐기던 자네는 아니, 수양은 왕이 됐네. 표정이 좀 더 침울했으면 좋겠네.

세조: 잘 안 되는데요. (일동 웃음)

학자: 잘 해 보게. 옳지 정말 배우 같은데? 저, 정군 불이 좀 밝잖아?

정찬손: (손으로 스위치를 끄는 시늉을 한다.)

(조명 조금 어두워진다.)

학자: 됐어.

세조: 저, 자신이 없는데요. (일동 웃음)

학자: 그렇지 감정을 돋우는 덴 음악이란 게 있지. 자네들은 날 따라오게. 옆에서, 그렇게 웃으면 방해가 될 테니.

(세조와 숙주를 제외한 사람들 퇴장한다.)

성삼문: 저 선생님 우리 어떤 정해진 얘기 줄거리 같은 것이 없잖아요?

학자: 허허 이거 봐요 성군. 뚜렷한 줄거리가 있다면 아예 토론을 계속할 필요도 없잖아? 우린 그저 성실하게 각 인물들의 입장을 더듬으면 되는 거야.

성삼문: ㉣**그래두 어떤 질서 같은**…….

학자: 허허 이것 보게. 자네의 발은 자네가 명령한 질서를 잃어버린 채로도 이렇게 길을 잘 가고 있잖아? 자넨 여기까지 오는 동안 나와 얘기하느라고 발에 신경을 쓸 틈이 없었을 테니 말야. 여하튼 굳이 그 질서라는 것이 거슬리면 교통 순경한테 가서 물어보게.

(전원 퇴장한다. 성삼문 고개를 갸우뚱한다. 시계 소리 한 시를 친다. 이어서 음악이 엷게 흐른다.)

숙주: 전하, 이젠 돌아가 볼 때가 된 것 같습니다.

세조: (서류를 들썩이며) 피곤한가?

[중간 부분의 내용] 그날 밤 조선의 왕 세조는 성삼문을 비롯한 사육신이 역모를 꾀한다는 것을 듣고 이들을 처형한다.

윤씨: 형장엔 무엇 때문에 가셨어요?

숙주: 그들과 함께 죽는 것보다는 그들의 죽음을 보는 것이 내게는 더 큰 시련이기 때문이야. 나는 나를 시험했어. 그들의 증오까지 받아들였어.

윤씨: 그것으로 당신의 자존심이 구원받을 수 있나요?

숙주: 자존심이라구? 당신은 아직도 사리를 그릇 깨닫고 있어.

윤씨: 그들은 폭군에 저항했어요. 그분들은 옳은 일을 위해 죽었어요.

숙주: 어리석은 죽음이야. 그들의 죽음이 백성과 자신에게 감상적인 동정을 불러일으켰을 따름이지. 그들은 자기 자신을 위해서 죽었어.

윤씨: 당신이 하신 일은 자기 자신을 위한 일이 아니었던가요?

숙주: 그들이 죽은 건 명예 때문이야. 그들은 단 한 가지 일밖에는 몰라. 충성이란 어리석은 이름을 지킨다는 것이 그들에

게 명예심을 불러일으켰어. 그들은 죽었어. 그런데도 결국 올바른 일을 위해 죽은 게 아니라, 나이 어린 아이에 대한 충성을 바치기 위해서 죽은 거야.

윤씨: 당신은 수양 대군의 폭정을 정당하다고 주장하시는군요.

숙주: 어느 의미에서는 옳지. 그는 야심가지만 이 나라를 유지할 수 있는 유일한 인물이야. 지배자는 정에 의해 결정되지 않고 의에 의해서 결정되어야 해. 그래서 나는 정과 인연을 끊었어.

윤씨: 배반이죠. 비겁한 배반이야요. 모두들 당신이 생명을 유지하기 위해서 대군께 지조를 굽혔다고 떠들어요. 그러한 오명은 영원히 벗을 수 없어요.

숙주: 난 그들을 설복시키는 데 실패했을 따름이야. **ⓜ상왕을 복위시키는 것은 무사와 안녕만을 바라는 늙은이들의 고집에 지나지 않는다구……** 결국 그들은 전하의 악명과 함께 영원히 그 충성심으로 떠받쳐지겠지. 백성들이란 그런 죽음을 좋아하니까.

윤씨: 철면피예요. 당신이 그런 말씀을 하다니. 결국 당신은 그들과 인연을 끊음으로써 부귀와 영달을 얻었군요. 그것도 부정하실 생각이세요?

숙주: 부정할 수 없는 것은 마음의 불안이야. 아직 내 머릿속엔 형장에서 사지를 늘이고 피를 흘리는 친구들의 모습이 선하게 떠올라. 그 모습은 아마 영영 내 머릿속에서 지울 수 없을 거야.

윤씨: 그리고 영원히 신씨 일가의 오명도 벗을 길이 없겠죠.

- 신명순, 「전하」 -

★ 인물의 심리와 태도 파악하기.

44 문항 코드 | 23670-0044

㉠~㉤에 대한 연출가의 지시로 가장 적절한 것은?

① ㉠: 학자를 설득할 수 있다는 자신감이 넘치는 어투로 연기해 주세요.
② ㉡: 연기를 할 만한 무대 공간이 협소한 것을 걱정하는 어투로 연기해 주세요.
③ ㉢: 걱정할 것이 없다는 듯이 웃어넘기는 어투로 연기해 주세요.
④ ㉣: 다양한 연기 경험이 부족하다는 것을 걱정하는 어투로 연기해 주세요.
⑤ ㉤: 상대방의 판단에 대해 의구심을 가지고 불안해하는 어투로 연기해 주세요.

★ 당황하지 않고, <보기>에서 설명하는 개념을 이해하기.

45 문항 코드 | 23670-0045

〈보기〉의 ⓐ, ⓑ를 중심으로 윗글을 감상한 내용으로 적절하지 않은 것은?

〈보기〉

「전하」는 아래의 도식과 같이 ⓐ**틀 극** 속에 ⓑ**내부 극**이 삽입되는 형태인 극중극의 구조를 보인다.

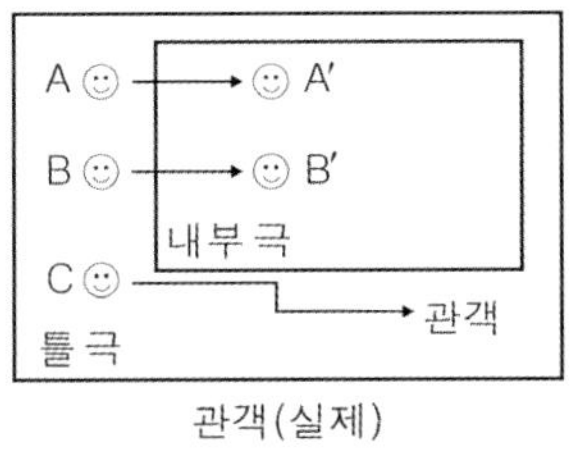

이 극에서 관객들은 관객과 배우 사이에 미리 정해 놓은 암묵적 약속인 컨벤션에 따라 극의 상황을 실제 상황인 것처럼 받아들이게 된다. 이러한 극중극의 구조에서는, 틀 극의 배우들이 각각 역할을 분담하여 내부 극의 배우나 관객이 되게 함으로써 과거의 역사적 사실이 현대적으로 재해석될 수 있음을 보여 주고 있다.

① 시계 소리, 음악 등의 효과음을 기점으로 ⓐ에서 ⓑ로 전환되는군.
② ⓐ에서 '학자'가 ⓑ에서의 줄거리를 한정하지 않았기 때문에 ⓑ에서의 등장인물들이 자율적으로 연기할 수 있었겠군.
③ 옛날 의상을 입지 않아도, 관객들은 컨벤션에 따라 ⓑ의 배경이 조선 시대임을 암묵적으로 동의할 수 있었겠군.
④ ⓐ에서 '학자'가 신숙주에 비판적인 인물에게 ⓑ에서 '숙주' 역할을 맡긴 것은 인물의 인식 변화를 의도한 것이었겠군.
⑤ 한 명의 배우가 ⓐ에서 두 개의 배역을 담당함으로써 실제 관객들이 역사적 사실을 현대적 시각에서 재해석할 수 있겠군.

[46-47] 다음 글을 읽고 물음에 답하시오. 〔 2017학년도 4월 고3 전국연합학력평가 〕

(가)

[A] "마님, 나으리께서 드십니다."
문밖에서 삼월이 아뢰었다. 윤씨 부인은 순인(順人) 차렵이불을 걷고 일어나 앉는다. 차렵이불의 갈매빛은 윤씨 부인의 병색과 더불어 우울하고 퇴색된 느낌을 준다.
최치수는 양 무릎을 모으고 앉았다.
"많이 편찮으신지요?"
눈빛을 감추며 시선을 방바닥에 떨어뜨린다.
"몸살인가 보다."
윤씨 부인 역시 문갑 쪽으로 눈길을 보내며 대꾸했다.
"문 의원을 불러오는 게 어떻겠습니까?"
"그럴 것 없다." / "하오나,"
치수는 천천히 눈을 들어 윤씨 부인을 바라본다. 시선을 느낀 윤씨 부인도 아들의 눈을 마주 대한다. **검은 점이 무수히 드러난 얼굴**이었다. 잠 못 이룬 탓인지 눈 가장자리에 달무리 같은 푸른 빛깔이 드리워져 있었다. 처연한 모습이다.
'많이 늙으셨다.'
긴 눈매, 눈매 속의 눈동자만은 여전히 빛나고 있다. 의지와 힘이 사무친 듯 남아 있다. 머리 모양 옷매무새는 방금 자리에서 일어난 것 같지 않게 단정하여 변함이 없다. 치수는 어머니의 흩어진 모습을 본 일이 없었다.

'여전하시다! 언제나 저 모습, 저 눈빛, 대장간에서 수천 번을 뚜드려 만든 쇠붙이 같으다.'
치수는 자신의 마음도 싸늘하게 식어가는 것을 느낀다. 많이 늙었다고 생각하는 순간 전신을 맴돌았던 뜨거움은 싸아 소리내며 가시는 것 같았다. 단련된 쇠붙이와 쇠붙이였다. 싸움터에서 적과 적의 칼이 맞닥뜨린 순간이었다. 쌍방이 혼신의 힘으로 겨루는, **숨결조차 내기 어려운 침묵**, 긴장은 두 모자 사이의 공간을 팽팽하게 메운다. 치수는 **어머니의 뻗치는 힘이 전보다 가늘어**진 것을 느낀다. 대신, 보다 날카로워진 것을 피부로 심장으로 감득한다.
"요즘도 당산에 철포를 쏘러 다니느냐?" / "네."
"힘을 과하게 써서 되겠느냐."
"아니옵니다. 도리어 몸이 쾌적해지는 듯합니다." / "......"
윤씨 부인은 아들로부터 눈길을 거두었다. 치수는 햇빛이 부신 것처럼 눈 언저리를 좁힌다.
"뵈온 김에 한 가지 말씀드리겠습니다." / "......."
"앞으로 혼자 있을 수 없는 일이며 남의 이목도 그러하거니와 서희에게 어미가 있어야 할 것 같습니다."
거두어졌던 윤씨의 눈이 치수에게 쏠린다. 치수는 왜 자신이 그런 말을 했는가, 한 번도 생각해본 일이 없는 결혼문제를 어째 입밖에 냈는가. 치수는 그 까닭을 알지 못하였다.
"너 생각이 그렇다면 규수를 구해야겠지."
'왜 반대하시지 않으십니까, 어머님.'
"그렇지, 서희에게도 어미는 있어야겠구나."
'그럴 리 있겠습니까. 서희에게 당치 않는 혹이 하나 생길 뿐이지요. 서희에게는 유순하고 글이나 읽으며 소일할 신랑감이 필요할 뿐이지요.'
서울 가서 병을 얻어온 후 어머니에게 조석으로 문안드리는 치수의 관습은 생략되어 왔다. 지극히 **자연스러운 회피**였었고 피차 부담을 덜어준 일이기도 했었다. 치수는 아직 자신이 소유한 토지가 얼마만큼 되는지, 일 년에 거두어들이는 곡식이 몇 석이나 되는지 정확히는 알지 못하고 있었다. 속박당하지 않기 위해 그는 의식적으로 그런 일에 무관하려 했고 그만큼 윤씨로서는 보다 **무거운 굴레를 둘러쓴** 셈이요, **고통스런 세월을 보내기 위해** 그 굴레는 무거울수록 윤씨 부인이 원한 바였었는지 모른다.

무당 월선네는 칼을 들고 미친 듯이 춤을 추었다. 꽃갓과 무복이 펄럭거렸다. 징소리 북소리가 요란했다. 월선네 얼굴에서는 땀방울이 뚝뚝 떨어졌다. 며칠 몇 밤이었다. 별안간 월선네는 칼을 집어던지고 할머니에게 달려가 무릎을 꿇었다.
"마님!" / 할머니는 당혹했다. 눈을 깜박거리며 월선네를 내려다보았다.
"아씬 절로 가시야겠십니다."

[중략 부분의 줄거리] 윤씨 부인은 의도치 않은 혼외 자식을 비밀리에 출산하러 절에 가게 된다. 어린 치수는 어머니를 그리워하다가 어머니가 돌아오는 날을 맞이한다.

[B] 이듬해 이월달 꽃바람이 부는데 어머니는 가마를 타고 돌아왔다. 치수는 미친 듯이 마을길까지 쫓아가서 가마를 따라왔다.

"어머님!"

마음이 급하여 가마를 따르며 불렀으나 가마 안에서는 아무 대답이 없었다. 가마가 내려지고 어머니가 뜰에 나섰을 때, 치수는 그 얼굴을 지금도 잊지 못한다. 백랍(白蠟)으로 빚은 사람 같았다. 모습은 그렇다 치고 어머니가 자기를 보는 순간 한발 뒤로 물러서며 도망갈 곳을 찾듯이 이리저리 뒤돌아보는 게 아닌가.

"어머님!" / 불렀을 때 어머니의 눈은 불꽃이 튀는 듯 험악했다.

그토록 **오랜 시일 이별**하여 꿈에 그리던 어머니가, 그 동안 잘 있었느냐? 하며 부드러운 손길로 등을 어루만져줄 줄 알았던 어머니가 저럴 수 있는지 치수는 **눈앞이 캄캄**했다. 어머니는 할머니에게 인사를 올린 뒤 별당에 들었고 별당 문은 꼭 닫혀진 채 해는 저물고 말았다. 이때부터 **모자 사이에는 보이지 않는 강물이 흐르기 시작했다.** 이유를 알 수 없는 거부였다. 무슨 까닭으로 **자애스럽던 어머니는 남보다 먼 사람**이 되어버렸는지 모를 일이었다. 치수의 소년시절은 어둡고 고독했다. 허약하여 본시부터 신경질적인 성격은 차츰 잔인하게 변하였으며 방약무인의 젊은이로 성장했다.

- 박경리, 「토지」 -

(나)

S#58. 안방(낮)

병색이 완연한 윤씨가 ⓐ차렵이불을 덮고 누워 있다.

소리 ⓑ마님, 나으리께서 드십니다.

ⓒ윤씨 이불을 걷고 일어나 앉는다. 들어오는 치수 양 무릎을 모으고 앉는다.

치수 ⓓ많이 편찮으신지요?
윤씨 몸살인가 보다.
치수 문 의원을 불러오는 게 어떻겠습니까?
윤씨 그럴 것 없다.
치수 하오나…….
윤씨 장암 선생께서는 요즘 차도가 있으시더냐?
치수 어려우실 모양입니다.
윤씨 근자에 가 뵈었더냐?
치수 못 가 뵈었습니다.
윤씨 그래서야 쓰겠느냐?
치수 사냥을 떠나기 전에 가 뵈어 문안올리고 오겠습니다.
윤씨 산으로?
치수 예.

모자의 눈이 부딪친다. 열을 뿜다 서로의 눈이 싸늘히 굳어진다. 치수의 두 눈에서 O.L.*

S#59. 마당(회상)

김 서방 사랑채로 뛰어오며,

김 서방 도련님. 마님이 오십니다.
치수 어머님이!

어린 치수 버선발로 토방을 건너 뛰어 마당에 내려선다.

치수 ⓔ어머님!

대문께로 뛰어간다.

S#60. 대문 앞(동. 회상)

당도한 가마에서 내려선 윤씨. 얼굴빛이 밀랍처럼 창백하다. 치수를 보는 순간 한걸음 뒤로 물러서는 윤씨.

치수 (놀라서) 어머님.

불꽃이 이는 듯한 윤씨의 두 눈.

- 박경리 원작, 이형우 각색, 「토지」 -

*O.L.: 하나의 화면이 끝나기 전에 다음 화면이 겹치면서 먼저 화면이 차차 사라지게 하는 기법.

★ 세부 내용을 정확히 이해하기

46 문항 코드 | 23670-0046

(가)를 이해한 내용으로 적절하지 않은 것은?

① 윤씨 부인의 '검은 점이 무수히 드러난 얼굴'을 통해 치수가 '어머니의 뻗치는 힘이 전보다 가늘어'졌다고 느낀 이유 중 일부를 짐작할 수 있겠군.
② 치수가 윤씨 부인과 '오랜 시일 이별'했다는 사실을 통해 현재의 치수가 '고통스런 세월을 보내기 위해' '무거운 굴레를 둘러쓴' 이유를 짐작할 수 있겠군.
③ '모자 사이에는 보이지 않는 강물이 흐르기 시작했다'는 것을 통해 현재의 치수가 윤씨 부인을 '회피'하는 행위가 '자연스러운' 이유를 짐작할 수 있겠군.
④ '자애스럽던 어머니'라는 치수의 기억을 통해 어린 치수가 윤씨 부인과 재회한 후 '눈앞이 캄캄'할 정도로 충격을 받게 된 이유를 짐작할 수 있겠군.
⑤ 어린 치수가 윤씨 부인을 '남보다 먼 사람'이라고 여긴 것을 통해 쌍방의 '숨결조차 내기 어려운 침묵'의 이유를 짐작할 수 있겠군.

★ 원작을 바탕으로 대본 작성하기

47 문항 코드 | 23670-0047

[A]와 [B]를 고려하여 (나)의 촬영 대본을 작성할 때, 〈보기〉를 바탕으로 ⓐ~ⓔ에 대해 감독이 메모한 내용으로 적절하지 않은 것은?

〈보기〉

시나리오에 언급된 내용을 영상으로 구현하기 위해 영화감독은 촬영 대본을 작성하는데, 여기에는 연기, 의상, 소품, 녹음, 촬영 등에 대한 세부 사항이 기록된다. 이때 원작을 훼손하지 않기 위해 원작의 구체적인 내용을 참고하여 촬영 대본을 작성하기도 한다.

① ⓐ: 시나리오에는 차렵이불의 색깔이 언급되어 있지 않으므로 원작을 고려하여 갈매빛 이불을 소품으로 준비할 것.
② ⓑ: 시나리오에 누가 대사를 할지 언급되어 있지 않으므로 원작을 고려하여 삼월을 연기하는 배우의 목소리를 녹음할 것.
③ ⓒ: 윤씨를 연기하는 배우는 원작의 윤씨 부인의 모습을 잘 드러내기 위해 옷매무새가 흐트러지지 않도록 주의할 것.
④ ⓓ: 치수를 연기하는 배우는 원작을 고려하여 대사를 마친 후에 윤씨를 연기하는 배우와 시선을 마주치도록 할 것.
⑤ ⓔ: 치수를 연기하는 배우는 원작과 같이 윤씨 부인을 향한 어린 치수의 마음이 잘 드러나도록 다급한 어투로 말할 것.

태그 체크

○ #수필은 시처럼 ○ #극은 소설처럼 ○ #희곡 ○ #시나리오
○ #대사에는 대화 독백 방백 ○ #대사 해설 지시문이 다했네 ○ #필수 시나리오 용어들 ○ #희곡과 시나리오의 차이점

14 독서 지문 읽기 매뉴얼

학습 목표
❶ 독서 파트 앞에서 **정신을 똑바로** 차린다!
❷ 눈으로만 읽는 게 아니라 **생각하면서 읽을 수 있다**.
❸ **문제 풀이**를 위한 **지문 독해**를 시작한다.

개념 태그
#독서 파트를 공부하는 마음가짐
#읽기 전에, 읽으면서, 읽은 다음에 내가 할 일
#독서 지문 읽기의 도우미
#독서 지문 읽기의 실제

STEP. 1 내 생애 마지막 개념 정리!

정신 차려라잉. 이제 독서는 요령이 안 통한다. 최근 평가원 문제의 오답률 1위 문제는 대부분 독서 파트의 문제가 꿰차고 있어. 지문의 길이가 길어지고, 한 지문에 딸려 있는 문항 수가 6개까지도 출제돼. 당연히 이해하기 어려운 고난도의 지문이 많아. 한 개의 지문을 제대로 읽어 내지 못하면 그만큼 리스크가 커지는 거고, 최상위 등급은 물 건너가는 거지.

으헝헝 선생님, 시작도 전에 너무 무섭습니다.

어려서부터 책을 안 읽어서 독서 파트가 취약하다고? 이제 아주 그냥 화장실에서도 스마트폰 대신 독서 기출 지문 들고 잘잘 읽어라. 기출 지문을 외우라는 게 아니라, 문장 단위, 문단 단위로 읽고 이해하고 기억하는 연습을 해야 돼. 이제까지 안 한 만큼 더 해야 돼. 그리고 무한 반복되고 있는 평가원의 패턴을 배워서 적용해. 개념의 나비효과에서는 지문 패턴, 패턴의 나비효과에서는 문제 패턴에 집중할 거야. 할 수 있어!

2023학년도 6월 모평 (화작88/79 언매84/76)		
지문1 독서(3문항) 읽기 능력과 읽기 요소	1 세부 내용 파악하기	
	2 구체적 사례에 적용하기	
	3 핵심 내용 추론하기	
지문2 인문(6문항) (가) 한(漢) 초기 육가(陸賈)의 사상 (나) 조선 초기의 고려 관련 역사서 편찬	4 중심 내용 파악하기	
	5 세부 내용 파악하기	13위 55%
	6 세부 내용 파악하기	
	7 추론하기	3위 72.%
	8 구체적 사례에 적용하기 (관점 비교, 반응의 적절성 파악하기)	10위 61%
	9 어휘의 문맥적 의미 파악	6위 64%
지문3 사회(4문항) 혈액 순환과 관련된 비타민 K의 기능	10 세부 내용 파악하기	12위 58%
	11 추론하기	5위 64%
	12 세부 내용 파악하기	8위 62%
	13 구체적 사례에 적용하기	4위 65%
지문4 과학(4문항) 경제학에서 이중차분법의 적용	**14 세부 내용 추론하기**	1위 88%
	15 생략된 내용 추론하기	2위 76%
	16 구체적 사례에 적용하기	9위 62%
	17 어휘의 문맥적 의미 파악하기	

2023학년도 9월 모평 (화작93/87 언매88/82)		
지문1 독서(3문항) 독서 연구 방법으로서의 눈동자 움직임 분석	1 세부 내용 파악하기	
	2 내용 해석의 적절성 평가하기	
	3 추론하기	
지문2 사회(6문항) (가) 아도르노의 예술관과 대중 예술에 대한 견해 (나) 아도르노의 미학에 대한 비판적 관점	4 글의 구조와 전개 방식 파악하기	
	5 세부 내용 파악하기	15위 38%
	6 생략된 내용 추론하기	7위 55%
	7 관점 비판하기	
	8 구체적 사례에 적용하기	13위 44%
	9 어휘의 문맥적 의미 파악	
지문3 인문(4문항) 상속에서의 유류분권과 유류분 반환	**10 세부 내용 파악하기**	5위 62%
	11 추론하기	6위 62%
	12 생략된 이유 추론하기	4위 63%
	13 구체적 사례에 적용하기	3위 72%
지문4 기술(4문항) 인터넷 검색 결과에서 웹 페이지의 제시 순서 결정	**14 세부 내용 추론하기**	2위 76%
	15 세부 내용 추론하기	11위 51%
	16 구체적 사례에 적용하기	1위 76%
	17 어휘의 문맥적 의미 파악하기	12위 46%

개념 001

독서 파트를 대하는 마음가짐

정립-반정립-종합. 변증법의 논리적 구조를 일컫는 말이다. 변증법에 따라 철학적 논증을 수행한 인물로는 단연 헤겔이 거명된다. 변증법은 대등한 위상을 지니는 세 범주의 병렬이 아니라, 대립적인 두 범주가 조화로운 통일을 이루어 가는 수렴적 상향성을 구조적 특징으로 한다. 헤겔에게서 변증법은 논증의 방식임을 넘어, 논증 대상 자체의 존재 방식이기도 하다. 즉 세계의 근원적 질서인 '이념'의 내적 구조도, 이념이 시 · 공간적 현실로서 드러나는 방식도 변증법적이기에, 이념과 현실은 하나의 체계를 이루며, 이 두 차원의 원리를 밝히는 철학적 논증도 변증법적 체계성을 지녀야 한다.

2022학년도 대학수학능력시험 인문 지문의 첫 문단이야. 내용이 아주 눈에 쏙쏙, 뇌에 쏙쏙 박히느냐? 음, 출제자가 독서 지문을 어떻게 만드는지, 어떤 패턴으로 구성되는지, 어떤 유형의 문제들이 나오는지, 그런 유형 문제가 나왔을 때는 지문과 문제를 어떤 순서대로 접근해서 어떻게 해결해야 하는지는 내가 가르쳐 줄 수 있고, 또 가르쳐 줄 거야. 그런데 말입니다. 저 문장을 읽고 이해해야 하는 건, 내 입이 아니라 너의 뇌잖니? 내가 너의 머릿속에 들어가서 저 문장을 꼭꼭 씹어 이해하고 소화하게 해 줄 수는 없단 말이다. 당장 이해는 시켜 줄 수 있겠지만, 시험장에는 너 혼자만 들어가잖아. 그 말은, 너 스스로 읽어 보고 이해하는 연습을 해야 한다는 거다. 그리고 저 문단 속에 있는 어휘들. 다 알아? '정립-반정립-종합', '변증법', '논증', '위상', '수렴적', '근원적' …… 평소에도 기출 지문들을 읽다가 의미가 명확하게 이해되지 않는 어휘들은 반드시 국어사전을 찾아보고 문맥적 의미를 알아 두는 습관을 들여야 돼.

① 읽는 연습은 아무도 널 대신할 수 없다. 〈문장 단위로 읽고 이해. → 문단 단위로 읽고 이해.〉
② 영단어 모르면 독해 안 되는 거랑 똑같다. 국어 어휘도 모르는 어휘는 정리하고 암기해라.
③ 반복해서 열심히 기출 지문과 문제를 봐라. 지문의 패턴과 문제의 패턴이 보인다면, 그때부터가 진짜 독서 공부 시작인 거다.
④ 기출 지문, 연계 교재 속 내용들만큼은 내 배경지식으로 흡수한다.

진짜 이제 기출문제는 넘치고 넘쳐 나. 독서 기출 지문과 문제들만 완벽하게 분석하고 이해하기에도 시간이 부족해. 하지만 그걸로 충분해. 괜히 불안해하지 말자고.

개념 002

읽기 전 - 읽기 중 - 읽기 후

Before	Reading	After
• 문두 & 일부 선지 사진 찍기 • 일부 유형 문제의 선지 읽기(핵심 어구 표시) • 어휘 문제 해결하기(선택 사항)	• 첫 문단 읽기(화제 찾기, 예측하기) • 지문 패턴 확인하며 읽기 • 문단별로 실시간용 문제 및 선지 판단하기 ([A], ㉠, (가)~(다)…)	• 지워지지 않고 남아 있는 선지 판단하기 • 읽은 후 풀이용 문제 해결하기 (윗글을 바탕으로~, 윗글을 통해~)

STEP. 2 기출, 이것은 진리

그럼 이젠 나 혼자 독서 지문을 똑똑하게 읽게 되기 위한 첫걸음을 떼어 볼까? 우선 시작은 아주 어렵지는 않은 지문으로 연습해 볼 거야. '개념 정의', '특징', '구분', '차이점', '한계', '보완', '과정', '원리'라는 단골 출제 요소가 골고루 들어 있는 지문으로 가지고 왔어. 어떤 문제의 답을 찾아야 할지, 문제를 먼저 보자.

2019학년도 3월 고3 전국연합학력평가

✓ 세부 정보 파악하기

01 54.4%의 응시생이 틀린 문제

윗글에 대한 이해로 가장 적절한 것은?

① 이벤트 동기화 방식은 시간 동기화 방식에 비해 로그인 서버에 비밀번호를 입력해야 하는 시간에 제약을 받지 않는다.
② 비동기화 방식의 OTP 기술에서는 OTP 발생기의 질의에 사용자가 응답값을 인증 서버에 입력해야 인증에 성공한다.
③ 아이디와 비밀번호를 입력하는 방식에서는 고정된 정보를 반복적으로 사용하기 때문에 정보가 노출될 우려가 없다.
④ 시간 동기화 방식에서는 비밀번호 생성 간격을 짧게 할수록 비밀번호가 바뀌는 횟수가 감소할 것이다.
⑤ 질의 응답 방식에서 사용자가 OTP 발생기에 입력한 임의의 6자리 수는 응답값과 일치할 것이다.

✓ 세부 정보 추론하기

02 52.8%의 응시생이 틀린 문제

윗글을 바탕으로 〈보기〉를 이해한 내용으로 적절하지 않은 것은?

〈보기〉

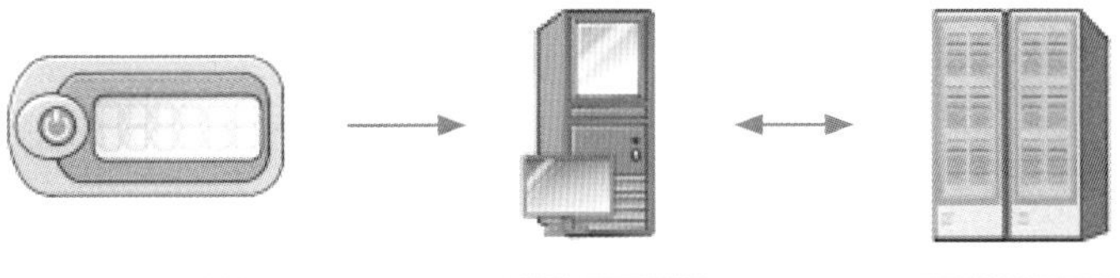

① 시간 동기화 방식에서 인증에 성공하였다면 사용자가 ⓐ에서 ⓑ로 보낸 비밀번호와 ⓑ에서 생성한 인증값은 같을 것이다.
② 시간 동기화 방식에서 ⓐ와 ⓒ 사이에 시간 오차가 발생하면 ⓐ에서 생성한 비밀번호로는 인증에 성공할 수 없을 것이다.
③ 이벤트 동기화 방식에서는 기촛값과 카운트값을 바탕으로 ⓐ는 비밀번호를, ⓒ는 인증값을 생성할 것이다.
④ 이벤트 동기화 방식에서 ⓐ로 비밀번호를 생성하기만 하고 인증하지 않는다면 ⓐ와 ⓒ의 카운트값이 서로 달라질 것이다.
⑤ 이벤트 동기화 방식에서 ⓐ가 생성한 비밀번호로 인증을 받았다면 ⓒ는 카운트값을 증가시켜 다음번 인증에 반영할 것이다.

03

59.4%의 응시생이 틀린 문제

㉮의 이유로 가장 적절한 것은?

① 비밀번호가 고정되지 않고 새롭게 생성되도록 하기 위해
② 인증 서버의 응답값과 카운트값을 일치시키기 위해
③ 인증에 성공할 때마다 기춧값을 동기화하기 위해
④ 인증에 실패 시 이전 비밀번호를 복원하기 위해
⑤ OTP 발생기의 질윗값이 갱신되도록 하기 위해

✔ 생략된 이유 추론하기

04

52.2%의 응시생이 틀린 문제

[가]를 바탕으로 〈보기〉를 이해한 내용으로 적절하지 않은 것은?

〈보기〉

사용자 A와 사용자 B는 모두 각자의 OTP 발생기를 통해 ㉠2019년 3월 7일 오전 10:00에 인증을 시도하고, ㉡오전 10:30에 인증을 다시 시도하였다. 그리고 ㉢다음 날 오전 10:30에 다시 인증을 시도하였다.

① ㉠에서 X_n이 노출되더라도 r는 알아내기가 어렵겠군.
② ㉠과 ㉡에서 사용자 A의 r는 서로 다르겠군.
③ ㉡과 ㉢에서 함수 f를 n번 수행한 X_n은 같겠군.
④ ㉢에서 사용자 A와 사용자 B의 기춧값은 서로 다르겠군.
⑤ ㉠~㉢에서 사용자 B의 X_{n+1}들은 서로 다르겠군.

✔ 구체적 사례에 적용하기

그럼 이제 지문을 재미있게(?) 읽어 볼까?

인터넷 뱅킹이나 전자 상거래를 할 때 온라인상에서 사용자 인증은 필수적이다. 정당한 사용자인지를 인증받는 흔한 방법은 아이디(ID)와 비밀번호를 입력하는 것으로, 사용자가 특정한 정보를 알고 있는지 확인하는 방식이다. 그러나 이러한 방식은 고정된 정보를 반복적으로 사용하기 때문에 정보가 노출될 수 있다. 이러한 문제점을 보완하기 위해 개발된 인증 기법이 OTP(One-Time Password, 일회용 비밀번호) 기술이다. OTP 기술은 사용자가 금융 거래 인증을 받고자 할 때마다 해당 기관에서 발급한 OTP 발생기를 통해 새로운 비밀번호를 생성하여 인증받는 방식이다.

OTP 기술은 크게 비동기화 방식과 동기화 방식으로 나눌 수 있다. 비동기화 방식은 OTP 발생기와 인증 서버 사이에 동기화된 값이 없는 방식으로, 인증 서버의 질의에 사용자가 응답하는 방식이다. OTP 기술 도입 초기에 사용된 질의 응답 방식은 인증 서버가 임의의 6자리 수, 즉 질윗값을 제시하면 사용자는 그 수를 OTP 발생기에 입력하고, OTP 발생기는 질윗값과 다른 응답값을 생성한다. 사용자는 그 값을 로그인 서버에 입력하고 인증 서버는 입력된 값을 확인한다. 이 방식은 사용자가 OTP 발생기에 질윗값을 직접 입력해 응답값을 구해야 하는 번거로움이 있기 때문에 사용이 불편하다.

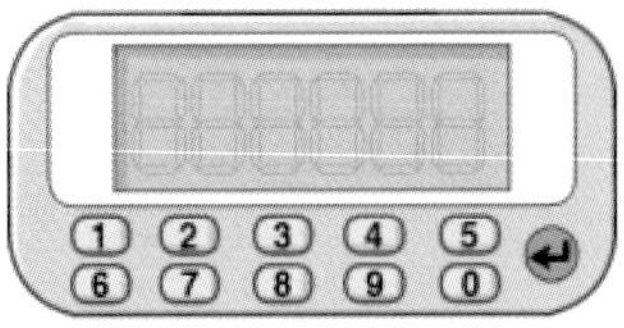

〈초기 OTP 발생기〉

이와 달리 동기화 방식은 OTP 발생기와 인증 서버 사이에 동기화*된 값을 설정하고 이에 따라 비밀번호를 생성하는 방식으로, 이벤트 동기화 방식과 시간 동기화 방식이 있다. 이벤트 동기화 방식은 기촛값과 카운트값을 바탕으로 OTP 발생기는 비밀번호를, 인증 서버는 인증값을 생성하는 방식이다. 기촛값이란 사용자의 신상 정보와 해당 금융 기관의 정보 등이 반영된 고유한 값이며, 카운트값이란 비밀번호를 생성한 횟수이다. 사용자가 인증을 받아야 할 경우 이벤트 동기화 방식의 OTP 발생기는 기촛값과 카운트값을 바탕으로 비밀번호를 생성하게 되며, 생성된 비밀번호를 사용자가 로그인 서버에 입력하면 된다. **㉮이때 OTP 발생기는 비밀번호를 생성할 때마다 카운트값을 증가시킨다.** 인증 서버 역시 기촛값과 카운트값으로 인증값을 생성하여 로그인 서버로 입력된 OTP 발생기의 비밀번호와 비교하는 것이다. 이때 인증에 성공하면 인증 서버는 카운트값을 증가시켜서 저장해 두었다가 다음번 인증에 반영한다. 그러나 이 방식은 OTP 발생기에서 비밀번호를 생성만 하고 인증하지 않으면 OTP 발생기와 인증 서버 간에 카운트값이 달라지는 문제점이 있다.

[가]

시간 동기화 방식은 현재 금융 거래에서 주로 사용되는 방식으로, 기촛값과 인증을 시도한 날짜와 시간을 바탕으로 일정한 시간 간격마다 일방향 함수를 통해 OTP 발생기는 비밀번호를, 인증 서버는 인증값을 생성하는 방식이다. 일방향 함수란 계산하기는 쉽지만 역연산하는 것은 매우 어려운 함수로, 결괏값을 안다고 하더라도 입력값을 구하는 것이 매우 어려운 특성이 있다.

시간 동기화 방식으로 일회용 비밀번호를 생성하는 과정은 다양하지만 다음과 같은 과정을 생각해 볼 수 있다. 사용자가 인증을 받아야 할 경우 시간 동기화 방식의 OTP 발생기는 발급 시 동기화된 기촛값과 인증 시도 시간을 바탕으로 r를 구하고, r에 대해 일방향 함수 f를 n번 수행하여 X_n을 생성한다. 이렇게 생성된 X_n을 사용자가 로그인 서버에 입력하면, 로그인 서버는 입력된 X_n을 일방향 함수 f로 한 번 더 계산해 X_{n+1}을 구하고 이 값을 인증 서버로 전달하게 된다. 인증 서버 역시 기촛값과 인증 시도 시간을 바탕으로 r를 구하고, r에 대해 일방향 함수 f를 n+1번 수행하여 X_{n+1}을 생성한 후 로그인 서버로부터 전달받은 값과 비교하여 인증을 하게 된다.

시간 동기화 방식의 OTP 발생기에는 인증 서버의 시간과 같은 시간을 가리키는 전자시계가 장착되어 있어 시간 동기화가 가능하다. 하지만 인증 서버와 OTP 발생기 간에 시간 오차가 발생하면 인증에 실패한다. 또한 시간 동기화 방식은 이벤트 동기화 방식에 비해 입력 시간에도 제약을 받는다. 왜냐하면 사용자의 비밀번호 입력 시간이 길어지면 새로운 비밀번호가 생성되기 때문이다.

***동기화:** 서로 일관성 있게 같은 값을 유지하는 것. 같은 시점에서 특정 작업을 수행하는 것.

❶ 문단 읽은 후

❷ 문단 읽은 후

❸ 문단 읽은 후

❹ 문단 읽은 후

❺ 문단 읽은 후

❻ 문단 읽은 후

문항 코드 | 23670-0048

1. 윗글에 대한 이해로 가장 적절한 것은?

① 이벤트 동기화 방식은 시간 동기화 방식에 비해 로그인 서버에 비밀번호를 입력해야 하는 시간에 제약을 받지 않는다.
② 비동기화 방식의 OTP 기술에서는 OTP 발생기의 질의에 사용자가 응답값을 인증 서버에 입력해야 인증에 성공한다.
③ 아이디와 비밀번호를 입력하는 방식에서는 고정된 정보를 반복적으로 사용하기 때문에 정보가 노출될 우려가 없다.
④ 시간 동기화 방식에서는 비밀번호 생성 간격을 짧게 할수록 비밀번호가 바뀌는 횟수가 감소할 것이다.
⑤ 질의 응답 방식에서 사용자가 OTP 발생기에 입력한 임의의 6자리 수는 응답값과 일치할 것이다.

문항 코드 | 23670-0049

2. 윗글을 바탕으로 〈보기〉를 이해한 내용으로 적절하지 않은 것은?

〈보기〉

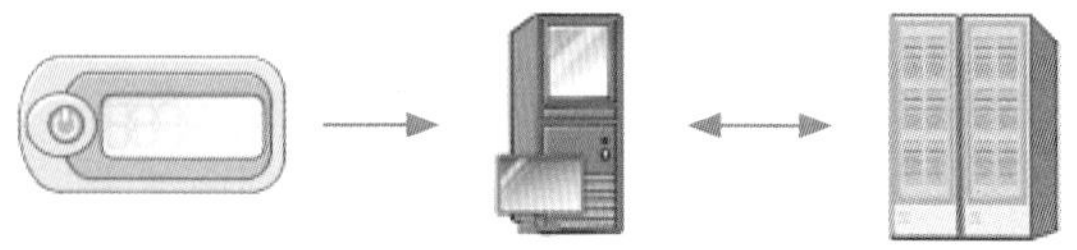

ⓐ OTP 발생기 ⓑ 로그인 서버 ⓒ 인증 서버

① 시간 동기화 방식에서 인증에 성공하였다면 사용자가 ⓐ에서 ⓑ로 보낸 비밀번호와 ⓑ에서 생성한 인증값은 같을 것이다.
② 시간 동기화 방식에서 ⓐ와 ⓒ 사이에 시간 오차가 발생하면 ⓐ에서 생성한 비밀번호로는 인증에 성공할 수 없을 것이다.
③ 이벤트 동기화 방식에서는 기촛값과 카운트값을 바탕으로 ⓐ는 비밀번호를, ⓒ는 인증값을 생성할 것이다.
④ 이벤트 동기화 방식에서 ⓐ로 비밀번호를 생성하기만 하고 인증하지 않는다면 ⓐ와 ⓒ의 카운트값이 서로 달라질 것이다.
⑤ 이벤트 동기화 방식에서 ⓐ가 생성한 비밀번호로 인증을 받았다면 ⓒ는 카운트값을 증가시켜 다음번 인증에 반영할 것이다.

문항 코드 | 23670-0050

3. ㉮의 이유로 가장 적절한 것은?

① 비밀번호가 고정되지 않고 새롭게 생성되도록 하기 위해
② 인증 서버의 응답값과 카운트값을 일치시키기 위해
③ 인증에 성공할 때마다 기촛값을 동기화하기 위해
④ 인증에 실패 시 이전 비밀번호를 복원하기 위해
⑤ OTP 발생기의 질읫값이 갱신되도록 하기 위해

문항 코드 | 23670-0051

4. [가]를 바탕으로 〈보기〉를 이해한 내용으로 적절하지 않은 것은?

〈보기〉

사용자 A와 사용자 B는 모두 각자의 OTP 발생기를 통해 ㉠2019년 3월 7일 오전 10:00에 인증을 시도하고, ㉡오전 10:30에 인증을 다시 시도하였다. 그리고 ㉢다음 날 오전 10:30에 다시 인증을 시도하였다.

① ㉠에서 X_n이 노출되더라도 r는 알아내기가 어렵겠군.
② ㉠과 ㉡에서 사용자 A의 r는 서로 다르겠군.
③ ㉡과 ㉢에서 함수 f를 n번 수행한 X_n은 같겠군.
④ ㉢에서 사용자 A와 사용자 B의 기촛값은 서로 다르겠군.
⑤ ㉠~㉢에서 사용자 B의 X_{n+1}들은 서로 다르겠군.

아무도 대신해 주지 않는 MY 기출 분석 노트

[1]	
01 인터넷 뱅킹이나 전자 상거래를 할 때 온라인상에서 사용자 인증은 필수적이다.	
02 정당한 사용자인지를 인증받는 흔한 방법은 아이디(ID)와 비밀번호를 입력하는 것으로, 사용자가 특정한 정보를 알고 있는지 확인하는 방식이다.	
03 그러나 이러한 방식은 고정된 정보를 반복적으로 사용하기 때문에 정보가 노출될 수 있다.	아이디와 비밀번호 방식의 한계
04 이러한 문제점을 보완하기 위해 개발된 인증 기법이 OTP(One-Time Password, 일회용 비밀번호) 기술이다.	아이디와 비밀번호 방식의 한계 보완
05 OTP 기술은 사용자가 금융 거래 인증을 받고자 할 때마다 해당 기관에서 발급한 OTP 발생기를 통해 새로운 비밀번호를 생성하여 인증받는 방식이다.	OTP 기술의 정의
[2]	
06 OTP 기술은 크게 비동기화 방식과 동기화 방식으로 나눌 수 있다.	OTP 기술의 구분
07 비동기화 방식은 OTP 발생기와 인증 서버 사이에 동기화된 값이 없는 방식으로, 인증 서버의 질의에 사용자가 응답하는 방식이다.	비동기화 방식의 정의
08 OTP 기술 도입 초기에 사용된 질의 응답 방식은 인증 서버가 임의의 6자리 수, 즉 질읫값을 제시하면 사용자는 그 수를 OTP 발생기에 입력하고, OTP 발생기는 질읫값과 다른 응답값을 생성한다.	비동기화 방식의 작동 방법, 과정
09 사용자는 그 값을 로그인 서버에 입력하고 인증 서버는 입력된 값을 확인한다.	
10 이 방식은 사용자가 OTP 발생기에 질읫값을 직접 입력해 응답값을 구해야 하는 번거로움이 있기 때문에 사용이 불편하다.	비동기화 방식의 한계
[3]	
11 이와 달리 동기화 방식은 OTP 발생기와 인증 서버 사이에 동기화된 값을 설정하고 이에 따라 비밀번호를 생성하는 방식으로, 이벤트 동기화 방식과 시간 동기화 방식이 있다.	동기화 방식의 정의와 구분
12 이벤트 동기화 방식은 기촛값과 카운트값을 바탕으로 OTP 발생기는 비밀번호를, 인증 서버는 인증값을 생성하는 방식이다.	이벤트 동기화 방식의 정의
13 기촛값이란 사용자의 신상 정보와 해당 금융 기관의 정보 등이 반영된 고유한 값이며, 카운트값이란 비밀번호를 생성한 횟수이다.	기촛값과 카운트값의 개념 정의
14 사용자가 인증을 받아야 할 경우 이벤트 동기화 방식의 OTP 발생기는 기촛값과 카운트값을 바탕으로 비밀번호를 생성하게 되며, 생성된 비밀번호를 사용자가 로그인 서버에 입력하면 된다.	이벤트 동기화 방식의 작동 방법, 과정
15 이때 OTP 발생기는 비밀번호를 생성할 때마다 카운트값을 증가시킨다.	
16 인증 서버 역시 기촛값과 카운트값으로 인증값을 생성하여 로그인 서버로 입력된 OTP 발생기의 비밀번호와 비교하는 것이다.	
17 이때 인증에 성공하면 인증 서버는 카운트값을 증가시켜서 저장해 두었다가 다음번 인증에 반영한다.	
18 그러나 이 방식은 OTP 발생기에서 비밀번호를 생성만 하고 인증하지 않으면 OTP 발생기와 인증 서버 간에 카운트값이 달라지는 문제점이 있다.	이벤트 동기화 방식의 한계
[4]	
19 시간 동기화 방식은 현재 금융 거래에서 주로 사용되는 방식으로, 기촛값과 인증을 시도한 날짜와 시간을 바탕으로 일정한 시간 간격마다 일방향 함수를 통해 OTP 발생기는 비밀번호를, 인증 서버는 인증값을 생성하는 방식이다.	시간 동기화 방식의 정의
20 일방향 함수란 계산하기는 쉽지만 역연산하는 것은 매우 어려운 함수로, 결괏값을 안다고 하더라도 입력값을 구하는 것이 매우 어려운 특성이 있다.	일방향 함수의 개념 정의

5

21 시간 동기화 방식으로 일회용 비밀번호를 생성하는 과정은 다양하지만 다음과 같은 과정을 생각해 볼 수 있다. — 시간 동기화 방식의 작동 방법, 과정

22 사용자가 인증을 받아야 할 경우 시간 동기화 방식의 OTP 발생기는 발급 시 동기화된 기초값과 인증 시도 시간을 바탕으로 r를 구하고, r에 대해 일방향 함수 f를 n번 수행하여 X_n을 생성한다.

23 이렇게 생성된 X_n을 사용자가 로그인 서버에 입력하면, 로그인 서버는 입력된 X_n을 일방향 함수로 한 번 더 계산해 X_{n+1}을 구하고 이 값을 인증 서버로 전달하게 된다.

24 인증 서버 역시 기촛값과 인증 시도 시간을 바탕으로 r를 구하고, r에 대해 일방향 함수 f를 n+1번 수행하여 X_{n+1}을 생성한 후 로그인 서버로부터 전달받은 값과 비교하여 인증을 하게 된다.

6

25 시간 동기화 방식의 OTP 발생기에는 인증 서버의 시간과 같은 시간을 가리키는 전자시계가 장착되어 있어 시간 동기화가 가능하다.

26 하지만 인증 서버와 OTP 발생기 간에 시간 오차가 발생하면 인증에 실패한다.

27 또한 시간 동기화 방식은 이벤트 동기화 방식에 비해 입력 시간에도 제약을 받는다.

28 왜냐하면 사용자의 비밀번호 입력 시간이 길어지면 새로운 비밀번호가 생성되기 때문이다.

태그 체크

- ◯ #독서 파트를 공부하는 마음가짐
- ◯ #읽기 전에, 읽으면서, 읽은 다음에 내가 할 일
- ◯ #독서 지문 읽기의 도우미
- ◯ #독서 지문 읽기의 실제

15 독서 지문 속, 개념-특징-사례

학습 목표
❶ 독서(비문학) 지문에서 **가장 기본이 되는 출제 요소**를 안다.
❷ 화제의 **개념, 특징**에 관한 정보를 이해하고 **사례**와 연결할 수 있다.

개념 태그 #화제의 개념 정의 #화제의 특징 #세부 내용 파악하기 문제 #구체적 사례에 적용하기 문제

STEP. 1 내 생애 마지막 개념 정리!

이제 본격적으로 2023 수능에서 만날 수밖에 없는 독서(비문학) 지문 패턴들을 살펴볼 거야.

제일 중요한 지문 패턴부터 알려 주시나요?

제일 쉬운 지문 패턴부터 알려 주세요. 현기증 날 거 같아요. 흑.

ㅎㅎ 제일 중요하면서도 쉬운 지문 패턴부터 볼게. 오늘의 지문 패턴은 '세부 내용 파악하기 문제'랑 '구체적 사례에 적용하기 문제'들과 함께 다닌다는 것도 알아 둬!

지문 패턴 I. 개념-특징-사례

독서 영역에서 지문으로 가장 많이 출제되는 건, 단연 **정보를 전달하는 글**이야. 화제에 대한 정보를 전달하는 글이 우리가 읽고 이해해야 하는 지문으로 출제되는 거지. 글에서 설명하고자 하는 대상을 '**화제**'라고 해. 그런데 그 화제가 생소하고 낯선 대상이라면? 출제자는 당연히 그 **화제에 대한 소개**를 먼저 할 수밖에 없어.

독서 지문의 화제들, 내가 원래 알고 있었을 만한 화제가 몇 개나 될까? 열 개 중 한두 개라도 될까? 다행인 것은 **출제자가 제시하는 화제에 대해서 미리 알고 있어야 할 의무가 우리에게 없다는 것. 또 그에 대한 배경지식을 우리에게 요구할 권리가 출제자들에게 없다는 것.** 그래서 출제자는 지문의 화제에 대해 듣도 보도 못한 우리를 위해 화제의 개념을 정리해 줄 거야. 꼭 해 준다. 다짜고짜 '전통적 PCR'와 '실시간 PCR', '메타버스(metaverse)', '트리핀 딜레마' 같은 생소한 화제에 대한 전문 지식을 쏟아 낼 수는 없는 거니까.

출제자는 보통 첫 문단에서 '**OO는~**'이라고 입을 뗄 때가 많아.(예 '메타버스(metaverse)'는 '초월'이라는 의미의 '메타(meta)'와 '세계'를 뜻하는 '유니버스(universe)'의 합성어로, 현실 세계와 가상 공간이 적극적으로 상호 작용하는 공간을 의미한다.) 그러면 집중해! **화제의 개념**을 설명하는 부분에 집중! **화제의 개념을 분명히 하는 것은 글 전체의 논지를 이해하기 위한 전제 조건**이 되니까. 화제의 개념을 이해했다면? 그다음은?

출제자는 **화제의 개념**만을 얘기하고 입을 닫지 않아. 그 화제에 대해 알려 주고 싶어서 그 화제를 선택했거든. 우리가 알고 이해하기를 원하는 정보들이 바로 **화제의 특징**이야. **장점, 단점, 기능, 한계, 의의** 같은 것들이지. **화제의 개념과 특징**은 결국 **구체적 사례에 적용하는 문제**와 연결되기 때문에, 우리는 **화제가 어떤 특징(속성)을 가졌는지**를 분명히 파악해야 돼. 왜? **문제로 나올 거니까!** 그럼 이제부터 **화제와 관련된 다양한 정보들**을 '**특징**'이라고 부르기로 약속하자. 또 지문 속에서 **화제의 '개념-특징'**을 설명한 정보는 곧 '**구체적 사례**'와 연결된다는 것도 기억하자.

화제의 '개념'과 다양한 '특징'들, 그리고 그 특징들을 적용해 볼 수 있는 '구체적인 사례'가 바로 가장 기본적인 지문 패턴 1이 되는 거야.

☑ 화제를 딱 데려다 놓고 설명하는 글을 읽을 때는, 화제의 개념을 파악하고, 그 특징들을 잘 이해하면서 읽을 것.
☑ 화제의 특징을 설명하는 지문은 정보량이 많은 편이니, 읽을 때 눈에 잘 띄도록 표시하며 읽을 것.

기억해. 바로 이게 대학수학능력시험이 시작된 1994년부터 변하지 않고 늘 항상 출제되어 온 지문 패턴 1이야.

개념 003

독서의 지문 패턴 1 '개념-특징-사례'

1. 개념

개념이란 어떤 사물 현상에 대한 일반적인 지식이나 여러 관념 속에서 공통 요소를 뽑아내어 종합한 하나의 관념을 말해.

① ________

어떤 대상 또는 사물의 범위를 규정짓거나 그 대상의 본질을 진술하는 방식으로 개념을 제시하는 흔한 방법.

② ________

설명하려는 대상에 대한 사실을 확인하는 방식으로, '그것은 무엇인가?', '그는 누구인가?'와 같은 **질문**을 던지고 그에 **답**하는 형식.

③ ________

어휘를 수식하는 방법으로 개념을 제시하는 경우도 많음.

㉮ 초창기의 기술 영향 평가는 이미 개발된 기술이 사회에 미치는 영향을 사후에 평가하고 처방하는 데 주력하는 경향이 있었다. 그러나 이러한 사후적 평가와 처방은 기술에 대한 '통제의 딜레마' 문제에 부딪히게 되었다. 통제의 딜레마란, 비록 기술 영향 평가를 통해 어떤 기술이 문제가 많다고 판단될지라도, 그 기술의 개발이 이미 상당히 진행되어 있는 상태라면 그것을 중단시키는 일이 거의 불가능하게 되는 상황을 말한다. 이 딜레마는 기술에 대한 사회적 통제를 어렵게 만든다. 결국 통제의 딜레마로 인해 사후적 기술 영향 평가는 기술을 통제하고자 했던 원래의 목적을 달성하는 데 한계를 드러내게 되었다.

㉮ 회화의 내용을 포기하지 않으면서도 대중 매체를 성공적으로 비판한 경우는 없었을까? '팝 아트'는 대중문화의 산물들을 적극적으로 이용하면서 그 속에서 대중 매체에 대한 비판을 수행하고 있다는 점에서 흥미롭다. 이는 특히 영국의 초기 팝 아트에서 두드러진다. 그들은 대중문화의 이미지를 차용하여 그것을 맥락이 다른 이미지 속에 재배치함으로써 생겨나는 새로운 의미에 주목하였다. 이를 통해 그들은 비판적 의도를 표출했는데, 대중문화에 대한 비판도 같은 방식으로 이루어졌다. 이후 미국의 팝 아트는 대중문화에 대한 부정도 긍정도 아닌 애매한 태도나 낙관주의를 보여 주기도 하지만, 거기에도 비판적 반응으로 해석될 수 있는 작품들이 있다. 릭턴스타인이 대중문화의 하나인 만화의 양식을 본떠 제작한 「꽈광!」과 같은 작품이 그 예이다.

2. 특징

특징이란 다른 것에 비하여 특별히 눈에 띄는 점을 말해.

① ________

좋거나 잘하거나 긍정적인 점.

② ______

어떤 말이나 일, 행위 따위가 현실에 구체적으로 연관되면서 가지는 가치 내용.

③ ______

잘못되고 모자라는 점.

④ ______

사물이나 능력, 책임 따위가 실제 작용할 수 있는 범위. 또는 그런 범위를 나타내는 선.

⑤ ______ (______)

하는 구실이나 작용을 함. 또는 그런 것. 권한이나 직책, 능력 따위에 따라 일정한 분야에서 하는 역할과 작용.

3. 사례

사례란 어떤 일이 전에 실제로 일어난 예를 말해. 화제의 개념과 특징은 추상적인 설명으로 제시되기 때문에 이에 대한 이해를 돕기 위해, 혹은 화제의 개념과 특징에 대한 이해도를 확인하기 위해 사례가 제시될 때가 많아. 사례가 등장할 수 있는 범주는 세 곳이야.

① ______

② ______

③ ______

개념 콕

구체적 사례에 적용하는 문제를 위한 Tip!

① **문두**에서 지정해 준, **대상**이 있다면 표시한다.

② **지문**을 읽으면서 그 대상의 **개념 정의**와 **특징들**에 표시하며 꼼꼼히 읽는다.

③ **지문 속**에 개념 설명을 뒷받침하는 **사례**가 있다면 ⇨ 문제를 해결하기 위한 근거가 되므로 사례에 주목해야 한다.

④ **〈보기〉**나 **선지**에 **사례**가 있다면 ⇨ 지문에서 화제의 개념과 특징을 설명한 정보와 대응시킨다.

〈보기〉 속 구체적 사례에 적용하기 문제의 근거 범위는 **화제의 개념 정의, 특징**인 경우가 많다.
추상적으로 설명한 개념과 특징이 구체화된 것이므로, 지문의 내용과 〈보기〉 속 사례의 내용을 연결해 보자.
개념-특징-사례가 특히 더 중요한 영역: 사회(경제, 법), 과학, 기술 지문

기출 지문에서 찾아보는 지문 패턴 1

기출 분석이란 이런 거다!
= 이 문제는 지문의 어떤 정보를 문제화하였는가?
= 출제자는 우리가 지문의 어떤 정보를 이해하기를 바랐던 걸까?

= 앞으로 나는 지문의 어떤 정보를 찾아서 이해해야 할까?

2016학년도 대학수학능력시험 A/B형

지문	(논리적) 의식의 흐름
01 변론술을 가르치는 프로타고라스(P)에게 에우아틀로스(E)가 제안하였다.	사례로 시작하네.
02 "제가 처음으로 승소하면 그때 수강료를 내겠습니다."	
03 P는 이를 받아들였다.	
04 그런데 E는 모든 과정을 수강하고 나서도 소송을 할 기미를 보이지 않았고 그러자 P가 E를 상대로 소송하였다.	P와 E의 주장과 논거를 잘 이해해야겠네.
05 P는 주장하였다.	
06 "내가 승소하면 판결에 따라 수강료를 받게 되고, 내가 지면 자네는 계약에 따라 수강료를 내야 하네."	P는 자기가 승소해도 패소해도 수강료를 받을 수 있다고 주장하는 거구나.
07 E도 맞섰다.	
08 "제가 승소하면 수강료를 내지 않게 되고 제가 지더라도 계약에 따라 수강료를 내지 않아도 됩니다."	오잉? 논리가 그렇게 되네. E는 자기가 승소해도 패소해도 수강료를 내지 않아도 된다고 주장하네.
09 지금까지도 이 사례는 풀기 어려운 논리 난제로 거론된다.	
10 다만 법률가들은 이를 해결할 수 있는 사안이라고 본다.	법률가들이 말하는 해결 방법에 주목해야 돼!
11 우선, 이 사례의 계약이 수강료 지급이라는 효과를, 실현되지 않은 사건에 의존하도록 하는 계약이라는 점을 살펴야 한다.	수강료 지급 = **효과** ↳ 실현되지 않은 사건에 의존하는 계약임. ↳ E가 첫 승소를 하는 사건
12 이처럼 일정한 효과의 발생이나 소멸에 제한을 덧붙이는 것을 '부관'이라 하는데, 여기에는 '기한'과 '조건'이 있다.	**부관** ┌ **기한** └ **조건**
13 효과의 발생이나 소멸이 장래에 확실히 발생할 사실에 의존하도록 하는 것을 기한이라 한다.	E의 첫 승소는 **'기한'**이라고 할 수 없어.
14 반면 장래에 일어날 수도 있는 사실에 의존하도록 하는 것은 조건이다.	E의 첫 승소는 **'조건'**인 거네.
15 그리고 조건이 실현되었을 때 효과를 발생시키면 '정지 조건', 소멸시키면 '해제 조건'이라 부른다.	E가 첫 승소했을 때 ┌ 수강료 지급하면 **정지 조건** └ 수강료 지급을 소멸시키면 **해제 조건**
16 민사 소송에서 판결에 대하여 상소, 곧 항소나 상고가 그 기간 안에 제기되지 않아서 사안이 종결되든가, 그 사안에 대해 대법원에서 최종 판결이 선고되든가 하면, 이제 더 이상 그 일을 다툴 길이 없어진다.	상소 = 항소나 상고 ↳ 종결되거나 최종 판결 선고되면 끝
17 이때 판결은 확정되었다고 한다.	그걸 판결이 **확정되었다**고 하는구나.
18 확정 판결에 대하여는 '기판력(旣判力)'이라는 것을 인정한다.	확정 판결 = **기판력** 인정

19 기판력이 있는 판결에 대해서는 더 이상 같은 사안으로 소송에서 다툴 수 없다.		기판력 있는 판결 → 소송 못 함.
20 예를 들어, 계약서를 제시하지 못해 매매 사실을 입증하지 못하고 패소한 판결이 확정되면, 이후에 계약서를 발견하더라도 그 사안에 대하여는 다시 소송하지 못한다.		사례★ 증거 제시 못해서 패소함. → 확정 판결 → 소송 못 함.
21 같은 사안에 대해 서로 모순되는 확정 판결이 존재하도록 할 수는 없는 것이다.		
22 확정 판결 이후에 법률상의 새로운 사정이 생겼을 때는, 그것을 근거로 하여 다시 소송하는 것이 허용된다.		But★ 법률상 새로운 사정 → 소송 허용됨.
23 이 경우에는 전과 다른 사안의 소송이라 하여 이전 판결의 기판력이 미치지 않는다고 보는 것이다.		이유 : 전과 다른 소송임. 이전 판결의 기판력 영향 X
24 위에서 예로 들었던 계약서는 판결 이전에 작성된 것이어서 그 발견이 새로운 사정이라고 인정되지 않는다.		사례★ 판결 이전 계약서 → 새로운 사정 아님.
25 그러나 임대인이 임차인에게 집을 비워 달라고 하는 소송에서 임대차 기간이 남아 있다는 이유로 임대인이 패소한 판결이 확정된 후 시일이 흘러 계약 기간이 만료되면, 임대인은 집을 비워 달라는 소송을 다시 할 수 있다.		사례★ 계약 기간 만료 후 → 다시 소송 가능함.
26 계약상의 기한이 지남으로써 임차인의 권리에 변화가 생겼기 때문이다.		
27 이렇게 살펴본 바를 바탕으로 P와 E 사이의 분쟁을 해결하는 소송이 어떻게 전개될지 따져 보자.		
28 이 사건에 대한 소송에서는 조건이 성취되지 않았다는 이유로 법원이 E에게 승소 판결을 내리면 된다.		★14 E의 첫 승소는 **'조건'** 조건이 성취되지 않았으므로 E에게 승소 판결 내림.
29 그런데 이 판결 확정 이후에 P는 다시 소송을 할 수 있다.		
30 조건이 실현되었기 때문이다.		조건이 실현되었으므로 P의 소송 가능해짐.
31 따라서 이 두 번째 소송에서는 결국 P가 승소한다.		
32 그리고 이때부터는 E가 다시 수강료에 관한 소송을 할 만한 사유가 없다.		결국 P가 승소함. → E는 수강료 내야 함.
33 이 분쟁은 두 차례의 판결을 거쳐 해결될 수 있는 것이다.		

자, 그럼 문제들을 보여 주지. 지금 이 문제 같이 풀자는 거 아님. 개념-특징-사례 패턴의 지문이 나오면 어떤 문제가 출제될 수밖에 없는지를 보여 주지. 출제해 보면 알아. 출제자는 출제할 문제를 염두에 두고, 그 문제를 출제하기 위한 지문을 낳아. (ㅎㅎ 출제란...? 거의 출산에 버금가는 과정이라 할 수 있음.) 그러니까 '출제자의 눈'이 있는 자는 지문을 읽으면서 말할 수 있다, '음, 이 정보가 문제로 만들어졌겠네.'라고.

지문 패턴 1에서 출제되는 문제 패턴_ 세부 내용 파악하기, 구체적 사례에 적용하기

Q1 ∨ 세부 내용 파악하기

선지에서 다루고 있는 '기한', '조건', '해제 조건', '기판력'의 개념을 파악해야겠다는 생각을 한다.

윗글을 이해한 내용으로 적절하지 않은 것은?

① 승소하면 그때 수강료를 내겠다고 할 때 승소는 수강료 지급 의무에 대한 기한이다. no.13
② 기한과 조건은 모두 계약상의 효과를 장래의 사실에 의존하도록 한다는 점이 공통된다. no.13, 14
③ 계약에 해제 조건을 덧붙이면 그 조건이 실현되었을 때 계약상 유지되고 있는 효과를 소멸시킬 수 있다. no.15
④ 판결이 선고되고 나서 상소 기간이 다 지나가도록 상소가 이루어지지 않으면 그 판결에는 기판력이 생긴다. no.16~18
⑤ 기판력에는 법원이 판결로 확정한 사안에 대하여 이후에 법원 스스로 그와 모순된 판결을 내릴 수 없다는 전제가 깔려 있다. no.21

선지에서 다루고 있는 '기한', '조건', '해제 조건', '기판력'의 개념들은 지문에서 설명한 내용들이지?

Q2 ∨ 구체적 사례에 적용하기

<보기> 안에 구체적 사례가 들어 있어. 지문에서 설명하는 '개념', '특징', '관점' 같은 정보가 출제 요소일지 모른다는 예측을 해 본다.

윗글을 바탕으로 〈보기〉의 사례를 검토한 내용으로 적절하지 않은 것은?

〈보기〉

갑은 을을 상대로 자신에게 빌려 간 금전을 갚아 달라는 소송을 하는데, 계약서와 같은 증거 자료는 제출하지 못했다. 그 결과 (가) 또는 (나)의 경우가 생겼다고 하자.

(가) 갑은 금전을 빌려주었다는 증거를 제시하지 못하여 패소하였다. 이 판결은 확정되었다.
(나) 법원은 을이 금전을 빌렸다는 사실을 인정하면서도, 갚기로 한 날은 2015년 11월 30일이라 인정하여, 아직 그날이 되지 않았다는 이유로 갑에게 패소 판결을 내렸다. 이 판결은 확정되었다.

① (가)의 경우, 갑은 더 이상 상급 법원에 상소하여 다툴 수 있는 방법이 남아 있지 않다. no.16~19
② (가)의 경우, 갑은 빌려준 금전에 대한 계약서를 발견하더라도 그것을 근거로 하여 금전을 갚아 달라고 소송하는 것은 허용되지 않는다. no.20, 24
③ (나)의 경우, 을은 2015년 11월 30일이 되기 전에는 갑에게 금전을 갚지 않아도 된다. no.13, 16
④ (나)의 경우, 2015년 11월 30일이 지나면 갑이 을을 상대로 금전을 갚아 달라는 소송을 다시 하더라도 기판력에 저촉되지 않는다. no.22~26
⑤ (나)의 경우, 이미 지나간 2015년 2월 15일이 갚기로 한 날임을 밝혀 주는 계약서가 발견되면 갑은 같은 해 11월 30일이 되기 전에 그것을 근거로 금전을 갚아 달라는 소송을 할 수 있다. no.20, 24

<보기> 안에 구체적 사례가 들어 있어. 지문 속에 이 사례와 유사한 사례에 대한 설명이 있었다고. 그 사례를 잘 이해했다면 지문 속 사례와 <보기> 속 사례의 유사한 점을 대응시켜 이해할 수 있을 거야. 지문에서 정성껏 설명한 사례는 문제 해결을 위한 소중한 실마리가 될 때가 아주아주 많아.

우리가 지문을 읽는 이유는 문제를 해결하기 위해서야. 문제를 잘 해결하기 위해서는 해결의 실마리가 되는 정보들을 지문에서 잘 찾아낼 수 있어야 하는 거고. 화제의 개념과 특징들이 문제 해결의 실마리로 쓰인다는 사실을 알고 있다면 지문을 읽으면서 화제의 개념, 화제의 특징에 표시하고 잘 정리하고 이해하려고 노력해야만 해.
알아, 나도. 지문에서 화제의 특징에 전부 밑줄 긋다 보면 지문 전체가 까매질 때도 있다는 것. ㅎㅎ 그러니까 최대한 간결하고 눈에 잘 띄게 나만의 표시를 해야 하는 거야. 문제의 답이 지문 속에 있다는 건 빈말이 아니야. 네가 표시한 화제의 개념과 특징들이 바로 정답지의 본모습이거든.

STEP. 2 기출, 이것은 진리

2023학년도 대학수학능력시험 6월 모의평가

✓ 세부 내용 파악하기

05 오답률 12위 58%

윗글에서 알 수 있는 내용으로 적절하지 않은 것은?

① 혈전이 형성되면 섬유소 그물이 뭉쳐 혈액의 손실을 막는다.
② 혈액의 응고가 이루어지려면 혈소판 마개가 형성되어야 한다.
③ 혈관 손상 부위에 혈병이 생기려면 혈소판이 응집되어야 한다.
④ 혈관 경화를 방지하려면 이물질이 침착되지 않게 해야 한다.
⑤ 혈관 석회화가 계속되면 동맥 내벽과 혈류에 변화가 생긴다.

✓ 추론하기

06 오답률 5위 64%

칼슘의 역설에 대한 이해로 가장 적절한 것은?

① 칼슘 보충제를 섭취하면 오히려 비타민 K_1의 효용성이 감소된다는 것이겠군.
② 칼슘 보충제를 섭취해도 뼈 조직에서는 칼슘이 여전히 필요하다는 것이겠군.
③ 칼슘 보충제를 섭취해도 골다공증은 막지 못하나 혈관 건강은 개선되는 경우가 있다는 것이겠군.
④ 칼슘 보충제를 섭취하면 혈액 내 단백질이 칼슘과 결합하여 혈관 벽에 칼슘이 침착된다는 것이겠군.
⑤ 칼슘 보충제를 섭취해도 혈액으로 칼슘이 흡수되지 않아 골다공증 개선이 안 되는 경우가 있다는 것이겠군.

✓ 세부 내용 파악하기

07 오답률 8위 62%

㉠과 ㉡에 대한 설명으로 가장 적절한 것은?

① ㉠은 ㉡과 달리 우리 몸의 간세포에서 합성된다.
② ㉡은 ㉠과 달리 지방과 함께 섭취해야 한다.
③ ㉡은 ㉠과 달리 표적 단백질의 아미노산을 변형하지 않는다.
④ ㉠과 ㉡은 모두 표적 단백질의 활성화 이전 단계에 작용한다.
⑤ ㉠과 ㉡은 모두 일반적으로는 결핍이 발생해 문제가 되는 경우는 없다.

08

오답률 4위 65%

✔ 세부 내용 파악하기

윗글을 참고할 때 〈보기〉의 (가)~(다)를 투여함에 따라 체내에서 일어나는 반응을 예상한 내용으로 적절하지 않은 것은?

〈보기〉

다음은 혈전으로 인한 질환을 예방 또는 치료하는 약물이다.
(가) 와파린: 트롬빈에는 작용하지 않고 비타민 K의 작용을 방해함.
(나) 플라스미노겐 활성제: 피브리노겐에는 작용하지 않고 피브린을 분해함.
(다) 헤파린: 비타민 K-의존성 단백질에는 작용하지 않고 트롬빈의 작용을 억제함.

① (가)의 지나친 투여는 혈관 석회화를 유발할 수 있겠군.
② (나)는 이미 뭉쳐 있던 혈전이 풀어지도록 할 수 있겠군.
③ (다)는 혈액 응고 인자와 칼슘 이온의 결합을 억제하겠군.
④ (가)와 (다)는 모두 피브리노겐이 전환되는 것을 억제하겠군.
⑤ (나)와 (다)는 모두 피브린 섬유소 그물의 형성을 억제하겠군.

그럼 실전이라고 생각하고 지문을 읽어 볼까?

[5-8] 다음 글을 읽고 물음에 답하시오.

혈액은 세포에 필요한 물질을 공급하고 노폐물을 제거한다. 만약 혈관 벽이 손상되어 출혈이 생기면 손상 부위의 혈액이 응고되어 혈액 손실을 막아야 한다. 혈액 응고는 섬유소 단백질인 피브린이 모여 형성된 섬유소 그물이 혈소판이 응집된 혈소판 마개와 뭉쳐 혈병이라는 덩어리를 만드는 현상이다. 혈액 응고는 혈관 속에서도 일어나는데, 이때의 혈병을 혈전이라 한다. 이물질이 쌓여 동맥 내벽이 두꺼워지는 동맥 경화가 일어나면 그 부위에 혈전 침착, 혈류 감소 등이 일어나 혈관 질환이 발생하기도 한다. 이러한 혈액의 응고 및 원활한 순환에 비타민 K가 중요한 역할을 한다.

비타민 K는 혈액이 응고되도록 돕는다. 지방을 뺀 사료를 먹인 병아리의 경우, 지방에 녹는 어떤 물질이 결핍되어 혈액 응고가 지연된다는 사실을 발견하고 그 물질을 비타민 K로 명명했다. 혈액 응고는 단백질로 이루어진 다양한 인자들이 관여하는 연쇄 반응에 의해 일어난다. 우선 여러 혈액 응고 인자들이 활성화된 이후 프로트롬빈이 활성화되어 트롬빈으로 전환되고, 트롬빈은 혈액에 녹아 있는 피브리노겐을 불용성인 피브린으로 바꾼다. 비타민 K는 프로트롬빈을 비롯한 혈액 응고 인자들이 간세포에서 합성될 때 이들의 활성화에 관여한다. 활성화는 칼슘 이온과의 결합을 통해 이루어지는데, 이들 혈액 단백질이 칼슘 이온과 결합하려면 카르복실화되어 있어야 한다. 카르복실화는 단백질을 구성하는 아미노산 중 글루탐산이 감마-카르복시글루탐산으로 전환되는 것을 말한다. 이처럼 비타민 K에 의해 카르복실화되어야 활성화가 가능한 표적 단백질을 비타민 K-의존성 단백질이라 한다.

비타민 K는 식물에서 합성되는 ㉠**비타민 K_1**과 동물 세포에서 합성되거나 미생물 발효로 생성되는 ㉡**비타민 K_2**로 나뉜다. 녹색 채소 등은 비타민 K_1을 충분히 함유하므로 일반적인 권장 식단을 따르면 혈액 응고에 차질이 생기지 않는다.

그런데 혈관 건강과 관련된 비타민 K의 또 다른 중요한 기능이 발견되었고, 이는 **칼슘의 역설**과도 관련이 있다. 나이가 들면 뼈 조직의 칼슘 밀도가 낮아져 골다공증이 생기기 쉬운데, 이를 방지하고자 칼슘 보충제를 섭취한다. 하지만 칼슘 보충제를 섭취해서 혈액 내 칼슘 농도는 높아지나 골밀도는 높아지지 않고, 혈관 벽에 칼슘염이 침착되는 혈관 석회화가 진행되어 동맥 경화 및 혈관 질환이 발생하는 경우가 생긴다. 혈관 석회화는 혈관 근육 세포 등에서 생성되는 MGP라는 단백질에 의해 억제되는데, 이 단백질이 비타민 K-의존성 단백질이다. 비타민 K가 부족하면 MGP 단백질이 활성화되지 못해 혈관 석회화가 유발된다는 것이다.

비타민 K_1과 K_2는 모두 비타민 K-의존성 단백질의 활성화를 유도하지만 K_1은 간세포에서, K_2는 그 외의 세포에서 활성이 높다. 그러므로 혈액 응고 인자의 활성화는 주로 K_1이, 그 외의 세포에서 합성되는 단백질의 활성화는 주로 K_2가 담당한다. 이에 따라 일부 연구자들은 비타민 K의 권장량을 K_1과 K_2로 구분하여 설정해야 하며, K_2가 함유된 치즈, 버터 등의 동물성 식품과 발효 식품의 섭취를 늘려야 한다고 권고한다.

문항 코드 | 23670-0052

5. 윗글에서 알 수 있는 내용으로 적절하지 않은 것은?

① 혈전이 형성되면 섬유소 그물이 뭉쳐 혈액의 손실을 막는다.
② 혈액의 응고가 이루어지려면 혈소판 마개가 형성되어야 한다.
③ 혈관 손상 부위에 혈병이 생기려면 혈소판이 응집되어야 한다.
④ 혈관 경화를 방지하려면 이물질이 침착되지 않게 해야 한다.
⑤ 혈관 석회화가 계속되면 동맥 내벽과 혈류에 변화가 생긴다.

문항 코드 | 23670-0053

6. **칼슘의 역설**에 대한 이해로 가장 적절한 것은?

① 칼슘 보충제를 섭취하면 오히려 비타민 K_1의 효용성이 감소된다는 것이겠군.
② 칼슘 보충제를 섭취해도 뼈 조직에서는 칼슘이 여전히 필요하다는 것이겠군.
③ 칼슘 보충제를 섭취해도 골다공증은 막지 못하나 혈관 건강은 개선되는 경우가 있다는 것이겠군.
④ 칼슘 보충제를 섭취하면 혈액 내 단백질이 칼슘과 결합하여 혈관 벽에 칼슘이 침착된다는 것이겠군.
⑤ 칼슘 보충제를 섭취해도 혈액으로 칼슘이 흡수되지 않아 골다공증 개선이 안 되는 경우가 있다는 것이겠군.

문항 코드 | 23670-0054

7. ㉠과 ㉡에 대한 설명으로 가장 적절한 것은?

① ㉠은 ㉡과 달리 우리 몸의 간세포에서 합성된다.
② ㉡은 ㉠과 달리 지방과 함께 섭취해야 한다.
③ ㉡은 ㉠과 달리 표적 단백질의 아미노산을 변형하지 않는다.
④ ㉠과 ㉡은 모두 표적 단백질의 활성화 이전 단계에 작용한다.
⑤ ㉠과 ㉡은 모두 일반적으로는 결핍이 발생해 문제가 되는 경우는 없다.

문항 코드 | 23670-0055

8. 윗글을 참고할 때 〈보기〉의 (가)~(다)를 투여함에 따라 체내에서 일어나는 반응을 예상한 내용으로 적절하지 않은 것은?

〈보기〉

다음은 혈전으로 인한 질환을 예방 또는 치료하는 약물이다.

(가) 와파린: 트롬빈에는 작용하지 않고 비타민 K의 작용을 방해함.
(나) 플라스미노겐 활성제: 피브리노겐에는 작용하지 않고 피브린을 분해함.
(다) 헤파린: 비타민 K-의존성 단백질에는 작용하지 않고 트롬빈의 작용을 억제함.

① (가)의 지나친 투여는 혈관 석회화를 유발할 수 있겠군.
② (나)는 이미 뭉쳐 있던 혈전이 풀어지도록 할 수 있겠군.
③ (다)는 혈액 응고 인자와 칼슘 이온의 결합을 억제하겠군.
④ (가)와 (다)는 모두 피브리노겐이 전환되는 것을 억제하겠군.
⑤ (나)와 (다)는 모두 피브린 섬유소 그물의 형성을 억제하겠군.

아무도 대신해 주지 않는 MY 기출 분석 노트

01 혈액은 세포에 필요한 물질을 공급하고 노폐물을 제거한다.		
02 만약 혈관 벽이 손상되어 출혈이 생기면 손상 부위의 혈액이 응고되어 혈액 손실을 막아야 한다.		
03 혈액 응고는 섬유소 단백질인 피브린이 모여 형성된 섬유소 그물이 혈소판이 응집된 혈소판 마개와 뭉쳐 혈병이라는 덩어리를 만드는 현상이다.		
04 혈액 응고는 혈관 속에서도 일어나는데, 이때의 혈병을 혈전이라 한다.		
05 이물질이 쌓여 동맥 내벽이 두꺼워지는 동맥 경화가 일어나면 그 부위에 혈전 침착, 혈류 감소 등이 일어나 혈관 질환이 발생하기도 한다.		
06 이러한 혈액의 응고 및 원활한 순환에 비타민 K가 중요한 역할을 한다.		
07 비타민 K는 혈액이 응고되도록 돕는다.		
08 지방을 뺀 사료를 먹인 병아리의 경우, 지방에 녹는 어떤 물질이 결핍되어 혈액 응고가 지연된다는 사실을 발견하고 그 물질을 비타민 K로 명명했다.		
09 혈액 응고는 단백질로 이루어진 다양한 인자들이 관여하는 연쇄 반응에 의해 일어난다.		
10 우선 여러 혈액 응고 인자들이 활성화된 이후 프로트롬빈이 활성화되어 트롬빈으로 전환되고, 트롬빈은 혈액에 녹아 있는 피브리노겐을 불용성인 피브린으로 바꾼다.		
11 비타민 K는 프로트롬빈을 비롯한 혈액 응고 인자들이 간세포에서 합성될 때 이들의 활성화에 관여한다.		
12 활성화는 칼슘 이온과의 결합을 통해 이루어지는데, 이들 혈액 단백질이 칼슘 이온과 결합하려면 카르복실화되어 있어야 한다.		
13 카르복실화는 단백질을 구성하는 아미노산 중 글루탐산이 감마-카르복시글루탐산으로 전환되는 것을 말한다.		
14 이처럼 비타민 K에 의해 카르복실화되어야 활성화가 가능한 표적 단백질을 비타민 K-의존성 단백질이라 한다.		
15 비타민 K는 식물에서 합성되는 비타민 K_1과 동물 세포에서 합성되거나 미생물 발효로 생성되는 비타민 K_2로 나뉜다.		
16 녹색 채소 등은 비타민 K_1을 충분히 함유하므로 일반적인 권장 식단을 따르면 혈액 응고에 차질이 생기지 않는다.		
17 그런데 혈관 건강과 관련된 비타민 K의 또 다른 중요한 기능이 발견되었고, 이는 칼슘의 역설과도 관련이 있다.		
18 나이가 들면 뼈 조직의 칼슘 밀도가 낮아져 골다공증이 생기기 쉬운데, 이를 방지하고자 칼슘 보충제를 섭취한다.		
19 하지만 칼슘 보충제를 섭취해서 혈액 내 칼슘 농도는 높아지나 골밀도는 높아지지 않고, 혈관 벽에 칼슘염이 침착되는 혈관 석회화가 진행되어 동맥 경화 및 혈관 질환이 발생하는 경우가 생긴다.		
20 혈관 석회화는 혈관 근육 세포 등에서 생성되는 MGP라는 단백질에 의해 억제되는데, 이 단백질이 비타민 K-의존성 단백질이다.		

21 비타민 K가 부족하면 MGP 단백질이 활성화되지 못해 혈관 석회화가 유발된다는 것이다.

22 비타민 K_1과 K_2는 모두 비타민 K-의존성 단백질의 활성화를 유도하지만 K_1은 간세포에서, K_2는 그 외의 세포에서 활성이 높다.

23 그러므로 혈액 응고 인자의 활성화는 주로 K_1이, 그 외의 세포에서 합성되는 단백질의 활성화는 주로 K_2가 담당한다.

24 이에 따라 일부 연구자들은 비타민 K의 권장량을 K_1과 K_2로 구분하여 설정해야 하며, K_2가 함유된 치즈, 버터 등의 동물성 식품과 발효 식품의 섭취를 늘려야 한다고 권고한다.

태그 체크

◯ #화제의 개념 정의 ◯ #화제의 특징 ◯ #세부 내용 파악하기 문제 ◯ #구체적 사례에 적용하기 문제

16 독서 지문 속, 관점-차이

학습 목표 ❶ 독서(비문학) 지문에 **가장 자주 출제되는 출제 요소**를 안다. ❷ **관점** 간의 차이점을 파악하고 **사례**와 연결할 수 있다.

개념 태그 #관점이란 견.주.리. #차이점 #선지 구성의 흔한 예 #A와 달리 B #A 반면 B #A보다 B #A가 아니라 B #핵심 정보 파악하기 문제 #구체적 사례에 적용하기 문제

STEP. 1 내 생애 마지막 개념 정리!

지문에 '사람'이 나오면 보통 그 사람이 무슨 생각을 가지고 있는지 설명하는 경우가 많아.

그럼 이번 시간에 공부할 출제 요소는 지문에서 소개하는 사람의 '관점'이겠네요.

그런 문제 많이 본 거 같아요. '갑'과 '을'의 주장을 비교하라는 문제요.

맞아. 인문(철학, 역사) 지문에 정말 많이 나오는 구조지. 연습해 보자.

지문 패턴 2. 관점-차이

수능 국어 독서 파트에서 생소한 화제의 개념과 특징을 설명하는 유형의 지문 다음으로 많은 것, 누군가의 **관점을 제시**하는 지문이야. 물론 글쓴이의 관점을 제시할 수도 있지만 그런 경우보다 누군가의 관점을 소개하는 글이 훨씬 많아. 그 누군가는 **특정 인물**일 수도 있고, **특정 학파**일 수도 있고, **특정 이론**일 수도 있어. **OO주의, OO론** 하는 것 많이 들어 봤지? 바로 그런 것들이야. 그들이 제시하는 관점, 다시 말해 **견해, 주장, 이론**을 제대로 이해해야 돼. 그냥, 당연히, 곧바로 출제 요소로 직결되니까. 이런 정보들에 역시 깃발 팍팍 꽂아 두며 지문을 읽어 내려가야 돼.

또 한 가지 기억해야 할 것은 관점을 제시하는 지문은 꼭 하나의 관점만 소개해야 한다는 제약이 없다는 거지. 쉽게 말해 **둘 이상의 관점**이 제시되는 경우가 너무 많아. 그럴 때는 뭘 해야겠어? 그렇지! A의 관점과 B의 관점이 서로 어떤 점이 **다른지** 체크해야지! A가 B에게 뭐라고 **반박**할 수 있을지도 추론해 봐야지. 관점·주장을 제시하는 패턴의 지문에서 **차이점**은 문제로 가장 잘 만들어지는 출제 요소야. 누군가의 관점을 소개하고 둘 이상의 **관점의 차이점**을 설명하는 것, 바로 **지문 패턴 2**가 되는 거야.

☑ 화제가 둘 이상이다? 그렇다면 차이점이 중요한 출제 요소가 되는 것.
☑ 경우를 나누어 설명하는 정보에 주목할 것. 〈A는 ~이다. 반면 B는 ~이다.〉 이런 정보에 특히 주목할 것.
☑ 지문에 대등해 보이는 대상에 ㉠, ㉡ 같은 표시가 돼 있다면 문두와 선지를 통해 ㉠, ㉡에 관련된 어떤 정보에 주목해야 할지 체크할 것.

둘 이상의 관점을 제시했다면? 왜 하나만 소개하지, 복잡하고 번거롭게 둘 이상씩이나 가지고 왔을까를 생각하면 답 나온다.
두 관점 사이에 뭔가 다른 점이 있는 것. 그게 바로 **지문 패턴 2**야.

개념 004

독서의 지문 패턴 2 '관점-차이'

1. 관점

관점이란 사물이나 현상을 관찰할 때, 그 사람이 보고 생각하는 태도나 방향 또는 처지를 말해.

① ______

어떤 사물이나 현상에 대한 자기의 의견이나 생각.

② ______

자기의 의견이나 주의를 굳게 내세움. 또는 그런 의견이나 주의.

③ ______

사물의 이치나 지식 따위를 해명하기 위하여 논리적으로 정연하게 일반화한 명제의 체계.

2. 차이점

차이점이란 서로 같지 아니하고 다른 점을 말해.

① ______

A 와 달리 B는~

② ______

A는~ 반면 B는~

③ ______

A 보다 B는~

개념 콕

관점을 비교하는 문제를 위한 Tip!

① **문두**에서 지정해 준, **사람**이 있다면 표시한다.

② **지문**을 읽으면서 그 사람의 **관점(견해, 주장, 이론)**의 **핵심들**에 표시하며 꼼꼼히 읽는다.

③ 〈보기〉에도 **관점(견해, 주장, 이론)**이 있다면 ⇨ 지문의 관점과 〈보기〉의 관점의 공통점과 차이점을 파악한다.

〈보기〉 속 구체적 사례에 적용하기 문제의 근거 범위는 **화제의 개념 정의, 특징**인 경우가 많다.
〈보기〉 속 구체적 사례에 적용하기 문제의 근거 범위는 **관점, 차이점**인 경우도 많다.
관점-차이가 특히 더 중요한 영역: 인문, 예술

개념 콕

출제자느님이 선지를 구성하는 방법의 흔한 예

① 그대로

친절하게도 지문에 있는 문장을 그대로 사용하신다. 쌩유~ But 문제는 다른 애들도 다 푼다는…

② 교체

어휘 한 개 바꿨을 뿐인데…

지문	선지
부차적	지엽적

③ 재진술(정보의 변신 모드)

지문에 있는 표현을 바꿔서 사용하신다. 헉…

지문	선지
홀로 배우고 사유하고 깨우쳐 가야	자기 주도적으로 학습해야

④ 재구성

지문에 있는 두 가지 내용을 정보의 관계에 따라 한 선지로 합쳐 놓으신다.

지문	선지
[1] A이다. [2] [3] B이다.	① A로 인해 B하다 등

⑤ 교차

둘 이상의 대상의 특징을 뒤바꾸어 진술하신다. 다양한 형태의 오답지가 탄생할 수 있다.

지문	선지
A는 ★라는 특징이 있다. B는 ♥라는 특징이 있다.	A는 ♥라는 특징이 있다. A는 B와 달리 ♥라는 특징이 있다. A와 B 모두 ♥라는 특징이 있다.

기출 지문에서 찾아보는 지문 패턴 2

기출 분석이란 이런 거다!
= 이 문제는 지문의 어떤 정보를 문제화하였는가?
= 출제자는 우리가 지문의 어떤 정보를 이해하기를 바랐던 걸까?

= 앞으로 나는 지문의 어떤 정보를 찾아서 이해해야 할까?

2014학년도 대학수학능력시험 B형

지문	(논리적) 의식의 흐름
01 정신적 사건과 물질적 사건은 구분된다고 생각하는 것이 우리의 상식이다.	이게 바로 통념. 보통 통념을 제시해 놓고 그것을 부정하는 식으로 내용이 전개될 때가 많지.
02 이러한 상식에 따르면 인간의 정신적 사건과 육체적 사건도 구분되는 것으로 보게 된다.	정보의 변신 모드 물질적 사건 ≒ 육체적 사건
03 하지만 정신적 사건과 육체적 사건이 서로 긴밀히 연결되어 있다고 보는 것 또한 우리의 상식이다.	처음에 제시한 상식과 정면으로 충돌하는 또 다른 상식이네.
04 위가 텅 비어 있으면 정신적인 고통을 느끼는 현상, 두려움을 느끼면 가슴이 더 빨리 뛰는 현상 등이 그런 예이다.	**사례★**
05 문제는 정신적 사건과 육체적 사건의 이질성과 관련성이라는 두 가지 상식을 조화시키기가 쉽지 않다는 것이다.	문제점
06 정신적 사건과 육체적 사건이 서로 다른 종류의 것이라고 주장하는 이론, 곧 심신 이원론은 그 두 종류의 사건이 관련되어 있음을 설명하기 위해 다양한 방법을 시도한다.	정신적 사건과 육체적 사건이 나뉘어 있다는 주장이라 심신 '이'원론이구나. 이제부터 심신 이원론의 다양한 관점이 제시되겠군.
07 먼저 정신적 사건과 육체적 사건이 서로에게 인과적으로 영향을 주고받는다는 상호 작용론이 있다.	**관점 1★** **상호 작용론** ⊂ 심신 이원론
08 이는 위가 텅 비었다는 육체적 사건이 원인이 되어 고통을 느낀다는 정신적 사건이 결과로 일어나고, 두려움이라는 정신적 사건이 원인이 되어 가슴이 더 빨리 뛰는 육체적 사건이 결과로 일어난다고 설명한다.	**사례★** 육체적 사건 ⇄ 정신적 사건
09 그러나 서양 근세 철학의 관점에서 보면 공간을 차지하고 있지 않은 정신이 어떻게 공간을 차지하고 있는 육체에 영향을 미칠 수 있느냐 하는 문제가 생긴다.	상호 작용론에 대한 비판(한계)
10 이에 비해 평행론은 정신적 사건과 육체적 사건 사이에는 어떤 인과 관계도 성립하지 않으며, 정신적 사건은 정신적 사건대로, 육체적 사건은 육체적 사건대로 인과 관계가 성립한다고 주장하는 이원론이다.	**관점 2★** **평행론** ⊂ 심신 이원론 정신적 사건 ⇄ 정신적 사건 육체적 사건 ⇄ 육체적 사건
11 이 이론에 따르면 정신적 사건과 육체적 사건이 상호 작용하는 것처럼 보이는 것은 어떤 정신적 사건이 일어날 때 거기에 해당하는 육체적 사건도 평행하게 항상 일어나기 때문이다.	
12 물질로 이루어진 세계의 모든 사건은 다른 물질적 사건이 원인이 되어 일어난다는 생각, 즉 물질적 사건의 원인을 설명하기 위해서 물질세계 밖으로 나갈 필요가 없다는 생각은 근대 과학의 기본 전제이다.	
13 평행론은 이 전제와 충돌하지 않는다는 장점이 있다.	평행론의 장점
14 그러나 서로 다른 종류의 사건들이 동시에 일어난다는 사실은 이해하기 힘들다.	평행론의 한계
15 부수 현상론은 모든 정신적 사건은 육체적 사건에 의해서 일어나지만 그 역은 성립하지 않는다고 주장하여 두 가지 상식 사이의 조화를 설명하려는 이원론이다.	**관점 3★** **부수 현상론** ⊂ 심신 이원론 육체적 사건 → 정신적 사건 정신적 사건 ↛ 육체적 사건

16 이에 따르면 육체적 사건은 정신적 사건을 일으키고 또 다른 육체적 사건의 원인도 된다.		육체적 사건 → 정신적 사건 육체적 사건 → 육체적 사건
17 하지만 정신적 사건은 육체적 사건에 동반되는 부수 현상일 뿐, 정신적 사건이든 육체적 사건이든 어떠한 사건에도 아무런 영향을 미치지 못한다.		정신적 사건 ⇏ 정신적 사건 정신적 사건 ⇏ 육체적 사건
18 그러나 정신적 사건이 아무 일도 못하면서 따라 나올 뿐이라는 주장은, 아무 일도 하지 못한다면 도대체 정신적 사건이 왜 존재해야 하는가 하는 의문을 불러일으킨다.		**부수 현상론**에 대한 비판(한계)
19 정신적 사건과 육체적 사건을 구분하면서 그 둘이 관련 있음을 설명하려는 이론들은 모두 각자의 문제점에 봉착한다.		심신 이원론들의 한계
20 그래서 정신적 사건과 육체적 사건은 별개의 사건이 아니라 두 사건이 문자 그대로 동일한 사건이라는 동일론, 곧 심신 일원론이 제기된다.		심신 이원론에 대비되는 관점이 바로 정신적 사건과 육체적 사건이 동일하다는 심신 '**일**'원론이구나. **관점 4★** **심신 일원론** = 동일론
21 과학의 발달로 그동안 정신적 사건이라고 알려졌던 것이 사실은 육체적 사건에 불과하다는 것이 밝혀짐에 따라, 인과 관계는 오로지 물질적 사건들 사이에서만 존재한다고 보게 된 것이다.		엥? 뭐지, 이 황급한 마무리는. ㅎㅎ 심신 일원론(동일론)은 잠시 소개만 했네. 심신 이원론의 관점들의 공통점과 차이점에 대해 묻는 선지가 많겠어. 결국 물질적(육체적) 사건 ⇄ 물질적(육체적) 사건

자, 그럼 문제들을 보여 주지. 지금 이 문제들을 같이 풀자는 거 아님.
관점-차이점 패턴의 지문이 나오면 어떤 문제가 출제될 수밖에 없는지를 보여 주겠어.

지문 패턴 2에서 출제되는 문제 패턴_ 핵심 정보 파악하기, 구체적 사례에 적용하기

Q3 ∨ 핵심 정보 파악하기

윗글을 통해 알 수 있는 내용으로 적절하지 않은 것은?

① '심신 이원론'에서는 정신적 사건과 육체적 사건이 구분된다는 상식을 포기하지 않는다. no.06
② '상호 작용론'에서는 정신적 사건이 육체적 사건의 원인이 되기도 하고 결과가 되기 한다고 생각한다. no.08
③ '평행론'에서는 정신적 사건이 육체적 사건의 원인이 되지 않으면서도 함께 일어날 수 있다고 주장한다. no.11
④ '부수 현상론'에서는 육체적 사건이 정신적 사건을 일으킬 수 있다고 본다. no.15~17
⑤ '동일론'은 정신적 사건과 육체적 사건에 대한 두 가지 상식이 모두 성립함을 보여 준다. no.20

→ '심신 이원론', '상호 작용론', '평행론', '부수 현상론', '동일론(심신 일원론)'의 관점을 확인해야겠다는 생각을 한다. 단, 이때 선지를 꼼꼼히 읽어 보는 것이 아니라 사진 찍듯 구경만 한다는 것을 명심하자.

이런 유형의 문제는 선지의 핵심어를 먼저 파악한 뒤, 지문을 읽으면서 실시간으로 선지를 판단해도 된다.
'지문을 다 읽고 근거를 다시 찾으며 문제를 해결하는 방법'과 '선지의 핵심어에 먼저 표시해 둔 뒤, 지문을 읽으면서 문제를 해결하는 방법' 중 나에게 더 잘 맞는 방법을 찾자.

Q4 ∨ 핵심 정보 파악하기

'평행론'과 '동일론'에서 모두 동의할 수 있는 진술로 적절한 것은? → '평행론'과 '동일론'의 내용을 찾아 표시하고 이해하겠다는 생각을 한다.

① 정신적 사건들 사이에는 인과 관계가 존재하지 않는다. no.10, 20
② 육체적 사건과 정신적 사건은 서로 대응되며 별개의 세계에 존재한다. no.10~12, 20
③ 물질적 사건의 원인을 설명하기 위해서 물질세계 밖으로 나갈 필요가 없다. no.12, 20
④ 공간을 차지하고 있지 않은 정신이 공간을 차지하고 있는 육체에 영향을 미칠 수 있다. no.10, 20
⑤ 정신적 사건이든 육체적 사건이든 어떠한 사건에도 영향을 미치지 못하는 정신적 사건이 존재한다. no.10, 20

'평행론'과 '동일론'의 공통점을 이해했는지 묻겠다는 거지.

Q5 ∨ 구체적 사례에 적용하기

→ '부수 현상론'이라는 관점을 정확히 이해했는지 확인하겠다는 문제야.

〈보기〉는 '부수 현상론'을 설명하기 위한 비유이다. ㉠과 ㉡에 대응하는 것을 ⓐ~ⓒ에서 골라 바르게 짝지은 것은? no.15~17

〈보기〉 → ⓐ, ⓑ, ⓒ의 관계를 파악하겠다는 생각을 한다.

ⓐ지구, 달, 태양의 상대적인 위치에 의해 ⓑ조수 간만이 나타나기도 하고 보름달, 초승달과 같이 ⓒ달의 모양이 달리 보이기도 한다. 이때 조수 간만은 다시 개펄의 형성 등과 같은 또 다른 일의 원인이 된다. 반면에 달의 모양은 세 천체의 상대적인 위치로 인해서 생겨난 결과일 뿐, 어떠한 인과적 역할도 하지 않는다.

→ '육체적 사건'과 '정신적 사건'이 무엇인지, 둘의 차이점을 이해해야겠다는 생각을 한다.

	㉠'육체적 사건'	㉡'정신적 사건'
①	ⓐ	ⓑ
②	ⓐ	ⓒ
③	ⓑ	ⓐ
④	ⓒ	ⓐ
⑤	ⓒ	ⓑ

이 지문과 문제를 통해서 말하고 싶었던 것이 뭔지 알겠어? 지문에서 글쓴이나 특정 대상의 관점(견해, 주장, 이론)을 제시하고 있다면, 출제자가 그런 지문을 구성한 의도가 무엇일지 생각해 보라는 거야. 당연히 제시한 관점의 핵심을 잘 이해했는지를 체크하고 싶을 거라고. 그러기 위해서 만든 지문이니까. 지문을 읽으면서 누군가의 관점이 제시되었다? 그럼 바로 그것이 출제 요소라는 것을 알아야 돼. 관점을 뒷받침하는 사례가 나와 있다? 띄엄띄엄 보지 말고, 그 사례를 통해 관점의 핵심 포인트를 이해하도록 해. 둘 이상의 관점이 제시된다? 관점 1과 관점 2의 차이점을 찾아야 돼. 지문을 읽으면서 '아, 이 정보는 선지로 구성됐겠구나!' 하고 알아차릴 수 있는 클래스! 그것이 우리의 목표야.

STEP. 2 기출, 이것은 진리

2023학년도 대학수학능력시험 6월 모의평가

09 오답률 3위 72%

윗글에서 '육가'와 '집현전 학자들'이 공통적으로 드러내고자 한 내용에 해당하는 것만을 〈보기〉에서 있는 대로 고른 것은?

〈보기〉

ㄱ. 옛 국가의 역사를 거울삼아 새 국가를 안정적으로 통치하도록 한다.
ㄴ. 옛 국가의 멸망 원인은 잘못된 정치 운영에 있지 않고 새 국가로 천명이 옮겨 온 것에 있다.
ㄷ. 옛 국가에서 드러난 사상적 공백을 채우기 위해 새 국가의 군주는 유교에 따라 통치하도록 한다.

① ㄱ ② ㄴ ③ ㄱ, ㄴ
④ ㄱ, ㄷ ⑤ ㄴ, ㄷ

10 오답률 10위 61%

〈보기〉는 동양 역사가들의 견해이다. 〈보기〉를 바탕으로 (가), (나)를 이해한 내용으로 적절하지 않은 것은?

〈보기〉

ㄱ. 대부분 옛일의 성패를 논하기 좋아하고 그 일의 진위를 자세히 살피지 않는다. 하지만 진위를 분명히 한 후에야 성패가 어긋나지 않을 수 있다. 이는 역사 서술의 근원인 자료를 바로잡고 깨끗이 한다는 뜻이다.
ㄴ. 고금의 흥망은 현실의 객관적 형세인 시세의 흐름에 따르는 것이며, 사림(士林)의 재주와 덕행으로 말미암은 것은 아니었다. 그러므로 천하의 일은 시세가 제일 중요하고, 행복과 불행이 다음이며, 옳고 그름의 구분은 마지막이라고 하는 것이다.
ㄷ. 도(道)의 본체는 경서에 있지만 그것의 큰 쓰임은 역사서에 담겨 있다. 역사란 선을 높이고 악을 낮추며 선을 권면하고 악을 징계하는 것이다.

① ㄱ의 관점에 따르면, 『신어』에 제시된 진의 멸망 원인에 대한 지적은 관련 내용의 진위에 대한 명확한 판별 이후에 이루어져야 하는 것이겠군.
② ㄱ의 관점에 따르면, 『고려사』 편찬 과정에서 고려의 용어를 고쳐 쓰자고 한 의견은 역사 서술의 근원인 자료를 바로잡고 깨끗이 하자는 것이라고 볼 수 있겠군.
③ ㄴ의 관점에 따르면, 『치평요람』에 서술된 국가의 흥망은 그 원인이 인물들의 능력보다는 객관적 형세인 시세의 흐름에 있다고 보아야겠군.
④ ㄷ의 관점에 따르면, 『신어』에 제시된 진에 대한 비판은 악을 낮추고 징계하는 것으로 볼 수 있겠군.
⑤ ㄷ의 관점에 따르면, 『치평요람』 편찬과 관련한 세종의 생각에서 학문의 근본은 도의 본체에, 현실에서 학문의 구현은 도의 큰 쓰임에 대응하겠군.

✓ 추론하기

✓ 구체적 사례에 적용하기

그럼 실전이라고 생각하고 지문을 읽어 볼까?

[9-10] 다음 글을 읽고 물음에 답하시오.

(가)

전국 시대의 혼란을 종식한 진(秦)은 분서갱유를 단행하며 사상 통제를 기도했다. 당시 권력자였던 이사(李斯)에게 역사 지식은 전통만 따지는 허언이었고, 학문은 법과 제도에 대해 논란을 일으키는 원인에 불과했다. 이에 따라 전국 시대의 『순자』처럼 다른 사상을 비판적으로 흡수하여 통합 학문의 틀을 보여 준 분위기는 일시적으로 약화되었다. 이에 한(漢) 초기 사상가들의 과제는 진의 멸망 원인을 분석하고 이에 기초한 안정적 통치 방안을 제시하며, 힘의 지배를 숭상하던 당시 지배 세력의 태도를 극복하는 것이었다. 이러한 과제에 부응한 대표적 사상가는 육가(陸賈)였다.

순자의 학문을 계승한 그는 한 고조의 치국 계책 요구에 부응해 『신어』를 저술하였다. 이 책을 통해 그는 진의 단명 원인을 가혹한 형벌의 남용, 법률에만 의거한 통치, 군주의 교만과 사치, 그리고 현명하지 못한 인재 등용 등으로 지적하고, 진의 사상 통제가 낳은 폐해를 거론하며 한 고조에게 지식과 학문이 중요함을 설득하고자 하였다. 그에게 지식의 핵심은 현실 정치에 도움을 주는 역사 지식이었다. 그는 역사를 관통하는 자연의 이치에 따라 천문 · 지리 · 인사 등 천하의 모든 일을 포괄한다는 통물(統物)과, 역사 변화 과정에 대한 통찰로서 상황에 맞는 조치를 취하고 기존 규정을 고수하지 않는다는 통변(通變)을 제시하였다. 통물과 통변이 정치의 세계에 드러나는 것이 인의(仁義)라고 파악한 그는 힘에 의한 권력 창출을 긍정하면서도 권력의 유지와 확장을 위한 왕도 정치를 제안하며 인의의 실현을 위해 유교 이념과 현실 정치의 결합을 시도하였다.

인의가 실현되는 정치를 위해 육가는 유교의 범위를 벗어나지 않는 한에서 타 사상을 수용하였다. 예와 질서를 중시하며 교화의 정치를 강조하는 유교를 중심으로 도가의 무위와 법가의 권세를 끌어들였다. 그에게 무위는 형벌을 가벼이 하고 군주의 수양을 강조하는 것으로 평온한 통치의 결과를 의미했고, 권세도 현명한 신하의 임용을 통해 정치권력의 안정을 도모하는 방향성을 가진 것이었기에 원래의 그것과는 차별된 것이었다.

육가의 사상은 과도한 융통성으로 사상적 정체성이 문제가 되기도 했지만, 군주의 정치 행위에 따라 천명이 결정됨을 지적하고 인의의 실현을 강조한 통합의 사상이었다. 그의 사상은 한 무제 이후 유교 독존의 시대를 여는 데 기여하였다.

(나)

조선 초기에 진행된 고려 관련 역사서 편찬은 고려 멸망의 필연성과 조선 건국의 정당성을 드러내는 작업이었다. 편찬자들은 다양한 방식으로 고려와 조선의 차별성을 부각하고, 고려보다 조선이 뛰어남을 설득하고자 하였다.

태조의 명으로 고려 말에 찬술되었던 자료들을 모아 고려에 관한 역사서가 편찬되었지만, 왕실이 아닌 편찬자의 주관이 개입되었다는 비판이 제기되는 등 여러 문제점이 지적되었다. 이에 태종은 고려의 역사서를 다시 만들라는 명을 내렸다. 이후 고려의 용어들을 그대로 신자는 주장과 유교적 사대주의에 따른 명분에 맞추어 고쳐 쓰자는 주장이 맞서는 등 세종 대까지도 논란이 계속되었지만, 문종 대에 이르러 『고려사』 편찬이 완성되었다. 이 과정에서 역사 연구에 관심을 기울인 세종은 경서(經書)가 학문의 근본이라면 역사서는 학문을 현실에서 구현하는 것으로 파악하고, 집현전 학자들과의 경연을 통해 경서와 역사서에 대한 이해를 쌓아 갔다.

이런 분위기에서 세종은 중국과 우리나라의 흥망성쇠를 담은 『치평요람』의 편찬을 명하였고, 집현전 학자들은 원(元)까지의 중국 역사와 고려까지의 우리 역사를 정리하였다. 정리 과정에서 주자학적 역사관이 담긴 『자치통감강목』에 따라 역대 국가를 정통과 비정통으로 구분했지만, 편찬 형식 측면에서는 강목체를 따르지 않았다. 또한 올바른 정치의 여부에 따라 국가의 운명이 다하고 천명이 옮겨 간다는 내용을 드러내고자 기존 역사서와 달리 국가 간 전쟁과 외교 문제, 국가 말기의 혼란과 새 국가 초기의 혼란 수습 등을 부각하였다.

이러한 편찬 방식은 국가의 흥망성쇠를 거울삼아 국가를 잘 운영하겠다는 목적 이외에 새 국가의 토대를 마련하려는 의도가 전제된 것이었다. 이런 의도가 집중적으로 반영된 곳은 『치평요람』의 「국조(國朝)」 부분이었다. 이 부분의 편찬자들은 유교적 시각에서 고려 정치를 바라보며 불교 사상의 폐단을 비롯한 문제점들을 다각도로 드러냈고, 이를 통해 유교적 사회로의 변화를 주장하였다. 이성계의 능력과 업적을 담기는 했지만 이것이 조선 건국을 정당화하기에는 불충분했기에 세종은 역사적 사실을 배경으로 조선 왕조의 우수성을 부각한 『용비어천가』의 편찬을 지시했다. 이는 왕조의 우수성과 정통성을 경전과 역사의 다양한 근거를 통해 보여 주고자 한 것이었다.

문항 코드 | 23670-0056

9. 윗글에서 '육가'와 '집현전 학자들'이 공통적으로 드러내고자 한 내용에 해당하는 것만을 〈보기〉에서 있는 대로 고른 것은?

〈보기〉

ㄱ. 옛 국가의 역사를 거울삼아 새 국가를 안정적으로 통치하도록 한다.

ㄴ. 옛 국가의 멸망 원인은 잘못된 정치 운영에 있지 않고 새 국가로 천명이 옮겨 온 것에 있다.

ㄷ. 옛 국가에서 드러난 사상적 공백을 채우기 위해 새 국가의 군주는 유교에 따라 통치하도록 한다.

① ㄱ ② ㄴ ③ ㄱ, ㄴ
④ ㄱ, ㄷ ⑤ ㄴ, ㄷ

문항 코드 | 23670-0057

10. 〈보기〉는 동양 역사가들의 견해이다. 〈보기〉를 바탕으로 (가), (나)를 이해한 내용으로 적절하지 않은 것은?

〈보기〉

ㄱ. 대부분 옛일의 성패를 논하기 좋아하고 그 일의 진위를 자세히 살피지 않는다. 하지만 진위를 분명히 한 후에야 성패가 어긋나지 않을 수 있다. 이는 역사 서술의 근원인 자료를 바로잡고 깨끗이 한다는 뜻이다.

ㄴ. 고금의 흥망은 현실의 객관적 형세인 시세의 흐름에 따르는 것이며, 사림(士林)의 재주와 덕행으로 말미암은 것은 아니었다. 그러므로 천하의 일은 시세가 제일 중요하고, 행복과 불행이 다음이며, 옳고 그름의 구분은 마지막이라고 하는 것이다.

ㄷ. 도(道)의 본체는 경서에 있지만 그것의 큰 쓰임은 역사서에 담겨 있다. 역사란 선을 높이고 악을 낮추며 선을 권면하고 악을 징계하는 것이다.

① ㄱ의 관점에 따르면, 『신어』에 제시된 진의 멸망 원인에 대한 지적은 관련 내용의 진위에 대한 명확한 판별 이후에 이루어져야 하는 것이겠군.

② ㄱ의 관점에 따르면, 『고려사』 편찬 과정에서 고려의 용어를 고쳐 쓰자고 한 의견은 역사 서술의 근원인 자료를 바로잡고 깨끗이 하자는 것이라고 볼 수 있겠군.

③ ㄴ의 관점에 따르면, 『치평요람』에 서술된 국가의 흥망은 그 원인이 인물들의 능력보다는 객관적 형세인 시세의 흐름에 있다고 보아야겠군.

④ ㄷ의 관점에 따르면, 『신어』에 제시된 진에 대한 비판은 악을 낮추고 징계하는 것으로 볼 수 있겠군.

⑤ ㄷ의 관점에 따르면, 『치평요람』 편찬과 관련한 세종의 생각에서 학문의 근본은 도의 본체에, 현실에서 학문의 구현은 도의 큰 쓰임에 대응하겠군.

아무도 대신해 주지 않는 MY 기출 분석 노트

(가)

01 전국 시대의 혼란을 종식한 진(秦)은 분서갱유를 단행하며 사상 통제를 기도했다.

02 당시 권력자였던 이사(李斯)에게 역사 지식은 전통만 따지는 허언이었고, 학문은 법과 제도에 대해 논란을 일으키는 원인에 불과했다.

03 이에 따라 전국 시대의 『순자』처럼 다른 사상을 비판적으로 흡수하여 통합 학문의 틀을 보여 준 분위기는 일시적으로 약화되었다.

04 이에 한(漢) 초기 사상가들의 과제는 진의 멸망 원인을 분석하고 이에 기초한 안정적 통치 방안을 제시하며, 힘의 지배를 숭상하던 당시 지배 세력의 태도를 극복하는 것이었다. 이러한 과제에 부응한 대표적 사상가는 육가(陸賈)였다.

05 순자의 학문을 계승한 그는 한 고조의 치국 계책 요구에 부응해 『신어』를 저술하였다.

06 이 책을 통해 그는 진의 단명 원인을 가혹한 형벌의 남용, 법률에만 의거한 통치, 군주의 교만과 사치, 그리고 현명하지 못한 인재 등용 등으로 지적하고, 진의 사상 통제가 낳은 폐해를 거론하며 한 고조에게 지식과 학문이 중요함을 설득하고자 하였다.

07 그에게 지식의 핵심은 현실 정치에 도움을 주는 역사 지식이었다.

08 그는 역사를 관통하는 자연의 이치에 따라 천문 · 지리 · 인사 등 천하의 모든 일을 포괄한다는 통물(統物)과, 역사 변화 과정에 대한 통찰로서 상황에 맞는 조치를 취하고 기존 규정을 고수하지 않는다는 통변(通變)을 제시하였다.

09 통물과 통변이 정치의 세계에 드러나는 것이 인의(仁義)라고 파악한 그는 힘에 의한 권력 창출을 긍정하면서도 권력의 유지와 확장을 위한 왕도 정치를 제안하며 인의의 실현을 위해 유교 이념과 현실 정치의 결합을 시도하였다.

10 인의가 실현되는 정치를 위해 육가는 유교의 범위를 벗어나지 않는 한에서 타 사상을 수용하였다.

11 예와 질서를 중시하며 교화의 정치를 강조하는 유교를 중심으로 도가의 무위와 법가의 권세를 끌어들였다.

12 그에게 무위는 형벌을 가벼이 하고 군주의 수양을 강조하는 것으로 평온한 통치의 결과를 의미했고, 권세도 현명한 신하의 임용을 통해 정치권력의 안정을 도모하는 방향성을 가진 것이었기에 원래의 그것과는 차별된 것이었다.

13 육가의 사상은 과도한 융통성으로 사상적 정체성이 문제가 되기도 했지만, 군주의 정치 행위에 따라 천명이 결정됨을 지적하고 인의의 실현을 강조한 통합의 사상이었다.

14 그의 사상은 한 무제 이후 유교 독존의 시대를 여는 데 기여하였다.

(나)

01 조선 초기에 진행된 고려 관련 역사서 편찬은 고려 멸망의 필연성과 조선 건국의 정당성을 드러내는 작업이었다.

02 편찬자들은 다양한 방식으로 고려와 조선의 차별성을 부각하고, 고려보다 조선이 뛰어남을 설득하고자 하였다.

03 태조의 명으로 고려 말에 찬술되었던 자료들을 모아 고려에 관한 역사서가 편찬되었지만, 왕실이 아닌 편찬자의 주관이 개입되었다는 비판이 제기되는 등 여러 문제점이 지적되었다.

04 이에 태종은 고려의 역사서를 다시 만들라는 명을 내렸다.

05 이후 고려의 용어들을 그대로 싣자는 주장과 유교적 사대주의에 따른 명분에 맞추어 고쳐 쓰자는 주장이 맞서는 등 세종 대까지도 논란이 계속되었지만, 문종 대에 이르러 『고려사』 편찬이 완성되었다.

06 이 과정에서 역사 연구에 관심을 기울인 세종은 경서(經書)가 학문의 근본이라면 역사서는 학문을 현실에서 구현하는 것으로 파악하고, 집현전 학자들과의 경연을 통해 경서와 역사서에 대한 이해를 쌓아 갔다.		
07 이런 분위기에서 세종은 중국과 우리나라의 흥망성쇠를 담은 『치평요람』의 편찬을 명하였고, 집현전 학자들은 원(元)까지의 중국 역사와 고려까지의 우리 역사를 정리하였다.		
08 정리 과정에서 주자학적 역사관이 담긴 『자치통감강목』에 따라 역대 국가를 정통과 비정통으로 구분했지만, 편찬 형식 측면에서는 강목체를 따르지 않았다.		
09 또한 올바른 정치의 여부에 따라 국가의 운명이 다하고 천명이 옮겨 간다는 내용을 드러내고자 기존 역사서와 달리 국가 간 전쟁과 외교 문제, 국가 말기의 혼란과 새 국가 초기의 혼란 수습 등을 부각하였다.		
10 이러한 편찬 방식은 국가의 흥망성쇠를 거울삼아 국가를 잘 운영하겠다는 목적 이외에 새 국가의 토대를 마련하려는 의도가 전제된 것이었다.		
11 이런 의도가 집중적으로 반영된 곳은 『치평요람』의 「국조(國朝)」 부분이었다.		
12 이 부분의 편찬자들은 유교적 시각에서 고려 정치를 바라보며 불교 사상의 폐단을 비롯한 문제점들을 다각도로 드러냈고, 이를 통해 유교적 사회로의 변화를 주장하였다.		
13 이성계의 능력과 업적을 담기는 했지만 이것이 조선 건국을 정당화하기에는 불충분했기에 세종은 역사적 사실을 배경으로 조선 왕조의 우수성을 부각한 『용비어천가』의 편찬을 지시했다.		
14 이는 왕조의 우수성과 정통성을 경전과 역사의 다양한 근거를 통해 보여 주고자 한 것이었다.		

태그 체크

○ #관점이란 견.주.리.　○ #차이점　○ #선지 구성의 흔한 예　○ #A와 달리 B
○ #A 반면 B　○ #A보다 B　○ #A가 아니라 B　○ #핵심 정보 파악하기 문제
○ #구체적 사례에 적용하기 문제

17 독서 지문 속, 원리-과정

학습 목표 ❶ 독서(비문학) 지문에서 **가장 까다로운 출제 요소**를 안다. ❷ 지문 속 복잡한 **원리·과정**을 자료와 연결할 수 있다.

개념 태그 #원리 #과정 #~이면 ~이다. #~일수록 ~이다. #비례와 반비례 #단계별 순서 #통시적 관점 #세부 정보 추론하기 #구체적 사례(그림, 그래프, 도표 등)에 적용하기

STEP. 1 내 생애 마지막 개념 정리!

아, 진짜 오늘 공부는 안 하고 싶어요. 선생님, 전 그냥 과학·기술, 경제 지문은 나중에 할까요?

안 돼. 어려운 것일수록 빨리 시작해야 하나라도 더 보지.

저도 그래프 포함된 경제 지문은 어려워요. ㅠㅠ

그래. 최근에 과학·기술 지문 난도가 너무 높아서 다들 힘들어하고 있어. 그럴수록 도망가지 말고, 그 어려운 지문을 딱 데려다 놓고, 열 번, 스무 번 봐야 돼. 쉬운 지문 100개를 한 번씩 보기보다 어려운 지문 10개를 열 번씩 보자고. 첨부터 쉬운 게 어딨니.

지문 패턴 3. 원리-과정

원래 **원리나 과정**을 설명하다 보면 정보의 양이 많아지기 마련이야. 특히 화제의 속성상 **과학** 지문이나 **기술** 지문, **사회(경제)** 지문에서 원리를 설명하는 경우가 많아. 게다가 글쓴이가 열심히 설명해 준 복잡한 원리나 과정을 **그림**으로 그려 놓고 꼭 묻지. 완전 마의 트라이앵글!

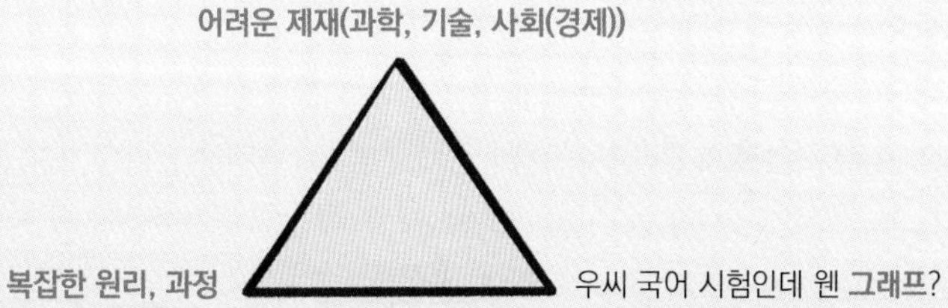

이런 복잡한 정보는 한 개, 많으면 두 개 정도의 단락에 모여 있을 때가 많아. 그런 단락에 집중해서 차분히 머릿속에 순서를 그려 가며 이해해야 돼. 지문에 원리나 과정을 설명한 이유는 백퍼! 출제하기 위해서잖아. 그러니까 지문 속에 대상의 원리나 작동 과정이 나왔다면 그건 문제와 직결되는 정보야.

그리고 **과정**의 또 다른 말은 **단계**라고 할 수 있어. 어떠한 과정을 거친다는 말은, 일정한 단계를 밟아서 나아간다는 것을 뜻하기도 하니까. 단계에도 여러 종류가 있지만, 과정을 설명하는 내용은 아무래도 과학·기술 지문에 많이 등장하는 편이야. 결과를 내는 데까지의 순서나 과정을 설명할 때, **과정을 나타내는 표지(먼저, 우선, 그다음에 등)**가 있다면 그것에 표시를 하고 넘어가자. 읽을 때는 흐름을 따라가기 때문에 내용을 잘 이해할 수 있지만, 문제를 풀 때 근거가 되는 지문의 정보를 다시 확인하려고 할 때, 명확한 표시는 시간을 단축시켜 줄 수 있거든.

☑ 복잡한 원리나 과정을 설명하는 지문 앞에 너무 주눅 들지 말자. 우선은 정보를 사실적으로 이해하는 것에서 출발할 것.
☑ 원리를 설명하는 정보에 주목할 것. 〈~이면 ~이다〉, 〈~일수록 ~이다〉 이런 정보에 특히 주목할 것.

☑ 지문이나 〈보기〉 속에 그래프나 자료가 있다면, 그와 관련된 정보에 주목하여 원리를 파악할 것.

원리에 따른 어떤 현상이나 대상의 변화 과정이 설명돼 있다면 그 과정을 잘 이해해야 돼. 그게 바로 지문 패턴 3이야.

개념 005

독서의 지문 패턴 3 '원리-과정'

1. 원리

① ~이면 ~한다.

② ~일수록 ~한다.

③ ______ / ______ 관계

④ ______ 으로 표현되는 원리

'조건+결과', '원인+결과'를 설명하는 정보는 집중해야 돼. 헷갈린다면 지문 옆에 간략하게 메모해도 좋아!

2. 과정

① ______ 별 순서

어떤 대상의 변화나 작업의 순서가 단계별로 서술되어 있는 방법.

② ______ 적 변화 ····▶ *통시적(通통할 통, 時때 시, 的과녁 적): 어떤 시기를 종적으로 바라보는 것.

3. 구조-기능

예 한편, 체중 저울은 탄성력의 원리를 이용하여 물체의 무게를 측정한다. 다음 그림을 통하여 체중을 측정하는 과정을 살펴보도록 하자.

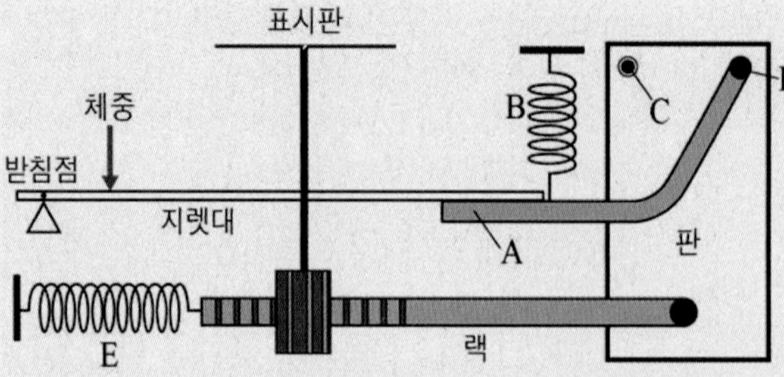

체중 저울은 지렛대, 용수철, 랙 등으로 구성되어 있다. 사람이 저울 위에 올라서면 지렛대에 힘이 작용하여 A가 아래 방향으로 힘을 받게 된다. 그러면 A와 판의 연결점인 D에도 아래 방향으로 힘이 작용하고 용수철 B 또한 늘어난다. 이때 판은 지지점 C를 중심으로 시계 방향으로 회전하고 판과 연결되어 있는 랙은 용수철 E가 있는 방향으로 이동하여 용수철 E의 길이를 줄어들게 한다. 이때 랙이 이동하여 표시판의 눈금을 움직이며 체중을 가리키게 된다.

개념 콕

자료의 유형

① 그림 자료

그림 자료가 있을 때는 자료의 **제목**을 확인하고, 지문에서 다루고 있는 정보가 **항목**으로 표시돼 있는지를 먼저 확인하는 게 좋아. 지문을 읽을 때는 **그림 자료와 관련되는 정보**를 찾아서 그 정보를 정확하게 이해하는 것이 중요해.

② 그래프 자료

우리를 가장 두렵게 만드는 존재. 우선 **X축과 Y축 항목**을 잘 봐 봐. 그 항목은 반드시 지문에서 언급되게 돼 있어. 그럼 지문을 읽으면서 **그 항목에 관련된 내용**이 나오면 **그 단락에 표시**해 두고, 해당 문장에 담긴 **원리**를 잘 파악해야 돼. **X축과 Y축의 관계**를 잘 이해해야 돼.

③ 구체적 사례

〈보기〉 속 구체적 **사례**는 지문에서 설명한 **핵심 정보**를 적용할 수 있는 내용으로 구성돼 있기 마련이야. 지문에서 설명한 **개념-특징, 관점-차이, 원리-과정-방법, 구조-기능**에 관련된 정보와 잘 연결할 수 있어야 돼.

〈보기〉 속 구체적 사례에 적용하기 문제의 근거 범위는 화제의 개념 정의, 특징인 경우가 많다.
〈보기〉 속 구체적 사례에 적용하기 문제의 근거 범위는 관점, 차이점인 경우도 많다.
〈보기〉 속 자료(특히 그래프) 문제의 근거 범위는 원리, 과정인 경우가 많다!
원리-과정이 특히 더 중요한 영역: 과학, 기술

기출 지문에서 찾아보는 지문 패턴 ③

기출 분석이란 이런 거다!
= 이 문제는 지문의 어떤 정보를 문제화하였는가?
= 출제자는 우리가 지문의 어떤 정보를 이해하기를 바랐던 걸까?
= 앞으로 나는 지문의 어떤 정보를 찾아서 이해해야 할까?

2014학년도 대학수학능력시험 6월 모의평가 A형

지문	(논리적) 의식의 흐름
01 플래시 메모리는 수많은 스위치들로 이루어지는데, 각 스위치에 0 또는 1을 저장한다.	딱 봐도 기술 지문. 플래시 메모리의 구성이나 작동 원리를 잘 파악해야 돼.
02 디지털 카메라에서 사진 한 장은 수백만 개 이상의 스위치를 켜고 끄는 방식으로 플래시 메모리에 저장된다.	
03 메모리에서는 1비트의 정보를 기억하는 이 스위치를 셀이라고 한다.	'셀'의 개념
04 플래시 메모리에서 셀은 그림과 같은 구조의 트랜지스터 1개로 이루어져 있다.	'셀'의 구조
05 플로팅 게이트에 전자가 들어 있는 상태를 1, 들어 있지 않은 상태를 0이라고 정의한다.	1: 전자가 들어 있는 상태 0: 전자가 들어 있지 않은 상태

06 플래시 메모리에서 데이터를 읽을 때는 그림의 반도체 D에 3V의 양(+)의 전압을 가한다.	★플래시 메모리에서 데이터를 읽는 **방법** : 반도체 D에 3V의 양(+)의 전압을 가함.
07 그러면 다른 한 쪽의 반도체인 S로부터 전자들이 D 쪽으로 이끌리게 된다.	→ 반도체 S로부터 전자들이 D 쪽으로 이끌리게 됨.**(과정)**
08 플로팅 게이트에 전자가 들어 있을 때는 S로부터 오는 전자와 플로팅 게이트에 있는 전자가 마치 자석의 같은 극처럼 서로 반발하기 때문에 전자가 흐르기 힘들다.	플로팅 게이트에 전자가 들어 있을 때 전자가 흐르기 힘든 이유.

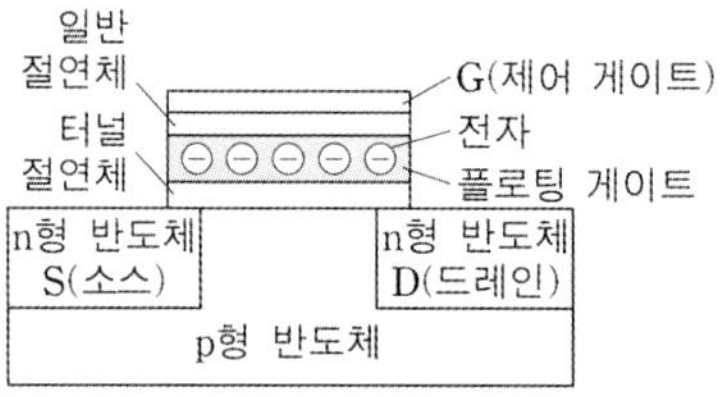

09 한편 플로팅 게이트에 전자가 없는 상태에서는 S와 D 사이에 전자가 흐르기 쉽다.	
10 이렇게 전자의 흐름 여부, 즉 S와 D 사이에 전류가 흐르는가로 셀의 값이 1인지 0인지를 판단한다.	★셀의 값이 1인지 0인지를 판단하는 **방법** : 전자의 흐름 여부로 판단함.
11 플래시 메모리에서는 두 가지 과정을 거쳐 데이터가 저장된다.	★플래시 메모리에서 데이터를 저장하는 **방법** 1. 데이터를 지우는 과정 2. 데이터를 쓰는 과정
12 일단 데이터를 지우는 과정이 필요하다.	
13 데이터 지우기는 여러 개의 셀이 연결된 블록 단위로 이루어진다.	
14 블록에 포함된 모든 셀마다 G에 0V, p형 반도체에 약 20V의 양의 전압을 가하면, 플로팅 게이트에 전자가 있는 경우, 그 전자가 터널 절연체를 넘어 p형 반도체로 이동한다.	**1. 데이터를 지우는 과정** **모든 셀마다 G에 0V, p형 반도체에 약 20V → 모든 셀은 0이 됨.**
15 반면 전자가 없는 경우는 플로팅 게이트에 변화가 없다.	
16 따라서 해당 블록의 모든 셀은 0의 상태가 된다.	
17 터널 절연체는 전류 흐름을 항상 차단하는 일반 절연체와는 다르게 일정 이상의 전압이 가해졌을 때는 전자를 통과시킨다.	터널 절연체와 일반 절연체의 **차이점** ↓ (일반 절연체) 전류 흐름 항상 차단
18 이와 같은 과정을 거친 후에야 데이터 쓰기가 가능하다.	
19 데이터를 저장하려면 1을 쓰려는 셀의 G에 약 20V, p형 반도체에는 0V의 전압을 가한다.	**2. 데이터를 쓰는 과정** **1을 쓰려는 셀의 G에 약 20V, p형 반도체에는 0V**
20 그러면 p형 반도체에 있던 전자들이 터널 절연체를 넘어 플로팅 게이트로 들어가 저장된다.	
21 이것이 1의 상태이다.	
22 플래시 메모리는 EPROM과 EEPROM의 장점을 취하여 만든 메모리이다.	
23 EPROM은 한 개의 트랜지스터로 셀을 구성하여 셀 면적이 작은 반면, 데이터를 지울 때 칩을 떼어 내어 자외선으로 소거해야 한다는 단점이 있다.	EPROM **장점과 단점**
24 EEPROM은 전기를 이용하여 간편하게 데이터를 지울 수 있지만, 셀 하나당 두 개의 트랜지스터가 필요하다.	
25 플래시 메모리는 한 개의 트랜지스터로 셀을 구성하며, 전기적으로 데이터를 쓰고 지울 수 있다.	플래시 메모리의 **장점**
26 한편 메모리는 전원 차단 시에 데이터의 보존 유무에 따라 휘발성과 비휘발성 메모리로 구분되는데, 플래시 메모리는 플로팅 게이트가 절연체로 둘러싸여 있기 때문에 전원을 꺼도 1이나 0의 상태가 유지되므로 비휘발성 메모리이다.	휘발성과 비휘발성 메모리의 **차이점** 플래시 메모리: 비휘발성 메모리
27 이런 장점 때문에 휴대용 디지털 장치는 주로 플래시 메모리를 이용하여 데이터를 저장한다.	

자, 그럼 문제들을 보여 주지. 지금 이 문제 같이 풀자는 거 아님.
원리-과정 패턴의 지문이 나오면 어떤 문제가 출제될 수밖에 없는지를 보여 주겠어.

지문 패턴 ③에서 출제되는 문제 패턴_ 세부 정보 추론하기, 구체적 사례에 적용하기

Q6 ∨ 세부 내용 추론하기

윗글의 '플래시 메모리'에 대하여 추론한 내용으로 옳은 것은?

① D에 3V의 양의 전압을 가하면 플로팅 게이트의 전자가 사라진다. no.06~10
② 터널 절연체 대신에 일반 절연체를 사용하면 데이터를 반복해서 지우고 쓸 수 없다. no.17
③ 데이터 지우기 과정에서 자외선에 노출해야 데이터를 수정할 수 있다. no.23, 25
④ EEPROM과 비교되는 EPROM의 단점을 개선하여 셀 면적을 더 작게 만들었다. no.23, 25
⑤ 데이터를 유지하기 위해서는 전력을 계속 공급해 주어야 한다. no.26

'플래시 메모리'의 개념을 정확히 이해해야 돼. 그리고 선지에 나와 있는 '플로팅 게이트', '절연체', 'EEPROM', 'EPROM' 같은 생소한 대상들의 기능, 데이터 지우기 과정, 데이터를 유지하기 위한 방법 등을 잘 이해해야겠지? 지문을 읽을 때 관련 정보들이 지문에 나오면 해당 내용의 선지들을 실시간으로 지워 나가는 게 좋을 거 같아.

Q7 ∨ 구체적 사례에 적용하기

윗글과 〈보기〉에 따라 플래시 메모리의 데이터 〈10〉을 〈01〉로 수정하려고 할 때, 단계별로 전압이 가해질 위치가 옳은 것은?

〈보기〉

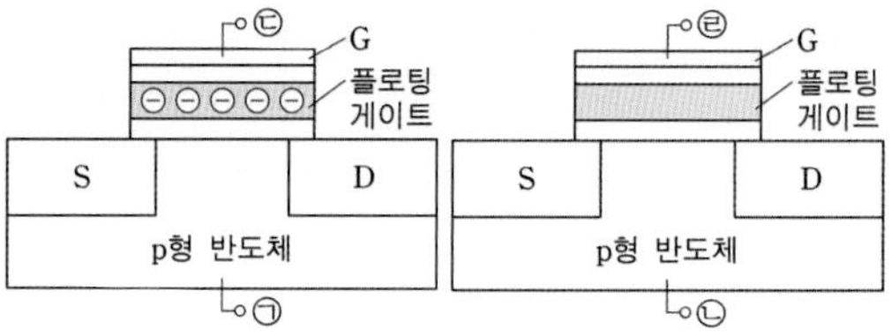

* 두 개의 셀이 하나의 블록을 이룬다.
* 그림은 데이터 〈10〉을 저장하고 있는 현재 상태이고, ㉠~㉣은 20V의 양의 전압이 가해지는 위치이다.

	1단계 no.14~16	2단계 no.19~21
①	㉠	㉣
②	㉢	㉡
③	㉠과 ㉡	㉣
④	㉡과 ㉢	㉣
⑤	㉢과 ㉣	㉡

<보기>는 지문에 제시된 도식과 비슷한 그림 두 개를 제시하고 있어. 그리고 그 데이터를 수정하려고 한다는 상황 조건을 제시한 거야. 지문에 분명히 플래시 메모리의 데이터 수정 원리가 설명돼 있을 거야. 없을 수가 없다니까~. 그 방법을 설명한 정보를 정확히 이해해야 돼.

우리는 지문을 읽고, 정확한 답을 고를 수 있어야 해. 그러기 위해서는 지문의 패턴을 잘 파악하는 것이 중요해. 원리나 과정을 설명하는 내용이 지문에 포함돼 있다면, 반드시 그 복잡하고 세부적인 정보들을 잘 이해했는지 묻는 문제가 출제된다고. 지문 패턴과 꼭 연결되는 문제 패턴의 짝을 잘 알아 두자.

STEP. 2 기출, 이것은 진리

2018학년도 3월 고3 전국연합학력평가

✓ 세부 내용 파악하기

11 오답률 48%

윗글을 이해한 내용으로 적절하지 않은 것은?

① 알부민과 같이 작은 단백질들은 기저막의 당단백질과 상반된 전하를 띠기 때문에 사구체 여과가 억제될 수 있다.
② 기저막을 감싸고 있는 보먼주머니 내층의 발세포 돌기 사이로 여과액이 빠져나온다.
③ 질병이 생길 경우 혈장 교질 삼투압과 보먼주머니 수압이 크게 변할 수 있다.
④ 기저막은 비세포성 젤라틴 층으로 콜라겐과 당단백질로 구성되어 있다.
⑤ 사구체 여과를 통해 물이나 포도당이 세뇨관으로 빠져나갈 수 있다.

✓ 핵심 정보 파악하기

12 오답률 2위 75%

윗글을 바탕으로 〈보기〉에 대해 설명한 내용으로 적절하지 않은 것은?

〈보기〉

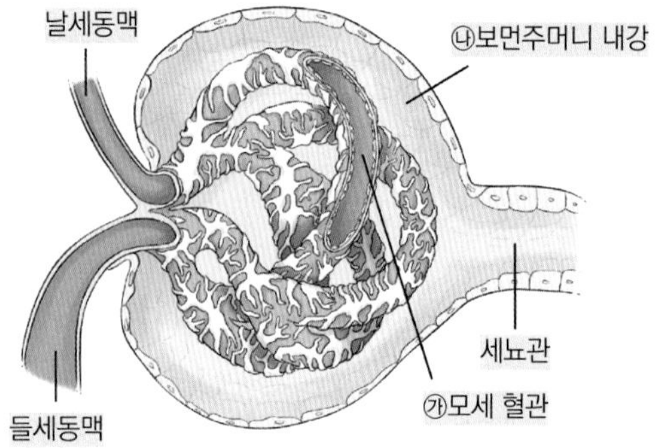

① ㉮에 있는 내피세포 층의 구멍들을 통해 노폐물이나 독소가 빠져나갈 수 있다.
② ㉮의 혈압이 콩팥의 자가 조절 기능의 훼손으로 감소하면 '실제 여과압'이 감소할 수 있다.
③ ㉯에 도달하는 여과액이 감소하면 '실제 여과압'이 증가할 수 있다.
④ ㉯에 도달한 여과액에 의해 발생한 수압은 ㉮의 혈압과 반대 방향으로 작용할 수 있다.
⑤ ㉮와 ㉯의 단백질 농도 차이가 감소하면 '실제 여과압'이 감소할 수 있다.

✓ 생략된 이유 추론하기

13 오답률 50%

㉠의 이유로 가장 적절한 것은?

① 들세동맥의 혈액 속도가 날세동맥을 통해 사구체 밖으로 나가는 혈액 속도보다 빠르기 때문에
② 들세동맥의 직경이 조절되어 사구체로 유입되는 혈류량이 일정하게 유지되기 때문에
③ 사구체의 모세 혈관 벽이 편평한 내피세포 한 층으로 이루어져 있기 때문에
④ 사구체의 모든 모세 혈관을 통해 사구체 여과가 발생할 수 있기 때문에
⑤ 혈장 교질 삼투압과 보먼주머니 수압이 일정하게 유지되기 때문에

그럼 실전이라고 생각하고 지문을 읽어 볼까?

[11-13] 다음 글을 읽고 물음에 답하시오.

혈액을 통해 운반된 노폐물이나 독소는 주로 콩팥의 사구체를 통해 일차적으로 여과된다. 사구체는 모세 혈관이 뭉쳐진 덩어리로, 보먼주머니에 담겨 있다. 사구체는 들세동맥에서 유입되는 혈액 중 혈구나 대부분의 단백질은 여과시키지 않고 날세동맥으로 흘려보내며, 물·요소·나트륨·포도당 등과 같이 작은 물질들은 사구체막을 통과시켜 보먼주머니를 통해 세뇨관으로 나가게 한다. 이 과정을 '사구체 여과'라고 한다.

사구체 여과가 발생하기 위해서는 사구체로 들어온 혈액을 사구체막 바깥쪽으로 밀어 주는 힘이 필요한데, 이 힘은 주로 들세동맥과 날세동맥의 직경 차이에서 비롯된다. 사구체로 혈액이 들어가는 들세동맥의 직경보다 사구체로부터 혈액이 나오는 날세동맥의 직경이 작다. 이에 따라 사구체로 유입되는 혈류량보다 나가는 혈류량이 적기 때문에 자연히 사구체의 모세 혈관에는 다른 신체 기관의 모세 혈관보다 높은 혈압이 발생하고, 이 혈압으로 인해 사구체의 모세 혈관에서 사구체 여과가 이루어진다. ㉠**사구체의 혈압은 동맥의 혈압에 따라 변화가 일어날 수 있지만 생명 유지를 위해 일정하게 유지된다.**

사구체막은 사구체 여과가 발생하기 위해 적절한 구조를 갖추고 있다. 사구체막은 모세 혈관 벽과 기저막, 보먼주머니 내층으로 이루어진다. 모세 혈관 벽은 편평한 내피세포 한 층으로 이루어져 있다. 이 내피세포들에는 구멍이 있으며 내피세포들 사이에도 구멍이 있다. 이 때문에 사구체의 모세 혈관은 다른 신체 기관의 모세 혈관에 비해 동일한 혈압으로도 100배 정도 높은 투과성을 보인다. 기저막은 내피세포와 보먼주머니 내층 사이의 비세포성 젤라틴 층으로, 콜라겐과 당단백질로 구성된다. 콜라겐은 구조적 강도를 높이고, 당단백질은 내피세포의 구멍을 통과할 수 있는 알부민과 같이 작은 단백질들의 여과를 억제한다. 이는 알부민을 비롯한 작은 단백질들이 음전하를 띠는데 당단백질 역시 음전하를 띠기 때문에 가능한 것이다. 보먼주머니 내층은 문어처럼 생긴 발세포로 이루어지는데, 각각의 발세포에서는 돌기가 나와 기저막을 감싸고 있다. 돌기 사이의 좁은 틈을 따라 여과액이 빠져나오면 보먼주머니 내강에 도달하게 된다.

한편 사구체막을 사이에 두고 사구체 여과를 억제하는 압력이 발생한다. 혈액 속 대부분의 단백질들은 여과되지 않기 때문에 사구체의 모세 혈관 내에는 존재하고 보먼주머니 내강에는 거의 존재하지 않는다. 따라서 보먼주머니 내강보다 사구체의 모세 혈관의 단백질 농도가 높다. 그 결과 보먼주머니 내강의 물이 사구체의 모세 혈관 쪽으로 이동하려는 삼투압이 발생하게 된다. 이를 '혈장 교질 삼투압'이라고 한다. 그리고 보먼주머니 내강에 도달한 여과액에 의해 '보먼주머니 수압'이 발생한다. 이 압력은 보먼주머니 쪽에서 사구체의 모세 혈관 쪽으로 작용하기 때문에 여과를 방해한다. 결과적으로 여과를 발생시키는 압력과 억제하는 압력의 차이가 '실제 여과압'이 된다.

질환이 있지 않은 정상 상태에서는 혈장 교질 삼투압과 보먼주머니 수압이 크게 변하지 않는다. 그러나 사구체의 혈압은 동맥의 혈압에 따라 증가하거나 감소할 수 있다. 이 같은 변동은 생명 유지에 적합하지 않기 때문에 자가 조절 기능에 의해 관리된다. 즉 콩팥은 심장의 수축에 의해 발생하는 혈압에 변동이 생기더라도 제한된 범위 내에서 사구체로 유입되는 혈류량을 일정하게 유지한다. 자가 조절은 주로 들세동맥의 직경을 조절함으로써 가능하다.

문항 코드 | 23670-0058

11. 윗글을 이해한 내용으로 적절하지 <u>않은</u> 것은?

① 알부민과 같이 작은 단백질들은 기저막의 당단백질과 상반된 전하를 띠기 때문에 사구체 여과가 억제될 수 있다.
② 기저막을 감싸고 있는 보먼주머니 내층의 발세포 돌기 사이로 여과액이 빠져나온다.
③ 질병이 생길 경우 혈장 교질 삼투압과 보먼주머니 수압이 크게 변할 수 있다.
④ 기저막은 비세포성 젤라틴 층으로 콜라겐과 당단백질로 구성되어 있다.
⑤ 사구체 여과를 통해 물이나 포도당이 세뇨관으로 빠져나갈 수 있다.

문항 코드 | 23670-0059

12. 윗글을 바탕으로 〈보기〉에 대해 설명한 내용으로 적절하지 않은 것은?

〈보기〉

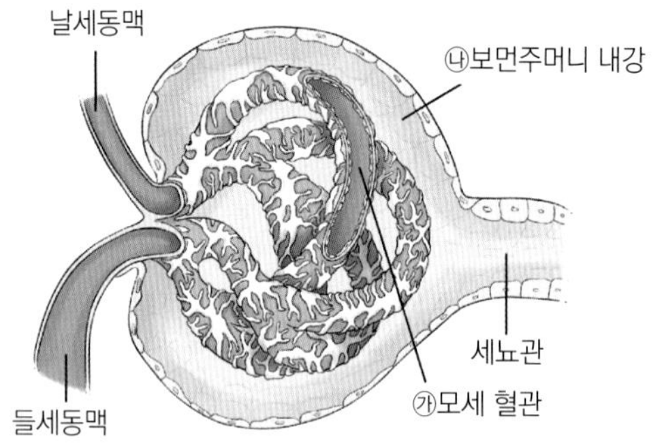

① ㉮에 있는 내피세포 층의 구멍들을 통해 노폐물이나 독소가 빠져나갈 수 있다.
② ㉮의 혈압이 콩팥의 자가 조절 기능의 훼손으로 감소하면 '실제 여과압'이 감소할 수 있다.
③ ㉯에 도달하는 여과액이 감소하면 '실제 여과압'이 증가할 수 있다.
④ ㉯에 도달한 여과액에 의해 발생한 수압은 ㉮의 혈압과 반대 방향으로 작용할 수 있다.
⑤ ㉮와 ㉯의 단백질 농도 차이가 감소하면 '실제 여과압'이 감소할 수 있다.

문항 코드 | 23670-0060

13. ㉠의 이유로 가장 적절한 것은?

① 들세동맥의 혈액 속도가 날세동맥을 통해 사구체 밖으로 나가는 혈액 속도보다 빠르기 때문에
② 들세동맥의 직경이 조절되어 사구체로 유입되는 혈류량이 일정하게 유지되기 때문에
③ 사구체의 모세 혈관 벽이 편평한 내피세포 한 층으로 이루어져 있기 때문에
④ 사구체의 모든 모세 혈관을 통해 사구체 여과가 발생할 수 있기 때문에
⑤ 혈장 교질 삼투압과 보먼주머니 수압이 일정하게 유지되기 때문에

아무도 대신해 주지 않는 MY 기출 분석 노트

01 혈액을 통해 운반된 노폐물이나 독소는 주로 콩팥의 사구체를 통해 일차적으로 여과된다.		
02 사구체는 모세 혈관이 뭉쳐진 덩어리로, 보먼주머니에 담겨 있다.		
03 사구체는 들세동맥에서 유입되는 혈액 중 혈구나 대부분의 단백질은 여과시키지 않고 날세동맥으로 흘려보내며, 물 · 요소 · 나트륨 · 포도당 등과 같이 작은 물질들은 사구체막을 통과시켜 보먼주머니를 통해 세뇨관으로 나가게 한다.		
04 이 과정을 '사구체 여과'라고 한다.		
05 사구체 여과가 발생하기 위해서는 사구체로 들어온 혈액을 사구체막 바깥쪽으로 밀어 주는 힘이 필요한데, 이 힘은 주로 들세동맥과 날세동맥의 직경 차이에서 비롯된다.		
06 사구체로 혈액이 들어가는 들세동맥의 직경보다 사구체로부터 혈액이 나오는 날세동맥의 직경이 작다.		
07 이에 따라 사구체로 유입되는 혈류량보다 나가는 혈류량이 적기 때문에 자연히 사구체의 모세 혈관에는 다른 신체 기관의 모세 혈관보다 높은 혈압이 발생하고, 이 혈압으로 인해 사구체의 모세 혈관에서 사구체 여과가 이루어진다.		

08 사구체의 혈압은 동맥의 혈압에 따라 변화가 일어날 수 있지만 생명 유지를 위해 일정하게 유지된다.		
09 사구체막은 사구체 여과가 발생하기 위해 적절한 구조를 갖추고 있다.		
10 사구체막은 모세 혈관 벽과 기저막, 보먼주머니 내층으로 이루어진다.		
11 모세 혈관 벽은 편평한 내피세포 한 층으로 이루어져 있다.		
12 이 내피세포들에는 구멍이 있으며 내피세포들 사이에도 구멍이 있다.		
13 이 때문에 사구체의 모세 혈관은 다른 신체 기관의 모세 혈관에 비해 동일한 혈압으로도 100배 정도 높은 투과성을 보인다.		
14 기저막은 내피세포와 보먼주머니 내층 사이의 비세포성 젤라틴 층으로, 콜라겐과 당단백질로 구성된다.		
15 콜라겐은 구조적 강도를 높이고, 당단백질은 내피세포의 구멍을 통과할 수 있는 알부민과 같이 작은 단백질들의 여과를 억제한다.		
16 이는 알부민을 비롯한 작은 단백질들이 음전하를 띠는데 당단백질 역시 음전하를 띠기 때문에 가능한 것이다.		
17 보먼주머니 내층은 문어처럼 생긴 발세포로 이루어지는데, 각각의 발세포에서는 돌기가 나와 기저막을 감싸고 있다.		
18 돌기 사이의 좁은 틈을 따라 여과액이 빠져나오면 보먼주머니 내강에 도달하게 된다.		
19 한편 사구체막을 사이에 두고 사구체 여과를 억제하는 압력이 발생한다.		
20 혈액 속 대부분의 단백질들은 여과되지 않기 때문에 사구체의 모세 혈관 내에는 존재하고 보먼주머니 내강에는 거의 존재하지 않는다.		
21 따라서 보먼주머니 내강보다 사구체의 모세 혈관의 단백질 농도가 높다.		
22 그 결과 보먼주머니 내강의 물이 사구체의 모세 혈관 쪽으로 이동하려는 삼투압이 발생하게 된다.		
23 이를 '혈장 교질 삼투압'이라고 한다.		
24 그리고 보먼주머니 내강에 도달한 여과액에 의해 '보먼주머니 수압'이 발생한다.		
25 이 압력은 보먼주머니 쪽에서 사구체의 모세 혈관 쪽으로 작용하기 때문에 여과를 방해한다.		
26 결과적으로 여과를 발생시키는 압력과 억제하는 압력의 차이가 '실제 여과압'이 된다.		
27 질환이 있지 않은 정상 상태에서는 혈장 교질 삼투압과 보먼주머니 수압이 크게 변하지 않는다.		
28 그러나 사구체의 혈압은 동맥의 혈압에 따라 증가하거나 감소할 수 있다.		
29 이 같은 변동은 생명 유지에 적합하지 않기 때문에 자가 조절 기능에 의해 관리된다.		
30 즉 콩팥은 심장의 수축에 의해 발생하는 혈압에 변동이 생기더라도 제한된 범위 내에서 사구체로 유입되는 혈류량을 일정하게 유지한다.		
31 자가 조절은 주로 들세동맥의 직경을 조절함으로써 가능하다.		

태그 체크

◯ #원리 ◯ #과정 ◯ #~이면 ~이다. ◯ #~일수록 ~이다.
◯ #비례와 반비례 ◯ #단계별 순서 ◯ #통시적 관점 ◯ #세부 정보 추론하기
◯ #구체적 사례(그림, 그래프, 도표 등)에 적용하기

18 독서 지문 속, 원리-방법

학습 목표

❶ 독서(비문학) 지문에서 **가장 까다로운 출제 요소**를 안다.
❷ 지문 속 복잡한 **원리·방법**을 자료와 연결할 수 있다.

개념 태그

#원리 #방법 #문제-해결
#~하면 ~이다. #사실 함께 다닐 때가 많은 원리-과정-방법 #단계별 순서와 작동 방법
#세부 정보 추론하기 #구체적 사례(그림, 그래프, 도표 등)에 적용하기

STEP. 1 내 생애 마지막 개념 정리!

선생님, 너무 어렵지만 그래도 조금씩 지문 패턴도, 문제 패턴도 보이는 거 같아요.

그래, 겁먹지 않는 자세가 필요해. 쉬운 지문으로 전형적인 지문 패턴들을 찾아 읽고 이해하는 연습을 하고, 점점 고난도 지문과 문제들로 연습하면 돼.

과학, 기술, 경제 지문이 제일 겁나지만 포기하지는 않겠습니다!

출제자의 눈이 뭔지 알아 가고 있어요. 수능 날 진짜 지문을 읽으면서 출제 요소들이 싹 다 보이면 좋겠어요.

충분히 할 수 있을 거 같다! :)

지문 패턴 4. 원리-방법

지난 시간에는 원리-과정을 설명하는 지문 패턴을 공부했어. 원리-방법도 크게 다르지 않아. 원리-과정-방법은 사실 한데 묶여서 설명되는 경우가 많으니까. 예를 들면 기술 지문에서 특정한 장치나 시스템을 어떻게 작동시키는지 그 방법과 과정을 설명하다 보면, 거기에 작동 원리가 녹아 있는 경우가 많아. 또 이런 복잡한 정보는 그림 자료와 연결되는 경우도 많고. 지문 패턴 4는 원리-방법이야. 지문 패턴 3과 비교했을 때, 정보의 성격이나 자주 만나게 될 지문의 영역, 문제 패턴 등이 크게 다르지 않아. 원리-방법을 설명하는 지문은 지문에서 설명한 정보를 구체적인 대상이나 사례에 직접 적용해 보는 문제와 연결되기 쉬워. 〈보기〉 속에 그림이나 도표, 그래프가 제시되는 경우가 많으니 문자 정보와 시각 정보를 연결하는 연습도 필요해.

☑ 복잡한 원리나 방법을 설명하는 지문 앞에 너무 주눅 들지 말자. 마찬가지로 정보를 사실적으로 이해하는 것에서 출발할 것.
☑ 원리를 설명하는 정보에 주목할 것. 〈~이면 ~이다〉, 〈~일수록 ~이다〉 이런 정보에 특히 주목할 것.
☑ 지문이나 〈보기〉 속에 그래프나 자료가 있다면, 그와 관련된 정보에 주목하여 원리를 파악할 것.

원리에 따른 어떤 대상의 작동 방법이나 문제 해결의 방법이 설명돼 있다면 그 세부 내용을 잘 이해해야 돼.
그게 바로 지문 패턴 4야.

개념 006

독서의 지문 패턴 4 '원리-방법'

방법

방법이란 어떤 일을 해 나가거나 목적을 이루기 위하여 취하는 수단이나 방식을 말해.

예 어떤 사진 속 물체의 색깔과 형태로부터 그 물체가 사과인지 아닌지를 구별할 수 있도록 **인공 신경망을 학습시키는 경우**를 생각해 보자. **먼저** 학습을 위한 입력값들 즉 **학습 데이터를 만들어야 한다.** 학습 데이터를 만들기 위해서는 사과 사진을 준비하고 사진에 나타난 특징인 색깔과 형태를 수치화해야 한다. 이 경우 색깔과 형태라는 두 범주를 수치화하여 하나의 학습 데이터로 묶은 다음, **'정답'에 해당하는 값과 함께 학습 데이터를 인공 신경망에 제공한다.** 이때 같은 범주에 속하는 입력값은 동일한 입력 단자를 통해 들어가도록 해야 한다. 그리고 사과 사진에 대한 학습 데이터를 만들 때에 정답인 '사과이다'에 해당하는 값을 '1'로 설정하였다면 출력값 '0'은 '사과가 아니다'를 의미하게 된다.

인공 신경망의 작동은 크게 **학습 단계와 판정 단계**로 나뉜다. **학습 단계**는 학습 데이터를 입력층의 입력 단자에 넣어 주고 출력층의 출력값을 구한 후, 이 출력값과 정답에 해당하는 값의 차이가 줄어들도록 가중치를 갱신하는 과정이다. 어떤 학습 데이터가 주어지면 이때의 출력값을 구하고 학습 데이터와 함께 제공된 정답에 해당하는 값에서 출력값을 뺀 값 즉 오차 값을 구한다. 이 오차 값의 일부가 출력층의 출력 단자에서 입력층의 입력 단자 방향으로 되돌아가면서 각 계층의 퍼셉트론별로 출력 신호를 만드는 데 관여한 모든 가중치들에 더해지는 방식으로 가중치들이 갱신된다. 이러한 과정을 다양한 학습 데이터에 대하여 반복하면 출력값들이 각각의 정답 값에 수렴하게 되고 판정 성능이 좋아진다. 오차 값이 0에 근접하게 되거나 가중치의 갱신이 더 이상 이루어지지 않게 되면 학습 단계를 마치고 **판정 단계**로 전환한다. 이때 판정의 오류를 줄이기 위해서는 학습 단계에서 대상들의 변별적 특징이 잘 반영되어 있는 서로 다른 학습 데이터를 사용하는 것이 좋다.

기출 지문에서 찾아보는 지문 패턴 4

기출 분석이란 이런 거다!
= 이 문제는 지문의 어떤 정보를 문제화하였는가?
= 출제자는 우리가 지문의 어떤 정보를 이해하기를 바랐던 걸까?

= 앞으로 나는 지문의 어떤 정보를 찾아서 이해해야 할까?

2020학년도 대학수학능력시험

지문	(논리적) 의식의 흐름
01 국제법에서 일반적으로 조약은 국가나 국제기구들이 그들 사이에 지켜야 할 구체적인 권리와 의무를 명시적으로 합의하여 창출하는 규범이며, 국제 관습법은 조약 체결과 관계없이 국제 사회 일반이 받아들여 지키고 있는 보편적인 규범이다.	으아, 첫 문장부터 길이가 왜 이럼? ㅎㅎ 겁부터 먹지 말고, 생소한 개념들을 잘 이해하는 게 첫걸음. 그리고 방법을 설명하는 문단에 집중하는 거야. '조약'의 **정의** '국제 관습법'의 **정의**
02 반면에 경제 관련 국제기구에서 어떤 결정을 하였을 경우, 이 결정 사항 자체는 권고적 효력만 있을 뿐 법적 구속력은 없는 것이 일반적이다.	경제 관련 국제기구 결정 사항의 특징을 말해 줬네.
03 그런데 국제결제은행 산하의 바젤위원회가 결정한 BIS 비율 규제와 같은 것들이 비회원의 국가에서도 엄격히 준수되는 모습을 종종 보게 된다.	어? **예외**의 경우를 제시할 때는 주목해야지.
04 이처럼 일종의 규범적 성격이 나타나는 현실을 어떻게 이해할지에 대한 논의가 있다.	
05 이는 위반에 대한 제재를 통해 국제법의 효력을 확보하는 데 주안점을 두는 일반적 경향을 되돌아보게 한다.	
06 곧 신뢰가 형성하는 구속력에 주목하는 것이다.	음, BIS 비율 규제는 신뢰가 형성하는 구속력이 있다고 볼 수 있겠구나.
07 BIS 비율은 은행의 재무 건전성을 유지하는 데 필요한 최소한의 자기자본 비율을 설정하여 궁극적으로 예금자와 금융 시스템을 보호하기 위해 바젤위원회에서 도입한 것이다.	BIS 비율의 도입 **목적**
08 바젤위원회에서는 BIS 비율이 적어도 규제 비율인 8%는 되어야 한다는 기준을 제시하였다.	**구체적인 수치**에 주목해야 돼.
09 이에 대한 식은 다음과 같다.	
10 $\text{BIS 비율(\%)} = \dfrac{\text{자기자본}}{\text{위험가중자산}} \times 100 \geq 8(\%)$	이런 **수식화된 정보**, 매우 중요해!
11 여기서 자기자본은 은행의 기본자본, 보완자본 및 단기후순위채무의 합으로, **위험가중자산**은 보유 자산에 각 자산의 신용 위험에 대한 위험 가중치를 곱한 값들의 합으로 구하였다.	'자기자본', '위험가중자산'의 **정의**
12 위험 가중치는 자산 유형별 신용 위험을 반영하는 것인데, OECD 국가의 국채는 0%, 회사채는 100%가 획일적으로 부여되었다.	'위험 가중치'에 대한 정보에도 주목하자. 국채는 **0%**, 회사채는 **100%** 부여 ↳ 이것도 **구체적인 수치**잖아.
13 이후 금융 자산의 가격 변동에 따른 시장 위험도 반영해야 한다는 요구가 커지자, 바젤위원회는 **위험가중자산**을 신용 위험에 따른 부분과 시장 위험에 따른 부분의 합으로 새로 정의하여 BIS 비율을 산출하도록 하였다.	'위험가중자산'의 새로운 정의에도 주목해야겠구나.
14 신용 위험의 경우와 달리 **시장 위험의 측정 방식**은 감독 기관의 승인하에 은행의 선택에 따라 사용할 수 있게 하여 '바젤 I' 협약이 1996년에 완성되었다.	여기까지가 **'바젤 I' 협약**에 대한 정보였음.

15 금융 혁신의 진전으로 '바젤 I' 협약의 한계가 드러나자 2004년에 '바젤 II' 협약이 도입되었다.	이제부터 **'바젤 I' 협약**의 한계를 보완한 **'바젤 II' 협약**에 대한 정보 시작
16 여기에서 BIS 비율의 **위험가중자산**은 신용 위험에 대한 위험 가중치에 자산의 유형과 신용도를 모두 고려하도록 수정되었다.	수정된 내용에 주목해야겠어. '위험가중자산'이 또 수정됐네.
17 **신용 위험의 측정 방식**은 표준 모형이나 내부 모형 가운데 하나를 은행이 이용할 수 있게 되었다.	표준 모형과 내부 모형을 구분해서 설명하고 있어.
18 표준 모형에서는 OECD 국가의 국채는 0%에서 150%까지, 회사채는 20%에서 150%까지 위험 가중치를 구분하여 신용도가 높을수록 낮게 부과한다.	표준 모형에서~ '위험 가중치'에 대한 정보에도 또 주목하자. **'바젤 I' 협약**과 다른 점이야. [국채는 **0%에서 150%** 회사채는 **20%에서 150%**
19 예를 들어 실제 보유한 회사채가 100억 원인데 신용 위험 가중치가 20%라면 위험가중자산에서 그 회사채는 20억 원으로 계산된다.	**★사례**
20 내부 모형은 은행이 선택한 위험 측정 방식을 감독 기관의 승인하에 그 은행이 사용할 수 있도록 하는 것이다.	내부 모형에서~
21 또한 감독 기관은 필요시 위험가중자산에 대한 자기자본의 최저 비율이 규제 비율을 초과하도록 자국 은행에 요구할 수 있게 함으로써 자기자본의 경직된 기준을 보완하고자 했다.	'위험가중자산에 대한 자기자본의 비율'이 한마디로 'BIS 비율'이잖아. 정보의 변신 모드! 여기까지가 **'바젤 II' 협약**에 대한 정보였음.
22 최근에는 '바젤 III' 협약이 발표되면서 자기자본에서 단기후순위채무가 제외되었다.	이제부터 **'바젤 III' 협약**에 대한 정보 시작. 11에서 '자기자본'은 은행의 기본자본, 보완자본 및 단기후순위채무의 합이라고 했는데, '바젤 III' 협약에서는 단기후순위채무는 제외됐어. **달라진 점**이야.
23 또한 위험가중자산에 대한 기본자본의 비율이 최소 6%가 되게 보완하여 자기자본의 손실 복원력을 강화하였다.	'자기자본'은 은행의 기본자본과 보완자본의 합이잖아. 위험가중자산에 대한 기본자율의 최소 비율을 보완하여 자기자본의 손실 복원력을 강화한 거야.
24 이처럼 새롭게 발표되는 바젤 협약은 이전 협약에 들어 있는 관련 기준을 개정하는 효과가 있다.	
25 바젤 협약은 우리나라를 비롯한 수많은 국가에서 채택하여 제도화하고 있다.	
26 현재 바젤위원회에는 28개국의 금융 당국들이 회원으로 가입되어 있으며, 우리 금융 당국은 2009년에 가입하였다.	
27 하지만 우리나라는 가입하기 훨씬 전부터 BIS 비율을 도입하여 시행하였으며, 현행 법제에도 이것이 반영되어 있다.	
28 바젤 기준을 따름으로써 은행이 믿을 만하다는 징표를 국제 금융 시장에 보여 주어야 했던 것이다.	
29 재무 건전성을 의심받는 은행은 국제 금융 시장에 자리를 잡지 못하거나, 심하면 아예 발을 들이지 못할 수도 있다.	
30 바젤위원회에서는 은행 감독 기준을 협의하여 제정한다.	
31 그 헌장에서는 회원들에게 바젤 기준을 자국에 도입할 의무를 부과한다.	

32 하지만 바젤위원회가 초국가적 감독 권한이 없으며 그의 결정도 법적 구속력이 없다는 것 또한 밝히고 있다.		
33 바젤 기준은 100개가 넘는 국가가 채택하여 따른다.		역시 바젤 기준은 신뢰가 형성하는 구속력을 가지네.
34 이는 국제기구의 결정에 형식적으로 구속을 받지 않는 국가에서까지 자발적으로 받아들여 시행하고 있다는 것인데, 이런 현실을 말랑말랑한 법(soft law)의 모습이라 설명하기도 한다.		훗, 재미있는 표현이네. '말랑말랑한 법(soft law)'과
35 이때 조약이나 국제 관습법은 그에 대비하여 딱딱한 법(hard law)이라 부르게 된다.		'딱딱한 법(hard law)'이 무엇인지를 이해하자.
36 바젤 기준도 장래에 딱딱하게 응고될지 모른다.		

자, 그럼 문제들을 보여 주지. 지금 이 문제 같이 풀자는 거 아님.
원리-방법 패턴의 지문이 나오면 어떤 문제가 출제될 수밖에 없는지를 보여 주겠어.

지문 패턴 4에서 출제되는 문제 패턴_ 세부 정보 추론하기, 구체적 사례에 적용하기

Q8 ∨ 핵심 정보 파악하기

→ 'BIS 비율'이 화제라는 게 느껴짐. 'BIS 비율'의 개념과 특징을 이해했는지 체크하겠다는 출제자의 의지가 보이지?

BIS 비율에 대한 이해로 가장 적절한 것은?

① 바젤 I 협약에 따르면, 보유하고 있는 회사채의 신용도가 낮아질 경우 BIS 비율은 낮아지는 경향이 있다. no.12
② 바젤 II 협약에 따르면, 각국의 은행들이 준수해야 하는 위험 가중 자산 대비 자기자본의 최저 비율은 동일하다. no.21
③ 바젤 II 협약에 따르면, 보유하고 있는 OECD 국가의 국채를 매각한 뒤 이를 회사채에 투자한다면 BIS 비율은 항상 높아진다. no.18
④ 바젤 II 협약에 따르면, 시장 위험의 경우와 마찬가지로 감독 기관의 승인하에 은행이 선택하여 사용할 수 있는 신용 위험의 측정 방식이 있다. no.14, 20
⑤ 바젤III 협약에 따르면, 위험 가중 자산 대비 보완 자본이 최소 2%는 되어야 보완된 BIS 비율 규제를 은행이 준수할 수 있다. no.23

'바젤 I, II, III 협약'이 있네. 각각의 협약이 무엇인지, 그 내용을 파악하고, 또 어떤 차이들이 있는지를 꼭 이해해야 돼.

Q9 ∨ 구체적 사례에 적용하기

윗글을 참고할 때, 〈보기〉에 대한 반응으로 적절하지 않은 것은?

〈보기〉

갑 은행이 어느 해 말에 발표한 자기 자본 및 위험 가중 자산은 아래 표와 같다. 갑 은행은 OECD 국가의 국채와 회사채만을 자산으로 보유했으며, 바젤 II 협약의 표준 모형에 따라 BIS 비율을 산출하여 공시하였다. 이때 회사채에 반영된 위험 가중치는 50%이다. 그 이외의 자본 및 자산은 모두 무시한다.

항목	자기 자본		
	기본 자본	보완 자본	단기 후순위 채무
금액	50억 원	20억 원	40억 원

항목	위험 가중치를 반영하여 산출한 위험 가중 자산		
	신용 위험에 따른 위험가중자산		시장 위험에 따른 위험 가중 자산
	국채	회사채	
금액	300억 원	300억 원	400억 원

① 갑 은행이 공시한 BIS 비율은 바젤 위원회가 제시한 규제 비율을 상회하겠군. no.10, 11, 16
② 갑 은행이 보유 중인 회사채의 위험 가중치가 20%였다면 BIS 비율은 공시된 비율보다 높았겠군. no.10, 19
③ 갑 은행이 보유 중인 국채의 실제 규모가 회사채의 실제 규모보다 컸다면 위험 가중치는 국채가 회사채보다 낮았겠군. no.11
④ 갑 은행이 바젤 I 협약의 기준으로 신용 위험에 따른 위험가중자산을 산출한다면 회사채는 600억 원이 되겠군. no.10, 12
⑤ 갑 은행이 위험 가중 자산의 변동 없이 보완자본을 10억 원 증액한다면 바젤 III 협약에서 보완된 기준을 충족할 수 있겠군. no.23

<보기> 속의 구체적 사례에 적용하는 문제야. 지문 속에서 '자기자본', '위험가중자산' 등의 개념, 'BIS 비율'을 산출하는 원리, 방법을 설명한 정보들을 찾아 잘 이해하고 그 내용을 사례와 연결해야겠다는 생각을 할 수 있어야 돼.

우리는 지문을 읽고, 정확한 답을 고를 수 있어야 해. 그러기 위해서는 지문의 패턴을 잘 파악하는 것이 중요해. 원리나 방법을 설명하는 내용이 지문에 포함돼 있다면, 반드시 그 복잡하고 세부적인 정보들을 잘 이해했는지 묻는 문제가 출제된다고. 지문 패턴과 꼭 연결되는 문제 패턴의 짝을 잘 알아 두자.

STEP. 2 기출, 이것은 진리

2015학년도 3월 고3 전국연합학력평가(A형)

✓ 세부 내용 파악하기

14 (오답률 25%)

윗글에 대한 이해로 적절하지 않은 것은?

① 국고채는 정부가 필요한 자금을 마련하기 위해 관련 법률에 따라 발행하는 국채이다.
② 복수금리결정방식에서는 국고채의 금리가 투자자에 따라 다르게 결정될 수 있다.
③ 단일금리결정방식에서는 투자자가 자신이 제시한 금리보다 높은 금리로 국고채를 낙찰받을 수 있다.
④ 복수금리결정방식과 단일금리결정방식 모두 투자자들이 각자 원하는 금리를 제시하는 절차를 거친다.
⑤ 단일금리결정방식에 비해 복수금리결정방식으로 국고채를 발행할 때 정부가 부담해야 할 이자 비용이 증가할 수 있다.

✓ 구체적 사례에 적용하기

15 (오답률 27%)

윗글을 바탕으로 〈보기〉의 ㉮를 설명할 때, 가장 적절한 것은?

〈보기〉

우리 나라는 국채 시장의 발전이 미흡했던 과거에 정부가 국고채를 금융 기관에 강제로 배분하는 방식으로 발행했다. 국채 시장이 발전함에 따라 ㉮**복수금리결정방식을 취해 오다 국고채의 발행을 촉진하고자 단일금리결정방식을 채택해 왔다**. 그러다가 2009년부터는 차등금리결정방식을 채택하고 있다.

① 복수금리결정방식에서 발생한 정부의 손실을 보상하려는 계획이다.
② 복수금리결정방식보다 높은 금리로 투자자들을 유인하려는 시도이다.
③ 복수금리결정방식에서 발생한 투자자들의 이자 수익을 환수하려는 방안이다.
④ 단일금리결정방식을 통해 투자자들이 제시한 금리를 차별화하려는 조치이다.
⑤ 단일금리결정방식을 통해 투자자들의 투자 규모를 축소하려는 노력이다.

16

오답률 5위 45%

㉠을 〈보기〉에 적용한 설명으로 가장 적절한 것은?

〈보기〉

ㄱ. 발행 예정액: 700억 원

ㄴ. 그룹화 간격: 0.03%p

ㄷ. 입찰 결과:

투자자	제시한 금리와 금액
ⓐ	1.98% 100억 원
ⓑ	2.00% 100억 원
ⓒ	2.02% 200억 원
ⓓ	2.05% 100억 원
ⓔ	2.06% 200억 원
ⓕ	2.07% 200억 원

ㄹ. 그룹화 결과: 2.06~2.04%, 2.03~2.01%, 2.00~1.98%

(단, 입찰 단위는 0.01%p 단위로 제시한다.)

① ⓐ가 속한 그룹은 ⓐ가 제시한 금리로 낙찰받는다.
② ⓑ와 ⓒ는 같은 금리로 낙찰받는다.
③ ⓒ는 2.03%의 금리로 낙찰받는다.
④ ⓓ와 ⓔ 모두 2.05%의 금리로 낙찰받는다.
⑤ ⓕ는 ⓔ와 다른 그룹으로 낙찰받는다.

✔ 구체적 사례에 적용하기

그럼 실전이라고 생각하고 지문을 읽어 볼까?

[14-16] 다음 글을 읽고 물음에 답하시오.

국채는 정부가 부족한 조세 수입을 보전하고 재정 수요를 충당하기 위해 발행하는 일종의 차용 증서이다. 이 중 국고채는 정부가 자금을 조달하는 주요한 수단이며, 채권 시장을 대표하는 상품이다. 만기일에 원금과 약속한 이자를 지급하는 국고채는 관련 법률에 따라 발행된다. 발행 주체인 정부는 이자 비용을 줄이기 위해 낮은 금리를 선호하며, 매입 주체인 투자자들은 높은 이자 수익을 기대하여 높은 금리를 선호한다. 국고채의 금리는 경쟁 입찰을 통해 결정되는데, 경쟁 입찰은 금리 결정 방법에 따라 크게 '복수금리결정방식'과 '단일금리결정방식'으로 나뉜다.

※ 발행 예정액: 800억 원

투자자	제시한 금리와 금액	결정 방식	
		복수금리	단일금리
A	4.99% 200억 원	4.99%	모두 5.05%
B	5.00% 200억 원	5.00%	모두 5.05%
C	5.01% 200억 원	5.01%	모두 5.05%
D	5.03% 100억 원	5.03%	모두 5.05%
E	5.05% 100억 원	5.05%	모두 5.05%
F	5.07% 100억 원	미낙찰	미낙찰

복수금리결정방식은 각각의 투자자가 금리와 금액을 제시하면 최저 금리를 제시한 투자자부터 순차적으로 낙찰자를 결정하는 방식이다. 낙찰된 금액의 합계가 발행 예정액에 도달할 때까지 낙찰자를 결정하기 때문에 상대적으로 낮은 금리를 제시한 투자자부터 낙찰자로 결정된다. 이때 국고채의 금리는 각각의 투자자가 제시한 금리로 결정된다. 표와 같이 발행 예정액이 800억 원인 경쟁 입찰이 있다면, 가장 낮은 금리를 제시한 A부터 E까지 제시한 금액 합계가 800억 원이므로 이들이 순차적으로 낙찰자로 결정된다. 이때 국고채의 금리는 A에게는 4.99%, B에게는 5.00%, …, E에게는 5.05%로 각기 다르게 적용이 된다.

한편, 단일금리결정방식은 각 투자자들이 제시한 금리를 최저부터 순차적으로 나열하여 이들이 제시한 금액이 발행 예정액에 도달할 때까지 낙찰자를 결정한다는 점에서는 복수금리결정방식과 같다. 하지만 발행되는 국고채의 금리는 낙찰자들이 제시한 금리 중 가장 높은 금리로 단일하게 결정된다는 점이 다르다. 표와 같이 낙찰자는 A~E로 결정되지만 국고채의 금리는 A~E 모두에게 5.05%로 동일하게 적용되는 것이다. 따라서 단일금리결정방식은 복수금리결정방식에 비해 투자자에게 유리한 방식일 수 있다.

하지만 단일금리결정방식은 정부의 이자 부담을 가중시킬 수 있어, 복수금리결정방식과 단일금리결정방식을 혼합한 '차등금리결정방식'을 도입하기도 한다. ㉠차등금리결정방식이란 단일금리결정방식과 같은 방법으로 낙찰자들을 결정하지만, 낙찰자들이 제시한 금리들 중 가장 높은 금리를 기준으로 삼아 금리들을 일정한 간격으로 그룹화한다는 점이 다르다. 각 그룹의 간격은 0.02%p~0.03%p 정도로 정부가 결정하며, 이때 국고채의 금리는 투자자가 제시한 금리와 관계없이 정부가 각각의 그룹에 설정한 최고 금리로 결정된다. 이는 투자자가 제시한 금리를 그룹별로 차등화함으로써 적정 금리로 입찰하도록 유도하는 효과를 낸다.

문항 코드 | 23670-0061

14. 윗글에 대한 이해로 적절하지 않은 것은?

① 국고채는 정부가 필요한 자금을 마련하기 위해 관련 법률에 따라 발행하는 국채이다.
② 복수금리결정방식에서는 국고채의 금리가 투자자에 따라 다르게 결정될 수 있다.
③ 단일금리결정방식에서는 투자자가 자신이 제시한 금리보다 높은 금리로 국고채를 낙찰받을 수 있다.
④ 복수금리결정방식과 단일금리결정방식 모두 투자자들이 각자 원하는 금리를 제시하는 절차를 거친다.
⑤ 단일금리결정방식에 비해 복수금리결정방식으로 국고채를 발행할 때 정부가 부담해야 할 이자 비용이 증가할 수 있다.

문항 코드 | 23670-0062

15. 윗글을 바탕으로 〈보기〉의 ㉮를 설명할 때, 가장 적절한 것은?

〈보기〉

우리나라는 국채 시장의 발전이 미흡했던 과거에 정부가 국고채를 금융 기관에 강제로 배분하는 방식으로 발행했다. 국채 시장이 발전함에 따라 ㉮복수금리결정방식을 취해 오다 국고채의 발행을 촉진하고자 단일금리결정방식을 채택해 왔다. 그러다가 2009년부터는 차등금리결정방식을 채택하고 있다.

① 복수금리결정방식에서 발생한 정부의 손실을 보상하려는 계획이다.
② 복수금리결정방식보다 높은 금리로 투자자들을 유인하려는 시도이다.
③ 복수금리결정방식에서 발생한 투자자들의 이자 수익을 환수하려는 방안이다.
④ 단일금리결정방식을 통해 투자자들이 제시한 금리를 차별화하려는 조치이다.
⑤ 단일금리결정방식을 통해 투자자들의 투자 규모를 축소하려는 노력이다.

문항 코드 | 23670-0063

16. ㉠을 〈보기〉에 적용한 설명으로 가장 적절한 것은?

〈보기〉

ㄱ. 발행 예정액: 700억 원
ㄴ. 그룹화 간격: 0.03%p
ㄷ. 입찰 결과:

투자자	제시한 금리와 금액
ⓐ	1.98% 100억 원
ⓑ	2.00% 100억 원
ⓒ	2.02% 200억 원
ⓓ	2.05% 100억 원
ⓔ	2.06% 200억 원
ⓕ	2.07% 200억 원

ㄹ. 그룹화 결과: 2.06~2.04%, 2.03~2.01%, 2.00~1.98%
(단, 입찰 단위는 0.01%p 단위로 제시한다.)

① ⓐ가 속한 그룹은 ⓐ가 제시한 금리로 낙찰받는다.
② ⓑ와 ⓒ는 같은 금리로 낙찰받는다.
③ ⓒ는 2.03%의 금리로 낙찰받는다.
④ ⓓ와 ⓔ 모두 2.05%의 금리로 낙찰받는다.
⑤ ⓕ는 ⓔ와 다른 그룹으로 낙찰받는다.

아무도 대신해 주지 않는 MY 기출 분석 노트

01 국채는 정부가 부족한 조세 수입을 보전하고 재정 수요를 충당하기 위해 발행하는 일종의 차용 증서이다.

02 이 중 국고채는 정부가 자금을 조달하는 주요한 수단이며, 채권 시장을 대표하는 상품이다.

03 만기일에 원금과 약속한 이자를 지급하는 국고채는 관련 법률에 따라 발행된다.

04 발행 주체인 정부는 이자 비용을 줄이기 위해 낮은 금리를 선호하며, 매입 주체인 투자자들은 높은 이자 수익을 기대하여 높은 금리를 선호한다.

05 국고채의 금리는 경쟁 입찰을 통해 결정되는데, 경쟁 입찰은 금리 결정 방법에 따라 크게 '복수금리결정방식'과 '단일금리결정방식'으로 나뉜다.

※ 발행 예정액: 800억 원

<table>
<tr><th rowspan="2">투자자</th><th rowspan="2">제시한 금리와 금액</th><th colspan="2">결정 방식</th></tr>
<tr><th>복수금리</th><th>단일금리</th></tr>
<tr><td>A</td><td>4.99% 200억 원</td><td>4.99%</td><td rowspan="5">모두
5.05%</td></tr>
<tr><td>B</td><td>5.00% 200억 원</td><td>5.00%</td></tr>
<tr><td>C</td><td>5.01% 200억 원</td><td>5.01%</td></tr>
<tr><td>D</td><td>5.03% 100억 원</td><td>5.03%</td></tr>
<tr><td>E</td><td>5.05% 100억 원</td><td>5.05%</td></tr>
<tr><td>F</td><td>5.07% 100억 원</td><td>미낙찰</td><td>미낙찰</td></tr>
</table>

06 복수금리결정방식은 각각의 투자자가 금리와 금액을 제시하면 최저 금리를 제시한 투자자부터 순차적으로 낙찰자를 결정하는 방식이다.

07 낙찰된 금액의 합계가 발행 예정액에 도달할 때까지 낙찰자를 결정하기 때문에 상대적으로 낮은 금리를 제시한 투자자부터 낙찰자로 결정된다.

08 이때 국고채의 금리는 각각의 투자자가 제시한 금리로 결정된다.

09 표와 같이 발행 예정액이 800억 원인 경쟁 입찰이 있다면, 가장 낮은 금리를 제시한 A부터 E까지 제시한 금액 합계가 800억 원이므로 이들이 순차적으로 낙찰자로 결정된다.

10 이때 국고채의 금리는 A에게는 4.99%, B에게는 5.00%, …, E에게는 5.05%로 각기 다르게 적용이 된다.

11 한편, 단일금리결정방식은 각 투자자들이 제시한 금리를 최저부터 순차적으로 나열하여 이들이 제시한 금액이 발행 예정액에 도달할 때까지 낙찰자를 결정한다는 점에서는 복수금리결정방식과 같다.

12 하지만 발행되는 국고채의 금리는 낙찰자들이 제시한 금리 중 가장 높은 금리로 단일하게 결정된다는 점이 다르다.

13 표와 같이 낙찰자는 A~E로 결정되지만 국고채의 금리는 A~E 모두에게 5.05%로 동일하게 적용되는 것이다.

14 따라서 단일금리결정방식은 복수금리결정방식에 비해 투자자에게 유리한 방식일 수 있다.		
15 하지만 단일금리결정방식은 정부의 이자 부담을 가중시킬 수 있어, 복수금리결정방식과 단일금리결정방식을 혼합한 '차등금리결정방식'을 도입하기도 한다.		
16 차등금리결정방식이란 단일금리결정방식과 같은 방법으로 낙찰자들을 결정하지만, 낙찰자들이 제시한 금리들 중 가장 높은 금리를 기준으로 삼아 금리들을 일정한 간격으로 그룹화한다는 점이 다르다.		
17 각 그룹의 간격은 0.02%p~0.03%p 정도로 정부가 결정하며, 이때 국고채의 금리는 투자자가 제시한 금리와 관계없이 정부가 각각의 그룹에 설정한 최고 금리로 결정된다.		
18 이는 투자자가 제시한 금리를 그룹별로 차등화함으로써 적정 금리로 입찰하도록 유도하는 효과를 낸다.		

태그 체크

○ #원리
○ #~하면 ~이다.
○ #세부 정보 추론하기
○ #방법
○ #사실 함께 다닐 때가 많은 원리-과정-방법
○ #구체적 사례(그림, 그래프, 도표 등)에 적용하기
○ #문제-해결
○ #단계별 순서와 작동 방법

19 독서, 고난도란 이런 것

학습 목표

❶ **고난도 독서** 지문 앞에서 **자신감**을 갖는다.
❷ **틀린 문제들**을 통해 내 **약점**을 분명히 **파악**한다.

개념 태그

#경제 지문에서는 개념, 특징, 원리
#인문 지문에서도 개념, 특징, 그리고 관점 추가요
#사례와 연결되니까
#과학 지문에서도 개념, 특징, 원리, 과정
#개념 특징은 언제나 중요해. 왜?
#짝을 이루는 두 대상 간의 차이점과 공통점

STEP. 1 내 생애 마지막 개념 정리!

선생님, 최근 최고난도 문제는 어떤 문제였어요?

아무래도 과학, 기술, 법 지문들 문제 난도가 높았지.

나도 도전해 볼까?

그럼 선배들 죄다 멘붕 도가니탕 끓였던 지문들과 문제들에 도전해 볼래? 최근 3년 이내 기출문제 중 오답률 60~70% 문제로만 뽑아서 개인 소장 중인데, 함 도전해 볼텨? 우선 몇 문제만?

와... 한 세트에 포함된 문제들이 싹 다 오답률이 60%가 넘어요. 진짜 이런 세트 나만 다 맞히고 싶다…

역시 상식이! 난 70%가 틀리는 문제는 나도 틀려도 뭐, 괜찮겠다고 생각했는데. ㅠ ㅠ 음, 나도 마인드를 바꿔야겠음!

그만큼 어려웠던 문제! 찍어도 이런 문제를 찍어서 맞혀야 함. ㅋ ㅋ ㅋ
찍어서가 아니라 실력으로 풀어 정답을 맞히는 그 날을 위해 연습하자!

'연계 교재'라고 들어는 봤니? 2023 수능을 위한 제1 연계 교재인 수능특강에는 이런 세트가 있었지...

warm up 2023학년도 수능 대비 수능특강

사유 재산 제도하에서 우리는 자신이 소유한 재산을 누군가에게 마음대로 줄 수 있을까? 살아 있는 동안에는 세금을 내기만 하면 증여(贈與)를 통해 자신의 재산을 누군가에게 마음대로 넘겨줄 수 있다. 그러나 사망하게 되면 개인이 생전에 했던 증여, 그리고 유언에 의해 이루어진 유증(遺贈)까지 경우에 따라 재산을 물려받는 상속인들에 의해 간섭을 받을 수 있다. 이와 관련하여 우리 민법에서는 '유류분(遺留分)'을 인정하고 있는데, 유류분이란 일정한 범위의 상속인을 위하여 법률상 반드시 남겨 두어야 할 일정 부분이다. 법정 상속인들은 이와 관련된 민법 조항에 따라 피상속인의 재산 중 일정 부분을 확보할 수 있는 권리를 갖는다.

유류분은 1977년 민법을 개정할 때 유언 절대 자유의 원칙에 따른 사려 깊지 못한 유증으로 부양가족의 생활을 곤란케 할 위험이 있으며, 상속 재산의 성격상 당연히 유류분 제도가 필요하다는 이유로 도입되었다. 당시에는 가족의 재산이 대부분 가장 한 사람에게 집중되어 있었다. 따라서 가장인 피상속인이 사망할 경우 그 부양가족들의 생계유지를 위해 그들에게 피상속인의 재산이 고르게 상속될 필요가 있었다. 또한 당시 피상속인의 재산은 가족 구성원들이 함께 노력하여 만들어 낸 가족 공동의 소유물로 볼 수 있었기 때문에 그것에 대해 가족 구성원들이 자기 몫을 요구하는 것은 당연한 권리로 볼 수 있었다. 그리고 현실적으로는 아들 중심의 상속 관행에서 비롯된 딸에 대한 차별 문제를 해결할 필요성이 있었다.

[A] 유류분을 정확히 이해하기 위해서는 먼저 법률에 정해진 상속분*이 어떻게 되는지 알아야 한다. 상속인이 여럿일 경우 법정 상속분은 상속 순위와 상속인의 수에 따라 결정된다. 기본적으로 선순위 상속인만 상속을 받고 선순위 상속인이 없을 때 다음 순위 상속인이 상속을 받으며, 같은 순위의 상속인들끼리는 그 상속분을 똑같이 나누게 된다. 상속 순위는 직계 비속*, 직계 존속*, 형제자매, 그리고 4촌 이내의 방계 혈족*순으로 되어 있다. 그리고 배우자는 직계 비속이 있을 때에는 직계 비속과 직계 비속이 없을 때에는 직계 존속과 같은 순위가 되는데, 배우자의 상속분은 직계 비속이나 직계 존속의 상속분에 5할이 가산된다. 만약 직계 비속으로 아들과 딸이 한 명씩 있고 배우자, 직계 존속 한 명이 있다면 선순위자인 직계 비속과 배우자만 상속을 받게 된다. 이 경우 아들과 딸, 그리고 배우자의 상속분은 1:1:1.5가 된다. 직계 비속과 직계 존속이 모두 없을 경우에는 배우자가 단독 상속인이 되고, 배우자마저 없을 때 그다음 순위 상속인이 상속을 받는다.

민법 제1112조에 따르면 유류분의 권리자는 피상속인의 직계 비속, 배우자, 직계 존속, 형제자매이다. 이들 중 직계 비속과 배우자의 유류분은 그들이 받게 될 법정 상속분의 1/2이며, 직계 존속과 형제자매의 유류분은 그 법정 상속분의 1/3이다. 즉, 법정 상속분에 따라 상속받을 재산이 6억 원인 직계 비속의 유류분은 3억 원이 되며, 상속받을 재산이 6억 원인 직계 존속의 유류분은 2억 원이 된다. 만약 피상속인이 상속인들의 유류분을 초과하여 자신의 재산을 특정 상속인, 또는 다른 누군가에게 증여하거나 유증했을 경우, 유류분의 권리자는 증여나 유증을 받은 자에게 자신의 유류분을 보전하기 위한 반환을 청구할 수 있다. 따라서 상속인의 유류분을 침해하는 피상속인의 증여나 유증은 법적 분쟁의 빌미가 될 수 있다. 이러한 법적 분쟁을 예방하려면, 직계 비속이나 배우자 등 상속인이 존재하는 피상속인은 그 상속인들에게 상속 재산의 1/2만큼을 물려줄 수 있는 한도 내에서 증여나 유증을 해야 한다.

그러나 이러한 유류분 제도는 피상속인이 자신의 재산을 자유롭게 처분할 수 있는 권리를 침해한다는 점에서 근본적인 문제를 내포하고 있다. 또한 현재 우리 사회가 1970년대와는 많이 달라졌다는 점에서 이 제도에 대한 비판의 목소리가 커지고 있다. 당시에는 사회적으로 부양가족의 생계유지를 위한 유류분 제도의 필요성이 충분히 인정될 수 있었다. 그러나 지금은 국민의 기초 생활을 보장하는 다양한 복지 정책이 도입되어 생계유지와 관련된 상속 의존도는 크게 낮아졌다. 그리고 성년이 된 가족 구성원들이 과거에 비해 경제적으로 독립된 생활을 유지하고 있어 가장의 재산 형성에 기여했다거나 가장이 가족 구성원들의 재산을 전적으로 소유하고 있다고 보기 어렵게 되었다. 피상속인의 재산이 가족 구성원들의 기여로 형성된 가족 공동체의 재산이라는 전제가 성립되지 않는 한, 피상속인의 자유로운 재산권 행사를 제한하는 유류분 제도의 정당성은 인정받기 어렵다.

유류분을 다투는 법적 분쟁이 심화되는 경우 가족 공동체의 붕괴를 가져오기도 한다. 피상속인이 사망하면 상속인들에게 행한 증여를 상속 재산으로 포함하여 상속분과 유류분을 계산하게 된다. 따라서 생전에 피상속인에게서 공동 상속인의 유류분을 침해할 수 있는 증여를 받은 상속인이라면 가능한 한 피상속인의 증여를 축소하거나 숨기려 할 것이다. 피상속인이 생전에 행한 증여를 다른 공동 상속인들이 알아내기가 쉽지 않으며, 그것을 알아냈다 하더라도 증여를 받은 상속인의 자발적 도움 없이는 이를 법정에서 입증하기 어렵다. 따라서 유류분을 초과한 피상속인의 증여가 많을수록 유류분을 확보하기 위한 유류분 권리자들 간의 법적 분쟁과 갈등이 심화될 수밖에 없다. 이와 같은 여러 가지 문제점들로 인해 ㉠**유류분 제도의 개선이 필요하다**는 목소리가 점차 높아지고 있다.

***상속분:** 유산 상속인이 여러 사람일 때, 각 상속인이 받을 수 있는 유산의 비율.
***직계 비속:** 아들, 딸, 손자 등 자기로부터 직계로 이어져 내려가는 혈족.
***직계 존속:** 부모, 조부모 등 조상으로부터 직계로 내려와 자기에 이르는 사이의 혈족.
***방계 혈족:** 백부모, 숙부모, 조카 등 직계가 아닌 혈족.

Q10 ✓중심 내용 파악

윗글에 답이 나타나 있는 질문이 아닌 것은?

① 증여와 유증은 어떤 차이가 있는가?
② 유류분에 대해 권리가 있는 사람들은 누구인가?
③ 누군가의 유류분이 그 법정 상속분을 초과할 수 있는가?
④ 유류분 제도에 내포되어 있는 근본적인 문제는 무엇인가?
⑤ 가족 공동체의 붕괴를 막기 위해 유류분 제도를 어떻게 개선해야 하는가?

[정답이 정답인 이유]

⑤ 이 글에서는 유류분을 다투는 법적 분쟁이 가족 공동체의 붕괴를 가져오기도 한다는 이유 등으로 유류분 제도의 개선 필요성을 언급하고 있다. 그러나 유류분 제도를 어떻게 개선해야 하는지에 대해서는 다루지 않고 있다.

[오답이 오답인 이유]

① 1문단에 따르면, 증여는 본인이 살아 있는 동안에 이루어지며, 유증은 유언에 따라 본인이 죽은 후에 이루어지는 것임을 알 수 있다.
② 4문단에 따르면, 유류분의 권리자는 피상속인의 직계 비속, 배우자, 직계 존속, 형제자매임을 알 수 있다.
③ 4문단에 따르면, 유류분은 법정 상속분의 1/2, 또는 1/3에 해당하므로 어떤 사람의 유류분도 그 법정 상속분을 초과할 수 없음을 알 수 있다.
④ 5문단에 따르면, 유류분 제도는 피상속인이 자신의 재산을 자유롭게 처분할 수 있는 권리를 침해한다는 점에서 근본적인 문제를 내포하고 있음을 알 수 있다.

Q11 ✓세부 내용 파악

윗글에 근거할 때, [A]에 대한 이해로 적절하지 않은 것은?

① 상속인으로 직계 존속과 형제자매만 있을 때, 형제자매는 상속을 받을 수 없다.
② 상속인으로 직계 비속과 직계 존속만 있을 때, 직계 존속은 상속을 받을 수 없다.
③ 상속인으로 배우자와 형제자매만 있을 때, 형제자매는 상속을 받을 수 없다.
④ 상속인으로 배우자와 직계 존속만 있을 때, 직계 존속은 상속을 받을 수 없다.
⑤ 상속인으로 배우자와 직계 비속만 있을 때, 직계 비속이 많을수록 배우자의 상속 금액은 줄어든다.

[정답이 정답인 이유]

④ 배우자는 직계 비속이 없을 때 직계 존속과 같은 순위가 된다고 하였다. 따라서 배우자와 직계 존속만 있을 경우 배우자와 같은 순위가 되는 직계 존속은 상속을 받을 수 있다.

[오답이 오답인 이유]

① 상속인이 여럿일 경우에는 선순위 상속인만 상속을 받을 수 있다. 따라서 상속인 중 선순위 상속인인 직계 존속이 있을 경우 후순위 상속인인 형제자매는 상속을 받을 수 없다.

② 직계 비속은 직계 존속보다 선순위 상속인이다. 따라서 직계 비속이 있을 경우 후순위 상속인인 직계 존속은 상속을 받을 수 없다.

③ 배우자는 직계 비속과 직계 존속이 모두 없을 경우에 단독 상속인이 되고, 배우자마저 없을 때 그다음 순위 상속인이 상속을 받는다고 하였다. 따라서 배우자와 형제자매만 있을 때 형제자매는 상속을 받을 수 없다.

⑤ 배우자의 상속분은 직계 비속의 상속분에 5할이 가산된다. 따라서 배우자와 직계 비속의 상속분은, 직계 비속이 한 명일 때 1.5:1, 직계 비속이 두 명일 때 1.5:1:1이 된다. 따라서 직계 비속이 많을수록 배우자의 상속 금액은 줄어들게 된다.

Q12 ∨ 구체적 사례 적용

윗글에 따를 때, 〈보기〉에 대한 이해로 적절하지 않은 것은?

〈보기〉

피상속인 A는 자신의 재산 14억 원 중 8억 원을 재단 법인 K에 증여한 직후 불의의 사고로 사망하였다. A는 아무 유언을 남기지 못했으며, 법정 상속분에 영향을 줄 수 있는 다른 증여나 채권 채무 관계가 존재하지 않았다. A의 유족으로는 배우자 B와 아들 C, 딸 D, 동생 E가 있다. A의 유족은 모두 별다른 조건 없이 법률에 따른 상속을 받기로 하였다. 그리고 법적 권리가 있는 유족은 K에게 자신의 유류분을 보전하기 위한 반환을 청구하기로 하였다.

※ 이 상황에서 발생하는 일체의 세금은 고려하지 않는다.

① A가 7억 원 이하를 증여했다면 유류분의 반환 청구는 발생할 수 없었다.
② B는 K에게 1억 원을 반환받을 수 있는 권리가 있다.
③ C는 A의 증여가 없었을 경우 4억 원을 상속받을 수 있었다.
④ D가 행사할 수 있는 유류분은 C와 동일하다.
⑤ E는 K에게 유류분과 관련된 반환 청구를 할 수 없다.

[정답이 정답인 이유]

② 배우자 B와 아들 C, 딸 D의 법정 상속분은 각각 1.5:1:1이며, 유류분은 법정 상속분의 1/2이므로 B는 A가 남긴 14억 원 중 3억 원(14억 원×3/7×1/2)의 유류분 권리가 있다. 그런데 B는 A가 증여한 것을 제외한 6억 원 중에서 3/7에 해당하는 약 2.57억 원을 상속받을 수 있다. 따라서 B가 K에게 반환받을 수 있는 것은 유류분 3억 원에서 약 2.57억 원을 뺀 약 0.43억 원이 된다.

[오답이 오답인 이유]

① 직계 비속과 배우자의 유류분은 그 법정 상속분의 1/2이므로, 이들의 유류분 총합은 A가 남긴 재산 14억 원의 1/2인 7억원이 된다. A가 7억 원 이하를 증여했다면 A의 유족은 자신의 유류분만큼 상속받을 수 있었을 것이며, 따라서 그들이 유류분의 반환을 청구할 수 있는 상황은 발생할 수 없었을 것이다.

③ A의 증여가 없었다면 C는 법정 상속분을 그대로 상속받을 수 있었다. C의 법정 상속분은 2/7이므로 14억 원 중 4억 원을 받을 수 있었다.

④ C와 D는 모두 직계 비속으로 그들의 법정 상속분은 동일하며, 법정 상속분의 1/2에 해당하는 그들의 유류분 역시 동일하다.

⑤ E는 피상속인의 형제자매로 선순위 상속인인 직계 비속과 배우자가 있는 상황에서 법정 상속분이 없으며, 유류분 역시 있을 수 없다. 따라서 E는 K에게 유류분과 관련된 반환 청구를 할 수 없다.

그리고 수능특강에서 수록됐던 그 세트는 이런 모습으로 2023 수능을 위한 9월 모평에 등장했어.

[17~20] 다음 글을 읽고 물음에 답하시오.

사유 재산 제도하에서는 누구나 자신의 재산을 자유롭게 처분할 수 있다. 그러나 기부와 같이 어떤 재산이 대가 없이 넘어가는 무상 처분 행위가 행해졌을 때는 그 당사자인 무상 처분자와 무상 취득자의 의사와 무관하게 그 결과가 번복될 수 있다. 무상 처분자가 사망하면 상속이 개시되고, 그의 상속인들이 유류분을 반환받을 수 있는 권리인 유류분권을 행사할 수 있기 때문이다. 이때 무상 처분자는 피상속인이 되고 그의 권리와 의무는 상속인에게 이전된다.

유류분은 피상속인의 무상 처분 행위가 없었다고 가정할 때 상속인들이 상속받을 수 있었을 이익 중 법으로 보장된 부분이다. 만약 상속인이 피상속인의 자녀 한 명뿐이면, 상속받을 수 있었을 이익의 $\frac{1}{2}$만 보장된다. 상속인들이 상속받을 수 있었을 이익은 상속 개시 당시에 피상속인이 가졌던 재산의 가치에 이미 무상 취득자에게 넘어간 재산의 가치를 더하여 산정한다. 유류분은 상속인들이 기대했던 이익을 보호하기 위한 것이기 때문이다.

피상속인이 상속 개시 당시에 가졌던 재산으로부터 상속받은 이익이 있는 상속인은 유류분에 해당하는 이익의 일부만 반환받을 수 있다. 유류분에 해당하는 이익에서 이미 상속받은 이익을 뺀 값인 유류분 부족액만 반환받을 수 있기 때문이다. 유류분 부족액의 가치는 금액으로 계산되지만 항상 돈으로 반환되는 것은 아니다. 만약 무상 처분된 재산이 돈이 아니라 물건이나 주식처럼 돈 이외의 재산이라면, 처분된 재산 자체가 반환 대상이 되는 것이 원칙이다. 다만 그 재산 자체를 반환하는 것이 불가능한 때에는 무상 취득자는 돈으로 반환해야 한다. 또한 재산 자체의 반환이 가능해도 유류분권자와 무상 취득자의 합의에 의해 돈으로 반환될 수도 있다.

무상 처분된 재산이 물건이라면 유류분 반환은 어떤 형태로 이루어질까? 무상 취득자가 반환해야 할 유류분 부족액이 무상 처분된 물건의 가치보다 적다면 유류분권자는 그 물건의 가치에 상당하는 금액에서 유류분 부족액이 차지하는 비율만큼 무상 취득자로부터 반환받을 수 있다. 이로 인해 하나의 물건에 대한 소유권이 여러 명에게 나눠지는데, 이때 각자의 몫을 지분이라고 한다.

무상 처분된 물건의 시가가 변동하면 유류분 부족액을 계산할 때는 언제의 시가를 기준으로 삼아야 할까? ㉠**유류분의 취지에 비추어 상속 개시 당시의 시가를 기준으로 해야 한다**. 다만 그 물건의 시가 상승이 무상 취득자의 노력에서 비롯되었으면 이때는 무상 취득 당시의 시가를 기준으로 계산해야 한다. 이렇게 정해진 유류분 부족액을 근거로 반환 대상인 지분을 계산할 때는, 시가 상승의 원인이 무엇이든 상속 개시 당시의 시가를 기준으로 해야 한다.

문항 코드 | 23670-0064 　 오답률 5위 62%

∨ 세부 내용 파악하기

17. 윗글의 내용과 일치하지 않는 것은?

① 유류분권은 상속인이 아닌 사람에게는 인정되지 않는다.
② 유류분권이 보장되는 범위는 유류분 부족액의 일부에 한정된다.
③ 상속인은 상속 개시 전에는 무상 취득자에게 유류분권을 행사할 수 없다.
④ 피상속인이 생전에 다른 사람에게 판 재산은 유류분권의 대상이 될 수 없다.
⑤ 무상으로 취득한 재산에 대한 권리는 무상 취득자 자신의 의사에 반하여 제한될 수 있다.

문항 코드 | 23670-0065 　 오답률 6위 62%

∨ 추론하기

18. 윗글에 대한 이해로 가장 적절한 것은?

① 무상 처분된 재산이 물건 한 개이면 유류분권자는 그 물건 전부를 반환받는다.
② 무상 처분된 물건이 반환되는 경우 유류분 부족액이 클수록 무상 취득자의 지분이 더 커진다.
③ 무상 취득자가 무상 취득한 물건을 반환할 수 없게 되면 유류분 부족액을 지분으로 반환해야 한다.
④ 유류분권자가 유류분 부족액을 물건 대신 돈으로 반환하라고 요구하더라도 무상 취득자는 무상 취득한 물건으로 반환할 수 있다.
⑤ 무상 처분된 물건의 일부가 반환되면 무상 취득자는 그 물건의 소유권을 가지고 유류분권자는 유류분 부족액만큼의 돈을 반환받게 된다.

문항 코드 | 23670-0066 오답률 4위 63%

∨ 생략된 이유 추론하기

19. 윗글을 통해 알 수 있는 ㉠의 이유로 가장 적절한 것은?

① 유류분은 피상속인이 자유롭게 처분한 재산의 일부이어야 하기 때문이다.
② 유류분은 피상속인이 재산을 무상 처분하지 않은 것으로 가정하여 산정되기 때문이다.
③ 유류분은 재산의 가치를 증가시킨 무상 취득자의 노력에 대한 보상으로 인정되는 것이기 때문이다.
④ 유류분은 피상속인의 재산에 대해 소유권을 나눠 가진 사람들 각자의 몫을 반영해야 하기 때문이다.
⑤ 유류분에 해당하는 이익의 가치가 상속 개시 전후에 걸쳐 변동되는 것을 반영해야 하기 때문이다.

문항 코드 | 23670-0067 오답률 3위 72%

∨ 구체적 사례에 적용하기

20. 윗글을 바탕으로 〈보기〉를 이해한 내용으로 적절하지 않은 것은?

〈보기〉

갑의 재산으로는 A 물건과 B 물건이 있었으며 그 외의 재산이나 채무는 없었다. 갑은 을에게 A 물건을 무상으로 넘겨주었고 그로부터 6개월 후 사망했다. 갑의 상속인으로는 갑의 자녀인 병만 있다. A 물건의 시가는 을이 A 물건을 소유하게 되었을 때는 300, 갑이 사망했을 때는 700이었다. 병은 갑이 사망한 날로부터 3개월 후에 을에게 유류분권을 행사했다. B 물건의 시가는 병이 상속받았을 때부터 병이 을에게 유류분 반환을 요구했을 때까지 100으로 동일하다.

(단, 세금, 이자 및 기타 비용은 고려하지 않음.)

① A 물건의 시가 상승이 을의 노력과 무관한 경우 유류분 부족액은 300이다.
② A 물건의 시가 상승이 을의 노력과 무관한 경우 유류분 반환의 대상은 A 물건의 $\frac{3}{7}$ 지분이다.
③ A 물건의 시가가 을의 노력으로 상승한 경우 유류분 부족액은 100이다.
④ A 물건의 시가가 을의 노력으로 상승한 경우 유류분 반환의 대상은 A 물건의 $\frac{1}{3}$ 지분이다.
⑤ A 물건의 시가가 을의 노력으로 상승한 경우와 을의 노력과 무관하게 상승한 경우 모두, 갑이 상속 개시 당시 소유했던 재산으로부터 병이 취득할 수 있는 이익은 동일하다.

아무도 대신해 주지 않는 MY 기출 분석 노트

01 사유 재산 제도하에서는 누구나 자신의 재산을 자유롭게 처분할 수 있다.

02 그러나 기부와 같이 어떤 재산이 대가 없이 넘어가는 무상 처분 행위가 행해졌을 때는 그 당사자인 무상 처분자와 무상 취득자의 의사와 무관하게 그 결과가 번복될 수 있다.

03 무상 처분자가 사망하면 상속이 개시되고, 그의 상속인들이 유류분을 반환받을 수 있는 권리인 유류분권을 행사할 수 있기 때문이다.

04 이때 무상 처분자는 피상속인이 되고 그의 권리와 의무는 상속인에게 이전된다.

05 유류분은 피상속인의 무상 처분 행위가 없었다고 가정할 때 상속인들이 상속받을 수 있었을 이익 중 법으로 보장된 부분이다.

06 만약 상속인이 피상속인의 자녀 한 명뿐이면, 상속받을 수 있었을 이익의 $\frac{1}{2}$만 보장된다.

07 상속인들이 상속받을 수 있었을 이익은 상속 개시 당시에 피상속인이 가졌던 재산의 가치에 이미 무상 취득자에게 넘어간 재산의 가치를 더하여 산정한다.

08 유류분은 상속인들이 기대했던 이익을 보호하기 위한 것이기 때문이다.

09 피상속인이 상속 개시 당시에 가졌던 재산으로부터 상속받은 이익이 있는 상속인은 유류분에 해당하는 이익의 일부만 반환받을 수 있다.

10 유류분에 해당하는 이익에서 이미 상속받은 이익을 뺀 값인 유류분 부족액만 반환받을 수 있기 때문이다.

11 유류분 부족액의 가치는 금액으로 계산되지만 항상 돈으로 반환되는 것은 아니다.

12 만약 무상 처분된 재산이 돈이 아니라 물건이나 주식처럼 돈 이외의 재산이라면, 처분된 재산 자체가 반환 대상이 되는 것이 원칙이다.

13 다만 그 재산 자체를 반환하는 것이 불가능한 때에는 무상 취득자는 돈으로 반환해야 한다.

14 또한 재산 자체의 반환이 가능해도 유류분권자와 무상 취득자의 합의에 의해 돈으로 반환될 수도 있다.

15 무상 처분된 재산이 물건이라면 유류분 반환은 어떤 형태로 이루어질까?

16 무상 취득자가 반환해야 할 유류분 부족액이 무상 처분된 물건의 가치보다 적다면 유류분권자는 그 물건의 가치에 상당하는 금액에서 유류분 부족액이 차지하는 비율만큼 무상 취득자로부터 반환받을 수 있다.

17 이로 인해 하나의 물건에 대한 소유권이 여러 명에게 나눠지는데, 이때 각자의 몫을 지분이라고 한다.

18 무상 처분된 물건의 시가가 변동하면 유류분 부족액을 계산할 때는 언제의 시가를 기준으로 삼아야 할까?

19 유류분의 취지에 비추어 상속 개시 당시의 시가를 기준으로 해야 한다.

20 다만 그 물건의 시가 상승이 무상 취득자의 노력에서 비롯되었으면 이때는 무상 취득 당시의 시가를 기준으로 계산해야 한다.

21 이렇게 정해진 유류분 부족액을 근거로 반환 대상인 지분을 계산할 때는, 시가 상승의 원인이 무엇이든 상속 개시 당시의 시가를 기준으로 해야 한다.

태그 체크

- ◯ #경제 지문에서는 개념, 특징, 원리
- ◯ #인문 지문에서도 개념, 특징, 그리고 관점 추가요
- ◯ #사례와 연결되니까
- ◯ #과학 지문에서도 개념, 특징, 원리, 과정
- ◯ #개념 특징은 언제나 중요해. 왜?
- ◯ #짝을 이루는 두 대상 간의 차이점과 공통점

윤혜정의

개념의 나비효과

정답 · 찾아보기 · 학습 계획표

정답

1강 | 시 읽기 매뉴얼

6쪽

개념 001 문학 작품 감상 방법
1. 내재적 관점
절대론적

7쪽

2. 외재적 관점
① 표현론적
② 반영론적
③ 효용론적

8쪽

연습 1
[님의 침묵]
표현론적, 반영론적, 절대론적, 효용론적

9쪽

개념 003 시의 출제 요소(정·태·의·기)
정서, 태도, 의미, 기능

10쪽

연습 2
[윤동주 시집이 든 가방을 들고]
0. 윤동주 시집이 든 가방을 들고 도대체 무슨 일이 일어난 걸까? 윤동주 시인은 화자에게 어떤 의미일까?
1. '나'라는 화자
2. 안 그래도 바쁜 출근 시간에 강아지가 신발에다 오줌을 싸 놓아서 화자의 분노 게이지가 최대치에 달한 상황이네. 그 상황 속에서 화자는 윤동주 시인의 메시지를 떠올리고 있어.
3. 화자는 강아지에게 '개새끼'라고 욕하고 분노한 자신을 되돌아보고 있어. 또한 화자는 윤동주 시인의 말을 떠올리며 자신의 언행을 반성하고 있네.

[접동새]
0. 접동새? 접동새가 화자는 아닐 테고, 화자가 접동새를 보고 있거나 접동새 울음소리를 듣고 있는 것 같아. 화자가 접동새에 대해 뭐라고 말할지 궁금하다.
1. 화자는 '우리'에 포함된 '나'일 테고, '접동새'는 시적 화자가 바라보고 있는 대상이겠구나.
2. 화자는 접동새의 울음소리를 들으면서 죽은 누나를 생각하고 있네. 죽은 누나가 접동새가 되어 슬피 운다고 생각해.
3. 겉으로 드러나 있지는 않지만 화자는 시적 대상인 접동새, 즉 죽은 누나를 안쓰러워하고 있어. 죽은 누나를 그리워하고 있는 것 같기도 해.

11쪽

개념 005 3ㅅ으로 섬세히 읽기
1. 상황
2. 수식어
3. 서술어

연습 3
[자화상·2]
②

12쪽

기출, 이것은 진리
[2023학년도 대학수학능력시험 6월 모의평가]
01 ② 02 ④ 03 ①

2강 | 화자 씨의 모든 것

14쪽

개념 006 시적 화자
목소리, 주제

15쪽

개념 콕 [시적 상황]
자연, 사랑, 이별, 부재, 관찰, 절망, 부조리

16쪽

개념 콕 [표면에 드러난 화자]
나, 우리

개념 007 정서
감정, 기분

개념 008 어조(말투)
말투, 종결 어미

[어조의 유형]
1. 독백체, 대화체

17쪽

개념 콕 [독백체와 대화체]
1. 독백체
2. 대화체

18쪽

개념 009 태도
자세, 대응 방식

21쪽

기출, 이것은 진리
[2021학년도 4월 고3 전국연합학력평가]
04 ① 05 ② 06 ②

3강 | 시상 전개 방식

25쪽

개념 011 시간적 시상 전개 방식
[꽃덤불]
과거, 현재, 미래,
기대감

[또 기다리는 편지]
저녁, 밤, 새벽, 새벽,
사랑, 울음,
행복

26쪽

[춘향가]
봄, 여름, 가을, 겨울

27쪽

또 개념 콕 [자연의 순환적 질서에 따른 시상 전개 방식]
[다시 피는 꽃]
깨달음

28쪽

2. 역순행적 구성
[여승]
현재, 과거, 1,
2, 4

29쪽

개념 012 공간적 시상 전개 방식

[농무]

심화

[시선의 이동에 따라 시상을 전개하면]

1. 묘사
2. 시각적

[데생]

시선

30쪽

[조찬]

시선

개념 013 대립적 시상 전개 방식

[대립적으로 시상을 전개하면]

부각

31쪽

개념 014 수미상관의 시상 전개 방식

[수미상관의 방법으로 시상을 전개하면]

1. 강조
2. 안정감
3. 리듬감

32쪽

개념 015 선경후정의 시상 전개 방식

[달밤]

경치, 소망

33쪽

개념 016 점층적 시상 전개 방식

[점층의 방법으로 시상을 전개하면]

심화, 고조

[작자 미상의 사설시조]

점층

34쪽

개념 017 기승전결의 시상 전개 방식

[절정]

기, 승, 전, 결

35쪽

개념 018 어조 변화에 따른 시상 전개 방식

[님의 침묵]

좌절, 희망

기출, 이것은 진리

[2021학년도 7월 고3 전국연합학력평가]

07 ③ 08 ③ 09 ④

4강 | 시의 형상성

39쪽

개념 콕 [추상적 대상의 구체적 형상화]

감각, 이미지

40쪽

개념 020 감각적 이미지

1. 시각적 이미지

색깔, 명암, 모양, 움직임

2. 청각적 이미지

소리

3. 후각적 이미지

냄새

4. 촉각적 이미지

촉감, 추위, 따뜻함

41쪽

5. 미각적 이미지

맛

연습 4

[전원사시가], [고향], [가정], [와사등], [청명]

① (나)
② (마)
③ (라)
④ (가)
⑤ (다)

42쪽

6. 공감각적 이미지

[달·포도·잎사귀]

시각적, 후각적

[고향 앞에서]

청각적, 후각적

43쪽

또 개념 콕 [색채 대비]

색채, 대비, 차이

개념 021 긍정적 이미지, 부정적 이미지

1. 긍정적 이미지

지향, 긍정

[산이 날 에워싸고]

지향

44쪽

2. 부정적 이미지

부정, 하강, 소멸

연습 5

[견우의 노래]

① 긍정
② 긍정
③ 긍정
④ 긍정

개념 022 상승 이미지, 하강 이미지

1.상승 이미지

위로, 긍정

45쪽

2. 하강 이미지

아래로, 부정

46쪽

개념 023 동적 이미지, 정적 이미지

1. 동적 이미지

생동감

2. 정적 이미지

고요

47쪽

기출, 이것은 진리

[2018학년도 4월 고3 전국연합학력평가]

10 ⑤ 11 ②

5강 | 시의 함축성

49쪽

개념 025 객관적 상관물
1. 일치, 감정 이입

50쪽

감정, 이입

[초혼]
슬픔, 이입

2. 대비
[단가육장]
대비

3. 환기, 매개체
환기

51쪽

[성탄제]
눈, 매개체

개념 026 비유법
빗대어서, ┌ 원관념
└ 보조 관념

1. 직유법
연결어

52쪽

[멸치]
모래 더미, 멸치,
멸치, 모래 더미

2. 은유법
암시적

[설일]
삶, 사랑

3. 대유법
연관

[껍데기는 가라]
한라, 백두, 우리나라

53쪽

4. 의인법
사람, 사람

[아름다운 관계]
바위, 소나무

5. 활유법
무생물, 감정

[때]
숲

54쪽

개념 027 상징
추상적, 구체적

1. 원형적 상징
[공무도하가]
이별, 죽음

55쪽

2. 관습적 상징
[성삼문의 시조]
지조, 절개

3. 개인적(창조적) 상징
[봄]
자유, 민주주의

56쪽

개념 028 반어법
반대

[겨울 일기]
반어적, 상실감

57쪽

연습 6
③

58쪽

연습 7
⑤

59쪽

기출, 이것은 진리
[2018학년도 대학수학능력시험]
12 ⑤

60쪽

[2014학년도 4월 고3 전국연합학력평가 A형]
13 ⑤

61쪽

[2017학년도 4월 고3 전국연합학력평가]
14 ③

6강 | 시의 표현법 몽땅

62쪽

개념 030 운율
1. 외재율
규칙적 반복
① 위치
② 음보
③ 글자 수

63쪽

개념 031 반복
[반복의 두 가지 효과]
1. 강조
2. 운율감

64쪽

연습 8
[오월]
ㄴ, ㄹ, ㅁ

[3월 1일의 하늘]
ㅍ, 음운

[아름다운 관계]
-지, -고

[가난한 사랑 노래]
소리, 시어

[초혼]
사랑하던 그 사람이여, 시행(시구)

[청산별곡]
3, 3, 2

3. 통사 구조의 반복 & 대구 & 후렴구의 반복
① 통사 구조의 반복
문장 구조

65쪽

[춘면곡]
문장 구조, 소망

② 대구법
짝

[탄궁가]
어려운 처지, 운율감

③ 후렴구의 반복
운율감, 통일성, 연

[향수]
후렴구, 운율감, 그리움

66쪽

5. 음성 상징어 사용
[작자 미상의 사설 시조]
운율감, 생동감

67쪽

개념 콕 [수미상관도 반복?]
운율감, 안정감, 내용

또 개념 콕 [반복과 변주]
변주

68쪽

개념 032 시적 허용
[문법적으로 틀린 표현을 시에서는 왜 사용할까?]
1. 운율감
2. 주목
3. 시적 정서

[나의 집]
3, 운율감(리듬감)

[다시 밝은 날에]
이별, 애달픔, 고독함

개념 033 대조 & 대비
강조

69쪽

개념 034 영탄법
[낙화]
영탄적

70쪽

개념 035 설의법
[흔들리며 피는 꽃]
시련, 고난, 포기

개념 036 열거법
유사

71쪽

[별 헤는 밤]
그리워, 그리움

72쪽

개념 038 도치법
변화, 강조

[방을 얻다]
감동, 강조

73쪽

개념 040 시상의 집약
[겨울 일기]
상실감, 겨울

74쪽

개념 041 중첩
[방울소리]
그리움, 매개체

75쪽

기출, 이것은 진리
[2012학년도 6월 고1 전국연합학력평가]
15 ⑤　16 ④

77쪽

[2022학년도 6월 고1 전국연합학력평가]
17 ①　18 ⑤

7강 | 고전 시가, 읽기 & 갈래

78쪽

개념 042 고어 읽는 법
1. 이어 적기
밥을 먹으니 기분이 좋다.
울어라 울어라 새여

2. 지금은 사라진 음운들
① ·(아래아)
ㅏ, ㅡ,
㉡ 새, 사슴

② ㅿ(반치음)
ㅇ
㉡ 마음, 가을

79쪽

③ ㅸ(순경음 비읍)
㉡ 고와, 더워

3. 어두 자음군
① 따 ② 때 ③ 뜯

84쪽

개념 044 고전 시가의 역사적 갈래
1. 시조
③ 시조의 작가는 누구?
㉠ 충의, 효, 자연
㉡ 사랑, 그리움
㉢ 비판, 삶, 임

2. 가사
② 가사도 종류가 많다.
㉠ 은일 가사
자연, 임금

85쪽

㉡ 내방 가사

부녀자

㉢ 기행 가사
여행

㉣ 유배 가사
유배지, 반성, 임금

③ 가사의 작가는 누구?
자연, 임금, 여행, 평민

86쪽

3. 고려 가요
① 고려 가요 알아봅기
㉠ 후렴구, 여음
㉡ 3

② 고려 가요의 작가는 누구?
평민들, 사랑, 이별

87쪽

5. 향가
향찰

① 향가 알아봅기
감탄사

② 향가의 작가는 누구?
불교적

90쪽

기출, 이것은 진리
[2015학년도 대학수학능력시험 9월 모의평가 A형]
19 ③ 20 ②

93쪽

[2016학년도 대학수학능력시험 A형]
21 ② 22 ④

8강 | 고전 시가, 주제 & 발상

94쪽

개념 045 고전 시가의 단골 주제와 발상
1. 자연의 아름다움
① 밥상
② 백구
③ 무심, 욕심
④ 도화
⑤ 삶, 노동

95쪽

[병산육곡]
물아일체, 단사표음, 단표누항

[만흥]
단사표음, 단표누항

[누항사]
자연 친화

[조식의 시조]
복숭아, 이상 세계

[농가구장]
노동, 자연, 삶

96쪽

2. 임을 향한 사랑 & 이별의 슬픔
① 그대, 임
② 이별

[사미인곡]
임

[박효관의 시조]
임

[정석가]
불가능, 않겠다

3. 충
① 지조, 절개
② 간신

97쪽

③ 임금님

[매화사]
지조, 절개

[원천석의 시조]
지조, 절개

[오우가]
지조, 절개

[이존오의 시조]
간신, 임금

[강호사시가]
자연, 임금,
자연, 임금

98쪽

4. 효
부모님

[박인로의 시조]
어머니

[훈민가]
효, 어버이, 효

[박인로의 시조]
부모님, 부모님

[사모곡]
아버님, 어머님

5. 탐관오리 or 부정적 현실에 대한 비판
비판, 풍자

[작자 미상의 사설시조]
탐관오리, 백성, 관리

99쪽

[사청사우]
부정적

[사리화]
탐관오리, 백성

6. 삶
① 시름
② 늙는

[신흠의 시조]
시름

[김상용의 시조]
근심

[작자 미상의 사설시조]
시름

100쪽

[우탁의 시조]
늙음

기출, 이것은 진리
[2022학년도 대학수학능력시험 9월 모의평가]
23 ④ 24 ② 25 ②

102쪽

기출, 이것은 진리
[2022학년도 7월 고3 전국연합학력평가]
26 ②
27 ① O ② O ③ O ④ O

9강 | 소설 읽기 매뉴얼

104쪽

개념 046 소설의 3요소
1. 주제
2. 구성 → 인물, 사건, 배경
3. 문체 → 서술

105쪽

개념 047 소설 읽기 매뉴얼

소설
서술자
〈보기〉를 참고한 감상
서술상의 특징
인물의 심리나 생각
구절의 의미
소설의 구성 방식
…

0. 줄거리 1. 인물 2. 상황
3. 심리 4. 배경, 소재, 기능

106쪽

연습 9
[무사와 악사]
- 나, 나, 기범
- 기범, 나
- 일규
- 나, 임 씨
- 기범, 기범
- 기범
- 기범
- 일규
- 깊은 산골(구천동)

107쪽

- 긍정적
- 기범, 일규

개념 048 인물 제시 방법
1. 직접 제시(말하기, 분석, 요약적)
요약, 분석
① 분석, 오해
② 빠르다
③ 추상적
④ 상상력

2. 간접 제시(보여 주기, 극)
대화, 외양, 행동, 묘사,
독자,
극

① 묘사, 생생

108쪽

② 극

연습 10
[그 여자네 집]
①

109쪽

기출, 이것은 진리
[2022학년도 대학수학능력시험]
28 ④ 29 ③ 30 ⑤ 31 ⑤

10강 | 서술자 씨의 모든 것

112쪽

개념 049 시점 파악하기 매뉴얼
서술자, 내부(안), 외부(밖)

1단계
나
- 나 → 1
- 나 → 3

2단계
주인공
- 자기 → 주인공
- 남 → 관찰자

3단계
- 관찰자
- 전지적

113쪽

개념 050 1인칭 주인공 시점
주인공, 내부(안)
① 주인공
② 주인공
③ 주관적

[봄봄]
다른 인물

114쪽

개념 콕 [의식의 흐름 기법]
[날개]
내면 의식, 관찰자

개념 051 1인칭 관찰자 시점
내부(안), 관찰

115쪽

① 나, 관찰자
② 추측

[그 여자네 집]
나, 주인공

116쪽

개념 콕 [때로는 미덥지 못한 서술자 '나'를 만날 수도 있다.]
[사랑 손님과 어머니]

1, 나

개념 052 3인칭 관찰자 시점
외부(밖), 관찰자

① 객관적, 관찰, 극
② 외부(밖)
③ 객관적

117쪽

[메밀꽃 필 무렵]
관찰자, 대화, 행동, 심리

개념 053 전지적 서술자 시점
외부(밖), 신

① 분석, 해설
② 주제

[구운몽]
요약적(직접적), 주제

119쪽

연습 11
[화산댁이]
① 화산댁이
② 서술자
③ 화산댁이
④ 화산댁이

개념 054 거리
심적(심리적)

1. 독자와 서술자
가깝다, 멀다

120쪽

2. 독자와 인물
멀다, 가깝다
멀다

3. 서술자와 인물
가깝다, 멀다
가깝다

연습 12

	독자 - 서술자	독자 - 인물	서술자- 인물
1인칭 주인공	가깝다	멀다 서술자인 '나' 이외의 인물	가깝다
전지적 서술자	가깝다	멀다	가깝다
1인칭 관찰자 /3인칭 관찰자	멀다	가깝다	멀다

121쪽

기출, 이것은 진리
[2020학년도 10월 고3 전국연합학력평가]
32 ⑤

122쪽

기출, 이것은 진리
[2023학년도 대학수학능력시험 6월 모의평가]
33 ③ 34 ⑤

124쪽

기출, 이것은 진리
[2000학년도 대학수학능력시험]
35 ⑤

11강 | 소설의 구성 & 배경 & 갈등

125쪽

개념 055 소설의 구성
1. 순행적 구성(평면적 구성)
시간, 일대기적

2. 역순행적 구성(입체적 구성)
바꾸어, 강조

128쪽

3. 액자식 구성
외화, 내화,
내부, 내화

① 신빙성
② 1, 3

개념 콕 [환몽 구조]
'현실-꿈-현실',
외화, 내화

또 개념 콕 [빈번한 장면의 전환]
잦다

129쪽

또 개념 콕 [병렬, 병치]
나란히

개념 056 소설의 배경
[배경이 하는 일]
1. 분위기
2. 심리, 사건
3. 주제
4. 그럴 만하다

130쪽

개념 057 소설의 갈등
대립, 대립

[갈등의 종류]
1. 내적 갈등
2. 외적 갈등
① 인물과 인물 간의 갈등
② 인물과 사회 간의 갈등
③ 인물과 자연 간의 갈등
④ 인물과 운명 간의 갈등

131쪽

[갈등이 하는 일]
1. 전개
2. 성격
3. 주제

132쪽

기출, 이것은 진리
[2018학년도 11월 고2 전국연합학력평가]
36 ⑤ 37 ④ 38 ③

12강 | 고전 소설의 모든 것

134쪽

개념 058 고전 소설의 일반적인 특징
1. 주제
권선징악, 착한 일, 악한 일

① 애정 소설

사랑, 이별

135쪽

② 가정 소설
처첩

③ 영웅 군담 소설
영웅, 전쟁

④ 풍자 소설
사회(신분), 평민(서민), 무능,
부패, 모순

136쪽

⑤ 우화 소설
의인화, 교훈적, 풍자적

2. 구성
① 평면적 구성(= 순행적 구성)
시간

② 일대기적 구성
시간, 일대기

③ 행복한 결말
행복

3. 문체
① 운문체
운율

② 문어체
구어, 문어

137쪽

4. 인물
① 평면적 인물
변하지

② 전형적 인물
집단적, 보편성(전형성)

개념 콕 [고전 소설에 이런 인물 꼭 있다.]
① 영웅, 재자가인
② 열녀
③ 풍자(비판), 대변인
④ 풍자(비판), 조롱

5. 사건
① 우연
② 비현실
③ 전기

138쪽

개념 059 서술자의 개입(≒ 편집자적 논평)
서술자, 생각, 판단, 느낌,
전지적 서술자

139쪽

연습 13
1번
① 슬프다, 이 같은 장사로 천수를 알지 못하고 몸을 그릇 역적에게 허하여 천의를 거스르니, 제 비록 천하 명장이요 만고 영웅인들, 당시 창업 주 씨를 어찌 대적하며 유문성을 당하리오.
② 장발이 죽었으니 뉘라서 대적하리오.

2번
① 통곡하는 옥단춘의 정상을 누가 아니 슬퍼하랴.
② 그중에서 각 읍의 수령들은 불의의 변을 당하고 겁낸 거동 가관이다.
③ 평양 감사 김진희의 거동이 가장 볼 만하니라.

140쪽

개념 060 판소리계 소설
[판소리계 소설의 특징]
1. 장면의 극대화
열거(나열), 과장,
운율감, 해학

141쪽

2. 해학과 골계
① 해학
② 골계

3. 언어유희
말
① 동음이의어
② 음절, 반복
③ 도치
④ 발음

142쪽

개념 061 가전체
의인화, 전기

143쪽

기출, 이것은 진리
[2013학년도 11월 고1 전국연합학력평가]
39 ⑤

145쪽

기출, 이것은 진리
[2023학년도 대학수학능력시험 9월 모의평가]
40 ④　41 ④

13강 | 묻어가는 수필 & 극

147쪽

개념 063 희곡의 특징 몽땅
묘사, 서술, 대사, 행동, 서술자

말하기, 보여 주기, 보여 주기, 보여 주기

148쪽

대사, 행동, 지시문, 대사

1. 희곡은 대사의 문학
① 대화
주고받는

② 독백
혼자, 속마음, 자기반성, 설명적

③ 방백
관객, 다른 등장인물들

2. 희곡은 행동의 문학
압축, 생략, 집중, 통일
① 해설
② 지시문

149쪽

3. 희곡은 현재화된 인생을 표현하는 문학
현재화

4. 희곡은 무대 상연을 전제로 한 문학
제약

150쪽

개념 064 시나리오의 특징 몽땅
상영(촬영)

분위기, 몰입,
현장감, 생동감

152쪽

기출, 이것은 진리
[2022학년도 6월 고2 전국연합학력평가]
42 ③

153쪽

기출, 이것은 진리
[2023학년도 대학수학능력시험 6월 모의평가]
43 ①

154쪽

기출, 이것은 진리
[2021학년도 3월 고2 전국연합학력평가]
44 ③ 45 ⑤

156쪽

기출, 이것은 진리
[2017학년도 4월 고3 전국연합학력평가]
46 ② 47 ④

14강 | 독서 지문 읽기 매뉴얼

164쪽

기출, 이것은 진리
[2019학년도 3월 고3 전국연합학력평가]
01 ① 02 ① 03 ① 04 ③

15강 | 독서 지문 속, 개념-특징-사례

168쪽

개념 003 독서의 지문 패턴 ①
'개념-특징-사례'

1. 개념
① 정의 ② 문답(확인) ③ 수식어

2. 특징
① 장점 ② 의의 ③ 단점
④ 한계 ⑤ 기능(역할)

169쪽

3. 사례
① 지문 ② 〈보기〉 ③ 선지

172쪽

기출, 이것은 진리
[2016학년도 대학수학능력시험 A/B형]
Q.1 ① Q.2 ⑤

175쪽

기출, 이것은 진리
[2023학년도 대학수학능력시험 6월 모의평가]
05 ① 06 ② 07 ④ 08 ③

16강 | 독서 지문 속, 관점-차이

180쪽

개념 004 독서의 지문 패턴 ②
'관점-차이'

1. 관점
① 견해 ② 주장 ③ 이론

2. 차이점
① 차이 ② 대조 ③ 비교

184쪽

[2014학년도 대학수학능력시험 B형]
Q.3 ⑤ Q.4 ③ Q.5 ②

188쪽

기출, 이것은 진리
[2023학년도 대학수학능력시험 6월 모의평가]
09 ① 10 ②

17강 | 독서 지문 속, 원리-과정

192쪽

개념 005 독서의 지문 패턴 ③
'원리-과정'

1. 원리
③ 비례 / 반비례 ④ 수식

2. 과정
① 단계 ② 통시

195쪽

[2014학년도 대학수학능력시험 6월 모의평가 A형]
Q.6 ② Q.7 ③

197쪽

기출, 이것은 진리
[2018학년도 3월 고3 전국연합학력평가]
11 ① 12 ⑤ 13 ②

18강 | 독서 지문 속, 원리-방법

205쪽

[2020학년도 대학수학능력시험]]
Q.8 ④ Q.9 ⑤

208쪽

기출, 이것은 진리
[2015학년도 3월 고3 전국연합학력평가 A형]
14 ⑤ 15 ② 16 ③

19강 | 독서, 고난도란 이런 것

216쪽

[2023학년도 대학수학능력시험 9월 모의평가]
17 ② 18 ④ 19 ② 20 ④

찾아보기

공통 과목 3WEEKS 플랜

내 공부 시간은 내가 결정하고 내가 지킨다!

1DAY 시 1강	2DAY 시 2강	3DAY 시 3강	4DAY 시 4강	5DAY 시 5강	6DAY 시 6강	7DAY 시 7강
8DAY 시 8강	9DAY 소설 9강	10DAY 소설 10강	11DAY 소설 11강	12DAY 소설 12강	13DAY 수필 & 극 13강	14DAY 문학 복습
15DAY 독서 14강	16DAY 독서 15강	17DAY 독서 16강	18DAY 독서 17강	19DAY 독서 18강	20DAY 독서 19강	21DAY 독서 복습

공부한 날	공부한 내용	꼭 기억해야 할 개념 태그	새롭게 알게 된 Tip	복습
월 일	01 시 읽기 매뉴얼	#		◯
월 일	02 화자 씨의 모든 것	#		◯
월 일	03 시상 전개 방식	#		◯
월 일	04 시의 형상성	#		◯
월 일	05 시의 함축성	#		◯
월 일	06 시의 표현법 몽땅	#		◯
월 일	07 고전 시가, 읽기 & 갈래	#		◯
월 일	08 고전 시가, 주제 & 발상	#		◯
월 일	09 소설 읽기 매뉴얼	#		◯
월 일	10 서술자 씨의 모든 것	#		◯
월 일	11 소설의 구성 & 배경 & 갈등	#		◯
월 일	12 고전 소설의 모든 것	#		◯
월 일	13 묻어가는 수필 & 극	#		◯
월 일	14 독서 지문 읽기 매뉴얼	#		◯
월 일	15 독서 지문 속, 개념-특징-사례	#		◯
월 일	16 독서 지문 속, 관점-차이	#		◯
월 일	17 독서 지문 속, 원리-과정	#		◯
월 일	18 독서 지문 속, 원리-방법	#		◯
월 일	19 독서, 고난도란 이런 것	#		◯

네 꿈에 날개 달아 줄 만점 국어의 시작.

수능 대비

수능 국어 개념

윤혜정의 개념의 나비효과

네 꿈에 날개 달아 줄

만점 국어의 시작.

since 2011

제 2 권 - 언어와 매체, 화법과 작문

본 교재는 전년도 발행한 교재와 동일한 내용을 수록하고 있습니다.

EBS

수능개념

윤혜정의
개념의 나비효과

제2권 – 언어와 매체, 화법과 작문

· 정답은 EBS*i* 사이트(www.ebs*i*.co.kr)에서 내려받으실 수 있습니다.

· 교재 내용 문의, 정오표 확인, 교재 정정 신청은 EBS*i* 사이트의 학습 Q&A를 활용하시기 바랍니다.

윤혜정의

개념의 나비효과

수능 국어 개념

네 꿈에 날개 달아 줄

만점 국어의 시작.

since 2011

제 2 권 - 언어와 매체, 화법과 작문

강사

윤혜정 선생님

약력

-前 면목고등학교 교사(2004~2008)
-現 덕수고등학교 교사(2009~)
-EBS 국어 영역 강사(2007~)
-교육과학기술부장관상 수상(2009)
-EBS 수능강의연구센터 파견 교사(2010~2011, 2014)
-EBS 언어 영역 교재관리단 감수 교사(2011)
-EBS 언어 영역 최우수 강사 표창(2010~2012, 3년 연속 수상)

저서

-EBS [수능개념- 윤혜정의 개념의 나비효과]
-EBS [수능개념- 윤혜정의 개념의 나비효과 워크북]
-EBS [윤혜정의 나비효과 입문편]
-EBS [윤혜정의 나비효과 입문편 워크북]
-EBS [윤혜정의 패턴의 나비효과]
-EBS [윤혜정의 기출의 나비효과]
-EBS [윤혜정의 파이널 프러포즈 국어]

(제 2 권)

내가 PICK해서 보면 되는 국어 영역

언어와 매체

화법과 작문

20 국어의 9품사 1

학습 목표 ❶ **국어의 9품사**를 확실히 안다. ❷ **체언**, **용언**이 무엇인지 알고, 관련 개념을 설명할 수 있다.

개념 태그 #품사 #체언 #용언 #관계언 #수식언 #독립언 #명사 #대명사 #수사 #동사 #형용사 #조사 #관형사 #부사 #감탄사 #본용언 #보조 용언

STEP. 1 내 생애 마지막 개념 정리!

중학교 교과서에 다 있잖아, 품사.

몰라요. 기억나지 않아요. ㅠㅠ

그래, 뭐. 난 과거를 묻지 않겠다고 했으니까. 그러나! 앞으로 오늘 배운 품사 개념들을 모르면? 지겹지? ㅎㅎㅎ 가는 거야, 중학교로!

개념 001

품사(品물건 품, 詞말씀 사)

「표준국어대사전」

품사(品물건 품, 詞말씀 사) 「명사」

『언어』 단어를 기능, 형태, 의미에 따라 나눈 갈래. 현재 우리나라의 학교 문법에서는 명사, 대명사, 수사, 조사, 동사, 형용사, 관형사, 부사, 감탄사의 아홉 가지로 분류한다.

1. 의미를 기준으로 구분하기

① ________

사람이나 사물, 장소나 시간, 행위 등의 이름을 나타내는 말.

② ________

사람이나 사물, 장소나 시간, 행위 등의 이름을 대신하여 쓰는 말.

③ ________

사물의 수량이나 순서를 나타내는 말.

④ ________

사람이나 사물 따위의 동작이나 작용을 나타내는 말.

⑤ ________

사람이나 사물 따위의 성질이나 상태를 나타내는 말.

⑥ ________

체언을 꾸며 주는 구실을 하는 단어.

⑦ ________

용언이나 문장을 꾸며 주는 구실을 하는 단어.

⑧ ________

화자의 부름, 느낌, 놀람이나 대답을 나타내는 말.

⑨ ________

다른 단어의 뒤에 붙어서 그 말과 다른 말과의 문법적 관계를 표시하거나 특별한 의미를 더해 주는 기능을 하는 단어.

2. 형태를 기준으로 구분하기

① **불변어**(不아닐 불, 變변할 변, 語말씀 어)

명사, 대명사, 수사, 관형사, 부사, 감탄사, ________

② **가변어**(可옳을 가, 變변할 변, 語말씀 어)

________, ________, [?]

개념 콕

예외가 있으니, 바로 서술격 조사 '이다'

보통 조사는 형태가 변하지 않거든. 근데 서술격 조사 '이다'는 형태가 달라져.

예 나는 수험생이다.
네가 그러고도 수험생이니?
나는 수험생이므로…

3. 기능을 기준으로 구분하기

① ________

주어, 목적어, 보어 등의 역할을 해. ⇒ ________, ________, ________

② ________

주어를 서술하는 역할을 해. ⇒ ________, ________

③ 수식언

다른 대상을 꾸며 주는 역할을 해. ⇒ ________ (체언을 수식)
________ (용언, 관형사, 다른 부사, 문장 전체를 수식)

④ 독립언

독립적으로 쓰여. ⇒ ________

⑤ 관계언

문장에 쓰인 단어들의 문법적 관계를 나타내는 역할을 해. ⇒ ________

연습 1

안 보고도 할 수 있다. 이해한 대로 넣어 보는 품사 분류표.

정체를 밝혀라	품사	기능에 따른 분류	형태에 따른 분류
행복은			
나는			
둘이			
새 책			
아주 좋다			
어머나			
마음이/도			
학생이다			
놀다			
아름답다			

연습 2

(2022.03)

〈보기〉의 [A]에 들어갈 말로 적절하지 않은 것은?

〈보기〉

선생님: 단어는 다음과 같이 세 가지 기준으로 분류될 수 있습니다.

기준	분류
㉠	가변어, 불변어
㉡	용언, 체언, 수식언, 관계언, 독립언
㉢	동사, 형용사, 명사, 대명사, 수사, 관형사, 부사, 조사, 감탄사

자, 이제 아래 문장의 단어들을 탐구해 봅시다.

음, 우리가 밝은 곳에서 그 나비 하나를 또 잡았어.

학생: [A]

선생님: 네, 맞아요.

① '나비 하나를 또 잡았어'는 ㉠에 따라 분류하면 가변어 한 개, 불변어 네 개를 포함합니다.
② '나비 하나를'은 ㉡에 따라 분류하면 체언 두 개, 관계언 한 개를 포함합니다.
③ '음, 우리가 밝은 곳에서 그 나비 하나를 또 잡았어'는 ㉢에 따라 분류하면 아홉 개의 품사를 모두 포함합니다.
④ '밝은'과 '잡았어'는 ㉡이나 ㉢ 중 어느 것에 따라 분류하더라도 서로 다른 부류로 분류됩니다.
⑤ '그'와 '또'는 ㉡에 따라 분류하면 수식언이고, ㉢에 따라 분류하면 각각 관형사, 부사입니다.

개념 002

체언(體몸 체, 言말씀 언) _ 명사, 대명사, 수사

체언이란 문장에서 ________ 따위의 기능을 하는 ________, ________, ________를 통틀어 이르는 말이야. 체언은 ________와 결합하여 문장 안에서 주어 이외에 목적어, 보어, 관형어, 부사어, 서술어 등의 역할도 할 수 있어. '체언 = 명사, 대명사, 수사' 꼭 기억하자!

1. 명사 (名이름 명, 詞말씀 사)

명사란 일반적으로 사람이나 사물의 ______ [名이름 명]을 나타내는 말이야.

명사의 종류

① 사용 범위에 따라	보통 명사	같은 종류의 모든 사물에 두루 쓰이는 명사.
	______	낱낱의 특정한 사물이나 사람을 다른 것들과 구별하여 부르기 위하여 고유의 기호를 붙인 명사.
② 감정 표현 능력 여부에 따라	유정 명사	감정을 나타내는, 사람이나 동물을 가리키는 명사.
	무정 명사	감정을 나타내지 못하는, 식물이나 무생물을 가리키는 명사.
③ 만질 수 있느냐 없느냐에 따라	구체 명사	구체적인 모습을 갖춘 물건을 나타내는 명사.
	추상 명사	추상적 개념을 나타내는 명사.
④ 자립성 여부에 따라	자립 명사	다른 말의 도움을 받지 아니하고 단독으로 쓰일 수 있는 명사.
	______	의미가 형식적이어서 다른 말 아래에 기대어 쓰이는 명사.

예 [철수]는 [산]에 가는 [것]을 좋아한다.
- 철수: 자립 명사, 고유 명사, 유정 명사
- 산: 자립 명사, 보통 명사, 무정 명사
- 것: 의존 명사

[사람]과 [꽃]은 모두 [생물]에 해당한다.
- 사람: 보통 명사, 유정 명사
- 꽃: 보통 명사, 무정 명사
- 생물: 보통 명사 → 유정 명사? 무정 명사? (유정 명사인 '사람'과 무정 명사인 '꽃'을 모두 포함하고 있기 때문에 단언하기 어려워.)

이 [모임]은 [평화]를 [사랑]하는 [사람들]의 모임이다.
- 모임: 추상 명사, 자립 명사
- 평화: 추상 명사, 자립 명사
- 사랑: 추상 명사, 자립 명사
- 사람들: 구체 명사, 자립 명사

개념 콕

고유 명사는 이런 거 안 돼.

- 세상에 하나뿐이니까, 문법적으로는 복수를 의미하는 '-______'이 붙을 수 없어.

예 사과가 빨갛게 익었다. O (사과: 보통 명사)
사과들이 빨갛게 익었다. O

이효리는 핑클의 리더로 데뷔하였다. O (이효리: 고유 명사)
*이효리들은 핑클의 리더로 데뷔하였다. No

cf. 미래의 이효리들이 열심히 노래와 춤을 연습하고 있다.
→ 비유적 의미를 전달하기 위한 표현으로는 가능할 수 있음.

- 세상에 하나뿐이니까, ______와 관련된 표현을 함께 쓸 수 없어.

예 그 사람이 모자를 썼다. O (사람: 보통 명사)
모든 사람이 모자를 썼다. O
두 사람이 모자를 썼다. O

설악산이 단풍으로 물들었다. O (설악산: 고유 명사)
*모든 설악산이 단풍으로 물들었다. No
*두 설악산이 단풍으로 물들었다. No

개념 콕

→ 꾸미는 말. 관형어는 관형사랑 같은 개념이 아니야. 24강에서 자세히!

의존 명사는 반드시 ________가 필요해.

의존 명사와 조사 구분하기!★

① 형식성 의존 명사
실질적 의미가 결여되어 있거나 희박한 의존 명사야.

예 사람을 기르는 것이 중요하다.
그저 기쁠 따름이다.
그를 만난 지도 꽤 오래되었다.
모자를 쓴 채로 자면 안 돼.
먹을 만큼 먹어라.

② 단위성 의존 명사
실질적 의미, 즉 수량 단위의 의미를 가지고 있는 의존 명사야.

예 신발 한 켤레, 사람 두 명, 쌀 한 말, 나무 한 그루
cf. 되로 주고 말로 받는다. 추수가 끝난 논에는 벼의 그루만이 남아 있었다.
→ 앗, 이 두 문장에 쓰인 '말'과 '그루'는 자립 명사야.

2. 대명사 (代대신할 대, 名이름 명, 詞말씀 사)

대명사란 사람이나 사물의 이름을 ________ 나타내는 말. 또는 그런 말들을 ________하는 말이야.
→ 인칭 대명사 → 지시 대명사

대명사의 종류

________대명사	1인칭 대명사	말하는 사람이 자기 또는 자기를 포함한 여러 사람을 가리키는 대명사.	나, 우리, 저희
	2인칭 대명사	듣는 사람을 이르는 대명사.	너, 너희, 당신, 자네
	3인칭 대명사	말하는 사람과 듣는 사람 이외의 사람을 가리키는 대명사.	그, 그녀, 그이
	________대명사 (再다시 재, 歸돌아올 귀, 稱일컬을 칭)	앞에 나온 체언을 도로 나타내는 3인칭 대명사.	저, 자기, 당신
________대명사	사물 지시	어떤 사물을 이르는 대명사.	이것, 그것, 저것
	처소 지시	장소를 가리키는 대명사.	여기, 거기, 저기, 이곳, 그곳, 저곳
________대명사 (未아닐 미, 知알 지, 稱일컬을 칭)		모르는 사물이나 사람을 가리키는 대명사.	누구, 어디, 무엇
________대명사 (不아닐 부, 定정할 정, 稱일컬을 칭)		정해지지 아니한 사람, 물건, 방향, 장소 따위를 가리키는 대명사.	아무, 아무개

3. 수사 (數셀 수, 詞말씀 사)

수사란 사물의 ________이나 ________를 가리키는 말이야. → 다음 시간에 배울 수 관형사와 헷갈리지 말자.
양수사 ← → 서수사

수사의 종류

→ 고유어계 양수사는 아흔아홉까지만.

______	**고유어계**	하나, 둘, 셋, 넷 … 스물, 서른, 마흔, 쉰, 예순, 일흔, 여든, 아흔, 아흔아홉
	한자어계	영, 일, 이, 삼, 사 … 구십구, 백(百), 천(千), 만(萬), 억(億), 조(兆), 경(京), 해(垓)…
______	**고유어계**	첫째, 둘째, 셋째, 넷째…
	한자어계	제일, 제이, 제삼, 제사…

자, 여기까지 체언에 대한 설명 끝! 체언은 명사, 대명사, 수사를 통틀어 이르는 말이라는 거, 절대 잊어버리면 안 돼.

개념 003

용언 (用쓸 용, 言말씀 언) _ 동사, 형용사

용언이란 문장에서 주로 ______의 기능을 하는 ______, ______를 통틀어 이르는 말이야. 진짜 자주 등장하는 개념이니 꼭 기억해야 돼.

1. 동사 (動움직일 동, 詞말씀 사)

동사란 사물의 ______이나 ______을 나타내는 말이야.

동사의 종류

① 성질에 따라	______	동사가 나타내는 동작이나 작용이 주어에만 미치는 동사. 예 그는 자리에서 일어난다. / 친구가 달린다. 꽃이 피다. / 해가 솟다.
	______	동작의 대상인 목적어를 필요로 하는 동사. 예 밥을 먹다. / 노래를 부르다.
② 어미의 변화 여부에 따라	**규칙 동사**	규칙적인 활용을 하는 동사.
	불규칙 동사	불규칙 활용을 하는 동사.

→ 규칙 활용과 불규칙 활용은 22강에서 자세히!

2. 형용사 (形모양 형, 容얼굴 용, 詞말씀 사)

형용사란 사물의 ______이나 ______를 나타내는 말이야.

형용사의 종류

성상 형용사	사물의 성질이나 상태를 나타내는 형용사. 예 달다, 고프다, 붉다
지시 형용사	사물의 성질, 시간, 수량 따위가 어떠하다는 것을 형식적으로 나타내는 형용사. 예 그러하다, 어떠하다, 아무러하다

개념 콕

본용언과 보조 용언

본용언	문장의 주체를 주되게 서술하면서 보조 용언의 도움을 받는 용언. 예 **포기해** 버렸다. **놀고** 싶다.
보조 용언	본용언과 연결되어 그것의 뜻을 보충하는 역할을 하는 용언. 예 해내고 **싶다**. 도전해 **보다**.

- 본용언과 본용언 사이에는 '-서'나 다른 문장 성분이 끼어들 수 ______.

  예 선생님께 드릴 선물을 들고 갔다. ⇒ 들고**서** 갔다. O
  ⇒ 들고 **학교에** 갔다. O

- 본용언과 보조 용언 사이에는 '-서'나 다른 문장 성분이 끼어들 수 ______.

  예 나는 사과를 먹어 버렸다. ⇒ *나는 사과를 먹어**서** 버렸다. No
  그는 잠을 자고 싶다. ⇒ *그는 잠을 자고**서** 싶다. No
  나도 1등급이 찍힌 성적표를 가지고 싶다. ⇒ *나도 1등급이 찍힌 성적표를 가지고**서** 싶다. No
  어제 드디어 상어 지느러미 요리를 먹어 보았다. ⇒ *어제 드디어 상어 지느러미 요리를 먹어**서** 보았다. No

연습 3

(2017.04)

(가)는 학생의 메모이고, (나)는 추가로 조사한 자료이다. (가)와 (나)를 참고하여 〈보기〉에 대해 탐구한 것으로 적절하지 않은 것은?

(가) 두 용언이 연결 어미로 이어진 경우

유 형	특 징
본용언 + 본용언	• 각각의 용언이 주어와 호응한다. • 두 용언 사이에 다른 문장 성분이 올 수 있다. • 반드시 띄어 쓴다.
본용언 + 보조 용언	• 앞의 용언만으로 문장이 성립되고, 뒤의 용언만으로는 문장이 성립되지 않는다. • 보조 용언은 띄어 쓰는 것이 원칙이지만 경우에 따라 붙여 쓰는 것도 허용한다.
합성 동사	• 국어사전에 하나의 단어로 등재되어 있다. • 반드시 붙여 쓴다.

(나) 표준국어대사전 검색 결과

검색

▼ 표준국어대사전 검색

- **'집어먹다'에 대한 검색 결과입니다.(1건)**

집어-먹다 「동사」【…을】
「1」 남의 것을 가로채어 제 것으로 만들다.
「2」 겁, 두려움 따위를 가지게 되다.

• **'잊어먹다'에 대한 검색 결과입니다.(0건)**

〈보기〉

◦ 온순했던 청년들은 지레 겁을 ㉠집어먹었다.
◦ 나는 시험 준비를 하느라 잠자는 것도 ㉡잊어 먹었다.
◦ 그는 그녀에게 진 빚을 갚기 위해 공금을 ㉢집어먹었다.
◦ 그는 굶주림에 지쳐 땅 위에 버려진 빵을 ㉣집어 먹었다.
◦ 그들은 서로 만나기로 했던 사실을 새까맣게 ㉤잊어먹었다.

① ㉠은 국어사전에 단어로 등재되어 있는 합성 동사이므로 두 용언을 붙여 쓴 것이겠군.
② ㉡은 뒤의 용언만으로 문장이 성립되지 않으므로 원칙에 따라 두 용언을 띄어 쓴 것이겠군.
③ ㉢은 각각의 용언이 모두 주어인 '그는'과 호응하고 있으므로 두 용언을 붙여 쓴 것이겠군.
④ ㉣은 두 용언 사이에 '허겁지겁'과 같이 다른 문장 성분이 올 수 있으므로 두 용언을 띄어 쓴 것이겠군.
⑤ ㉤은 사전에 등재된 단어가 아니고, 뒤의 용언만으로 문장이 성립하지 않으므로 두 용언을 띄어 써야 하지만 붙여 쓴 것을 허용한 것이겠군.

개념 콕

동사와 형용사 구분하기

구분	동사	형용사
현재 시제 선어말 어미 '-ㄴ-/-는-'	'-ㄴ-/-는-'이 들어갈 수 있다. 예 밥을 먹는다. 지금 공부한다. 그는 내일 집에 있는다고 했다.	'-ㄴ-/-는-'이 들어갈 수 없다. 예 메론은 맛이 *달는다. 영화가 너무 *슬픈다. 날지 못하는 새도 *있는다. 각이 진 원은 *없는다.
	 주의! '없다'는 형용사이지만 '있다'는 형용사일 때도, 동사일 때도 있어.	
현재를 나타내는 관형사형 어미 '-는'	'-는'이 사용될 수 있다. 예 산을 보는 나 먹는 사람	'-는'이 사용될 수 없고, '-ㄴ/-은'을 사용한다. 예 맛이 *달는 과일 → 맛이 단 과일 매우 *슬프는 영화 → 매우 슬픈 영화

의도나 목적을 나타내는 어미 '-(으)려'나 '-(으)러'	'-려'와 '-러'의 사용이 가능하다. 예 먹으려 한다. 먹으러 간다.	'-려'와 '-러'가 쓰이지 못하는 경우가 있다. 예 *아름다우려 한다, *아름다우러 간다. *없으려 한다, *없으러 간다.
명령형 어미 '-아라/-어라'와 청유형 어미 '-자'	명령형 어미 '-아라/-어라'와 청유형 어미 '-자'를 사용할 수 있다. 예 제자리에서 먹어라. / 먹자.	명령형 어미 '-아라/-어라'와 청유형 어미 '-자'를 사용할 수 없다. 예 과일의 맛아, *달아라. / *달자. 꽃아, 매우 *아름다워라. / *아름답자. 해야 *솟아라. / *솟자. '솟다'는 동사인데, 왜 명령형, 청유형을 못 써요?
진행상 '-고 있다'	진행상 '-고 있다'를 사용할 수 있다. 예 놀고 있다.	진행상 '-고 있다'를 사용할 수 없다. 예 *예쁘고 있다.

동사 중에서 자연의 움직임을 나타내는 작용 동사에는 명령형이나 청유형이 어색해. 왜일까? 작용 동사는 사람의 의지대로 할 수 있는 것이 아니거든. 예를 들어 해가 솟는 것은 인간의 의지가 아닌 자연적 현상이니까 명령이나 청유 No No~!

연습 4

(2021.06(1))

〈보기〉를 바탕으로 ㉠~㉤을 이해한 내용으로 적절하지 않은 것은?

> 〈보기〉
>
> '동사'는 동작이나 작용을 나타내는 단어이고, '형용사'는 성질이나 상태를 나타내는 단어이다. 동사와 형용사는 활용하는 양상이 다른데, 일반적으로 동사 어간에는 현재 시제 선어말 어미 '-ㄴ-/-는-', 현재 시제의 관형사형 어미 '-는', 명령형 어미 '-아라/-어라', 청유형 어미 '-자' 등이 붙지만, 형용사 어간에는 붙지 않는다.
>
> ㉠ 지훈이가 야구공을 멀리 던졌다.
> ㉡ 해가 떠오르며 점차 날이 밝는다.
> ㉢ 그 친구는 아는 게 참 많다.
> ㉣ 날씨가 더우니 하복을 입어라.
> ㉤ *올해도 우리 모두 건강하자.
>
> ※ '*'는 비문법적인 문장임을 나타냄.

① ㉠의 '던졌다'는 대상의 동작을 나타내므로 동사이다.
② ㉡의 '밝는다'는 대상의 상태를 나타내므로 형용사이다.
③ ㉢의 '아는'은 현재 시제의 관형사형 어미 '-는'이 결합하였으므로 동사이다.
④ ㉣의 '입어라'는 명령형 어미 '-어라'가 결합하였으므로 동사이다.
⑤ ㉤의 '건강하자'의 기본형 '건강하다'는 청유형 어미 '-자'가 결합할 수 없으므로 형용사이다.

STEP. 2 기출, 이것은 진리

국어의 품사 개념을 정리하고 있어. 지금 정리한 품사 개념은 절대 잊지 않기로 하는 거야. 시험이 끝나도 우린 한국인이니 국어의 품사에 대한 건 잊지 말자. ㅎㅎ

넵! 이해한 개념을 안 까먹도록 워크북으로도 열공하겠습니다!

★ 품사의 분류 기준 이해.

01 문항 코드 | 23670-0068 (2016학년도 6월 고2 전국연합학력평가)

〈보기〉의 [가]를 바탕으로 [나]를 분석한 내용으로 적절하지 않은 것은?

〈보기〉

[가] 품사는 단어를 '형태', '기능', '의미'를 기준으로 분류한 것이다. ㉠'형태'에 따라 불변어, 가변어로, ㉡'기능'에 따라 체언, 용언, 수식언, 관계언, 독립언으로 나뉜다. 그리고 ㉢'의미'에 따라 명사, 대명사, 수사, 동사, 형용사, 관형사, 부사, 조사, 감탄사로 나뉜다.

[나] 열에 아홉은 매우 착실한 학생이다.

① ㉠에 따라 나누면 '착실한'과 '이다'는 가변어이다.
② ㉡에 따라 나누면 '열'과 '학생'은 체언이다.
③ ㉡에 따라 나누면 '은'과 '이다'는 관계언이다.
④ ㉢에 따라 나누면 '아홉'과 '학생'은 같은 품사이다.
⑤ ㉢에 따라 나누면 '매우'와 '착실한'은 다른 품사이다.

★ 수사과 수 관형사의 구분.

02 문항 코드 | 23670-0069 (2022학년도 3월 고1 전국연합학력평가)

〈보기 1〉의 밑줄 친 부분에 해당하는 단어를 〈보기 2〉에서 있는 대로 모두 고른 것은?

〈보기 1〉

선생님: 하나의 단어가 수사로 쓰이기도 하고 수 관형사로도 쓰이는 경우가 많습니다. 그런데 수 관형사로만 쓰이는 단어도 있습니다.

〈보기 2〉

◦ 나는 필통에서 연필 하나를 꺼냈다.
◦ 그 마트는 매월 둘째 주 화요일에 쉰다.
◦ 이번 학기에 책 세 권을 읽는 게 내 목표야.
◦ 여섯 명이나 이 일에 자원해서 정말 기쁘다.

① 하나 ② 세 ③ 하나, 여섯
④ 둘째, 세 ⑤ 둘째, 여섯

★ 보조 용언의 기능 이해.

03 문항 코드 | 23670-0070 《 2022학년도 7월 고3 전국연합학력평가 》

〈보기〉의 [A]에 들어갈 말로 적절하지 않은 것은?

〈보기〉

선생님: 화자의 다양한 심리적 태도는 '보조적 연결 어미와 보조 용언'의 구성을 통해 나타낼 수 있습니다. ㉠~㉤의 '보조적 연결 어미와 보조 용언'에 대해 탐구해 봅시다.

> **지혜**: 쉬고 있는 걸 보니 안무를 다 ㉠**짰나 본데**?
> **세희**: 아니야, 잠시 쉬고 있어. 춤이 어려워서 친구들이 공연 중에 동작을 ㉡**잊을까 싶어** 걱정이야.
> **지혜**: 그렇구나. 동작은 너무 멋있던데?
> **세희**: 그렇게 말해줘서 고마워. 근데 구성까지 어려우니까 몇몇 친구들은 그만 ㉢**포기해 버리더라고**.
> **지혜**: 그럼 내가 내일 좀 ㉣**고쳐 줄까**?
> **세희**: 괜찮아. 고맙지만, 오늘까지 ㉤**마쳐야 해**.

학생: [A]

① ㉠에는 화자가 어떠한 행동에 대해 추측하고 있음이 나타나 있습니다.
② ㉡에는 화자가 뜻하는 행동을 하고자 하는 의도가 나타나 있습니다.
③ ㉢에는 어떠한 행동이 이루어진 결과에 대해 화자가 아쉬운 감정을 갖게 되었음이 나타나 있습니다.
④ ㉣에는 화자가 상대를 위해 무언가를 베푼다는 심리적 태도가 나타나 있습니다.
⑤ ㉤에는 화자가 어떠한 행동을 하는 것이 필요함을 나타내고 있습니다.

태그 체크

○ #품사 ○ #체언 ○ #용언 ○ #관계언 ○ #수식언 ○ #독립언 ○ #명사
○ #대명사 ○ #수사 ○ #동사 ○ #형용사 ○ #조사 ○ #관형사 ○ #부사
○ #감탄사 ○ #본용언 ○ #보조 용언

21 국어의 9품사 2

학습 목표

❶ 지난 시간에 이어 **국어의 9품사**를 확실히 안다.
❷ **수식언**, **관계언**, **독립언**이 무엇인지 안다.
❸ **품사의 통용**이 무엇인지 안다.

개념 태그

#수식언 #관형사 #부사 #난 왜 관형사랑 형용사가 헷갈리지 #관계언 #조사 #독립언 #감탄사 #품사의 통용

STEP. 1 내 생애 마지막 개념 정리!

어때? 중학교 때 배운 개념들이 좀 생각나?

아니요, 모든 게 새로워요~.

ㅎㅎ 지금부터 확실하게 알면 되지. 돌발 질문! 체언에는 뭐가 있지?

______, ______, ______!

그럼 용언에는?

______, ______! 이제 그 정도는 껌입니다!

개념 004

수식언 (修닦을 수, 飾꾸밀 식, 言말씀 언) _ 관형사, 부사

수식언이란 뒤에 오는 말을 수식하거나 한정하기 위하여 첨가하는 ______와 ______를 통틀어 이르는 말이야. 수식언은 활용을 하지 않아. 모양을 바꾸지 않는 품사들을 뭐라고 했지? 맞아, 수식언은 ______야. ^^

1. 관형사 (冠갓 관, 形모양 형, 詞말씀 사)

관형사란 ______(명사, 대명사, 수사) 앞에 놓여서, 그 체언의 내용을 자세히 ______ 주는 말이야.

많은 아이들이 관형사와 형용사를 엄청 헷갈려 해. ㅎㅎ;;

호오, 다행이다. 나만 그런 게 아니었어. ㅎㅎ

ㅋㅋ 관형사는 형태가 변하지 않는 불변어잖아. 관형사는 ______도 붙지 않고 ______도 안 해. 그런데 형용사는 활용을 하지? '형용사의 관형사형' 때문에 헷갈리는 건데, 그건 24강에서 아주 그냥 머리에 콕 박히도록 알려 줄게!

머리에 콕 박힌다니… 기… 기대됩니다!

관형사의 종류

성상 관형사	명사의 ______, ______이나 ______를 꾸며 주는 관형사.	예 새 신, 헌 옷, 옛 추억, 맨 처음, 순 살코기
지시 관형사	어떤 대상을 ______ 관형사. → 지시 대명사, 지시 부사랑 헷갈리지 말자.	예 이/그/저 사람, 다른 계획, 어떤 생각, 어느 마을, 딴 대답, 웬 걱정
___ 관형사	______을 나타내는 관형사. → 수사랑 헷갈리지 말자.	예 두 친구, 모든 사람, 여러 나라, 전 국민, 온 세상, 첫 시험

개념 콕

여러 개의 관형사가 같이 쓰일 수는 있는데, 앞뒤 순서가 있어.

지시 관형사 + 수 관형사 + 성상 관형사

예	저	모든	새	집
	지시 관형사	수 관형사	성상 관형사	꾸밈 받는 체언

연습 5

밑줄 그은 말의 품사는 뭘까?

정체를 밝혀라	그의 정체
① 그 노래 가사는 정말 슬프다.	
② 오늘따라 슬픈 노래가 듣고 싶다.	
③ 이 성적표가 진짜 내 거 맞아? ㅠㅠ (11111)	
④ 이는 네가 진심으로 최선을 다 한 결과야.	
⑤ 피자, 내 거 다섯 조각 남겨 놔, 꼭!	
⑥ 나는 형만 다섯이야. (남겨진 피자가 있겠뉘?)	

2. 부사 (副도울 부, 詞말씀 사)

부사란 ______ 또는 다른 말 앞에 놓여 그 뜻을 분명하게 하는 말이야. 부사도 관형사처럼 ______을 하지 않아.

부사가 용언만 꾸미는 말로 알고 있는 경우도 많아. 용언을 꾸미는 게 부사의 주 업무이긴 하지만 부사는 다른 부사, 관형사, 문장 전체를 꾸미기도 하고, 관형사, 심지어는 명사(체언이잖아.)를 꾸미기도 해.

부사의 종류

성분 부사	성상 부사	사람이나 사물의 모양, 상태, 성질을 한정하여 꾸미는 부사.	예 잘, 매우, 바로
	______ 부사	처소나 시간을 가리켜 한정하거나 앞의 이야기에 나온 사실을 가리키는 부사.	예 이리, 그리, 내일, 오늘 (→ 명사이기도 해.)
	______ 부사	용언의 앞에 놓여 그 내용을 부정하는 부사.	예 아니, 안, 못
	______ 부사	사람이나 사물의 소리를 흉내 낸 부사 (→ 의성어라고도 하지.)	예 으앙으앙, 개굴개굴
	______ 부사	사람이나 사물의 모양이나 움직임을 나타내는 부사. (→ 의태어라고도 하지.)	예 뒤뚱뒤뚱, 까불까불, 데굴데굴
______ 부사	양태 부사	화자의 태도를 나타내는 부사.	예 과연, 설마, 제발, 정말, 결코, 모름지기, 응당, 어찌
	______ 부사	앞의 체언이나 문장의 뜻을 뒤의 체언이나 문장에 이어주면서 뒤의 말을 꾸며 주는 부사. (→ 흔히 접속사라고들 표현하지?)	예 그러나, 그런데, 그리고, 하지만

개념 콕

부사가 체언을 수식할 때도 있다?

예 **범인은 바로 너야**
(바로: 부사 / 너: → 이건 체언(대명사)이잖아!)

정말 부사가 체언을 꾸미기도 하네.

부사는 용언만 꾸미는 게 아니더라고, 명사를 꾸미기도 하고, 관형사나 다른 부사, 문장 전체를 꾸미기도 해.

예 이건 너무 헌 옷이라 동생에게 물려주기가 미안해. (관형사 수식)
하식이가 국어 문제를 매우 빨리 풀었어. (다른 부사 수식)

개념 콕

여러 개의 부사가 같이 쓰일 수는 있는데, 앞뒤 순서가 있어.

지시 부사 + 성상 부사 + 부정 부사

예 **그리 잘 안 먹어서 키가 크겠냐?**
(그리: 지시 부사 / 잘: 성상 부사 / 안: 부정 부사 / 먹어서: 꾸밈 받는 용언)

연습 6

(2017.11(2))

〈보기〉에 대한 설명으로 가장 적절한 것은?

〈보기〉

부사는 수식하는 범위에 따라 문장의 한 성분을 수식하는 성분 부사와 문장 전체를 수식하는 문장 부사로 나뉜다. 이 중 성분 부사는 주로 용언을 수식하지만 때로는 체언을 수식하거나 관형사, 부사를 수식하는 경우도 있다.

ㄱ. 그녀는 **매우** 빨리 달린다.
ㄴ. **설마** 나에게 맞는 옷이 없을까?
ㄷ. 우리 학교 **바로** 옆에 우체국이 있다.
ㄹ. 내 차는 얼마 전까지 **아주** 새 차였다.
ㅁ. **과연** 그 아이는 재능이 **정말** 뛰어나군.

① ㄱ에서 '매우'는 용언을 수식하고 있다.
② ㄴ에서 '설마'는 체언을 수식하고 있다.
③ ㄷ에서 '바로'는 부사를 수식하고 있다.
④ ㄹ에서 '아주'는 관형사를 수식하고 있다.
⑤ ㅁ에서 '과연'과 '정말'은 문장을 수식하고 있다.

연습 7

(2016.09(2))

〈보기〉의 ㉠~㉢에 해당하는 것을 바르게 분류한 것은?

〈보기〉

㉠**관형사**, ㉡**대명사**, ㉢**부사** 중에는 '이, 그, 여기, 이리, 그리' 등과 같이 '지시성'을 지닌 단어들이 있다. 이들은 지시성이라는 공통점 때문에 구별이 쉽지 않으므로 문장 내에서의 기능을 통해 단어의 품사를 파악해야 한다.

ⓐ **이** 사과는 맛있게 생겼다.
ⓑ **그** 책 좀 나에게 빌려줄 수 있어?
ⓒ **여기**가 바로 우리의 고향입니다.
ⓓ **이리** 가까이 오게.
ⓔ **그리** 물건을 보내겠습니다.

	㉠	㉡	㉢
①	ⓐ	ⓑ, ⓒ	ⓓ, ⓔ
②	ⓐ, ⓑ	ⓒ	ⓓ, ⓔ
③	ⓑ, ⓒ	ⓓ, ⓔ	ⓐ
④	ⓑ, ⓓ	ⓔ	ⓐ, ⓒ
⑤	ⓒ, ⓓ	ⓐ	ⓑ, ⓔ

개념 005

관계언 (關빗장 관, 係걸릴 계, 言말씀 언) _ 조사

관계언이란 문장에 쓰인 단어들의 ____를 나타내는 기능을 하는 ____를 이르는 말이야.

조사 (助도울 조, 詞말씀 사)

조사란 체언이나 부사, 어미 따위에 붙어 그 말과 다른 말과의 ____를 표시하거나 그 말의 ____ ____ 말이야.

→ 격 조사

→ 보조사

조사의 종류 _ 격 조사, 보조사, 접속 조사

① **격 조사 (格격식 격, 助도울 조, 詞말씀 사)**

격 조사는 앞에 오는 체언이 문장 안에서 일정한 ____을 갖도록 해 줘.

㉠ ____ 격 조사

체언이나 체언 구실을 하는 말 뒤에 붙어 ____ 자격을 가지게 하는 격 조사야.

____/____	이: 받침 있는 체언 뒤 가: 받침 없는 체언 뒤	예 하늘**이** 푸르다. 바다**가** 넓다.
____	선행 체언이 높임 대상일 때	예 할아버지**께서** 주무신다.
에서	선행 체언이 단체일 때	예 우리 학교**에서** 우승했다.
서	'혼자, 둘이, 셋이' 따위의 사람의 수를 나타내는 받침 없는 체언 뒤	예 혼자**서**도 잘한다. 그들 둘이**서** 갔다.

㉡ ____ 격 조사

체언이나 체언 구실을 하는 말 뒤에 붙어 ____ 자격을 가지게 하는 격 조사야.

____/____/____	을: 받침 있는 체언 뒤 를: 받침 없는 체언 뒤 ㄹ: (받침 없는 체언 뒤에 붙어) '를'보다 더 구어적임.	예 꿈**을** 바꾸지 말고, 나**를** 바꾸자.

㉢ ____ 격 조사

체언이나 체언 구실을 하는 말 뒤에 붙어 ____ 자격을 가지게 하는 격 조사야. '되다', '아니다' 앞에 오는 성분에 쓰인다는 걸 꼭 기억해야 돼.

____/____	이: 받침 있는 체언 뒤 가: 받침 없는 체언 뒤 ※주격 조사와 똑같이 생김 주의.	예 내가 일등**이** 되었다. 나는 게으름뱅이**가** 아니다.

ⓔ ______ 격 조사

앞에 오는 체언이나 체언 구실을 하는 말이 뒤에 오는 체언이나 체언 구실을 하는 말의 ______ 임을 보이는 격 조사야.

____	주어 – 서술어 목적어 – 서술어 전체 – 부분 소유자 – 대상	예 역사**의** 흐름 성과**의** 축적 아내**의** 손 외삼촌**의** 집

ⓜ ______ 격 조사

체언이나 체언 구실을 하는 말 뒤에 붙어 ______ 자격을 가지게 하는 격 조사야.

에	처소 어떤 움직임이나 작용이 미치는 대상	예 그는 거기**에** 있다. 예 나는 화분**에** 물을 주었다.
에서	출발점 처소	예 그는 대전**에서** 왔다. 예 그는 대전**에서** 산다.
(으)____(써) (으)____(서)	도구 자격	예 칼**로** 배를 깎자. 예 학생**으로서** 그럴 수 있니?
____/____	비교, 기준 함께함. 상대로 하는 대상	예 혜정 선생님은 서인영 씨**와** 목소리가 비슷하다. 예 나**와** 함께 갈래? 예 그녀**와** 헤어져서 너무 힘들다. 나는 형**과** 만났다.
라고 고	직접 인용 간접 인용	예 "저리 가거라."**라고** 말했다. 예 저리 가라**고** 말했다.
에게	행동이 미치는 대상	예 그것을 철수**에게** 주어라.
보다	비교	예 그것은 이것**보다** 크다.
(으)로	변화의 방향	예 수십 년이 지나니까 모두 흙**으로** 변해 버렸다.

ⓑ ____ 격 조사

체언이나 체언 구실을 하는 말 뒤에 붙어 ______ 자격을 가지게 하는 격 조사야.

아/야, 이여/이시여	부름.	예 혜정**아**, 놀자! 하늘**이여**, 나를 도와줘.

ⓢ ______ 격 조사

체언이나 체언 구실을 하는 말 또는 일부 부사나 연결 어미 뒤에 붙어 ______ 자격을 가지게 하는 격 조사. '이고', '이니', '이면', '이지' 따위로 활용하며, 모음 아래에서는 어간 '이'가 생략되기도 해.

____	※ 조사 중에서 혼자 가변어임. 주의.	예 나는 교사**다**. 나는 학생**이다**. 나는 행복한 사람**이다**.

② **보조사** (補더할 보, 助도울 조, 詞말씀 사)

보조사는 체언 뒤는 물론이고, 여러 문장 성분 뒤에서 나타날 수 있어.

보조사는 체언, 부사, 활용 어미 따위에 붙어서 어떤 ________ 를 더해 줘.

㉠ 성분 보조사

문장 성분에 붙어 ________ 를 덧붙임.

____/____	어떤 대상이 다른 것과 대조됨.	예 인생**은** 짧고 예술**은** 길다.
____	이미 어떤 것이 포함되고 그 위에 더함.	예 밥만 먹지 말고 반찬**도** 먹어라.
____	다른 것으로부터 제한하여 어느 것을 한정함.	예 모임에 그 사람**만** 참석했다.
까지	그것이 극단적인 경우임.	예 우리가 할 수 있는 데**까지** 해 봅시다.
마저	하나 남은 마지막임.	예 너**마저** 나를 떠나는구나.
조차	일반적으로 예상하기 어려운 극단의 경우까지 양보하여 포함함.	예 그녀와 헤어진다는 것은 생각할 수**조차** 없는 일이다.
부터	어떤 일이나 상태 따위에 관련된 범위의 시작임.	예 너**부터** 먼저 먹어라.

㉡ 종결 보조사

문장의 ________ 뒤에만 쓰이는 보조사.

마는	앞의 사실을 인정을 하면서도 그에 대한 의문이나 그와 **어긋나는 상황** 따위를 나타내는 보조사.	예 사고 싶다**마는** 돈이 없군.
그려, 그래	청자에게 문장의 내용을 **강조함**을 나타내는 보조사.	예 그 집 사정이 참 딱하데**그려**. 자네 오늘은 기분이 좋아 보이는구먼**그래**.

㉢ 통용 보조사

체언이나 부사 및 용언의 종결 어미에 ________ 붙는 보조사.

요	(체언이나 부사어, 연결 어미 따위의 뒤에 붙어) **청자에게 존대**의 뜻을 나타내는 보조사.	예 방금**요** 그 말 아주 멋졌어요. 마음은**요** 더없이 좋아요. 어서**요** 읽어보세요.

③ **접속 조사** (接접할 접, 續이을 속, 助도울 조, 詞말씀 사)

둘 이상의 단어나 구 따위를 ________ 자격으로 ________ 구실을 하는 조사.

____/____	**격식체**에서	예 우리는 자유**와** 평등의 실현을 위해 싸웠다.
하고 **이며** **이랑**	**비격식체**에서	예 배**하고** 사과**하고** 감을 가져오너라. 예 화실은 그림**이며** 조각**이며** 미술품으로 가득했다. 예 떡**이랑** 과일**이랑** 많이 먹었다.

개념 콕

오잉? 접속 조사인 '이랑'이 부사격 조사로 쓰일 때도 있네요?

응. 똑같이 생겼지? 그러니까 무조건 외우지 말고 문장 속에서 그 역할을 잘 살펴봐야 돼.

㉠ 오늘 동생**이랑** 싸웠다. ---▶ 상대
나는 친구들**이랑** 영화를 보러 갔다. ---▶ 함께
형**이랑** 많이 닮았구나. ---▶ 비교

'와/과', '하고', '이며'도 다 마찬가지죠?

맞아. 무조건 접속 조사라고 암기해 버리면 안 된다는 거 챙기자!

연습 8

(2018.03(2))

밑줄 친 말 중 ㉠의 예로 적절하지 않은 것은?

〈보기〉

조사는 주로 체언에 붙어서, 그 체언이 문장 중의 다른 단어와 맺는 관계를 나타내거나 특별한 뜻을 더해 주는 단어이다. 조사는 체언이 문장 속에서 다른 말과 맺는 관계를 표현하는 격 조사, 둘 이상의 체언을 같은 자격으로 이어서 하나의 명사구를 형성하는 접속 조사, ㉠**앞말에 특별한 뜻을 더해 주는 보조사**로 구분된다.

① 오직 새소리**만** 들렸다.
② 시험까지 한 달**도** 안 남았다.
③ 나는 개**와** 고양이를 좋아한다.
④ 할아버지께서**는** 신문을 보셨다.
⑤ 그는 평생 가족**밖에** 모르고 살았다.

개념 006

독립언 (獨홀로 독, 立설 립, 言말씀 언) _ 감탄사

독립언이란 독립적으로 쓰이는 __________ 를 이르는 말이야.

감탄사(感느낄 감, 歎탄식할 탄, 詞말씀 사)

감탄사란 말하는 이의 본능적인 ________ 이나 ________, ________, ________ 따위를 나타내는 말이야.

감탄사는 실제 발화 상황에서 많이 사용돼. 대개 감정을 나타내거나 의지를 표출할 때 사용되는 말들이고, 입버릇이나 더듬거리는 의미 없는 표현일 때도 있어. 그리고 놀람, 부름을 나타낸다고 해서 무조건 다 감탄사인 건 아니라는 것에도 주의하자. 감탄사에는 조사가 붙지 않아.

㉰ 엄마야, 깜짝이야! ('명사 + 호격 조사'임.) / 혜정아, 생일 축하해. ('고유 명사 + 호격 조사'임.)
아빠, 이리 와 보세요! (그냥 '명사'임.)

감탄사의 종류

감정 감탄사	말하는 이의 본능적인 놀람이나 느낌을 나타내는 말.	㉰ 허허, 에끼, 아이고, 후유, 에구머니, 아뿔싸
의지 감탄사	말하는 이의 의지나 부름, 응답 따위를 나타내는 말.	㉰ 아서라, 여보, 여보세요, 응, 네, 그래, 천만에
의미 없는 소리들	특별한 의미 없는 입버릇이거나 말을 하다가 더듬거리는 의미 없는 말.	㉰ 어, 아, 에

연습 9 (2017.07)

※다음 글을 읽고 물음에 답하시오.

[A] 공통된 성질을 가진 단어들을 모아 갈래 지어 놓은 것을 품사라고 한다. 국어의 품사는 단어의 형태, 기능, 의미를 기준으로 분류한다.

첫째, 단어는 형태 변화의 여부에 따라 형태가 변하지 않는 말인 불변어와, 활용하여 형태가 변하는 말인 가변어로 나뉜다. 둘째, 단어는 문장 속에서 해당 단어가 수행하는 기능에 따라 문장에서 주로 주어의 기능을 하는 체언, 문장의 주어를 서술하는 기능을 하는 용언, 다른 말을 수식하는 기능을 하는 수식언, 문장에 쓰인 단어들의 관계를 나타내는 기능을 하는 관계언, 다른 성분에 얽매이지 않고 독립적으로 쓰이는 독립언으로 나뉜다. 셋째, 단어는 개별 단어가 어떤 의미를 갖고 있느냐에 따라 대상의 이름을 나타내는 명사, 명사를 대신하여 그것을 가리키는 대명사, 대상의 수량이나 순서를 나타내는 수사, 사람이나 사물 따위의 움직임이나 작용을 나타내는 동사, 성질이나 상태를 나타내는 형용사, 주로 체언을 꾸며 주는 관형사, 주로 용언이나 문장을 꾸며 주는 부사, 앞말에 붙어 그 말과 다른 말과의 문법적 관계를 나타내거나 특별한 뜻을 더하는 조사, 말하는 이의 놀람이나 느낌, 부름, 응답 따위를 나타내는 감탄사로 나뉜다.

[A]를 바탕으로 〈보기〉의 ⓐ~ⓒ를 이해한 내용으로 적절하지 않은 것은?

〈보기〉

ⓐ 아직까지는 그 사실을 아무도 모르고 있다.
ⓑ 할머니께서 온갖 재료로 만두를 곱게 빚으셨다.
ⓒ (대화 중) "들어가도 됩니까?" / "네, 어서 오십시오."

① ⓐ에서 '아무'는 문장에서 주어의 기능을 하는 체언이다.
② ⓑ에서 '온갖'은 문장에서 다른 말을 수식하는 수식언이다.
③ ⓒ에서 '네'는 말하는 이의 응답을 나타내는 감탄사이다.
④ ⓐ와 ⓑ에서 조사는 각각 3개씩이다.
⑤ ⓐ와 ⓑ에서 가변어는 각각 2개씩이다.

개념 007

품사의 통용 (通통할 통, 用쓸 용)

지금까지 살펴본 명사, 대명사, 수사, 동사, 형용사, 관형사, 부사, 조사, 감탄사의 아홉 품사는 각 부류에 소속되는 단어들의 문법적 성질이 일정하다고 생각하고 분류한 거야. 그런데 단어 가운데는 하나 이상의 문법적 성질을 함께 가지고 있는 것이 있어. 이것을 품사의 ______ 이라고 해.

개념 콕

→ 띄어쓰기, 조사, 수식 관계

품사의 통용과 관련해 품사를 확인할 때는 세 가지를 기억하자!

- 밑줄 친 말 바로 뒤에 **띄어쓰기** 없이 **조사**가 붙어 있다면 체언인지 의심해 봐.
- 언뜻 조사처럼 보이는데 앞말과 **띄어쓰기**가 되어 있고, 앞말의 수식을 받고 있다면 의존 명사인지 의심해 봐.
- 밑줄 친 말이 체언을 **수식**하고 있다면, 관형사인지 의심해 봐.
- 밑줄 친 말이 용언이나 다른 부사를 **수식**하고 있다면, 부사인지 의심해 봐.

연습 10

(2017.07)

※다음 글을 읽고 물음에 답하시오.

단어는 하나의 품사로 사용되는 경우가 일반적이지만 둘 이상의 품사로 사용되는 경우도 있다. 가령 '그는 모든 원인을 자기의 잘못으로 돌렸다.'의 '잘못'은 조사와 결합하는 명사이지만, '그는 길을 잘못 들어서 한참 헤맸다.'의 '잘못'은 용언을 수식하는 부사이다. '잘못'이 ㉠명사와 부사로 쓰인 것이다. 또한 '노력한 만큼 대가를 얻다.'의 '만큼'은 관형어의 수식을 받는 명사이지만, '집을 대궐만큼 크게 짓다.'의 '만큼'은 앞말과 비슷한 정도나 한도임을 나타내는 조사이다. '만큼'이 ㉡명사와 조사로 쓰인 것이다. 이 밖에도 국어에는 부사와 조사로 쓰이는 경우, 수사와 관형사로 쓰이는 경우와 같이 두 개 이상의 품사로 쓰이는 단어들이 존재한다.

㉠, ㉡에 해당하는 예로 적절한 것은?

① ㉠ ┌ 둘에 다섯을 더하면 일곱이다.
　　 └ 여기에 사과 일곱 개가 있다.

② ㉠ ┌ 너 커서 무엇이 되고 싶니?
　　 └ 가구가 커서 방에 들어가지 않는다.

③ ㉠ ┌ 식구 모두가 여행을 떠났다.
　　 └ 그릇에 담긴 소금을 모두 쏟았다.

④ ㉡ ┌ 나를 처벌하려면 법대로 해라.
　　 └ 큰 것은 큰 것대로 따로 모아 두다.

⑤ ㉡ ┌ 모두 같이 학교에 갑시다.
　　 └ 얼음장같이 차가운 방바닥이 생각난다.

STEP. 2 기출, 이것은 진리

언어(문법) 파트 문제 중 두 문제가 꼭 이런 식으로 비문학(독서) 느낌을 솔솔 풍기는 엄청 큰 <보기>(?)와 엮여서 나오지?

맞아요. 옛~~날 옛날 언어 지문 같아요.

헉, 너 그 시절을 어떻게 알아? ㅎㅎ 맞아, 그런 시절이 있었어. 이런 세트 문제는 문법 개념을 확실히 알고 있으면 더 쉽고 빠르게 해결할 수 있어. 지문 속 개념을 잘 이해하고 문제에 적용해 보자.

[4-5] 다음 글을 읽고 물음에 답하시오. (2022학년도 6월 고2 전국연합학력평가)

조사는 일반적으로 체언 뒤에 붙어서 문법적인 관계를 나타내거나 의미를 추가하는 의존 형태소로서, 기능과 의미에 따라 격 조사, 접속 조사, 보조사로 나눌 수 있다.

격 조사는 체언이 문장 안에서 일정한 자격을 가지게 해 주는 조사로서, 주격, 목적격, 관형격, 부사격, 서술격, 보격, 호격 조사로 나눌 수 있다. 주격 조사는 '이/가, 에서' 등으로, 체언이 주어의 자격을 가지게 하며, 목적격 조사는 '을/를'로, 체언이 목적어의 자격을 가지게 한다. 관형격 조사는 '의'로, 체언이 관형어의 자격을 가지게 하며, 부사격 조사는 '에, 에게, 에서, (으)로, 와/과' 등으로, 체언이 부사어의 자격을 가지게 한다. 보격 조사는 '이/가'로, 서술어 '되다, 아니다' 앞에 오는 체언이 보어의 자격을 가지게 한다. 서술격 조사는 '이다'로 체언이 서술어의 자격을 가지게 하고, 호격 조사는 '아/야, (이)시여' 등으로 체언이 호칭어가 되게 하는 조사이다.

접속 조사는 두 단어를 같은 자격으로 이어 주는 조사로 '와/과'가 대표적이며 '하고, (이)며' 등이 여기에 속한다. 보조사는 특별한 의미를 덧붙여 주는 조사로 '도, 만, 까지, 요' 등이 속한다. 보조사는 체언 뒤는 물론이고, 여러 문장 성분 뒤에도 나타날 수 있다.

조사는 서로 겹쳐 쓰기도 하는데, 이를 **조사의 중첩**이라 한다. 그러나 겹쳐 쓸 때 순서가 있다. 주격 조사, 목적격 조사, 보격 조사, 관형격 조사는 서로 겹쳐 쓸 수 없으나 보조사와는 겹쳐 쓸 수 있는데, 대체로 보조사의 뒤에 쓴다. 부사격 조사는 부사격 조사끼리 겹쳐 쓸 수 있고 다른 격 조사나 보조사와도 겹쳐 쓸 수 있는데, 일반적으로 다른 격 조사나 보조사의 앞에 쓴다. 보조사는 보조사끼리 겹쳐 쓸 수 있고 순서도 자유로운 편이지만, 의미가 모순되는 보조사끼리는 겹쳐 쓰기 어렵다.

★ 조사의 종류 이해.

04 문항 코드 | 23670-0071

윗글을 바탕으로 밑줄 친 부분을 분석한 내용으로 적절하지 않은 것은?

① '비가 오는데 바람**까지** 분다.'의 '까지'는 다시 그 위에 더한다는 의미를 가진 보조사이다.
② '나는 아버지보다 어머니**와** 닮았다.'의 '와'는 '어머니'와 '닮았다'를 이어 주는 접속 조사이다.
③ '우리 동아리**에서** 학교 축제에 참가하였다.'의 '에서'는 단체 명사 뒤에 쓰이는 주격 조사이다.
④ '신**이시여**, 우리를 보살피소서.'의 '이시여'는 어떤 대상을 정중하게 부를 때 쓰는 호격 조사이다.
⑤ '철수는**요** 밥을**요** 먹어야 하거든**요**.'의 '요'는 다양한 문장 성분의 뒤에 쓰여 청자에게 존대의 뜻을 나타내는 보조사이다.

★ 조사의 특징 이해.

05 문항 코드 | 23670-0072

㉠~㉤을 통해 조사의 중첩을 이해한 내용으로 적절하지 않은 것은?

〈보기〉

㉠ 길을 걷다가 철수**가를*** 만났다.
㉡ 그 말을 한 것이 당신**만이**(당신**이만***) 아니다.
㉢ 그녀는 전원**에서의**(전원**의에서***) 여유로운 삶을 꿈꾼다.
㉣ 모든 관심이 나**에게로**(나**로에게***) 쏟아졌다.
㉤ 빵**만도*** 먹었다.

*는 비문 표시임.

① ㉠에서는 주격 조사와 목적격 조사는 겹쳐 쓸 수 없음을 확인할 수 있군.
② ㉡에서는 보조사와 보격 조사가 결합할 때 보격 조사가 뒤에 쓰였군.
③ ㉢에서는 부사격 조사와 관형격 조사가 결합할 때 관형격 조사가 뒤에 쓰였군.
④ ㉣에서는 부사격 조사와 보조사가 결합할 때 부사격 조사가 보조사 앞에 쓰였군.
⑤ ㉤에서는 유일함을 뜻하는 '만'과 더함을 뜻하는 '도'의 의미가 모순되어 겹쳐 쓰기 어렵군.

태그 체크

○ #수식언 ○ #관형사 ○ #부사 ○ #이제 관형사랑 형용사가 헷갈리지 않아 ○ #관계언
○ #조사 ○ #독립언 ○ #감탄사 ○ #품사의 통용

22 형태소 & 단어

학습 목표
❶ **형태소**가 무엇인지 안다.
❷ **어간과 어미, 어근과 접사**가 무엇인지 안다.
❸ **규칙 활용**과 **불규칙 활용**을 이해한다.

개념 태그
#어간과 어미 #어근과 접사 #규칙 활용 #불규칙 활용
#명사 파생 접미사와 명사형 어미 #파생 명사와 명사형 #형태소 #자립 형태소와 의존 형태소
#실질 형태소와 형식 형태소 #이형태 #단어

STEP. 1 내 생애 마지막 개념 정리!

오늘 배우는 개념들, 정말 기초부터 알려 줄게. 정신 바싹 차리고 한 번 공부할 때 제대로, 지금이 마지막이라고 생각하고 집중하자.

개념 008

어간과 어미

용언이 뭐였지? 그래, 활용하는 말! 다시 말해 동사와 형용사!

용언 = 어간 + 어미 → 활용할 때 변하는 부분
어간 → 활용할 때 변하지 않는 부분

연습 11

활용해 보기.

먹	다	짓누르	다
	니?		니?
	고		고
	는		는
	지만		지만

1. **어간**(語말씀 어, 幹줄기 간)

어간이란 용언이 활용할 때에 변하지 ________ 부분을 말해.

예 먹다. 먹니? 먹고 먹는 먹지만
짓누르다. 짓누르니? 짓누르고 짓누르는 짓누르지만

2. 어미 (語말씀 어, 尾꼬리 미)

어미란 용언이 활용하여 ____________ 부분을 말해.

예 먹다. 먹니? 먹고 먹는 먹지만
짓누르다. 짓누르니? 짓누르고 짓누르는 짓누르지만

어미의 종류

______ 어미 (語말씀 어, 末끝 말)	______ 어미	평서형 종결 어미	-다
		의문형 종결 어미	-느냐/-냐
		명령형 종결 어미	-아라/-어라
		청유형 종결 어미	-자
		감탄형 종결 어미	-(는)구나, -로구나
	______ 어미	대등적 연결 어미	-고, -(으)며, -지만, -(으)나
		종속적 연결 어미	-니, -아서/-어서, -게, -(으)면, -(으)니까
		보조적 연결 어미	-아/-어, -게, -지, -고
	______ 어미	명사형 어미★	-(으)ㅁ, -기
		관형사형 어미★	-(으)ㄴ, -는, -(으)ㄹ, -던(-더+ㄴ)
		부사형 어미★	-게, -도록, -듯이
______ 어미 (先먼저 선, 語말씀 어, 末끝 말)	주체 높임 선어말 어미★		-(으)시-
	시제 선어말 어미		-ㄴ-, -는-, -았-/-었-, -았었-/-었었-, -겠-
	공손 선어말 어미		-옵-, -사옵-
	서법 선어말 어미		-더-, -리-

연습 12

문장 안에서 찾아보기.

정체를 밝혀라.	어간	어미의 정체
① 선생님께서 오셨다.	오-	-시- + -었- + -다
② 오늘도 잔소리를 하시겠지만 괜찮다.	하 -	-시- + -겠- + -지만
③ 한결같으신 선생님	한결같-	-으시- + -ㄴ

④ 나는 오늘도 국어 공부를 **한**다.	**하-**	-ㄴ- + -다
⑤ 너는 오늘도 너튜브를 **보**느냐?	**보-**	-느냐
⑥ 지금부터 휴대폰을 꺼 **놔**라.	**놓-**	-아라
⑦ 나랑 오늘부터 국어 공부를 **하**자.	**하-**	-자
⑧ 너 게임도 **잘하**는구나!	**잘하-**	-는구나
⑨ 국어 공부도 **하**고, 수학 공부도 하자.	**하-**	-고
⑩ 영어 공부도 **하**며, 탐구 공부도 하자.	**하-**	-며
⑪ 어제 늦게 **자**서 피곤하다.	**자-**	-아서
⑫ **피곤하**니까 배가 고프다.	**피곤하-**	-니까
⑬ 문득 치킨이 **먹**고 싶다.	**먹-**	-고
⑭ 결국 치킨을 **시**켜 버렸다.	**시키-**	-어
⑮ 치킨은 **참**기가 쉽지 않다.	**참-**	-기
⑯ **맛있**는 치킨을 먹자.	**맛있-**	-는
⑰ **맛있**게 잘 먹었습니다.	**맛있-**	-게

연습 13

(2017.09)

〈보기〉의 ㉠~㉤에 쓰인 ⓐ, ⓑ에 대한 설명으로 옳지 않은 것은?

〈보기〉

용언은 어간에 어미가 붙어 다양한 의미를 나타내며 활용된다. 어미는 ⓐ**선어말 어미**와 ⓑ**어말 어미**로 나뉜다. 어말 어미는 다시 종결 어미, 연결 어미, 전성 어미로 나뉜다. 용언의 활용형에서 선어말 어미는 없는 경우가 있어도 어말 어미는 반드시 있어야 한다.

㉠ 민수가 그 나무를 **심었구나**!
㉡ 저기서 **청소하는** 아이가 내 동생이야.
㉢ 그 친구가 설마 그 음식을 다 **먹었겠니**?
㉣ 그가 나에게 권한 책은 이미 **읽은** 책이다.
㉤ 주말에 바람은 **불겠지만** 비는 오지 않을 것이다.

① ㉠에는 과거 시제를 나타내는 '-었-'이 ⓐ로 쓰였고, 감탄형 종결 어미 '-구나'가 ⓑ로 쓰였다.
② ㉡에는 ⓐ는 없고 동사의 현재 시제를 나타내는 관형사형 어미 '-는'이 ⓑ로 쓰였다.
③ ㉢에는 과거 시제를 나타내는 '-었-'과 주체의 의지를 나타내는 '-겠-'이 ⓐ로 쓰였고, 의문형 종결 어미 '-니'가 ⓑ로 쓰였다.
④ ㉣에는 ⓐ는 없고 동사의 과거 시제를 나타내는 관형사형 어미 '-은'이 ⓑ로 쓰였다.
⑤ ㉤에는 추측의 의미를 나타내는 '-겠-'이 ⓐ로 쓰였고, 대등적 연결 어미 '-지만'이 ⓑ로 쓰였다.

개념 009

규칙 활용과 불규칙 활용

1. 규칙 활용

용언이 활용할 때 어간과 어미의 기본 형태가 유지되거나, 기본 형태가 변한다고 하더라도 그 현상을 규칙적으로 설명할 수 있다면, 그런 활용을 규칙 활용이라고 해.

규칙 활용의 종류

어간의 기본 형태가 달라지기는 하지만, 'ㄹ'과 'ㅡ'가 탈락하는 현상을 규칙적으로 설명할 수 있음.

활용 부분	명칭	내용	용례
어간이 바뀜.	'ㄹ' 탈락	용언 어간의 끝소리가 'ㄹ'로 끝나고, 어미 '-니', '-느냐', '-ㅂ니다', '-시-', '-오' 등이 오면 어간의 'ㄹ'이 탈락하는 현상.	울- + -니 → 우니 불- + -니 → 부니
	'ㅡ' 탈락	용언 어간의 끝소리가 'ㅡ'로 끝나고, 모음으로 시작하는 어미가 오면 어간의 'ㅡ'가 탈락하는 현상.	따르- + -아 → 따라 치르- + -어 → 치러 크- + -어 → 커

2. 불규칙 활용

용언이 활용할 때 어간이나 어미, 또는 어간과 어미 모두의 기본 형태가 유지되지 않고, 그 현상을 일정한 규칙으로 설명할 수도 없다면, 그런 활용을 불규칙 활용이라고 해.

불규칙 활용의 종류

활용 부분	명칭	내용	용례	규칙 활용 비교
______ 이 바뀜.	'ㅅ' 불규칙	어간의 끝소리 'ㅅ'이 모음으로 시작하는 어미 앞에서 탈락하는 활용.	짓- + -어 → 지어 잇- + -어 → 이어 낫- + -아 → 나아	벗- + -어 → 벗어 씻- + -어 → 씻어
	'ㄷ' 불규칙	어간의 끝소리 'ㄷ'이 모음으로 시작되는 어미 앞에서 'ㄹ'로 변하는 활용.	묻[問]- + -어 → 물어 듣- + -어 → 들어	묻[埋]- + -어 → 묻어 얻- + -어 → 얻어
	'ㅂ' 불규칙	어간의 끝소리 'ㅂ'이 모음으로 시작되는 어미 앞에서 '우'로 변하는 활용. 다만, '돕다', '곱다'는 어간에 어미 '-아'가 결합되어 '와'로 소리 나 '도와', '고와'가 됨.	아름답- + -아 → 아름다워 (불에) 굽- + -어 → 구워 돕- + -아 → 도와	뽑- + -아 → 뽑아 (허리가)굽- + -어 → 굽어 잡- + -아 → 잡아
	'르' 불규칙	어간의 끝음절 '르'가 어미 '-아', '-어' 앞에서 'ㄹㄹ'로 바뀌는 활용.	흐르- + -어 → 흘러 빠르- + -아 → 빨라 이르- + -어 → 일러 누르- + -어 → 눌러	치르- + -어 → 치러 └▶ 'ㅡ' 탈락(규칙 활용)
	'우' 불규칙	어간 끝의 '우'가 어미 '-어' 앞에서 탈락하는 활용.	푸- + -어 → 퍼	푸- + -고 → 푸고 주- + -어 → 주어/줘 누- + -어 → 누어/눠
______ 가 바뀜.	'여' 불규칙	어미 '-아'가 '-여'로 변하는 어미 활용. '하다'가 '하여'로 활용하는 것을 이르며, '하다' 및 접미사 '-하다'가 붙는 모든 용언은 이렇게 활용을 함.	하- + -아 → 하여 하- + -아서 → 하여서	작- + -아 → 작아 작- + -아서 → 작아서
	'러' 불규칙	어미 '-어', '-어서'의 '-어'가 '-러'로 바뀌는 활용.	이르[至]- + -어 → 이르러 누르[黃]- + -어 → 누르러 푸르- + -어 → 푸르러	치르- + -어 → 치러 └▶ 'ㅡ' 탈락(규칙 활용)
______, ______ 모두 바뀜.	'ㅎ' 불규칙	일부 형용사에서 어간의 끝 'ㅎ'이 'ㄴ'이나 'ㅁ'으로 시작하는 어미나 모음으로 시작하는 어미 앞에서 어간의 일부인 'ㅎ'이 없어지고, 어미의 형태가 변하는 활용.	하얗- + -아 → 하얘 파랗- + -아 → 파래 파랗- + -으면 → 파라면 하얗-+-(으)ㄴ→하얀	좋- + -아 → 좋아

연습 14

(2020.04)

〈보기 1〉의 ㉠~㉣에 해당하는 가장 적절한 예를 〈보기 2〉에서 고른 것은?

〈보기 1〉

용언의 활용은 규칙 활용과 불규칙 활용으로 나눌 수 있다. ㉠**규칙 활용**은 용언이 활용될 때 어간과 어미의 기본 형태가 바뀌지 않거나, 어간이나 어미의 기본 형태가 바뀌는 모습을 일정한 규칙으로 설명할 수 있다. 한편 불규칙 활용은 용언이 활용될 때 어간이나 어미의 기본 형태가 바뀌는 이유를 일정한 규칙으로 설명할 수 없다. 불규칙 활용에는 ㉡**어간이 불규칙적으로 바뀌는 경우**, ㉢**어미가 불규칙적으로 바뀌는 경우**, ㉣**어간과 어미가 모두 불규칙적으로 바뀌는 경우**가 있다.

〈보기 2〉

- 놀이터에서 놀다 보니 옷에 흙이 **묻었다**.
- 나는 동생에게 출발 시간을 **일러** 주었다.
- 우리는 한라산 정상에 **이르러** 잠시 쉬었다.
- 드디어 사람들은 그를 **우러러** 섬기게 되었다.
- 하늘은 맑고 강물은 **파래** 기분이 정말 상쾌했다.

	㉠	㉡	㉢	㉣
①	묻었다	이르러	일러, 우러러	파래
②	일러	이르러, 파래	묻었다	우러러
③	이르러	묻었다, 우러러	파래	일러
④	묻었다, 우러러	일러	이르러	파래
⑤	일러, 우러러	묻었다	파래	이르러

개념 010

어근과 접사

1. 어근 (語말씀 어, 根뿌리 근)

어근이란 단어의 실질적 의미를 나타내는 중심이 되는 부분을 말해.

㉥ 먹다 짓누르다

2. 접사 (接접할 접, 辭말씀 사)

접사란 단독으로 쓰이지 아니하고 항상 다른 어근이나 단어에 붙어 새로운 단어를 구성하는 부분으로, 단어의 부차적 의미를 나타내는 부분을 말해.

㉥ 짓누르다

연습 15

어간과 어근이 항상 일치하는 것은 아니라는 것 알겠지? 굳이 포함 관계를 말해 보자면 '어근 품은 어간'이라고 할 수 있는 거야. 어간 안에 어근 있다.

______ ⊂ ______

너를 분석해 주마. (feat. 어간/어미, 어근/접사)

① 기뻤다

어간		어미	
어근		접사	

② 새파랗다

어간		어미	
어근		접사	

③ 덧붙다

어간		어미	
어근		접사	

④ 지혜롭구나

어간		어미	
어근		접사	

⑤ 사랑하지

어간		어미	
어근		접사	

접사의 종류

	접___사 (頭 머리 두)	접___사 (尾 꼬리 미)
뭐하는 애니?	파생어를 만드는 접사로, 어근이나 단어의 ___ 에 붙어 새로운 단어가 되게 하는 말. 예 군소리, 날고기, 한겨울	파생어를 만드는 접사로, 어근이나 단어의 ___ 에 붙어 새로운 단어가 되게 하는 말. 예 날개, 달리기, 노래하다, 높이
품사 바꾸기	어근의 품사를 바꾸는 일에는 큰 관심이 없으며, 간혹 가다 어근의 품사를 바꾸는 일이 있음. 예 메마르다(____ → ____) 엇되다(____ → ____)	어근의 품사를 바꾸는 일에 상당히 적극적이며 곧잘 어근의 품사를 바꿈. 예 웃음(____ → ____) 공부하다(____ → ____) 정답다(____ → ____)

▶ 어근의 품사나 문법적인 기능을 바꾸는 접사를 **지배적 접사(통사적 접사)**라고 해.
반면 어근의 의미를 제한할 뿐 어근의 문법적 기능을 바꾸지는 못하는 접사는 **한정적 접사(어휘적 접사)**라고 해.

개념 콕

품사를 바꿔 주는 접미사 씨, 자세히 소개하기

Before	⇒	After
웃다	웃- + -음	웃음
원래는 동사였음.	________ 파생 접______사 '-음'이 붙더니	헉, 명사 돼 버림.

Before	⇒	After
넓다	넓- + -이	넓이
원래는 형용사였음.	________ 파생 접______사 '-이'가 붙더니	헉, 명사 돼 버림.

이런 식으로 아예 품사를 바꿔 버리는 접미사들이 있어. 명사 파생 접미사뿐만 아니라 동사 파생 접미사, 형용사 파생 접미사, 부사 파생 접미사 등 많아. ㅎㅎ 그러나 시험에 다 나오지는 않으니 걱정은 말자. 우리는 최소한 이거라도 알아두는 거야.

명사형 어미와 명사 파생 접미사를 구분하는 거. 명사형 어미는 품사는 바꾸지 __________. 그냥 명사인 척하게만 해 준다. 그러나 명사 파생 접미사는 아예 품사까지 __________로 바꿔 버린다는 것을 기억!

연습 16

누구냐, 넌…

명사형 어미가 붙어 명사인 척만 하는 명사형?

명사 파생 접미사가 붙어 품사까지 변한 파생 명사?

맞혀 봐		정체를 밝혀라	
살다	살- + -ㅁ ⇒ 삶	① 그는 100세까지 삶. ② 혜정 샘은 486세까지 삶으로써 (?) 기네스북에 올랐다. ③ 삶은 선물이다.	① ________ ② ________ ③ ________
보다	보- + -기 ⇒ 보기	④ 보기를 잘 보기 위해 노력해야 한다.	④ ________, ________
달리다	달리- + -기 ⇒ 달리기	⑤ 물속에서 달리기는 어렵다. ⑥ 달리기는 최고 인기 종목이다.	⑤ ________ ⑥ ________
웃다	웃- + -음 ⇒ 웃음	⑦ 큰 웃음을 웃음으로써 화해를 했다.	⑦ ________, ________
꾸다	꾸- + -ㅁ ⇒ 꿈	⑧ 꿈을 꿈은 우리의 특권이다.	⑧ ________, ________

연습 17

(2020.03(2))

〈보기〉에 대한 이해로 적절하지 않은 것은?

〈보기〉

-음[1] 「어미」 ('ㄹ'을 제외한 받침 있는 용언의 어간이나 어미 '-었-', '-겠-' 뒤에 붙어) 그 말이 명사 구실을 하게 하는 어미.
- 그는 그 말을 믿었음이 분명하다.
- 나는 그의 판단이 옳음을 믿는다.

-음[2] 「접사」 ('ㄹ'을 제외한 받침 있는 용언의 어간 뒤에 붙어) 명사를 만드는 접미사.
- 그는 나의 믿음을 저버렸다.
- 그는 서랍에서 종이 한 묶음을 꺼냈다.

① '-음[1]'은 선어말 어미와 결합할 수 있군.
② '-음[1]'이 붙은 말은 본래의 품사를 유지하는군.
③ '-음[2]'가 붙은 말은 관형어의 수식을 받을 수 있군.
④ '-음[1]'은 '-음[2]'와 달리 뒤에 격조사가 올 수 있군.
⑤ '-음[2]'는 '-음[1]'과 달리 명사절을 만들 수 없군.

개념 011

형태소와 단어

1. **형태소** (形형상 형, 態모양 태, 素본디 소)

→ 어휘적 의미뿐만 아니라 문법적 의미까지 포함하는 거야.

형태소란 최___ ______ 단위, 즉 일정한 뜻을 가진 가장 ______ ___의 단위를 말해.

형태소의 종류

구분 기준	구분	개념
______ 유무	______ 형태소	혼자 쓰일 수 있는 형태소. (체언, 관형사, 부사, 감탄사 따위)
	______ 형태소	다른 말에 기대어 쓰이는 형태소. (용언의 ______, ______, ______, ______ 따위)
______	______ 형태소	구체적인 대상이나 상태를 나타내는 실질적 의미를 가진 형태소. (체언, 용언의 ______, 관형사, 부사, 감탄사 따위)
______ 유무	______ 형태소	문법적 의미만을 표시하는 형태소. (______, ______, ______ 따위)

선생님, 접사 중에도 의미를 가진 것들이 있잖아요. 예를 들어 '맨손'에서 '맨-'이라는 접두사는 '다른 것이 없는'이라는 뜻을 가지는데, 왜 접사는 형식 형태소인가요?

'풋-, 헛-, 맨-, -보, -개, -쟁이'와 같이 단어 형성의 기능을 가진 접두사나 접미사는 얼마간의 어휘적인 의미 기능을 가지긴 하지만, 그 의미가 실질 형태소인 '어근'처럼 구체적인 대상이나 동작, 상태를 표시한다기보다는 어근에 붙어서 뜻을 더하여 주는 보조적 역할을 한다고 보는 거야. 그래서 접사는 어미, 조사 등과 함께 형식 형태소에 포함시켜.

연습 18

쌤이 좋아하는 노래 가사로 ㅎ

	나 그대들과 한 해를 여네.								
형태소로 나눠 봐.									
어근? 접사? 어간? 어미? 조사?									
깨알 품사 복습 ㅎ	대명사	대명사		조사	관형사	명사	조사	동사	
자립? 의존?									
실질? 형식?									

연습 19

(2023.06)

〈학습 활동〉을 수행한 결과로 적절한 것은?

〈학습 활동〉

형태소는 자립성의 유무와 의미의 유형에 따라 다음과 같이 구분된다.

자립성의 유무 / 의미의 유형	자립 형태소	의존 형태소
실질 형태소	㉠	㉡
형식 형태소		㉢

다음 문장의 형태소를 ㉠, ㉡, ㉢으로 분류한 후, 그 결과를 정리해 보자.

우리는 비를 맞고 바람에 맞서다가 드디어 길을 찾아냈다.

① '우리는'의 '우리'와 '드디어'는 ㉡에 속한다.
② '비를'과 '길을'에는 ㉠과 ㉡에 속하는 형태소만 있다.
③ '맞고'의 '맞-'과 '맞서다가'의 '맞-'은 모두 ㉢에 속한다.
④ '바람에'에는 ㉡과 ㉢에 속하는 형태소만 있다.
⑤ '찾아냈다'에는 ㉡과 ㉢에 속하는 형태소만 있다.

개념 콕

이형태 (異다를 이, 形형상 형, 態모양 태)

1. 음운론적 이형태
하나의 형태소가 다른 __________ 환경에서 다른 형태를 갖고 있는 것.

음운 환경	주격 조사 '이'와 '가'	목적격 조사 '을'과 '를'	조사 '으로'와 '로'
앞 음운이 자음일 경우	하늘이 푸르다.	하늘을	집으로
앞 음운이 모음일 경우	철수가 학교에 간다.	철수를	학교로

2. 형태론적 이형태
하나의 형태소가 다른 환경에서 다른 모습을 띠는 것.

보았다	끝음절의 모음이 'ㅏ, ㅗ'인 용언의 어간 뒤	→ 음운론적 이형태 (보았다, 먹었다)
먹었다	끝음절의 모음이 'ㅏ, ㅗ'가 아닌 용언의 어간 뒤나 '이다'의 어간 뒤	
하였다	'하다'가 붙는 용언의 어간 뒤	→ 형태론적 이형태 (먹었다, 하였다)

2. 단어 (單홑 단, 語말씀 어)

단어란 (1) 분리하여 자립적으로 쓸 수 있는 말이나 이에 준하는 말.
또는 (2) 그 말의 뒤에 붙어서 문법적 기능을 나타내는 말. ----▶ '조사'도 단어의 범주에 끼워 주기 위한 노력.

예 '철수가 영희의 일기를 읽은 것 같다.'에서 단어를 찾아라.

자립적으로 쓸 수 있는 '________', '________', '________', '________', '________'
조사 '____', '____', '____', 의존 명사 '____' 따위이다.

선생님, 조사는 혼자 자립해서 쓸 수 없는 의존 형태소인데 왜 단어로 쳐줘요? 어미는 단어로 인정 안 해 주잖아요.

응, 조사와 어미 둘 다 자립해서 쓸 수 없는 말이지만, 조사는 어미와 다르게 체언에 붙고 또 쉽게 떨어지기도 하는 분리성이 있기 때문이야.

아~. '것', '뿐' 같은 의존 명사도 혼자서는 쓰일 수 없는 말인데, 왜 명사, 즉 단어로 인정해 주는지도 궁금했어요.

의존 명사도 혼자서는 쓰이지 못하고 반드시 꾸미는 말이 있어야 하긴 하지만, 다른 명사들처럼 관형어의 수식을 받을 수도 있고, 조사도 붙을 수 있거든. 그래서 명사로 인정하고 하나의 단어로도 보는 거야. 오~ 질문의 수준이 높아졌어!

형태소와 단어

형태소	단어
최소 ______ 단위	최소 ______ 단위
의미를 가지고 있다.	의미를 가지고 있다.
자립 형태소도 있고 의존 형태소도 있다.	원칙적으로 홀로 자립하여 쓸 수 있는 말이다. (______ 예외)
단어는 하나 이상의 형태소로 구성돼 있다. ______ ≦ ______	

STEP. 2 기출, 이것은 진리

오늘도 정말 많은 개념들을 공부했어. 앞으로의 문법 개념들을 이해하기 위해서 반드시 알아야 하는 기본 개념들이 많았으니까, 복습을 통해 반드시 잘 이해하고 기억해 두어야 돼.

넵! 오늘도 이해한 개념을 안 까먹도록 워크북 가져오겠습니다!

[06] 다음 글을 읽고 물음에 답하시오. (2022학년도 3월 고3 전국연합학력평가)

현대 국어에서 명사를 파생하는 접미사로 널리 쓰이는 것에 '-(으)ㅁ'이 있다. 접미사 '-(으)ㅁ'은 동사나 형용사를 명사로 바꿀 수 있으며 '묶음, 기쁨'과 같은 단어를 만든다. 한글 맞춤법에서는 어간에 '-(으)ㅁ'이 붙어서 명사로 된 것은 그 어간의 원형을 밝히어 적도록 규정하고 있다. '-(으)ㅁ'이 비교적 널리 여러 어간에 결합할 수 있고 이것이 결합하여 만들어진 단어의 의미가 어간의 본뜻을 유지하고 있기 때문이다. 이는 가령 '무덤'이 기원적으로 '묻-'에 '-엄'이 붙어서 된 것이기는 하지만 '-엄'은 현대 국어에서 새로운 단어를 만들지 못하므로 '무덤'에서 어간의 원형인 '묻-'을 밝히어 적지 않는 것과 대조된다.

그런데 명사형 어미에도 '-(으)ㅁ'이 있어서, 현대 국어에서 '-(으)ㅁ'이 결합한 단어들 중에는 형태는 같으나 품사가 다른 경우가 있다. 예를 들어 '그가 시원한 웃음을 크게 웃음은 시험에 합격했기 때문이다.'에서 앞에 나오는 '웃음'은 관형어 '시원한'의 수식을 받는 명사이므로 여기서 '-음'은 명사 파생 접미사이다. 그러나 뒤에 나오는 '웃음'은 명사절에서 서술어로 기능하고 있으며 부사어 '크게'의 수식을 받는 동사의 명사형이다. 그러므로 여기서 '-음'은 명사형 어미이다. '크게 웃음'을 '크게 웃었음'으로 바꾸어 쓸 수 있는 것에서 알 수 있듯이, 어미 '-(으)ㅁ'은 '-았/었-', '-겠-', '-(으)시-' 등 대부분의 선어말 어미와 결합할 수 있다.

★ 명사 파생 접미사와 명사형 어미 이해.

06 문항 코드 | 23670-0073

윗글을 통해 〈보기〉의 ㄱ~ㅁ을 이해한 내용으로 적절하지 않은 것은?

〈보기〉

ㄱ. 나이도 어린 동생이 고난도의 춤을 잘 춤이 신기했다.
ㄴ. 차가운 주검을 보니 그제야 그의 죽음이 실감이 났다.
ㄷ. 나는 그를 조용히 도움으로써 지난날의 은혜에 보답했다.
ㄹ. 작가에 대해서 많이 앎이 오히려 감상을 방해하기도 한다.
ㅁ. 그를 전적으로 믿음에도 결과를 직접 확인할 필요는 있었다.

① ㄱ에서 '고난도의'의 수식을 받는 '춤'은 명사이고, '잘'의 수식을 받는 '춤'은 동사의 명사형이다.
② ㄴ에서 '죽음'은 접미사 '-음'이 붙어서 된 말이므로 '주검'과는 달리 어간의 원형을 밝히어 적는다.
③ ㄷ에서 '도움'은 동사의 명사형으로, 명사절에서 서술어로 기능하고 있다.
④ ㄹ에서 '앎'의 '-ㅁ'은 '알-'에 붙어 품사를 동사에서 명사로 바꾸었다.
⑤ ㅁ에서 '믿음'의 '믿-'과 '-음' 사이에는 선어말 어미 '-었-'이 끼어들 수 있다.

★ 어미의 종류
- 기본 개념의 중요성을 보여 준 문제.

07 문항 코드 | 23670-0074

(2023학년도 대학수학능력시험 9월 모의평가)

〈보기〉의 ⓐ~ⓔ에 대한 이해로 적절한 것은?

〈보기〉

국어의 어미는 용언 어간에 붙어 여러 가지 문법적인 기능을 수행한다. 어미는 선어말 어미와 어말 어미로 나누어진다. 선어말 어미는 용언 어간과 어말 어미 사이에 들어가는 것으로 시제나 높임과 같은 문법적 의미를 나타낸다. 선어말 어미는 하나 혹은 둘 이상이 쓰일 수도 있고 아예 쓰이지 않을 수도 있다. 한편 어말 어미에는 종결 어미, 연결 어미, 전성 어미가 있다. 어말 어미는 선어말 어미와 달리 하나만 붙고, 반드시 있어야 한다.

- 머무시는 동안 ⓐ즐거우셨길 바랍니다.
- 이 부분에서 물이 ⓑ샜을 가능성이 높다.
- ⓒ번거로우시겠지만 서류를 챙겨 주세요.
- 시원한 식혜를 먹고 갈증이 싹 ⓓ가셨겠구나.
- 항구에 ⓔ다다른 배는 새로운 항해를 준비했다.

① ⓐ: 선어말 어미 두 개와 연결 어미가 사용되었다.
② ⓑ: 선어말 어미 없이 전성 어미가 사용되었다.
③ ⓒ: 선어말 어미 세 개와 연결 어미가 사용되었다.
④ ⓓ: 선어말 어미 두 개와 종결 어미가 사용되었다.
⑤ ⓔ: 선어말 어미 한 개와 전성 어미가 사용되었다

태그 체크

- ◯ #어간과 어미
- ◯ #어근과 접사
- ◯ #규칙 활용
- ◯ #불규칙 활용
- ◯ #명사 파생 접미사와 명사형 어미
- ◯ #파생 명사와 명사형
- ◯ #형태소
- ◯ #자립 형태소와 의존 형태소
- ◯ #실질 형태소와 형식 형태소
- ◯ #이형태
- ◯ #단어

23 단어의 형성 & 의미

학습 목표

❶ **합성어**와 **파생어**가 무엇인지 안다.
❷ 단어 간의 **의미 관계**를 이해할 수 있다.
❸ 단어의 **의미 변화 양상**을 이해할 수 있다.

개념 태그

#합성어 #파생어 #통사적 합성어 #비통사적 합성어
#의미의 확대 #의미의 이동 #의미의 축소 #유의 관계
#반의 관계 #동음이의 관계 #다의 관계 #어휘의 문맥적 의미 파악

STEP. 1 내 생애 마지막 개념 정리!

개념 012 단어의 형성

자, 이제 단어의 형성 방법을 이해하기 위한 기본 개념들은 다 세팅됐어. 어근, 접사, 어간, 어미, 체언, 용언, 명사, 관형사, 부사 등등 쌤이 지금 얘기한 개념 중에 모르는 거 있으면, 가, 가! ㅎㅎ 가서 복습하고 오셔.

단일어와 복합어

단일어 (單홑 단, 一한 일, 語말씀 어)		하나의 ______ 으로 이루어진 말.	예 바다, 나무, 가다, 푸르다
복합어 (複겹칠 복, 合합할 합, 語말씀 어)	합성어	두 개 이상의 ______ 이 합쳐진 말. • 어근 + 어근	예 국밥, 앞뒤, 돌다리
	파생어	______ 와 ______ 이 합쳐진 말. • 접사 + 어근 • 어근 + 접사 • 접사 + 어근 + 접사	예 맨손, 햇밤 예 날개, 놀이 → 접미사가 품사 바꾼 경우닷! 예 헛발질

'맨-', '햇-', '-개', '-이', '헛-', '-질'과 같은 접사들을 ______ 라고 불러.
파생 접사는 새로운 단어를 만들어 주는 접사를 말해.

연습 20

(2018.04)

〈보기〉의 ㉠과 ㉡에 모두 해당하는 단어로 적절한 것은?

> 〈보기〉
>
> 복합어는 어근과 어근이 결합되거나 어근에 접사가 결합되어 만들어진다. 이런 결합 관계는 여러 번에 걸쳐 일어나기도 해서, ㉠**어근과 어근이 결합한 데 다시 접사가 붙는 경우**도 있고, 어근과 접사가 결합한 데 다시 접사가 붙는 경우도 있다. 이때 ㉡**접사가 결합되어 어근의 품사가 변하는 경우**도 있다.

① 군것질 ② 바느질 ③ 겹겹이 ④ 다듬이 ⑤ 헛웃음

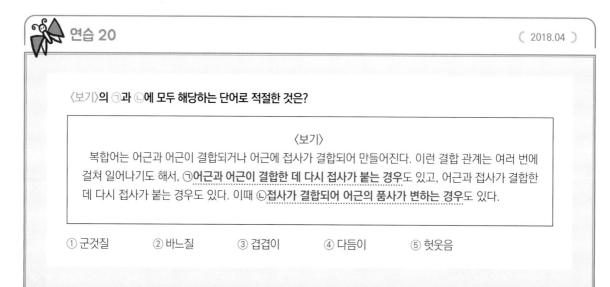

개념 013

합성어 (合합할 합, 成이룰 성, 語말씀 어)

합성어의 종류

1. 의미 ________ 에 따른 분류

________ 합성어	앞뒤 성분이 대등한 관계를 이루고 있는 합성어.	예 논밭, 앞뒤
________ 합성어	합성어를 이루는 두 요소 중 어느 한 요소가 다른 요소에 종속되어 있는 합성어.	예 산길, 돌다리, 봄비
________ 합성어	둘 이상의 낱말이 서로 어울려 그 각각의 원래의 뜻을 벗어나 한 덩어리의 새 뜻을 나타내는 합성어.	예 강산(江山) (국토) 밤낮 (항상) 춘추(春봄 춘, 秋가을 추) (나이)

2. 국어 ____________ 와의 일치 여부에 따른 분류 ★

① ________ 적 합성어

우리말의 일반적인 단어 배열에 따라 만들어진 합성어.

명사 + 명사	예 돌다리, 손발
관형사 + 명사	예 새해, 첫사랑
용언의 관형사형 + 명사	예 작은형, 어린이
명사 + 용언	예 힘들다, 재미있다
부사 + 용언	예 다시없다
용언의 연결형 + 용언	예 돌아가다, 찾아보다

② ____________ 적 합성어

우리말의 일반적인 단어 배열에 어긋나는 방법으로 만들어진 합성어.

용언의 어간 + 체언 (관형사형 어미는 어디 갔음? 이상해.)	예 접칼, 덮밥
용언의 어간 + 용언 (연결 어미는 어디 갔음? 이상해.)	예 여닫다, 검푸르다
부사 + 체언 (부사가 체언 꾸미는 거 어색 어색, 이상해.)	예 산들바람
비자립적 어근 + 체언 (어근만 왜 따로 씀? 이상해.)	예 부슬비, 오솔길
서술어 + 목적어 / 서술어 + 부사어 (국어의 일반적 어순인 '목적어 + 서술어', '부사어 + 서술어'가 뒤바뀌어 있어. 이상해.)	예 독서(讀읽을 독, 書책 서) 등산(登오를 등, 山뫼 산)

2. 합성어의 ______ 에 따른 분류

합성 명사	예 논밭, 눈물, 새해, 지름길, 부슬비
합성 동사	예 본받다, 앞서다, 들어가다, 가로막다
합성 형용사	예 손쉽다, 깎아지르다, 붉디붉다
합성 부사	예 밤낮, 한바탕, 곧잘
합성 관형사	예 한두, 서너, 여남은

→ 보통 합성어의 품사는 맨 마지막에 오는 어근의 품사에 따라 결정되는데, '밤낮', '한바탕' 같은 합성 부사, '여남은' 같은 합성 관형사 등 예외적인 경우도 있어.

연습 21

(2022.09(2))

〈보기 1〉의 ㉠에 해당하는 것만을 〈보기 2〉에서 있는 대로 고른 것은?

〈보기 1〉

합성어는 명사와 명사의 결합, 용언의 관형사형과 명사의 결합, 부사와 용언의 결합처럼 어근과 어근의 연결이 우리말의 어순이나 단어 배열법과 일치하는 ㉠**통사적 합성어**와 용언의 어간과 명사의 결합, 용언의 어간에 용언의 어간이 직접 결합한 것처럼 우리말의 어순이나 단어 배열법과 일치하지 않는 비통사적 합성어로 나눌 수 있다.

〈보기 2〉

덮밥, 돌다리, 하얀색, 높푸르다, 잘생기다

① 돌다리, 높푸르다
② 덮밥, 돌다리, 하얀색
③ 덮밥, 하얀색, 높푸르다
④ 돌다리, 하얀색, 잘생기다
⑤ 돌다리, 하얀색, 높푸르다, 잘생기다

개념 콕

이게 합성어야, 구(句글귀 구)야? @_@

합성어일 때	그냥 구(句)일 때
그 분은 우리 집안 어른이시다.	너무 추우니까 집 안으로 들어가자.
가족을 구성원으로 하여 살림을 꾸려 나가는 공동체.	사람이나 동물이 추위, 더위, 비바람 따위를 막고 그 속에 들어 살기 위하여 지은 건물의 둘러싸인 가에서 가운데로 향한 쪽.
'집'과 '안'의 기존 의미에서 ________가 생김.	'집'과 '안'의 의미가 달라지지 않음.
한 단어이므로 ________를 하면 안 됨.	두 단어이므로 ________를 해야 함.

개념 014

파생어(派물갈래 파, 生날 생, 語말씀 어)

파생어의 종류

1. **접두 파생어** ····▶ 특정한 뜻이 더해진 말들이야.

어근에 파생 접두사가 결합하여 만들어진 파생어.

관형사성 접두사	명사에 결합	맨-	다른 것이 없는	예 맨눈, 맨다리, 맨땅
		군-	쓸데없는	예 군것, 군글자, 군기침
		한-	한창인	예 한겨울, 한여름, 한낮
부사성 접두사	동사에 결합	짓-	마구, 함부로, 몹시	예 짓개다, 짓널다, 짓누르다
		치-	위로 향하게, 위로 올려	예 치뜨다, 치닫다, 치받다
		엿-	몰래	예 엿듣다, 엿보다, 엿살피다
	형용사에 결합	새-, 시-	매우 짙고 선명하게	예 새까맣다, 새빨갛다, 새보얗다 시꺼멓다, 시뻘겋다, 시부옇다
		드-	심하게, 높이	예 드넓다, 드높다
통용 접두사	명사와 용언에 결합	덧-	거듭된, 겹쳐 신거나 입는	예 덧니, 덧버선, 덧신
			거듭, 겹쳐	예 덧대다, 덧붙이다
		올-	생육 일수가 짧아 빨리 여무는	예 올밤, 올콩, 올벼
			빨리	예 올되다
		헛-	이유 없는, 보람 없는	예 헛걸음, 헛고생, 헛소문
			보람 없이, 잘못	예 헛살다, 헛디디다, 헛보다

개념 콕

이게 관형사야, 접두사야? @_@

관형사일 때	접두사일 때
내가 코로나 검사 맨 끝에 할래.(무서...)	한겨울에 맨발로… 안 춥냐?
'더 할 수 없을 정도나 경지에 있음을 나타내는 말.'을 의미하는 관형사.	'다른 것이 없는'의 뜻을 더하는 접두사.

관형사의 특징	접두사의 특징
단어로 인정함.	형태소의 자격만 있을 뿐 단독으로 한 단어가 될 수 없음.
뒤에 오는 체언과의 사이에 다른 말을 끼워 넣을 수 있음. 예 맨 끝 → 맨 마지막 끝, 한 마을 → 한 시골 마을 봐, 되지?	뒤의 체언이나 용언과 분리할 수 없음. 예 맨발 → *맨 차가운 발, 한여름 → *한 더운 여름 봐, 이상하잖아.
뒤에 오는 체언이 자유롭게 바뀔 수 있음. 예 헌 신발, 헌 책상, 헌 책…, 한 사람, 한 학생, 한 아저씨… 웬만한 단어들 다 되네?	뒤에 오는 체언이 제한됨. 예 *맨신발 *한방학 '맨발'은 되는데, '맨신발'은 안 되고, '한여름'이나 '한겨울'은 되는데, '한방학'은 안 되네?
체언 앞에만 놓임. 관형사는 원래 체언 앞에 놓여서 그 체언의 내용을 자세히 꾸며 주는 말이니까.	용언에 붙기도 함. 예 덧대다, 뒤바꾸다 관형사와 접두사는 체언뿐만 아니라 용언 앞에도 붙을 수 있어.

2. 접미 파생어 ---▶ 뜻이 제한되거나 품사가 바뀐 말들이야.

어근에 파생 접미사가 결합하여 만들어진 파생어. 여기에서는 대표적인 몇 가지만 예로 들어 볼게.

명사 파생 접미사	-기	명사를 만드는 접미사.	예 굵기, 달리기
	-(으)ㅁ	명사를 만드는 접미사.	예 믿음, 웃음, 앎
	-개	'그러한 행위를 하는 간단한 도구'의 뜻을 더하고 명사를 만드는 접미사.	예 날개, 덮개, 지우개
동사 파생 접미사	-하다	동사를 만드는 접미사.	예 공부하다, 생각하다, 사랑하다
	-거리다	'그런 상태가 잇따라 계속됨'의 뜻을 더하고 동사를 만드는 접미사.	예 까불거리다, 반짝거리다, 방실거리다
	-히-	'사동'의 뜻을 더하는 접미사.	예 묵히다, 굳히다, 굽히다
형용사 파생 접미사	-하다	형용사를 만드는 접미사.	예 건강하다, 순수하다, 정직하다
	-롭다	'그러함' 또는 '그럴 만함'의 뜻을 더하고 형용사를 만드는 접미사.	예 명예롭다, 신비롭다, 자유롭다
	-답다	'성질이 있음'의 뜻을 더하고 형용사를 만드는 접미사.	예 꽃답다, 정답다, 참답다
부사 파생 접미사	-이	부사를 만드는 접미사.	예 곰곰이, 더욱이, 일찍이
	-히	부사를 만드는 접미사.	예 조용히, 무사히, 나란히

연습 22

(2021.03)

[학습 활동]을 수행한 결과로 적절하지 않은 것은?

〈보기〉

선생님: 형용사 형성 파생법은 크게 접두사에 의한 파생법과 접미사에 의한 파생법으로 나누어 볼 수 있습니다. 일반적으로 접두사에 의한 파생법은 ㉠**형용사 어근 앞에 뜻을 더하는 접사가 붙은 것**이고, 접미사에 의한 파생법은 대체로 ㉡**명사 어근 뒤에 어근의 품사를 형용사로 바꾸는 접사가 붙은 것**입니다. 그럼 아래를 참고하여, [학습 활동]을 해결해 볼까요?

[접두사] 새-, 시-
[접미사] -롭다, -되다, -답다, -스럽다

[학습 활동] 다음에서 ㉠, ㉡에 해당하는 예를 찾아보자.

나는 바닷가 산책로를 따라 걸었다. 바로 코끝에서 **시퍼런** 바닷물이 철썩거리고 있었다. 늘 걷던 길이 오늘따라 **새롭게** 느껴지는 것은 곧 이곳을 떠나야 한다는 사실 때문일 것이다. 여기 머문 지도 어느새 삼 년이 되어 간다. 돌이켜 보면 **복된** 나날이었다. 이웃들과 매일 **정답게** 인사를 주고받았으며, 어디서든 아이들의 **사랑스러운** 웃음소리를 들을 수 있었다.

① '시퍼런'은 접두사 '시-'가 형용사 어근 앞에 붙어 형성된 말의 활용형으로, ㉠에 해당하는 예이다.
② '새롭게'는 접두사 '새-'가 형용사 어근 앞에 붙어 형성된 말의 활용형으로, ㉠에 해당하는 예이다.
③ '복된'은 접미사 '-되다'가 명사 어근 뒤에 붙어 형성된 말의 활용형으로, ㉡에 해당하는 예이다.
④ '정답게'는 접미사 '-답다'가 명사 어근 뒤에 붙어 형성된 말의 활용형으로, ㉡에 해당하는 예이다.
⑤ '사랑스러운'은 접미사 '-스럽다'가 명사 어근 뒤에 붙어 형성된 말의 활용형으로, ㉡에 해당하는 예이다.

개념 콕

이게 합성어야, 파생어야? (feat. 직접 구성 요소)

음… 접사가 있으니까 파생어 아닌가?

놀	이	터
어근	접사	어근

단어가 만들어진 순서를 생각해 보면… 놀-+(-이+터)는 어색하고요, (놀-+-이)+터의 순서로 결합된 거 같아요. 그러면 '놀이'라는 어근과 '터'라는 어근이 결합한 거니까 합성어 아닐까요?

상식이가 '놀이터'라는 복합어를 '놀이'와 '터'라는 직접 구성 성분으로 잘 분석했어. :) 직접 구성 요소란 복합어를 일차적으로 둘로 나눴을 때, 나눠진 각각의 두 요소를 말하는 거야. 직접 구성 성분이 (어근+어근)이라면 ________, (어근+접사) 혹은 (접사+어근)이라면 ________로 보는 거야. 맨 마지막에 결합된 게 어근인지 접사인지가 중요한 거지.

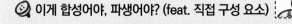

연습 23

(2020.09)

〈보기〉의 ㉠과 ㉡을 모두 충족하는 예로 적절한 것은?

〈보기〉

'붙잡다'의 어간 '붙잡-'은 어근 '붙-'과 어근 '잡-'으로 나뉘고, '잡히다'의 어간 '잡히-'는 어근 '잡-'과 접사 '-히-'로 나뉜다. 이렇듯 어떤 말을 둘로 나누었을 때 나누어진 두 요소 각각을 직접 구성 요소라 하는데, 어근과 어근으로 분석되는 말을 합성어라 하고 어근과 접사로 분석되는 말을 파생어라 한다.

그런데 ㉠**어간이 3개 이상의 구성 요소로 이루어진 경우**가 있다. 이때 ㉡**직접 구성 요소가 먼저 어근과 어근으로 분석되면** 합성어이고 어근과 접사로 분석되면 파생어이다. 예컨대 '밀어붙이다'는 직접 구성 요소가 먼저 어근과 어근으로 분석되므로 합성어이다.

① 밤새 거센 비바람이 **내리쳤다**.
② 책임을 남에게 **떠넘기면** 안 된다.
③ 차바퀴가 진흙 바닥에서 **헛돌았다**.
④ 거리에는 매일 많은 사람이 **오간다**.
⑤ 그들은 끊임없이 **짓밟혀도** 굴하지 않았다.

개념 015

단어의 의미 관계

1. 의미의 계열 관계

① 유의(類무리 유, 義옳을 의) 관계

유의 관계란 의미가 ____ 거나 ______ 한 둘 이상의 단어가 맺는 의미 관계를 말해. 유의 관계에 있는 단어들을 ______ 라고 하는 거야.

방언의 차이에 따른 유의어	예 큰아버지 - 맏아버지
문체의 차이에 따른 유의어	예 이 - 치아, 우유 - 소젖
전문성의 차이에 따른 유의어	예 소금 - 염화 나트륨
내포의 차이에 따른 유의어	예 친구 - 동무
완곡어법에 따른 유의어	예 죽다 - 돌아가다, 변소 - 화장실

② **반의(反돌이킬 반, 義옳을 의) 관계**

반의 관계란 둘 이상의 단어에서 의미가 서로 짝을 이루어 ________ 하는 의미 관계를 말해. 반의 관계에 있는 단어들을 ________ 라고 하는 거야. 주의해야 할 것은 반의 관계에 있는 한 쌍의 말 사이에는 서로 공통되는 의미 요소가 있으면서 동시에 서로 다른 의미 요소는 ___ 개여야 한다는 거야.

반의어의 종류

________ **반의어**	반의 관계에 있는 개념적 영역을 상호 배타적인 두 구역으로 철저히 양분하는 단어 쌍. A가 아닌 것은 B라고 할 수 있는 경우야.	ⓔ 참 - 거짓, 합격 - 불합격
________ **반의어**	정도나 등급에 있어서 대립되는 단어 쌍. 두 단어 사이에 중간 단계가 있어. 그래서 '더 어렵다, 더 쉽다', '더 높다, 더 낮다'처럼 비교하는 표현을 쓸 수 있어.	ⓔ 쉽다 - 어렵다, 높다 - 낮다
________ **반의어**	맞선 방향을 전제로 하여 관계나 이동의 측면에서 대립을 이루는 단어 쌍. 서로의 입장에서 상대를 바라볼 수 있는 관계라고나 할까.	ⓔ 위 - 아래, 왼쪽 - 오른쪽, 사다 - 팔다 부모 - 자식, 스승 - 제자

개념 콕

한 단어의 반의어는 하나가 아닐 수도 있다

1. 어떤 단어가 다의어라면 반의어도 여럿이 될 수 있어.

- **사람이 자기 몸 또는 몸의 일부에 착용한 물건을 몸에서 떼어 내다.**
  ⓔ 코트를 벗다. ↔ 코트를 ________.
- **메거나 진 배낭이나 가방 따위를 몸에서 내려놓다.**
  ⓔ 배낭을 벗다. ↔ 배낭을 ________.
- **의무나 책임 따위를 면하게 되다.**
  ⓔ 책임을 벗다. ↔ 책임을 ________.
- **누명이나 치욕 따위를 씻다.**
  ⓔ 누명을 벗다. ↔ 누명을 ________.

2. 같은 의미인데도 누구랑 어울리느냐에 따라서 반의어가 여럿이 될 수 있어.

- **사람이 자기 몸 또는 몸의 일부에 착용한 물건을 몸에서 떼어 내다.**
  ⓔ 코트를 벗다. ↔ 코트를 ________.
  ⓔ 구두를 벗다. ↔ 구두를 ________.
  ⓔ 장갑을 벗다. ↔ 장갑을 ________.
  ⓔ 모자를 벗다. ↔ 모자를 ________.

연습 24

(2017.03(1))

〈보기〉의 (가), (나)에 들어갈 내용으로 적절한 것은?

〈보기〉

단어는 문맥에 따라 여러 가지 뜻을 가진다. 그래서 반의어도 여럿이 될 수 있다. 예를 들어 '시계가 서다.'에서 '서다'의 반의어는 '가다'인데, '기강이 서다.'에서 '서다'의 반의어는 '무너지다'가 된다. '벗다'도 문맥에 따라 여러 가지 뜻을 가지기 때문에 반의어가 여럿이다.

단어	예문	반의어
벗다	외투를 벗다.	입다
	(가)	쓰다
	배낭을 벗다.	(나)

	(가)	(나)
①	누명을 벗다.	메다
②	안경을 벗다.	끼다
③	장갑을 벗다.	차다
④	모자를 벗다.	걸다
⑤	허물을 벗다.	들다

③ 상하(上위 상, 下아래 하) 관계

상하 관계란 한쪽이 의미상 다른 쪽을 ________하거나 다른 쪽에 ________되는 의미 관계를 말해. 포함하는 단어를 ________(________)라고 하고, 포함되는 단어를 ________(________)라고 해. 상위어는 ________이고 ________인 뜻을 가지고, 하위어는 ________이고 ________ 뜻을 가져.

예 위로 갈수록 ________

아래로 갈수록 ________

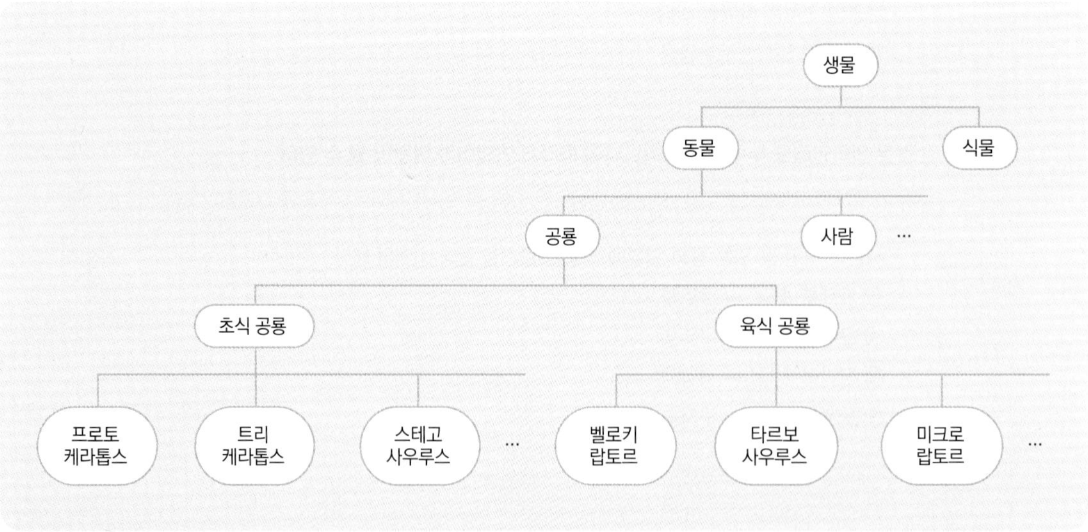

④ 부분-전체 관계

부분-전체의 관계란 한쪽의 의미가 다른 쪽 의미의 ________ 요소가 되는 의미 관계를 말해. 부분을 나타내는 말을 ________, 전체를 나타내는 말을 ________라고 해.

㉮ 엔진(부분어) – 자동차(전체어)

2. 의미의 복합 관계

① 동음이의(同같을 동, 音소리 음, 異다를 이, 義옳을 의) 관계

동음이의 관계란 ________는 같으나 ____이 다른 단어들의 의미 관계를 말해.

㉮ 눈(目눈 목) – 눈(雪눈 설)

② 다의(多많을 다, 義옳을 의) 관계

다의 관계란 ____ 가지 이상의 뜻을 가진 단어의 각 의미들 사이의 관계를 말해.

┌ ________ 의미(= ________ 의미) ----▶ 국어사전에 표제어로 등재되는 의미야.
└ ________ 의미(= ________ 의미)

『표준국어대사전』

배^{1}

「명사」「1」『생명』 사람이나 동물의 몸에서 위장, 창자, 콩팥 따위의 내장이 들어 있는 곳으로 가슴과 엉덩이 사이의 부위.
「2」『동물』 절족동물, 특히 곤충에서 머리와 가슴이 아닌 부분. 여러 마디로 되어 있으며 숨구멍, 항문 따위가 있다.
「3」 긴 물건 가운데의 볼록한 부분.

배^{2}

「명사」 사람이나 짐 따위를 싣고 물 위로 떠다니도록 나무나 쇠 따위로 만든 물건. 모양과 쓰임에 따라 보트, 나룻배, 기선(汽船), 군함(軍艦), 화물선, 여객선, 유조선 따위로 나눈다. ≒선박, 선척, 주선.

배^{3}

「명사」 배나무의 열매. ≒생리, 이자.

배^{8}

「명사」「1」 어떤 수나 양을 두 번 합한 만큼. ≒갑절, 곱, 곱절.
「2」 (주로 고유어 수 뒤에 쓰여) 일정한 수나 양이 그 수만큼 거듭됨을 이르는 말.

▶ 배^{1}, 배^{2}, 배^{3}, 배^{8}: ________ 관계
배^{1}의 「1」, 「2」, 「3」: ________ 관계

연습 25

(2022.06(1))

〈보기〉는 '사전 활용하기' 학습 활동을 위한 자료이다. 이에 대해 탐구한 내용으로 적절하지 않은 것은?

〈보기〉

묻다^2 동 〔묻고, 묻어, 묻으니〕

1 【…에 …을】 물건을 흙이나 다른 물건 속에 넣어 보이지 않게 쌓아 덮다.

¶ 화단에 거름을 묻어 주다.

2 【…에 …을】/【…을 …으로】 일을 드러내지 아니하고 속 깊이 숨기어 감추다.

¶ 그는 자신이 한 일을 과거의 일로 묻어 두고 싶어 했다.

3 【…에 …을】/【…을 …으로】 얼굴을 수그려 손으로 감싸거나 다른 물체에 가리듯 기대다.

¶ 나는 베개에 얼굴을 묻었다.

묻다^3 동 〔묻고, 물어, 물으니〕

【…에/에게 …을】 무엇을 밝히거나 알아내기 위하여 상대편의 대답이나 설명을 요구하는 내용으로 말하다.

¶ 모르는 문제를 친구에게 물었다.

① '묻다^2'는 목적어와 부사어를 필수적으로 요구하는 동사로군.

② '묻다^2'와 '묻다^3'은 별개의 표제어로 기술된 것을 보니 동음이의어겠군.

③ '묻다^2-1'의 용례로 '아우는 형의 말을 비밀로 묻어 두었다.'를 추가할 수 있겠군.

④ '묻다^2'와 '묻다^3'은 모음으로 시작하는 어미가 결합할 때 활용 형태가 서로 다르게 나타나는군.

⑤ '묻다^3'의 용례에서 '물었다'는 '질문했다'로 바꾸어 쓸 수 있겠군.

개념 016
단어의 의미 변화

1. 의미 변화의 원인

언어적 원인	어떤 단어가 다른 단어와 자주 함께 쓰이면서 하나의 단어만으로도 다른 단어의 의미를 포함하여 나타내게 되는 경우.	ⓔ 나 오늘 머리 자르러 가. : 사람이나 동물의 목 위의 부분. 눈, 코, 입 따위가 있는 얼굴을 포함하며 머리털이 있는 부분. → 머리에 난 털.
역사적 원인	과학 기술의 발달과 사회 제도, 풍속의 변화 등으로 어떤 단어가 지칭하는 대상이 없어지거나 변함으로써 단어의 의미가 변하게 되는 경우.	ⓔ 원자핵 : 과거에는 씨앗, 고갱이 정도로 사용되던 말이었지만 '원자의 중심부를 이루는 입자. 양자와 중성자가 강한 핵력으로 결합한 것'이라는 과학 분야의 의미가 추가됨.
사회적 원인	일반적 단어가 특수 집단에서 쓰이거나, 특수 집단에서 쓰이던 단어가 일반 사회에서 사용되게 되는 경우.	ⓔ 영감님 식사는 하셨어요? : 정삼품과 종이품의 벼슬아치를 이르던 말. → 나이가 많아 중년이 지난 남자를 대접하여 이르는 말.
심리적 원인	단어에 대한 인식이 달라지거나 단어를 사용하는 사람의 심리적 특성으로 인해 의미 변화가 나타나게 되는 경우.	ⓔ 아직도 눈치를 못 채다니, 사람이야 곰이야? : 포유강 식육목 곰과의 동물을 통틀어 이르는 말. → 미련하거나 행동이 느린 사람을 놀림조로 이르는 말. ⓔ (내레이션) 옛날 어린이들은 호환, 마마, 전쟁 등이 가장 무서운 재앙이었으나 현대의 어린이들은 무분별한 불량 불법 비디오를 시청함으로써 비행청소년이 되는 무서운 결과를 초래하게 됩니다. : (임금 및 그의 가족과 관련된 명사 뒤에 붙어) '존대'의 뜻을 나타내는 말. → '천연두'를 일상적으로 이르는 말.

2. 의미 변화의 유형

의미의 ______	이미 사용되고 있던 단어의 의미를 확대시켜 사용하게 된 경우.	ⓔ 박사: 대학원의 박사 과정을 마치고 규정된 절차를 밟은 사람에게 수여하는 학위. 또는 그 학위를 딴 사람. → 어떤 일에 정통하거나 숙달된 사람을 비유적으로 이르는 말.
의미의 ______	단어가 지시하던 의미의 범위가 원래보다 더 좁아지게 된 경우.	ⓔ 얼굴: 몸 전체, 혹은 형상을 이르는 말. → 눈, 코, 입이 있는 머리의 앞면.
의미의 ______	단어가 의미하는 바가 달라지게 된 경우.	ⓔ 어리다: 어리석다. → 나이가 적다.

연습 26

(2022.09(1))

다음 글을 읽고 물음에 답하시오.

언어학자인 소쉬르는 '시간은 모든 것을 변화시킨다. 언어라고 해서 이 보편 법칙을 벗어날 리가 없다.'라고 했다. 이처럼 시간의 흐름에 따라 언어가 변화하기도 하는데 이를 언어의 특성 중 역사성이라고 한다. 이러한 언어의 역사성을 의미와 형태 측면에서 살펴보자.

단어의 의미 변화 양상에는 의미의 확대, 축소, 이동이 있다. 의미 확대는 단어 본래의 의미보다 그 뜻의 사용 범위가 넓어지는 것이고, 반대로 의미 축소는 본래의 의미보다 그 뜻의 사용 범위가 좁아지는 것이다. 그리고 단어의 의미가 조금씩 달라져서 본래의 의미와 거리가 먼 다른 의미로 바뀌기도 하는데, 이를 ㉠**의미 이동**이라고 한다.

단어의 형태 변화는 ㉡**음운의 변화로 인한 것**과 유추로 인한 것 등이 있다. 중세 국어의 음운 중 'ㆍ', 'ㅿ', 'ㅸ' 등이 시간이 지나면서 다른 음운으로 바뀌거나 소실되었는데, 이에 따라 단어의 형태도 바뀌게 되었다. 'ㆍ'는 첫째 음절에서는 'ㅏ'로, 둘째 음절 이하에서는 'ㅡ'로 주로 바뀌었으며 'ㅿ'은 대부분 소실되었고 'ㅸ'은 주로 반모음 'ㅗ/ㅜ'로 바뀌었다. 한편 유추란 어떤 단어가 의미적 혹은 형태적으로 비슷한 다른 단어를 본떠 변화하는 것을 말한다. 과거에 '오다'의 명령형은 '오다'에만 결합하는 명령형 어미 '-너라'가 결합한 '오너라'였으나, 사람들이 일반적인 명령형 어미인 '-아라'가 쓰일 것이라고 유추하여 사용한 결과 현재에는 '-아라'가 결합한 '와라'도 쓰인다.

〈보기〉는 언어의 역사성과 관련하여 학생이 수집한 자료이다. ⓐ~ⓔ 중 윗글의 ㉠과 ㉡에 모두 해당하는 것은?

〈보기〉

- '어리다'는 '나이가 적다'라는 의미인데 예전에는 '어리석다'라는 의미를 나타냈고, 예전에도 '어리다'의 형태로 쓰였다. ……… ⓐ
- '서울'은 '나라의 수도'와 '한반도의 중심부에 있는 도시'를 의미하는데 과거에는 '나라의 수도'만을 의미했고, '셔ᄫᅳᆯ'의 형태로 쓰였다. ……… ⓑ
- '싸다'는 '비용이 보통보다 낮다'라는 뜻의 단어인데 예전에는 '그 정도의 값어치가 있다'라는 의미를 나타냈고, 'ᄡᆞ다'의 형태로 쓰였다. ……… ⓒ
- '마음'은 '사람이 본래부터 지닌 성격이나 품성'을 뜻하는 단어인데 예전에는 이와 함께 '심장'을 의미하기도 했고, 'ᄆᆞᅀᆞᆷ'의 형태로 쓰였다. ……… ⓓ
- '서로'는 '짝을 이루는 상대'라는 뜻으로, 예전에 '서르'라고 썼는데 사람들이 일반적으로 부사가 '-로'로 끝나는 것에서 추측하여 사용한 결과 '서르'는 '서로'로 변했다. ……… ⓔ

① ⓐ　② ⓑ　③ ⓒ　④ ⓓ　⑤ ⓔ

연습 27

(2020.07)

〈보기 1〉을 참고하여 〈보기 2〉를 이해한 내용으로 적절하지 않은 것은?

〈보기 1〉

언어의 의미는 끊임없이 변화한다. 원래 '주책'은 '일정하게 자리 잡힌 주장이나 판단력'이라는 의미였다. 그런데 '주책없다'처럼 '주책'이 주로 '없다'와 함께 쓰이다 보니 부정적인 의미도 갖게 되었다. 즉, '주책'은 '일정한 줏대가 없이 되는 대로 하는 짓'이란 의미도 갖게 되어 '주책없다'와 '주책이다'가 같은 의미로 쓰이게 되었다. 한편 '에누리'는 상인과 소비자가 물건값을 흥정하는 상황에서 자주 쓰이다 보니 '값을 올리는 일'이라는 의미뿐만 아니라 '값을 내리는 일'이라는 의미로도 쓰이게 되었다.

〈보기 2〉

ㄱ. 다른 사람의 말에 쉽게 흔들리는 것을 보니 그는 **주책**이 없구나.
ㄴ. 뜬금없이 그런 말을 하다니 그도 참 **주책**이다.
ㄷ. **에누리**를 해 주셔야 다음에 또 오지요.
ㄹ. 그 가게는 **에누리** 없이 장사를 해서 적게 팔고도 많은 이윤을 남긴다.

① ㄱ의 '주책'은 '일정하게 자리 잡힌 주장이나 판단력'의 의미로 쓰였군.
② ㄴ의 '주책'은 부정적인 의미로 쓰였군.
③ ㄴ의 '주책이다'는 '주책없다'로도 바꿔 쓸 수 있겠군.
④ ㄷ의 '에누리'는 '값을 올리는 일'의 의미로 쓰였군.
⑤ ㄹ의 '에누리'는 '값을 내리는 일'의 의미로 볼 수 있겠군.

STEP. 2 기출, 이것은 진리

[08-09] 다음 글을 읽고 물음에 답하시오. (2023학년도 대학수학능력시험 9월 모의평가)

국어에서는 명사가 동사나 형용사와 차례대로 결합하여 '손잡다'와 같은 합성 동사나 '쓸모없다'와 같은 합성 형용사가 만들어질 수 있다. 합성 동사와 합성 형용사를 묶어 합성 용언이라고 한다. 합성 용언은 크게 구성적 측면과 의미적 측면에서 분류할 수 있다.

먼저 구성적 측면에서 합성 용언은 그 구성 요소들이 맺는 문법적 관계에 따라 분류할 수 있다. 예를 들어 '쓸 만한 가치가 없다.'를 뜻하는 ㉠'**쓸모없다**'는 명사 '쓸모'와 형용사 '없다'가 주어와 서술어의 관계를 보여 주고, '손을 마주 잡다.'를 뜻하는 ㉡'**손잡다**'는 명사 '손'과 동사 '잡다'가 목적어와 서술어의 관계를 보여 준다. 그리고 '남에게 드러내어 뽐낼 만한 거리로 하다.'를 뜻하는 ㉢'**자랑삼다**'는 명사 '자랑'과 동사 '삼다'가 부사어와 서술어의 관계를 보여 준다.

한편 의미적 측면에서 합성 용언은 그 구성 요소의 의미를 그대로 유지하는 경우와 구성 요소의 의미를 벗어나 새로운 의미를 획득한 경우로 분류할 수 있다. 가령 '쓸모없다'는 구성 요소인 '쓸모'와 '없다'의 의미를 그대로 유지한다. 반면 '주름잡다'는 구성 요소인 '주름'과 '잡다'의 의미를 벗어나 '모든 일을 자기가 하고 싶은 대로 처리하다.'라는 새로운 의미를 획득한 경우이다. '주름잡다'의 이와 같은 의미가 구성 요소의 의미를 벗어나 새롭게 획득되었다는 사실은, '나는 바지에 주름 잡는 일이 너무 어렵다.'의 '주름 잡는'의 의미를 고려하면 더욱 분명히 드러난다.

그런데 구성 요소의 의미를 벗어나 새로운 의미를 획득한 합성 용언 중에는 필수 부사어를 요구하는 경우가 있다. 예를 들어 '불타다'가 '나는 지금 학구열에 불타고 있다.'에서와 같이 '의욕이나 정열 따위가 끓어오르다.'라는 새로운 의미를 획득한 경우에는 '학구열에'라는 필수 부사어를 요구한다. 이러한 사실은 '불타다'가 '장작이 지금 불타고 있다.'에서와 같이 구성 요소의 의미를 그대로 유지하는 경우에는 필수 부사어를 요구하지 않는다는 점과 비교할 때 더 분명해진다.

★ 합성 용언의 구성적 측면 이해.

08 문항 코드 | 23670-0075

윗글을 읽고 이해한 내용으로 적절하지 않은 것은?

① '나는 시장에서 책가방을 값싸게 샀다.'의 '값싸게'는 구성적 측면에서 ㉠과 동일한 유형의 합성 용언이겠군.
② '나는 눈부신 태양 아래에 서 있었다.'의 '눈부신'은 구성적 측면에서 ㉠과 동일한 유형의 합성 용언이겠군.
③ '누나는 나를 보자마자 뒤돌아 앉았다.'의 '뒤돌아'는 구성적 측면에서 ㉡과 동일한 유형의 합성 용언이겠군.
④ '언니는 밤새워 숙제를 다 마무리했다.'의 '밤새워'는 구성적 측면에서 ㉡과 동일한 유형의 합성 용언이겠군.
⑤ '큰형은 앞서서 골목을 걷기 시작했다.'의 '앞서서'는 구성적 측면에서 ㉢과 동일한 유형의 합성 용언이겠군.

★ 구성 요소의 의미 파악.

09 문항 코드 | 23670-0076

윗글을 바탕으로 〈보기〉의 ⓐ~ⓔ를 탐구한 내용으로 적절한 것은?

〈보기〉

◦ 그는 학문에 대한 깨달음에 ⓐ목말라 있다.
◦ 그는 이 과자를 간식으로 ⓑ점찍어 두었다.
◦ 그녀는 요즘 야식과 ⓒ담쌓고 지내고 있다.
◦ 그녀는 노래 실력이 아직 ⓓ녹슬지 않았다.
◦ 그녀는 최신 이론에 마침내 ⓔ눈뜨게 됐다.

① ⓐ: 구성 요소의 의미를 그대로 유지하고 필수 부사어를 요구한다.
② ⓑ: 구성 요소의 의미를 그대로 유지하고 필수 부사어를 요구하지 않는다.
③ ⓒ: 구성 요소의 의미를 벗어나 새로운 의미를 획득했고 필수 부사어를 요구한다.
④ ⓓ: 구성 요소의 의미를 벗어나 새로운 의미를 획득했고 필수 부사어를 요구한다.
⑤ ⓔ: 구성 요소의 의미를 벗어나 새로운 의미를 획득했고 필수 부사어를 요구하지 않는다.

태그 체크

▢ #합성어 ▢ #파생어 ▢ #통사적 합성어 ▢ #비통사적 합성어
▢ #의미의 확대 ▢ #의미의 이동 ▢ #의미의 축소 ▢ #유의 관계
▢ #반의 관계 ▢ #동음이의 관계 ▢ #다의 관계 ▢ #어휘의 문맥적 의미 파악

24 문장 성분

학습 목표 ❶ **문장 성분**이 무엇인지 안다. ❷ **서술어의 자릿수**를 파악할 수 있다.

개념 태그 #어절, 구, 절 #주성분은 주어, 서술어, 목적어, 보어 #서술어의 자릿수 #부속 성분은 관형어, 부사어 #관형사와 관형어는 다르다는 거 #부사와 부사어도 다르다는 거 #독립 성분은 독립어

STEP. 1 내 생애 마지막 개념 정리!

오늘 배우는 개념들, 정말 기초부터 알려 줄게. 정신 바싹 차리고 한 번 공부할 때 제대로, 지금이 마지막이라고 생각하고 집중하자.

개념 017

어절, 구, 절

1. 어절 (語말씀 어, 節마디 절)

어절이란 문장을 구성하고 있는 각각의 마디를 말해. 어절은 문장 성분의 최소 단위인데, ________의 단위와 대체로 일치해.

2. 구 (句글귀 구)

구란 ___ 이상의 단어가 모여 ___이나 ______의 일부분을 이루는 토막을 말해.

구(句)의 종류

중심이 되는 단어의 품사를 따라가는 거야.

명사구	______ 구실을 하는 구.	예 **저 학생**이 반장이야.
동사구	______ 구실을 하는 구.	예 아버지께서 신문을 **읽고 계시다**.
형용사구	________ 구실을 하는 구.	예 이 수박은 **아주 크다**.
관형사구	________ 구실을 하는 구.	예 **그 새** 신발을 신고 싶었다.
부사구	문장에서 ______처럼 용언을 수식하는 구.	예 나는 **아주 열심히** 공부한다.

3. 절 (節마디 절)

절이란 ______와 ________를 갖추었으나 독립하여 쓰이지 못하고 다른 ______의 한 성분으로 쓰이는 단위를 말해.

절(節)의 종류

명사절	________ 구실을 하는 절.	㉠ **그가 그 어려운 일을 해냈음**이 분명하다.
서술절	문장에서 ________ 구실을 하는 절.	㉠ 재석이가 **마음이 넓다**.
관형절	관형사형 어미와 결합하여 ________ 구실을 하는 절.	㉠ **효리 언니가 온다는** 소식을 들었다.
부사절	________ 구실을 하는 절.	㉠ 멜론 빙수는 **이가 시리게** 차가웠다.
인용절	남의 말이나 글에서 직접 또는 간접으로 ________ 절.	㉠ 선생님께서 "**넌 잘할 수 있어.**" 라고 하셨어. ㉠ **난 잘할 수 있다**고 생각해.

절이 구와 다른 점

구와 절은 모두 둘 이상의 ________ 이 모여서 만들어진다는 공통점이 있어. 그런데 절은 구와 달리 ________ 와 ________ 의 관계를 포함하고 있어.

절이 문장과 다른 점

절은 ________ 와 ________ 의 관계를 갖추고 있긴 하지만 그 자체로 독립하여 쓰이지는 못해. 절은 더 큰 문장 속에서 하나의 ________ 처럼 쓰이는 거야.

연습 28

민형이는 유진이가 겨울을 좋아한다는 것을 예전부터 짐작하고 있었다. → ____ 개의 어절

구 or 절 or 문장? ⇒ ________ (← 유진이가 겨울을 좋아한다)

(짐작하고 있었다 →) 구 or 절 or 문장? ⇒ ________

개념 018
문장 성분

문장 성분이란 어느 어절이 다른 어절이나 단어에 대해 가지는 관계를 말해. 즉 한 문장을 구성하는 요소들을 문장 성분이라고 하는 거야.

문장 성분의 종류

주성분	부속 성분	독립 성분
________, ________, ________, ________	________, ________	________

선생님, 품사 공부할 때 선생님이 관형사랑 관형어는 다른 거고, 부사랑 부사어도 다른 거라고 하셨죠? ㅎㅎ
이제 그게 무슨 의미인지 드디어 밝혀지나요?

기억하고 있구나! ㅎㅎ 정신 똑바로 차리고 잘 배워야 하느니라.

제가 가만 보니, 품사는 '사'로 끝나고 문장 성분은 '어'로 끝나네요~.

ㅋㅋ 그래 맞아. 그것도 중요한 정보야. 굿~!

개념 019

주성분

주성분(主주인 주, 成이룰 성, 分나눌 분)이란 문장의 골격을 이루는 ________인 성분을 말해. '________', '________', '________', '________'가 있어.

1. 주어 (主주인 주, 語말씀 어)

주어란 문장 안의 주인공이야. 서술어가 나타내는 동작이나 상태의 ________가 되는 말이거든. 바로 '무엇이'에 해당하는 말이 ________야.

무엇이 어찌하다.	혜정이가 공부한다.
무엇이 어떠하다.	혜정이가 씩씩하다.
무엇이 무엇이다.	혜정이가 선생님이다.

주어에 표시해 보기

주어 만들기

체언	+	주격 조사	예 하늘이 파랗다. 예 할머니께서 노래를 잘하신다. 예 우리 학교에서 우승했다.
		보조사	예 나는 최고다. 예 너도 할 수 있어.
		∅	예 밖에 눈 온다. 예 너 밥 먹었어?

주어의 특징

1. 주어는 다른 문장 성분보다 ________이 잘 돼.
   예 (너는) 밥 먹었어? / 응, (나는) 먹었지.

2. 주어에 따라 다른 ________이 달라지기도 해.
   예 내 동생은 지금 자. → 할아버지께서는 지금 주무셔.

2. 서술어 (敍줄 서, 述지을 술, 語말씀 어)

서술어란 문장의 주인공이 '뭘 하는지, 어떤 애인지, 누구인지'를 ________ 하는 말이야. '어찌하다', '어떠하다', '무엇이다'에 해당하는 말이거든. 한 문장에서 ________ 의 움직임, 상태, 성질 따위를 ________ 하는 말이 서술어야.

무엇이 어찌하다.	혜정이가 공부한다.
무엇이 어떠하다.	혜정이가 씩씩하다.
무엇이 무엇이다.	혜정이가 선생님이다.

서술어에 표시해 보기

서술어 만들기

체언 + 서술격 조사 '이다'	예 철수는 **학생이다**.
용언	예 시간이 **흐른다**. 밤이 **깊었다**.
용언의 연결형	예 밤이 **깊었는데**, 우리는 개념나비 강의를 열심히 듣고 있다.
용언의 관형사형	예 나는 국어가 이렇게 **재미있는** 줄 몰랐다.
용언의 명사형	예 나는 성적이 점점 **향상됨**을 느낀다.
서술절	예 나는 **눈이 크다**.

서술어의 특징

1. **체언에서 서술격 조사 '이다'를 생략하기도 해.**
   예 우리는 열공하는 학생들.

2. **용언에서 접미사 '-하다'를 생략하기도 해.**
   예 수험생들이 밤늦도록 공부.

3. **두 개 이상의 ________ 으로 이루어지기도 해.** ····▶ 본용언과 보조 용언 기억나지?
   예 내 피자를 형들이 다 먹어 버렸다.

개념 콕

서술어의 자릿수

서술어의 자릿수란 서술어가 ________ 로 하는 ____________ 들의 개수를 말해. 서술어의 성격에 따라서 필요한 문장 성분의 개수가 달라지거든.

나는 **멋지다**.	________ 와만 관련됨.	____ 자리 서술어
꿈은 보석과 **같다**.	필수적 ________ 를 요구함.	____ 자리 서술어
혜정이는 민호를 **보았다**.	________ 를 요구함.	____ 자리 서술어
혜정이가 선생님이 **되었다**.	________ 를 요구함.	____ 자리 서술어
선생님은 우리에게 용기를 **주셨다**.	필수적 ________ 와 ________ 를 요구함.	____ 자리 서술어

연습 29

(2015.수능(A/B))

〈보기〉의 내용을 근거로 하여 잘못된 문장을 수정한 예로 적절하지 않은 것은?

〈보기〉

서술어의 자릿수는 문법적으로 정확하지 못한 문장을 수정하는 데 고려해야 할 중요한 기준이다. 서술어의 자릿수란 서술어가 반드시 갖추어야 하는 문장 성분의 수를 의미하는데, 다음과 같은 예를 들 수 있다.

◦ 한 자리 서술어: 꽃이 **피었다**.
◦ 두 자리 서술어: 고양이가 쥐를 **잡았다**.
◦ 세 자리 서술어: 동생은 나에게 책을 **주었다**.

서술어가 요구하는 문장 성분이 빠져 있으면 문법적으로 정확하지 못한 문장이 되므로 그 성분을 보충하여야 한다.

① 그들은 양식이 다 떨어지자 식량 공급을 요청했다.
→ 그들은 양식이 다 떨어지자 정부에 식량 공급을 요청했다.
② 문제는 우리가 예의를 지키지 못하는 경우가 많다.
→ 문제는 우리가 예의를 지키지 못하는 경우가 많다는 사실이다.
③ 나는 오늘 점심을 먹으면서 내 친구를 소개하였다.
→ 나는 오늘 점심을 먹으면서 내 친구를 누나에게 소개하였다.
④ 우리는 전화위복의 계기로 삼아 지금보다 강해질 것이다.
→ 우리는 그 일을 전화위복의 계기로 삼아 지금보다 강해질 것이다.
⑤ 형은 이곳에 온 지 얼마 되지 않아 어두울 수밖에 없다.
→ 형은 이곳에 온 지 얼마 되지 않아 동네 지리에 어두울 수밖에 없다.

3. 목적어 (目눈 목, 的과녁 적, 語말씀 어)

목적어란 타동사가 쓰인 문장에서 동작의 ________ 이 되는 말이야. '무엇을, 누구를'에 해당하는 말이거든.

무엇이 무엇을 어찌하다.	혜정이가 국어를 공부한다.
무엇이 누구를 어찌하다.	혜정이가 하식이를 칭찬한다.

목적어에 표시해 보기

목적어 만들기

체언	+	목적격 조사	㉠ 나는 **나무**를 심겠다.
		보조사	㉠ 나는 **꽃도** 심겠다.
		∅	㉠ 나 어제 **나무** 심었어.

목적어의 특징

1. 주어와 마찬가지로 목적어도 ________ 될 수 있어.

㉠ 너 밥 먹었어? / 응, 난 (밥을) 먹었지.
얘들아, 상식이 못 봤니? / 어? 아까 생지부 선생님이 (상식이를) 데리고 가셨어요.

2. 한 문장 안에 목적어가 ____ 일 수도 있어.

㉠ 나는 마카롱을 열 개를 먹었다. <수량>
엄마가 아기를 손을 잡았다. <소유 - 아기의 손>
오늘 스터디 카페에서 공부를 열네 시간을 했다. <시간>

3. 의미상 부사어 같아 보여도 ________ 조사가 붙으면 일단 목적어로 보는 거야.

㉠ 하식이는 학교를(목적어) 간다. - 하식이는 학교에(부사어) 간다.
상식이는 하식이를(목적어) 만나고 있다. - 상식이는 하식이와(부사어) 만나고 있다.
정혁이가 커플링을(목적어) 세리를(목적어) 주었다. - 정혁이가 커플링을(목적어) 세리에게(부사어) 주었다.

연습 30

(2020.03(1))

〈보기〉에 있는 '자료'의 밑줄 친 부분에 ㄱ~ㄷ에 해당하는 예를 찾아 넣으려고 할 때, 적절하지 않은 것은?

> 〈보기〉
>
> 목적어는 문장에서 주로 서술어가 나타내는 동작의 대상이 되는 문장 성분이다. 문장에서 목적어는 다음과 같은 형태로 나타난다.
>
> ◦ 체언+목적격 조사 '을/를'
> ◦ 체언+특정한 의미를 더해 주는 보조사 ········· ㄱ
> ◦ 체언 단독 ········· ㄴ
> ◦ 체언+보조사+목적격 조사 ········· ㄷ
>
> [자료]
> 그는 ________________갔어.

① ㄱ의 예로 '산책을'을 넣을 수 있다.
② ㄱ의 예로 '이사도'를 넣을 수 있다.
③ ㄴ의 예로 '꽃구경'을 넣을 수 있다.
④ ㄴ의 예로 '배낭여행'을 넣을 수 있다.
⑤ ㄷ의 예로 '한길만을'을 넣을 수 있다.

4. 보어 (補도울 보, 語말씀 어)

보어란 주어와 서술어만으로는 뜻이 완전하지 못한 문장에서, 그 불완전한 곳을 ________하여 뜻을 완전하게 하는 말이야. 국어에서는 '________', '____________' 앞에 조사 '____/____'를 취하여 나타나는 문장 성분을 보어라고 해.

무엇이 무엇이 되다.	애벌레가 나비가 되다.
무엇이 무엇이 아니다.	결과가 다가 아니다.

보어에 표시해 보기

보어 만들기

체언	+	보격 조사	예 나는 국어의 **달인이** 되었다. 나는 포기하는 **사람이** 아니다.
		보조사	예 그 정도는 **실패도** 아니야.
		∅	예 열심히 하니 정말 **1등급** 됐어. ㅠㅠ

보어의 특징

1. 보어는 '________ + ________ +서술어'의 문장 구조 속에 쓰여.

예 내 국어 성적표의 6등급이 1등급이 되었다.
주어 보어 서술어

2. 의미상 부사어 같아 보여도 ________ 조사가 붙어 '________', '________' 앞에 있다면 보어야.

예 물이 얼음이 되었다. - 물이 얼음으로 되었다.
보어 부사어

연습 31

(2007.09)

문장에서 일부 문장 성분들을 생략하거나 보충하는 활동을 통해 '필요한 문장 성분'에 대해 탐구해 보았다. 〈보기〉를 바탕으로 판단한 내용으로 적절하지 않은 것은?

〈보기〉

ㄱ. 아이가 작은 침대에서 예쁘게 잔다.
ㄴ. 학생들이 식당에서 점심을 먹는다.
ㄷ. 그 아이는 예쁘게 생겼다.
ㄹ. 작은 것이 아름답다.
ㅁ. 우리도 언제 개통될지 모른다.

① ㄱ에는 문장 성분이 여러 개 있지만 필수적인 것은 주어와 서술어야.
② ㄴ에서 필수적인 문장 성분은 네 개야.
③ ㄷ을 보면 부사어도 필수적인 문장 성분이 될 수 있어.
④ 관형어는 일반적으로 생략될 수 있지만 ㄹ처럼 필수적인 경우도 있어.
⑤ ㅁ에는 필수적인 문장 성분이 빠졌으니 서술어 '개통되다'의 주어를 보충해야 해.

개념 020

부속 성분

부속 성분(附붙을 부, 屬무리 속, 成이룰 성, 分나눌 분)이란 주성분의 내용을 ________ 뜻을 ________ 주는 문장 성분을 말해. '________'와 '________'가 있어.

1. 관형어 (冠갓 관, 形형상 형, 語말씀 언)

관형어란 ________ 앞에서 체언(________, ________, ________)의 뜻을 ________ 주는 구실을 하는 문장 성분을 말해.

관형어 만들기

관형사	예 **새** 옷, **이** 책, **일곱** 명
체언 + 관형격 조사 '의'	예 **빵의** 부스러기
용언 어간 + 관형사형 어미	예 **먹은** 빵, **먹는** 빵, **먹을** 빵, **먹던** 빵
체언 + ∅	예 **빵** 부스러기

지시 관형사
성상 관형사 ◀ ─ ─ ─ ▲ ─ ─ ─ ▶ 수 관형사

관형어의 특징

1. 관형어는 부사어와 달리 혼자 쓰일 수 _____.

 예 오늘 네 친구 한 명 와, 두 명 와? / *두. (ㅎㅎ 뭐냐, 이건? 관형어는 혼자 못 쓰겠네.)
 　　　　　　관형어　　　관형어　　　관형어
 오늘 네 친구 많이 와, 적게 와? / 많이. (어? 같은 부속 성분인데, 부사어는 혼자 쓰는 게 안 어색하네.)
 　　　　　　부사어　　　부사어　　　부사어

2. 관형어는 부속 성분인데, 가끔은 반드시 필요해. 바로 _____ 앞에.

 예 화장을 한 채 잠들면 안 돼. – *화장을 채 잠들면 안 돼.
 관형어 ◀─ ┆─▶ 반드시 관형어가 필요한 의존 명사
 　먹을 만큼 먹어라. – *만큼 먹어라.
 관형어 ◀─ ┆─▶ 반드시 관형어가 필요한 의존 명사

연습 32　　　　　　　　　　　　　　　　　　　　　(2015.06(1))

〈보기〉를 바탕으로 관형어에 대해 탐구한 내용으로 적절하지 않은 것은?

〈보기〉

㉠ 그녀는 **파란** 옷을 입었다.
㉡ 이 우산은 **새** 것이다.
㉢ **시골** 풍경은 마음을 편안하게 해.
㉣ 영희는 **내가 읽은** 책을 **읽을** 계획이다.

① ㉠을 보니 관형어는 체언의 의미 범위를 축소하고 있음을 알 수 있군.
② ㉡을 보니 관형어가 없으면 올바른 문장이 되지 않을 수도 있군.
③ ㉢을 보니 관형격 조사가 붙지 않은 체언은 관형어가 될 수 없군.
④ ㉣을 보니 관형사형 어미를 통해 시제를 표현할 수 있군.
⑤ ㉣을 보니 하나의 문장이 다른 문장 안에서 관형어의 기능을 할 수 있군.

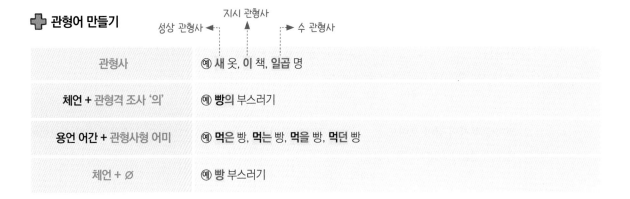

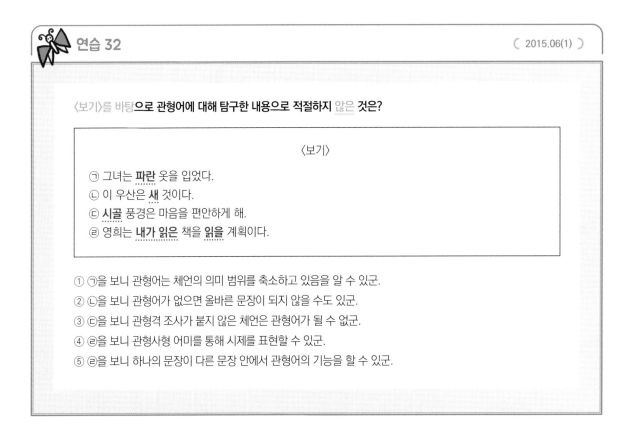

연습 33

(2017.03(2))

제시된 탐구 과정을 고려할 때, [A], [B]에 들어갈 ㉠~㉣을 바르게 분류한 것은?

탐구 주제	밑줄 친 말을 문장 성분과 품사를 기준으로 분류하시오. • 이것은 ㉠새로운 글이다. • 이것은 ㉡새 글이다. • 그는 ㉢빠르게 달린다. • 그는 ㉣빨리 달린다.	
탐구 관련 지식	• 관형어는 체언을, 부사어는 용언을 한정하는 기능을 함.	• 형용사는 관형사나 부사와 달리 활용을 함. • 관형사는 명사를, 부사는 동사를 수식함.
탐구 결과	문장 성분에 따라 [A] 로 분류할 수 있다.	품사에 따라 [B] 로 분류할 수 있다.

	[A]	[B]
①	㉠, ㉡ / ㉢, ㉣	㉠, ㉡ / ㉢ / ㉣
②	㉠, ㉡ / ㉢, ㉣	㉠, ㉢ / ㉡ / ㉣
③	㉠, ㉡ / ㉢, ㉣	㉠, ㉣ / ㉡ / ㉢
④	㉠, ㉢ / ㉡, ㉣	㉠, ㉡ / ㉢ / ㉣
⑤	㉠, ㉢ / ㉡, ㉣	㉠, ㉢ / ㉡ / ㉣

2. 부사어 ((副버금 부, 詞말씀 사, 語말씀 어)

부사어란 주로 용언(__________, __________)의 뜻을 __________ 주는 구실을 하는 문장 성분을 말해. 때로는 __________, 다른 __________, __________ 전체를 꾸며 주기도 해.

부사어 만들기

부사	㉥ **너무** 춥다, **빨리** 가자, **자주** 오다, **가끔** 가다.
체언 + 부사격 조사	㉥ 현구가 **나에게** 편지를 줬어. ㉥ **부산에서** 방금 출발했대. ㉥ 너는 **엄마와** 정말 닮았구나.
용언 어간 + 부사형 어미	㉥ 그곳에는 꽃들이 **아름답게** 피어 있었다.
관형어(절) + 의존 명사	㉥ **말하는 대로** 이루어진다.

부사어의 특징

1. 부사어는 관형어와 달리 혼자 쓰일 수 있다고 했지?

㉥ 너 여기에 자주 와?
아니, 가끔.

2. ________ 가 붙을 수 있는 부사어가 있어.

㉠ 날씨가 너무도 아름답다.
그에게는 누나가 없어.
건강하게만 자라다오.

3. 문장 전체를 꾸며 주는 ________ 부사어는 말하는 사람의 ________ 태도를 나타내 주기도 해.

㉠ 제발 비가 왔으면 좋겠다. <희망>
아마도 내일쯤이면 일이 모두 끝날 것으로 생각한다. <추측>

4. 부사어는 부속 성분인데, 가끔은 반드시 필요하다. 그런 부사어를 ________ 라고 해.

㉠ 나는 그와 다르다. - *나는 다르다. (누구랑 다른데?)
저분을 나의 롤모델로 삼겠어. - *저분을 삼겠어. (뭘 삼아? 누구를? 저분이 짚신도 아니고….)

연습 34 (2014.11(2)A)

〈보기〉의 예를 바탕으로 부사어의 특징에 대해 탐구한 내용으로 적절하지 않은 것은?

〈보기〉

㉠ 엄마와 그녀는 닮았다. / *그녀는 닮았다.
㉡ 그는 밥을 안 먹었다. / *그는 안 밥을 먹었다.
㉢ 아빠가 용돈을 아이에게 주었다. / *아빠가 용돈을 주었다.
㉣ 겨우 하나를 만들었다는 거야? / 하나를 겨우 만들었다는 거야?
㉤ 경제 및 문화가 발달해야 선진국이다. / *경제 문화가 및 발달해야 선진국이다.

*는 문법적으로 잘못된 것.

① ㉠을 보니 문장 전체를 수식하는 부사어 중에는 생략할 수 없는 부사어가 있군.
② ㉡을 보니 부정의 의미를 갖는 부사어는 수식하는 문장 성분 앞으로 위치가 고정되는군.
③ ㉢을 보니 서술어의 행위가 미치는 대상을 가리키는 부사어는 문장을 구성하는 데 꼭 필요한 성분이 되기도 하는군.
④ ㉣을 보니 체언을 꾸며주던 부사어가 위치를 이동하면 수식하는 성분이 바뀌는 경우도 있군.
⑤ ㉤을 보니 단어를 이어주는 부사어는 위치를 자유롭게 이동할 수 없군.

개념 021

독립 성분

독립 성분(獨홀로 독, 立설 립, 成이룰 성, 分나눌 분)이란 문장의 주성분이나 부속 성분과 직접적인 관련을 맺지 아니하고 따로 떨어져 있는 성분을 말해. '________' 하나밖에 없어.

독립어 (獨홀로 독, 立설 립, 語말씀 어)

독립어란 문장의 다른 성분과 밀접한 ________ 없이 ________ 으로 쓰는 말이야.

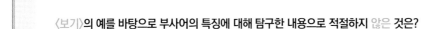

독립어 만들기

감탄사	예 **어머**, 하늘에 무지개 좀 봐. / "무슨 일 있니?" "아니, 아무 일도 없어."
체언 + 호격 조사(부르는 말)	예 **아가야**, 이리 오렴.
호칭어(부르는 말)	예 **어머니**, 그 먼 나라를 아십니까.
체언(제시어)	예 **청춘**, 이것은 듣기만 해도 가슴이 설레는 말이다.

독립어의 특징

독립어는 문장의 다른 성분과 밀접한 관계가 없는 말이긴 하지만, ________이 쓰이는 경우에는 그에 따라 문장의 ________ 표현, ________ 표현이 달라지기도 해.

예 아가야, 여기 앉아. → 할아버지, 여기 앉으세요.
동생, 이제 자. → 할아버지, 이제 주무셔요.

STEP. 2 기출, 이것은 진리

오늘 문장 성분에 대해서 공부했는데, 이전에 배운 품사 개념이랑 헷갈리지는 않아?

네. 각각의 개념을 정확하게만 이해하면 헷갈리지 않을 수 있는 거 같아요.

저도 문장 성분 개념은 다 안다고 생각했는데, 처음 알게 된 개념들도 많이 있어요. :)

[10-11] 다음 글을 읽고 물음에 답하시오. (2022학년도 3월 고1 전국연합학력평가)

문법적으로 적절한 문장은 필수적인 문장 성분을 온전히 갖추어야 한다. 이때 필수적인 문장 성분은 서술어에 따라 달라진다. 예를 들어 '풀다'가 서술어로 쓰이면 이 서술어는 주어와 목적어를 요구한다. 따라서 다른 맥락이 주어지지 않는다면 '*나는 풀었다.'라는 문장은 서술어가 요구하는 문장 성분이 온전히 갖추어지지 않아서 문법적으로 부적절한 문장이 된다.

서술어가 요구하는 문장 성분에 대한 정보는 국어사전에서 확인할 수 있다. 다음은 국어사전의 일부이다.

[A]

> 풀다 [동]
> [1]【…을】
> 「1」 묶이거나 감기거나 얽히거나 합쳐진 것 따위를 그렇지 아니한 상태로 되게 하다.
> ⋮
> 「5」 모르거나 복잡한 문제 따위를 알아내거나 해결하다.
> [2]【…에 …을】
> 「1」 액체에 다른 액체나 가루 따위를 섞다.

'【 】' 기호 안에는 표제어 '풀다'가 서술어로 쓰일 때 요구하는 문장 성분에 대한 정보가 제시되어 있다. 이러한 정보를 '문형 정보'라고 한다. 원칙적으로 서술어는 주어를 항상 요구하므로 문형 정보에는 주어를 제외한 필수적 문장 성분에 대한 정보가 제시된다. 하나의 단어가 여러 의미를 가진 경우도 있다. 이러한 단어가 서술어로 쓰일 때 어떤 의미로 쓰이는지에 따라 서술어가 요구하는 문장 성분이 다를 수 있으며, 국어사전에서도 문형 정보가 다르게 제시된다.

필수적인 문장 성분이 갖추어져 있어도 문장 성분 간에 호응이 되지 않으면 문법적으로 부적절한 문장이 될 수 있다. 호응이란 어떤 말이 오면 거기에 응하는 말이 오는 것을 말한다.

> 길을 걷다가 흙탕물이 신발에 튀었다. 나는 신발에 얼룩을 남기고 싶지 않았다.
> ***그래서 나는 물에 세제와 신발을 풀었다.** 다행히 금세 자국이 없어졌다.

위 예에서 밑줄 친 문장이 문법적으로 부적절한 이유는 [㉠]와 서술어가 호응하지 않기 때문이다. 여기에 쓰인 '풀다'의 [㉠]로는 [㉡]이 와야 호응이 이루어진다.

※'*'는 문법적으로 부적절한 문장임을 나타냄.

★ 문장 성분과 서술어의 자릿수 개념 확인.

10 문항 코드 | 23670-0077

[A]를 이해한 내용으로 적절하지 않은 것은?

① [2]-「1」의 의미로 쓰이는 '풀다'는 부사어를 요구한다.
② 문형 정보에 주어가 표시되지 않았지만 '풀다'는 주어를 요구한다.
③ [1]-「1」과 [2]-「1」의 의미로 쓰이는 '풀다'는 모두 목적어를 요구한다.
④ '풀다'가 [1] -「1」의 의미로 쓰일 때와 [1]-「5」의 의미로 쓰일 때는 필수적 문장 성분의 개수가 같다.
⑤ '그는 십 분 만에 선물 상자의 매듭을 풀었다.'에 쓰인 '풀다'의 문형 정보는 사전에 '【…에 …을】'로 표시된다.

★ 문장 성분의 호응 이해.

11 문항 코드 | 23670-0078

㉠, ㉡에 들어갈 말로 적절한 것은?

	㉠	㉡
①	목적어	액체나 가루 따위에 해당하는 말
②	목적어	복잡한 문제 따위에 해당하는 말
③	부사어	액체에 해당하는 말
④	주어	복잡한 문제 따위에 해당하는 말
⑤	주어	액체에 해당하는 말

태그 체크

- ▢ #어절, 구, 절
- ▢ #주성분은 주어, 서술어, 목적어, 보어
- ▢ #서술어의 자릿수
- ▢ #부속 성분은 관형어, 부사어
- ▢ #관형사와 관형어는 다르다는 거
- ▢ #부사와 부사어도 다르다는 거
- ▢ #독립 성분은 독립어

25 문장의 짜임새

학습 목표 ❶ **문장의 구조**를 분석할 수 있다. ❷ **안은문장**과 **이어진문장**을 이해한다.

개념 태그 #홑문장, 겹문장 #안은문장, 이어진문장 #명사절을 가진 안은문장 #서술절을 가진 안은문장 #관형절을 가진 안은문장 #부사절을 가진 안은문장 #인용절을 가진 안은문장 #대등하게 연결된 이어진문장 #종속적으로 연결된 이어진문장

STEP. 1 내 생애 마지막 개념 정리!

오늘 배울 문장의 짜임새에 관련된 개념은 정말 시험에도 자주 나오는 개념들이야. 품사와 문장 성분에 대한 이해가 부족하면, 오늘 이 시간도 진짜 힘들어지거든. 그러니까 품사, 문장 성분의 개념들도 꼼꼼하게 잘 이해하고 와야 돼. :)

개념 022

문장의 짜임새

머릿속에 전체 그림을 그려 보자. 오늘 이 시간 공부한 다음에는 머릿속에 이런 도식이 그려질 수 있어야 돼.

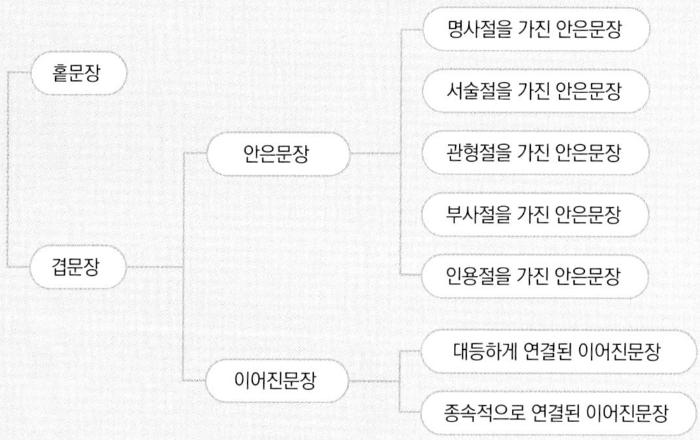

1. 홑문장

홑문장이란 한 문장 안에 ______ 와 ______ 가 각각 ______ 씩 있어서 둘 사이의 관계가 ____ 번만 이루어지는 문장을 말해.

2. 겹문장

겹문장이란 한 문장 안에 ______ 와 ______ 의 관계가 ____ 이상 나타난 문장을 말해. 한 개의 홑문장이 다른 문장 속에 한 성분으로 들어가 있는 '______ 문장'과 홑문장이 서로 이어져 있는 '______ 문장'이 있어.

연습 35

홑문장인지 겹문장인지 분석해 보기.

1. 나는 국어 공부를 한다. 홑 겹

▶

2. 나는 국어 공부를 하고, 너는 수학 공부를 한다. 홑 겹

▶

3. 철수가 꽤 똑똑하지. 홑 겹

▶

4. 그가 얼굴에 미소를 띠었다. 홑 겹

▶

5. 눈이 소리도 없이 내린다. 홑 겹

▶

6. 토끼는 귀가 길다. 홑 겹

▶

7. 예쁜 꽃이 피었다. 홑 겹

▶

8. 나는 수업을 마치고 병원에 들렀다가 집으로 왔다. 홑 겹

▶

9. 아이들이 놀이터에서 놀고 있다. 홑 겹

▶

개념 023

안은문장

안은문장이란

안은문장	하나의 문장 안에 주어와 서술어의 관계가 두 번 이상 이루어지며, ____을 문장 성분으로 ________ 문장.
안긴문장	안은문장 속에 ____의 형태로 ________되어 있는 문장. → 안긴문장은 주어와 서술어의 관계로 이루어져 있으니까, 하나의 '____'이며, 이는 명사절, 관형절, 부사절, 서술절, 인용절로 나눌 수 있어.

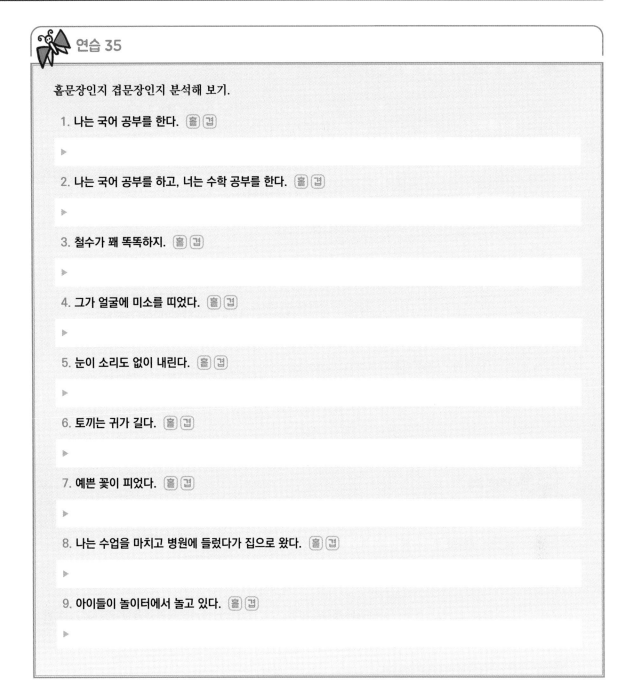

1. 명사절을 가진 안은문장

명사절(명사 구실을 하는 절) 만들기

안긴문장 + -(으)ㅁ 명사절	⑩ 나는 네가 최선을 다해서 국어 공부를 했[음]을 떠올렸다. → 이루어진 일에 주로 쓰임.
안긴문장 + -기 명사절	⑩ 나는 네가 최선을 다해서 국어 공부를 하[기]를 바랐다. → 아직 이루어지지 않은 일에 주로 쓰임.

명사절의 특징

____________ 가 붙어 문장 속에서 주어, 목적어, 부사어 등의 역할을 할 수 있어. 명사절이 하나의 __________ 역할을 하는 거야.

⑩ 내가 아이스하키에 소질이 있음이 밝혀졌다. <주어 역할>
우리는 날씨가 좋기를 간절히 기도했다. <목적어 역할>
강을 따라 달리기에 최적의 날씨다. <부사어 역할>

연습 36

(2021.06)

〈보기〉의 ㉠~㉤과 관련된 설명으로 적절한 것은?

〈보기〉

주기적으로 운동하기가 ㉠**건강의 첫걸음이다**. 그것을 꾸준하게 ㉡**실천하기** ㉢**원한다면** 제대로 ㉣**된** 계획 세우기가 ㉤**선행되어야 한다**.

① ㉠이 서술어인 문장에서 명사절이 주어 기능을 하고 있다.
② ㉡이 서술어인 문장에서 명사절이 목적어 기능을 하고 있다.
③ ㉢이 서술어인 문장에서 명사절이 부사어 기능을 하고 있다.
④ ㉣이 서술어인 문장에서 명사절이 보어 기능을 하고 있다.
⑤ ㉤이 서술어인 문장에서 명사절이 관형어 기능을 하고 있다.

2. 서술절을 가진 안은문장

서술절(서술어 구실을 하는 절) 만들기

주어 + 안긴문장 서술절	ⓔ 나는 배가 아프다.

서술절의 특징

1. 서술절은 특별한 표지 없이 문장 안에 안겨 서술어의 역할을 해.

ⓔ 우리는 그가 돌아오기를 기다린다. <명사절을 가진 안은문장: 명사형 어미 '-기'가 붙음.>
도서관에 공부를 하는 사람이 많다. <관형절을 가진 안은문장: 관형사형 어미 '-는'이 붙음.>
나는 다리가 길다. <서술절을 가진 안은문장: 아무것도 안 붙음.>

2. 서술절을 가진 안은문장은 ________ 주어(주어+주어+서술어)처럼 보여.

ⓔ 나는 눈이 크다. <주어+주어+서술어>
나는 코가 높다. <주어+주어+서술어>
나는 머리가 좋다. <주어+주어+서술어>

3. 관형절을 가진 안은문장

관형절(관형어의 구실을 하는 절) 만들기

안긴문장 + -(으)ㄴ 관형절	ⓔ 이건 내가 어제 먹은 빵이야.
	ⓔ 지금이 제일 예쁜 때야. (꽃 같은 10대, 20대~)
안긴문장 + -는 관형절	ⓔ 이건 내가 지금 먹는 빵이야.
안긴문장 + -(으)ㄹ 관형절	ⓔ 이건 내가 내일 먹을 빵이야.
	ⓔ 10년 뒤에는 더 예쁠 거야. (10년 뒤여 봤자, 20대니, 30대니? 부럽... ㅎ)
안긴문장 + -던 관형절	ⓔ 이건 내가 예전에 자주 먹던 빵이야.

예 이때가 제일 예쁘던 때야. (리즈 시절?)

관형절의 특징

1. 안긴문장에 붙는 관형사형 어미는 _______ 의미를 나타내기도 해.

2. _______ 관형절과 _______ 관형절로 나눠 볼 수 있어.

_______ 관형절	안긴문장과 안은문장에 중복되는 문장 성분이 있어. 안긴문장의 그 문장 성분은 생략돼.	(안긴문장) 내가 그 원피스를 제일 아낀다. (안은문장) 언니가 그 원피스를 입고 나갔다. → 언니가 내가 제일 아끼는 그 원피스를 입고 나갔다.
_______ 관형절	안긴문장의 내용과 꾸밈을 받는 체언이 서로 동격이야. 생략되는 문장 성분이 없어.	(안긴문장) 내가 ★★ 대학교에 합격했다. (안은문장) 선생님께서 소식을 들으셨다. → 선생님께서 내가 ★★ 대학교에 합격했다는 소식을 들으셨다.

연습 37

(2020.11(2))

〈보기〉는 문법 수업의 일부이다. 탐구 과제를 수행한 결과로 적절하지 않은 것은?

〈보기〉

선생님: 문장에서 체언을 수식하는 관형어로 쓰이는 절을 관형절이라고 합니다. 오늘은 관형절을 가진 안은문장의 두 유형에 대해 배워 봅시다.

안긴문장	+	안은문장
내가 책을 읽는다.		형이 책을 가져갔다.

⇓

Ⓐ	관형절을 가진 안은문장
	형이 [내가 책을 읽는] 책을 가져갔다.

안긴문장	+	안은문장
지구가 둥글다.		나는 사실을 안다.

⇓

Ⓑ	관형절을 가진 안은문장
	나는 [지구가 둥글다는] 사실을 안다.

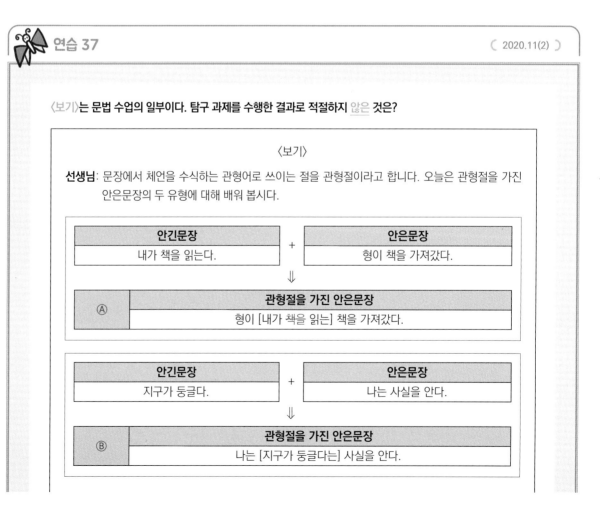

위에서 보듯이, Ⓐ의 유형처럼 안은문장과 공통된 체언이 생략된 관형절을 가진 안은문장이 있고, Ⓑ의 유형처럼 생략된 성분 없이 문장의 필수 성분을 완전하게 갖춘 관형절을 가진 안은문장이 있습니다.

[탐구 과제]

◦ 다음의 관형절을 가진 안은문장들을 탐구해 보자.

> ㄱ. 그가 지은 시는 감동적이었다.
> ㄴ. 나는 벽에 걸려 있던 사진을 떠올렸다.
> ㄷ. 나는 그가 한국에 돌아왔다는 소문을 들었다.
> ㄹ. 그 사람이 나를 속일 가능성은 매우 낮다.
> ㅁ. 나는 수건으로 이마에 흐르는 땀을 닦았다.

① ㄱ은 안긴문장의 체언을 생략하여 관형절을 만들었다는 점에서 Ⓐ와 같은 유형이다.
② ㄴ은 안긴문장과 안은문장의 공통된 체언이 생략되지 않고 관형절이 만들어졌다는 점에서 Ⓑ와 같은 유형이다.
③ ㄷ은 '그가 한국에 돌아왔다.'라는 안긴문장이 생략된 성분 없이 관형어로 쓰이고 있다는 점에서 Ⓑ와 같은 유형이다.
④ ㄹ은 관형절이 문장의 필수 성분을 모두 갖추고 있다는 점에서 Ⓑ와 같은 유형이다.
⑤ ㅁ은 안긴문장과 안은문장의 공통된 체언인 '땀'이 관형절에서 생략되어 있다는 점에서 Ⓐ와 같은 유형이다.

4. 부사절을 가진 안은문장

부사절(부사어의 구실을 하는 절) 만들기

안긴문장 + -이 부사절	예 그가 말도 없이 떠나 버렸다.
안긴문장 + -게 부사절	예 그곳에는 꽃이 아름답게 피어 있었다.
안긴문장 + -도록 부사절	예 그 영화는 슬프도록 아름다웠다.

✚ 부사절의 특징

1. 부사절이 ________ 되어도 문장의 구성에 문제가 생기지는 않아.
   예) 그가 말도 없이 떠나 버렸다. → 그가 떠나 버렸다. (봐, 괜찮지?)
   길이 비가 많이 와서 미끄럽다. → 길이 미끄럽다. (봐, 문제없지?)

2. 부사절을 가진 안은문장은 사실 __________ 으로 연결된 이어진문장으로 볼 수도 있어.
   (이건 뒤에서 종속적으로 연결된 이어진문장 설명할 때 다시 얘기할게.)

5. 인용절을 가진 안은문장

✚ 인용절(남의 말이나 글에서 직접 또는 간접으로 따온 절) 만들기

"안긴문장" + 라고 인용절	예) 나는 "국어 공부가 제일 재미있어요."라고 말했다.
안긴문장 + 고 인용절	예) 선생님께서 나에게 이제 수능 봐도 되겠다고 말씀하셨다.

✚ 인용절의 특징

1. 다른 사람이 한 말을 그대로 가지고 와서 직접 인용할 때는 큰 따옴표(" ")를 붙이고 직접 인용격 조사 '________'를 써.
2. 다른 사람이 한 말을 화자의 표현으로 바꾸어서 간접 인용할 때는 따옴표를 붙이지 않고 간접 인용격 조사 '____'를 써.
   예) 그가 "배고프다."라고 말했어. - 그가 배고프다고 말했어.
   그가 "밥 먹자."라고 말했어. - 그가 밥 먹자고 말했어.
   그가 "밥 먹었니?"라고 물었어. - 그가 밥 먹었냐고 물었어.
   그가 "밥 먹어라."라고 말했어. - 그가 밥 먹으라고 말했어.

연습 38 (2022.07)

〈보기〉의 ⓐ~ⓒ에 대해 탐구한 내용으로 적절하지 않은 것은?

〈보기〉

[탐구 과제] 직접 인용절을 가진 안은 문장이 간접 인용절을 가진 안은 문장으로 바뀌었을 때의 높임 표현, 지시 표현, 인용 조사 등의 변화 탐구하기

[탐구 자료]

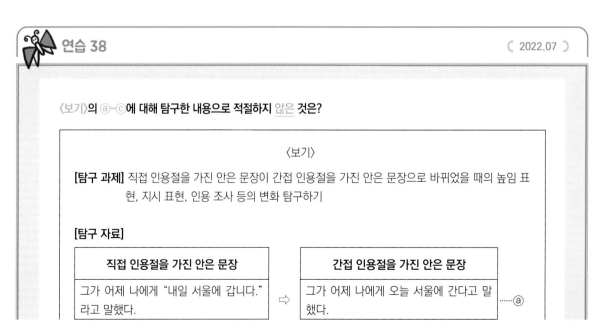

직접 인용절을 가진 안은 문장		간접 인용절을 가진 안은 문장	
그가 어제 나에게 "내일 서울에 갑니다." 라고 말했다.	⇨	그가 어제 나에게 오늘 서울에 간다고 말했다.	……ⓐ

희수가 민주에게 "힘든 일은 나에게 맡겨라."라고 말했다.	⇨	희수가 민주에게 힘든 일은 자기에게 맡기라고 말했다.	……ⓑ
부산에 간 친구가 나에게 "이곳이 참 아름답구나."라고 말했다.	⇨	부산에 간 친구가 나에게 그곳이 참 아름답다고 말했다.	……ⓒ

① ⓐ: '오늘'을 보니, 직접 인용절의 시간 부사가 간접 인용절에서는 바뀌어 나타났군.
② ⓐ: '간다고'를 보니, 직접 인용절에서 '그'가 '나'를 고려해 사용한 높임 표현이 간접 인용절에서는 바뀌어 나타나는군.
③ ⓑ: '맡기라고'를 보니, 직접 인용절이 명령문일 때 간접 인용절의 인용 조사는 '고'가 사용되었군.
④ ⓒ: '그곳이'를 보니, 직접 인용절의 발화자인 '친구'의 관점으로 지시 표현이 바뀌어 나타나는군.
⑤ ⓒ: '아름답다고'를 보니, 직접 인용절의 감탄형 종결 어미는 간접 인용절에서 평서형 종결 어미로 바뀌어 나타났군.

연습 39

(2022.06)

〈학습 활동〉을 수행한 결과로 적절한 것은?

〈학습 활동〉

아래 그림에 따라 [자료]의 ㉮~㉱를 분류할 때, ⓒ에 해당하는 것만을 있는 대로 찾아보자.

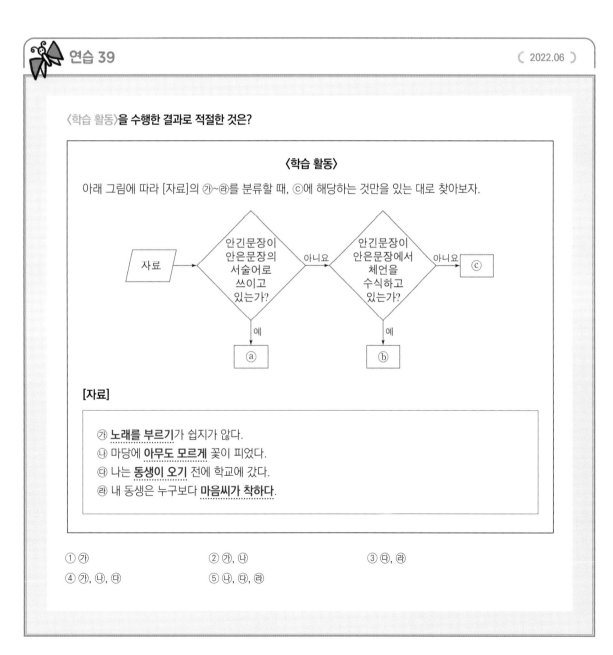

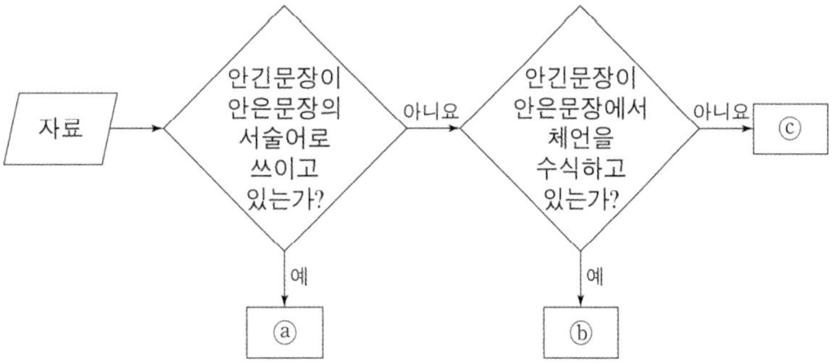

[자료]

㉮ **노래를 부르기**가 쉽지가 않다.
㉯ 마당에 **아무도 모르게** 꽃이 피었다.
㉰ 나는 **동생이 오기** 전에 학교에 갔다.
㉱ 내 동생은 누구보다 **마음씨가 착하다**.

① ㉮
② ㉮, ㉯
③ ㉰, ㉱
④ ㉮, ㉯, ㉰
⑤ ㉯, ㉰, ㉱

개념 024
이어진문장

이어진문장이란

이어진문장	둘 이상의 절이 ________ 에 의하여 결합된 문장.

1. 대등하게 연결된 이어진문장

________ 한 의미 관계의 홑문장이 앞뒤로 이어진문장.

대등하게 연결된 이어진문장 만들기

앞 절 + -고 + 뒤 절 앞 절 + -(으)며 + 뒤 절 앞 절 + -(이)요 + 뒤 절	나열	예 새벽이도 1등급을 받았고, 필립이도 1등급을 받았다. 예 남편은 친절하며 부인은 인정이 많다. 예 이것은 말이요, 그것은 소요, 저것은 돼지이다.
앞 절 + -지만 + 뒤 절 앞 절 + -(으)나 + 뒤 절	대조	예 공부를 하는 건 힘들지만 개념나비 강의를 듣는 것은 좋다. 예 키는 크나 힘은 약하다.

대등하게 연결된 이어진문장의 특징

앞 절과 뒤 절의 순서를 바꾸어도 의미가 크게 달라지지 않아.

예 새벽이도 1등급을 받았고, 필립이도 1등급을 받았다.
= 필립이도 1등급을 받았고, 새벽이도 1등급을 받았다.
공부를 하는 건 힘들지만 개념나비 강의를 듣는 것은 좋다.
≒ 개념나비 강의를 듣는 것은 좋지만 공부를 하는 건 힘들다.

2. 종속적으로 연결된 이어진문장

앞 절과 뒤 절의 의미가 대등하지 못하고 ________ 인 관계에 있는 문장.

종속적으로 연결된 이어진문장 만들기

앞 절 + -(아)서 + 뒤 절 앞 절 + -(으)니 + 뒤 절 앞 절 + -(으)므로 + 뒤 절	원인	예 눈이 와서 길이 미끄럽다. 예 이 옷이 작으니 좀 큰 것으로 바꿔 주세요. 예 그는 부지런하므로 성공할 것이다.

앞 절 + -(으)러 + 뒤 절 앞 절 + -(으)려고+ 뒤 절 앞 절 + -고자 + 뒤 절	목적	㉠ 엄마의 심부름으로 두부를 사러 시장에 갔다. ㉠ 세계 여행을 가려고 저축을 한다. ㉠ 나는 자네 이야기를 듣고자 찾아왔네.
앞 절 + -(으)면 + 뒤 절 앞 절 + -아야 + 뒤 절 앞 절 + -(으)려면 + 뒤 절	조건	㉠ 누구나 부지런히 일하면 성공한다. ㉠ 먹어 보아야 맛을 알지. ㉠ 일이 잘되려면 계획을 잘 세워야 한다.
앞 절 + -(아)도 + 뒤 절 앞 절 + -더라도 + 뒤 절 앞 절 + -(으)ㄴ들 + 뒤 절	양보	㉠ 키는 작아도 힘은 세다. ㉠ 이 일은 누가 하더라도 이보다 더 잘할 수는 없다. ㉠ 물이 맑은들 낚시에 무슨 도움이 될까?
앞 절 + -는데 + 뒤 절 앞 절 + -은데 + 뒤 절	배경	㉠ 눈이 오는데 차를 몰고 나가도 될까? ㉠ 방이 좁은데 가구를 너무 많이 가져오지 마라.

종속적으로 연결된 이어진문장의 특징

1. 앞 절과 뒤 절의 위치를 바꾸면? ________가 달라져서 안 돼.

㉠ 비가 오니 땅이 젖었다. → 땅이 젖으니 비가 왔다??
혜정이는 빵을 사려고 빵집에 갔다. → 혜정이는 빵집에 가려고 빵을 샀다??

2. 앞 절이 ________으로 이동할 수 있어.

㉠

종속적으로 연결된 이어진문장		부사절을 가진 안은문장
비가 오니 땅이 젖었다.	=	땅이 비가 오니 젖었다.
빵을 사려고 빵집에 갔다.	=	빵집에 빵을 사려고 갔다.

→ 이래서 부사절을 가진 안은문장을 종속적으로 연결된 이어진문장으로 볼 수 있다고 한 거야.

연습 40

(2022.04)

〈보기 1〉의 ㉠~㉢에 해당하는 예만을 〈보기 2〉에서 고른 것은?

〈보기 1〉

연결 어미 '-고'의 쓰임은 다양하다. 먼저 ㉠앞 절과 뒤 절의 사실을 대등하게 벌여 놓는 경우가 있다. 또한 ㉡앞뒤 절의 두 사실 간에 계기적인 관계가 있음을 나타내는 경우나, ㉢앞 절의 동작이 이루어진 그대로 지속되는 가운데 뒤 절의 동작이 일어남을 나타내는 경우도 있다.

〈보기 2〉

◦ 그들은 서로 손을 쥐고(ⓐ) 팔씨름을 했다.
◦ 어머니는 나를 업고(ⓑ) 병원으로 달려갔다.
◦ 나는 그가 정직하고(ⓒ) 성실하다는 것을 알고 있었다.
◦ 눈 깜짝할 사이에 다리가 벌에 쏘이고(ⓓ) 퉁퉁 부었다.
◦ 그 책은 내가 읽을 책이고(ⓔ) 이 책은 내가 읽은 책이다.

① ㉠: ⓐ, ⓒ ② ㉡: ⓑ, ⓔ ③ ㉡: ⓓ, ⓔ
④ ㉢: ⓐ, ⓑ ⑤ ㉢: ⓒ, ⓓ

연습 41

(2022.04)

〈보기〉의 ㄱ~ㄷ을 이해한 내용으로 적절한 것은?

〈보기〉

ㄱ. 신중한 그는 고민을 가족들과 의논했다.
ㄴ. 너는 밥 먹기 전에 손을 좀 씻어!
ㄷ. 네가 들은 소문은 정말 사실이 아니다.

① ㄱ의 '신중한'은 안은문장의 필수 성분이군.
② ㄱ의 '가족들과'와 ㄷ의 '정말'은 생략이 가능한 성분이군.
③ ㄴ의 '먹기'는 안긴문장의 부속 성분이군.
④ ㄴ의 '너는'은 안긴문장의 주어이면서 안은문장의 주어이군.
⑤ ㄷ의 '네가'와 '사실이'는 각각 다른 서술어의 주어이군.

STEP. 2 기출, 이것은 진리

선생님, 왜 문장의 짜임새를 잘 이해하려면 문장 성분의 개념을 잘 소화해야 한다고 하셨는지를 알 것 같습니다!

그럼 이제 문장 성분과 문장의 짜임새의 개념은 자신이 좀 생겼어?

넵에! 이제 1, 2학년 기출문제 정도는 우습습니다! 댐벼!

ㅎㅎㅎ 자신감 굿!

★ 구체적인 사례에 안긴문장 개념 적용하기.

12 문항 코드 | 23670-0079 (2022학년도 6월 고1 전국연합학력평가)

〈보기〉의 설명을 참고하여 ⓐ~ⓒ의 밑줄 친 안긴문장에 대해 이해한 것으로 적절한 것은?

> 〈보기〉
>
> 다른 문장 속에 들어가 하나의 문장 성분처럼 쓰이는 문장을 안긴문장이라고 하며, 이 안긴문장을 포함하는 문장을 안은문장이라고 한다.
>
> ⓐ 그가 소리도 없이 밖으로 나갔다.
> ⓑ 나는 그가 이 사건의 범인임을 깨달았다.
> ⓒ 어머니께서 시장에서 산 수박은 매우 달았다.

① ⓐ의 안긴문장에는 주어가 생략되어 있다.
② ⓑ의 안긴문장은 조사와 결합하여 부사어의 기능을 한다.
③ ⓒ의 안긴문장에는 체언을 수식하는 관형어가 있다.
④ ⓐ의 안긴문장은 용언을 수식하고, ⓒ의 안긴문장은 체언을 수식한다.
⑤ ⓑ의 안긴문장에는 목적어가 있고, ⓒ의 안긴문장에는 목적어가 생략되어 있다.

★ 문장 성분과 문장의 짜임새 개념 연결하기.

13 문항 코드 | 23670-0080 (2021학년도 9월 고2 전국연합학력평가)

〈보기〉의 ㄱ~ㄹ을 탐구한 내용으로 적절하지 않은 것은?

〈보기〉

ㄱ. 나는 키가 크다.
ㄴ. 나는 여름만 좋아한다.
ㄷ. 그녀는 시인이자 선생님이다.
ㄹ. 그녀가 사과를 먹고 나는 배를 먹는다.

① ㄱ과 ㄷ을 구성하는 문장 성분의 종류는 동일하군.
② ㄱ과 ㄹ은 모두 주어와 서술어의 관계가 두 번 나타나는군.
③ ㄴ과 ㄷ의 서술어의 개수는 동일하군.
④ ㄴ과 ㄹ은 모두 주어와 목적어를 포함하고 있군.
⑤ ㄷ과 ㄹ은 모두 연결 어미를 포함하고 있군.

태그 체크

○ #홑문장, 겹문장 ○ #안은문장, 이어진문장 ○ #명사절을 가진 안은문장 ○ #서술절을 가진 안은문장
○ #관형절을 가진 안은문장 ○ #부사절을 가진 안은문장 ○ #인용절을 가진 안은문장 ○ #대등하게 연결된 이어진문장
○ #종속적으로 연결된 이어진문장

26 종결 & 높임 & 시간

학습 목표

❶ 문장의 **종결 표현**을 안다. ❷ **상대 높임법**, **주체 높임법**, **객체 높임법**을 안다.
❸ **시제**와 **진행상**, **완료상**을 안다.

개념 태그

#종결 표현 #평서문, 감탄문, 의문문, 명령문, 청유문 #상대 높임법은 상대를
#주체 높임법은 주어를 #객체 높임법은 부사어나 목적어를 #간접 높임법
#과거, 현재, 미래 시제 #진행상, 완료상

STEP. 1 내 생애 마지막 개념 정리!

모든 수업 시간이 중요하지만, 이번 시간과 다음 시간에 배울 개념들도 진짜 시험에 자주 나오는 개념들이기 때문에 아주아주 중요해.(근데 왠지 앞으로 이 소리를 매 시간마다 할 것 같은 느낌이…. ㅎㅎ) 나 같으면 어차피 공부할 거, 정말 집중해서 제대로 이해하고 소화하겠어. 이 딱 두 시간 집중하면 문제가 달라 보일 거고, 답이 눈에 쏙쏙 보일 텐데, 집중해야 되겠어, 안 해도 되겠어? ㅎㅎ

개념 025

종결 표현

문장의 종결(終마칠 종, 結맺을 결) 표현이란, 말하는 사람이 특정한 ＿＿＿＿＿＿를 사용해서 듣는 사람에게 자신의 생각이나 느낌을 표현하는 방법을 말하는 거야.

어말 어미 (語말씀 어, 末끝 말)	종결 어미	평서형 종결 어미	-다
		의문형 종결 어미	-느냐/-냐
		명령형 종결 어미	-아라/-어라
		청유형 종결 어미	-자
		감탄형 종결 어미	-(는)구나, -로구나
	연결 어미	대등적 연결 어미	-고, -(으)며, -지만, -(으)나
		종속적 연결 어미	-니, -아서/-어서, -게, -(으)면, -(으)니까
		보조적 연결 어미	-아/-어, -게, -지, -고
	전성 어미	명사형 어미★	-(으)ㅁ, -기
		관형사형 어미★	-(으)ㄴ, -는, -(으)ㄹ, -던(-더+ㄴ)
		부사형 어미★	-게, -도록, -듯이

벌써 종결 어미를 기억 속에서 지운 건 아니지? 22강에서 '어미'의 개념 공부할 때 배웠어. 어말 어미 중에 종결 어미가 있었고, 평서형, 의문형, 명령형, 청유형, 감탄형 종결 어미가 있다고 간단히 봤었잖아.

하하, 순간 당황했는데, 다시 보니 기억이 나요. 이땐 전성 어미가 너무 어렵고 충격적이라 종결 어미에 소홀했던 거 같아요. ㅋㅋ

우리는 국어 원어민이라서 사실 이 부분은 어렵지 않을 거야. 간단하게 종결 표현의 개념들을 짚어 보면서 시작하자.

종결 표현 방식에 따른 국어 문장의 종류

문장의 종류		종결 어미	문장
_____문	화자가 사건의 내용을 객관적으로 진술하는 문장. 평서형 어미로 문장을 끝맺음.	-다, -오, -ㅂ니다	예 시작이 반이다.
_____문	화자가 청자를 별로 의식하지 않거나 거의 독백 상태에서 자기의 느낌을 표현하는 문장. 감탄형 어미로 문장을 끝맺음.	-구나, -도다	예 나도 하니까 되는구나!
_____문	화자가 청자에게 질문을 하여 그 해답을 요구하는 문장. 의문형 어미로 문장을 끝맺음.	-(ㄴ/는)가, -(느)냐, -(으)니	예 한 번의 젊음, 어떻게 살 것인가?
_____문	화자가 청자에게 무엇을 시키거나 행동을 요구하는 문장. 명령형 어미로 끝맺음.	-아라/-어라	예 눈을 크게 떠라.
_____문	화자가 청자에게 같이 행동할 것을 요청하는 문장. 청유형 어미로 문장을 끝맺음.	-자, -자꾸나, -세, -읍시다	예 오늘도 힘내 보자.

설명 의문문, 판정 의문문, 수사 의문문

1. _____ **의문문**은 상대의 구체적인 _____을 요구하는 의문문이야. 설명 의문문에는 '어디', '언제', '누구', '무엇', '어떻게', '왜' 같은 _____가 쓰여. 그래야 질문을 받은 사람이 '어디', '언제', '누구', '무엇', '어떻게', '왜'에 대해서 자세하게 _____을 하게 될 테니까.

2. _____ **의문문**은 상대에게 _____을 요구하는 의문문이야. 판정 의문문으로 물었을 때, 질문을 받은 사람은 '예', '아니요'로 _____하게 돼.

쌤이 3월 학기 초에 우리 반 개별 상담할 때, 설명 의문문으로 물을까, 판정 의문문으로 물을까?

음… 선생님이 어떻게 물어 보셨더라?

ㅎㅎ 3월에 별로 안 친할 때, "요즘 고민되는 거 있니?"라고 _____ 의문문으로 물어 보면, "아니요." 이러고 끝난다고. "요즘 제일 고민되는 게 뭐야?"라고 _____ 의문문으로 물어 봐야 뭔가 조금이라도 구체적인 이야기가 나오더라고. ㅎㅎ (물론 설명 의문문으로 물어봐도 "없어요."라고 대답하는 녀석들도 있음. -_-+)

3. _____ **의문문**은 문장의 형식은 _____을 나타내나 _____을 요구하지 아니하고 강한 긍정 진술을 내포하고 있는 의문문이야.

어? 궁금한 게 아닌데 굳이 의문의 형식으로 표현함으로써 의미를 강조하는 기법. 이것은…

설의법!

야, 내가 말하려고 했는데!

ㅎㅎ 시에서 배운 개념인데, 잘 기억하고 있네?
그럼 이런 의문문은 어떤 기능이 있을까? 창문이 열려서 찬바람이 숭숭 들어오는 상황이라고 가정해 볼게.
"하식아, 춥지 않니?"

"네, 저도 추워요."라고 하면 눈치 없는 거죠! 선생님께서 추우시니 창문을 냉큼 닫으라는 의미입니다!

하식이 엄지 척! 의문문은 이렇게 때로는 **명령문**의 기능을 가질 때도 있어. :)

연습 42

(2014.09 A/B)

〈보기 1〉의 ㉠, ㉡에 해당하는 가장 적절한 예를 〈보기 2〉에서 고른 것은?

〈보기 1〉

대답을 요구하는 의문문에는 긍정이나 부정의 대답을 요구하는 것과 ㉠**구체적인 설명을 요구하는 것**이 있다. 대답을 요구하지 않는 의문문은 구체적인 담화 상황에 따라 화자의 의도를 나타내는데, 서술을 나타내는 경우, 감탄을 나타내는 경우, ㉡**명령을 나타내는 경우** 등이 있다.

〈보기 2〉

◦ **학교에서 수업을 하는 상황**
선생님: ㉮**독서 모둠 활동은 언제, 어디에서 하면 좋겠니?**
학　생: 3시부터 도서실에서 하면 좋겠어요.

◦ **늦잠 자는 아들을 깨우는 상황**
어머니: 학교 늦겠어! ㉯**그만 자고 얼른 일어나지 못하겠니?**
아　들: 엄마, 제발요. 조금만 더 잘래요.

◦ **두 학생이 함께 하교하는 상황**
학생 A: ㉰**나랑 같이 문구점에 갈 수 있니?**
학생 B: 나도 연필 살 게 있었는데, 참 잘됐다.

◦ **동생이 억울한 일을 겪은 상황**
언　니: ㉱**어쩜 이럴 수 있니?**
동　생: 아, 정말 억울해서 못 견디겠어.

	㉠	㉡
①	㉮	㉯
②	㉮	㉰
③	㉯	㉱
④	㉰	㉯
⑤	㉰	㉱

개념 콕

명령문과 청유문

	명령문	청유문
① 주어	주어는 반드시 ＿＿＿＿어야 함.	주어는 ＿＿＿＿와 ＿＿＿＿가 함께 포함되어야 함.
② 서술어	• 명령문은 화자가 청자에게 무엇을 시키거나 ＿＿＿＿을 요구하는 문장이잖아. 행동을 요구해야 하니까 명령문의 서술어로는 ＿＿＿＿만 쓰일 수 있고 ＿＿＿＿는 쓰일 수 없어. • 청유문은 화자가 청자에게 같이 ＿＿＿＿할 것을 요청하는 문장이잖아. 함께 행동을 하기를 요청하는 거니까 청유문의 서술어로는 ＿＿＿＿만 쓰일 수 있고 ＿＿＿＿는 쓰일 수 없어. 예 넌 공부 좀 적당히 해라. (동사 O) 예 우리 공부 좀 적당히 하자. (동사 O) --► 이런 내용의 문장이 존재할 수 있는지(?)가 의문이지만, 문법적으로는 옳음. 쌤도 이런 말 좀 해 보자. "얘들아, 우리 반은 공부를 너무 심하게 열심히 하는 것 같아. 공부 좀 적당히 해라. 사람이 잠도 좀 자야지. 공부 좀 적당히 하자~~!" 요렇게? ㅎㅎ *넌 그만 좀 예뻐라. (형용사 ×) *우리 그만 좀 예쁘자. (형용사 ×) --► 제니한테는 이런 말 충분히 할 수도 있겠지만, 문법적으로는 틀림. ㅎㅎ "아, 그만 좀 예쁘 "라고 말하고 싶지만, 이런 표현은 틀린 거라고. ㅎㅎ
③ 과거 시제	＿＿＿＿ 시제 선어말 어미 '-았-/-었-'은 함께 쓸 수 없어. 예 일찍 자라. (현재 시제 O) 예 일찍 자자. (현재 시제 O) *일찍 잤어라. (과거 시제 ×) *일찍 잤자. (과거 시제 ×)	

개념 026

높임 표현

높임 표현이란 문장 밖이나 문장 안에서 드러나는 인물들 간의 상하 관계를 표시하는 문법적 표현 방식을 말해. 높임법에는 ＿＿＿＿ 높임법, ＿＿＿＿ 높임법, ＿＿＿＿ 높임법이 있어.

높임법의 종류

	누구를 높이지?	어떻게 높이지?
상대 높임법	상대(청자)	종결 표현
주체 높임법	문장의 주체 (대체로 ＿＿＿＿가 가리키는 대상)	주격 조사 '께서', 주체 높임 선어말 어미 '-(으)시-', 특수 어휘
객체 높임법	문장의 객체 (＿＿＿＿나 ＿＿＿＿가 가리키는 대상)	부사격 조사 '께', 특수 어휘

연습 43

(2020.06(2))

〈보기 1〉을 바탕으로 〈보기 2〉의 높임 표현을 바르게 분석한 것은?

〈보기 1〉

우리말의 높임법은 주어가 나타내는 대상을 높이는 주체 높임, 목적어나 부사어가 나타내는 대상을 높이는 객체 높임, 청자를 높이거나 낮추는 상대 높임으로 구분할 수 있다. 이러한 높임법은 조사, 특수 어휘, 선어말 어미, 종결 어미 등에 의해 실현된다.

〈보기 2〉

영희야, 아버지께서는 할머니를 모시고 먼저 나가셨어.

	주체 높임	객체 높임	상대 높임
①	○	○	높임
②	○	○	낮춤
③	○	×	높임
④	×	○	낮춤
⑤	×	×	높임

1. 상대 높임법

상대 높임법이란 말을 듣는 사람(청자)을 ______ ______는 표현 방법이야. 상대 높임법은 문장의 ______ 표현을 통해 실현돼.

상대 높임법의 문장 종결 표현

______	하십시오체	저에게 주십시오.	듣는 이를 가장 높여 대접하는 방식.	친절한 백화점 매장에서 자주 들을 수 있음. 예 '어서 오십시오, 찾으시는 것 있으십니까?'
	하오체	나에게 주오.	아랫사람이나 친구를 높여 대접하는 방식.	요즘에는 잘 쓰지 않는데, 국어 시험지가 이런 식으로 말함. 예 '다음 글을 읽고 물음에 답하시오.'
	하게체	나에게 주게.	아랫사람이나 친구를 어느 정도 대접해 주는 방식.	장인어른이 사위한테 말하는 말투임. 예 '자네, 여기 좀 앉게.'
	해라체	나에게 줘라.	듣는 이를 높이지 않는 방식.	해체와 비슷함. 예 '지각하지 마라.'

	해요체	저에게 줘요.	듣는 이를 윗사람으로 **대접하여 높이는** 방식.	일상적으로 가장 많이 쓰임. ㉥ '선생님, 오늘 종례 언제 끝나요?'
______	해체	나한테 줘.	듣는 이를 **높이지 않는** 해라체와 거의 동급.	해라체보다 덜 권위적이고, 더 친밀한 느낌을 줌. ㉥ '지각하지 마.'

국어 문장의 종류에 따른 종결 표현 방식

구분	평서문	의문문	명령문	청유문	감탄문
하십시오체	-(으)십니다	-(으)십니까?	-(으)십시오	-(으)시지요	-
하오체	-(으)오	-(으)오?	-(으)오	-(으)ㅂ시다	-(는)구려
하게체	-네	-(느)ㄴ가?	-게	-세	-(는)구먼
해라체	-(는/ㄴ)다	-(느)냐?, -니?	-(어)라/-(아)라	-자	-(는)구나
해요체	-아요/-어요	-아요?/-어요?	-아요/-어요	-아요/-어요	-아요/-어요
해체	-아/-어	-아?/-어?	-아/-어	-아/-어	-아/-어

2. 주체 높임법

주체 높임법이란 문장의 ______ 를 높이는 표현법을 말해. 문장의 주체는 대부분 ______ 가 가리키는 대상이야.

문장의 주체를 높이는 방법

주체 높임을 나타내는 주격 조사: ______

주체 높임 선어말 어미: -(으)____-

㉥ 할머니가 '슬의생'을 본다.
할머니**께서** '슬의생'을 보**신**다.

높임 접미사: -____

㉥ 3반 담임 선생은 어디 있니?
3반 담임 선생**님**은 어디 **계시니**?

특수 어휘

먹다	잡숫다, 잡수다, 잡수시다, 들다, 드시다
아프다	편찮으시다
자다	주무시다
죽다	돌아가시다
있다	계시다

㉥ 할아버지가 밥을 먹는다.
할아버지**께서** **진지**를 **드신다**.

㉥ 선생님의 말이 타당하다.
선생님의 **말씀**이 타당하**시**다.

간접 높임

간접 높임법이란 문장의 주체를 직접 높이는 게 아니라, 주체와 관련된 대상을 높임으로써 문장의 주체를 간접적으로 높이는 방법이야. 높여야 할 대상의 신체 부분, 소유물, 생각 등을 설명하는 말에 '-(으)____-'를 결합해서 표현해.

예 할머니는 지금 허리가 아프다. 할머니께서는 지금 허리가 편찮으시다. (×) 할머니께서는 지금 허리가 ____________.	예 교장 선생님의 말이 있겠습니다. 교장 선생님의 말씀이 계시겠습니다. (×) 교장 선생님의 말씀이 ________________.
예 선생님은 아들이 둘 있다. 선생님께서는 아드님이 둘 계시다. (×) 선생님께서는 아드님이 둘 ____________.	예 손 부장님은 집이 회사에서 멀다. 손 부장님은 댁이 회사에서 ________.

개념 콕

압존법 (壓누를 압, 尊높을 존, 法법 법)

압존법이란 문장의 주체가 높여야 할 대상일지라도 듣는 이가 주체보다 더 높을 때, 그 공대를 줄이는 어법을 말해.

예 할아버지, 아버지가 아직 안 왔습니다.	화자: 나 / 청자: 할아버지 / 문장의 주체(주어): 아버지 --▶ 화자인 '나'의 입장에서 문장의 주체인 '아버지'는 높여야 할 대상이지만, 청자인 '할아버지'가 '아버지'보다 더 높은 대상이기 때문에, '할아버지'께 말씀드릴 때 '아버지'를 높여 말하지는 않는 거야. 압존법은 높임의 대상인 청자를 배려하는 어법이라고 할 수 있어.

※ 그런데, 직장에서는

화자: 신입 사원 / 청자: 회장님 / 문장의 주체(주어): 김 이사님

회장님: 오, 일은 할 만한가? 그런데 김 이사 못 봤나?

신입 사원: 네, 열심히 배우고 있습니다. (아, 압존법을 써 보자. 회장님이 이사님보다 높으니까…) 김 이사는 아까 집에 갔습니다.

회장님: 집… 집에 갔군. 알겠네. (쟤, 다른 사람들한테도 윤 회장이 방금 왔다갔다고 하는 거 아닐까?)

올바른 신입 사원의 자세: "김 이사님은 아까 퇴근하셨습니다."라고 하는 게 좋겠지? ㅎㅎ

3. 객체 높임법

객체 높임이란 문장에서 서술의 ______, 즉 필수적 ______ 나 ______ 를 높이는 표현법을 말해.

문장의 객체를 높이는 방법

높임 부사격 조사: ____

높임 접미사: - ____

특수 어휘

말하다, 묻다	여쭈다, 여쭙다
보다, 만나다	뵙다
주다	드리다
데리다	모시다

㉭ 선생님을 **데리고** 콘서트 장에 갈까?
선생님을 **모시고** 콘서트 장에 갈까?

㉭ 모르는 건 선생님**한테 물어** **봐**.
모르는 건 선생님**께 여쭤** **봐**.

※ TMI: 제발 '궁금한 거 있으면 저한테 여쭤 보세요.'라고 하지 말자. 혹시… 일부러 그러는 거냐?

연습 44

(2020.06(1))

〈보기〉의 '학습 활동'을 수행한 결과로 적절한 것은?

〈보기〉

[학습 활동]
다음 담화 상황에 등장하는 ㉠, ㉡이 달라질 때, 언어 예절에 적합한 높임 표현을 사용해 보자.

[담화 상황]
(내가 철수에게)
"어제 ㉠**영희**가 ㉡**경희**에게 선물을 주는 것을 보았어."
※ 말하는 사람인 '나'와 철수, 영희, 경희는 서로 대등한 관계임.

① ㉠이 높임의 대상인 '선생님'으로 바뀌면 조사 '가'를 '께서'로 고쳐 말해야 한다.
② ㉠이 높임의 대상인 '선생님'으로 바뀌면 조사 '에게'를 '께'로 고쳐 말해야 한다.
③ ㉡이 높임의 대상인 '선생님'으로 바뀌면 '주는'을 '주시는'으로 고쳐 말해야 한다.
④ ㉡이 높임의 대상인 '선생님'으로 바뀌면 '보았어'를 '보셨어'로 고쳐 말해야 한다.
⑤ ㉡이 높임의 대상인 '선생님'으로 바뀌면 '보았어'를 '보았습니다'로 고쳐 말해야 한다.

연습 45

(2021.10)

〈보기〉의 ㉠과 ㉡이 모두 사용된 문장으로 적절한 것은?

〈보기〉

국어의 높임 표현은 조사나 어미로 실현되기도 하지만 ㉠**그 자체에 높임의 의미가 담긴 특수 어휘**를 통해 실현되기도 한다. 또한 국어에는 대상을 높이는 것이 아니라 자신을 낮추는 겸양의 표현도 존재한다. 겸양의 표현은 일부 어미로 실현되기도 하지만 ㉡**그 자체에 낮춤의 의미가 있는 특수 어휘**를 통해 실현되기도 한다.

① 저희가 어머니께 드렸던 선물이 여기 있네요.
② 연세가 지긋하신 할아버지께서 걸어가신다.
③ 제 말씀은 그런 의도가 아니었어요.
④ 이 문제는 아버지께 여쭈어보자.
⑤ 지나야, 가서 할머니 모시고 와.

연습 46

(2022.09)

〈학습 활동〉의 ㉠에 들어갈 예로 적절한 것은?

〈학습 활동〉

높임 표현이 홑문장에서 실현될 수도 있지만, 겹문장의 안긴문장 속에서도 실현될 수 있다. 다음 조건에 해당하는 예문을 만들어 보자.

조건	예문
안긴문장에서의 주체 높임의 대상이 안은문장에서 주어로 실현된 겹문장	공원에서 산책하시던 할아버지께서 활짝 웃으셨다.
안긴문장에서의 객체 높임의 대상이 안은문장에서 목적어로 실현된 겹문장	㉠
⋮	⋮

① 편찮으시던 어르신께서는 좀 건강해지셨나요?
② 오빠는 고향에 계신 부모님을 집으로 모시고 갔다.
③ 나는 할아버지께서 선물을 주신 날짜를 아직도 기억해.
④ 누나는 다음 주에 인사를 드릴 할머니께 편지를 썼어요.
⑤ 형은 동생이 찾아뵈려던 선생님을 학교에서 만났습니다.

개념 027

시제 (時때 시, 制마를 제)

시제란 어떤 사건이나 사실이 일어난 시간 선상의 위치를 표시하는 문법 범주를 말해. 시제는 발화시를 기준으로 한 사건시의 위치를 통해 ______ 시제, ______ 시제, ______ 시제로 구분해.

발화시	화자가 어떠한 사건이나 상태에 대해 ______ 시점.
사건시	문장이 나타내는 사건이나 상태가 ______ 시점.

1. 과거 시제

______ 시 ⇒ ______ 시

과거 시제 표현하기

부사어	어제, 엊그제	㉠ 나는 엊그제 박물관에 갔었다.
선어말 어미	-았-/-었-/-였-, -더-, -았었-/-었었-/-였었-	㉠ 작년 크리스마스에 눈이 많이 왔었어. 혜정이가 도서관에서 책을 읽더라. 나는 그때 눈물을 흘렸었다.
관형사형 어미	동사 어간 + -(으)ㄴ, -던 형용사 어간, 서술격 조사 + -던	㉠ 그 책을 다 읽은 사람들이 많다. 내가 본 조각상이 리정혁 씨였어. 그 조그맣던 아기가 이렇게 많이 컸어?

개념 콕

헉, '-았-/-었-' 붙었다고 다 과거가 아니었어!

과거 시제 선어말 어미 '-았-/-었-'의 또 다른 쓰임

완료 또는 완결 지속	㉠ 사과가 빨갛게 **익었다**. 새벽이는 아빠를 **닮았다**.
미래에 실현될 일	㉠ 너는 이제 선생님께 **혼났다**.
현재 상태의 지속	㉠ 루피가 빨간 티셔츠를 **입었다**.

2. 현재 시제

______ 시 = ______ 시

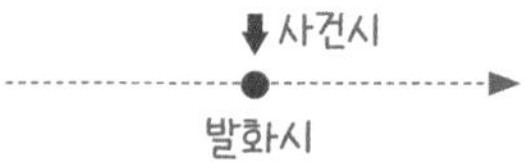

현재 시제 표현하기

부사어	지금, 현재, 오늘	㉩ 학생들이 지금 운동장에서 축구를 한다.
선어말 어미	동사 어간 + -는-, -ㄴ- 형용사, 서술격 조사 + Ø	㉩ 학생들이 도서관에서 책을 읽는다. 잔디에 누워 하늘을 **본**다. 유정이는 참 예쁘다.(Ø) 나는 수험생이다.(Ø)
관형사형 어미	동사 어간 + -는 형용사 어간, 서술격 조사 + -(으)ㄴ	㉩ 내가 먹는 빵은 단팥빵이야. 지금 수험생**인** 사람 손들어 봐.
	*형용사 '있다'와 '없다'는 관형사형 어미 '-는'이 쓰여.	㉩ 짐이 있는 사람과 짐이 없는 사람으로 나눠 보자.

개념 콕

헉, 현재 시제가 미래나 과거를 표현할 때도 있네요. 오늘 새로운 거 많이 알게 되네요. 넌 알았어?

나도 몰랐어. ㅎㅎㅎ

현재 시제의 또 다른 쓰임

가까운 미래	㉩ 오늘 오후부터 눈이 **온다**.
보편적 진리	㉩ 지구는 **돈다**.
습관	㉩ 네 살짜리 아기가 매일 책을 **읽는다**.
역사적 사실	㉩ 1446년, 세종대왕은 한글 창제를 반대하는 주장들을 물리치고 훈민정음을 **반포한다**.

3. 미래 시제

_______시 ⇒ _______시 (발화시 → 사건시)

미래 시제 표현하기

부사어	내일, 모레	㉩ 나는 내일 박물관에 갈 것이다.
선어말 어미	-겠-, -(으)리- → '-겠-'은 추측, 의지, 확신 등의 의미를 동시에 드러내기도 해.	㉩ 내일쯤이면 도착하겠지. → _______ 수능 날 꼭 대박 터뜨리겠습니다. → _______ 중학생도 그건 할 수 있겠다. → _______, _______, _______ 들어가도 되겠습니까? → _______하게 말하는 태도
관형사형 어미	-(으)ㄹ	㉩ 캠핑 **갈** 사람들은 신청하기 바랍니다. 내일은 아마 눈이 **올** 것이다.
관형사형 어미 + 의존 명사	-(으)ㄹ 것	㉩ 내일이면 물건을 받아 볼 수 **있을 것**입니다.

한눈에 정리하기

어미 \ 시제	과거 시제		현재 시제		미래 시제
	동사	형용사, 서술격 조사	동사	형용사, 서술격 조사	
선어말 어미	-았-/-었-/-였-, -더-, -았었-/-었었-/-였었-		-는-, -ㄴ-	Ø	-겠-, -(으)리-
관형사형 어미	-(으)ㄴ, -던	-던	-는	-(으)ㄴ ※ 있다, 없다: -는	-(으)ㄹ
시간 부사	어제, 엊그제 등		오늘, 지금 등		내일, 곧 등

연습 47

(2022.06(2))

〈보기〉의 ㉡, ㉢이 모두 ㉠을 실현하고 있는 문장으로 적절한 것은?

〈보기〉

선생님: 국어의 시제는 화자가 말하는 시점인 발화시와 동작이나 상태가 나타나는 시점인 사건시를 기준으로, ㉠**발화시보다 사건시가 앞서는 경우**, 발화시와 사건시가 일치하는 경우, 발화시보다 사건시가 나중인 경우로 나뉩니다. 이때 시제는 ㉡**선어말 어미**, ㉢**관형사형 어미**, 시간 부사어 등을 통해 실현됩니다.

① 지난번에 먹은 귤이 맛있었다.
② 이것은 내일 내가 읽을 책이다.
③ 이미 한 시간 전에 집에 도착했다.
④ 작년에는 겨울에 함박눈이 왔었다.
⑤ 친구는 지금 독서실에서 공부를 한다.

개념 028

상 (相서로 상)

상이란 시간의 흐름 속에서 어떤 동작이 끝나지 않고 ________________, 아니면 완전히 ____________를 표현하는 문법 범주를 말해.

1. 진행상

진행상이란 동작이 __________을 나타내는 거야.

예 나는 지금 밥을 먹는다.

주의해야 하는 '-고 있다' 연습 49에서 다시 설명할게!

-고 있다	ⓔ 철수는 두 시간째 청소를 하고 있다.
-어/-아 가다	ⓔ 빨래가 거의 말라 간다.
-(으)면서	ⓔ 나는 음악을 들으면서 공부를 한다.
-는 중이다	ⓔ 나는 지금 고기를 먹는 중이다.

진행상이라고 해서 꼭 현재 시제인 건 아니야.

ⓔ 나는 놀이터에서 놀고 있었다. ---▶ 과거 시제 & 진행상
나는 지금 놀이터에서 놀고 있다. ---▶ 현재 시제 & 진행상
나는 놀이터에서 놀고 있을 것이다. ---▶ 미래 시제 & 진행상

2. 완료상

완료상이란 동작이 __________ 을 나타내는 거야.

ⓔ 나는 지금 책을 다 읽었다.

-아/-어 있다	ⓔ 소희는 의자에 앉아 있다.
-아/-어 버리다	ⓔ 나는 벌써 밥을 다 먹어 버렸다.
-고서	ⓔ 아침 식사를 하고서 학교로 출발했다.

완료상이라고 해서 꼭 과거 시제가 아니라는 것도 알겠지?

ⓔ 나는 그때 청소를 끝내 버렸었다. ---▶ 과거 시제 & 완료상
나는 지금 청소를 끝내 버렸다. ---▶ 현재 시제 & 완료상
나는 내일 청소를 끝내 버렸겠다. ---▶ 미래 시제 & 완료상

연습 48

시제와 상 파악해 보기

1. **성미는 계속 걷고 있었다.**	**시제:**	**상:**
2. **수진이가 전화를 끊어 버렸다.**	**시제:**	**상:**
3. **혜미가 의자에 앉아 있다.**	**시제:**	**상:**
4. **날이 저물어 간다.**	**시제:**	**상:**

연습 49

(2020.11(2))

※다음 글을 읽고 물음에 답하시오.

국어에서는 시간을 언어적으로 표현한 것을 시간 표현이라고 한다. 시간 표현에는 시제와 동작상이 있는데, 시제는 말하는 시점인 발화시를 기준으로 어떤 동작이나 상태가 일어난 시점인 사건시와의 관계를 과거, 현재, 미래와 같은 시간으로 나타내는 문법 요소이다.

동작상은 시간의 흐름 속에서 동작이 일어나는 양상을 표현하는 문법 요소이다. 일반적으로 동작상은 '-고 있다', '-아/-어 있다' 등과 같이 보조적 연결 어미와 보조 용언의 결합으로 실현된다. 또한 '-(으)면서', '-고서' 등과 같은 연결 어미를 통해서 실현되기도 한다. 동작상은 어떤 사건이 특정 시간의 흐름 속에서 계속 이어지고 있음을 나타내는 진행상과, 어떤 사건이 끝났거나 끝난 후의 결과가 지속되고 있음을 나타내는 완료상으로 구분할 수 있다.

그런데 '그가 넥타이를 매고 있다.'라는 문장에서처럼 진행상을 나타내는 대표적인 표현이 완료상으로도 해석되는 경우가 있다. 이 문장은 그가 넥타이를 매는 중이라는 진행상으로 해석할 수도 있지만, 넥타이를 맨 채로 있다는 완료상으로 해석할 수도 있다. 이와 같이 신체에 무언가를 접촉하는 행위 중 어느 정도 시간의 폭을 요구하는 동사에, '-고 있다'가 쓰이면 중의적인 의미를 가지게 된다.

윗글을 바탕으로 〈보기〉를 탐구한 내용으로 적절하지 않은 것은?

〈보기〉

ㄱ. 동생이 책을 읽고 있다.
ㄴ. 꽃이 아름답게 피어 있다.
ㄷ. 나는 노래를 부르면서 걸었다.
ㄹ. 그는 빨간 티셔츠를 입고 있다.
ㅁ. 나는 밥을 먹고서 집을 나섰다.

① ㄱ은 사건시와 발화시가 일치하는 시제가 나타나며, '-고 있다'를 통해 사건이 계속 이어지고 있음을 표현하고 있다.
② ㄴ은 어떤 사건이 끝난 후의 결과가 지속되고 있음을 나타내는 완료상이 실현되어 있다.
③ ㄷ은 연결 어미를 통해 시간의 흐름 속에서 사건이 완료되었음을 표현하고 있다.
④ ㄹ은 진행상으로 해석할 수도 있지만, 완료상으로도 해석할 수 있다.
⑤ ㅁ은 사건시가 발화시보다 앞서는 시제가 나타나며, '-고서'를 통해 사건이 끝났음을 나타내는 동작상을 표현하고 있다.

STEP. 2 기출, 이것은 진리

오늘도 많은 문법 개념들을 배웠다. 오늘 배운 개념들은 정말 출제 빈도가 높기 때문에 잘 이해하고 정리해 놓아야 돼.

쉬운 개념이라고만 생각했는데, 의외로 모르고 있었던 부분들도 있었어요. 잘 정리하고 문제에 적용 연습해 보겠습니다.

[14-15] 다음 글을 읽고 물음에 답하시오. (2020학년도 6월 고1 전국연합학력평가)

국어의 시제는 과거, 현재, 미래가 있는데, 이는 발화시와 사건시라는 시점을 기준으로 나눈 것이다. 발화시는 말하는 이가 말하는 시점을 뜻하고, 사건시는 동작이나 상태가 나타나는 시점을 가리킨다. 발화시보다 사건시가 앞서면 '과거 시제', 발화시와 사건시가 일치하면 '현재 시제', 발화시보다 사건시가 나중이면 '미래 시제'라고 한다.

시제는 다음과 같이 어미나 시간 부사를 통해 실현된다.

시제의 종류 / 문법 요소	과거 시제	현재 시제	미래 시제
선어말 어미	-았-/-었-, -았었-, -었었-,-더-	• 동사: -는-, -ㄴ- • 형용사: 없음	-겠-, -(으)리-
관형사형 어미	• 동사: -(으)ㄴ,-던 • 형용사: -던	• 동사: -는 • 형용사: -(으)ㄴ	-(으)ㄹ
시간 부사	어제, 어제 등	오늘, 지금 등	내일, 곧 등

시간을 표현하는 문법 요소는 항상 특정한 시제만 표현하는 것은 아니다. 예를 들어 '-았-/-었-'은 주로 과거 시제를 표현하지만, 과거에 이루어진 어떤 상태가 현재까지 지속되는 경우에 쓰이기도 하고, ㉠**미래의 상황을 표현하는 경우에 쓰이기도 한다**.

> ㉮ 찬호는 어려서부터 아빠를 닮았다.
> ㉯ 네가 지금처럼 공부하면 틀림없이 대학에 붙었다.

㉮는 '찬호와 아빠의 닮음'이라는 과거의 상태가 현재까지도 지속되고 있음을 보여 준다. 한편 ㉯의 '붙었다'에서 과거 시제 선어말 어미 '-었-'이 쓰였지만, 발화시에서 볼 때 '대학에 붙는 일'은 앞으로 벌어질 미래의 사건이다.

★ 시간 표현의 개념 이해 적용.

14 문항 코드 | 23670-0081

윗글을 읽고 〈보기〉의 ⓐ~ⓒ를 탐구한 내용으로 가장 적절한 것은?

〈보기〉
ⓐ 아기가 새근새근 잘 잔다.
ⓑ 영주는 어제 영화를 한 편 봤다.
ⓒ 전국적으로 비가 곧 내리겠습니다.

① ⓐ: 발화시보다 사건시가 나중인 시간 표현이 사용되었다.
② ⓐ: 관형사형 어미와 선어말 어미를 활용한 시간 표현이 나타난다.
③ ⓑ: 발화시와 사건시가 일치하는 시간 표현이 사용되었다.
④ ⓑ: 시간 부사와 선어말 어미를 활용한 시간 표현이 나타난다.
⑤ ⓒ: 발화시보다 사건시가 앞선 시간 표현이 사용되었다.

★ '-았-/-었-'의 쓰임 이해 확인.

15 문항 코드 | 23670-0082

㉠의 사례로 가장 적절한 것은?

① 그는 여행을 떠나기로 결심**했**다.
② 1919년 3월 1일, 만세 운동이 일어**났**다.
③ 봄날 거리에 개나리가 흐드러지게 피**었**다.
④ 학생들이 운동장에서 축구공을 차고 있**었**다.
⑤ 어린 동생과 싸웠으니 난 이제 어머니께 혼**났**다.

태그 체크

○ #종결 표현
○ #주체 높임법은 주어를
○ #과거, 현재, 미래 시제
○ #평서문, 감탄문, 의문문, 명령문, 청유문
○ #객체 높임법은 부사어나 목적어를
○ #진행상, 완료상
○ #상대 높임법은 상대를
○ #간접 높임법

27 피동 & 사동 & 부정

학습 목표 ❶ **피동 표현**과 **사동 표현**을 알고 구분할 수 있다. ❷ **능력 부정, 의지 부정, 상태 부정**을 이해한다.

개념 태그 #능동과 피동 #이중 피동은 노노 #주동과 사동 #직접 사동, 간접 사동 #능력 부정 #의지 부정 #상태 부정

STEP. 1 내 생애 마지막 개념 정리!

오늘 배울 개념 중 피동 표현과 사동 표현을 많이들 어려워하고 또 헷갈려 해. 딱 이 한 시간 집중하면, 피동과 사동의 개념을 확실하게 이해하고, 피동과 사동을 척척 구분해 낼 수 있게 될 거야. 힘내자! :)

개념 029

피동 (被입을 피, 動움직일 동) **표현**

능동과 피동

능동	피동
주어가 동작이나 행위를 ______으로 하는 것.	주어가 다른 주체에 의해 동작을 ______ 되는 것.
고양이가(주어) 쥐를(목적어) 잡았다.(서술어)	쥐가(주어) 고양이에게(부사어) 잡혔다.(서술어)
아기가(주어) 문을(목적어) 닫았다.(서술어)	문이(주어) 닫혔다.(서술어)

피동문은 능동문보다 서술어의 자릿수가 하나 ______ 수 있어. 왜냐하면 주어에게 영향을 끼치는 누군가가 생략될 수 있거든.

✚ 피동문 만들기

파생적 피동 **(피동 접미사)**	-이-, -히-, -리-, -기-, -되다, -당하다, -받다	놓다-놓**이**다, 밟다-밟**히**다, 널다-널**리**다, 안다-안**기**다, 사용하다-사용**되다**, 거절하다-거절**당하다**, 사랑하다-사랑**받다**
통사적 피동 **(피동의 의미를 나타내는 동사)**	-아/-어지다, -게 되다	만들다-만들**어지다**, 보다-보**게 되다**

개념 콕

잘못된 피동 표현

피동 접미사와 피동의 의미를 나타내는 '-아/-어지다', '-게 되다'가 동시에 사용된 ________ 피동은 고쳐쓰기의 대상이다.

예 **보여지다**(보- + -이- + -어지다) (×) ⇒ 보이다 (O)
믿겨지다(믿- + -기- + -어지다) (×) ⇒ 믿기다 (O) or 믿어지다 (O)
잊혀지다(잊- + -히- + -어지다) (×) ⇒ 잊히다 (O) or 잊어지다 (O)

연습 50

(2020.11(1))

〈보기〉의 학습 과제를 수행한 결과로 적절하지 않은 것은?

〈보기〉

[학습 내용] 주어가 자기 힘으로 동작하는 것을 능동이라고 하고, 주어가 다른 주체에 의해 동작을 당하는 것을 피동이라고 한다. 피동 표현은 주로 어근에 접사 '-이-', '-히-', '-리-', '-기-', '-되다' 등이 결합하여 실현된다.

[학습 과제] 다음의 어근 목록을 활용하여 피동문을 만드시오.

풀-	읽-	안-	깎-	이용

① 이번 시험 문제는 지난번보다 잘 **풀렸다**.
② 그의 글은 오직 나에게만 아름답게 **읽혔다**.
③ 친구는 버스에서 자기 짐까지 나에게 **안겼다**.
④ 날카로운 칼날에 무성하던 잔디가 모두 **깎였다**.
⑤ 우리 학교 운동장은 가끔 주차장으로도 **이용되었다**.

연습 51

(2021.09(2))

〈보기〉의 [A]에 들어갈 말로 적절하지 않은 것은?

〈보기〉

학 생: 선생님, 피동 표현은 어떤 경우에 사용하나요?
선생님: 피동 표현은 행위의 주체보다 대상을 부각하고 싶을 때, 행위의 주체를 분명하게 밝히지 않고자 할 때, 행위의 주체가 중요하지 않거나 누구나 아는 사람이어서 말할 필요가 없을 때 사용해요. 또한 행위의 주체를 분명히 설정하기 어려운 경우에 사용하기도 해요. 이제 아래 자료를 보고 피동 표현에 대해 탐구해 봅시다.

㉠ ┌ 벌이 그를 쏘았다.
   └ 그가 벌에 쏘였다.
㉡ ┌ 내가 편지를 찢었다.
   └ 편지가 찢어졌다.
㉢ ┌ 기자가 내 이야기를 신문에 실었다.
   └ 내 이야기가 신문에 실렸다.
㉣ ┌ 국민들이 대통령을 뽑았다.
   └ 대통령이 뽑혔다.
㉤ ┌ *A가 추웠던 날씨를 풀었다.
   └ 추웠던 날씨가 풀렸다.

※ '*'는 문법에 맞지 않음을 나타냄.

학 생: [A]
선생님: 네, 맞아요.

① ㉠을 보니, 피동 표현을 통해 행위의 대상인 '그'를 부각할 수 있겠군요.
② ㉡을 보니, 피동 표현을 통해 '편지'를 찢은 주체를 분명하게 밝히지 않을 수 있겠군요.
③ ㉢을 보니, 행위의 주체인 '기자'가 중요하지 않을 때 피동 표현을 사용할 수 있겠군요.
④ ㉣을 보니, 행위의 주체인 '대통령'이 누구나 아는 사람일 때 피동 표현을 사용할 수 있겠군요.
⑤ ㉤을 보니, 행위의 주체를 분명히 설정하기 어려워 피동 표현을 사용했겠군요.

연습 52

(2021.06(2))

〈보기〉를 참고할 때, ⓐ의 예로 적절하지 않은 것은?

〈보기〉

학 생: 선생님, '잊혀진 계절'과 '잊힌 계절'의 차이점이 뭔가요?
선생님: '잊혀진'은 피동 표현을 두 번 겹쳐 쓴 ⓐ**이중 피동 표현**이야. 피동 접미사 '-이-', '-히-', '-리-', '-기-'와 '-아/어지다'를 같이 쓰는 경우가 많이 있어. '잊혀진'의 경우 기본형 '잊다'의 어근 '잊-'에 피동 접미사 '-히-'만 붙어도 피동의 의미를 드러낼 수 있는데, '-어지다'까지 불필요하게 붙여 쓰고 있는 거지.

① 안개에 **가려진** 풍경이 서서히 드러났다.
② 칠판에 **쓰여진** 글씨가 잘 보이지 않는다.
③ 예쁜 그릇에 **담겨진** 음식이 먹음직스럽다.
④ 아이는 살짝 **열려진** 문틈에 바짝 다가섰다.
⑤ 스크린을 통해 **보여진** 그 풍경은 아름다웠다.

개념 030

사동 (使부릴 사, 動움직일 동) 표현

사동문은 능동문보다 서술어의 자릿수가 하나 더 __________. 왜냐하면 주어에게 동작을 하도록 지시하는 누군가가 나타나거든.

주동과 사동

주동	사동
주어가 직접 동작을 ________ 것.	주어가 남에게 동작을 하도록 ________ 것.
아이가(주어) 책을(목적어) 읽는다.(서술어)	아빠가(주어) 아이에게(부사어) 책을(목적어) 읽힌다.(서술어)
아기가(주어) 반찬을(목적어) 먹었다.(서술어)	엄마가(주어) 아이에게(부사어) 반찬을(목적어) 먹게 했다.(서술어)

사동문 만들기

파생적 사동 (사동 접미사)	-이-, -히-, -리-, -기-, -우-, -구-, -추-, -시키다	녹다-녹이다, 굳다-굳히다, 날다-날리다, 신다-신기다, 깨다-깨우다, 솟다-솟구다, 낮다-낮추다, 이해하다-이해시키다
통사적 사동 (사동의 의미를 나타내는 동사)	-게 하다	입다-입게 하다

개념 콕

직접 사동과 간접 사동

파생적 사동	________ 사동과 ________ 사동으로 모두 해석할 수 있다. 예 엄마가 아이에게 옷을 입혔다.	① 엄마가 직접 '머리 넣어, 손 넣어' 하면서 입혀 줌. ② 엄마가 아이에게 스스로 입으라고 말로 시킴.
통사적 사동	항상 ________ 사동으로만 해석된다. 예 엄마가 아이에게 옷을 입게 했다.	only ① 엄마가 아이에게 스스로 입으라고 말로 시킴.

개념 콕

이중으로 쓰인 것처럼 보이는 사동 접미사도 있다.

-이우- 「접사」

(일부 동사 어간 뒤에 붙어) '사동'의 뜻을 더하는 접미사.

예 **띄우다**(뜨- + -이우- + -다) **재우다**(자- + -이우- + -다)
틔우다(트- + -이우- + -다) **채우다**(차- + -이우- + -다)
씌우다(쓰- + -이우- + -다) **태우다**(타- + -이우- + -다)

연습 53

(2017.수능)

국어에서 동사나 형용사에 붙어 새로운 단어를 형성하는 접미사는 다양한 문법적 특징을 지니고 있다. 그 특징은 다음과 같다.

첫째로, 접미사는 동사나 형용사에 붙어 새로운 어간을 형성한다. 예를 들면, '녹다'의 어근 '녹-'에 접미사 '-이-'가 붙어 새로운 어간 '녹이-'가 형성된다. 이렇게 만들어진 '녹이다'의 어간 '녹이-'는 '녹다'의 어간 '녹-'과 구별된다. 둘째로, 접미사는 동사나 형용사의 어근에 붙어 품사를 바꾸기도 한다. 예를 들면, 명사 '먹이'나 '넓이'는 각각 동사와 형용사의 어근에 접미사 '-이'가 붙어 형성된 단어이다. 이때 '먹이'와 '넓이'의 '먹-'과 '넓-'은 서술어로 기능하지 못한다. 셋째로, ㉠**접미사는 동사나 형용사에 붙어 사동의 의미를 더하기도 한다**. 예를 들면, 동사 '익다'와 '먹다'의 어근에 각각 접미사 '-히-'와 '-이-'가 붙어 형성된 '익히다'와 '먹이다'는 '고기를 익히다.'와 '아이에게 밥을 먹이다.'에서와 같이 사동의 의미를 가진다. 넷째로, ㉡**접미사는 타동사에 붙어 피동의 의미를 더하기도 한다**. 예를 들면, '안다'의 어근 '안-'에 접미사 '-기-'가 붙어 형성된 '안기다'는 '아기가 엄마한테 안기다.'와 같이 피동의 의미를 가진다. 이때 피동을 나타내는 접미사는 '눕다', '식다'와 같은 자동사에는 결합하지 않는다.

밑줄 친 부분이 ㉠, ㉡에 해당하는 예로 적절한 것은?

① ┌ ㉠: 형이 동생을 울렸다.
  └ ㉡: 그는 지구본을 돌렸다.

② ┌ ㉠: 이제야 마음이 놓인다.
  └ ㉡: 우리는 용돈을 남겼다.

③ ┌ ㉠: 공책이 가방에 눌렸다.
  └ ㉡: 옷이 못에 걸려 찢겼다.

④ ┌ ㉠: 바위 뒤에 동생을 숨겼다.
  └ ㉡: 피곤해서 눈이 자꾸 감겼다.

⑤ ┌ ㉠: 나는 종이비행기를 하늘로 날렸다.
  └ ㉡: 그는 소년에게 중요한 임무를 맡겼다.

연습 54

(2020.11(2))

〈보기〉를 이해한 내용으로 적절하지 않은 것은?

〈보기〉

피동문	사동문
ㄱ. 아기가 엄마에게 안겼다.	ㄴ. 이모가 엄마에게 아기를 안겼다.
ㄷ. 하늘이 건물 사이로 보였다.	ㄹ. 선생님이 학생들에게 사진첩을 보였다.

① ㄱ을 능동문으로 바꾸면, 바뀐 문장의 서술어가 필요로 하는 문장 성분의 개수는 2개이다.
② ㄴ을 주동문으로 바꾸면, 바뀐 문장의 서술어가 필요로 하는 문장 성분의 개수는 2개이다.
③ ㄱ과 ㄷ은 서술어가 필요로 하는 문장 성분의 개수가 서로 같다.
④ ㄴ과 ㄹ을 각각 주동문으로 바꾸면, 바뀐 문장의 서술어가 필요로 하는 문장 성분의 개수는 서로 같다.
⑤ ㄷ과 ㄹ은 서술어가 필요로 하는 문장 성분의 개수가 서로 다르다.

연습 55

(2020.03(2))

〈보기〉의 주동문 ㉠~㉢을 탐구 과정에 따라 분류하고자 한다. A~C에 해당하는 사례를 바르게 짝지은 것은?

〈보기〉

사동문은 주어가 다른 대상을 동작하게 하거나 특정한 상태에 이르도록 하는 문장을 가리킨다. 파생적 사동문은 주동문의 서술어로 쓰인 용언의 어간을 어근으로 삼아 사동 접미사가 붙어 이루어진 문장이며, 통사적 사동문은 주동문의 서술어로 쓰인 용언의 어간에 '-게 하다'가 붙어서 이루어진 문장이다.

[주동문]

㉠ 물통에 물이 가득 찼다.
㉡ 그는 한여름에 더위를 먹었다.
㉢ 아이가 방바닥에 흩어진 구슬을 모았다.

[탐구 과정]

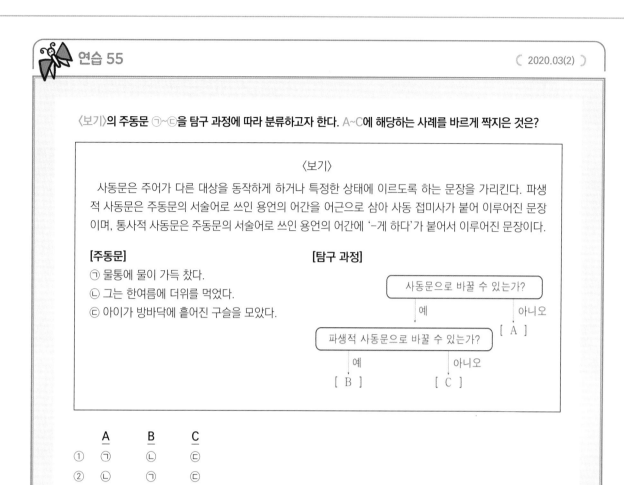

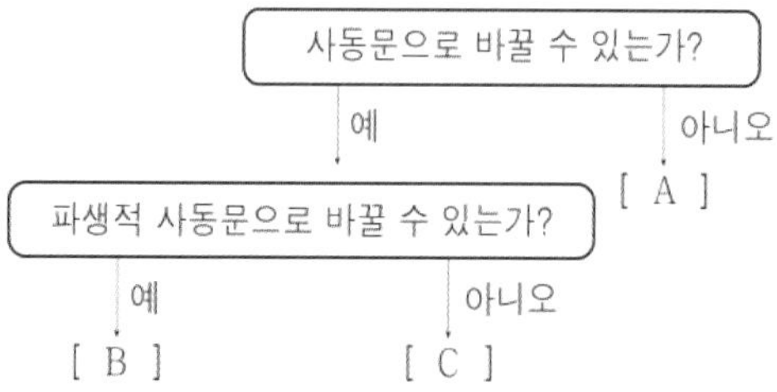

	A	B	C
①	㉠	㉡	㉢
②	㉡	㉠	㉢
③	㉡	㉢	㉠
④	㉢	㉠	㉡
⑤	㉢	㉡	㉠

개념 031

부정 표현

부정문이란 부정(否아닐 부, 定정할 정) 부사 '____', '____' 혹은 부정의 의미를 드러내는 보조 용언 '__________(않다)', '________', '_______' 등을 사용해 부정의 뜻을 나타내는 문장을 말해.

의미 \ 형태	짧은 부정	긴 부정	
		평서문, 의문문, 감탄문	명령문, 청유문
능력 부정	못	-지 못하다, -지 못하냐, -지 못하는구나	-지 마라, -지 말자
의지 부정	안, 아니	-지 않다(아니하다), -지 않냐, -지 않는구나	-지 마라, -지 말자
상태 부정	안	-지 않다(아니하다), -지 않냐, -지 않는구나	없음.

개념 콕

부정인 듯 부정 아닌 부정 같은 너어어~

너 어제 나하고 약속했지 않니?	부정 아니고 ________.
수능 시험 날 너무 춥지 않을지 걱정이야.	부정 아니고 ________.

개념 콕

부정 표현의 중의성

㉮ 나는 그 책을 안 읽었다.	
그 책을 읽은 사람은 내가 아니다.	⇨ 그 책을 읽은 사람은 서준이에요!
내가 읽은 것은 그 책이 아니다.	⇨ 제가 읽은 건 이 책이에요!
나는 그 책을 읽지 않았다.	⇨ 전 그 책을 만지기만 했어요!

⬇

부정 표현의 중의성을 어떻게 해소하지?	
① ________ 을 통하는 방법.	㉮ 그 책을 읽은 사람은 **서준이**에요! ㉮ 제가 읽은 건 **이 책**이에요! ㉮ 전 그 책을 **만졌어요**!
② 부정하고자 하는 단어에 ________ 를 주는 방법.	㉮ '**나**'는 그 책을 안 읽었다. ㉮ 나는 '**그 책**'을 안 읽었다. ㉮ 나는 그 책을 안 '**읽었다**'.
③ 부정하고자 하는 단어에 ________ '은/는', '만', '도' 등을 덧붙이는 방법.	㉮ 그 책을 읽은 사람이 **나는** 아니다. ㉮ 내가 읽은 것은 **그 책은** 아니다. ㉮ 내가 그 책을 **읽은 것은** 아니다.

연습 56

(2020.03(1))

〈보기〉의 ㉠과 ㉡이 모두 적용된 예로 적절한 것은?

> 〈보기〉
>
> 부정 표현이란 부정의 뜻을 나타내는 표현을 말한다. 부정 표현은 부사인 '안'과 '못'을 사용해서 짧게 표현할 수도 있고, ㉠**'-지 아니하다'와 '-지 못하다' 등을 사용해서 길게 표현**할 수도 있다. 부정 표현은 능력을 부정하거나 의지를 부정하는 것 이외에 ㉡**단순히 사실이나 상태를 부정하는 의미로도 해석**된다.

① 우리가 묵은 방은 두 평이 채 못 된다.
② 나는 저녁을 먹으려고 간식을 안 먹었다.
③ 그는 용기가 없어서 발표를 잘하지 못했다.
④ 다행히 소풍을 가는 날 비가 내리지 않았다.
⑤ 동생은 숙제를 한다며 놀이터에 나가지 않았다.

연습 57

(2020.04)

※다음 글을 읽고 물음에 답하시오.

부정하는 내용을 문법적으로 실현한 문장을 부정문이라고 한다. 부정문은 의미에 따라 '안' 부정문과 '못' 부정문으로, 길이에 따라 '짧은 부정문'과 '긴 부정문'으로 나누기도 한다. 한편 명령문과 청유문의 부정에는 '말다' 부정문이 쓰이고, '말다' 부정문은 '긴 부정문'만 가능하다.

'안' 부정문은 부정 부사 '안(아니)'으로 실현되는 짧은 부정문과 부정의 용언 구성 '-지 않다(아니하다)'로 실현되는 긴 부정문이 있고, 객관적인 사실을 부정하는 '단순 부정'과 동작 주체의 의도를 부정하는 '의도 부정'이 있다. '안' 부정문의 서술어가 동사이고 주어가 의지를 가질 수 있는 동작 주체인 경우에 '단순 부정'과 '의도 부정'의 해석이 모두 가능하다. 하지만 서술어가 형용사이거나 주어가 의지를 가질 수 없는 경우에는 대개 '단순 부정'으로 해석한다.

'못' 부정문은 부정 부사 '못'으로 실현되는 짧은 부정문과 부정의 용언 구성 '-지 못하다'로 실현되는 긴 부정문이 있다. 일반적으로 '못' 부정문은 동작 주체의 능력 부족을 드러내는 부정문이므로, 동작 주체의 능력으로는 어쩔 수 없는 심리적 상태를 나타내는 서술어는 '못' 부정문에 쓰이기 어렵다. 한편 '못' 부정문은 일반적으로 서술어가 형용사인 경우에는 성립할 수 없지만, '긴 부정문'에 한하여 '화자의 기대하는 기준에 이르지 못함'의 뜻을 나타내는 경우에는 쓰이기도 한다. 나아가 '못' 부정문은 화자의 능력을 부정하는 의미에서 발전하여 완곡한 거절, 또는 강한 거부와 같은 화자의 심리적 태도를 반영하기도 한다.

'말다' 부정문은 명령문 및 청유문에서 부정의 용언 구성 '-지 말다'로 실현된다. 형용사는 대부분 명령문이나 청유문의 서술어로 쓰일 수 없기 때문에 '말다' 부정문은 서술어가 형용사인 경우에는 성립하지 않는다. 하지만 문장의 서술어가 형용사라도 기원이나 희망을 나타낼 때는 '말다' 부정문이 쓰이기도 한다.

윗글을 바탕으로 〈보기〉를 이해한 내용으로 적절하지 않은 것은?

> 〈보기〉
>
> **태영**: 새로 배정받은 ㉠**동아리실이 그리 넓지 못해** 고민이야. 우리가 쓰던 ㉡**물품이 전부 안 들어가겠는데**?
> **수진**: 그 정도는 아닐 거야. 일단 물품을 옮겨 보자. 내일 어때?

태영: 미안하지만 ㉢**나는 내일 못 와**. 이번 휴일에는 집에서 좀 쉬고 싶어.
수진: ㉣**나도 별로 안 내키는데**, 다른 친구들은 내일 시간이 괜찮다고 하더라.
태영: 그래? 그럼 나도 와서 도울게. 그나저나 ㉤**내일은 제발 덥지만 마라**.

① ㉠의 '못' 부정문은 형용사인 서술어에 '긴 부정문' 형태로 실현되어 화자가 기대하는 기준에 이르지 못한다는 의미를 나타내고 있군.
② ㉡의 '안' 부정문은 주어가 의지를 가질 수 있는 동작 주체인 경우이기 때문에 '단순 부정'과 '의도 부정'으로 모두 해석이 가능하겠군.
③ ㉢의 '못' 부정문은 완곡한 거절이라는 화자의 심리적 태도를 나타내고 있군.
④ ㉣의 서술어는 동작 주체의 능력으로는 어쩔 수 없는 심리적 상태를 나타내기 때문에 '못' 부정문에 사용될 수 없겠군.
⑤ ㉤의 '말다' 부정문은 형용사인 서술어에 '긴 부정문' 형태로 실현되어 화자의 기원이나 희망의 의미를 나타내고 있군.

STEP. 2 기출, 이것은 진리

공부하면서 알게 되는 문법 개념들이 점점 많아지고 있지? 앞서 배운 개념들을 잊지 않도록 누적 복습해야 돼. 따끈따끈한 평가원 기출문제로 적용 연습해 보자! ^^

★ 피동 표현 자세히 이해하기.

16 문항 코드 | 23670-0083 (2023학년도 대학수학능력시험 6월 모의평가)

〈보기〉의 ㉠~㉤에 해당하는 예로 적절한 것은?

〈보기〉

피동문은 대응하는 능동문과 일정한 문법적 관련을 맺는다. 그중 피동문의 서술어는 능동문의 서술어에 피동의 문법 요소를 결부하여 만드는데, 국어에서는 ㉠**동사 어근에 피동 접사 '-이-', '-히-', '-리-', '-기-'를 결합하는 방법**(접-/접히-), ㉡**접사 '-하-'를 접사 '-받-', '-되-', '-당하-' 등으로 교체하는 방법**(사랑하-/사랑받-), ㉢**동사 어간에 '-아지-/-어지-'를 결합하는 방법**(주-/주어지-) 등이 쓰인다. 단, '날씨가 풀리다'에서처럼 ㉣**자연적으로 발생하는 사태를 표현할 때에는 피동문에 대응하는 능동문을 상정하기 어려운 경우**가 있다.
한편 '없어지다'나 '거긴 잘 가지지 않는다.'처럼 ㉤**'-아지-/-어지-'는 형용사나 자동사에 변화의 의미를 더하는 데 쓰이기도 하는데** 이런 용법일 때는 피동문을 이루지 않는다.

① ㉠: 아버지가 아이에게 두터운 점퍼를 **입혔다**.
② ㉡: 내 몫의 일거리는 형에게 **건네받았다**.
③ ㉢: 언론에 의해 사건의 전모가 자세히 **밝혀졌다**.
④ ㉣: 그 사람은 많은 사람들에게 **존경받는다**.
⑤ ㉤: 모두가 바라던 소원이 드디어 **이루어졌다**.

★ 단순 부정 이해하기.

17 문항 코드 | 23670-0084 《 2023학년도 대학수학능력시험 9월 모의평가 》

〈보기〉의 ㉠, ㉡에 해당하는 예끼리 묶인 것으로 적절한 것은?

〈보기〉

국어의 부정에는 '안'이나 '-지 않다'를 사용하는 '의지 부정'과 '못'이나 '-지 못하다'를 사용하는 '능력 부정'이 있다고 알려져 있다. 그러나 '안'이나 '-지 않다'가 사용된 부정문이 주어의 의지와 무관한 '단순 부정'을 나타내는 경우도 많다. ㉠**형용사가 서술어로 쓰이면 '안'이나 '-지 않다'는 단순 부정을 나타낸다**. 형용사가 나타내는 성질이나 상태에는 주어의 의지가 작용할 수 없기 때문이다. ㉡**동사가 서술어로 쓰이는 경우에도 주어가 의지를 가지지 못하는 무정물이면 '안'이나 '-지 않다'가 단순 부정을 나타낸다**. 또한 동사가 서술어로 쓰이고 주어가 유정물이더라도 '나는 깜빡 잊고 약을 안 먹었다.'에서와 같이 '안'이 단순 부정을 나타낼 수 있다.

① ㉠ : 옛날엔 통신 기술이 발달하지 않았다.
㉡ : 주문한 옷이 아직도 도착하지 않았다.

② ㉠ : 이 문제집은 별로 어렵지 않더라.
㉡ : 저는 이 은혜를 잊지 않겠습니다.

③ ㉠ : 나는 그 이야기가 궁금하지 않아.
㉡ : 동생이 오늘 우산을 안 가져갔어.

④ ㉠ : 내 얘기에 고모는 놀라지 않았다.
㉡ : 이 물질은 전기가 통하지 않는다.

⑤ ㉠ : 밤바다가 그리 고요하지는 않네.
㉡ : 아주 오래간만에 비가 안 온다.

태그 체크

○ #능동과 피동 ○ #이중 피동은 노노 ○ #주동과 사동 ○ #직접 사동, 간접 사동
○ #능력 부정 ○ #의지 부정 ○ #상태 부정

28 정확한 문장 표현

학습 목표 ❶ 이제까지 배운 **문법 개념**들을 점검한다. ❷ **어법에 맞는 문장**을 사용할 수 있다.

개념 태그 #정확한 단어 사용 #문장 성분의 호응 #불필요한 피동 표현 #불필요한 사동 표현 #잘못된 높임 표현 #중의적 표현 #모호한 표현 #의미의 중복

STEP. 1 내 생애 마지막 개념 정리!

오늘은 좀 마음 편하게

오늘 배우는 건 쉽나용?

이제까지 공부한 것들의 복습이라고 생각할 수 있거든.

뭔가 폭풍 전야 같은 느낌이에요. ㅎㅎ

ㅎㅎ 올~, 상식이 눈치 빠른데? (다음 시간은 음운의 변동 개념이 몰아칠 예정. ㅎㅎ) 이제까지 공부했던 문법 개념들을 복습하면서, 일상생활에서도 알아 두면 좋은 정확한 문장 표현에 대해서 공부할 거야.
평상시에 올바른 국어 생활을 영위하고 있다면 쉬울 거고, 아니라면 어려운? ㅎㅎ 잘못된 표현들을 알고, 평소에 잘못된 표현을 쓰는 친구들을 지적질하며 복습할 것! 그러면 잘 잊어버리지 않을 수 있어. 그러나 작작하지 않으면 친구들을 잃을 수 있다는 게 함정. ㅎ

개념 032
정확한 단어 사용하기

으로서 으로써	으로___ : 지위나 신분 또는 자격을 나타내는 격 조사.	*자식으로써 마땅히 해야 할 일입니다. 자식으로서 마땅히 해야 할 일입니다.
	으로___ : 어떤 물건의 재료나 원료를 나타내는 격 조사.	*콩으로서 메주를 쑨다고 해도 믿지 않았다. 콩으로써 메주를 쑨다고 해도 믿지 않았다.
-데 -대	-___ : 과거 어느 때에 직접 경험하여 알게 된 사실을 현재의 말하는 장면에 그대로 옮겨 와서 말함을 나타내는 종결 어미. 화자가 직접 경험한 사실을 나중에 보고하듯이 말할 때 쓰이는 말로 '-더라'와 같은 의미를 전달할 때.	내가 어제 보니까 재빈이가 아주 *똑똑하대. 내가 어제 보니까 재빈이가 아주 똑똑하데.
	-___ : '-다고 해'가 줄어든 말. 직접 경험한 사실이 아니라 남이 말한 내용을 간접적으로 전달할 때 쓰이는 종결 어미.	어제 현아가 그러는데, 현서네는 다음 달에 이사 *간데. 어제 현아가 그러는데, 현서네는 다음 달에 이사 간대.

에게 에	_____ : (사람이나 동물 따위를 나타내는 체언 뒤에 붙어) 어떤 행동을 일으키는 대상임을 나타내는 격 조사. → _____ 에 붙는다는 뜻.	남**에게** 놀림을 받다. 개**에게** 물리다.
	_____ : (체언 뒤에 붙어) 앞말이 어떤 움직임이나 작용이 미치는 대상의 부사어임을 나타내는 격 조사.	우리 팀이 상대 *팀**에게** 큰 승리를 거뒀다. 우리 팀이 상대 팀**에** 큰 승리를 거뒀다.
아니오 아니요	아니_____ : 어떤 사실을 부정하는 뜻을 나타내는 말인 '아니다'의 어간 '아니'에 어미 '-오'가 결합한 형태.	범인은 내가 아니**오**. 범인은 내가 *아니**요**.
	아니_____ : 부정이나 반대의 뜻을 나타내는 말인 '아니'에 조사 '요'가 결합한 형태	범인을 알고 있니? / *아니**오**. 범인을 알고 있니? / 아니**요**.
다르다 틀리다	_____ : 비교가 되는 두 대상이 서로 같지 아니하다. _____ : 셈이나 사실 따위가 그르게 되거나 어긋나다.	아들이 아버지와 얼굴이 ***틀리다**. 아들이 아버지와 얼굴이 **다르다**.
일체 일절	_____ : 모든 것. _____ : 아주, 전혀, 절대로의 뜻으로, 흔히 행위를 그치게 하거나 어떤 일을 하지 않을 때에 쓰는 말.	출입을 ***일체** 금하다. 출입을 **일절** 금하다.
저희 나라 우리나라	_____ 나라: ×. 나라를 낮추어 표현하지 않음. _____ : 우리 한민족이 세운 나라를 스스로 이르는 말.	가야금은 ***저희 나라** 고유의 악기입니다. 가야금은 **우리나라** 고유의 악기입니다.

연습 58

(2022.09(1))

〈보기〉의 ㉠~㉢에 들어갈 말을 넣어 보기.

〈보기〉

학생: 선생님, '-에요'와 '-예요'는 어떻게 구별하여 쓰면 되나요?

선생님: '-에요'는 설명·의문의 뜻을 나타내는 종결 어미로, '이다'나 '아니다'의 어간 뒤에 붙는 것입니다. '-예요'는 '-이에요'의 준말로, 받침이 없는 체언에 붙어요.

학생: 네. 그런데 '너는 어디에 있니?'에 대한 대답으로 '교실에요.'처럼 쓰는 경우가 있는데 이건 맞춤법에 맞는 표현인가요?

선생님: 네, 그때의 '-에요'는 처소의 부사격 조사 '에'와 보조사 '요'가 결합한 것이므로 맞춤법에 맞는 표현입니다. 그럼, 아래의 괄호 안에 들어갈 말은 무엇일까요?

> 1. A: 책을 어디에 두고 왔니?
>   B: 집(　　　).
> 2. 여기는 제가 갔던 식당이 아니(　　　).
> 3. 그때 그를 도와준 건 이 학생(　　　).

학생: 1번은 (㉠), 2번은 (㉡), 3번은 (㉢)입니다.

선생님: 모두 잘 이해했네요.

개념 033

문장 성분의 호응

문장 성분의 호응(呼부를 호, 應응할 응)이란 문장 안에서 특정 문장 성분이 뒤에 오는 문장 성분을 제약하는 것을 말해. 어떤 문장 성분이 있으면 반드시 뒤따라야 할 문장 성분이 있다거나 함께 사용하면 내용이 어색해져 버리게 되는 문장 성분이 있을 수 있어.

1. ______ 와 서술어의 호응

우리 집의 특징은 앞마당이 넓다.

어색한 이유:

⇨

2. ______ 와 서술어의 호응

그는 공연장에서 춤과 노래를 불렀다.

어색한 이유:

⇨

3. ______ 와 서술어의 호응

송화는 노래하는 것을 전혀 싫어한다.

어색한 이유:

⇨

4. ______ 와 서술어의 호응

그는 야구 선수치고 공을 잘 던진다.

어색한 이유:

⇨

개념 콕

특정한 서술어와 호응하는 부사어

결코	'아니다', '없다', '못하다' 따위의 부정어와 호응함.
여간	부정을 뜻하는 말과 호응함.
별로	부정을 뜻하는 말과 호응함.
전혀	부정을 뜻하는 말과 호응함.
아마	추측의 표현과 호응함.
오죽	주로 추측을 나타내는 어미 '-겠-'과 의문형 어미를 가진 서술어, 또는 '-으면' 어미를 가진 서술어와 함께 쓰임.
차마	뒤에 오는 동사를 부정하는 문맥에 쓰임.
비록	'-ㄹ지라도', '-지마는'과 같은 어미가 붙는 용언과 함께 쓰임.
마치	'처럼', '듯', '듯이' 따위가 붙은 단어나 '같다', '양하다' 따위와 함께 쓰임.

연습 59

(2015.03(B))

㉠~㉤의 사례로 적절하지 않은 것은?

〈보기〉

문장을 어법에 어긋나거나 부자연스럽게 사용한 대표적 유형으로는, **㉠주어와 서술어가 호응하지 않는 경우**, **㉡부사어와 서술어가 호응하지 않는 경우**, **㉢서술어가 요구하는 문장 성분이 부적절하게 생략된 경우**, **㉣서술어가 부적절하게 생략된 경우**, **㉤불필요하게 의미가 중복되는 경우** 등이 있다.

① ㉠: 내가 하고 싶은 말은 다른 사람을 배려해서 행동하자.
② ㉡: 새벽에 잠을 깬 사람은 비단 나뿐이었다.
③ ㉢: 나는 집에 오자마자 들고 있던 가방을 두었다.
④ ㉣: 새로 산 자동차에 짐과 동생을 태우고 여행을 떠났다.
⑤ ㉤: 착한 너의 후배를 나한테 빨리 소개해 주었으면 좋겠다.

개념 034

잘못된 피동 · 사동 · 높임 표현 피하기

1. 능동문을 쓸 수 있는 상황에서는 굳이 ____________을 쓰지 않는 게 좋아. 또 '쓰여지다, 먹히게 되다'처럼 피동 접사와 피동의 의미를 나타내는 '-아/-어지다', '-게 되다'가 결합한 ______________은 가급적 쓰지 않는 걸로.

이 위기는 반드시 극복되어야 해.

어색한 이유:

⇨

2. 주동문을 쓸 수 있는 상황에서 굳이 ____________을 쓰지 않는 게 좋아. 또 '유발하다'와 같은 단어는 이미 사동의 의미를 띠고 있기 때문에, 사동의 뜻을 더하는 '-____________'를 결합해서 '유발시키다'처럼 쓰면 안 돼.

좋은 사람 있으면 소개시켜 줘.

어색한 이유:

⇨

3. 청자를 높이려는 의도로, 문장의 주체가 높여야 할 대상이 아닌 사물인데도 주체 높임 선어말 어미 '-____-'를 사용해서 과한 높임 표현을 사용하는 경우가 있어. 무분별한 높임 표현은 쓰지 말자.

고객님, 그 상품은 품절되셨어요.

어색한 이유:

⇨

연습 60

(2015.06(1))

〈보기〉에서 잘못된 문장을 고쳐 쓴 것 중, 적절하지 않은 것은?

〈보기〉

◦ **중의적 문장을 사용한 경우**
예 나는 형과 누나가 추천한 영화를 보았다.
→ 나는 형과 누나가 추천한 영화를 집에서 보았다. ······ ㉠

◦ **의미를 중복하여 사용한 경우**
예 그 문제는 다시 재론할 필요가 없다.
→ 그 문제는 재론할 필요가 없다. ······ ㉡

◦ **사동 표현이 잘못된 경우**
예 내가 친구 한 명을 소개시켜 줄게.
→ 내가 친구 한 명을 소개해 줄게. ······ ㉢

◦ **호응 관계가 잘못된 경우**
예 내일은 구름과 비가 내리겠습니다.
→ 내일은 구름이 끼고 비가 내리겠습니다. ······ ㉣

◦ **높임 표현이 잘못된 경우**
예 손님께서 주문하신 아메리카노 나오셨습니다.
→ 손님께서 주문하신 아메리카노 나왔습니다. ······ ㉤

① ㉠ ② ㉡ ③ ㉢ ④ ㉣ ⑤ ㉤

개념 035

중의적 표현 분명히 하기

중의적 표현이란 의미가 ____ 가지 이상으로 해석되는 것을 말해.

단어의 중의성	중의적 문장	나는 배를 좋아한다.
	중의성 해소	**[수식어 사용]** 나는 먹는 배를 좋아한다. **[수식어 사용]** 나는 타는 배를 좋아한다.
수식의 중의성	중의적 문장	예쁜 친구의 눈
	중의성 해소	**[쉼표 사용]** 예쁜, 친구의 눈 **[어순 교체]** 친구의 예쁜 눈
비교 구문의 중의성	중의적 문장	나는 성욱이보다 영화를 더 좋아한다.
	중의성 해소	**[내용 보충]** 나는 성욱이가 영화를 좋아하는 것보다 영화를 더 좋아한다. **[내용 보충]** 나는 성욱이를 좋아하는 것보다 영화를 더 좋아한다.
'와/과'에 의한 중의성	중의적 문장	나는 친구와 강아지를 찾으러 다녔다.
	중의성 해소	**[쉼표 사용]** 나는 친구와, 강아지를 찾으러 다녔다. **[쉼표 사용]** 나는, 친구와 강아지를 찾으러 다녔다.
부정 표현의 중의성	중의적 문장	나는 그 책을 읽지 않았다.
	중의성 해소	**[보조사 사용]** 나는 그 책은 읽지 않았다. **[내용 보충]** 내가 읽은 건 그 책이 아니라 이 책이다.
의존 명사 구문의 중의성	중의적 문장	그가 걸음을 걷는 것이 이상하다
	중의성 해소	**[내용 보충]** 그가 걸음을 걷는다는 사실이 이상하다. **[내용 보충]** 그가 걸음을 걷는 걸음걸이가 이상하다.

연습 61

(2016.09(1))

〈보기〉의 ㉠의 예로 적절한 것은?

〈보기〉

'[㉠]'처럼 둘 이상의 의미로 해석되는 경우를 중의적 표현이라 하고, 이런 문장들을 '중의문'이라고 한다. 문장이 중의성을 띠게 되면 정확한 의미 전달에 방해가 되므로 중의성을 해소하는 것이 좋다.

① 그는 그녀와 작년에 결혼을 했다.
② 형은 나보다 어머니를 더 좋아한다.
③ 나를 보고 싶어 하는 친구들이 많다.
④ 그녀는 사과 한 개와 배 두 개를 샀다.
⑤ 그는 고향의 아름다운 바다를 생각한다.

연습 62

(2019.09(2))

〈보기〉의 [자료]를 탐구한 내용으로 적절하지 않은 것은?

〈보기〉

문장의 중의성은 하나의 문장이 둘 이상의 의미로 해석되는 것이다. 이와 같은 중의성은 문장의 통사 구조나 특정 어휘가 갖는 영향 범위 등에 의해서 발생한다. 중의성을 해소하기 위해서는 어순을 바꿔 주거나, 문장 부호나 보조사 '은/는'을 사용한다.

[자료]
ㄱ. 친구가 모두 오지 않았다.
ㄴ. 그가 울면서 떠나는 그녀를 안아 주었다.
ㄷ. 나는 사랑스러운 그녀의 강아지를 보았다.

① ㄱ은 수량과 부정을 나타내는 말이 함께 사용되어 중의성이 생겼겠군.
② ㄴ은 행위의 주체가 불분명하여 중의성이 생겼겠군.
③ ㄷ은 수식을 받는 대상이 불분명하여 중의성이 생겼겠군.
④ ㄱ과 ㄴ은 모두 보조사 '는'을 사용하는 방법을 통해 중의성을 해소할 수 있겠군.
⑤ ㄴ과 ㄷ은 모두 어순을 바꾸는 방법을 통해 중의성을 해소할 수 있겠군.

개념 036
모호한 표현 피하기

모호한 표현이란 의미의 경계가 명확하지 않아 정확한 의미를 알 수 없는 것을 말해.

연습 63

(2016.06(1))

〈보기〉의 ㉠~㉤에 대해 탐구한 내용으로 적절하지 않은 것은?

〈보기〉

㉠ 경준이는 손이 크다.
㉡ 효정이는 구두를 신고 있다.
㉢ 상호는 아름다운 그녀의 어머니를 만났다.
㉣ 어머니께서 나에게 사과와 귤 두 개를 주셨다.
㉤ 지훈이는 웃으면서 들어오는 소민이를 맞이했다.

① ㉠은 '손이 크다'의 의미가 신체의 손이 큰지 씀씀이가 큰지 모호하기 때문에 명확하게 해석하기 어렵군.
② ㉡은 '신고 있다'의 의미가 구두를 신는 중인지 구두를 신은 상태인지가 모호하기 때문에 명확하게 해석하기 어렵군.

③ ㉢은 '아름다운'이 수식하는 대상이 '어머니'인지 '그녀'인지 모호하기 때문에 명확하게 해석하기 어렵군.
④ ㉣은 '사과'와 '귤'의 결합에 따라 '사과'와 '귤'이 각각 몇 개인지가 모호하기 때문에 명확하게 해석하기 어렵군.
⑤ ㉤은 '웃으면서'의 주체가 '지훈이'인지 '지훈이와 소민이'인지가 모호하기 때문에 명확하게 해석하기 어렵군.

개념 037

의미의 중복 피하기

한 문장 안에 같은 의미를 드러내는 표현이 중복되어 쓰였다면 하나는 ________하자.

㉮ • 11월(月달 월) 달
• 가장 최근(最가장 최, 近가까운 근)
• 과반수(過지날 과, 半반 반, 數셀 수)를 넘다
• 남긴 유산(遺남길 유, 産낳을 산)
• 남은 여생(餘남을 여, 生날 생)
• 따뜻한 온정(溫따뜻할 온, 情뜻 정)
• 물에 침수(沈가라앉을 침, 水물 수)되다
• 미리 예상(豫미리 예, 想생각할 상)하다
• 새로운 신제품(新새로울 신, 製지을 제, 品물건 품)
• 서로 상충(相서로 상, 沖빌 충)되다
• 선행상을 수상(受받을 수, 賞상줄 상)하다
• 시범(示보일 시, 範범 범)을 보인다
• 완전히 근절(根뿌리 근, 絕끊을 절)하다
• 전부 매진(賣팔 매, 盡다될 진)
• 지나온 과거(過지날 과, 去갈 거)
• 파란 창공(蒼푸를 창, 空빌 공)

STEP. 2 기출, 이것은 진리

오늘 배운 개념들은 일상생활에도 도움이 많이 될 거 같아요. 저도 잘못 사용하고 있던 표현이 많아서 많이 배웠습니다!

ㅎㅎ 그럼 기출문제에도 적용해 보면서 마무리할까? :)

★ 올바르게 수정한 문장 찾기.

18 문항 코드 | 23670-0085 (2014학년도 9월 고2 전국연합학력평가 B형)

㉠~㉤ 중 수정한 문장으로 적절하지 않은 것은?

〈보기〉

검토 사항	원래 문장	수정한 문장
시제 표현이 적절한가?	철수는 어제 자료를 찾으러 도서관에 간다.	㉠
피동 표현의 사용은 적절한가?	그가 다쳤다고는 믿기지 않는다.	㉡
조사의 쓰임이 적절한가?	언니는 자식으로써 마땅히 할 도리를 했다.	㉢
대상을 높이는 표현이 적절한가?	나는 아버지에게 선물을 주었다.	㉣
의미가 중복되는 어휘가 있는가?	그녀는 사진을 보며 어린 시절을 돌이켜 회상했다.	㉤

① ㉠: 철수는 어제 자료를 찾으러 도서관에 갔다.
② ㉡: 그가 다쳤다고는 믿겨지지 않는다.
③ ㉢: 언니는 자식으로서 마땅히 할 도리를 했다.
④ ㉣: 나는 아버지께 선물을 드렸다.
⑤ ㉤: 그녀는 사진을 보며 어린 시절을 회상했다.

★ 쌍둥이 문제로 한 번 더 연습하기.

19 문항 코드 | 23670-0086 (2014학년도 대학수학능력시험 9월 모의평가 B형)

㉠~㉤ 에 들어갈 문장으로 적절하지 않은 것은?

〈보기〉

부정확한 문장	수정 방법	수정한 문장
예의가 바른 사람은 오만하게 대하지 않는다.	'대하지'와 어울리는 성분을 찾아 넣는다.	㉠
우리는 친구에게 화를 내기도 하지만 친하게 지내기도 한다.	'지내기도'와 어울리는 성분을 찾아 넣는다.	㉡
정부는 기술을 외국에서 도입했지만 해결책이 되지는 못했다.	'되지는'과 어울리는 성분을 찾아 넣는다.	㉢
선생님께서는 우리를 많이 아끼셨고 우리 또한 존경했다.	'존경했다'와 어울리는 성분을 찾아 넣는다.	㉣
이이의 호는 율곡이며 조선을 대표하는 유학자이다.	'유학자이다'와 어울리는 성분을 찾아 넣는다.	㉤

① ㉠: 예의가 바른 사람은 남에게 오만하게 대하지 않는다.
② ㉡: 우리는 친구에게 화를 내기도 하지만 친구와 친하게 지내기도 한다.
③ ㉢: 정부는 기술을 외국에서 도입했지만 여전히 해결책이 되지는 못했다.
④ ㉣: 선생님께서는 우리를 많이 아끼셨고 우리 또한 선생님을 존경했다.
⑤ ㉤: 이이의 호는 율곡이며 그는 조선을 대표하는 유학자이다.

태그 체크

○ #정확한 단어 사용 ○ #문장 성분의 호응 ○ #불필요한 피동 표현 ○ #불필요한 사동 표현
○ #잘못된 높임 표현 ○ #중의적 표현 ○ #모호한 표현 ○ #의미의 중복

29 음운의 변동 1

학습 목표

❶ **음운**이 무엇인지 확실히 안다.
❷ **음운의 변동**을 구체적인 **사례**를 통해 설명할 수 있다.
❸ **교체**의 개념을 안다.

개념 태그

#음운 #분절 음운 #비분절 음운 #교체
#비음화 #유음화 #동화 #음절의 끝소리 규칙
#구개음화 #된소리되기, 다른 말로 경음화 #두음 법칙 #'ㅣ' 역행 동화, 다른 말로 전설 모음화
#모음 조화

STEP. 1 내 생애 마지막 개념 정리!

지난 시간 맘 편하게 잘 쉬었지?

음운의 변동도 중학교 때 다 배운 개념이라던데, 왜 기억이 안 날까요?

배웠냐? 난 배웠다는 사실조차도 기억이 안 남. ㅠㅠ

과거는 묻지 않겠어. 그러나 이 시간 이후로는 오늘 배운 개념들 반드시 알아야 돼.
진짜 기출문제를 보면 음운의 변동은 시험에 나오고 나오고 또 나온다고.

개념 038

음운

음운이란 말의 ____을 구별하여 주는 ____의 가장 작은 단위. 사람들이 ____이라고 생각하는 추상적인 소리를 말해. 음운은 ____(음소)과 ____(운소)으로 나눌 수 있어.

1. 분절 음운(음소)

분절 음운이란 마디를 나눌 수 있는 것을 말해. 쉽게 말해 ____과 ____인 거야.

예 달, 말, 발 ⇒ ㄷ, ㅁ, ㅂ
달, 돌, 둘 ⇒ ㅏ, ㅗ, ㅜ

개념 콕

최소 대립쌍

의미를 변별하게 하는 음운을 가진 단어들의 쌍. '불'과 '풀'은 서로 다른 음운인 'ㅂ', 'ㅍ'에 의해 의미가 달라지잖아. 이때 '불'과 '풀'은 최소 대립쌍이 되는 거야.

① 자음

자음은 목, 입, 혀 따위의 발음 기관에 의해 구강 통로가 좁아지거나 완전히 막히는 따위의 장애를 받으며 나는 소리를 말해. 자음은 ______와 ______에 따라서 아래 표와 같이 정리해 볼 수 있어.

조음 방법 \ 조음 위치		입술소리 (순음) 두 입술	혀끝소리 (치음) 윗잇몸	센입천장소리 (경구개음) 센입천장	여린입천장소리 (연구개음) 여린입천장	목청소리 (후음) 목청 사이
파열음*	예사소리	ㅂ	ㄷ		ㄱ	
	된소리	ㅃ	ㄸ		ㄲ	
	거센소리	ㅍ	ㅌ		ㅋ	
파찰음*	예사소리			ㅈ		
	된소리			ㅉ		
	거센소리			ㅊ		
마찰음*	예사소리		ㅅ			ㅎ
	된소리		ㅆ			
비음*		ㅁ	ㄴ		ㅇ	
유음*			ㄹ			

***파열음:** 폐에서 나오는 공기를 일단 막았다가 그 막은 자리를 터뜨리면서 내는 소리.
***파찰음:** 파열음과 마찰음의 두 가지 성질을 다 가지는 소리.
***마찰음:** 입 안이나 목청 따위의 조음 기관이 좁혀진 사이로 공기가 비집고 나오면서 마찰하여 나는 소리.
***비음:** 입 안의 통로를 막고 코로 공기를 내보내면서 내는 소리.
***유음:** 혀끝을 잇몸에 가볍게 대었다가 떼거나, 잇몸에 댄 채 공기를 그 양옆으로 흘려 보내면서 내는 소리.

→ 비음과 유음을 '울림소리'라고 해. 노란양말 사총사!

② 모음

㉠ 단모음(______)

소리를 내는 도중에 ______이나 ______가 고정되어 처음과 나중이 달라지지 않는 모음을 단모음이라고 해.

혀의 높낮이 \ 혀의 앞뒤 / 입술 모양	전설 모음: 평순 모음	전설 모음: 원순 모음	후설 모음: 평순 모음	후설 모음: 원순 모음
고모음	ㅣ	ㅟ	ㅡ	ㅜ
중모음	ㅔ	ㅚ	ㅓ	ㅗ
저모음	ㅐ		ㅏ	

㉡ 이중 모음(______) → 표준어 규정 제2장 제5항 해설

소리를 내는 도중에 ______이나 ______가 처음과 나중이 달라지는 모음을 이중 모음이라고 해.

ㅑ, ㅒ, ㅕ, ㅖ, ㅛ, ㅠ	반모음 'ㅣ̆[j]'로 시작하는 이중 모음
ㅘ, ㅙ, ㅝ, ㅞ	반모음 'ㅗ̆/ㅜ̆[w]'로 시작하는 이중 모음
ㅢ	반모음 'ㅣ̆[j]'로 끝나는 이중 모음

전설 이중 모음과 원순 이중 모음은 반모음으로 시작돼서 뒤에 온전한 단모음 소리가 나기 때문에 상향 모음이라고 해. 그리고 반모음의 개념도 꼭 알아두자!
반모음이란 반드시 다른 모음에 붙어야 발음될 수 있는 모음이야. 반모음은 모음처럼 발음하지만 음절을 이루지는 못해. 온전한 모음이 아니기 때문에 반모음이라고 하는 거지.
'ㅑ', 'ㅕ', 'ㅛ', 'ㅠ', 'ㅒ', 'ㅖ', 'ㅘ', 'ㅙ', 'ㅝ', 'ㅞ', 'ㅢ' 따위의 이중 모음에서 나는 'ㅣ̆[j]', 'ㅗ̆/ㅜ̆[w]'가 바로 반모음이야.

2. 비분절 음운(운소)

비분절 음운이란 마디를 나눌 수 없는 것을 말해. 소리의 길이나 억양 같은 것은 마디를 나눌 수 없으니까 비분절 음운이라고 하는 거야.

① 소리의 길이

예 **눈**(眼눈 안) vs **눈:**(雪눈 설)
말(馬말 마) vs **말**(부피의 단위) vs **말:**(語말씀 어)

② 억양

예 밥 먹어.(억양에 따라 의문, 평서, 명령의 의미가 드러날 수 있어.)

연습 64

(2017.09(1))

다음 표를 참고할 때, 〈보기〉의 놀이에서 승리할 수 있는 카드는?

혀의 앞뒤	전설 모음		후설 모음	
입술의 모양 / 혀의 높이	평순	원순	평순	원순
고모음	ㅣ	ㅟ	ㅡ	ㅜ
중모음	ㅔ	ㅚ	ㅓ	ㅗ
저모음	ㅐ		ㅏ	

〈보기〉

◎ 한글 모음 놀이의 승리 조건
　- 아래의 조건을 모두 만족하는 모음 카드를 제시할 것
· 입천장의 중간점을 기준으로 혀의 가장 높은 부분을 앞쪽에 둔 상태로 발음하는 모음
· 입술을 평평하게 해서 발음하는 모음
· 입을 조금 벌리고 혀가 입천장에 닿을 만큼 높은 상태로 발음하는 모음

① ㅔ　② ㅜ　③ ㅣ　④ ㅟ　⑤ ㅏ

연습 65 (2017.09(1))

다음은 자음 습득에 관한 탐구 자료이다. 이에 대한 이해로 적절하지 않은 것은?

> '엄마'와 '아빠' 중에 어느 단어가 상대적으로 낮은 연령에서 발음하기가 쉬울까? 자음은 발음을 할 때 공기의 흐름이 방해를 받기 때문에 제약이 많아 연령에 따라 습득되는 자음들이 다르다. 연령에 따른 자음의 발달 단계를 살펴보면 우선 두 입술 사이에서 나는 소리가 가장 먼저 발달한다. 그 중에서도 코로 공기를 내보내는 비음이자 울림소리인 'ㅁ'이 2세 때 습득된다. 그 후 3세 때에는 파열음이자 안울림소리인 'ㅃ'을 습득하게 된다. 따라서 'ㅁ'을 'ㅃ'보다 먼저 습득하게 되므로 아동들은 부모의 호칭 중 음성학적으로 '아빠'보다 '엄마'를 보다 쉽게 발음할 수 있는 것이다.

① 'ㅁ'은 'ㅃ'보다 강하게 파열되며 나는 소리구나.
② 'ㅁ'은 'ㅃ'과 달리 목청을 울리면서 소리를 내게 되는구나.
③ 'ㅁ'은 'ㅃ'과 달리 코로 공기를 내보내면서 소리를 내게 되는구나.
④ 'ㅁ'과 'ㅃ'은 모두 두 입술 사이에서 나는 소리구나.
⑤ 'ㅁ'과 'ㅃ'은 모두 공기의 흐름이 방해를 받는 소리구나.

개념 039

교체

1. 음절의 끝소리 규칙
2. 비음화
3. 유음화
4. 구개음화
5. 된소리되기, 다른 말로 경음화
6. 두음 법칙
7. 'ㅣ' 역행 동화, 다른 말로 전설 모음화
8. 모음 조화

이번 시간에는 교체, 탈락, 첨가, 축약 중에서 교체에 해당하는 음운의 변동들을 공부할 거야. 목록을 한눈에 담아보고, 그럼 시작해 볼까?

교체란?

어떤 음운이 다른 음운으로 바뀌어 발음되는 현상을 말해.

동화란?

말소리가 서로 이어질 때, 어느 한쪽 또는 양쪽이 영향을 받아 비슷하거나 같은 소리로 바뀌는 소리의 변화를 말해.

동화의 구분

1. 동화의 정도에 따라

① 완전 동화

동화음이 조건음과 완전히 같은 경우.

예 밥물[밤물], 난로[날:로]

② 부분 동화

동화음이 조건음을 부분적으로 닮은 경우.

예 국물[궁물], 먹는[멍는]

2. 동화의 방향에 따라

① 순행 동화

뒤의 음이 앞의 음의 영향을 받아 그와 비슷하거나 같게 소리 나는 현상.

예 종로[종노]

② 역행 동화

앞의 음이 뒤에 오는 음운의 영향을 받아서 그와 비슷하거나 같게 소리 나는 현상.

예 먹는다[멍는다], 닫는[단는]

③ 상호 동화

가까이 있는 두 음이 서로 영향을 주게 되는 동화 현상.

예 국립[궁닙]

1. 음절의 끝소리 규칙

음절의 끝소리 규칙이란 음절의 끝소리 자리에서 모든 자음이 '___, ___, ___, ___, ___, ___, ___' 중 하나로 소리 나는 현상을 말해.

받침 유형	예
ㅍ ⇒ ___	숲[숩]
ㅅ, ㅆ, ㅈ, ㅊ, ㅌ, ㅎ ⇒ ___	빗[빋], 있(고)[읻(꼬)], 낮[낟], 꽃[꼳], 밭[받], 히읗[히읃]
ㄲ, ㅋ ⇒ ___	밖[박], 부엌[부억]

개념 콕

2음절 이상에서의 음절의 끝소리 규칙 적용

뒤에 뭐가 오나?	규칙 적용	예	어문 규정
자음이 올 때	대표음으로 바뀜.	옷도[옫또], 있고[읻꼬], 앞날[압날→암날]	표준 발음법 제4장 제9항
모음으로 시작하는 형식 형태소가 올 때	제 음가대로 뒤 음절 첫소리로.	옷이[오시], 별이[벼리], 잎은[이프], 밖에[바께]	표준 발음법 제4장 제13항
모음으로 시작하는 실질 형태소가 올 때	대표음으로 바뀌어 뒤 음절 첫소리로.	옷 안[오단], 잎 위[이뷔], 부엌 안[부어간]	표준 발음법 제4장 제15항

연습 66

(2017.10)

〈보기〉를 참조하여 단어의 발음을 설명한 내용으로 적절하지 않은 것은?

〈보기〉

연음은 앞 음절의 종성에 있던 자음이 모음으로 시작하는 뒤 음절의 초성으로 옮겨 가 발음되는 현상이다. 뒤에 모음으로 시작하는 형식 형태소가 오면 곧바로 연음이 일어나지만, 'ㅏ, ㅓ, ㅗ, ㅜ, ㅟ'들로 시작되는 실질 형태소가 올 때에는 '홑옷[호돋]'처럼 음절의 끝소리 규칙이 먼저 적용된 후 연음이 일어난다.

① '밭은소리'는 용언의 활용형인 '밭은'과 명사 '소리'가 결합된 단어이므로 [바든소리]로 발음한다.
② '낱'에 조사 '으로'가 붙으면 [나트로]라고 발음하지만, 어근 '알'이 붙으면 [나달]로 발음한다.
③ '앞어금니'는 어근 '앞'과 '어금니'가 결합된 단어이므로 [아버금니]로 발음한다.
④ '겉웃음'은 '웃-'이 어근이고, '-음'이 접사이므로 [거두슴]으로 발음한다.
⑤ '밭' 뒤에 조사 '을'이 붙으면 연음되어 [바틀]로 발음한다.

2. 비음화

표준 발음법 제5장 제18항

비음화란 'ㄱ, ㄷ, ㅂ'이 ________ 인 'ㄴ, ㅁ' 앞에서 ________ 인 'ㅇ, ㄴ, ㅁ'으로 바뀌어 소리 나는 현상을 말해.

ㄱ, ㄷ, ㅂ + ㄴ, ㅁ ⇒ ㅇ, ㄴ, ㅁ + ㄴ, ㅁ

예 국민[궁민], 닫는[단는], 밥물[밤물]

※참고

조음 위치 / 조음 방법	입술소리(순음)	혀끝소리(치음)	여린입천장소리(연구개음)
	두 입술	윗잇몸	여린입천장
파열음	ㅂ	ㄷ	ㄱ
	ㅃ	ㄸ	ㄲ
	ㅍ	ㅌ	ㅋ
비음	ㅁ	ㄴ	ㅇ

개념 콕

이런 것도 비음화! 'ㄹ'의 비음화

'ㄹ'을 제외한 자음 뒤에서 'ㄹ'이 'ㄴ'으로 발음되는 것도 비음화야. ---► 표준 발음법 제5장 제19항

ㅁ, ㅇ + ㄹ ⇒ ㅁ, ㅇ + ㄴ

예 침략[침ː냑] 남루[남ː누], 대통령[대ː통녕], 중력[중ː녁], 능력[능녁]

'ㄹ'이 'ㄱ, ㄷ, ㅂ' 끝소리에 이어날 때에는 'ㄹ'이 먼저 'ㄴ'이 되고, 앞의 'ㄱ, ㄷ, ㅂ'은 뒤의 'ㄴ'을 닮아 각각 'ㅇ, ㄴ, ㅁ'으로 바뀌는 비음화도 있어. ---► 표준 발음법 제5장 제19항

ㄱ, ㄷ, ㅂ + ㄹ ⇒ ㅇ, ㄴ, ㅁ + ㄴ

예 백로[뱅노], 압력[암녁], 몇 리[면니], 급류[금뉴]

3. 유음화

표준 발음법 제5장 제20항

유음화란 'ㄴ'이 앞이나 뒤에 오는 ________ 'ㄹ'의 영향을 받아 'ㄹ'로 바뀌어 소리 나는 현상을 말해.

순행적 유음화	ㄹ + ㄴ ⇒ ㄹ + ㄹ	예 달님[달림], 설날[설ː랄], 칼날[칼랄]
역행적 유음화	ㄴ + ㄹ ⇒ ㄹ + ㄹ	예 신라[실라], 권력[궐ː력], 논리[놀리]

개념 콕

유음화, 일어나지 않을 때도 있다.

한자어에 '란, 량, 력, 론, 료, 례, 령' 등이 접사처럼 붙은 말은 ㄴ + ㄹ ⇒ ㄴ + ㄴ 으로 발음해.

예 의견란[의ː견난], 생산량[생산냥], 결단력[결딴녁], 이원론[이ː원논], 보존료[보ː존뇨], 상견례[상견녜], 동원령[동ː원녕]

연습 67 (2019.07)

〈보기〉의 ㉠, ㉡에 해당하는 예로 적절한 것은?

〈보기〉

국어에서 'ㄴ'과 'ㄹ' 소리를 연달아 내는 것은 어려운 일이다. 그래서 'ㄹ'과 'ㄴ'이 연쇄적으로 발음될 때 순행적 유음화가 일어나고, 반대로 'ㄴ'과 'ㄹ'이 연쇄적으로 발음될 때 ㉠**역행적 유음화**가 일어난다.

그런데 표면적으로 순행적 유음화나 역행적 유음화가 일어날 조건이 충족된다고 하더라도 용언의 활용이나 합성어, 파생어 형성 과정에서 순행적 유음화가 아닌 'ㄹ' 탈락이 일어나기도 하고, 역행적 유음화가 아닌 ㉡**'ㄹ'의 비음화**가 일어나기도 한다.

	㉠	㉡
①	산란기	표현력
②	줄넘기	입원료
③	결단력	생산량
④	의견란	향신료
⑤	대관령	물난리

연습 68

(2020.09(2))

〈보기〉의 ㉠~㉣에 들어갈 말로 적절한 것은?

〈보기〉

선생님: 음운 변동 중에는 한 음운이 앞이나 뒤의 음운의 영향을 받아 다른 음운으로 교체되는 현상이 있는데, 이 때 조음 방법이나 조음 위치가 변하게 됩니다. 예를 들면 '밥물[밤물]'은 'ㅂ'이 뒤의 음운 'ㅁ'의 영향으로 비음인 'ㅁ'으로 바뀌어 조음 방법이 달라졌지요. 그럼 다음 단어들에서는 어떤 변화가 일어나는지 탐구해 봅시다.

달님[달림], 공론[공논], 논리[놀리]

학생: (㉠)은/는 한 음운이 (㉡)의 음운의 영향을 받아 (㉢)으로 바뀌어 (㉣)이/가 바뀐 사례입니다.

	㉠	㉡	㉢	㉣
①	달님	앞	유음	조음 방법
②	달님	뒤	비음	조음 위치
③	공론	앞	비음	조음 위치
④	공론	뒤	비음	조음 방법
⑤	논리	뒤	유음	조음 위치

4. 구개음화

구개음화란 받침으로 쓰인 'ㄷ, ㅌ'과 ______ 형태소 'ㅣ'나 반모음 'ǐ'가 결합할 때 'ㄷ, ㅌ'이 'ㅈ, ㅊ'으로 바뀌어 소리 나는 현상을 말해. 'ㄷ' 뒤에 ______ 형태소 '-히-'가 올 때, 'ㄷ'은 'ㅎ'과 결합해서 'ㅌ'이 되고, 그것이 다시 'ㅊ'이 되는 현상도 구개음화라고 볼 수 있어. ····▶ 표준 발음법 제5장 제17항

'ㄷ, ㅌ' + 'ㅣ'나 'ㅣ̆'로 시작하는 ________ 형태소 ⇒ ㅈ, ㅊ

'ㄷ, ㅌ' + 형식 형태소 'ㅣ'나 반모음 'ㅣ̆'	예 미닫이[미:다지], 밭이[바치], 붙여[부처]
'ㄷ' + 형식 형태소 '-히-'	예 굳히다[구치다]

개념 콕

이럴 땐 구개음화가 일어나지 않아. ---▶ 표준 발음법 제5장 제17항 해설

구개음화는 **받침 ㄷ, ㅌ**과 **형식 형태소**가 만났을 때 일어나는 현상이라고 했잖아.

그 말은 1. 하나의 형태소 안에서는 일어나지 않는다는 거고,
2. 받침 'ㄷ, ㅌ'과 실질 형태소가 만났을 때도 일어나지 않는다는 거야.

예 잔디[잔디] ---▶ 구개음화 일어나지 않음.
밭이랑[반니랑], 홑이불[혼니불] ---▶ 음절의 끝소리 규칙, 'ㄴ' 첨가, 비음화가 일어남.

선생님, 그런데 근대 국어 시기에는 하나의 형태소 안에서도 구개음화가 일어났었다고 알고 있는데, '잔디'는 그때 구개음화가 안 일어난 거예요?

오~ 잘 알고 있네? 그런데 당시엔 '잔디'가 '잔듸'였거든. 그래서 당시에는 구개음화가 일어나는 조건이 아니었던 거야.

연습 69

(2011.11(2))

〈보기〉는 '구개음화'에 대한 탐구 과제를 수행한 내용이다. 적절하지 않은 것은?

〈보기〉

탐구 과제 : 아래 자료를 이용하여 현대 국어에서 일어나는 구개음화 현상을 검토하시오.

기본 자료
굳이[구지], 같이[가치], 붙이다[부치다]
→ 'ㄷ, ㅌ'은 'ㅣ' 모음 앞에서 'ㅈ, ㅊ'으로 발음된다.

심화 자료
ⓐ 붙여[부처], 닫혀[다처]
ⓑ 마디(節)[마디], 티[티]
ⓒ 미닫이[미다지], 낱낱이[난나치]
ⓓ 홑이불[혼니불], 밭이랑[반니랑]
ⓔ 묻히다[무티다 → 무치다], 갇히다[가티다 → 가치다]

심화 자료를 통한 검토 내용

ⓐ: 구개음화는 모음 'ㅣ'뿐만 아니라 'ㅕ' 앞에서도 일어난다. ···················· ①
ⓑ: 구개음화는 한 형태소 안에서는 일어나지 않는다. ···················· ②
ⓒ: 구개음화는 두 번째 음절 이후에서도 일어난다. ···················· ③
ⓓ: 구개음화는 실질 형태소끼리 결합할 때에도 일어난다. ···················· ④
ⓔ: 구개음화는 두 자음이 하나로 축약된 다음에도 일어난다. ···················· ⑤

5. 된소리되기, 다른 말로 경음화

경음화란 특정한 환경에서 파열음과 파찰음, 마찰음의 예사소리가 된소리(경음)로 바뀌는 현상을 말해.

→ 표준 발음법 제6장 경음화

받침 'ㄱ(ㄲ, ㅋ, ㄳ, ㄺ), ㄷ(ㅅ, ㅆ, ㅈ, ㅊ, ㅌ), ㅂ(ㅍ, ㄼ, ㄿ, ㅄ)' 뒤에서의 된소리되기	ㄱ, ㄷ, ㅂ + ㄱ, ㄷ, ㅂ, ㅅ, ㅈ ⇒ ㄱ, ㄷ, ㅂ + ㄲ, ㄸ, ㅃ, ㅆ, ㅉ	예 국밥[국빱], 닫고[닫꼬], 잡도록[잡또록]
용언 어간 받침 'ㄴ(ㄵ), ㅁ(ㄻ)' 뒤에서의 된소리되기	ㄴ, ㅁ + ㄱ, ㄷ, ㅅ, ㅈ ⇒ ㄴ, ㅁ + ㄲ, ㄸ, ㅆ, ㅉ	예 신고[신:꼬], 담고[담:꼬], 굶고[굼:꼬]
관형사형 '-(으)ㄹ' 뒤에서의 된소리되기	-(으)ㄹ + ㄱ, ㄷ, ㅂ, ㅅ, ㅈ ⇒ -(으)ㄹ + ㄲ, ㄸ, ㅃ, ㅆ, ㅉ	예 할 것을[할꺼슬], 갈 데가[갈떼가]
한자어 받침 'ㄹ' 뒤에 오는 'ㄷ, ㅅ, ㅈ'의 된소리되기	ㄹ + ㄷ, ㅅ, ㅈ ⇒ ㄹ + ㄸ, ㅆ, ㅉ	예 갈등[갈뜽], 말살[말쌀], 열정[열쩡]

연습 70

(2014.09(2)A)

다음은 음운 변동에 대한 자료이다. 이에 대해 탐구한 내용으로 적절하지 않은 것은?

〈보기〉

◦ 받침 'ㄱ, ㄷ, ㅂ' 뒤의 'ㄱ, ㄷ, ㅂ, ㅅ, ㅈ'은 된소리로 발음한다. 예) 국밥[국빱], 뻗다[뻗따] ···················· ㉠
◦ 어간 받침 'ㄴ, ㅁ' 뒤의 어미의 첫소리 'ㄱ, ㄷ, ㅅ, ㅈ'은 된소리로 발음한다. 예) 넘고[넘꼬] ···················· ㉡
◦ 관형사형 '-ㄹ' 뒤의 'ㄱ, ㄷ, ㅂ, ㅅ, ㅈ'은 된소리로 발음한다. 예) 할 수는[할쑤는], 만날 사람[만날 싸람] ···················· ㉢

① ㉠~㉢은 모두 특정한 음운 환경에서 예사소리가 된소리로 발음되는 현상이군.
② '밤길'이 [밤낄]로 발음되는 것은 ㉠에 해당하는 것이겠군.
③ '껴안다[껴안따]'를 ㉡의 예로 추가할 수 있겠군.
④ ㉢은 단어와 단어 사이에서 적용되는 규칙이군.
⑤ '기쁜 소식[기쁜소식]'으로 보아 ㉢과 달리 관형사형 '-ㄴ' 뒤에서는 된소리되기가 일어나지 않는군.

6. 두음 법칙

두음 법칙이란 한자어 ______에 'ㄴ, ㄹ'이 오는 것을 피하는 현상을 말해. 단어의 첫머리가 아닌 경우에는 원래의 형태를 밝혀 적어. 그리고 두음 법칙의 결과는 실제 표기에도 ______된다는 것도 기억하자.

→ 한글 맞춤법 제3장 제5절 두음 법칙

한자음 '녀, 뇨, 뉴, 니'가 단어의 첫머리에 오면 'ㄴ'이 탈락.	예 여자(女子), 연세(年歲), 익명(匿名)
한자음 '랴, 려, 례, 료, 류, 리'가 단어의 첫머리에 올 때 'ㄹ'이 탈락.	예 양심(良心), 예의(禮儀), 이별(離別)
한자음 '라, 래, 로, 뢰, 루, 르'가 단어의 첫머리에 오면 'ㄹ'이 'ㄴ'으로 교체. → '음운의 교체'에 해당함.	예 낙원(樂園), 내일(來日), 뇌성(雷聲)

'냥(兩), 년(年)' 등은 그 앞의 말과 연결되어 하나의 단위를 구성하는 거니까, 두음 법칙을 적용하지 않고 소리 나는 대로 적어. 예 '한 냥(兩)', '삼 년(年)'

7. 'ㅣ' 역행 동화, 다른 말로 전설 모음화

'ㅣ' 역행 동화란 앞 음절의 후설 모음 'ㅏ, ㅓ, ㅗ, ㅜ'는 뒤 음절에 전설 모음 'ㅣ'나 반모음 'ㅣ̆'가 오면, 이에 끌려서 전설 모음 'ㅐ, ㅔ, ㅚ, ㅟ'로 변하는 현상을 말해.

아비 → [애비]	아지랑이 → [아지랭이]
어미 → [에미]	먹이다 → 머기다 → [메기다]
아기 → [애기]	잡히다 → 자피다 → [재피다]

전설 모음화는 필수적인 현상이 아니라 수의적인 현상이야. 표준어 규정 제9항에서는 'ㅣ' 역행 동화 현상을 인정하는 표준어를 '서울내기, 시골내기, 풋내기, 신출내기, 냄비, 동댕이치다, 소금쟁이, 담쟁이덩굴, 멋쟁이, 골목쟁이, 발목쟁이' 등으로 따로 정하고 있어. 이 외에 'ㅣ' 역행 동화 현상에 의한 발음은 원칙적으로 표준 발음으로 인정하지 않아.

8. 모음 조화

모음 조화란 'ㅏ, ㅗ' 따위의 양성 모음은 양성 모음끼리, 'ㅓ, ㅜ' 따위의 음성 모음은 음성 모음끼리 어울리는 현상을 말해.

반짝반짝/번쩍번쩍, 졸졸졸/줄줄줄, 깎아/꺾어, 놀아라/먹어라

모음 조화 현상은 의성어와 의태어에서 가장 잘 나타나. 그런데 요즘은 모음 조화 현상이 잘 지켜지지 않는 경우가 많아졌어. 표기법에까지 영향을 줬는데, '가까워, 아름다워'와 같은 불규칙 형용사나 '깡충깡충, 오순도순, 오뚝이, 소꿉질'과 같은 단어에서 볼 수 있어.

STEP. 2 기출, 이것은 진리

선생님 음운의 변동 개념, 진짜 많네요. 헉헉.

교체 현상이 제일 많아. 음운의 변동 문제는 VVVVIP 단골손님이니 자주 찾아뵙도록! 이제부터 음운의 변동 문제는 절대 틀려서는 아니 되느니라.

[20-21] 다음 글을 읽고 물음에 답하시오. 〈 2022학년도 6월 고1 전국연합학력평가 〉

우리말에는 다양한 유형의 된소리되기가 존재하는데, 우선 특정 음운 환경에서 예외 없이 일어나는 경우가 있다. 받침 'ㄱ, ㄷ, ㅂ' 뒤에 'ㄱ, ㄷ, ㅂ, ㅅ, ㅈ'이 올 때에는 예외 없이 된소리되기가 일어난다. '국밥'이 [국빱]으로, '(길을) 걷다'가 [걷따]로 발음되는 것이 그 예이다.

음운 환경이 같더라도 된소리되기가 일정하지 않은 경우가 있는데, 이때에는 다른 조건이 충족될 때 된소리되기가 일어난다. 첫째, 용언의 어간 받침 'ㄴ(ㄵ), ㅁ(ㄻ)' 뒤에 'ㄱ, ㄷ, ㅅ, ㅈ'으로 시작하는 어미가 올 때 된소리되기가 일어나는데, '나는 신발을 신고 갔다.'에서 '신고'가 [신꼬]로 발음되는 것이 그 예이다. '습득물 신고'의 '신고'는 음운 환경이 같음에도 불구하고 용언이 아니기 때문에 된소리되기가 일어나지 않는다. 둘째, 한자어에서 'ㄹ' 받침 뒤에 'ㄷ, ㅅ, ㅈ'이 연결될 때 된소리되기가 일어나는데, '물질(物質)'이 [물찔]로 발음되는 것이 그 예이다. '물잠자리'는 음운 환경이 같음에도 불구하고 고유어이기 때문에 된소리되기가 일어나지 않는다. 셋째, 관형사형 어미 '-(으)ㄹ' 뒤에 'ㄱ, ㄷ, ㅂ, ㅅ, ㅈ'로 시작하는 체언이 올 때 된소리되기가 일어나는데, '살 것'이 [살 껃]으로 발음되는 것이 그 예이다. 이러한 유형의 된소리되기는 음운 환경 외에도 '용언의 어간', '한자어', '관형사형 어미'라는 조건이 충족되어야 음운 변동이 일어난다는 특징이 있다.

[A] 한편, 명사와 명사가 결합하여 합성 명사가 될 때 된소리되기가 일어나는 경우도 있다. 예를 들어 '코+등'은 [코뜽/콘뜽]으로, '손+바닥'은 [손빠닥]으로 발음된다. 이때 '코+등'처럼 앞의 말이 모음으로 끝나고, 한자어끼리의 결합이 아닐 때에는 '콧등'과 같이 사이시옷을 표기한다. 이러한 된소리되기는 두 단어가 대등한 관계일 때는 잘 일어나지 않지만, 앞말이 뒷말의 '시간, 장소, 용도' 등을 나타낼 때는 잘 일어난다. 그 이유는 중세 국어의 관형격 조사 'ㅅ'과 관련이 있다. '손바닥'은 중세 국어에서 '솑바당'으로 표기가 되는데, 이는 '손+ㅅ+바당' 즉, '손의 바닥'으로 분석된다. 이 'ㅅ'의 흔적이 '손빠닥'을 거쳐 [손빠닥]이라는 발음으로 남게 된 것이다. 음운 환경이 같은 '손발'에서는 이러한 현상이 일어나지 않는데, 그 이유는 '손'과 '발'은 관형격 조사로 연결되는 관계가 아니기 때문이다.

★ 된소리되기 현상이 일어나는 구체적 상황 이해하기.

20 문항 코드 | 23670-0087

윗글을 바탕으로 '된소리되기'를 이해한 내용으로 적절하지 않은 것은?

① '(밥을) 먹다'와 '(눈을) 감다'에서 일어난 된소리되기는 용언에서만 일어나는 유형이다.
② '말다툼'과 달리 '밀도(密度)'에서 된소리되기가 일어나는 이유는 한자어이기 때문이다.
③ '납득'과 같이 'ㅂ' 받침 뒤에 'ㄷ'이 오는 음운 환경에서는 예외 없이 된소리되기가 일어난다.
④ '솔개'와 달리 '줄 것'에서 된소리되기가 일어나는 이유는 '관형사형 어미'라는 조건 때문이다.
⑤ '삶과 죽음'의 '삶과'와 달리 '(고기를) 삶고'에서 된소리되기가 일어나는 이유는 '삶고'가 용언이기 때문이다.

★ 독서 지문이라고 생각하면서 지문에 근거해 판단하기.

21 문항 코드 | 23670-0088

[A]를 바탕으로 〈보기〉의 단어를 분석한 내용으로 적절하지 않은 것은?

〈보기〉

- 공부방(工夫房)[공부빵]
- 아랫집[아래찝/아랟찝]
- 콩밥[콩밥], 아침밥[아침빱]
- 논밭[논받], 논바닥[논빠닥]
- 불고기[불고기], 물고기[물꼬기]

① '공부방'에서 된소리되기가 일어나는 이유는 '공부'가 뒷말의 용도를 나타내기 때문이겠군.
② '아랫집'에 'ㅅ'을 받침으로 표기한 것은 '콧등'에서 사이시옷을 표기한 것과 같은 이유 때문이겠군.
③ '콩밥'과 달리 '아침밥'에서 된소리되기가 일어나는 이유는 '아침'이 뒷말의 시간을 나타내기 때문이겠군.
④ '논바닥'과 달리 '논밭'에서 된소리되기가 일어나지 않는 이유는 결합하는 두 단어가 대등한 관계를 가지기 때문이겠군.
⑤ '불고기'에서 '물고기'와 달리 된소리되기가 일어나지 않는 이유는 중세 국어에서 '불+ㅅ+고기'로 분석되기 때문이겠군.

태그 체크

- ◯ #음운
- ◯ #분절 음운
- ◯ #비분절 음운
- ◯ #교체
- ◯ #비음화
- ◯ #유음화
- ◯ #동화
- ◯ #음절의 끝소리 규칙
- ◯ #구개음화
- ◯ #된소리되기, 다른 말로 경음화
- ◯ #두음 법칙
- ◯ #'ㅣ' 역행 동화, 다른 말로 전설 모음화
- ◯ #모음 조화

30 음운의 변동 2

학습 목표 ❶ **음운의 변동**을 구체적인 사례를 통해 설명할 수 있다. ❷ **탈락**, **첨가**, **축약**의 개념을 안다.

개념 태그 #탈락 #자음군 단순화 #'ㅎ' 탈락 #'ㄹ' 탈락 #모음의 탈락 #첨가 #반모음 첨가 #'ㄴ' 첨가 #사잇소리 현상 #사이시옷 #축약 #자음 축약, 다른 말로 거센소리되기 #모음 축약 주의하시고 #반모음화

STEP. 1 내 생애 마지막 개념 정리!

개념 040

탈락

탈락이란?

둘 이상의 음절이나 형태소가 서로 만날 때에 음절이나 음운이 ________하는 현상을 말해.

1. 자음군 단순화 2. 'ㅎ' 탈락 3. 'ㄹ' 탈락 4. 모음의 탈락

'자음군 단순화'도 크게 보면 '음절의 끝소리 규칙'과 관련돼. 그렇지만 '음절의 끝소리 규칙'은 '________', '자음군 단순화'는 '________' 현상에 속한다는 것, 꼭 구분해서 알아 두자.

1. 자음군 단순화

자음군 단순화란 음절 끝에서 겹받침의 두 자음 중 하나가 ________하고 하나만 ________되는 현상을 말해.

흙[흑], 삶[삼:], 짧고[짤꼬], 읊다[읍따]

자음군 단순화	예	예외
ㄳ, ㄵ, ㄼ, ㄽ, ㄾ, ㄶ, ㅀ, ㅄ ⇒ 첫째 자음이 남고, 둘째 자음이 탈락.	몫[목] 앉다[안따] 넓다[널따], 외곬[외골], 핥다[할따] 않네[안네], 앓는[알는→알른] 값[갑]	**'ㄼ'은 예외 있음.** ⇨ '밟-'은 뒤에 자음이 오면 첫째 자음인 'ㄹ'이 탈락. ㉮ 밟다[밥:따], 밟지[밥:찌], 밟는[밤:는] ⇨ 넓죽하다[넙쭈카다], 넓둥글다[넙뚱글다]도 첫째 자음인 'ㄹ'이 탈락.
ㄺ, ㄻ, ㄿ ⇒ 둘째 자음이 남고, 첫째 자음이 탈락.	닭[닥], 읽다[익따] 젊다[점따], 읊다[읖다→읍따]	**'ㄺ'은 예외 있음.** ⇨ 용언의 어간 말음 'ㄺ'은 'ㄱ' 앞에서 둘째 자음인 'ㄱ'이 탈락. ㉮ 묽게[물께], 긁거나[글꺼나]

표준 발음법 제4장 제10항, 제12항

표준 발음법 제4장 제11항

자음군 단순화에 따른 발음은 표준 발음으로 인정하지만 표기에는 반영하지 않아.★

연습 71

(2015.수능B)

〈보기〉의 표준 발음 자료를 탐구한 내용으로 적절하지 않은 것은?

〈보기〉

표준 발음법 제8항 받침소리로는 'ㄱ, ㄴ, ㄷ, ㄹ, ㅁ, ㅂ, ㅇ'의 7개 자음만 발음한다.

해설 이 조항은 ⓐ**받침 발음의 원칙**을 규정한 것이다. 어말이나 자음 앞에서 모든 받침은 제시된 7개의 자음 중 하나로만 발음할 수 있을 뿐이다. 이 원칙을 지키기 위해 두 가지 음운 변동이 적용된다. 하나는 ㉠**자음이 탈락**되는 것이고 다른 하나는 ㉡**자음이 다른 자음으로 교체**되는 것이다.

표준 발음 자료
읽다[익따], 옮는[옴ː는], 닦지[닥찌], 읊기[읍끼], 밟는[밤ː는]

① '읽다[익따]'는 ⓐ를 지키기 위해 ㉠이 적용되었다.
② '옮는[옴ː는]'은 ⓐ를 지키기 위해 ㉠이 적용되었다.
③ '닦지[닥찌]'는 ⓐ를 지키기 위해 ㉡이 적용되었다.
④ '읊기[읍끼]'는 ⓐ를 지키기 위해 ㉠, ㉡이 모두 적용되었다.
⑤ '밟는[밤ː는]'은 ⓐ를 지키기 위해 ㉠, ㉡이 모두 적용되었다.

2. 'ㅎ' 탈락

표준발음법 제4장 제12항

'ㅎ' 탈락이란 자음 'ㅎ'으로 끝나는 어간이 모음으로 시작하는 형식 형태소와 결합할 때 '___'이 탈락하는 현상을 말해.

놓- + -아 → [노아] 쌓- + -이- + -다 → [싸이다]	좋- + -으면 → [조ː으면] 귀찮- + -아 → [귀차나]

'ㅎ' 탈락은 표준 발음으로 인정하지만 표기에는 반영하지 않아.★

3. 'ㄹ' 탈락

'ㄹ' 탈락이란 'ㄹ'이 끝소리인 어근이 다른 어근이나 접사와 결합하거나,
'ㄹ'이 끝소리인 어간이 어미와 결합할 때, '___'이 탈락하는 현상을 말해. ---▶ 한글 맞춤법 제4장 제2절 제18항

파생어나 합성어가 만들어질 때	㉮ 말 + 소 → [마소] 솔 + 나무 → [소나무] 활 + 살 → [화살] 바늘 + -질 → [바느질]
용언 어간의 끝소리인 'ㄹ'이 어미와 결합할 때	㉮ 날- + -니 → [나니] 울- + -는 → [우ː는] 울- + -ㄴ → [운ː] 둥글- + -ㅂ니다 → [둥급니다]

'ㄹ' 탈락은 표준 발음으로 인정하고, 표기에도 반영해.★

4. 모음의 탈락

두 개의 모음이 만났을 때 한 개의 모음이 ________ 할 때가 있어.

▶ 한글 맞춤법 제4장 제2절 제18항

'ㅡ' 탈락	모음 'ㅡ'로 끝나는 어간이 모음 'ㅏ/ㅓ'로 시작하는 어미와 결합할 때, 어간의 'ㅡ'가 탈락하는 현상.	㉠ 담그- + -아라 → [담가라] 쓰- + -어서 → [써서] 뜨- + -어 → [떠]
동음 탈락	모음 'ㅏ/ㅓ'로 끝나는 어간이 모음 'ㅏ/ㅓ'로 시작하는 어미가 결합해서 동일한 모음이 연속 될 때 그 중 한 모음이 탈락하는 현상.	㉠ 가- + -아 → [가] 서- + -어라 → [서라]

▶ 한글 맞춤법 제4장 제5절 제34항

모음의 탈락은 표준 발음으로 인정하고, 표기에도 반영해.★

연습 72

(2022.06(2))

〈보기〉는 표준 발음법 중 '받침 'ㅎ'의 발음'의 일부이다. 이를 바탕으로 표준 발음을 이해한 내용으로 적절하지 않은 것은?

> ㉠ 'ㅎ(ㄶ, ㅀ)' 뒤에 'ㄱ, ㄷ, ㅈ'이 결합되는 경우에는, 뒤 음절 첫소리와 합쳐서 [ㅋ, ㅌ, ㅊ]으로 발음한다.
> ㉡ 'ㅎ' 뒤에 'ㄴ'이 결합되는 경우에는, [ㄴ]으로 발음한다.
> ㉢ 'ㅎ(ㄶ, ㅀ)' 뒤에 모음으로 시작된 어미나 접미사가 결합되는 경우에는, 'ㅎ'을 발음하지 않는다.

① '물이 끓고 있다.'의 **'끓고'**는 ㉠에 따라 **[끌코]**로 발음한다.
② '벽돌을 쌓지 마라.'의 **'쌓지'**는 ㉠에 따라 **[싸치]**로 발음한다.
③ '배가 항구에 닿네.'의 **'닿네'**는 ㉡에 따라 **[단네]**로 발음한다.
④ '마음이 놓여.'의 **'놓여'**는 ㉢에 따라 **[노여]**로 발음한다.
⑤ '이유를 묻지 않다.'의 **'않다'**는 ㉢에 따라 **[안타]**로 발음한다.

개념 041

첨가

첨가란?

일정한 환경에서 두 음운 사이에 새로운 음운이 ________ 되는 현상을 말해.

1. 반모음 첨가 **2. 'ㄴ' 첨가**

1. 반모음 첨가

반모음 첨가란 모음으로 끝난 용언 어간에 모음으로 시작하는 어미가 결합될 때에 모음 충돌을 막기 위해 반모음 '____'가 덧붙는 현상을 말해. ---► 표준 발음법 제5장 제22항

피- + -어 ⇒ [피어(○)/피여(○)]
원칙 ◄ (피어) / (피여) ► 허용

되- + -어 ⇒ [되어(○)/되여(○)/뒈여(○)]
원칙 ◄ (되어) / (되여, 뒈여) ► 허용

반모음 첨가는 일부의 경우만 표준 발음으로 인정(피어[피어/피여], 되어[되어/되여], 이오[이오/이요], 아니오[아니오/아니요])하고 표기에는 반영하지 않아.★

연습 73

(2021.03(2))

〈보기〉의 ㉠이 일어나는 사례로 적절한 것은?

〈보기〉

음운 변동에는 ㉠교체, 탈락, 첨가 등이 있는데, 용언의 활용에서 단모음과 단모음이 만날 때에도 이러한 현상이 일어날 수 있다. 이러한 모음의 음운 변동을 이해하기 위해서는 아래의 모음 종류를 참고할 필요가 있다.

- 단모음: ㅏ, ㅐ, ㅓ, ㅔ, ㅗ, ㅚ, ㅜ, ㅟ, ㅡ, ㅣ
- 반모음: ǐ, ǒ/ǔ
- 이중 모음(반모음+단모음): ㅑ, ㅕ, ㅛ, ㅠ, ㅘ, ㅝ…

예를 들어 '오- + -아'가 [와]로 되는 음운 변동을 설명하면,

	(변동 전)	(변동 후)
오- + -아 → [와]	ㅗ + ㅏ	ㅘ

와 같이 교체되는 것을 알 수 있다.

	사 례	변동 전	변동 후
①	뛰- + -어 → [뛰여]	ㅟ + ㅓ	ㅟ + ㅕ
②	살피- + -어 → [살펴]	ㅣ + ㅓ	ㅕ
③	치르- + -어 → [치러]	ㅡ + ㅓ	ㅓ
④	끼- + -어 → [끼여]	ㅣ + ㅓ	ㅣ + ㅕ
⑤	자- + -아서 → [자서]	ㅏ + ㅏ	ㅏ

2. 'ㄴ' 첨가

'ㄴ' 첨가란 합성어 및 파생어에서, 앞 단어나 접두사의 끝이 자음이고 뒤 단어나 접미사의 첫음절이 '이, 야, 여, 요, 유'인 경우에, '____' 음이 첨가되는 현상을 말해. ····▶ 표준 발음법 제7장 제29항

솜-이불[솜:니불]　홑-이불[혼니불]　막-일[망닐]　맨-입[맨닙]　꽃-잎[꼰닙]
내복-약[내:봉냑]　한-여름[한녀름]　색-연필[생년필]　직행-열차[지캥녈차]
담-요[담:뇨]　눈-요기[눈뇨기]　영업-용[영엄뇽]　식용-유[시공뉴]　백분-율[백뿐뉼]

두 단어를 이어서 한 마디로 발음하는 경우에도 적용돼.	한 일[한닐]　옷 입다[온닙따] 할 일[할닐→할릴]　잘 입다[잘닙따→잘립따]

'ㄴ' 첨가도 사잇소리 현상의 하나.

'ㄴ' 첨가는 표준 발음으로 인정하지만 표기에는 반영하지 않아.★

연습 74

(2018.수능)

〈보기〉의 음운 변동을 분석한 것으로 적절하지 않은 것은?

〈보기〉

㉠ 흙일 → [흥닐]
㉡ 닳는 → [달른]
㉢ 발야구 → [발랴구]

① ㉠~㉢은 각각 2회 이상의 음운 변동이 일어났다.
② ㉠~㉢에 공통적으로 일어난 음운 변동은 첨가이다.
③ 음운 변동의 결과 음운의 개수에 변화가 없는 것은 ㉠이다.
④ ㉡과 ㉢에서 일어난 음운 변동의 횟수는 같다.
⑤ ㉢에서 첨가된 음운은 ㉠에서 첨가된 음운과 같다.

개념 콕

사잇소리 현상과 사이시옷

1. 두 개의 형태소 또는 단어가 합쳐져서 합성어가 될 때, 뒤의 예사소리가 ________ 로 변하는 현상.

   예 아래 + 방 → [아래빵/아랟빵] ★표기는 '아랫방'으로 함. 여기 쓰인 'ㅅ'이 바로 사이시옷임.

2. 합성어를 이룰 때, 앞말이 모음으로 끝나고 뒷말이 'ㅁ, ㄴ'으로 시작되면 '____' 소리가 첨가되는 현상.

   예 배 + 놀이 → [밴노리] ★표기는 '뱃놀이'로 함. 여기 쓰인 'ㅅ'이 바로 사이시옷임.

3. 앞말의 음운과 상관없이 뒷말이 모음 'ㅣ'나 반모음 'ǐ'로 시작될 때에는 '____'이 하나 혹은 둘이 첨가되는 현상.

   예 베개 + 잇 → [베갠닏] ★표기는 '베갯잇'로 함. 여기 쓰인 'ㅅ'이 바로 사이시옷임

개념 콕

사이시옷은 아무 데나 막 넣는 게 아니야.

① 사잇소리 현상이 일어날 때.
② 그리고 앞말에 받침이 없을 때.
③ 그리고 '고유어 + 고유어'이거나
'한자어 + 고유어'이거나
'고유어 + 한자어'일 때. 쉽게 말하면 '한자어 + 한자어'일 때는 안 된다는 소리.

① + ② + ③이어야지 사이시옷을 넣을 수 있는 거야.
단, '한자어 + 한자어'임에도 불구하고 사이시옷을 넣어 주는 6총사가 있음.
→ 곳간, 셋방, 숫자, 찻간, 툇간, 횟수

개념 042

축약

축약이란?

두 개의 음운이 ________ 로 합쳐져 발음되는 현상을 말해.

1. 자음 축약(거센소리되기)　　2. 모음 축약

1. 자음 축약(거센소리되기)

자음 축약이란 예사소리와 'ㅎ'이 만나 ____________ 가 되는 현상을 말해.

표준 발음법 제4장 제12항

순행적 거센소리되기	ㅎ + ㄱ, ㄷ, ㅈ ⇒ ㅋ, ㅌ, ㅊ	㉥ 놓- + -고 → [노코] 낳- + -지 → [나:치]
역행적 거센소리되기	ㄱ, ㄷ, ㅂ, ㅈ + ㅎ ⇒ ㅋ, ㅌ, ㅍ, ㅊ	㉥ 축하[추카] 맏- + 형 → [마텽] 좁- + -히- + -다 → [조피다]

표준 발음법 제4장 제12항 [붙임 1]

자음 축약은 표준 발음으로 인정하지만 표기에는 반영하지 않아.

2. 모음 축약

모음 축약이란 두 형태소가 서로 만날 때에 앞뒤 형태소의 ____ 음소나 음절이 ____ 음소나 음절로 되는 현상을 말해.

아이 → 애 사이 → 새	꼬- + -이- + -다 → [꾀:다] 보- + -이- + -다 → [뵈:다]

'ㅚ'는 단모음!

개념 콕

단모음 축약(축약) vs 반모음화(교체)

'쏘- + -아 → [쏴:]' '가리- + -어 → [가려]'

위와 같은 현상은 음운 변화의 결과에 주목했을 때, 두 음절이 하나의 음절로 줄어들었기 때문에 축약으로 보는 견해가 우세했어. 그런데 최근 평가원 기출문제에 이러한 현상을 '단모음 + 단모음'이 '반모음 + 단모음'이 되는 것으로 보아 단모음이 반모음으로 바뀌는 음운의 ________(반모음화)로 설명하는 견해가 제시됐거든. 그래서 단모음 축약(축약)과 반모음화(교체)의 개념을 분명하게 구분해야 함!

사이	새	단모음 축약 (축약)
ㅏ + ㅣ	ㅐ	
____ 모음 + ____ 모음	____ 모음	
보- + -이- + -다	**뵈다**	단모음 축약 (축약)
ㅗ + ㅣ	ㅚ	
____ 모음 + ____ 모음	____ 모음	
쏘- + -아	**쏴**	반모음화 (교체)
ㅗ + ㅏ	ㅘ(ㅗ̆+ㅏ)	
____ 모음 + ____ 모음	____ 모음 + ____ 모음	
가리- + -어	**가려**	반모음화 (교체)
ㅣ + ㅓ	ㅕ(ㅣ̆+ㅓ)	
____ 모음 + ____ 모음	____ 모음 + ____ 모음	

연습 75

(2021.09)

〈보기〉의 ㉮에 들어갈 말로 적절한 것은?

〈보기〉

선생님: 용언 어간 뒤에 '-아/어'로 시작하는 어미가 결합할 때, 단모음이 반모음으로 교체되는 음운 변동이 일어날 수 있어요. 가령, 어간 '오-'와 어미 '-아'가 결합해 [와]로 발음될 때, 단모음 'ㅗ'가 반모음 'w'로 교체되는 것이지요. 우리말의 반모음은 'j'도 있으니까 반모음 'j'로 교체되는 예도 있겠죠? 그럼 용언 어간의 단모음이 '-아/어'로 시작하는 어미와 결합할 때 반모음 'j'로 교체되는 예를 들어 볼까요?

학 생: 네, [㉮]로 발음되는 예를 들 수 있어요.

① 어간 '뛰-'와 어미 '-어'가 결합해 [뛰여]
② 어간 '차-'와 어미 '-아도'가 결합해 [차도]
③ 어간 '잠그-'와 어미 '-아'가 결합해 [잠가]
④ 어간 '견디-'와 어미 '-어서'가 결합해 [견뎌서]
⑤ 어간 '키우-'와 어미 '-어라'가 결합해 [키워라]

연습 76

(2021.06(2))

〈보기〉의 ⓐ와 ⓑ에 해당하는 음운 변동이 모두 일어나는 것은?

〈보기〉

'팥빵'은 ___ⓐ___ 이/가 일어나서 [팓빵]으로 발음되고, '많던'은 ___ⓑ___ 이/가 일어나서 [만턴]으로 발음된다.

① 낯설고
② 놓더라
③ 맞는지
④ 먹히는
⑤ 애틋한

STEP. 2 기출, 이것은 진리

음운의 변동 개념이 너무 많아서 힘들었지만 그래도 끝내 놓으니 든든해요.

그래 거의 매 시험마다 출제되는 게 음운의 변동 문제거든. 여러 개념이 섞여서 한꺼번에 출제되는 경우가 대부분이니까, 각 개념을 분명히 이해해서 헷갈리는 일이 없도록 하자.

★ 개념 공부가 잘 돼 있다면 굳이 <보기>를 바탕으로 하지 않아도(?) 해결할 수 있는 문제.

22 문항 코드 | 23670-0089 (2020학년도 11월 고1 전국연합학력평가)

〈보기〉를 바탕으로 음운 변동을 이해한 내용으로 적절한 것은?

〈보기〉

선생님: 음운 변동은 음운이 일정한 환경에 따라 다르게 발음되는 현상입니다. 음운의 변동에는 한 음운이 다른 음운으로 바뀌는 교체, 두 음운이 하나의 음운으로 줄어드는 축약, 두 음운 중에서 어느 하나가 없어지는 탈락, 두 음운 사이에 음운이 덧붙는 첨가 등이 있습니다. 예를 들어 '여덟'은 [여덜]로 발음되는데 겹받침 중 'ㅂ'이 탈락되어 음운의 개수가 줄어든 것입니다. 또한 '솜이불'은 [솜ː니불]로 발음되는데 'ㄴ'이 첨가되어 음운의 개수가 늘어난 것입니다.

	사례	음운 변동	음운의 개수 변화
①	풀잎[풀립]	축약, 첨가	늘어남
②	흙화덕[흐콰덕]	교체, 탈락	줄어듦
③	맞춤옷[맏추몯]	축약, 탈락	줄어듦
④	옛이야기[옌ː니야기]	교체, 첨가	늘어남
⑤	달맞이꽃[달마지꼳]	교체, 축약	줄어듦

★ 다양한 음운의 변동을 잘 이해했는지 확인하기.

23 문항 코드 | 23670-0090

(2023학년도 대학수학능력시험 9월 모의평가)

[A]에 들어갈 말로 적절한 것은?

〈보기〉

학생: 선생님, 표준 발음법 제18항을 보다가 궁금한 점이 생겼어요. 이 조항에서 'ㄱ, ㄷ, ㅂ' 옆의 괄호 안에 다른 받침들이 포함된 것은 무엇을 나타내나요?

> **제18항** 받침 'ㄱ(ㄲ, ㅋ, ㄳ, ㄺ), ㄷ(ㅅ, ㅆ, ㅈ, ㅊ, ㅌ, ㅎ), ㅂ(ㅍ, ㄼ, ㄿ, ㅄ)'은 'ㄴ, ㅁ' 앞에서 [ㅇ, ㄴ, ㅁ]으로 발음한다.

선생님: 좋은 질문이에요. 그건 받침이 'ㄱ, ㄷ, ㅂ'이 아니더라도, 음운 변동의 결과로 그 발음이 [ㄱ, ㄷ, ㅂ]으로 바뀌면 비음화 현상이 적용될 수 있다는 사실을 나타낸 거예요.

학생: 아, 그렇다면 [A] 비음화 현상이 적용된 거네요?

선생님: 네, 맞아요.

① '밖만[**방만**]'은 자음군 단순화가 적용된 후
② '폭넓다[**퐁널따**]'는 자음군 단순화가 적용된 후
③ '값만[**감만**]'은 음절의 끝소리 규칙이 적용된 후
④ '겉늙다[**건늑따**]'는 음절의 끝소리 규칙이 적용된 후
⑤ '호박잎[**호방닙**]'은 음절의 끝소리 규칙이 적용된 후

태그 체크

- ◯ #탈락
- ◯ #모음의 탈락
- ◯ #사잇소리 현상
- ◯ #모음 축약 주의하시고
- ◯ #자음군 단순화
- ◯ #첨가
- ◯ #사이시옷
- ◯ #반모음화
- ◯ #'ㅎ' 탈락
- ◯ #반모음 첨가
- ◯ #축약
- ◯ #'ㄹ' 탈락
- ◯ #'ㄴ' 첨가
- ◯ #자음 축약, 다른 말로 거센소리되기

31 규정 모여 1

학습 목표

❶ **한글 맞춤법**을 이해하고 구체적인 사례에 적용할 수 있다.
❷ **표준어 규정(표준 발음법)**을 이해하고 구체적인 사례에 적용할 수 있다.

개념 태그

#표준어 규정 #표준 발음법 #이거 음운의 변동에서 다 한 거구만.
#한글 맞춤법 #다 외우지는 못하지만 이해할 수는 있다.

STEP. 1 내 생애 마지막 개념 정리!

선생님, 이 규정들… 설마 다 외워야 하는 건 아니죠?

설마~. 난 오래 살고 싶어. ㅎㅎ 이 규정들을 다 외울 필요는 없어. 불가능하기도 하고. 그리고 <보기>로 제시해 줄 내용을 왜 다 외우니? ㅎㅎ 단, 읽었을 때 이해할 수 있어야 하고, 사례에 적용할 수 있어야 돼. 주요 규정들 중심으로 이해해 놓도록 하자.

개념 043

표준어 규정의 주요 규정

〈표준어 규정〉의 구성

제1부 표준어 사정 원칙
- 제1장 총칙
- 제2장 발음 변화에 따른 표준어 규정
- 제3장 어휘 선택의 변화에 따른 표준어 규정

제2부 표준 발음법
- 제1장 총칙
- 제2장 자음과 모음 　분절 음운: 자음, 모음
- 제3장 음의 길이 　비분절 음운: 소리의 길이
- 제4장 받침의 발음 　음절의 끝소리 규칙, 자음군 단순화, 거센소리되기, 'ㅎ' 탈락 등
- 제5장 음의 동화 　구개음화, 비음화, 유음화 등
- 제6장 경음화 　경음화(된소리되기)
- 제7장 음의 첨가 　반모음 첨가, 'ㄴ' 첨가

표준 발음법은 지난 시간에 배운 음운의 변동과도 아주 관련 깊어. 지난 시간에 공부한 것들을 잘 이해하고 규정에 따라 사례에 적용할 수 있으면 OK!

제1부 표준어 사정 원칙

제1장 총칙

제1항 | 표준어는 교양 있는 사람들이 두루 쓰는 현대 서울말로 정함을 원칙으로 한다.

제1절 자음

제7항 | 수컷을 이르는 접두사는 '수-'로 통일한다.

㉠ (○) 수-나사 수-놈 수-소 수-은행나무 수-꿩
(×) 숫-나사 숫-놈 숫-소 숫-은행나무 수-꿩/숫-꿩

다만 1
다음 단어에서는 접두사 다음에서 나는 거센소리를 인정한다. 접두사 '암-'이 결합되는 경우에도 이에 준한다.
㉠ (○) 수-캉아지 수-캐 수-컷 수-탉 수-퇘지 수-평아리
(×) 숫-강아지 숫-개 숫-것 숫-닭 숫-돼지 숫-병아리

다만 2
다음 단어의 접두사는 '숫-'으로 한다.
㉠ (○) 숫-양 숫-염소 숫-쥐
(×) 수-양 수-염소 수-쥐

제2절 모음

제8항 | 양성 모음이 음성 모음으로 바뀌어 굳어진 다음 단어는 음성 모음 형태를 표준어로 삼는다.

㉠ (○) 깡충-깡충 -둥이 오뚝-이
(×) 깡총-깡총 -동이 오똑-이

다만
어원 의식이 강하게 작용하는 다음 단어에서는 양성 모음 형태를 그대로 표준어로 삼는다.
㉠ (○) 부조(扶助) 사돈(査頓) 삼촌(三寸)
(×) 부주 사둔 삼춘

제9항 | 'ㅣ' 역행 동화 현상에 의한 발음은 원칙적으로 표준 발음으로 인정하지 아니하되, 다만 다음 단어들은 그러한 동화가 적용된 형태를 표준어로 삼는다.

㉠ (○) -내기 냄비 동댕이-치다 서울내기 시골내기 신출내기 풋내기
(×) -나기 남비 동당이-치다 서울나기 시골나기 신출나기 풋나기

붙임 1
다음 단어는 'ㅣ' 역행 동화가 일어나지 아니한 형태를 표준어로 삼는다.
㉠ (○) 아지랑이
(×) 아지랭이

붙임 2
기술자에게는 '-장이', 그 외에는 '-쟁이'가 붙는 형태를 표준어로 삼는다.
㉠ (○) 미장이 유기장이 멋쟁이 소금쟁이 담쟁이-덩굴
(×) 미쟁이 유기쟁이 멋장이 소금장이 담장이-덩굴

제12항 | '웃-' 및 '윗-'은 명사 '위'에 맞추어 '윗-'으로 통일한다.

㉠ (○) 윗-눈썹 윗-니 윗-도리 윗-배 윗-입술 윗-잇몸
(×) 웃-눈썹 웃-니 웃-도리 웃-배 웃-입술 웃-잇몸

다만 1
된소리나 거센소리 앞에서는 '위-'로 한다.
㉠ (○) 위-짝 위-쪽 위-층 위-치마 위-턱
(×) 웃-짝 웃-쪽 웃-층 웃-치마 웃-턱

다만 2
'아래, 위'의 대립이 없는 단어는 '웃-'으로 발음되는 형태를 표준어로 삼는다.
㉠ (○) 웃-돈 웃-어른 웃-옷
(×) 윗-돈 윗-어른 윗-옷

제5절 복수 표준어

제18항 | 다음 단어는 ㄱ을 원칙으로 하고, ㄴ도 허용한다.

㉠ (ㄱ) 네 쇠고기
(ㄴ) 예 소고기

제2부 표준 발음법

제1장 총칙

제1항 | 표준 발음법은 표준어의 실제 발음을 따르되, 국어의 전통성과 합리성을 고려하여 정함을 원칙으로 한다.

제2장 자음과 모음

제4항 | 'ㅏ ㅐ ㅓ ㅔ ㅗ ㅚ ㅜ ㅟ ㅡ ㅣ'는 ________으로 발음한다.

붙임
'ㅚ, ㅟ'는 ____________으로 발음할 수 있다.

제5항 | 'ㅑ ㅒ ㅕ ㅖ ㅘ ㅙ ㅛ ㅝ ㅞ ㅠ ㅢ'는 ____________으로 발음한다.

다만 1
용언의 활용형에 나타나는 '져, 쪄, 쳐'는 [저, 쩌, 처]로 발음한다.
예 가지어→가져[가저] 찌어→쪄[쩌] 다치어→다쳐[다처]

다만 2
'예, 례' 이외의 'ㅖ'는 [ㅔ]로도 발음한다.
예 계집[계:집/게:집] 계시다[계:시다/게:시다] 시계[시계/시게](時計) 연계[연계/연게](連繫)

다만 3
자음을 첫소리로 가지고 있는 음절의 'ㅢ'는 [ ]로 발음한다.
예 무늬[무니] 띄어쓰기[띠어쓰기/띠여쓰기] 씌어[씨어/씨여] 희망[히망] 틔어[티어/티여]

다만 4
단어의 첫음절 이외의 '의'는 [ㅣ]로, 조사 '의'는 [ㅔ]로 발음함도 허용한다.
예 주의[주의/주이] 협의[혀븨/혀비] 우리의[우리의/우리에] 강의의[강:의의/강:이에]

제3장 음의 길이

제6항 | 모음의 장단을 구별하여 발음하되, 단어의 ________에서만 긴소리가 나타나는 것을 원칙으로 한다.

예 (1) 눈보라[눈:보라] 말씨[말:씨] 밤나무[밤:나무] 많다[만:타] 멀리[멀:리]
(2) 첫눈[천눈] 참말[참말] 쌍동밤[쌍동밤] 수많이[수:마니] 눈멀다[눈멀다]

다만
합성어의 경우에는 둘째 음절 이하에서도 분명한 긴소리를 인정한다.
예 반신반의[반:신바:늬/반:신바:니] 재삼재사[재:삼재:사]

붙임
용언의 단음절 어간에 어미 '-아/-어'가 결합되어 한 음절로 축약되는 경우에도 긴소리로 발음한다.
예 보아 → 봐[봐:] 기어 → 겨[겨:] 되어 → 돼[돼:] 두어 → 둬[둬:] 하여 → 해[해:]

다만
'오아 → 와, 지어 → 져, 찌어 → 쪄, 치어 → 쳐' 등은 긴소리로 발음하지 않는다.

제4장 받침의 발음

제8항 | 받침소리로는 'ㄱ, ㄴ, ㄷ, ㄹ, ㅁ, ㅂ, ㅇ'의 7개 자음만 발음한다. ____________

제9항 | 받침 'ㄲ, ㅋ', 'ㅅ, ㅆ, ㅈ, ㅊ, ㅌ', 'ㅍ'은 어말 또는 자음 앞에서 각각 대표음 [ㄱ, ㄷ, ㅂ]으로 발음한다. ____________

예 닦다[닥따] 키읔[키윽] 옷[옫] 있다[읻따] 빚다[빋따] 꽃[꼳] 솥[솓] 앞[압]

제10항 | 겹받침 'ㄳ', 'ㄵ', 'ㄼ, ㄽ, ㄾ', 'ㅄ'은 어말 또는 자음 앞에서 각각 [ㄱ, ㄴ, ㄹ, ㅂ]으로 발음한다. ____________

예 넋[넉] 앉다[안따] 여덟[여덜] 외곬[외골] 핥다[할따] 값[갑]

다만
'밟-'은 자음 앞에서 [밥]으로 발음하고, '넓-'은 다음과 같은 경우에 [넙]으로 발음한다.

예 (1) 밟다[밥:따] 밟소[밥:쏘] 밟지[밥:찌] 밟는[밥:는→밤:는] 밟게[밥:께] 밟고[밥:꼬]

　　(2) 넓-죽하다[넙쭈카다] 넓-둥글다[넙뚱글다]

제11항 | 겹받침 'ㄹㄱ, ㄹㅁ, ㄹㅂ'은 어말 또는 자음 앞에서 각각 [ㄱ, ㅁ, ㅂ]으로 발음한다. ＿＿＿＿＿＿＿

예 닭[닥] 흙과[흑꽈] 맑다[막따] 늙지[늑찌] 삶[삼:] 젊다[점:따] 읊고[읍꼬] 읊다[읍따]

다만

용언의 어간 말음 'ㄹㄱ'은 'ㄱ' 앞에서 [ㄹ]로 발음한다.

예 맑게[말께] 묽고[물꼬] 얽거나[얼꺼나]

제12항 | 받침 'ㅎ'의 발음은 다음과 같다.

1. 'ㅎ(ㄴㅎ, ㄹㅎ)' 뒤에 'ㄱ, ㄷ, ㅈ'이 결합되는 경우에는, 뒤 음절 첫소리와 합쳐서 [ㅋ, ㅌ, ㅊ]으로 발음한다.

예 놓고[노코] 좋던[조:턴] 쌓지[싸치] ＿＿＿＿＿＿＿

　　많고[만:코] 않던[안턴] 닳지[달치] ＿＿＿＿＿＿＿

붙임 1

받침 'ㄱ(ㄹㄱ), ㄷ, ㅂ(ㄹㅂ), ㅈ(ㄴㅈ)'이 뒤 음절 첫소리 'ㅎ'과 결합되는 경우에도, 역시 두 음을 합쳐서 [ㅋ, ㅌ, ㅍ, ㅊ]으로 발음한다.

예 각하[가카] 밝히다[발키다] 맏형[마텽] 좁히다[조피다] 넓히다[널피다] ＿＿＿＿＿＿＿

붙임 2

규정에 따라 'ㄷ'으로 발음되는 'ㅅ, ㅈ, ㅊ, ㅌ'의 경우에도 이에 준한다.

예 옷 한 벌[오탄벌] 낮 한때[나탄때] 꽃 한 송이[꼬탄송이] 숱하다[수타다] ＿＿＿＿＿＿＿

2. 'ㅎ(ㄴㅎ, ㄹㅎ)' 뒤에 'ㅅ'이 결합되는 경우에는, 'ㅅ'을 [ㅆ]으로 발음한다.

예 닿소[다:쏘] 많소[만:쏘] 싫소[실쏘]

3. 'ㅎ' 뒤에 'ㄴ'이 결합되는 경우에는, [ㄴ]으로 발음한다.

예 놓는[논는 → 논는] ＿＿＿＿＿＿＿ → ＿＿＿＿

붙임

'ㄴㅎ, ㄹㅎ' 뒤에 'ㄴ'이 결합되는 경우에는, 'ㅎ'을 발음하지 않는다.

예 않네[안네] 　　않는[안는] ＿＿＿＿＿＿＿

　　뚫네[뚫네 → 뚤레] 뚫는[뚫는 → 뚤른] ＿＿＿＿＿＿＿ → ＿＿＿＿

4. 'ㅎ(ㄴㅎ, ㄹㅎ)' 뒤에 모음으로 시작된 어미나 접미사가 결합되는 경우에는, 'ㅎ'을 발음하지 않는다.

예 낳은[나은] 　　놓아[노아] ＿＿＿＿＿＿＿

　　많아[마:나] 않은[아는] 싫어도[시러도] ＿＿＿＿＿＿＿ → ＿＿＿＿

제13항 | 홑받침이나 쌍받침이 모음으로 시작된 <u>조사나 어미, 접미사</u>와 결합되는 경우에는, 제 음가대로 뒤 음절 첫소리로 옮겨 발음한다.

예 깎아[까까] 옷이[오시] 있어[이써] 낮이[나지] 꽂아[꼬자] 꽃을[꼬츨]

제14항 | 겹받침이 모음으로 시작된 <u>조사나 어미, 접미사</u>와 결합되는 경우에는, 뒤엣것만을 뒤 음절 첫소리로 옮겨 발음한다.(이 경우, 'ㅅ'은 된소리로 발음함.) ＿＿＿＿＿

예 넋이[넉씨] 앉아[안자] 닭을[달글] 젊어[절머] 읊어[을퍼] 값을[갑쓸] 없어[업:써]

제15항 | 받침 뒤에 모음 'ㅏ, ㅓ, ㅗ, ㅜ, ㅟ' 들로 시작되는 실질 형태소가 연결되는 경우에는, 대표음으로 바꾸어서 뒤 음절 첫소리로 옮겨 발음한다. ＿＿＿＿＿＿＿ → ＿＿＿＿＿＿＿

예 밭 아래[바다래] 늪 앞[느밥] 맛없다[마덥따] 겉옷[거돋] 헛웃음[허두슴] 꽃 위[꼬뒤]

다만

'맛있다, 멋있다'는 [마싣따], [머싣따]로도 발음할 수 있다.

붙임

겹받침의 경우에는, 그중 하나만을 옮겨 발음한다.

예 넋 없다[너겁따] 닭 앞에[다가페] 값어치[가버치] 값있는[가빈는] ＿＿＿＿＿＿＿ → ＿＿＿＿

제5장 음의 동화

제17항 | 받침 'ㄷ, ㅌ(ㄾ)'이 조사나 접미사의 모음 'ㅣ'와 결합되는 경우에는, [ㅈ, ㅊ]으로 바꾸어서 뒤 음절 첫소리로 옮겨 발음한다.

예 곧이듣다[고지듣따] 굳이[구지] 미닫이[미ː다지] 밭이[바치] 벼훑이[벼훌치]

붙임
'ㄷ' 뒤에 접미사 '히'가 결합되어 '티'를 이루는 것은 [치]로 발음한다.
예 굳히다[구치다] 닫히다[다치다] 묻히다[무치다]

제18항 | 받침 'ㄱ(ㄲ, ㅋ, ㄳ, ㄺ), ㄷ(ㅅ, ㅆ, ㅈ, ㅊ, ㅌ, ㅎ), ㅂ(ㅍ, ㄼ, ㄿ, ㅄ)'은 'ㄴ, ㅁ' 앞에서 [ㅇ, ㄴ, ㅁ]으로 발음한다.

예 먹는[멍는] 국물[궁물] 깎는[깡는] 밥물[밤물] 짓는[진ː는] 키읔만[키응만] ________
긁는[긍는] 흙만[흥만] 밟는[밤ː는] 읊는[음는] 없는[엄ː는] ________ → ________

붙임
두 단어를 이어서 한 마디로 발음하는 경우에도 이와 같다.
예 책 넣는다[챙넌는다] 옷 맞추다[온맏추다] 흙 말리다[흥말리다]

제19항 | 받침 'ㅁ, ㅇ' 뒤에 연결되는 'ㄹ'은 [ㄴ]으로 발음한다.

예 담력[담ː녁] 침략[침ː냑] 강릉[강능] 대통령[대ː통녕] '___'의 ________

붙임
받침 'ㄱ, ㅂ' 뒤에 연결되는 'ㄹ'도 [ㄴ]으로 발음한다.
예 막론[막논 → 망논] 협력[협녁 → 혐녁] 법리[법니 → 범니] '___'의 ________ → ________

제20항 | 'ㄴ'은 'ㄹ'의 앞이나 뒤에서 [ㄹ]로 발음한다.

예 (1) 난로[날ː로] 신라[실라] 천리[철리] 대관령[대ː괄령] ________
(2) 칼날[칼랄] 물난리[물랄리] 줄넘기[줄럼끼] 할는지[할른지] ________

붙임
첫소리 'ㄴ'이 'ㅀ', 'ㄾ' 뒤에 연결되는 경우에도 이에 준한다.
예 닳는[달른] 뚫는[뚤른] ________ → ________

다만
다음과 같은 단어들은 'ㄹ'을 [ㄴ]으로 발음한다.
예 의견란[의ː견난] 생산량[생산냥] 결단력[결딴녁] 이원론[이ː원논] '___'의 ________

제22항 | 다음과 같은 용언의 어미는 [어]로 발음함을 원칙으로 하되, [여]로 발음함도 허용한다.

예 되어[되어/되여] 피어[피어/피여] ________

붙임
'이오, 아니오'도 이에 준하여 [이요, 아니요]로 발음함을 허용한다.

제6장 경음화 → ________

제23항 | 받침 'ㄱ(ㄲ, ㅋ, ㄳ, ㄺ), ㄷ(ㅅ, ㅆ, ㅈ, ㅊ, ㅌ), ㅂ(ㅍ, ㄼ, ㄿ,ㅄ)' 뒤에 연결되는 'ㄱ, ㄷ, ㅂ, ㅅ, ㅈ'은 된소리로 발음한다.

예 국밥[국빱] 깎다[깍따] 뻗대다[뻗때다] 옷고름[옫꼬름] 꽂고[꼳꼬] 꽃다발[꼳따발]
덮개[덥깨] 옆집[엽찝] 넓죽하다[넙쭈카다] 읊조리다[읍쪼리다] 값지다[갑찌다]

제24항 | 어간 받침 'ㄴ(ㄵ), ㅁ(ㄻ)' 뒤에 결합되는 어미의 첫소리 'ㄱ, ㄷ, ㅅ, ㅈ'은 된소리로 발음한다.

예 신고[신ː꼬] 껴안다[껴안따] 앉고[안꼬] 삼고[삼ː꼬] 닮고[담ː꼬] 젊지[점ː찌]

다만
피동, 사동의 접미사 '-기-'는 된소리로 발음하지 않는다.
㉠ 안기다[안기다] 감기다[감기다]

제25항 | 어간 받침 'ㄼ, ㄾ' 뒤에 결합되는 어미의 첫소리 'ㄱ, ㄷ, ㅅ, ㅈ'은 된소리로 발음한다.

㉠ 넓게[널께] 훑소[훌쏘] 떫지[떨:찌]

제27항 | 관형사형 '-(으)ㄹ' 뒤에 연결되는 'ㄱ, ㄷ, ㅂ, ㅅ, ㅈ'은 된소리로 발음한다.

㉠ 할 것을[할꺼슬] 갈 데가[갈떼가] 할 수는[할쑤는] 만날 사람[만날싸람]

붙임
'-(으)ㄹ'로 시작되는 어미의 경우에도 이에 준한다.
㉠ 할걸[할껄] 할세라[할쎄라] 할수록[할쑤록] 할지라도[할찌라도]

제28항 | 표기상으로는 사이시옷이 없더라도, 관형격 기능을 지니는 사이시옷이 있어야 할(휴지가 성립되는) 합성어의 경우에는, 뒤 단어의 첫소리 'ㄱ, ㄷ, ㅂ, ㅅ, ㅈ'을 된소리로 발음한다.

㉠ 문-고리[문꼬리] 눈-동자[눈똥자] 산-새[산쌔] 손-재주[손째주] 발-바닥[발빠닥] 길-가[길까]

제7장 음의 첨가

제29항 | 합성어 및 파생어에서, 앞 단어나 접두사의 끝이 자음이고 뒤 단어나 접미사의 첫음절이 '이, 야, 여, 요, 유'인 경우에는, 'ㄴ' 음을 첨가하여 [니, 냐, 녀, 뇨, 뉴]로 발음한다.

㉠ 솜-이불[솜:니불] 내복-약[내:봉냑] 색-연필[생년필] 담-요[담:뇨] 식용-유[시굥뉴] ________

다만
다음과 같은 말들은 'ㄴ' 음을 첨가하여 발음하되, 표기대로 발음할 수 있다.
㉠ 금융[금늉/그뮹] 야금-야금[야금냐금/야그먀금] 검열[검:녈/거:멸]

붙임 1
'ㄹ' 받침 뒤에 첨가되는 'ㄴ' 음은 [ㄹ]로 발음한다.
㉠ 들-일[들:릴] 솔-잎[솔립] 물-약[물략] 서울-역[서울력] ________ → ________

붙임 2
두 단어를 이어서 한 마디로 발음하는 경우에도 이에 준한다.
㉠ 한 일[한닐] 옷 입다[온닙따] 할 일[할릴]

다만
다음과 같은 단어에서는 'ㄴ(ㄹ)' 음을 첨가하여 발음하지 않는다.
㉠ 6·25[유기오] 3·1절[사밀쩔] 등-용문[등용문]

제30항 | 사이시옷이 붙은 단어는 다음과 같이 발음한다.

1. 'ㄱ, ㄷ, ㅂ, ㅅ, ㅈ'으로 시작하는 단어 앞에 사이시옷이 올 때는 이들 자음만을 된소리로 발음하는 것을 원칙으로 하되, 사이시옷을 [ㄷ]으로 발음하는 것도 허용한다.
㉠ 냇가[내:까/낻:까] 샛길[새:낄/샏:낄] 콧등[코뜽/콛뜽]

2. 사이시옷 뒤에 'ㄴ, ㅁ'이 결합되는 경우에는 [ㄴ]으로 발음한다.
㉠ 콧날[콛날→콘날] 아랫니[아랟니→아랜니]

3. 사이시옷 뒤에 '이' 음이 결합되는 경우에는 [ㄴㄴ]으로 발음한다.
㉠ 깻잎[깯닙→깬닙] 나뭇잎[나묻닙→나문닙]

연습 77

(2022.03(2))

〈보기〉의 ㉮, ㉯에 들어갈 예로 적절한 것은?

〈보기〉

'ㅎ'은 다양한 음운 변동이 일어나기 때문에 표준 발음법에 별도의 규정을 두고 있다. 'ㅎ'의 음운 변동에는 'ㅎ'이 다른 음운으로 바뀌는 교체, 'ㅎ'이 다른 음운과 합쳐져 새로운 음운이 되는 축약, 'ㅎ'이 없어져 발음되지 않는 탈락이 있다. 가령 '놓친[녿친]'은 'ㅎ'이 'ㄷ'으로 바뀌어 발음되므로 교체의 예에 해당한다.

	'ㅎ'의 음운 변동		
유형	교체	축약	탈락
예	놓친[녿친]	㉮	㉯

	㉮	㉯
①	좋고[조:코]	닿아[다아]
②	좋고[조:코]	쌓네[싼네]
③	넣는[넌:는]	닿아[다아]
④	넣는[넌:는]	쌓네[싼네]
⑤	좁힌[조핀]	닳지[달치]

연습 78

(2014.09)

다음은 표준 발음에 관한 인터넷 게시판의 질문과 답변이다. (가)에 들어갈 내용으로 적절한 것은?

질문: '앞앞이'는 [아바피]로 발음하는 게 맞나요? 같은 받침 'ㅍ'인데 [ㅍ]과 [ㅂ]으로 그 발음이 달라지는 이유가 궁금해요.

➡ 답변: '앞앞' 뒤에 모음으로 시작되는 형식 형태소가 올 때는 마지막 받침 'ㅍ'을 ㉠**제 음가대로 뒤 음절의 첫소리로 옮겨 발음**합니다. 반면, '앞'과 '앞'이 결합한 '앞앞'처럼 받침이 있는 말 뒤에 모음 'ㅏ, ㅓ, ㅗ, ㅜ, ㅟ'들로 시작되는 실질 형태소가 오게 되면 그 받침을 ㉡**대표음으로 바꾸어서 뒤 음절의 첫소리로 옮겨 발음**합니다. 그래서 '앞앞이'는 [아바피]로 발음됩니다. ㉠과 ㉡에 해당하는 구체적인 예를 살펴보면 다음과 같습니다.

(가)

① '무릎이야'는 ㉠에 해당하고 '무릎 아래'는 ㉡에 해당합니다.
② '서녘이나'는 ㉠에 해당하고 '서녘에서'는 ㉡에 해당합니다.
③ '겉으로'와 '겉아가미'는 모두 ㉠에 해당합니다.
④ '배꽃이'와 '배꽃 위'는 모두 ㉡에 해당합니다.
⑤ '빚에'와 '빚이며'는 모두 ㉡에 해당합니다.

연습 79

(2014.03 B)

〈보기〉의 표준 발음 규정을 활용하여 답변하기 어려운 질문은?

〈보기〉

제18항 받침 'ㄱ(ㄲ, ㅋ, ㄳ, ㄺ), ㄷ(ㅅ, ㅆ, ㅈ, ㅊ, ㅌ, ㅎ), ㅂ(ㅍ, ㄼ, ㄿ, ㅄ)'은 'ㄴ, ㅁ' 앞에서 [ㅇ, ㄴ, ㅁ]으로 발음한다.
제19항 받침 'ㅁ, ㅇ' 뒤에 연결되는 'ㄹ'은 [ㄴ]으로 발음한다.
제20항 'ㄴ'은 'ㄹ'의 앞이나 뒤에서 [ㄹ]로 발음한다.

① '항로'의 'ㄹ'을 [ㄴ]으로 발음하는 이유는 앞 음절의 받침과 관계가 있을까요?
② '금융'의 발음이 [금늉/그뮹]의 두 가지로 허용되는 이유는 무엇인가요?
③ '광한루'은 [광한누]라고 발음하나요, [광할루]라고 발음하나요?
④ '칼날'은 표기 그대로 발음할 수 있는 단어에 해당되나요?
⑤ '밥물'이 [밤물]과 같이 발음되는 이유가 무엇인가요?

개념 044

한글 맞춤법의 주요 규정

〈한글 맞춤법〉의 구성

제1장 총칙

제2장 자모

제3장 소리에 관한 것
- 제1절 된소리
- 제2절 구개음화
- 제3절 'ㄷ' 소리 받침
- 제4절 모음
- 제5절 두음 법칙
- 제6절 겹쳐 나는 소리

제4장 형태에 관한 것
- 제1절 체언과 조사
- 제2절 어간과 어미
- 제3절 접미사가 붙어서 된 말
- 제4절 합성어 및 접두사가 붙은 말
- 제5절 준말

제5장 띄어쓰기
- 제1절 조사
- 제2절 의존 명사, 단위를 나타내는 명사 및 열거하는 말 등
- 제3절 보조 용언
- 제4절 고유 명사 및 전문 용어

제6장 그 밖의 것

제1장 총칙

제1항 | 한글 맞춤법은 표준어를 소리대로 적되, 어법에 맞도록 함을 원칙으로 한다.

소리대로 적는다는 원칙을 적용하기 어려운 경우가 있어. '꽃이', '꽃나무' 같은 걸 소리대로 적는다고 해 봐. '꼬치', '꼰나무'가 되겠지? 이게 '닭꼬치'인지, '나무를 꼬아놨다'는 건지 너무 헷갈리잖아. 그래서 소리대로 적되, 어법에 맞게 한다는 규정이 있는 거지. '어법에 맞게 한다'는 건 뜻을 쉽게 파악할 수 있도록 형태소의 원형을 밝혀 적으란 뜻이야.

제2항 | 문장의 각 단어는 띄어 씀을 원칙으로 한다.

단어는 독립적으로 쓰이는 말의 단위기 때문에, 글은 단어를 단위로 해서 띄어 쓰는 게 가장 합리적인 방식이라고 할 수 있어. 다만, '조사'는 접미사의 범주에 포함시키기 어려운 거라서 하나의 단어로 다루어지고 있지만, 형식 형태소면서 의존 형태소니까, 그 앞의 단어에 붙여 쓰는 거야.

제3장 소리에 관한 것

제1절 된소리

제5항 | 한 단어 안에서 뚜렷한 까닭 없이 나는 된소리는 다음 음절의 첫소리를 된소리로 적는다.

1. 두 모음 사이에서 나는 된소리
예 소쩍새 어깨 오빠 으뜸 아끼다 기쁘다 깨끗하다

2. 'ㄴ, ㄹ, ㅁ, ㅇ' 받침 뒤에서 나는 된소리
예 산뜻하다 잔뜩 살짝 훨씬 담뿍 움찔

다만
'ㄱ, ㅂ' 받침 뒤에서 나는 된소리는, 같은 음절이나 비슷한 음절이 겹쳐 나는 경우가 아니면 된소리로 적지 아니한다.
예 국수 깍두기 딱지 색시 싹둑(~싹둑) 법석 갑자기 몹시 ________

제2절 구개음화

제6항 | 'ㄷ, ㅌ' 받침 뒤에 종속적 관계를 가진 '-이(-)'나 '-히-'가 올 적에는 그 'ㄷ, ㅌ'이 'ㅈ, ㅊ'으로 소리 나더라도 'ㄷ, ㅌ'으로 적는다.

예 맏이 해돋이 굳이 같이 끝이

'종속적 관계'를 가졌다는 건 형식 형태소라는 뜻으로 이해하면 돼. 어떤 음운의 변동이 생각나니? 그래 맞아 ________. 구개음화는 표준 발음으로 인정하지만 표기에는 반영하지 않는다고 했지? 그 말이야. :)

제3절 'ㄷ' 소리 받침

제7항 | 'ㄷ' 소리로 나는 받침 중에서 'ㄷ'으로 적을 근거가 없는 것은 'ㅅ'으로 적는다.

예 덧저고리 돗자리 웃어른 무릇 사뭇

제4절 모음

제8항 | '계, 례, 몌, 폐, 혜'의 'ㅖ'는 'ㅔ'로 소리 나는 경우가 있더라도 'ㅖ'로 적는다.

예 혜택[혜:택/헤:택] 핑계[핑계/핑게] 계시다[계시다/게:시다] 사례(謝禮)[사:례/사:레]

제9항 | '의'나, 자음을 첫소리로 가지고 있는 음절의 'ㅢ'는 'ㅣ'로 소리 나는 경우가 있더라도 'ㅢ'로 적는다.

예 의의(意義)[의:의/의:이] 무늬[紋][무니] 띄어쓰기[띠어쓰기/띠여쓰기] 희망(希望)[히망]

제5절 두음 법칙

제10항 | 한자음 '녀, 뇨, 뉴, 니'가 단어 첫머리에 올 적에는, ________에 따라 '여, 요, 유, 이'로 적는다.

예 여자(女계집녀子) 연세(年해년歲) 익명(匿숨길닉名)

다만
다음과 같은 의존 명사에서는 '냐, 녀' 음을 인정한다.
예 냥(兩두 량) 년(年해 년)

붙임 1
단어의 첫머리 이외의 경우에는 본음대로 적는다.
예 남녀(男女계집 녀) 당뇨(糖尿오줌 뇨) 은닉(隱匿숨길 닉)

붙임 2
접두사처럼 쓰이는 한자가 붙어서 된 말이나 합성어에서, 뒷말의 첫소리가 'ㄴ' 소리로 나더라도 ________ 에 따라 적는다.
㉑ 신여성(新女계집 녀性) 공염불(空念생각할 념佛) 남존여비(男尊女계집 녀卑)

제11항 | 한자음 '랴, 려, 례, 료, 류, 리'가 단어의 첫머리에 올 적에는, ________ 에 따라 '야, 여, 예, 요, 유, 이'로 적는다.

㉑ 양심(良어질 량心) 역사(歷지날 력史) 예의(禮예도 례儀) 유행(流흐를 류行) 이발(理다스릴 리髮)

다만
다음과 같은 의존 명사는 본음대로 적는다.
㉑ 리(里마을 리): 몇 리냐? 리(理다스릴 리): 그럴 리가 없다.

붙임 1
단어의 첫머리 이외의 경우에는 본음대로 적는다.
㉑ 선량(善良어질 량) 수력(水力힘 력) 협력(協力힘 력) 도리(道理다스릴 리) 진리(眞理다스릴 리)

다만
모음이나 'ㄴ' 받침 뒤에 이어지는 '렬, 률'은 '열, 율'로 적는다.
㉑ 나열(羅列벌일 렬) 규율(規律법칙 률) 비율(比率비율 률) 선율(旋律법칙 률) 백분율(百分率비율 률)

붙임 2
접두사처럼 쓰이는 한자가 붙어서 된 말이나 합성어에서, 뒷말의 첫소리가 'ㄴ' 또는 'ㄹ' 소리로 나더라도 ________ 에 따라 적는다.
㉑ 역이용(逆利이로울 리用) 연이율(年利이로울 리率) 열역학(熱力힘 력學) 해외여행(海外旅나그네 려行)

제12항 | 한자음 '라, 래, 로, 뢰, 루, 르'가 단어의 첫머리에 올 적에는, ________ 에 따라 '나, 내, 노, 뇌, 누, 느'로 적는다.

㉑ 낙원(樂즐길 락園) 내일(來올 래日) 노인(老늙을 로人)

붙임 1
단어의 첫머리 이외의 경우에는 본음대로 적는다.
㉑ 쾌락(快樂즐길 락) 거래(去來올 래) 왕래(往來올 래)

붙임 2
접두사처럼 쓰이는 한자가 붙어서 된 단어는 뒷말을 ________ 에 따라 적는다.
㉑ 상노인(上老늙을 로人) 중노동(重勞수고로울 로動) 비논리적(非論논의할 론理的)

제4장 형태에 관한 것

제1절 체언과 조사

제14항 | 체언은 조사와 구별하여 적는다.

㉑ 떡이 떡을 떡에 떡도 떡만

제2절 어간과 어미

제15항 | 용언의 어간과 어미는 구별하여 적는다.

㉑ 먹다 먹고 먹어 먹으니

붙임 1
두 개의 용언이 어울려 한 개의 용언이 될 적에, 앞말의 본뜻이 유지되고 있는 것은 그 원형을 밝히어 적고, 그 본뜻에서 멀어진 것은 밝히어 적지 아니한다.
㉑ (1) 앞말의 본뜻이 유지되고 있는 것: 넘어지다 늘어나다 늘어지다 돌아가다
(2) 본뜻에서 멀어진 것: 드러나다 사라지다 쓰러지다

붙임 2
종결형에서 사용되는 어미 '-오'는 '요'로 소리 나는 경우가 있더라도 그 원형을 밝혀 '___'로 적는다.
㉑ 이것은 책이오. (○) 이것은 책이요. (×)
이리로 오시오. (○) 이리로 오시요. (×)
이것은 책이 아니오. (○) 이것은 책이 아니요. (×)

붙임 3
연결형에서 사용되는 '이요'는 '이요'로 적는다.
예 이것은 책이요, 저것은 붓이요, 또 저것은 먹이다. (○)
이것은 책이오, 저것은 붓이오, 또 저것은 먹이다. (×)

제18항 | 다음과 같은 용언들은 어미가 바뀔 경우, 그 어간이나 어미가 원칙에 벗어나면 벗어나는 대로 적는다.

1. 어간의 끝 'ㄹ'이 줄어질 적
예 갈다: 가니 놀다: 노니 불다: 부니 둥글다: 둥그니 어질다: 어지니 ______

2. 어간의 끝 'ㅅ'이 줄어질 적
예 긋다: 그어 낫다: 나아 잇다: 이어 짓다: 지어 ______

3. 어간의 끝 'ㅎ'이 줄어질 적
예 그렇다: 그러니 까맣다: 까마니 동그랗다: 동그라니 하얗다: 하야니 ______

4. 어간의 끝 'ㅜ, ㅡ'가 줄어질 적
예 푸다: 퍼 ______,
끄다: 꺼 담그다: 담가 따르다: 따라 ______

5. 어간의 끝 'ㄷ'이 'ㄹ'로 바뀔 적
예 걷다[步]: 걸어 듣다[聽]: 들어 묻다[問]: 물어 싣다[載]: 실어 ______

6. 어간의 끝 'ㅂ'이 'ㅜ'로 바뀔 적
예 깁다: 기워 굽다[炙]: 구워 가깝다: 가까워 괴롭다: 괴로워 ______

다만
'돕-, 곱-'과 같은 단음절 어간에 어미 '-아'가 결합되어 '와'로 소리 나는 것은 '-와'로 적는다.
예 돕다[助]: 도와 곱다[麗]: 고와

7. '하다'의 활용에서 어미 '-아'가 '-여'로 바뀔 적
예 하다: 하여 ______

8. 어간의 끝음절 '르' 뒤에 오는 어미 '-어'가 '-러'로 바뀔 적
예 이르다[至]: 이르러 노르다: 노르러 누르다: 누르러 푸르다: 푸르러 ______

9. 어간의 끝음절 '르'의 'ㅡ'가 줄고, 그 뒤에 오는 어미 '-아/-어'가 '-라/-러'로 바뀔 적
예 가르다: 갈라 거르다: 걸러 구르다: 굴러 벼르다: 별러 ______

제28항 | 끝소리가 'ㄹ'인 말과 딴 말이 어울릴 적에 'ㄹ' 소리가 나지 아니하는 것은 아니 나는 대로 적는다.

예 다달이(달-달-이) 따님(딸-님) 마되(말-되) 마소(말-소) 바느질(바늘-질) ______

제30항 | 사이시옷은 다음과 같은 경우에 받치어 적는다.

1. 순우리말로 된 합성어로서 앞말이 모음으로 끝난 경우
(1) 뒷말의 첫소리가 된소리로 나는 것 — 예 나룻배 나뭇가지 냇가 바닷가
(2) 뒷말의 첫소리 'ㄴ, ㅁ' 앞에서 'ㄴ' 소리가 덧나는 것 — 예 아랫니 잇몸 냇물 빗물 아랫마을
(3) 뒷말의 첫소리 모음 앞에서 'ㄴㄴ' 소리가 덧나는 것 — 예 깻잎 나뭇잎 베갯잇 뒷일

2. 순우리말과 한자어로 된 합성어로서 앞말이 모음으로 끝난 경우
(1) 뒷말의 첫소리가 된소리로 나는 것 — 예 귓병 머릿방 탯줄 아랫방 전셋집
(2) 뒷말의 첫소리 'ㄴ, ㅁ' 앞에서 'ㄴ' 소리가 덧나는 것 — 예 곗날 제삿날 훗날 툇마루 양칫물
(3) 뒷말의 첫소리 모음 앞에서 'ㄴㄴ' 소리가 덧나는 것 — 예 가욋일 사삿일 예삿일 훗일

3. 두 음절로 된 다음 한자어
예 곳간(庫間) 셋방(貰房) 숫자(數字) 찻간(車間) 툇간(退間) 횟수(回數)

제31항 | 두 말이 어울릴 적에 'ㅂ' 소리나 'ㅎ' 소리가 덧나는 것은 소리대로 적는다.

1. 'ㅂ' 소리가 덧나는 것 예 멥쌀(메ㅂ쌀) 좁쌀(조ㅂ쌀) 햅쌀(해ㅂ쌀) ______
2. 'ㅎ' 소리가 덧나는 것 예 수컷(수ㅎ것) 수탉(수ㅎ닭) 살코기(살ㅎ고기) ______

제35항 | 모음 'ㅗ, ㅜ'로 끝난 어간에 '-아/-어, -았-/-었-'이 어울려 'ㅘ/ㅝ, ㅘㅆ/ㅝㅆ'으로 될 적에는 준 대로 적는다.

예 꼬아: 꽈 보아: 봐 쏘아: 쏴 ______

붙임 1
'놓아'가 '놔'로 줄 적에는 준 대로 적는다.

붙임 2
'ㅚ' 뒤에 '-어, -었-'이 어울려 'ㅙ, ㅙㅆ'으로 될 적에도 준 대로 적는다.
예 괴어: 괘 되어: 돼 뵈어: 봬

제36항 | 'ㅣ' 뒤에 '-어'가 와서 'ㅕ'로 줄 적에는 준 대로 적는다.

예 가지어: 가져 견디어: 견뎌 다니어: 다녀 ______

제37항 | 'ㅏ, ㅕ, ㅗ, ㅜ, ㅡ'로 끝난 어간에 '-이-'가 와서 각각 'ㅐ, ㅖ, ㅚ, ㅟ, ㅢ'로 줄 적에는 준 대로 적는다.

예 보이다: 뵈다 누이다: 뉘다 ______

제5장 띄어쓰기

제1절 조사

제41항 | 조사는 그 앞말에 ______ 쓴다.

예 꽃이 꽃마저 꽃밖에 꽃에서부터 꽃으로만

제2절 의존 명사, 단위를 나타내는 명사 및 열거하는 말 등

제42항 | 의존 명사는 ______ 쓴다.

예 아는 것이 힘이다. 아는 이를 만났다.
나도 할 수 있다. 네가 뜻한 바를 알겠다.
먹을 만큼 먹어라. 그가 떠난 지가 오래다.

제43항 | 단위를 나타내는 명사는 띄어 쓴다. ______

예 한 개 차 한 대 금 서 돈 소 한 마리 옷 한 벌 열 살 조기 한 손 연필 한 자루

제3절 보조 용언

제47항 | 보조 용언은 ______ 씀을 원칙으로 하되, 경우에 따라 ______ 씀도 허용한다.

예 (원칙) 불이 꺼져 간다. (허용) 불이 꺼져간다.
내 힘으로 막아 낸다. 내 힘으로 막아낸다.

다만
앞말에 조사가 붙거나 앞말이 합성 용언인 경우, 그리고 중간에 조사가 들어갈 적에는 그 뒤에 오는 보조 용언은 띄어 쓴다.
예 책을 읽어도 보고…….
네가 덤벼들어 보아라.
이런 기회는 다시없을 듯하다.

제6장 그 밖의 것

제53항 | 다음과 같은 어미는 예사소리로 적는다.

예 -(으)ㄹ거나 -(으)ㄹ걸 -(으)ㄹ게 -(으)ㄹ세 -(으)ㄹ세라 -(으)ㄹ수록

다만
의문을 나타내는 다음 어미들은 된소리로 적는다.
예 -(으)ㄹ까? -(으)ㄹ꼬? -(스)ㅂ니까? -(으)리까? -(으)ㄹ쏘냐?

제56항 | '-더라, -던'과 '-든지'는 다음과 같이 적는다.

1. 지난 일을 나타내는 어미는 '-더라, -던'으로 적는다.

예 지난겨울은 몹시 춥더라. (○)	지난겨울은 몹시 춥드라. (×)
깊던 물이 얕아졌다. (○)	깊든 물이 얕아졌다. (×)
그 사람 말 잘하던데! (○)	그 사람 말 잘하든데! (×)

2. 물건이나 일의 내용을 가리지 아니하는 뜻을 나타내는 조사와 어미는 '(-)든지'로 적는다.

예 배든지 사과든지 마음대로 먹어라. (○)	배던지 사과던지 마음대로 먹어라. (×)
가든지 오든지 마음대로 해라.(○)	가던지 오던지 마음대로 해라. (×)

제57항 | 다음 말들은 각각 구별하여 적는다.

가름	둘로 가름.	**반드시**	약속은 반드시 지켜라.
갈음	새 책상으로 갈음하였다.	**반듯이**	고개를 반듯이 들어라.
거름	풀을 썩힌 거름.	**부딪치다**	차와 차가 마주 부딪쳤다.
걸음	빠른 걸음.	**부딪히다**	마차가 화물차에 부딪혔다.
거치다	영월을 거쳐 왔다.	**부치다**	힘이 부치는 일이다. / 편지를 부친다.
걷히다	외상값이 잘 걷힌다.	**붙이다**	우표를 붙인다.
그러므로(그러니까)	그는 부지런하다. 그러므로 잘 산다.	**시키다**	일을 시킨다.
그럼으로(써)	그는 열심히 공부한다. 그럼으로(써) 은혜에 보답한다.	**식히다**	끓인 물을 식힌다.
노름	노름판이 벌어졌다.	**아름**	세 아름 되는 둘레.
놀음(놀이)	즐거운 놀음.	**알음**	전부터 알음이 있는 사이.
느리다	진도가 너무 느리다.	**앎**	앎이 힘이다.
늘이다	고무줄을 늘인다.	**안치다**	밥을 안친다.
늘리다	수출량을 더 늘린다.	**앉히다**	윗자리에 앉힌다.
다리다	옷을 다린다.	**어름**	두 물건의 어름에서 일어난 현상.
달이다	약을 달인다.	**얼음**	얼음이 얼었다.
다치다	부주의로 손을 다쳤다.	**이따가**	이따가 오너라.
닫히다	문이 저절로 닫혔다.	**있다가**	돈은 있다가도 없다.
닫치다	문을 힘껏 닫쳤다.	**저리다**	다친 다리가 저린다.
마치다	벌써 일을 마쳤다.	**절이다**	김장 배추를 절인다.
맞히다	여러 문제를 더 맞혔다.	**조리다**	생선을 조린다.
바치다	나라를 위해 목숨을 바쳤다.	**졸이다**	마음을 졸인다.
받치다	책받침을 받친다. / 우산을 받치고 간다.	**주리다**	여러 날을 주렸다.
받히다	쇠뿔에 받혔다.	**줄이다**	비용을 줄인다.
밭치다	술을 체에 밭친다.	**하노라고**	하노라고 한 것이 이 모양이다.
		하느라고	공부하느라고 밤을 새웠다.

연습 80

(2015.09 B)

〈보기〉는 '한글 맞춤법'의 일부를 정리한 것이다. 이를 통해 알 수 있는 사실로 적절한 것은?

〈보기〉

[제19항]

◦ 어간에 '-이'가 붙어서 명사로 된 것과 '-이'가 붙어서 부사로 된 것은 그 어간의 원형을 밝히어 적는다.

예 먹이, 굳이, 같이 ……………………………………………………㉠

[제25항]

◦ '-하다'가 붙는 어근에 '-히'나 '-이'가 붙어서 부사가 되는 경우에는 그 어근의 원형을 밝히어 적는다.

예 꾸준히, 깨끗이 ……………………………………………………㉡

◦ 부사에 '-이'가 붙어서 역시 부사가 되는 경우에는 그 부사의 원형을 밝히어 적는다.

예 더욱이, 생긋이 ……………………………………………………㉢

① '급히 떠나다'의 '급히'는 ㉠의 '굳이'를 표기할 때 적용된 규정을 따른 것이군.
② '방긋이 웃다'의 '방긋이'는 ㉠의 '같이'를 표기할 때 적용된 규정을 따른 것이군.
③ '많이 먹다'의 '많이'는 ㉡의 '꾸준히'를 표기할 때 적용된 규정을 따른 것이군.
④ '깊이 파다'의 '깊이'는 ㉡의 '깨끗이'를 표기할 때 적용된 규정을 따른 것이군.
⑤ '일찍이 없던 일'의 '일찍이'는 ㉢의 '더욱이'를 표기할 때 적용된 규정을 따른 것이군.

연습 81

(2022.수능)

〈보기〉는 준말에 관한 한글 맞춤법의 일부이다. 이를 적용한 내용으로 적절하지 않은 것은?

〈보기〉

제34항 [붙임 1] 'ㅐ, ㅔ' 뒤에 '-어, -었-'이 어울려 줄 적에는 준 대로 적는다. ……… ㉠

제35항 모음 'ㅗ, ㅜ'로 끝난 어간에 '-아/-어, -았-/-었-'이 어울려 'ㅘ/ㅝ, ㅘㅆ/ㅝㅆ'으로 될 적에는 준 대로 적는다. ……… ㉡

제35항 [붙임 2] 'ㅚ' 뒤에 '-어, -었-'이 어울려 'ㅙ, ㅙㅆ'으로 될 적에도 준 대로 적는다. ……… ㉢

제36항 'ㅣ' 뒤에 '-어'가 와서 'ㅕ'로 줄 적에는 준 대로 적는다. ……… ㉣

제37항 'ㅏ, ㅕ, ㅗ, ㅜ, ㅡ'로 끝난 어간에 '-이-'가 와서 각각 'ㅐ, ㅖ, ㅚ, ㅟ, ㅢ'로 줄 적에는 준 대로 적는다. ……… ㉤

① ㉠을 적용하면 '(날이) 개었다'와 '(나무를) 베어'는 각각 '갰다'와 '베'로 적을 수 있다.
② ㉡을 적용하면 '(다리를) 꼬아'와 '(죽을) 쑤었다'는 각각 '꽈'와 '쒔다'로 적을 수 있다.
③ ㉤을 적용할 때, 어간 '(발로) 차-'에 '-이-'가 붙은 '(발에) 차이-'에 '-었다'가 붙으면 '채었다'로 적을 수 있다.
④ ㉤을 적용한 후 ㉢을 적용할 때, 어간 '(벌이) 쏘-'에 '-이-'가 붙은 '(벌에) 쏘이-'에 '-어'가 붙으면 '쐐'로 적을 수 있다.
⑤ ㉤을 적용한 후 ㉣을 적용할 때, 어간 '(오줌을) 누-'에 '-이-'가 붙은 '(오줌을) 누이-'에 '-어'가 붙으면 '뉘여'로 적을 수 있다.

연습 82

(2018.10)

〈보기〉의 ㉠~㉤에 대한 수정 방안으로 적절하지 않은 것은?

〈보기〉

결석해서 무엇을 공부해야 ㉠**할 지** 모르는 나에게 승호는 필기한 공책을 ㉡**주고 갔다**. 승호는 역시 듬직한 ㉢**형같다**. 이제 내가 심혈을 ㉣**기울일것**은 ㉤**공부 뿐이다**.

① ㉠: '-ㄹ지'가 하나의 어미이기 때문에 '할'과 '지'를 붙여 '할지'로 수정한다.
② ㉡: '갔다'가 본동사이기 때문에 '주고'와 '갔다'를 붙여 '주고갔다'로 수정한다.
③ ㉢: '같다'가 형용사이기 때문에 '형'과 띄어 '형 같다'로 수정한다.
④ ㉣: '것'이 의존 명사이기 때문에 '기울일'과 띄어 '기울일 것'으로 수정한다.
⑤ ㉤: '뿐'이 조사로 쓰였기 때문에 '공부'와 붙여 '공부뿐이다'로 수정한다.

STEP. 2 기출, 이것은 진리

표준어 규정과 한글 맞춤법을 공부했는데, 음운의 변동을 꽉 잡은 느낌이에요. ㅎㅎ

그래서 일부러 음운의 변동 공부 끝나자마자 복습 겸 규정들을 공부하도록 배치했지!

[24-25] 다음 글을 읽고 물음에 답하시오. (2022학년도 4월 고3 전국연합학력평가)

한글 맞춤법은 표준어를 소리대로 적되, 어법에 맞도록 함을 원칙으로 하고 있다. 우선 표준어를 소리대로 적는다는 것은 표준어를 발음되는 대로 표기하는 것을 가리킨다. 그런데 이것만으로는 충분하지 않은 경우가 있다.

예를 들어, '꽃'이라는 단어는 발음되는 환경에 따라 소리가 달라진다. '꽃'이 조사 '이', '만', '도'와 결합한 것을 발음되는 대로 적으면 '꼬치', '꼰만', '꼳또'이므로 의미를 파악하기 어렵다. 따라서 한글 맞춤법에서는 어법에 맞도록 한다는 원칙에 따라 '꽃이', '꽃만', '꽃도'와 같이 '꽃'이라는 하나의 형태로 적도록 하고 있다. 즉 여러 가지 발음을 고려한 대표 형태를 선택하여 일관되게 표기하게 한 것이다. 이러한 원칙은 용언의 어간에 어미가 결합할 때도 동일하게 적용된다. 다만 언제나 어법에 따라 의미가 같은 하나의 말을 하나의 형태로 고정하여 적을 수 있는 것은 아니다.

㉮**대표 형태로는 여러 발음들이 나타나는 과정을 합리적으로 설명할 수 있다.** [이써요], [인는데요], [읻떠라고요]와 같이 발음한 것을 한글 맞춤법에 따라 표기하기 위해 대표 형태를 선택하는 상황을 예로 들 수 있다. '있-', '인-', '읻-' 중에 '읻-'을 대표 형태로 본다면 [인는데요]는 비음화, [읻떠라고요]는 된소리되기로 둘 다 교체로 설명할 수 있지만, [이써요]는 설명할 수 없다. '인-'을 대표 형태로 본다면 [이써요]와 [읻떠라고요]는 설명할 수 없다. 그러나 '있-'을 대표 형태로 선택하면 [이써요]는 음운 변동 없이 연음된 것으로, [인는데요]와 [읻떠라고요]는 모두 교체로 설명할 수 있다. 따라서 '있-'을 대표 형태로 보는 것이 가장 합리적이다.

이와 달리 실제 발음에서 나타나지 않는 형태를 대표 형태로 선택하는 경우가 있다. 예를 들어 '놓으니', '놓다'는 [노으니], [노타]로 발음되는데 어간을 '놓-'이라는 대표 형태로 고정하여 적고 있다. 왜냐하면 대표 형태가 '노-'라면 [노타]를 설명할 수 없지만 '놓-'이라면 [노으니]는 탈락, [노타]는 축약으로 설명이 가능하기 때문이다.

★ 한글 맞춤법의 기본 원칙 이해하고 적용하기.

24 문항 코드 | 23670-0091

윗글을 바탕으로 다음을 이해한 내용으로 적절하지 않은 것은?

> 〈보기〉
>
> 최근 들어 더운 날씨가 이어지고 있습니다. 이번 여름은 얼마나 덥고, 장마의 시작과 끝이 언제일지 궁금하신 분들이 많을 것 같습니다. 올해도 더위가 기승을 부릴 것으로 예측됩니다.

① '들어'를 발음할 때는 음운 변동이 나타나지 않는군.
② '더운'과 '덥고'는 어간의 의미가 같지만 형태를 하나로 고정하여 적지 않은 경우이군.
③ '여름', '장마'는 표준어를 발음되는 대로 표기한 것이군.
④ '끝이'를 '끄치'로 적지 않은 것은 어법에 맞도록 한다는 원칙 때문이군.
⑤ '부릴'의 어간은 실제 발음에서 나타나지 않는 형태를 대표 형태로 선택해 표기한 것이군.

★ 음운의 변동 개념과 떼려야 뗄 수 없음을 알기.

25 문항 코드 | 23670-092

㉮를 고려하여 〈보기〉의 ⓐ~ⓔ의 대표 형태를 탐구한 내용으로 적절한 것은?

〈보기〉

※ 다음은 어간과 어미가 결합할 때의 발음이다.

어미 / 어간	-고	-아서	-지만	-는
ⓐ	[깍꼬]	[까까서]	[깍찌만]	[깡는]
ⓑ	[달코]	[다라서]	[달치만]	[달른]
ⓒ	[싸코]	[싸아서]	[싸치만]	[싼는]
ⓓ	[할꼬]	[할타서]	[할찌만]	[할른]
ⓔ	[갑꼬]	[가파서]	[갑찌만]	[감는]

① ⓐ: 대표 형태가 '깍-'이라면 [깍찌만]과 [깡는]을 음운 변동으로 설명할 수 없지만, 대표 형태가 '깎-'이라면 둘 다 탈락으로 설명할 수 있겠군.

② ⓑ: 대표 형태가 '달-'이라면 [달코]와 [달치만]을 음운 변동으로 설명할 수 없지만, 대표 형태가 '닳-'이라면 둘 다 축약으로 설명할 수 있겠군.

③ ⓒ: 대표 형태가 '싼-'이라면 [싸코]와 [싸아서]를 음운 변동으로 설명할 수 없지만, 대표 형태가 '쌓-'이라면 둘 다 탈락으로 설명할 수 있겠군.

④ ⓓ: 대표 형태가 '할-'이라면 [할꼬]와 [할찌만]을 음운 변동으로 설명할 수 없지만, 대표 형태가 '핥-'이라면 둘 다 축약으로 설명할 수 있겠군.

⑤ ⓔ: 대표 형태가 '갑-'이라면 [갑꼬]와 [감는]을 음운 변동으로 설명할 수 없지만, 대표 형태가 '갚-'이라면 둘 다 교체로 설명할 수 있겠군.

태그 체크

◯ #표준어 규정 ◯ #표준 발음법 ◯ #이거 음운의 변동에서 다 한 거구만.

◯ #한글 맞춤법 ◯ #다 외우지는 못하지만 이해할 수는 있다.

32 규정 모여 2

학습 목표

❶ **외래어 표기법**을 이해하고 구체적인 사례에 적용할 수 있다.
❷ **국어의 로마자 표기법**을 이해하고 구체적인 사례에 적용할 수 있다.

개념 태그 #외래어 표기법 #국어의 로마자 표기법 #국어의 로마자 표기법에도 음운의 변동이!

STEP. 1 내 생애 마지막 개념 정리!

외국어까지 표기법이 있는 줄 몰랐어요. 우리말 아니니까 대충 쓰면 되는 줄 알았는데.

ㅎㅎ 외국어 아니고, 외래어. 외국어는 다른 나라의 말을 뜻하는 거고, 외래어는 '버스, 컴퓨터, 피아노' 처럼 외국에서 들어온 말로 국어에서 널리 쓰이는 단어들을 말해.
그러니까 외래어를 표기하는 규정도 반드시 필요하겠지? 지난 시간의 1/10도 안 될 거 같은데?

오~. 진짜요? ㅎㅎ

개념 045

외래어 표기법

〈외래어 표기법〉의 구성

제1장 표기의 기본 원칙
제2장 표기 일람표
제3장 표기 세칙
제4장 인명, 지명 표기의 원칙

우리는 표기의 기본 원칙을 살펴 볼 거야.

제1장 표기의 기본 원칙

제1항 | 외래어는 국어의 현용 ____ 자모만으로 적는다.

[f, v, ʃ]처럼 국어에 없는 외국어 소리를 적기 위해 별도의 문자를 만들지 않겠다는 뜻이야.

제2항 | 외래어의 ___ 음운은 원칙적으로 ___ 기호로 적는다.

만약 'fighting'은 '화이팅'으로 적고, 'film'은 '필름'으로 표기하면 혼란스러우니까, 'f'는 'ㅍ'으로 적기로 한다는 거야.

그럼 '화이팅'이 아니라 '파이팅'이겠네요.

맞아, '화이터'라고 안하고, '파이터'라고 하잖아.

제3항 | 받침에는 '___, ___, ___, ___, ___, ___, ___'만을 쓴다.

외래어라고 해도 국어의 받침 규칙을 적용하겠다는 거야.

그럼 'coffee shop'에서 'shop'은 'p'로 끝나는데 어떡해요? '커피숖'이라고 쓰면 틀리는 거예요?

그럼. 받침에는 'ㄱ, ㄴ, ㄹ, ㅁ, ㅂ, ㅅ, ㅇ'만 쓸 수 있다고 했잖아. 그럼 이 중에서 뭘 쓰면 되겠어?

음절의 끝소리 규칙?! 아, 그럼 '커피숍'이라고 쓰나요?

ㅎㅎ 맞았어!

제4항 | 파열음 표기에는 ___________를 쓰지 않는 것을 원칙으로 한다.

무성 파열음 [p, t, k]가 영어, 독일어에서는 'ㅍ, ㅌ, ㅋ'에 가깝게 들리고, 프랑스어, 러시아어, 이탈리아어에서는 'ㅃ, ㄸ, ㄲ'에 가깝게 들리는데 어떤 경우에는 된소리로 적고, 어떤 경우에는 거센소리로 적는다면 혼란스러우니까 파열음 표기에는 된소리를 쓰지 않겠다는 거야.

ㅎㅎ 그럼 '뻐스', '택씨'는 안 되겠어요. 그래서 '버스(bus)', '택시(taxi)'라고 쓰는 거구나.

빙고!

제5항 | 이미 굳어진 외래어는 관용을 존중하되, 그 범위와 용례는 따로 정한다.

'라디오(radio)', '카메라(camera)'처럼 이미 굳어진 외래어는 위의 원칙에 위배되더라도 관용을 중시해서 표기한다는 거야. 자, 그럼 외래어 표기법은 끝났어.

눼에? 정말 이게 끝이라고용??

연습 83

(2005.05(2))

〈보기〉를 이용하여 국어 수업을 진행하였다. 학생들의 발표 내용에서 규정에 어긋나는 것은?

〈보기〉

[외래어 표기법]

제1항 외래어는 국어의 현용 24자모만으로 적는다.

제2항 외래어의 1 음운은 1 기호로 적는다.〈예: 'f'→ 'ㅍ'(패밀리, 필름, 필)〉

[붙임 1] 장모음 표기는 따로 하지 않는다.

[붙임 2] 'ㅈ'계 뒤에 오는 모음은 단모음으로 표기한다.

제3항 외래어의 받침에는 'ㄱ, ㄴ, ㄹ, ㅁ, ㅂ, ㅅ, ㅇ'만을 적는다.

제4항 파열음 표기에는 된소리를 쓰지 않는 것을 원칙으로 한다.〈예: 파리, 버스〉

제5항 이미 굳어진 외래어는 관용을 존중한다.〈예: 카메라〉

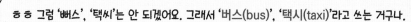

① 예진: 노를 젓거나 모터에 의하여 추진하는 서양식의 작은 배인 'boat'는 '보우트'라고 적어야 합니다.
② 은수: 우리가 매일 같이 접하는 'television'은 '텔레비전'이라고 표기합니다.
③ 태민: 차를 마시며 이야기를 나눌 수 있는 공간을 말하는 'coffee shop'의 바른 표기는 '커피숍'입니다.
④ 성준: 요즘 은행은 'service'가 참 좋다고 말할 때는 '서비스'라고 표기하는 것이 규정에 맞습니다.
⑤ 윤아: 밀가루 반죽 위에 각종 재료를 얹어 둥글고 납작하게 구운 파이인 'pizza'는 '피자'가 바른 표기입니다.

연습 84

(2014.03(2) B)

다음은 학생들이 궁금해하는 질문과 이와 관련된 외래어 표기법이다. 질문에 답하기 위해 참조해야 할 규정을 바르게 짝지은 것은?

[질문]
◦프랑스의 수도를 적을 때 '파리'로 적어야 할까, '빠리'로 적어야 할까? ······ ㉠
◦'racket'의 발음 [t]를 받침으로 표기할 때, 'ㄷ', 'ㅅ', 'ㅌ' 중 무엇으로 적어야 할까? ······ ㉡
◦[f]를 표기하기 위한 새로운 기호를 만들어야 하지 않을까? ······ ㉢

〈외래어 표기법〉
제1장 표기의 기본 원칙
제1항 외래어는 국어의 현용 24 자모만으로 적는다.
제2항 외래어의 1 음운은 원칙적으로 1 기호로 적는다.
제3항 받침에는 'ㄱ, ㄴ, ㄹ, ㅁ, ㅂ, ㅅ, ㅇ'만을 쓴다.
제4항 파열음 표기에는 된소리를 쓰지 않는 것을 원칙으로 한다.
제5항 이미 굳어진 외래어는 관용을 존중하되, 그 범위와 용례는 따로 정한다.

	㉠	㉡	㉢
①	제1항	제3항	제2항
②	제1항	제4항	제5항
③	제4항	제3항	제1항
④	제4항	제5항	제2항
⑤	제5항	제4항	제3항

개념 046

국어의 로마자 표기법

〈국어의 로마자 표기법〉의 구성

제1장 표기의 기본 원칙
제2장 표기 일람
제3장 표기상의 유의점

제1장 표기의 기본 원칙

제1항 | 국어의 로마자 표기는 국어의 표준 발음법에 따라 적는 것을 원칙으로 한다.

제2항 | 로마자 이외의 부호는 되도록 사용하지 않는다.

제2장 표기 일람

제1항 | 모음은 다음 각호와 같이 적는다.

1. 단모음

ㅏ	ㅓ	ㅗ	ㅜ	ㅡ	ㅣ	ㅐ	ㅔ	ㅚ	ㅟ
a	eo	o	u	eu	i	ae	e	oe	wi

2. 이중 모음

ㅑ	ㅕ	ㅛ	ㅠ	ㅒ	ㅖ	ㅘ	ㅙ	ㅝ	ㅞ	ㅢ
ya	yeo	yo	yu	yae	ye	wa	wae	wo	we	ui

붙임 1
'ㅢ'는 'ㅣ'로 소리 나더라도 ______로 적는다.
(보기) 광희문[광히문] Gwanghuimun

붙임 2
장모음의 표기는 따로 하지 않는다.

제2항 | 자음은 다음 각호와 같이 적는다.

1. 파열음

ㄱ	ㄲ	ㅋ	ㄷ	ㄸ	ㅌ	ㅂ	ㅃ	ㅍ
____, ____	kk	k	____, ____	tt	t	____, ____	pp	p

2. 파찰음

ㅈ	ㅉ	ㅊ
j	jj	ch

3. 마찰음

ㅅ	ㅆ	ㅎ
s	ss	h

4. 비음

ㄴ	ㅁ	ㅇ
n	m	ng

5. 유음

ㄹ
____, ____

붙임 1

'ㄱ, ㄷ, ㅂ'은 모음 앞에서는 'g, d, b'로, 자음 앞이나 어말에서는 'k, t, p'로 적는다.([ ] 안의 발음에 따라 표기함.)

(보기) 구미 Gumi　　영동 Yeongdong　　백암 Baegam
　　옥천 Okcheon　　합덕 Hapdeok　　호법 Hobeop
　　월곶[월곧] Wolgot　　벚꽃[벋꼳] beotkkot　　한밭[한받] Hanbat

붙임 2

'ㄹ'은 모음 앞에서는 'r'로, 자음 앞이나 어말에서는 'l'로 적는다. 단, 'ㄹㄹ'은 'll'로 적는다.

(보기) 구리 Guri　　설악 Seorak
　　칠곡 Chilgok　　임실 Imsil
　　울릉 Ulleung　　대관령[대괄령] Daegwallyeong

제3장 표기상의 유의점

제1항 | 음운 변화가 일어날 때에는 변화의 결과에 따라 다음 각호와 같이 적는다.

1. 자음 사이에서 ________ 작용이 일어나는 경우

(보기) 백마[뱅마] Baengma　　신문로[신문노] Sinmunno
　　종로[종노] Jongno　　왕십리[왕심니] Wangsimni
　　별내[별래] Byeollae　　신라[실라] Silla

2. '____, ____'이 덧나는 경우

(보기) 학여울[항녀울] Hangnyeoul　알약[알략] allyak

3. ______________ 가 되는 경우

(보기) 해돋이[해도지] haedoji　같이[가치] gachi　굳히다[구치다] guchida

4. 'ㄱ, ㄷ, ㅂ, ㅈ'이 'ㅎ'과 합하여 ______________ 로 소리 나는 경우

(보기) 좋고[조코] joko　　놓다[노타] nota
　　잡혀[자펴] japyeo　　낳지[나치] nachi

다만

________에서 'ㄱ, ㄷ, ㅂ' 뒤에 'ㅎ'이 따를 때에는 '____'을 밝혀 적는다.

(보기) 묵호(Mukho)　집현전(Jiphyeonjeon)

붙임 1

________________ 는 표기에 반영하지 않는다.

(보기) 압구정[압꾸정] Apgujeong　낙동강[낙똥강] Nakdonggang　울산[울싼] Ulsan

제2항 | 발음상 혼동의 우려가 있을 때에는 음절 사이에 붙임표(-)를 쓸 수 있다.

(보기) 중앙 Jung-ang　　반구대 Ban-gudae
　　세운 Se-un　　해운대 Hae-undae

제3항 | 고유 명사는 첫 글자를 __________ 로 적는다.

(보기) 부산 Busan　세종 Sejong

제4항 | 인명은 성과 이름의 순서로 띄어 쓴다. 이름은 붙여 쓰는 것을 원칙으로 하되 음절 사이에 붙임표(-)를 쓰는 것을 허용한다.(( ) 안의 표기를 허용함.)

(보기) 민용하 Min Yongha (Min Yong-ha)
　　송나리 Song Nari (Song Na-ri)

(1) 이름에서 일어나는 음운 변화는 표기에 반영하지 않는다.

(보기) 한복남[한봉남] Han Boknam (Han Bok-nam)
　　홍빛나[홍빈나] Hong Bitna (Hong Bit-na)

(2) 성의 표기는 따로 정한다.

제5항 | '도, 시, 군, 구, 읍, 면, 리, 동'의 행정 구역 단위와 '가'는 각각 'do, si, gun, gu, eup, myeon, ri, dong, ga'로 적고, 그 앞에는 붙임표(-)를 넣는다. 붙임표(-) 앞뒤에서 일어나는 음운 변화는 표기에 반영하지 않는다.

(보기) 충청북도[충청북또] Chungcheongbuk-do　　제주도 Jeju-do
의정부시 Uijeongbu-si　　양주군 Yangju-gun
종로[종노] 2가 Jongno 2(i)-ga　　퇴계로 3가 Toegyero 3(sam)-ga

붙임
'시, 군, 읍'의 행정 구역 단위는 생략할 수 있다.
(보기) 청주시 Cheongju　　함평군 Hampyeong
순창읍 Sunchang

제6항 | 자연 지물명, 문화재명, 인공 축조물명은 붙임표(-) 없이 붙여 쓴다.

(보기) 경복궁[경:복꿍] Gyeongbokgung　　속리산[송니산] Songnisan
안압지[아:납찌] Anapji　　독도[독또] Dokdo
극락전[긍낙쩐] Geungnakjeon　　불국사[불국싸] Bulguksa
독립문[동님문] Dongnimmun　　촉석루[촉썽누] Chokseongnu

연습 85

(2013.04 B)

다음은 표준 발음법과 국어의 국어의 로마자 표기법의 일부이다. 로마자로 표기하는 방법에 대해 설명한 내용으로 적절한 것은?

【 표준 발음법 】

제2장 제5항 'ㅑ ㅒ ㅕ ㅖ ㅘ ㅙ ㅛ ㅝ ㅞ ㅠ ㅢ'는 이중모음으로 발음한다.
다만 2. '예, 례' 이외의 'ㅖ'는 [ㅔ]로도 발음한다.
다만 3. 자음을 첫소리로 가지고 있는 음절의 'ㅢ'는 [ㅣ]로 발음한다.
다만 4. 단어의 첫음절 이외의 '의'는 [ㅣ]로, 조사 '의'는 [ㅔ]로 발음함도 허용한다.

【 국어의 로마자 표기법 】

제1장 제1항 국어의 로마자 표기는 국어의 표준 발음법에 따라 적는 것을 원칙으로 한다.
제2장 제1항 모음은 다음 각 호와 같이 적는다.

1. 단모음

ㅣ	ㅔ
i	e

2. 이중 모음

ㅖ	ㅢ
ye	ui

[붙임 1] 'ㅢ'는 'ㅣ'로 소리 나더라도 ui로 적는다.

① '숭례문'에서 '례'의 'ㅖ'는 [ㅖ]로 발음해야 하므로 'e'로 표기해야 한다.
② '도예촌'에서 '예'의 'ㅖ'는 [ㅔ]로도 발음할 수 있으므로 'e'로 표기할 수 있다.
③ '퇴계원'에서 '계'는 '예, 례' 이외의 'ㅖ'이어서, [ㅖ]로 발음해야 하므로 'e'로 표기해야 한다.
④ '충의사'에서 '의'는 단어의 첫 음절 이외의 '의'이어서, [ㅣ]로 발음되나 'ui'로 표기해야 한다.
⑤ '광희문'에서 '희'는 자음을 첫소리로 가지고 있는 음절이어서, [ㅣ]로 발음되므로 'i'로 표기해야 한다.

연습 86

(2018.07)

〈보기〉는 수업의 한 장면이다. 선생님의 질문에 대한 답을 바르게 짝지은 것은?

〈보기〉

선생님: 국어를 로마자로 표기할 때는 국어의 표준 발음법에 따라 적는 것을 원칙으로 합니다. 따라서 음운 변동의 결과를 표기에 반영하지요. 이때, 'ㄱ, ㄷ, ㅂ'은 모음 앞에서는 'g, d, b'로, 자음 앞이나 어말에서는 'k, t, p'로 적습니다. 'ㄹ'은 모음 앞에서는 'r'로, 자음 앞이나 어말에서는 'l'로 적으며, 'ㄹㄹ'은 'll'로 적지요.
그럼 아래의 표기 일람을 참고할 때, '독립문'과 '대관령'의 로마자 표기는 어떻게 될까요?

ㄱ	ㄴ	ㄷ	ㄹ	ㅁ	ㅂ	ㅇ
g, k	n	d, t	r, l	m	b, p	ng
ㅐ	ㅕ	ㅗ	ㅘ	ㅜ	ㅣ	
ae	yeo	o	wa	u	i	

	독립문	대관령
①	Dongnimmun	Daegwallyeong
②	Dongnimmun	Daegwalryeong
③	Dongrimmun	Daegwallyeong
④	Dongrimmun	Daegwanryeong
⑤	Doknipmun	Daegwanryeong

연습 87

(2012.09(2))

〈보기〉는 국어의 국어의 로마자 표기법의 중요 내용을 정리한 것이다. 이를 적용하여 잘못 표기된 나라 이름을 수정하였을 때, 수정 근거가 적절하지 않은 것은?

〈보기〉

◇ 'ㄱ, ㄷ, ㅂ'은 모음 앞에서는 'g, d, b'로, 자음 앞이나 어말에서는 'k, t, p'로 적는다. ㉠
◇ 'ㄹ'은 모음 앞에서는 'r'로, 자음 앞이나 어말에서는 'l'로 적는다. 단, 'ㄹㄹ'은 'll'로 적는다. ㉡
◇ 된소리되기는 표기에 반영하지 않는다. ㉢
◇ 고유 명사는 첫 글자를 대문자로 적는다. ㉣

단, 국어의 로마자 표기는 국어의 표준 발음법에 따라 적는 것을 원칙으로 한다.

나라 이름	수정 전 → 수정 후	수정 근거
고려[고려]	golyeo → Goryeo	㉠, ㉣ ①

발해[발해]	Parhae → Balhae	㉠, ㉡ ······························ ②
백제[백쩨]	Paegje → Baekje	㉠ ······························ ③
신라[실라]	Silra → Silla	㉡ ······························ ④
옥저[옥쩌]	okjjeo → Okjeo	㉢, ㉣ ······························ ⑤

연습 88

(2015.06B)

(가)에 들어갈 내용으로 적절하지 않은 것은?

선생님: 국어의 로마자 표기법은 국제화 시대에 그 중요성이 더 커지고 있습니다. 국어의 로마자 표기법을 구체적으로 배우기 전에, 다음 자료로 탐구한 내용을 발표해 봅시다.

표기	표준 발음	올바른 로마자 표기	
가락	[가락]	garak	······ ㉠
앞집	[압찝]	apjip	······ ㉡
장롱	[장ː농]	jangnong	······ ㉢

학생: (가)

① ㉠에서 '가'의 'ㄱ'은 'g'로, '락'의 'ㄱ'은 'k'로 표기한 것을 보니, '가락'의 두 'ㄱ'은 같은 자음이지만 다른 로마자로 적었어요.

② ㉡에서 '앞'의 'ㅍ'과 '집'의 'ㅂ'을 모두 'p'로 표기한 것을 보니, '앞집'의 'ㅍ'과 'ㅂ'은 다른 자음이지만 동일한 로마자로 적었어요.

③ ㉢에서 장음을 표시하는 기호인 'ː'가 로마자 표기에 없는 것을 보니, 장단의 구별은 로마자 표기에 반영하지 않았어요.

④ ㉠에서 '락'의 'ㄹ'은 'r'로, ㉢에서 '롱'의 'ㄹ'은 'n'으로 표기한 것을 보니, ㉢ '장롱'의 로마자 표기는 자음 동화를 반영하여 적었어요.

⑤ ㉡에서 '집'의 'ㅈ'과 ㉢에서 '장'의 'ㅈ'을 같은 로마자로 표기한 것을 보니, ㉡ '앞집'의 로마자 표기는 된소리되기를 반영하여 적었어요.

STEP. 2 기출, 이것은 진리

외래어 표기법과 국어의 로마자 표기법은 생각보다 어렵지 않고, 내용도 많지 않지?

네, 그리고 의외로 일상에도 도움이 많이 될 거 같아요. :) 이제 지하철 탈 때 역 이름을 국어의 로마자 표기법에 맞게 잘 표기했는지 보게 될 거 같아요. ㅋㅋ 아는 만큼 보인다는 말이 딱 맞아요.

[26~27] 다음 글을 읽고 물음에 답하시오. (2021학년도 3월 고3 전국연합학력평가)

(가) 표준 발음법 제5장에서는 '음의 동화'에 대해 다루고 있다. 동화는 음운 변동 중 한 음운이 다른 음운으로 바뀌는 교체에 속한다. 대표적인 예로 'ㄱ, ㄷ, ㅂ'이 비음 'ㄴ, ㅁ' 앞에서 각각 동일한 조음 위치의 비음인 'ㅇ, ㄴ, ㅁ'으로 조음 방법이 바뀌는 비음화, 'ㄴ'이 'ㄹ'의 앞 또는 뒤에서 동일한 조음 위치의 유음인 'ㄹ'로 조음 방법이 바뀌는 유음화가 있다. 예컨대 '맏물[만물]'에서는 비음화가 일어나고, '실내[실래]'에서는 유음화가 일어난다.

[A] 한편 동화를 일으키는 음운은 동화음, 동화음의 영향을 받는 음운은 피동화음이라고 하는데, 동화는 동화의 방향이나 동화의 정도에 따라 나눌 수 있다. 동화의 방향에 따라서는 동화음이 피동화음에 선행하는 동화, **㉠동화음이 피동화음에 후행하는 동화**로 나눌 수 있다. 그리고 동화의 정도에 따라서는 **㉡피동화음이 동화음과 완전히 같아지는 동화**, 피동화음이 동화음의 조음 위치나 조음 방법과 같은 일부 특성만 닮는 동화로 나눌 수 있다. 예컨대 '실내'에서는 동화음이 피동화음에 선행하며 피동화음이 동화음과 완전히 같아지는 동화가 일어나지만, '맏물'에서는 동화음이 피동화음에 후행하며 피동화음이 동화음의 조음 방법만 닮는 동화가 일어난다.

(나) 국어의 로마자 표기는 국어의 표준 발음법에 따라 적는 것을 원칙으로 한다. 다음은 국어의 국어의 로마자 표기법의 일부를 정리한 것이다.

1. 표기 일람

(1) 모음

ㅏ	ㅗ	ㅜ	ㅣ	ㅐ	ㅕ	ㅛ	ㅘ
a	o	u	i	ae	yeo	yo	wa

• 장모음의 표기는 따로 하지 않는다.

(2) 자음

ㄱ	ㄷ	ㅂ	ㅅ	ㅁ	ㅇ	ㄹ
g, k	d, t	b, p	s	m	ng	r, l

• 'ㄱ, ㄷ, ㅂ'은 모음 앞에서는 'g, d, b'로, 자음 앞이나 어말에서는 'k, t, p'로 적는다.
• 'ㄹ'은 모음 앞에서는 'r'로, 자음 앞이나 어말에서는 'l'로 적는다. 단, 'ㄹㄹ'은 'll'로 적는다.

2. 표기상의 유의점

• 음운 변화가 일어날 때에는 변화의 결과에 따라 적는다.
• 고유 명사는 첫 글자를 대문자로 적는다.

★ 국어의 로마자 표기법 이해 및 적용하기.

26 문항 코드 | 23670-0093

(가)와 (나)를 참고해 〈보기〉의 ⓐ~ⓔ를 로마자로 표기하려 할 때, 이에 대한 설명으로 적절한 것은?

〈보기〉

◦ⓐ**대관령**[대ː괄령]에서 ⓑ**백마**[뱅마] 교차로까지는 멀다.
◦ⓒ**별내**[별래] 주민들은 ⓓ**삽목묘**[삼몽묘]를 구입하였다.
◦작년에 농장 주인은 ⓔ**물난리**[물랄리]로 피해를 보았다.

*ⓐ~ⓒ는 지명임.

① ⓐ: 종성 위치에서만 유음화가 일어나 **[대ː괄령]**으로 발음되므로 'Dae:kwallyeong'로 표기해야 한다.
② ⓑ: 초성 위치에서만 비음화가 일어나 **[뱅마]**로 발음되므로 'Baengma'로 표기해야 한다.
③ ⓒ: 초성 위치에서만 유음화가 일어나 **[별래]**로 발음되므로 'Byeollae'로 표기해야 한다.
④ ⓓ: 초성 위치와 종성 위치에서 비음화가 일어나 **[삼몽묘]**로 발음되므로 'sammongmyo'로 표기해야 한다.
⑤ ⓔ: 초성 위치와 종성 위치에서 유음화가 일어나 **[물랄리]**로 발음되므로 'mullalri'로 표기해야 한다.

★ 비음화, 유음화, 순행 동화, 역행 동화, 완전 동화, 부분 동화의 개념 이해 확인하기.

27 문항 코드 | 23670-0094

[A]를 바탕으로 〈보기〉에서 일어나는 동화의 양상을 분석할 때, ㉠과 ㉡이 모두 일어나는 단어만을 골라 묶은 것은?

〈보기〉

곤란[골ː란]　　국민[궁민]　　읍내[음내]
입문[임문]　　칼날[칼랄]

① 곤란, 입문　　② 국민, 읍내
③ 곤란, 국민, 읍내　　④ 곤란, 입문, 칼날
⑤ 국민, 입문, 칼날

태그 체크

○ #외래어 표기법　　#국어의 로마자 표기법　　#국어의 로마자 표기법에도 음운의 변동이!

33 담화

학습 목표

❶ **담화의 개념**을 알고 **담화의 특성**을 이해할 수 있다.
❷ 구체적 **담화 상황**을 이해하고 **담화 표현의 의미**를 파악할 수 있다.

개념 태그

#담화 #발화 #직접 발화 행위 #간접 발화 행위
#통일성, 응집성 #화자, 청자, 발화, 장면, 매체 #지시 표현, 대용 표현, 접속 표현, 반복 #호칭어
#지칭어 #인사말

STEP. 1 내 생애 마지막 개념 정리!

깨알 같은 규정들 공부하느라 힘들었지? 열심히 달렸으니까, 이번 시간도 좀 편한 시간.

헉헉, 선생님 진짜 쉬어가는 거 맞나요?

응, 지난 시간에 비하면~ 오늘은 가볍게 개념을 익히고 문제에 적용 연습하면 돼. 그리고 우리가 이제까지 배웠던 높임 표현이라든가, 피동, 사동 표현, 지시 표현들이 또 나올 거야. 오늘도 복습의 느낌이 좀 있지. :)

개념 047

발화 (發쏠 발, 話말할 화)

발화란?

추상적인 생각이 구체적인 의사소통의 상황 속에서 문장 단위로 실현된 것을 말해. ______가 모여 ______를 이루는 거야.

1. 발화의 기능

명령, 요청, 질문, 제안, 약속, 경고, 축하, 위로, 협박, 선언, 칭찬, 비난 등의 ______를 수반하기도 함.

2. 직접 발화 행위와 간접 발화 행위

<table>
<tr><td>직접 발화 행위</td><td>발화된 내용과 발화자의 의도가 일치하는 것, 발화자가 자신의 의도를 직접 표현하는 행위.</td><td rowspan="2">지금은 밤 12시.
옆집에서는 계속해서 피아노 연습 소리가…

(명령문) ______ 발화 행위: 피아노 좀 그만 치세요.
(청유문) ______ 발화 행위: 잠 좀 잡시다.
(의문문) ______ 발화 행위: 지금이 도대체 몇 시인 줄 아세요?
(평서문) ______ 발화 행위: 우리 집에 고3 있어요. 낼 모레 수능입니다.</td></tr>
<tr><td>간접 발화 행위</td><td>관련된 언어적 표현을 직접 쓰지 않으면서도 발화자의 의도를 드러내는 행위.</td></tr>
</table>

개념 048

담화 (談말씀 담, 話말할 화)

담화란?

화자(말하는 이)와 청자(듣는 이)를 포함하여 구체적인 문맥 속에서 이루어지는 발화나 ________의 연속체를 말해.

1. 담화의 구성 요소

① 담화의 외적 구성 요소

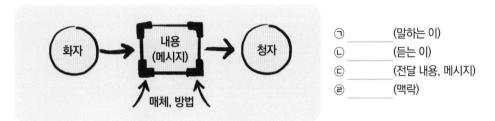

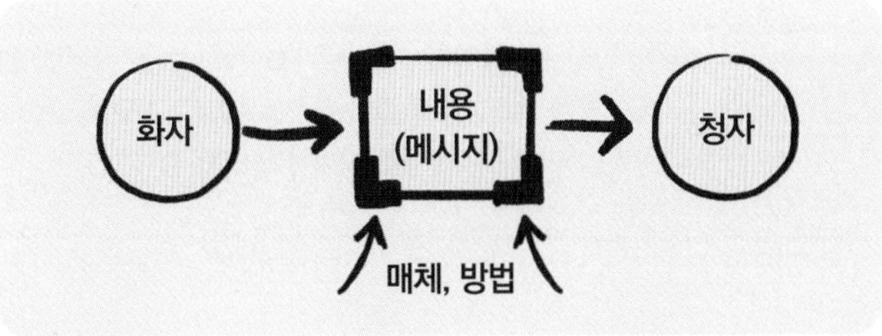

㉠ ________(말하는 이)
㉡ ________(듣는 이)
㉢ ________(전달 내용, 메시지)
㉣ ________(맥락)

개념 콕

장면(다른 말로 맥락, 상황, 상황 맥락 등)의 중요성

담화에 담긴 의미를 정확히 파악하기 위해서는 발화의 내용뿐만 아니라 화자, 청자, 맥락을 모두 고려해야 돼. 특히 담화의 의미 해석에는 언어적 맥락을 비롯하여 상황 맥락과 사회·문화적 맥락과 같은 비언어적 맥락이 아주 중요하게 작용한다는 걸 기억하자.

- ① 언어적 맥락
- 비언어적 맥락
  - ② 상황 맥락: 실제 담화가 일어나는 것과 관련이 있는 구체적인 맥락.
    (시간, 공간, 담화의 목적 등)
  - ③ 사회·문화적 맥락: 담화가 생산되는 사회적·문화적·역사적 배경과 관련이 깊은 맥락
    (공동체의 가치, 이데올로기, 역사적 경험, 관습 등)

① **알라딘**: 자스민, 밥 먹었어?
자스민: 아니.
→ '나는', '밥을', '안 먹었어'라는 주어, 목적어, 서술어 모두를 생략했음에도 언어적 맥락에 따라 자스민이 밥을 안 먹었다는 의미를 파악할 수 있음.

② **지현**: 엄마, 학교 다녀오겠습니다.
엄마: 응~, 잘 다녀와. 밖에 비 온다.
→ 지현이는 지금 학교에 가기 위해 집을 나서는 상황이고, 밖에는 비가 내리고 있어. 이러한 상황 맥락을 고려해 본다면 "밖에 비 온다."라는 엄마의 발화는 '비가 온다'는 객관적 사실을 전달한다기 보다, '비 오니까 조심해서 학교에 다녀오라'거나 '비 오니까 우산을 챙겨서 학교에 가라'는 의미를 전달한다는 것을 파악할 수 있음.

③ 한국에 온지 딱 3일 된 대니얼, 엄청 무거운 짐을 들고 버스에 탐.
노약자 석에 앉아 계시던 할머니: 아이고, 총각. 그 짐 이리 줘.(이미 대니얼의 짐은 할머니 손에)
사색이 된 대니얼: 으앙, 할머니 왜 그러세요. ㅠㅠ 이거 제 거예요. ㅠㅠ
→ 나였으면, '어머 어르신 감사합니다.' 할 텐데! ㅎㅎ 자리에 앉은 사람이 무거운 짐을 들고 서 있는 사람의 짐을 들어 주는 건 우리네 따뜻한 정인데. 우리나라 문화를 잘 모르는 대니얼 입장에서는 눈 뜨고 코 베이는 느낌이었을 수도? ^^;

개념 콕

이렇게 상황 맥락에 따라서 같은 표현도 의미하는 바가 달라질 수 있는 거야.

이 '우리'가 그 '우리'인가?

『표준국어대사전』

우리
말하는 이가 자기와 듣는 이, 또는 자기와 듣는 이를 포함한 여러 사람을 가리키는 일인칭 대명사.

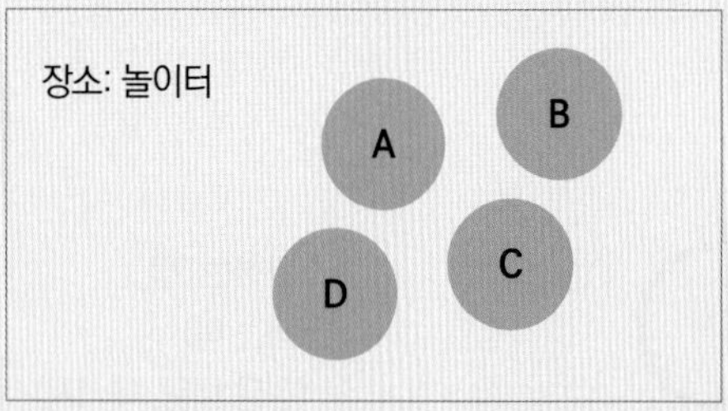

A: ㉠우리 이제 그만 놀고 도서관 가자!
B: ㉡우리는 이제 집에 가야할 거 같아. ㅠㅠ

A가 말한 '우리'와 B가 말한 '우리'는 과연 누구를 의미하는 거지?
- A가 말한 우리(㉠): A를 포함한 A, B, C, D 모두.
- B가 말한 우리(㉡): A를 제외한 나머지. B, C, D.

연습 89

(2015.06(2))

〈보기〉의 설명을 바탕으로 예문을 이해한 내용으로, 적절하지 않은 것은?

〈보기〉

설명

하나 이상의 발화가 유기적으로 연결된 것을 담화(談話)라고 한다. 담화를 정확하고 적절하게 이해하기 위해서는 담화 내부의 ⓐ**언어적 맥락**뿐만 아니라 비언어적 맥락 또한 파악해야 한다. 비언어적 맥락에는 담화가 이루어지는 시간, 장소, 목적 등을 포함하는 ⓑ**상황 맥락**과 국가, 제도, 문화 등을 포함하는 사회·문화적 맥락이 있다.

예문

[가] 쌀쌀한 교실에서

선희: 조금 춥구나!
철호: 나도 조금 추워!
영수: 창문 닫아줄까? ……… ㉠
철호: 고마워. 일어나기가 귀찮아서 참고 있었어. ……… ㉡
선희: 영수야, 난 그냥 조금 쌀쌀해서 한 말이었어. ……… ㉢

[나] 사람들로 붐비는 버스에서

승객 1: 내립시다.
승객 2: 전 이번에 안 내리는데요. ……… ㉣
승객 1: 좀 비켜 달라고요! ……… ㉤

① ㉠: '영수'는 '선희'와 '철호'의 발화를 ⓑ를 중심으로 이해하였다.
② ㉡: '철호'는 '영수'가 자신의 발화를 ⓑ를 중심으로 정확히 이해했음을 알려 주었다.
③ ㉢: '선희'는 '영수'에게 앞선 자신의 발화가 ⓐ를 중심으로 이해되어야 함을 밝혔다.
④ ㉣: '승객 2'는 '승객 1'의 발화를 ⓑ를 중심으로 이해하였다.
⑤ ㉤: '승객 1'은 '승객 2'가 ⓐ를 중심으로 이해하도록 말하였다.

② 담화의 내적 구성 요소

㉠ 내용면

__________(統거느릴 통, 一하나 일, 性성품 성)

통일성이 있어야 한다는 건 담화가 여러 발화로 이루어져 있더라도 그 주제는 ____ 가지로 통일되어야 한다는 의미야.

예 내일부터 영하 3도로 추워진대. 청양 고추는 정말 맵더라. 뽀로로는 정말 잘 만든 애니메이션이야. 우리 집 강아지가 많이 아파.

응? 날씨 얘기를 하는 건지, 매운 고추 얘기를 하는 건지, 뽀로로 얘기를 하는 건지, 강아지 얘기를 하는 건지. 영~ __________ 이 없네요. 이건 문장들이 그냥 나란히 있을 뿐이지, 담화라고 할 수 없겠어요.

㉡ 형식면

__________(凝엉길 응, 集모을 집, 性성품 성)

응집성이 있어야 한다는 건 담화를 이루는 발화들이 ________하게 연결되어 있어야 한다는 거야.
응집성을 위해서는 지시 표현, 대용 표현, 접속 표현, 동일 어구를 사용하는 방법 등이 있어.

예 독서는 자신을 둘러싼 현실을 올바로 인식하고 당면한 문제를 해결할 논리와 힘을 지니게 한다. 책은 세상에 대한 안목을 키우는 데 필요한 지식을 담고 있으며, 독서는 그 지식을 얻는 과정이다. 독자의 생각과 오랜 세월 축적된 지식의 만남은 독자에게 올바른 식견을 갖추고 당면한 문제를 해결할 방법을 모색하도록 함으로써 세상을 바꾼다. 세상을 변화시킬 동력을 얻는 이 시간은 책에 있는 정보를 이해하는 데 그치는 것이 아니라 그 정보가 자신의 관점에서 문제를 해결할 수 있는 타당한 정보인지를 판단하고 분석하는 시간이어야 한다.

음. 이 담화는 괜찮네요. 주제도 하나이고, 지시어와 대용 표현도 적절하게 사용하고 있어요, __________ 과 __________ 이 있다고 할 수 있겠어요.

ㅎㅎ 응, 그거 이번 수능에서 제일 쉬웠던 지문의 일부야.

넹??

2. 담화의 표현

① ________ 표현

지시 대명사, 지시 관형사, 지시 부사 등 품사 공부할 때 배웠지?

② ________ 표현

담화에서 앞에 언급했던 내용을 다른 형식의 표현으로 바꿔 나타냄으로써 중복된 표현을 피하고 의미를 보다 간결하게 전달할 수 있어.

③ ________ 표현

'그러나', '그래서', '그러므로', '왜냐하면' 등의 접속 부사뿐만 아니라, '역시', '더욱이' 등의 부사어, '~와 달리', '~에 비해'와 같은 접속어구들을 사용하면 앞뒤 내용의 의미 관계를 보다 긴밀하게 연결하여 의미를 전달할 수 있어.

④ 동일 어구의 ________

담화의 화제가 되는 대상이 반복되어 쓰이면서 담화를 구성하는 발화들의 의미를 연결할 수 있어.

아~, 이런 장치들을 적절하게 활용하면 담화의 응집성을 확보할 수 있겠어요.
수능 지문의 일부라고 하신 글을 다시 보니 짧지만 이런 요소들을 골고루 잘 활용하고 있네요. 역시!

3. 담화의 유형과 기능

정보 제공 담화	강의, 신문이나 방송의 보도문, 보고서, 안내문 등.
호소 담화	광고, 설교, 연설 등.
약속 담화	맹세, 선서, 계약서, 협의서 등.
사교 담화	잡담, 인사말, 환영 인사, 문안 편지 등.
선언 담화	선전 포고, 유언장, 임명장, 판결문 등

연습 90

(2022.03(2))

〈보기 1〉을 바탕으로, 〈보기 2〉를 이해한 내용으로 적절하지 않은 것은?

〈보기 1〉

주체 높임은 일반적으로 주체의 나이가 화자보다 많거나 사회적 지위 등이 화자보다 높을 때 실현된다. 하지만 주체와 청자의 관계, 담화 상황 등을 고려하여 주체가 높임의 대상이라도 높이지 않거나, 주체가 높임의 대상이 아니라도 높이기도 한다. 가령 방송과 같은 공적 담화에서는 객관성을 고려하여 주체를 높이지 않는 경우가 있다. 또한 주체의 신체 일부, 소유물 등 주체와 밀접한 관련이 있는 대상을 높임으로써 주체를 간접적으로 높일 수도 있는데, 이를 간접 높임이라고 한다.

〈보기 2〉

ㄱ. (아버지께) 선생님께서는 책이 많으십니다.
ㄴ. (방송에서) 세종대왕이 한글을 창제했습니다.
ㄷ. (수업에서 선생님이) 발표할 어린이는 손 드시면 됩니다.
ㄹ. (어린 손자에게) 너희 엄마는 언제 출근하셨니?
ㅁ. (할아버지께) 아버지는 아직 병원에 가지 않았습니다.

① ㄱ에서는 '선생님'의 소유물인 '책'을 높임으로써 '선생님'을 간접적으로 높이고 있다.
② ㄴ에서는 담화의 객관성을 고려해 '세종대왕'을 높이지 않고 있다.
③ ㄷ에서는 수업이라는 담화 상황을 고려해 '어린이'를 높이고 있다.
④ ㄹ에서는 주체인 '엄마'와 청자인 '손자'의 관계를 고려해 '엄마'를 높이고 있다.
⑤ ㅁ에서는 주체인 '아버지'와 화자의 관계를 고려해 '아버지'를 높이고 있다.

연습 91

(2016.06A)

담화 상황을 고려할 때, 〈보기〉의 ㉠~㉤에 대한 이해로 적절하지 않은 것은?

〈보기〉

A: 어제 낮엔 많이 바빴니? 전화를 바로 끊더라.
B: 아니야, 끊은 게 아니라 ㉠**끊어진 거야**. 바로 전화 못해서 미안해. 표정이 심각해 보이는데 무슨 일 있었어?
A: 아니, ㉡**저기**, 심각한 건 아니고. 어제 점심에 도서관에서 만나기로 했잖아. 기다려도 안 오길래 말이야.
B: ㉢**아차**! 내가 먼저 얘기하려고 했는데 깜빡했네. 가려고 했는데 ㉣**못 갔어**.
A: ㉤**자세히 말해 볼래**?
B: 동생이 갑자기 아파서 병원에 데리고 가야 했거든.
A: 그런 일이 있었구나. 동생은 좀 괜찮니?

① ㉠: 피동 표현을 사용하여 상황이 B의 의지와 무관하게 일어났음을 나타낸다.
② ㉡: 지시 대명사를 사용하여 B로부터 멀리 떨어져 있는 곳으로 관심을 유도한다.
③ ㉢: 감탄사를 사용하여 A의 발화를 듣고 어떤 것을 갑자기 깨달았음을 나타낸다.
④ ㉣: 부정 부사 '못'을 사용하여 B에게 일어난 상황이 불가피했음을 나타낸다.
⑤ ㉤: 의문 표현을 사용하여 B에게 일의 까닭을 상세히 말해 달라고 요청한다.

연습 92

(2014. 수능)

〈보기〉의 ㄱ~ㅁ에 대한 설명으로 적절하지 않은 것은?

〈보기〉

선생님: 안녕? 어, 손에 들고 있는 그거 뭐니?
학 생: 네, 중생대 공룡에 관한 책이에요. 할아버지께서는 제 생일마다 책들을 사 주셨는데, ㉠**이것**도 ㉡**그것** 중 하나예요. 해마다 할아버지께서는 ㉢**당신** 손으로 직접 골라 주신답니다.
선생님: 그렇구나. ㉣**우리** 집 아이들도 공룡 책을 참 좋아하지. 우리 아이들은 ㉤**저희**들끼리 책을 고르려고 아옹다옹한단다.

① ㉠은 대화 상황에서 눈에 보이는 대상, 곧 학생이 들고 있는 책을 가리킨다.
② ㉡은 앞서 언급한 대상, 곧 할아버지께서 사 주신 책들을 가리킨다.
③ ㉢은 3인칭으로 사용되고 있다.
④ ㉣은 청자를 포함하지 않는다.
⑤ ㉤은 1인칭으로 사용되고 있다.

연습 93

(2022.06)

〈보기〉의 ㉠~㉦에 대한 이해로 적절하지 않은 것은?

〈보기〉

(같은 동아리에 소속된 후배 부원 둘과 선배 부원의 대화 장면)

선배: ㉠**학교에서** 열린 회의는 잘 끝났니?
후배 1: 네. 조금 전에 끝났어요.
선배: 수고했어. ㉡**학교에서** 우리 동아리 활동 지원 예산안에 대해 뭐라고 해?
후배 2: 지난번에 저희가 선배님과 함께 제안했던 예산안은 수용하기 힘들다고 했어요.
선배: ㉢**우리**가 제안한 예산안이 그렇게 무리한 건 아니었을 텐데.
후배 1: 그런데 학교에서는 ㉣**자신**의 형편을 감안해 달라는 동아리가 한둘이 아니라면서, ㉤**우리**의 제안을 수용하기 쉽지 않다고 했어요.
선배: ㉥**서로** 만족할 만한 결과를 얻기가 쉽지 않겠구나. 고생했어. 지도 선생님께 말씀드려 볼게.
후배 2: 네. 그럼 ㉦**저희**도 그렇게 알고 있을게요.

① ㉠과 ㉡은 문장 성분이 서로 다르군.
② ㉢에는 화자와 청자가 모두 포함되어 있군.
③ ㉣은 뒤에 있는 '동아리'를 가리키는 말이군.
④ ㉥은 ㉡의 '학교'와 ㉤의 '우리'를 모두 포함해서 가리키는 말이군.
⑤ ㉦은 화자가 청자와 자신을 모두 낮추기 위해 쓰는 말이군.

개념 049

표준 화법과 언어 예절

표준 화법이란?

호칭어, 지칭어, 경어, 인사말 등의 올바른 사용법을 말해.

______어	대상을 **직접 부를 때** 사용하는 말.
______어	다른 사람에게 그 대상을 **가리킬 때** 사용하는 말.
______	사회생활의 여러 장소의 다양한 상황 속에서 **만나고 헤어질 때** 상대에게 하는 말.

1. 호칭어(呼부를 호, 稱일컬을 칭, 語말씀 어)와 지칭어(指가리킬 지, 稱일컬을 칭, 語말씀 어)

① 가정에서의 호칭어와 지칭어

호칭어	자식 → 부모	아버지, 어머니
	부모 → 자식 결혼 전	이름
	결혼 후	아비, 아범, 어미, 어멈
	시부모 → 며느리	아가, 새벽이 어미(어멈)
	처부모 → 사위	김 서방
	며느리 → 시부모님	아버님, 아버지, 어머님, 어머니
지칭어	사위 → 처부모님	아버님, 어머님(또는 장인어른, 장모님)
	부부 사이	여보(호칭), 당신(지칭), 남편/아내(다른 사람에게 지칭)
	시부모님께 남편 지칭	아범, 아비, 그이(아이가 없을 때)

② 직장, 사회에서의 호칭어와 지칭어

호칭어	자신보다 나이 많은 후배 직원	이름에 '씨'를 붙임.
	직함이 없는 선배, 나이가 많은 직원	'님'을 붙임. 예 선배님, 선생님 등
	식당 등의 영업소에서 손님을 부를 때	손님
	은행 창구, 관공서, 민원실 등의 직원	김새벽 씨, (김) 부장(님), 선생(님) 등
	일반적으로 누군가를 부를 때 (이름이나 직함을 모를 때)	여보세요

2. 인사말

아침에 만난 어른에게		안녕히 주무셨습니까?
오랜만에 만난 어른에게		그동안 안녕하셨습니까?
장례식에 조문 가서 상주에게		삼가 조의를 표합니다. 고인의 명복을 빕니다.
불의의 사고를 당한 경우		그만하니 다행입니다.
생일을 맞은 사람에게	친구	생일 축하한다.
	어른	생신 축하합니다. 더욱 건강하시기를 바랍니다.
	특별한 생일(회갑, 고희)	만수무강하십시오.

STEP. 2 기출, 이것은 진리

문법이 배울수록 우리 일상과 동떨어진 게 아니란 걸 알겠어요.

그래, 내 말이~. 우리 생활의 일부라니까~. :)

[28-29] 다음 글을 읽고 물음에 답하시오. (2021학년도 대학수학능력시험 6월 모의평가)

담화는 하나 이상의 발화나 문장으로 이루어진다. 담화가 그 내용 면에서 완결성을 갖추기 위해서는 담화를 이루는 발화나 문장들이 일관된 주제 속에 내용상 유기적인 관련을 맺고 있어야 한다. 이때 각 발화나 문장 간의 관련성을 보여 주는 형식적 장치가 필요하다. 이러한 장치에는 지시, 대용, 접속 표현이 있다.

우선 지시 표현은 담화 장면을 구성하는 화자, 청자, 사물, 시간, 장소 등의 요소를 직접 가리키는 표현이다. 그리고 대용 표현은 담화에서 언급된 말, 혹은 뒤에서 언급될 말을 대신하는 표현이다. 대표적인 지시 표현으로는 '이, 그, 저' 등이 있다. 이들이 담화에서 언급되는 말을 대신할 때는 대용 표현이 된다. 가령 친구가 든 꽃을 보면서 화자가 "이 꽃 예쁘네."라고 말했다면, '꽃'을 직접 가리키는 '이'는 지시 표현이다. 그러나 화자가 "그런데 지난번 꽃도 예쁘던데, 그때 그거는 어디서 샀어?"라고 발화를 곧장 이어 간다면 이때의 '그거'는 앞선 발화의 '지난번 꽃'이라는 말을 대신하는 대용 표현이다. 끝으로 접속 표현은 문장과 문장, 발화와 발화를 연결해 주는 표현으로, '그리고' 등과 같은 접속 부사가 대표적인 예이다. 앞서 언급된 두 번째 발화의 '그런데'도 앞의 발화를 뒤의 발화와 이어 주는 접속 표현에 속한다.

한편, 담화 전개 과정에서 화자는 청자 및 맥락을 고려하면서 발화나 문장을 통해 자신의 의도를 효과적으로 구현한다. 이때 여러 문법 요소가 활용된다. 가령 화자는 "아버지! 진지 드세요."라는 발화에서 '드세요'의 '드시-'를 통해 문장의 주체인 '아버지'를, 종결 어미 '-어요'를 통해 청자인 '아버지'를 높이고 있다. 이와 같이 화자는 특정 어휘나 조사, 어미 등을 사용하여 어떤 대상에 대해 높이거나 낮추는 태도를 드러낸다. 아울러 위의 '드세요'의 '-어요'는 화자가 청자에게 어떠한 행동을 요구하고 있음도 보여 준다. 즉 종결 어미는 청자에게 답변을 요구하거나, 어떠한 사실을 새롭게 알게 되었다는 점을 두드러지게 나타내는 등 화자의 의도를 구현할 때도 쓰인다. 화자, 청자 및 맥락이 발화나 문장에서 문법 요소와 맺고 있는 관련성은 ㉠**"할아버지께서 마침 방에 계셨구나! 과일 좀 드리고 오렴."**과 같이 연속된 발화로 이루어진 담화에서 더욱 다양하게 나타날 수 있다.

★ 담화의 특성 이해 및 적용하기.

28 문항 코드 | 23670-0095

윗글을 바탕으로 〈보기〉의 ⓐ~ⓕ에 대해 설명한 내용으로 적절하지 않은 것은?

〈보기〉

(두 친구가 만나서 주말 나들이 장소를 정하는 상황)

선희: 우리, 이번 주말 나들이 장소로 어디가 좋을까?
영선: (딴생각을 하다가) ⓐ지금 저녁 먹으러 가자.
선희: 그게 뭔 소리야? 주말 나들이로 어디 갈 거냐고.
영선: (머쓱해하며) 아, 그럼 놀이동산 갈까?
선희: 음, ⓑ거기 말고, (사진을 보여 주며) ⓒ여기는 어때?
영선: ⓓ거기? 해수욕장은 아직 좀 춥잖아. ⓔ그리고 너무 멀잖아. (선희를 바라보며) 아, 작년에 같이 갔던 수목원은 어때?
선희: 그래, ⓕ거기가 좋겠다. 그럼, 토요일에 보자. 안녕.

① ⓐ는 '주말 나들이 장소 정하기'라는 내용에 부합하지 않아서 담화의 완결성을 떨어뜨리고 있다.
② ⓑ는 '영선'이 발화한 '놀이동산'을 대신하는 대용 표현이다.
③ ⓒ, ⓓ는 발화 간의 관련성을 높이는 형식적 장치로서 형태가 다른 표현이지만 동일한 장소를 나타내고 있다.
④ ⓔ는 '해수욕장은 아직 좀 춥잖아.'와 '너무 멀잖아.'를 대등하게 이어 주는 접속 표현이다.
⑤ ⓕ는 '작년에 같이 갔던 수목원'을 직접 가리키는 지시 표현이다.

★ 높임 표현, 종결 표현 개념 이해 확인하기.

29 문항 코드 | 23670-0096

㉠에 대한 이해로 적절하지 않은 것은?

① '할아버지께서'의 '께서'를 통해 화자가 문장의 주체인 '할아버지'를 높이고 있다.
② '계셨구나'의 '계시-'를 통해 화자가 문장의 주체인 '할아버지'를 높이고 있다.
③ '계셨구나'의 '-구나'를 통해 화자가 문장의 주체인 '할아버지'에 관한 사실을 새롭게 알게 되었음을 부각하고 있다.
④ '드리고'의 '드리-'를 통해 화자가 문장의 주체인 '할아버지'를 높이고 있다.
⑤ '오렴'의 '-렴'을 통해 화자가 청자에게 어떠한 행동을 요구하고 있다.

태그 체크

○#담화 ○#발화 ○#직접 발화 행위 ○#간접 발화 행위
○#통일성, 응집성 ○#화자, 청자, 발화, 장면, 매체 ○#지시 표현, 대용 표현, 접속 표현, 반복 ○#호칭어
○#지칭어 ○#인사말

34 국어의 변천

학습 목표 ❶ **국어의 변천사**를 **개략적으로 이해**한다. ❷ **한글의 창제 원리**와 그 **의의**를 이해한다.

개념 태그 #중세 국어의 특징 #근대 국어의 특징 #이어 적기, 거듭 적기, 끊어 적기 #8종성법에서 7종성법으로 #성조는 방점으로 #훈민정음 창제 정신 #훈민정음 제자 원리

STEP. 1 내 생애 마지막 개념 정리!

선생님, 드디어 국어의 문법 개념을 다 잡았네요. 감동적인데… 왜 하필 마지막이 중세 국어인 거죠? 현기증이….

시작하기도 전에 토할 거 같지? ㅎㅎ 그렇지만 안심해. 교육 과정 해설서에는 중세 국어와 현대 국어의 특징을 개략적으로 이해하라고 돼 있어. 게다가 한글 창제 후의 중세 국어 자료와 현대 국어 자료를 비교하며 국어의 역사성을 이해하는 데 중점을 두도록 하라고 했으니, 중세 국어에 집중하면 된다는 거~!

개념 050
고대 국어(~10세기)

1. 한문 수용

2. 차자(借빌릴 차, 字글자 자) 표기

① **이두** (吏벼슬아치 이, 讀구절 두)

이두는 실질적인 의미를 갖는 한자 어휘들을 우리말 어순에 의해 배열하고, 한문에서는 나타나지 않는 조사와 어미 같은 형식 형태소 등을 한자의 음이나 뜻을 빌려 표기한 방식을 말해. 그래서 형식 형태소에 해당되는 토 부분의 차용 글자를 삭제해 버리면 제대로 된 한문 문장이 남지 않아.

② **구결** (口입 구, 訣헤어질 결)

구결은 한문 문장을 의미 단위로 나누고, 그 의미 단위들이 문장 내에서 하는 기능에 맞게 우리말 문법 요소를 첨가한 방식을 말해. 그래서 구결자를 삭제할 경우 원래의 완전한 한문 문장이 남게 돼.

② **향찰** (鄕시골 향, 札패 찰)

향찰은 한자의 뜻과 음을 빌려 우리말의 문장 전체를 표기하는 방법을 말해. 실질 형태소는 주로 한자의 뜻을 빌려 표기했고, 형식 형태소는 한자의 음을 빌려 표기했어.

개념 콕

향찰

「서동요」를 표기할 때 한자의 음을 빌렸는지, 뜻을 빌렸는지 ○ 표시를 해 보자.

	善	化	公	主	主	隱
음	선	화	공	주	주	은
뜻	착하다	되다	귀인	님	님	숨다
해석	선화공주님은					

- '主'의 사용
  - 첫 번째 主 : 한자의 ____ 을 빌려 옴.
  - 두 번째 主 : 한자의 ____ 을 빌려 옴.
- '隱'의 사용　문법적 의미를 나타내는 조사는 한자의 ____ 을 빌려 옴.

개념 051

중세 국어(10~16세기)

1. 음운과 표기

______ 적기(연철)	일반적으로 이어 적기(연철)를 사용함.	ᄉᆡ미 기픈 므른 ᄀᆞᄆᆞ래 아니 그츨ᄊᆡ
____ 종성법	받침에는 주로 여덟 개의 초성자로만 적음.	ㄱ, ㄴ, ㄷ, ㄹ, ㅁ, ㅂ, ㅅ, ㆁ
______ 사용	글자 왼쪽에 방점을 찍어 성조를 표시함.	나·랏 :말ᄊᆞ·미
______	초성에 어두 자음군이 쓰임.	ᄠᅳᆮ[뜯], ᄡᅳ다[쓰다], ᄣᅢ[때],
지금은 사라진 음운 사용	지금은 사라진 음운들이 사용됨.	ㆆ(여린히읗), ㅸ(순경음 ㅂ), ㅿ(반치음), ㆍ(아래아), ㆁ(옛이응)
______	모음 조화 현상이 잘 지켜짐.	나ᄂᆞᆫ, 나ᄅᆞᆯ, 너를
____ 종성 체언	ㅎ 종성 체언이 존재함.	돌 + 이 → 돌히

2. 문법

주격 조사	이	자음 뒤	말ᄊᆞ미[말ᄊᆞᆷ+이]
	ㅣ	'ㅣ'나 'ㅣ'로 끝나는 이중 모음을 제외한 모음 뒤	부톄[부텨+ㅣ], 공ᄌᆡ(공ᄌᆞ+ㅣ)
	Ø	'ㅣ'나 'ㅣ'로 끝나는 이중 모음 뒤	불휘[불휘+Ø]
관형격 조사	ㅅ	무정 명사와 존칭 표현에 결합함.	나모+ㅅ: 나못 여름 먹ᄂᆞ니 [나무의 열매 먹으니] 大王+ㅅ: 大王ㅅ 말ᄊᆞ미사 올커신마ᄅᆞᆫ [대왕의 말씀이야 옳으시지만]
	의/ᄋᆡ	유정 명사와 비존칭 표현에 결합함.	거붑+의: 거부븨 터리 ᄀᆞᆮ고 [거북의 털과 같고] ᄂᆞᆷ+ᄋᆡ: ᄂᆞᄆᆡ ᄠᅳ든 거스디 아니ᄒᆞ거든 [남의 뜻 거스르지 아니하거든]
부사격 조사	에	비교 부사격 조사	中듕國·귁·에 달·아 [중국과 달라]
호격 조사	하	높임의 뜻을 나타내는 호격 조사	님금하 [임금이시여]
의문 보조사	가	체언 뒤에 결합하여 의문문을 만듦.	이 ᄯᆞ리 너희 죵가
명사형 어미	-옴/-움	용언 어간에 결합하여 명사형을 만듦.	ᄒᆞ-+-옴+이 → 호미[함이] ᄡᅳ-+-움+에 → ᄡᅮ메[씀에]
의문형 종결 어미	-고/-뇨	의문사가 있는 설명 의문문	얻논 약이 므스 것고
	-가/-녀	의문사가 없는 판정 의문문	공덕이 하녀 저그녀
	※-ㄴ다	주어가 2인칭일 경우	네 이제 어드ᄅᆞᆯ 가ᄂᆞ다
선어말 어미	-오/우-	주어가 1인칭일 때 나타남.	밍ᄀᆞᆯ-+-ᄂᆞ-+-오-+-니 → 밍ᄀᆞ노니
주체 높임 선어말 어미	-(으)시-	주어가 가리키는 대상이 높임의 대상일 때	왕이 부텨를 請ᄒᆞᅀᆞᄫᆞ쇼셔. [왕이 부처를 청하십시오.]
상대 높임 선어말 어미	-(으)이-	청자가 높임의 대상일 때	어마니ᄆᆞᆯ 아라보리로소니잇가 [어머님을 알아보겠습니까?]
객체 높임 선어말 어미	-ᅀᆞᆸ/-ᄌᆞᆸ/-ᄉᆞᆸ- -ᅀᆞᄫᆞ/-ᄌᆞᄫᆞ/-ᄉᆞᄫᆞ-	목적어나 부사어 등 주어 이외의 문장 성분이 가리키는 대상이 높임의 대상일 때	世尊(세존)ㅅ 安否(안부) 묻ᄌᆞᆸ고 [세존의 안부를 여쭙고]
현재 시제 선어말 어미	-ᄂᆞ-	동사 어간에 결합함.	가ᄂᆞ다
	Ø	형용사 어간에는 특별한 어미가 결합하지 않음.	어엿브다

3. 어휘

현대에 사라진 고유어가 많이 쓰였으며, 한자어가 귀화하여 고유어처럼 쓰임.	뫼→산(山), ᄀᆞᄅᆞᆷ→강(江), 슈룹→우산(雨傘), 온→백(百), 즈믄→천(千) 사탕(砂糖)

연습 94

(2022.04)

〈보기〉를 바탕으로 중세 국어의 특징을 탐구한 내용으로 적절하지 않은 것은?

〈보기〉

羅雲(나운)이 져머 노ᄅᆞᄉᆞᆯ 즐겨 法(법) 드로ᄆᆞᆯ 슬히 너겨 ᄒᆞ거든 **부톄** ᄌᆞ로 **니ᄅᆞ샤도 從(종)ᄒᆞᅀᆞᆸ디** 아니ᄒᆞ더니 後(후)에 부톄 羅雲(나운)이ᄃᆞ려 니ᄅᆞ샤ᄃᆡ 부텨 맛나미 **어려ᄫᅳ며** 法(법) 드로미 어려ᄫᅳ니 네 이제 **사ᄅᆞ미** 모ᄆᆞᆯ 得(득)하고 부텨를 맛나 잇ᄂᆞ니 엇뎨 게을어 法(법)을 아니 듣ᄂᆞ다

-「석보상절」-

[현대어 풀이]

나운이 어려서 놀이를 즐겨 법을 듣기를 싫게 여기니, 부처가 자주 이르셔도 따르지 아니하더니, 후에 부처가 나운이더러 이르시되, "부처를 만나기가 어려우며 법을 듣기 어려우니, 네가 이제 사람의 몸을 득하고 부처를 만나 있으니, 어찌 게을러 법을 아니 듣는가?"

① **'부톄'**를 통해 모음으로 끝나는 체언에 주격 조사가 결합했음을 확인할 수 있다.
② **'니ᄅᆞ샤도'**를 통해 두음 법칙이 적용되지 않았음을 확인할 수 있다.
③ **'從(종)ᄒᆞᅀᆞᆸ디'**를 통해 주체를 높이는 선어말 어미가 쓰였음을 확인할 수 있다.
④ **'어려ᄫᅳ며'**를 통해 현대 국어에 쓰이지 않는 음운이 존재했음을 확인할 수 있다.
⑤ **'사ᄅᆞ미'**를 통해 현대 국어와 다른 형태의 관형격 조사가 사용되었음을 확인할 수 있다.

연습 95

(2022.03)

〈보기〉를 바탕으로 하여, 제시된 중세 국어 용언들의 ㉠과 ㉡을 바르게 추정한 것은?

〈보기〉

현대 국어와 달리, 중세 국어에서는 ㉠파생 명사와 ㉡명사형 어미가 결합한 용언의 활용형이 형태적으로 구별되었다. 예를 들어 '싸 그륨과[땅을 그림과]'에서 서술어로 기능하는 '그륨'은 동사 '(그림을) 그리다'의 명사형인데, '그리다'의 파생 명사는 '그리-'에 '-ㅁ'이 붙어서 만들어진 '그림'이었다. 일반적으로 중세 국어에서는 명사 파생 접미사 '-(ᄋᆞ/으)ㅁ'과 명사형 어미 '-옴/움'이 형태상으로 구분되었다. 모음 조화에 따라 양성 모음 뒤에서는 접미사 '-(ᄋᆞ)ㅁ'과 어미 '-옴'이, 음성 모음 뒤에서는 접미사 '-(으)ㅁ'과 어미 '-움'이 쓰였다. 그러다가 'ㆍ'가 소실되고 명사형 어미의 형태가 달라지는 등 여러 변화를 입어 현대 국어에서는 명사 파생 접미사와 명사형 어미가 모두 '-(으)ㅁ'으로 나타나게 되었다.

		㉠	㉡
①	(물이) 얼다	어름	어룸
②	(길을) 걷다	거름	거롬
③	(열매가) 열다	여룸	여름
④	(사람이) 살다	사롬	사ᄅᆞᆷ
⑤	(다른 것으로) ᄀᆞᆯ다	ᄀᆞᄅᆞᆷ	ᄀᆞ룸

연습 96

(2016.06B)

〈보기 1〉**을 참고할 때,** 〈보기 2〉**의 ㉠~㉢에 들어갈 말로 적절한 것은?**

〈보기 1〉

중세 국어 체언 중에는 'ㅎ'을 끝소리로 가진 것들이 있다. 이러한 체언을 'ㅎ' 종성 체언이라고 하는데 조사가 뒤따를 경우에 다음과 같이 나타난다.

뒤따르는 조사	'ㅎ' 종성 체언의 실현 양상
모음으로 시작하는 조사	'ㅎ'은 뒤따르는 모음에 이어 적는다. 예: **ᄯᅡ히** (ᄯᅡᇂ+**이**) 즐어늘 (**땅이** 질거늘)
'ㄱ, ㄷ'으로 시작하는 조사	'ㅎ'은 뒤따르는 'ㄱ', 'ㄷ'과 어울려 'ㅋ', 'ㅌ'으로 나타난다. 예: **ᄯᅡ토** (ᄯᅡᇂ+**도**) 뮈더니 (**땅도** 움직이더니)
관형격 조사 'ㅅ'	'ㅎ'은 나타나지 않는다. 예: 다ᄅᆞᆫ **ᄯᅡᆺ** (ᄯᅡᇂ+**ㅅ**) 風俗은 (다른 **땅의** 풍속은)

〈보기 2〉

중세 국어	현대 국어
㉠ (나랗+**ᄋᆞᆯ**) 아ᅀᆞ 맛디고	**나라를** 아우에게 맡기고
㉡ (긿+**ㅅ**) 네거리예	**길의** 네거리에
㉢ (않+**과**) 밧	**안과** 밖

	㉠	㉡	㉢
①	나라ᄒᆞᆯ	긼	안콰
②	나라ᄒᆞᆯ	긿	안과
③	나라ᄒᆞᆯ	긿	안콰
④	나라ᄋᆞᆯ	긿	안과
⑤	나라ᄋᆞᆯ	긼	안콰

개념 052
근대 국어(17~19세기)

1. 음운과 표기

_______(중철)	거듭 적기가 등장함.	님믈[님 + 을 → 님믈]
___종성법	받침에 주로 일곱 개의 초성자가 사용됨.	ㄱ, ㄴ, ㄹ, ㅁ, ㅂ, ㅅ, ㆁ ('ㅅ과 ㄷ도 헷갈려요.'라는 민원 제기?)
_____사라짐	방점이 사라짐.	음의 높낮이는 사라지고 장음만 남게 됨.
___(반치음) 소실	'ㅿ' 이 소실됨.	마ᅀᆞᆷ>ᄆᆞᄋᆞᆷ>마음
___(옛이응) 변화	'ㆁ'은 종성에서만 실현되고, 글꼴도 'ㅇ'으로 변함.	
___(아래아) 소실	첫째 음절에서 'ㅏ'로 변함. 둘째 음절 이하에서 주로 'ㅡ'로 변함.	ᄀᆞ장 > 가장 사ᄉᆞᆷ > 사슴
이중 모음의 변화	이중 모음이던 'ㅔ'와 'ㅐ'가 단모음으로 변함.	

2. 문법

주격 조사 '___'	주격 조사 '가'가 출현해 '이'와 구별되어 쓰임.
선어말 어미 '-오-'	1인칭 주어에 호응하던 선어말 어미 '-오-'가 소멸됨.
명사형 어미 '-___'	'-옴/움'이 '-음'으로 변하고, '-기'가 쓰임.
객체 높임법 선어말 어미	'-ᄉᆞᆸ/ᄌᆞᆸ/ᅀᆞᆸ-(-ᄉᆞᄫ/ᄌᆞᄫ/ᅀᆞᄫ-)'의 기능이 소멸됨.

3. 어휘

한자어가 고유어를 대체하는 경우가 많아짐.	
어휘의 의미 변화가 나타남.	어엿브다(불쌍하다>아름답다), 어리다(어리석다>나이가 적다)

개념 콕

시기별 격 조사 비교

구분		중세 국어	현대 국어
주격 조사		이, ㅣ, Ø	이/가
목적격 조사		ᄋᆞᆯ/ᄅᆞᆯ, 을/를, ㄹ	을/를
관형격 조사		ㅅ 의/ᄋᆡ	의
부사격 조사	처소	에, 야, 예, 의	에, 에게
	도구	(ᄋᆞ/으)로	(으)로
	인용		고
호격 조사		아, 야 하 (이)여	아, (이)여
접속 조사		와/과	와/과

연습 97

(2014.03(2) B)

〈보기〉의 밑줄 친 부분에 해당하는 것은?

〈보기〉

선생님: 모음 조화란 양성 모음은 양성 모음끼리, 음성 모음은 음성 모음끼리 어울리는 현상입니다. 양성 모음으로는 'ㆍ, ㅏ, ㅗ'가, 음성 모음으로는 'ㅡ, ㅓ, ㅜ'가 있었습니다. 모음 조화는 15세기에는 비교적 엄격하게 지켜졌으나 그 이후로 **지켜지지 않은 경우**가 나타나게 됩니다.
여러분, 이제 18세기 문헌을 통해서 확인해 볼까요?

홍식이 거록ᄒᆞ야 ㉠**븕은** 긔운이 ㉡**하ᄂᆞᆯ을** ᄯᅱ노더니 이랑이 ㉢**소릐ᄅᆞᆯ** 놉히 ᄒᆞ야 나를 불러 져긔 믈밋ᄎᆞᆯ 보라 웨거ᄂᆞᆯ 급히 눈을 ㉣**드러** 보니 믈밋 홍운을 헤앗고 큰 실오리 ㉤**ᄀᆞᆺᄒᆞᆫ** 줄이 븕기 더옥 긔이ᄒᆞ며

– 의유당, 「관북유람일기」(1772) –

① ㉠　② ㉡　③ ㉢　④ ㉣　⑤ ㉤

개념 053

훈민정음 창제의 원리

1. 창제 목적

표기 수단을 가지지 못한 백성들로 하여금 표기 수단을 갖도록 하여 언어생활의 불편함을 덜어주기 위해.

2. 창제 정신

世·솅宗종御·엉製·졩訓·훈民민正·졍音흠

나·랏 :말ᄊᆞ·미 中듕國·귁에 달·아, 文문字ᄍᆞᆼ·와·로 서르 ᄉᆞᄆᆞᆺ·디 아·니 ᄒᆞᆯ·ᄊᆡ(→ 자주 정신)·이런 젼·ᄎᆞ·로 어·린 百ᄇᆡᆨ姓·셩이 니르·고·져 ·홇 ·배 이·셔·도, ᄆᆞ·ᄎᆞᆷ:내 제 ·ᄠᅳ·들 시·러 펴·디 :몯ᄒᆞᇙ ·노·미 하·니·라.

(애민 정신 ←) ·내 ·이·ᄅᆞᆯ 爲·윙·ᄒᆞ·야 :어엿·비 너·겨, ·새·로 ·스·믈여·듧 字·ᄍᆞᆼ·ᄅᆞᆯ ᄆᆡᇰ·ᄀᆞ노·니(→ 창조 정신), :사ᄅᆞᆷ :마·다 :ᄒᆡ·ᅇᅧ :수·ᄫᅵ 니·겨 ·날·로 ·ᄡᅮ·메 便뼌安한·킈ᄒᆞ·고·져(→ 실용 정신) ᄒᆞᇙ ᄯᆞᄅᆞ·미니·라.

[현대어 풀이]
나라의 말이 중국과 달라 한자와 서로 통하지 아니하여서 이런 까닭으로 어리석은 백성이 말하고자 하는 바가 있어도 마침내 자기의 뜻을 펴지 못하는 사람이 많다. 내가 이를 가엾게 생각하여 새로 스물여덟 글자를 만드니, 모든 사람으로 하여금 쉽게 익혀서 날마다 쓰는 데 편하게 하고자 할 따름이다.

① ________(自主) 정신

말이 중국과 ________ 만큼 ________에 맞게 새로운 글자를 제정함.

② ________(愛民) 정신

문자를 모르는 ________을 위해 새로이 글자를 제정함.

③ ________(實用) 정신

백성들로 하여금 ________ 익혀 사용할 수 있도록 함.

③ ________(創造) 정신

새로운 28자의 글자를 제정함.

3. 창제 원리

① 자음

________ (象형상 상, 形형상 형, 字글자 자)	자음의 기본자인 ___, ___, ___, ___, ___은 발음 기관의 모양을 본떠서 만듦.
________ (加더할 가, 劃새길 획, 字글자 자)	소리의 세기에 따라 ㄱ, ㄴ, ㅁ, ㅅ, ㅇ에 ___을 더해 ㅋ, ㄷ, ㅌ, ㅂ, ㅍ, ㅈ, ㅊ, ㆆ, ㅎ을 만듦.
________ (異다를 이, 體몸 체, 字글자 자)	ㆁ, ㄹ, ㅿ의 경우 상형이나 가획의 원리를 적용하지 않고 별도로 만듦.

기본자의 상형 대상 \ 글자	기본자	가획자	병서자	이체자
혀뿌리가 목구멍을 막는 모양	ㄱ	______	______	ㆁ
혀가 윗잇몸에 붙는 모양	ㄴ	______ → ______	______	ㄹ
입의 모양	ㅁ	______ → ______	______	
이의 모양	ㅅ	______ → ______	______, ______	ㅿ
목구멍의 모양	ㅇ	______ → ______	______	

② 모음

______(象形)의 원리	모음의 기본자인 ____, ____, ____는 삼재(三才), 즉 하늘, 땅, 사람의 모양을 본떠서 만듦.
______(合用)의 원리	초출자: 'ㆍ'를 한 번 써서 만든 글자(____, ____, ____, ____) 재출자: 'ㆍ'를 두 번 써서 만든 글자(____, ____, ____, ____)

4. 글자 운용 규정

① 이어 쓰기[연서(連잇닿을 연, 書쓸 서)]

순경음(脣輕音)을 표기하기 위하여 순음자(脣音字) 밑에 'ㅇ'을 이어 쓰는 일.

예 ㅱ, ㅸ, ㆄ, ㅹ

② 나란히 쓰기[병서(竝나란히 병, 書쓸 서)]

초성자 두 글자 또는 세 글자를 가로로 나란히 붙여 쓰는 일.

- 각자 병서(各字竝書): ______ 자음을 가로로 나란히 쓰는 것. 예 ㄲ, ㄸ
- 합용 병서(合用竝書): 서로 ______ 자음을 가로로 나란히 쓰는 것. 예 ㅺ, ㄺ, ㅴ

③ 붙여 쓰기[부서(附붙을 부, 書쓸 서)]

중성(中聲)인 모음은 초성(初聲)의 아래나 오른쪽에 붙여 쓰는 일.

④ 점 찍기[가점(加더할 가, 點점 점)]

소리의 ______를 나타내는 ______, ______, ______을 방점으로 표시하는 것.

	평성	거성	상성	입성
방점	점 ______	점 ______	점 ______	
발음	가장 낮은 소리	가장 높은 소리	낮다가 높아지는 소리	급하게 닫는 소리
용례	나, ᄊᆞ	·미	:말	·랏
	나·랏 :말ᄊᆞ·미			

연습 98

(2021.03(1))

〈보기〉**는 수업의 일부이다. 선생님의 설명을 참고할 때 ㉠에 해당하는 것은?**

〈보기〉

선생님: 훈민정음의 초성 중 기본자는 발음 기관의 모양을 본뜨는 '상형'의 원리로 만들어졌어요. 'ㄱ'은 혀뿌리가 목구멍을 막는 모양을, 'ㄴ'은 혀가 윗잇몸에 닿는 모양을, 'ㅁ'은 입 모양을, 'ㅅ'은 이[齒] 모양을, 'ㅇ'은 목구멍 모양을 본뜬 것이에요. 기본자에 소리의 세기에 따라 획을 더하는 '가획'의 원리를 적용하여 가획자 'ㅋ, ㄷ, ㅌ, ㅂ, ㅍ, ㅈ, ㅊ, ㆆ, ㅎ'을 만들었고, 상형이나 가획의 원리를 적용하지 않고 별도로 이체자 'ㆁ, ㄹ, ㅿ'을 만들었지요. 중성은 하늘, 땅, 사람의 모양을 본떠서 기본자 'ㆍ, ㅡ, ㅣ'를 만들고, '합성'의 원리를 적용하여 초출자 'ㅗ, ㅏ, ㅜ, ㅓ'와 재출자 'ㅛ, ㅑ, ㅠ, ㅕ'를 만들었어요. 종성은 초성의 글자를 다시 사용했답니다. 그러면 선생님과 함께 카드놀이를 하며 훈민정음에 대하여 공부해 봅시다. ㉠**아래의 카드 중 [조건]을 모두 만족하는 글자 카드**를 찾아볼까요?

[조건]
- 초성: 이[齒] 모양을 본뜬 기본자에 가획하여 만든 글자
- 중성: 초출자 'ㅗ'에 기본자 'ㆍ'를 결합하여 만든 글자
- 종성: 상형이나 가획의 원리를 적용하지 않고 별도로 만든 글자

① 별 ② 죨 ③ 심 ④ 창 ⑤ 둉

STEP. 2 기출, 이것은 진리

진짜 고생했어. 이제 수능 국어 문법 개념은 끝! 이제는 공부한 개념을 밑거름 삼아서 기출문제와 연계 교재들에 적용하면서 성장해 나가면 되는 거야. 성장할 기반을 닦았으니까 쑥쑥 자랄 일만 남았다!

[30] 다음 글을 읽고 물음에 답하시오. 〔 2022학년도 7월 고3 전국연합학력평가 〕

중세 국어에서 접속 조사는 현대 국어의 접속 조사와 같은 기능을 하였다. 접속 조사에는 '와/과, ᄒᆞ고, (이)며, (이)여' 등이 있는데 '와/과'의 결합 양상은 현대 국어와 차이가 있다.

ㄱ. 나모와 곶과 果實와ᄂᆞᆫ [나무와 꽃과 과실은]

ㄱ처럼 중세 국어에서 '와'는 모음이나 'ㄹ'로 끝나는 체언과 결합하고 '과'는 'ㄹ'을 제외한 자음으로 끝나는 체언과 결합한다. ㄱ의 '果實와'에서처럼 '와/과'는 마지막 체언에까지 결합하는 것이 일반적이지만 그렇지 않은 경우도 있었다. 또한 마지막 체언과 결합한 '와/과' 뒤에 격조사가 결합하는 경우도 있었다. 한편 '(이)며, (이)여'는 '열거'의 방식으로, 'ᄒᆞ고'는 '첨가'의 방식으로 접속의 기능을 나타내었다.

★ 주어진 자료를 참고하여 중세 국어의 접속 조사 이해하기.

30 문항 코드 | 23670-0097

윗글을 바탕으로 〈보기〉의 중세 국어 자료를 탐구한 내용으로 적절하지 않은 것은?

〈보기〉

ⓐ 옷과 뵈와로 佛像ᄋᆞᆯ ᄭᅮ미ᅀᆞᄫᆞ도
[옷과 베로 불상을 꾸미었어도]

ⓑ 子息이며 죵이며 집앗 사ᄅᆞᄆᆞᆯ 다 眷屬이라 ᄒᆞᄂᆞ니라
[자식이며 종이며 집안의 사람을 다 권속이라 하느니라]

ⓒ 밤과 낮과 法을 니ᄅᆞ시니
[밤과 낮에 법을 이르시니]

ⓓ 입시울와 혀와 엄과 니왜 다 됴ᄒᆞ며
[입술과 혀와 어금니와 이가 다 좋으며]

① ⓐ에서 '옷과 뵈와'는 접속 조사에 의해 하나의 명사구를 이루고 있군.
② ⓑ에서 '이며'는 열거의 방식으로 '子息'과 '죵'을 같은 자격으로 이어 주는 기능을 하고 있군.
③ ⓒ를 보니, 접속되는 마지막 체언에 '와/과'가 결합하지 않는 사례가 있었음을 확인할 수 있군.
④ ⓐ와 ⓓ를 보니, '와/과' 뒤에 격조사가 결합한 형태가 있었음을 확인할 수 있군.
⑤ ⓒ와 ⓓ를 보니, 'ㄹ'을 제외한 자음으로 끝나는 체언은 '과'와, 모음이나 'ㄹ'로 끝나는 체언은 '와'와 결합했음을 확인할 수 있군.

★ 단골 출제 요소. 중세 국어의 높임 표현 이해하기.

31 문항 코드 | 23670-0098 　　　(2023학년도 대학수학능력시험 6월 모의평가)

〈보기 1〉을 참고하여 〈보기 2〉에서 밑줄 친 부분을 중심으로 ㉠~㉤을 이해한 내용으로 적절하지 않은 것은?

〈보기 1〉

객체 높임은 일반적으로 주체가 목적어나 부사어로 지시되는 대상인 객체보다 지위가 낮을 때 어휘적 수단이나 문법적 수단으로써 객체를 높이 대우하는 것이다. 전자는 **객체 높임의 동사**('ᄉᆞᆲ-', '아뢰-' 등)를 쓰는 방법이고, 후자는 **객체 높임의 조사**('ᄭᅴ', '께')를 쓰는 방법과 **객체 높임의 선어말 어미**('-ᄉᆞᆸ-' 등)를 쓰는 방법이다. 중세 국어에서는 이 세 가지 방법을 다 썼으나 현대 국어에서는 객체 높임의 선어말 어미를 쓰지 않는다. 다음에서 중세 국어와 현대 국어를 비교해 보면 이를 확인할 수 있다.

이 말 다 ᄉᆞᆲ고 부텨ᄭᅴ 禮數ᄒᆞᄉᆞᆸ고
[이 말 다 아뢰고 부처께 절 올리고]

〈보기 2〉

㉠ 나도 이제 너희 스승니믈 보ᄉᆞᆸ고져 ᄒᆞ노니
[나도 이제 너희 스승님을 뵙고자 하니]
㉡ 須達이 舍利弗ᄭᅴ 가
[수달이 사리불께 가서]
㉢ 내 이제 世尊ᄭᅴ ᄉᆞᆲ노니
[내가 이제 세존께 아뢰니]
㉣ 여보, 당신이 이모님께 어머님 모시고 갔었어?
㉤ 선생님께서 그 아이에게 다친 덴 없는지 여쭤 보셨다.

① ㉠: 어휘적 수단으로 객체인 '**너희 스승님**'을 높이 대우하고 있다.
② ㉡: 문법적 수단으로 객체인 '**舍利弗(사리불)**'을 높이 대우하고 있다.
③ ㉢: 조사 '**ᄭᅴ**'와 동사 '**ᄉᆞᆲ노니**'는 같은 대상을 높이기 위해 쓰이고 있다.
④ ㉣: 조사 '**께**'와 동사 '**모시고**'는 서로 다른 대상을 높이기 위해 쓰이고 있다.
⑤ ㉤: 주체와 객체의 관계를 고려하면 동사 '**여쭤**'의 사용은 부적절하다.

태그 체크

○ #중세 국어의 특징 ○ #근대 국어의 특징 ○ #이어 적기, 거듭 적기, 끊어 적기 ○ #8종성법에서 7종성법으로
○ #성조는 방점으로 ○ #훈민정음 창제 정신 ○ #훈민정음 제자 원리

35 매체 1

학습 목표

❶ 수능 시험 날 **매체 여섯 문제**는 다 맞히기로 약속한다. ❷ **매체** 영역의 **문제 패턴**을 확실히 안다.
❸ 나만의 매체 영역 **문제 풀이 매뉴얼**을 확립한다.

개념 태그

#매체는 개념보단 패턴 #기출문제 분석이 제1의 기본
#매체 문제 패턴 및 접근법 #문제 풀이 전략으로 시간 단축

STEP. 1 내 생애 마지막 개념 정리!

매체 영역이 생소할 수 있지만, 기출문제를 분석하다 보면 기존의 화법이나 작문의 문제 패턴과 유사함을 느낄 수 있을 거야. 실제로 예전에는 화법 영역에 '매체 활용의 적절성'을 묻는 패턴의 문제가 있었으니까. 정보 통신이 급격히 발달하면서 매체를 통한 의사소통이 매우 중요해지다 보니, '매체'라는 교과를 배우게 되고, 또 이렇게 수능 시험의 한 영역으로 만나게 된 거야. 일상생활에서 매체와 떼려야 뗄 수 없는 생활을 하고 있는 너희에게는 오히려 더 쉽게 느껴질 수도 있는 영역일 거야. :)

오, 좀 자신감 생기는데요? ^.^

개념 054

몇 가지 챙겨 두어야 할 매체의 개념

매체 영역의 전체 개념은 수특 언어와 매체 교재에 정리된 내용을 한 번씩 읽어 볼 것.

매체의 유형에 따른 특성 비교

	(종이)책	텔레비전	인터넷 매체
정보를 제시하는 언어	• 문자, 사진, 그림, 도표	• 음성, 음향, 문자, 영상	• 소리, 문자, 음성, 이미지, 동영상, 하이퍼링크 등
정보의 양과 질	• 보통은 텔레비전보다는 적은 사람들에게 정보를 전달하는 편이야. • 흔히 출판된 책의 내용은 전문성과 신뢰성을 확보했다고 인정받는 편이야.	• 일반적으로 책보다 많은 사람들에게 정보를 전달하기 쉬운 편이야. • 책에 비해 입체적으로 정보를 제공할 수 있어.	• 누구나 정보의 생산 주체가 될 수 있기 때문에 다양한 분야의 정보를 많은 사람들에게 전달할 수 있어. • 정보의 신뢰성이 떨어지는 사례도 많은 편이야.
정보 제공의 속도와 보존 방법	• 정보를 가공하고 유통하는 데에 많은 시간과 비용이 들기 때문에 제공 속도가 느린 편이야. • 보관할 수 있는 공간이 필요해.	• 일반적으로 책보다는 정보 제공 속도가 빠른 편이야. • 디지털 저장 기기에 보관할 수 있어.	• 아주 빠르게 대량의 정보를 전달하는 것이 가능해. • 서버 등 디지털 저장 기기에 보관할 수 있어.
정보 제공자의 범위	• 비교적 소수의 사람이 정보를 제공하고 있기 때문에 폐쇄성을 띤다고 할 수 있어.	• 정보 제공자가 한정되어 있기 때문에 폐쇄성을 띤다고 할 수 있어.	• 누구나 쉽게 정보 제공자가 될 수 있어서 개방성을 띤다고 할 수 있어.
정보 생산자와 수용자 사이의 소통	• 정보 생산자와 수용자 사이의 의사소통이 이루어질 수 있지만, 소통의 속도는 인터넷 매체보다 느려.		• 정보 생산자와 수용자 사이의 의사소통이 직접적이고 즉각적으로 이루어질 수 있어.

매체 자료의 비판적 수용

- 매체 자료의 출처를 확인해야 해.
- 매체 자료의 이해관계를 확인해야 해.
- 매체 자료의 객관성, 공정성, 타당성을 확인해야 해.
- 매체 자료에 내포된 시각과 관점을 파악할 수 있어야 해.
- 매체 자료에서 부각된 정보와 누락된 정보를 확인해야 해.
- 매체 자료의 내용이 나에게 필요한 내용을 담고 있는지 확인해야 해.
- 매체 자료의 내용이 활용 가능한 효용성이 있는 정보인지 판단할 수 있어야 해.

소통 목적에 따른 매체 자료의 구분

소통 목적	소통 방법	대표적 매체	수용자의 바람직한 자세
정보 전달과 설득	• 객관적이고 신뢰할 수 있는 내용을 명확하고 간결한 표현으로 제시해야 해. • 타당한 근거를 바탕으로 주장을 명확하게 제시해야 해.	• 신문의 뉴스, 인터넷 방송을 통한 사회적 사건 보도 등 • 칼럼, UCC 등	• 수용자는 정보의 신뢰성, 공정성, 정확성, 효용성 등을 고려하여 비판적이고 주체적인 자세가 필요해. • 내용을 무조건적으로 수용하는 게 아니라 비판적으로 판단하려는 자세가 필요해.
심미적 정서 표현	• 아름다움이나 즐거움을 느낄 수 있는 내용을 제시해야 해.	• 다양한 아름다운 내용을 담은 영화, 음악, 사진 등	• 생산자가 전달하고자 하는 내용이 어떻게 아름답게 표현되었는지를 감상하는 자세가 필요해. • 전달 매체, 작품이 전달되는 맥락을 종합적으로 고려하며 공감하려는 자세가 필요해.
사회적 상호 작용	• 사적인 인간관계를 형성하고 유지하기 위한 내용을 제시해야 해. • 공적이고 사회적인 관계를 위한 내용을 제시해야 해.	• 휴대 전화 메신저 프로그램, 누리 소통망[SNS], 이메일 등	• 정보 생산자와 수용자가 지속적으로 관계를 유지하고 소통해 나가기 위해서는 상대를 이해하고 배려하려는 자세가 필요해.

개념 055

기출로 공개하는 매체의 문제 패턴

2023학년도 6월 모평 (언매 84/76)*		
매체(6)	(가) 뉴스 (나) 교내 포스터	40 시각 자료 활용의 적절성 파악
		41 언어적 표현 방식의 적절성 파악 (진행상, 보조사, 선어말 어미, 의존 명사)
		42 수용자 반응의 적절성 파악
		43 매체 언어의 표현 평가
	실시간 인터넷 방송	44 제작 계획의 반영 여부 파악
		45 수용자의 특징 이해

2023학년도 9월 모평 (언매 88/82)*		
매체(5)	대중교통과 광고 (가) 학습 활동 (나) 전자책	40 매체의 특성 이해
		41 내용 생성의 적절성 파악
		42 언어적 표현 방식의 적절성 파악 (피동 표현, 담화 표지, 지시어)
	전학 가는 친구를 위한 동영상 제작 (가) 교내 방송 (나) 휴대 전화 메신저 대화	43 매체의 특성 이해
		44 의사소통 방식 이해
		45 제작 계획의 반영 여부 파악

*1, 2등급 컷.

매체 패턴 ❶ 매체 언어의 특성 파악	각 매체의 특성에 대한 약간의 개념 정리 필요.
매체 패턴 ❷ 제작 계획의 반영 여부 파악	화법에도, 작문에도 있는 패턴.
매체 패턴 ❸ 언어적 표현 방식의 적절성 파악	문법 개념과 동일함. (역쉬 언매라)
매체 패턴 ❹ 매체 언어의 표현 방식 평가	문학에도 독서에도 있는 패턴.
매체 패턴 ❺ 자료 활용 방안의 적절성 파악	화법에도, 작문에도 있는 패턴.
매체 패턴 ❻ 수용자 반응의 적절성 파악	독서에도 있는 패턴.
매체 패턴 ❼ 매체를 통한 정보 수용 시 유의할 점 파악	각 매체를 통한 정보 수용 시의 유의점에 대해 약간의 개념 정리 필요.

매체 패턴 ❶ 매체 언어의 특성 파악

40

(2022.06)

위 화면을 통해 매체의 특성을 이해한 학생의 반응으로 가장 적절한 것은?

① 기사를 누리 소통망[SNS]에 공유할 수 있으니, 기사 내용을 직접 수정할 수 있겠군.
② 기사에 대한 수용자들의 선호를 확인할 수 있으니, 기사에 제시된 정보의 신뢰도를 검증할 수 있겠군.
③ 기사와 연관된 다른 기사를 열람할 수 있으니, 수용자의 선택에 따라 정보를 추가로 확인할 수 있겠군.
④ 기사가 문자, 사진 등 복합 양식으로 구성되어 있으니, 시각과 청각을 결합하여 기사 내용을 이해할 수 있겠군.
⑤ 기사의 최초 작성 시간과 수정 시간이 명시되어 있으니, 다른 수용자들이 기사를 열람한 시간을 확인할 수 있겠군.

44

(2022.09)

(가), (나)에 대한 이해로 적절하지 않은 것은?

① (가)는 웹툰 제작자가 웹툰을 제작하기 위해 사연 신청자의 요청을 반영할 수 있음을 보여 준다.
② (가)는 웹툰 제작자가 (나)의 댓글이나 별점을 통해 웹툰의 독자가 보인 반응을 확인할 수 있음을 보여 준다.
③ (나)는 웹툰의 독자가 댓글로 서로 공감하며 상호 작용하고 있음을 보여 준다.
④ (나)는 웹툰의 독자가 하이퍼링크를 통해 웹툰 제작자가 지정한 곳으로 이동할 수 있음을 보여 준다.
⑤ (나)는 웹툰의 독자가 이미지에 담긴 의미에 대해 웹툰 제작자에게 직접 묻고 답을 얻고 있음을 보여 준다.

42

(2022.06)

다음은 학생이 과제 수행을 위해 작성한 메모이다. 메모를 반영한 영상 제작 계획으로 적절하지 않은 것은?

〈메모〉

수행 과제: 우리 지역 소식을 영상으로 제작하기
바탕 자료: '○○초등학교, 특색 있는 숙박 시설로 다시 태어난다' 인터넷 기사와 댓글
영상 내용: 새로 조성될 숙박 시설 소개

- 첫째 장면(#1): 기사의 제목을 활용한 영상 제목으로 시작
- 둘째 장면(#2): 시설 조성으로 달라질 전후 상황을 시각·청각적으로 대비시켜 표현
- 셋째 장면(#3): 건물 내부와 외부에 조성될 공간의 구체적 모습을 방문객의 동선에 따라 순차적으로 제시
- 넷째 장면(#4): 지역 관광 거점으로서의 지리적 위치와 이를 통한 기대 효과를 한 화면에 제시
- 다섯째 장면(#5): 기사의 댓글을 참고해서 시설을 이용할 방문객들의 모습을 그림으로 그려 연속적으로 제시

41

(2022.09)

(나)를 제작하는 과정에서 반영된 학생의 계획으로 적절하지 않은 것은?

① '카드 1'에는 (가)의 보고서에 담긴 사회 참여 필요성에 대한 청소년의 인식을 보여 주기 위해 청소년이 말하는 이미지로 제시해야겠군.
② '카드 2'에는 (가)의 사회 참여 활동을 경험해 본 청소년의 비율을 그래프로 시각화하여 문제 상황을 드러내야겠군.
③ '카드 3'에는 (가)의 기관 중심의 사회 참여를 선호하는 청소년의 경향을 드러내기 위해 기관의 이미지를 더 크게 그려야겠군.
④ '카드 4'에는 (가)의 청소년 사회 참여 활동의 두 가지 유형이 서로 조화를 이루는 이미지를 제시해야겠군.
⑤ '카드 4'에는 (가)의 청소년 사회 참여에 관한 교수 인터뷰 내용 중 활성화의 방향에 해당하는 내용을 문구로 제시해야겠군.

매체 패턴 ③ 언어적 표현 방식의 적절성 파악

42
(2022.09)

㉠~㉤에 대한 설명으로 적절하지 않은 것은?

① ㉠: 의문형 종결 어미를 활용하여 글의 화제를 드러내는 제목을 질문의 형식으로 제시하고 있다.
② ㉡: 부사 '무려'를 사용하여 청소년도 사회 참여가 필요하다고 응답한 청소년의 비율이 높음을 강조하고 있다.
③ ㉢: 연결 어미 '-여'를 사용하여 사회 참여 활동 기회에 대한 앞 절의 내용이 뒤 절 내용의 목적에 해당함을 나타내고 있다.
④ ㉣: 피동 표현을 활용하여 행위의 주체보다는 행위의 대상인 '사회적 분위기'에 초점을 두어 서술하고 있다.
⑤ ㉤: 인용 표현을 활용하여 사회 참여 활동을 경험한 학생의 소감을 전달하고 있다.

41
(2022.수능)

㉠~㉤에 대한 설명으로 적절하지 않은 것은?

① ㉠: 하십시오체 종결 어미 '-ㅂ니까'를 통해 시청자를 높이며 방송의 시작을 알리는 인사를 하고 있다.
② ㉡: 접속 부사 '그래서'를 통해 앞 문장의 내용이 뒤에 이어지는 내용의 원인임을 드러내고 있다.
③ ㉢: 보조사 '는'을 통해 '사전등록 정보'가 문장의 화제임과 동시에 주어로 사용됨을 보여 주고 있다.
④ ㉣: 연결 어미 '-면'을 통해 앞 절의 내용이 '사전등록 정보'가 '자동 폐기'되는 조건임을 나타내고 있다.
⑤ ㉤: 보조 용언 '보다'를 통해 '앱'을 사용하는 것이 시험 삼아 하는 행동임을 나타내고 있다.

매체 패턴 ④ 매체 언어의 표현 방식 평가

45

(2022.06)

(가)를 본 학생이 (나)를 활용하여 다음의 학습 활동을 수행한 결과로 적절하지 않은 것은?

〈학습 활동 생략〉

① (나)는 바람의 움직임을 연상하게 하는 곡선의 형태로 문구를 배치하여 제품의 쓰임새를 떠올리게 하고 있다.
② '자료'는 기존 제품과의 비교를 통해 제품이 소비자들이 중시하는 구매 기준에 부합한다는 점을 부각하고 있다.
③ '자료'는 (나)와 달리 제품의 안전 관련 정보를 이미지와 문구로 표시하여 제품의 안전성을 드러내고 있다.
④ (나)는 동일한 단어를 반복하여, '자료'는 비유적 표현을 활용하여 제품의 장점을 제시하고 있다.
⑤ (나)는 유명인의 이미지를, '자료'는 제품의 이미지를 제시하여 제품의 성능이 우수함을 강조하고 있다.

매체 패턴 ⑤ 자료 활용 방안의 적절성 파악

43

(2022.09)

다음의 '카드 뉴스 보완 방향'을 고려할 때, '카드 A', '카드 B'의 활용 방안으로 가장 적절한 것은?

〈카드 뉴스 보완 방향 생략〉

① (나)에서 청소년의 사회 참여가 필요한 이유는 언급하지 않았으므로 '카드 A'를 활용하여 그 이유를 보여 준다.
② (나)에서 청소년 주도의 사회 참여 기회가 부족함을 지적하였으므로 '카드 A'를 활용하여 우리 학교 학생들의 사회 참여 이유를 제시한다.
③ (나)에서 청소년 사회 참여 확산이 어려운 이유를 언급하지 않았으므로 '카드 A'를 활용하여 그에 대한 우리 학교 학생들의 생각을 보여 준다.
④ (나)에서 사회 참여가 청소년에게 미치는 영향을 강조하였으므로 '카드 B'를 활용하여 우리 학교 주변의 문제를 알려 준다.
⑤ (나)에서 청소년이 주도적으로 사회 참여를 할 수 있는 구체적 방법을 제시하지 않았으므로 '카드 B'를 활용하여 우리 학교 학생들이 실천할 수 있는 방법을 제안한다.

매체 패턴 ❻ 수용자 반응의 적절성 파악

42 〔 2022.수능 〕

다음은 위 방송 프로그램 '시청자 게시판'의 내용이다. 시청자의 수용 태도에 대한 설명으로 가장 적절한 것은?

〈시청자 게시판 생략〉

① 시청자 1과 2는 △△ 신문 기사의 내용과 관련하여, 지문 등 사전등록제의 등록률에 대한 정보의 출처가 믿을 만한지 점검하였다.
② 시청자1과 4는 ○○ 신문 기사의 내용과 관련하여, 지문 등을 사전등록하는 방법에 대한 정보의 양이 충분한지 점검하였다.
③ 시청자 2와 5는 △△ 신문 기사의 내용과 관련하여, 지문 등 사전등록제의 장단점을 공평하게 다루고 있는지 점검하였다.
④ 시청자 3과 4는 △△ 신문 기사의 내용과 관련하여, 지문 등 사전등록제가 어떤 사람에게 유용한지 점검하였다.
⑤ 시청자 3과 5는 ○○ 신문 기사의 내용과 관련하여, 지문 등 사전등록제의 효과에 대한 정보가 사실인지 점검하였다.

매체 패턴 ❼ 매체를 통한 정보 수용 시 유의할 점 파악

40 〔 2022.09 〕

(가), (나)를 수용할 때 유의할 점으로 가장 적절한 것은?

① (가)는 다양한 이론을 종합하여 해결 방안을 마련하고 있으므로 이론에 대한 왜곡이 없는지 확인해야 한다.
② (나)는 제시된 정보 중 출처를 밝히지 않은 것이 있으므로 신뢰할 수 있는 정보인지 확인해야 한다.
③ (나)는 의견이 대립하고 있는 상황을 다루고 있으므로 편파적으로 서술되지 않았는지 확인해야 한다.
④ (가)와 (나)는 예상되는 반론에 반박하고 있으므로 논리적 타당성을 갖추었는지 확인해야 한다.
⑤ (가)와 (나)는 작성자의 주장이 나열되고 있으므로 납득할 만한 근거를 갖추고 있는지 확인해야 한다.

STEP. 2 기출, 이것은 진리

2023학년도 대학수학능력시험 6월 모평 40~43번(4문항)

[40-43] (가)는 텔레비전 뉴스이고, (나)는 이를 바탕으로 교내에 게시하기 위해 동아리에서 만든 포스터이다. 물음에 답하시오.

(가)

진행자: 생활 속 유용한 경제 뉴스를 알려 드리는 시간이죠. 경제 뉴스 콕, 김 기자. ⓐ요즘 화제가 되고 있는 제도에 대해 알려 주신다면서요?

기자: 네. 한국○○공단에서 실시하는 '탄소 중립 실천 포인트 제도'를 소개해 드리겠습니다. ⓑ일상 속 작은 노력으로 탄소 중립을 실천하고 포인트도 받을 수 있는 제도인데요,

㉠

제도 실시 후 석 달 만에 가입자 십만 명을 돌파했습니다. 기후 위기를 심각하게 여기고 친환경 생활을 실천하려는 국민들이 그만큼 많았단 뜻이겠죠. ⓒ자, 그럼 구체적으로 어떻게, 얼마나 받을 수 있는지 궁금하실 텐데요. 일단 이 포인트를 받으려면 누리집에 가입해야 합니다.

㉡ ㉢

누리집에 가입해서 각종 탄소 중립 활동을 실천하면 연간 최대 칠만 원까지 포인트를 받을 수 있습니다. 대형 마트에서 종이 영수증 대신 전자 영수증으로 받으면 백 원, 배달 음식 주문할 때 일회 용기 대신 다회 용기를 선택하면 천 원, 세제나 화장품 살 때 빈 통을 가져가 다시 채우면 이천 원, 무공해차를 대여하면 오천 원이 적립됩니다. ⓓ한국○○공단 관계자의 말을 들어 보겠습니다.

관계자: 정산 시스템 구축이 완료될 다음 달부터 월별로 정산해 지급할 예정입니다. 많은 국민이 동참할 수 있도록…

경제 뉴스 콕
한국○○공단 이△△ 부장
정산 시스템 구축이 완료될 다음 달부터 월별로 정산해 (현금이나 카드 포인트를) 지급할 예정입니다. (앞으로) 많은 국민이 동참할 수 있도록 (홍보를 강화하겠습니다.)

㉣

기자: 기존의 탄소 포인트 제도와 더불어 이 제도가 국민들의 탄소 줄이기 생활화에 이바지할 수 있을지 주목됩니다.

진행자: 그렇군요. ⓔ**많은 국민이 동참해야 효과가 있는 제도인 만큼 참여도를 높이는 게 중요하겠네요**. 오늘 준비한 소식은 여기까지입니다. 시청자 여러분, 고맙습니다.

잠시 후 9시, 여자 배구 결승전 중계(대한민국 : 터키)

㉤

(나)

◇◇고등학교 환경 동아리
누리집 주소 point.□□.kr
누리집 접속 QR코드
◇◇고 친구들 여기 주목!
탄소 중립 실천 포인트
누리집 가입하면 돈이 되지!
배달 음식 주문할 때 다회 용기 선택!
세제나 화장품의 용기는 다시 채워 쓰기!
물건 살 때 전자 영수증 받기!

40 문항 코드 | 23670-0099

㉠~㉤에 대한 이해로 적절하지 않은 것은?

① ㉠은 글자의 크기와 굵기를 달리하여 보도의 주요 제재를 부각하였다.
② ㉡은 기자의 발화 내용을 의문형으로 요약 진술하여 시청자의 이해를 돕고자 하였다.
③ ㉢은 기자의 발화와 관련된 내용을 보충하여 정보의 구체성을 강화하였다.
④ ㉣은 관계자의 발화에서 생략된 내용을 보완하여 의미를 정확하게 전달하였다.
⑤ ㉤은 이후에 방영될 프로그램에 대한 정보를 제시하여 이에 대한 시청자의 관심을 유도하였다.

✔ 시각 자료 활용의 적절성 파악

41 문항 코드 | 23670-0100

ⓐ~ⓔ에 대한 설명으로 가장 적절한 것은?

① ⓐ: 보조 용언 '있다'를 사용해 제도가 지속적으로 진행됨을 표현하였다.
② ⓑ: 보조사 '도'를 사용해 제도의 장단점을 아우르고자 하는 의도를 표현하였다.
③ ⓒ: 감탄사 '자'를 사용해 시청자의 해당 누리집 가입을 재촉하려는 의도를 표현하였다.
④ ⓓ: 선어말 어미 '-겠-'을 사용해 제도 시행 관련 정보를 관계자가 언급할 것이라는 추측을 표현하였다.
⑤ ⓔ: 의존 명사 '만큼'을 사용해 많은 국민이 동참해야 효과가 있는 제도라는 점이 이어지는 내용의 근거임을 표현하였다.

✔ 언어적 표현 방식의 적절성 파악

42 문항 코드 | 23670-0101

(가)를 시청한 학생들의 휴대 전화 대화방의 내용이다. 학생들의 수용 태도에 대한 설명으로 적절하지 않은 것은? [3점]

✓ 수용자 반응의 적절성 파악

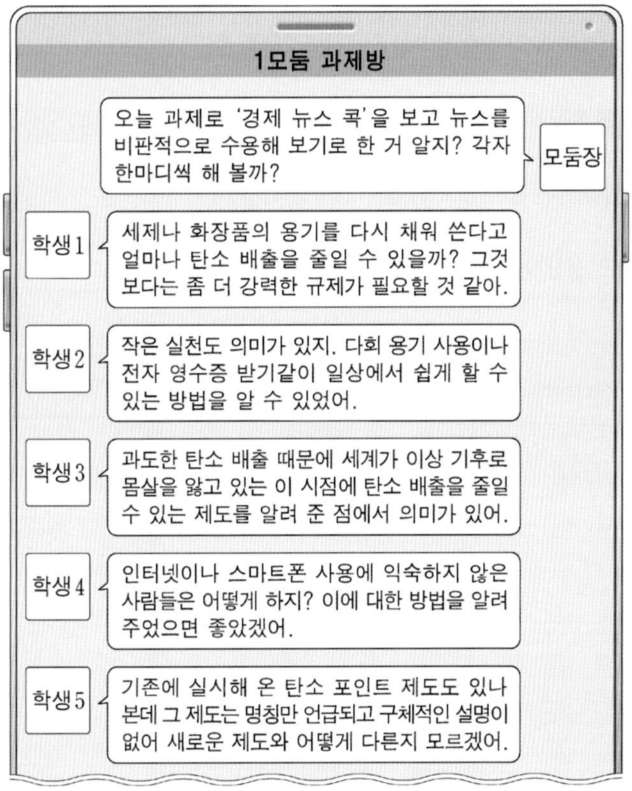

1모둠 과제방
오늘 과제로 '경제 뉴스 콕'을 보고 뉴스를 비판적으로 수용해 보기로 한 거 알지? 각자 한마디씩 해 볼까?
모둠장
학생1
세제나 화장품의 용기를 다시 채워 쓴다고 얼마나 탄소 배출을 줄일 수 있을까? 그것보다는 좀 더 강력한 규제가 필요할 것 같아.
학생2
작은 실천도 의미가 있지. 다회 용기 사용이나 전자 영수증 받기같이 일상에서 쉽게 할 수 있는 방법을 알 수 있었어.
학생3
과도한 탄소 배출 때문에 세계가 이상 기후로 몸살을 앓고 있는 이 시점에 탄소 배출을 줄일 수 있는 제도를 알려 준 점에서 의미가 있어.
학생4
인터넷이나 스마트폰 사용에 익숙하지 않은 사람들은 어떻게 하지? 이에 대한 방법을 알려 주었으면 좋았겠어.
학생5
기존에 실시해 온 탄소 포인트 제도도 있나 본데 그 제도는 명칭만 언급되고 구체적인 설명이 없어 새로운 제도와 어떻게 다른지 모르겠어.

① 학생 1은 보도에서 제시한 실천 항목의 효과에 주목해 제도의 실효성 측면을 부정적으로 판단하였다.

② 학생 2는 일상에서 쉽게 할 수 있는 방법을 제시한 점에 주목해 제도의 실천 용이성 측면을 긍정적으로 판단하였다.

③ 학생 3은 제도의 시행이 현재의 문제 해결에 필요하다는 점에 주목해 보도의 시의성 측면을 긍정적으로 판단하였다.

④ 학생 4는 누리집 접근에 어려움을 겪는 사람에 주목해 제도의 실현 가능성 측면을 부정적으로 판단하였다.

⑤ 학생 5는 기존 제도의 세부 내용을 설명하지 않은 점에 주목해 보도 내용의 충분성 측면을 부정적으로 판단하였다.

43 문항 코드 | 23670-0102

(나)의 정보 구성 및 제시 방식에 대한 이해로 적절하지 않은 것은?

① (가)에 제시된 제도의 실천 항목 중 청소년이 일상에서 실천할 수 있는 것을 선별하여 제시하였군.
② (가)에 제시된 누리집 주소와 함께 QR코드를 제시하여 누리집에 접속할 수 있는 경로를 추가하였군.
③ (가)에 제시된 제도의 개인적 혜택을 시각적으로 표현하기 위해 돈과 저금통의 이미지를 활용하였군.
④ (가)에 제시된 가입자 증가 현황 이외에 증가 원인을 추가하여 제도 가입자가 지닌 환경 의식을 표현하였군.
⑤ (가)에 제시된 수용자보다 수용자 범위를 한정하고 생산자를 명시하여 메시지 전달의 주체와 대상을 표현하였군.

✔ 매체 언어의 표현 평가

태그 체크

◯ #매체는 개념보단 패턴
◯ #기출문제 분석이 제1의 기본
◯ #언매 문제 패턴 및 접근법
◯ #문제 풀이 전략으로 시간 단축

36 매체 2

학습 목표

① 나만의 매체 영역 **문제 풀이 매뉴얼**을 확립한다. ② **매체** 영역의 **문제 패턴**을 알고 문제를 해결한다.
③ 문제 풀이의 **정확성**을 **높**이고, **시간**을 **단축**한다.

개념 태그

#매체는 개념보단 패턴 #기출문제 분석이 제1의 기본
#매체 문제 패턴 및 접근법 #문제 풀이 전략으로 시간 단축

STEP. 2 기출, 이것은 진리

오늘은 STEP. 2밖에 없어. 최근의 기출문제들로 패턴을 확인하고, 필요한 정보를 근거로 빠르게 정답을 찾는 연습을 반복하자. 수능 날 매체 여섯 문제는 반드시 다 맞힌다!

2023학년도 대학수학능력시험 6월 모평 44~45번(2문항)

[44-45] 다음은 실시간 인터넷 방송이다. 물음에 답하시오.

우리 문화 지킴이들, 안녕! 우리 전통문화를 소개하고 체험하는 문화 지킴이 방송의 진행자, 역사임당입니다. 오늘은 과거 궁중 연회에서 장식 용도로 사용되었던 조화인 궁중 채화를 만들어 보려고 해요. 여러분도 실시간 채팅으로 참여해 주세요.

[A]
> 빛세종: 채화? '화'는 꽃인데 '채'는 어떤 뜻이죠?

빛세종님, 좋은 질문! 채화의 '채'가 무슨 뜻인지 물으셨네요. 여기서 '채'는 비단을 뜻해요. 궁중 채화를 만드는 재료로 비단을 비롯한 옷감이 주로 쓰였기 때문이죠.

(사진을 보여 주며) 주로 복사꽃, 연꽃, 월계화 등을 만들었대요. 자, 이 중에서 오늘 어떤 꽃을 만들어 볼까요? 여러분이 골라 주세요.

[B]
> 햇살가득: 월계화?? 월계화 만들어 주세요!

좋아요! 햇살가득님이 말씀하신 월계화로 결정!

그럼 꽃잎 마름질부터 해 보겠습니다. 먼저 비단을 두 겹으로 겹쳐서 이렇게 꽃잎 모양으로 잘라 줍니다. 꽃잎을 자를 때 가위는 그대로 두고 비단만 움직이며 잘라야 해요. 보이시죠? 이렇게, 비단만, 움직여서. 그래야 곡선은 곱게 나오면서 가위 자국이 안 남

아요. 이런 식으로 다양한 크기의 꽃잎을 여러 장 만들어요. 자, 다음은 뜨거운 인두에 밀랍을 묻힌 후, 마름질한 꽃잎에 대고 이렇게 살짝 눌러 주세요. 보셨나요? 녹인 밀랍을 찍어서 꽃잎에 입혀 주면 이렇게 부피감이 생기죠.

[C]

꼼꼬미: 방금 그거 다시 보여 주실 수 있어요?

물론이죠, 꼼꼬미님! 자, 다시 갑니다. 뜨거운 인두에 밀랍을 묻혀서 꽃잎 하나하나에, 이렇게, 누르기. 아시겠죠?

필요한 꽃잎 숫자만큼 반복해야 하는데 여기서 이걸 계속하면 정말 지루하겠죠? (미리 준비해 둔 꽃잎들을 꺼내며) 짜잔! 그래서 꽃잎을 이만큼 미리 만들어 뒀지요! 이제 작은 꽃잎부터 큰 꽃잎 순서로 겹겹이 붙여 주면 완성! 다들 박수! 참고로 궁중 채화 전시회가 다음 주에 ○○시에서 열릴 예정이니 가 보셔도 좋을 것 같네요.

[D]

**아은맘: ○○시에 사는데, 전시회 지난주에 이미 시작했어요.
아이랑 다녀왔는데 정말 좋았어요. ㅎㅎㅎ**

아, 전시회가 이미 시작되었다고 하네요. 아은맘님 감사!

자, 이제 마칠 시간이에요. 혼자서 설명하고 시범까지 보이려니 미흡한 점이 많았겠지만 끝까지 함께해 주셔서 감사합니다. 오늘 방송 어떠셨나요?

[E]

영롱이: 저 오늘 진짜 우울했는데ㅠ 언니 방송 보면서 기분이 좋아졌어요. 저 오늘부터 언니 팬 할래요. 사랑해요♥

와, 영롱이님께서 제 팬이 되어 주신다니 정말 힘이 납니다. (손가락 하트를 만들며) 저도 사랑해요!

다음 시간에는 궁중 채화를 장식하는 나비를 만들어 볼게요. 지금까지 우리 문화 지킴이, 역사임당이었습니다. 여러분, 안녕!

44 문항 코드 | 23670-0103

위 방송에 반영된 기획 내용으로 가장 적절한 것은?

① 접속자 이탈을 막으려면 흥미를 유지해야 하니, 꽃잎을 미리 준비해 반복적인 과정을 생략해야겠군.
② 소규모 개인 방송으로 자원에 한계가 있으니, 제작진을 출연시켜 인두로 밀랍을 묻히는 과정을 함께해야겠군.
③ 실시간으로 진행되어 편집을 할 수 없으니, 마름질 과정에서 실수가 나올 것에 대비하여 미리 양해를 구해야겠군.
④ 텔레비전 방송에 비해 비공식적이고 사적인 매체이니, 방송에 대한 긍정적 평가와 고정 시청자 등록을 부탁해야겠군.
⑤ 방송 도중 접속한 사람은 이전 내용을 볼 수 없으니, 마무리 인사 전에 채화 만드는 과정을 요약해서 다시 설명해야겠군.

✔ 제작 계획의 반영 여부 파악

45 문항 코드 | 23670-0104

〈보기〉를 바탕으로, [A]~[E]에서 파악할 수 있는 수용자의 특징에 대한 이해로 적절하지 않은 것은?

✔ 수용자의 특징 이해

〈보기〉

실시간 인터넷 방송은 영상과 채팅의 결합을 통해 방송 내용의 생산과 수용이 쌍방향으로 이뤄진다. 예컨대 수용자는 방송 중 채팅을 통해 이어질 방송의 내용과 순서를 정하는 데 영향을 미치고, 이미 제시된 방송의 내용을 추가, 보충, 정정하게 하는 등 능동적인 역할을 수행할 수 있다. 또 생산자와 정서적인 유대를 형성하기도 한다.

① [A]: '빛세종'은 더 알고 싶은 내용을 질문함으로써 진행자가 방송 내용을 보충하여 제시하도록 하고 있다.
② [B]: '햇살가득'은 자신이 원하는 바를 밝힘으로써 진행자가 생산할 내용을 선정하는 데 관여하고 있다.
③ [C]: '꼼꼬미'는 제시되지 않은 부분을 추가하도록 요청함으로써 진행자가 방송의 순서를 정하는 데 영향을 미치고 있다.
④ [D]: '아은맘'은 제시된 내용 중 잘못된 부분을 언급함으로써 진행자가 오류를 인지하고 정정하도록 하고 있다.
⑤ [E]: '영롱이'는 자신의 감정 변화를 제시함으로써 진행자와 정서적인 유대를 형성하고 있다.

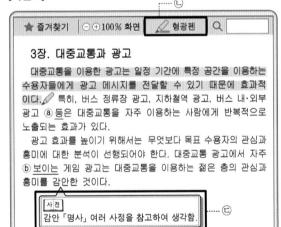

[40-42] (가)는 학습 활동이고, (나)는 학생이 (가)를 수행하기 위해 활용한 전자책의 일부이다. 물음에 답하시오.

(가)

[학습 활동] 다음 상황을 바탕으로, ○○구청 관계자의 입장에서 효과적인 광고 방안을 발표해 봅시다.

> ○○구청에서 '청소년 문화 한마당'을 기획하면서, ○○구 고등학생들을 대상으로 한 홍보 방안을 마련하고자 한다. 대중교통 광고의 효과를 바탕으로 학생들이 주로 이용하는 버스를 활용하여 광고 계획을 수립하기로 한다.

(나)

[화면 1]

목차 | 즐겨찾기 목록

★ 1장. 광고와 소비자

★ 3장. 대중교통과 광고 ······ ㉠

[화면 2]

즐겨찾기 | ⊖⊕100% 화면 | 형광펜 ······ ㉡ | 🔍

3장. 대중교통과 광고

대중교통을 이용한 광고는 일정 기간에 특정 공간을 이용하는 수용자들에게 광고 메시지를 전달할 수 있기 때문에 효과적이다. 특히, 버스 정류장 광고, 지하철역 광고, 버스 내·외부 광고 ⓐ등은 대중교통을 자주 이용하는 사람에게 반복적으로 노출되는 효과가 있다.

광고 효과를 높이기 위해서는 무엇보다 목표 수용자의 관심과 흥미에 대한 분석이 선행되어야 한다. 대중교통 광고에서 자주 ⓑ보이는 게임 광고는 대중교통을 이용하는 젊은 층의 관심과 흥미를 감안한 것이다.

사전

감안 「명사」 여러 사정을 참고하여 생각함. ······ ㉢

[화면 3]

즐겨찾기 | ⊖⊕120% 화면 ······ ㉣ | 형광펜 | 🔍 버스 광고 ······ ㉤

ⓒ다음으로 목표 수용자들의 주 이용 노선과 같은 대중교통 이용 패턴을 분석하는 것이 필요하다. 예를 들어, 20대를 주 관객층으로 하는 영화 광고가 대학가를 지나는 노선버스에 많은 것은, 목표 수용자의 주 이용 노선을 고려한 것이다. 또한 목표 수용자의 대중교통 이용 시간대도 고려할 필요가 있다. 목표 수용자의 대중교통 주 이용 시간대가 다른 시간대에 비해 광고 효과가 높기 때문이다.

ⓓ한편, 대표적인 대중교통 광고인 **버스 광고**는 여러 규격의 인쇄 광고, 시간대 설정이 가능한 내부 모니터 영상 광고 등 ⓔ그 형태가 다양하다. 지하철과 달리 지상에서 운행하기 때문에 버스를 이용하지 않는 사람들 역시 버스 외부 광고의 목표 수용자가 될 수 있다는 것이 **버스 광고**의 장점이다.

40 문항 코드 | 23670-0105

〈보기〉는 (나)의 전자책을 활용한 학생의 반응이다. 이를 바탕으로 (나)를 이해한 내용으로 적절하지 않은 것은?

> 〈보기〉
>
> 전자책은 중요한 부분에 강조 표시를 할 수 있다는 점이 종이 책과 비슷했어. 하지만 다시 봐야 할 내용을 선택해 별도의 목록으로 만들거나 어구를 검색해 원하는 정보에 더 쉽게 접근할 수 있다는 점은 종이 책과 달랐어. 책에서 모르는 단어가 나왔을 때, 사전을 찾아본 결과를 한 화면에서 바로 확인할 수 있어서 내용을 빠르게 이해했어. 또 화면 배율을 조정해 글자 크기를 조절하니 읽기에 편했어.

① ㉠에 1, 3장이 포함된 것은 학생이 해당 장의 내용을 다시 볼 필요가 있다고 판단했기 때문이군.
② ㉡을 통해 대중교통을 이용한 광고가 효과적인 이유를 언급한 부분에 강조 표시가 된 것은 학생이 해당 문장을 중요하다고 판단했기 때문이군.
③ ㉢의 '감안'에 대한 사전 찾기 결과는 [화면 2]에서 본문과 함께 제시되어 학생의 글 읽기에 도움을 주었군.
④ ㉣을 통해 [화면 3]의 글자 크기가 [화면 2]보다 커진 것은 학생의 읽기 편의성을 높여 주었군.
⑤ ㉤의 결과가 [화면 3]에 표시된 것은 학생이 '버스 광고'를 쉽게 찾아 버스 광고의 제작 기간을 확인하는 데 도움을 주었군.

✔ 매체의 특성 이해

41 문항 코드 | 23670-0106

다음은 학생이 (가)를 수행하는 과정에서 (나)를 바탕으로 작성한 메모이다. 이에 대한 이해로 적절하지 않은 것은?

> **메모 1**: '청소년 문화 한마당'에 ○○구 고등학생들이 좋아할 공연 프로그램이 많이 준비되어 있음을 광고에서 강조하면 효과적이겠다.
> **메모 2**: 버스 정류장이 아니라 버스 내·외부에 광고물을 부착하고, ○○구 고등학생들이 주로 이용하는 10번이나 12번 버스에 광고를 게시하면 효과적이겠다.
> **메모 3**: 등·하교 시간에 집중적으로 광고를 하기 위해 버스 내부의 모니터 영상 광고를 이용하고, 도보 통학 학생들에게도 홍보하기 위해 버스 외부의 옆면과 뒷면에도 광고를 게시하면 효과적이겠다.

① '메모 1'에서, 광고에서 부각할 내용을 선정한 것은 (나)에 제시된 목표 수용자와 관련하여 우선적으로 분석해야 할 요소를 고려한 것이겠군.
② '메모 2'에서, 정류장 광고와 버스 내·외부 광고 중 후자를 선택한 것은 (나)에 제시된 반복 노출 효과의 유무라는 기준을 고려한 것이겠군.
③ '메모 2'에서, 버스 노선 중에서 특정 노선을 선택한 것은 (나)에 제시된 영화 광고의 예처럼 목표 수용자의 대중교통 이용 패턴을 고려한 것이겠군.
④ '메모 3'에서, 광고 게시 시간대를 설정할 수 있는 광고 형태를 제안하려는 것은 (나)에 제시된 목표 수용자의 대중교통 이용 시간이라는 기준을 고려한 것이겠군.
⑤ '메모 3'에서, 버스 옆면과 뒷면 광고가 필요하다고 판단한 것은 (나)에 제시된 버스 외부 광고의 장점을 고려한 것이겠군.

✔ 내용 생성의 적절성 파악

42 문항 코드 | 23670-0107

ⓐ~ⓔ에 대한 설명으로 적절하지 않은 것은?

① ⓐ: 대중교통을 이용한 광고의 종류가 여럿임을 명시하기 위해 사용하였다.
② ⓑ: 젊은 층의 게임 광고 수용에 대한 자발적 의지를 나타내기 위해 사용하였다.
③ ⓒ: 광고의 효과를 높이기 위해 분석해야 할 요소가 더 존재함을 드러내기 위해 사용하였다.
④ ⓓ: 목표 수용자 분석과는 다른 내용으로 전환됨을 나타내기 위해 사용하였다.
⑤ ⓔ: 앞에 나온 표현을 그대로 반복하지 않고 대신하기 위해 사용하였다.

✔ 언어적 표현 방식의 적절성 파악

2023학년도 대학수학능력시험 9월 모평 43~45번(3문항)

[43-45] (가)는 교내 방송의 일부이고, (나)는 (가)를 들은 학생들이 휴대 전화 메신저로 나눈 대화의 일부이다. 물음에 답하시오.

(가)

진행자: 방송을 듣고 계신 ○○고 여러분, 매주 수요일 마지막 순서는 청취자의 사연을 소개하는 시간이죠. 어제까지 많은 사연이 왔는데요, 시간 관계상 하나만 읽어 드릴게요. (잔잔한 배경 음악) “3학년 1반 이민지입니다. 제가 며칠 전 운동장에서 다쳤을 때 우리 반 지혜가 응급 처치를 해 줬어요. 우리 반에서 인기가 많은 친구인데, 이 친구가 곧 전학을 가요. 헤어지기 아쉬운 마음을 담아 □□의 노래 〈다시 만날 우리들〉을 신청합니다.”라고 하셨네요. 신청곡 들려드리면서 오늘 방송 마무리할게요.

(나)

상우: 민지야, 사연 잘 들었어. 지혜가 전학 가기 전에 영상을 만들어서 선물하면 어때? 제목은 ‘잊지 말아요’.

민지: 멋진데! 지금 보미랑 과제 때문에 다른 대화방에서 얘기 중인데, 보미도 같이 하고 싶대! 초대해도 돼?

상우: 응.

보미 님이 ‘지혜를 위한 영상 제작 방’에 입장했습니다.

상우: 우리 셋이 계속 얘기 나눠야 하니까 대화방 목록에서 찾기 쉽게 방 이름을 붙였어. 보미야, 어서 와.

보미: 응. ^^ ㉠ <u>민지한테 얘기 다 들었어. 상우야, 어떤 장면 찍을 거야?</u>

상우: 지혜가 학교에 얽힌 추억을 기억할 수 있게 학교의 여러 공간을 담으면 좋겠어. 민지야, 네가 출연하면 어때?

민지: ㉡ 

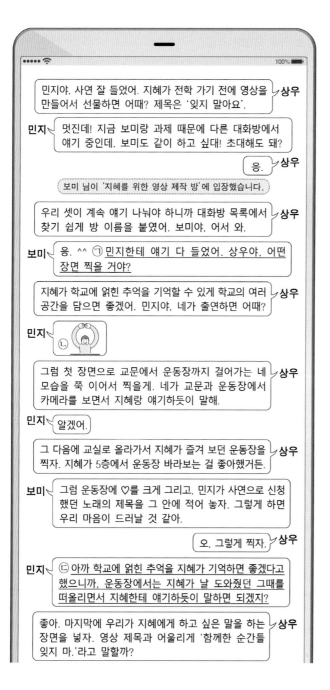

상우: 그럼 첫 장면으로 교문에서 운동장까지 걸어가는 네 모습을 쭉 이어서 찍을게. 네가 교문과 운동장에서 카메라를 보면서 지혜랑 얘기하듯이 말해.

민지: 알겠어.

상우: 그 다음에 교실로 올라가서 지혜가 즐겨 보던 운동장을 찍자. 지혜가 5층에서 운동장 바라보는 걸 좋아했거든.

보미: 그럼 운동장에 ♡를 크게 그리고, 민지가 사연으로 신청했던 노래의 제목을 그 안에 적어 놓자. 그렇게 하면 우리 마음이 드러날 것 같아.

상우: 오, 그렇게 찍자.

민지: ㉢ <u>아까 학교에 얽힌 추억을 지혜가 기억하면 좋겠다고 했으니까, 운동장에서는 지혜가 날 도와줬던 그때를 떠올리면서 지혜한테 얘기하듯이 말하면 되겠지?</u>

상우: 좋아. 마지막에 우리가 지혜에게 하고 싶은 말을 하는 장면을 넣자. 영상 제목과 어울리게 ‘함께한 순간들 잊지 마.’라고 말할까?

보미: 그래. 우리가 세 글자씩 말하고, 화면에는 그 말이 한 문장으로 보이도록 하면 어때? 자막은 내가 넣을게.

상우: 응. 근데 민지야, 생각해 보니 교문에서 운동장까지 꽤 머니까 네가 운동장으로 이동하는 과정은 빼고 찍자. 교문과 운동장에서 각각 찍고 편집해서 이어 붙이자.

민지: 알겠어. ㉣ <u>대화 내용을 다시 보니까 장면 구상이나 각자 역할은 얘기했는데 촬영 날짜는 안 정했네.</u>

상우: ㉤ <u>그럼 아래 투표함에 날짜를 몇 개 올릴 테니까 각자 가능한 날짜를 선택해 줘.</u>

투표 제목 : 촬영 날짜 선택

43 문항 코드 | 23670-0108

(가), (나)에 드러나 있는 매체의 특성을 이해한 것으로 가장 적절한 것은?

✔ 매체의 특성 이해

① (가)에서는 정보를 전달할 수 있는 시간의 제약을 고려하여 정보의 양을 조절하고 있다.
② (나)에서는 불특정 다수의 수용자에게 정보를 제공하고 있다.
③ (가)에서는 (나)와 달리 대화 목적에 따라 또 다른 온라인 대화 공간을 설정하고 있다.
④ (나)에서는 (가)와 달리 음성 언어에 음향을 결합하여 정보를 생산하고 있다.
⑤ (가)와 (나)에서는 모두 정보 생산자가 정보 수용자의 반응에 따라 정보 제시 순서를 바꾸고 있다.

44 문항 코드 | 23670-0109

㉠~㉤에 드러난 의사소통 방식에 대한 이해로 적절하지 <u>않은</u> 것은?

✔ 의사소통 방식 이해

① ㉠: 새롭게 대화에 참여한 '보미'는 공유된 맥락을 기반으로 '상우'에게 질문하고 있다.
② ㉡: 동의의 뜻을 시각적 이미지로 제시하여 '상우'의 제안을 수락하고 있다.
③ ㉢: '상우'의 이전 발화 중 일부를 재진술하면서 영상 제작에 관한 그의 의견에 이의를 제기하고 있다.
④ ㉣: 진행된 대화 내용을 점검하여 영상 촬영과 관련해서 추가적으로 논의할 내용을 언급하고 있다.
⑤ ㉤: 의견을 취합할 수 있는 기능을 활용하여 촬영 날짜를 선택하기 위한 의사 결정에 참여해 줄 것을 요청하고 있다.

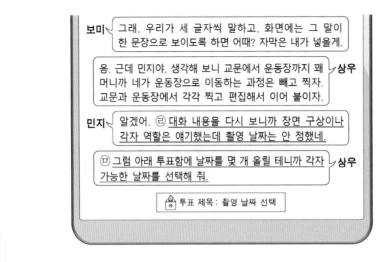

45 문항 코드 | 23670-0110

(나)의 대화 내용을 반영한 '영상 제작 계획'으로 적절하지 않은 것은? [3점]

<table>
<tr><th>영상 제작 계획</th><th>장면 스케치</th></tr>
<tr><td>① 교문에서부터 운동장까지 끊지 않고 촬영하여 지혜가 여러 공간에 얽힌 추억을 떠올릴 수 있도록 연출해야겠어.</td><td rowspan="2">
</td></tr>
<tr><td>② 학교 공간을 촬영할 때, 민지가 지혜와 대화하는 듯한 느낌을 드러내야겠어.</td></tr>
<tr><td>③ 지혜가 바라보던 운동장을 위에서 아래로 내려다보는 각도로 교실에서 촬영해야겠어.</td><td rowspan="2">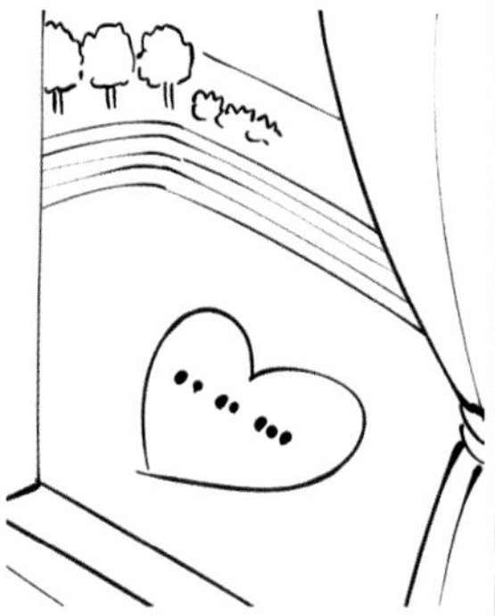</td></tr>
<tr><td>④ 운동장에 그린 하트 모양의 그림에 '다시 만날 우리들'이라는 글자가 적힌 장면을 촬영하여 영상을 제작하는 우리의 마음을 드러내야겠어.</td></tr>
<tr><td>⑤ 우리가 다 같이 등장해서 '함께한', '순간들', '잊지 마'라고 나눠서 말한 내용이 하나의 문장처럼 보이게 자막을 삽입해야겠어.</td><td>
</td></tr>
</table>

∨ 제작 계획의 반영 여부 파악

태그 체크

- ◯ #매체는 개념보단 패턴
- ◯ #기출문제 분석이 제1의 기본
- ◯ #매체 문제 패턴 및 접근법
- ◯ #문제 풀이 전략으로 시간 단축

37 화법 1

학습 목표

❶ 수능 시험 날 **화법 5~6문제**는 다 맞히기로 약속한다.
❷ **화법** 영역의 **문제 패턴**을 확실히 안다.
❸ 나만의 화법 영역 **문제 풀이 매뉴얼**을 확립한다.

개념 태그

#화법은 개념보단 패턴
#기출문제 분석이 제1의 기본
#화법 문제 패턴 및 접근법
#문제 풀이 전략으로 시간 단축

STEP. 1 내 생애 마지막 개념 정리!

상식아, 화법도 개념이 있냐?

응, 있더라고. 근데 나도 화법 개념 잘 모르는데, 거의 틀리지는 않아.

부럽다. 근데 화법이 뭐냐…?

'화법'이란 말하는 방법이지. 근데 수능 시험장에서 50만 명 다 말해 보라고 할 수 없으니, 말하기 상황을 제시하고 객관식 문제로 묻는 거야. 그동안 고생했다, 화법은 요령껏 공부하자! 정리해야 할 개념은 솔~직히 많지 않아.

선생님이 요령껏 공부해도 된다고 하시다니, 이상해요~.

단! 화법과 작문, 매체에서만이야~. 그래도 꼭 알아야 할 것들은 있으니, 반드시 이 한 시간 안에 챙겨~!

개념 056

시험에 자주 나오는 말하기 상황 알아 두기

화법 영역의 전체 개념은 수특 화법과 작문 교재에 정리된 내용을 한 번씩 읽어 볼 것.

	개념	절차와 전략
대화	두 사람 이상이 모여 말로써 서로의 생각과 느낌을 표현하고 이해하는 말하기.	'시작-펼침-맺음'의 단계에 따라 적절하게 공감적 듣기, 유머와 재담 활용하기 등.
면접	일정한 목적을 위해 질문과 응답의 방식으로 정보를 수집하거나 대상을 평가하기 위한 말하기.	면접자: 다양한 질문 준비, 편안한 분위기 조성. 피면접자: 자신 있게 답변하기, 간결하게 답변하기.
발표	여러 사람들 앞에서 자신의 생각이나 의견 또는 어떤 사실에 대해서 진술하는 말하기.	발표 목적, 청중, 수행 여건, 상황에 대한 분석, 계획에 따라 발표를 준비·제작·발표해야 함.
연설	일반적으로 한 사람의 연사가 다수의 청중을 대상으로 하여 특정한 목적을 가지고 말하는 공적인 말하기.	상황과 청중 분석-목적, 주제, 제목 설정-자료의 수집과 선정-자료의 조직과 개요 작성-연설문 작성.
토의	어떤 공통된 문제에 대한 최선의 해결책을 얻기 위해 여러 사람이 모여서 의논하는 말하기.	시의성·구체성·접근성을 갖춘 토의 문제를 설정하고 조사·분석하여 최선의 해결책을 찾음.

토론	어떤 논제에 대하여 찬성자와 반대자가 각기 논거를 들어 자신의 주장이 옳음을 내세우고, 상대방의 주장이나 논거가 부당하다는 것을 밝히는 말하기.	근거를 바탕으로 조리 있게 말하고, 상대의 주장과 근거가 타당한지 평가하며 듣기.
협상	이익과 관련된 갈등을 인식한 둘 이상의 주체들이 이를 해결할 의사를 가지고 모여서, 대안들을 조정하고 구성하여 공동의 의사를 결정하는 말하기.	문제 상황과 상대방의 목표를 인식하고 가능한 협상의 목표를 설정하고 복수의 대안을 준비함. '시작-조정-해결'의 협상 과정.

개념 057

기출로 공개하는 화법의 문제 패턴

2023학년도 6월 모평 (화작 88/79)*			오답률
화법(3)	텃밭 가꾸기에 대한 발표	35 발표자의 말하기 방식 파악	
		36 자료 활용 계획 반영 여부 파악	
		37 청중의 반응 이해	
화법+작문(5)	디스토피아 작품의 인기 현상 (가) 비평문을 쓰기 위한 대화 **(나) 초고**	38 학생 1의 말하기 계획 반영 여부 파악	
		39 말하기 전략 파악	
		40 글쓰기 계획 반영 여부 파악	
		41 조건에 따른 표현	
		42 점검 기준에 따른 적절성 파악	
작문(3)	청소년 문제와 관련한 글의 초고	43 글쓰기 방식 파악	
		44 자료 활용의 적절성 파악	
		45 고쳐 쓰기 과정에 반영된 내용 파악	49.2%

2023학년도 9월 모평 (화작 93/87)*			오답률
화법(3)	종자 금고에 대한 발표	35 발표자의 말하기 방식 파악	
		36 자료 활용 계획 반영 여부 파악	
		37 청자의 질문의 적절성 파악(내용 파악)	
작문+화법(5)	청소년의 팬 상품 소비 **(가) 초고** (나) 초고를 수정하기 위한 대화	38 글쓰기 방법 파악	
		39 글쓰기 계획 반영 여부 파악	
		40 참여자의 발화 이해	
		41 설문 조사 자료 인용의 적절성 파악	
		42 고쳐 쓰기 방안의 적절성 파악	53.1%
작문(3)	이름 짓기의 효과와 방법 (가) 학생의 생각 (나) 생각을 바탕으로 쓴 초고	43 글쓰기 전략 파악	
		44 조건에 따른 표현	
		45 자료 활용 방안의 적절성 파악	

*1, 2등급 컷.

화법 패턴 ❶ 말하기 방식(전략) 파악

화법 패턴 ❷ 말하기 계획 반영 여부 파악

화법 패턴 ❸ 듣는 이의 듣기 활동 파악

화법 패턴 ❹ 담화 내용 파악

화법 패턴 ❶ 말하기 방식(전략) 파악

35

(2022.06)

위 강연자의 말하기 방식으로 가장 적절한 것은?

① 강연 대상을 다른 소재에 빗대어 설명하고 있다.
② 강연 내용과 관련한 청중의 경험을 환기하고 있다.
③ 통계 자료를 인용하여 강연 내용을 설명하고 있다.
④ 과거 사례와 최근의 사례를 대조하며 설명하고 있다.
⑤ 강연을 하게 된 소감을 밝히며 강연을 시작*하고 있다.

35

(2022.수능)

위 발표에 대한 설명으로 가장 적절한 것은?

① 두 가지 음식에 대해 발표한 내용을 중간중간 요약하고 있다.
② 소개한 두 음식에 대해 추가로 자료를 탐색할 것을 권유*하고 있다.
③ 소개한 조리법을 활용하여 만들 수 있는 다른 음식들의 예를 들고 있다.
④ 발표자 자신의 경험과 관련하여 발표 주제의 선정 동기*를 밝히고 있다.
⑤ 언급한 책의 역사적 가치를 전문가들의 서로 다른 견해를 인용하며 설명하고 있다.

39

(2022.06)

[A]의 학생 1의 발화에 대한 설명으로 가장 적절한 것은?

① 상대에게 바라는 행동을 제안한 것에 대한 긍정적 반응을 보고, 구체적인 의견을 덧붙이고 있다.

② 상대와의 의견을 최대한 일치시킨 것에 대한 긍정적 반응을 보고, 세부 내용을 추가적으로 제시하고 있다.

③ 상대에게 의사를 명료하게 드러내지 않은 것에 대한 부정적 반응을 보고, 상대의 정서에 적극 공감하고 있다.

④ 상대에게 원하는 바를 일방적으로 요구한 것에 대한 부정적 반응을 보고, 질문의 방식으로 상대의 동의를 구하고 있다.

⑤ 자신의 상황을 내세워 상대의 요구를 일부만 수용한 것에 대한 부정적 반응을 보고, 상대에게 동조의 뜻을 표현하고 있다.

41

(2022.09)

협상 진행 과정을 고려할 때, ㉠, ㉡에 대한 설명으로 가장 적절한 것은?

① ㉠은 도서관 설치와 관련해 양보할 수 있는 범위를 제시하여 상대의 제안과 절충을 시도하는 발화이다.

② ㉠은 체육 시설에 대한 상대의 제안을 일부 수용하여 자신의 제안을 조정함으로써 상대의 양보를 이끌어 내는 발화이다.

③ ㉡은 체육 시설 설치가 실현 가능성이 낮음을 들어 자신의 이익을 극대화하는 발화이다.

④ ㉡은 체육 시설 이용에 대한 상대의 요구 사항을 언급하며 자신이 양보 가능한 범위를 제시하는 발화이다.

⑤ ㉡은 체육 시설 이용 시 예상되는 상대의 이익과 자신의 부담을 언급하며 추가적인 요구 사항을 제시하는 발화이다.

36

(2022.09)

다음은 진행자가 방송 진행을 위한 계획 을 메모한 것이다. 위 방송에 반영되지 않은 것 은?

- 도입부
  - 청취자의 사연을 읽고 문제 해결을 돕는 방식으로 방송을 진행할 것임을 소개 ········ ①
- 중심부
  - 사연을 읽고, 사연 속 상황으로 인해 사연 신청자가 느꼈을 감정을 언급 ········ ②
  - 사연 속 문제 상황의 원인을 밝히고, 사연 신청자의 문제 해결을 위해 조언 ········ ③
  - 대화할 때 활용할 수 있는 화제의 예를 제시하고, 각각의 예를 활용한 발화 내용을 구성하여 소개 ····· ④
- 마무리
  - 방송 내용에 관해 청취자가 자신의 생각을 남길 수 있는 방법을 안내 ········ ⑤

36

(2022.수능)

다음은 발표자가 위 발표를 준비하면서 작성한 메모 이다. ㉠~㉤을 바탕으로 하여 발표에서 사용한 발표 전략으로 적절하지 않은 것 은?

〈메모 생략〉

① ㉠: 청중이 발표 내용을 신뢰할 수 있도록 발표에서 다루려는 음식이 소개된 문헌을 밝힌다.
② ㉡: 전달 효과를 높이기 위해 모니터를 활용해 사진을 화면으로 제시하며 설명한다.
③ ㉢: 책에 대한 청중의 사전 지식을 점검하고, 책에 대한 이해를 돕기 위해 책의 집필 시기와 책 제목의 의미를 밝힌다.
④ ㉣: 청중의 이해를 돕기 위해 청중에게 익숙한 단어를 사용하여 음식의 이름을 설명한다.
⑤ ㉤: 청중과의 상호 작용으로 파악한 청중의 관심을 반영하기 위해, 도입부에서 안내한 발표 순서를 바꾸어 소개한다.

화법 패턴 ❸ 듣는 이의 듣기 활동 파악

37

(2022.06)

다음은 학생이 강연을 들으면서 작성한 메모이다. 이를 바탕으로 학생의 듣기 과정을 이해한 내용으로 적절하지 않은 것은?

〈메모 생략〉

① ⓐ: 화살표를 사용하여 강연 내용을 메모한 것으로 보아, 세부 정보들 사이의 관계를 파악하며 들었겠군.
② ⓑ: 강연 이후의 조사 계획을 작성한 것으로 보아, 강연 내용에서 더 알고 싶은 점을 떠올리며 들었겠군.
③ ⓒ: 동네 가로수의 보호 틀을 교체한 이유를 추측한 것으로 보아, 강연 내용을 자기 경험과 관련지으며 들었겠군.
④ ⓓ: 자신이 할 일을 따로 묶은 것으로 보아, 특정 기준으로 정보를 구분하며 들었겠군.
⑤ ⓔ: 강연 내용에 의문을 제기한 것으로 보아, 강연 내용의 논리적 모순을 확인하며 들었겠군.

37

(2022.수능)

〈보기〉는 위 발표를 들은 학생들의 반응이다. 〈보기〉에 드러난 학생들의 듣기 방식으로 가장 적절한 것은?

〈보기 생략〉

① 학생 1은 학생 2와 달리 발표에서 음식 재료를 설명한 내용이 정확한지 평가하며 들었다.
② 학생 2는 학생 1과 달리 자신이 알고 있는 조리법과 비교하며 제시된 정보를 사실과 의견으로 구분하며 들었다.
③ 학생 2는 학생 3과 달리 발표자가 두 번째로 소개한 음식의 조리법에 대한 발표 내용을 배경지식을 바탕으로 예측하며 들었다.
④ 학생 1과 학생 3은 모두 발표 내용과 관련하여 발표자가 언급하지 않은 내용을 추론하며 들었다.
⑤ 학생 2와 학생 3은 모두 사전 경험을 바탕으로 발표 내용의 효용성을 점검하며 들었다.

40

(2022.09)

(가)와 (나)의 맥락을 고려할 때, (가)를 읽고 (나)를 참관한 주민이 [A]에 보인 반응 중 적절하지 않은 것은?

① 시청 담당자의 말을 들으니, 소식지에서의 첫 협상과 같이 후속 협상에도 양측 동 대표가 참석하였군.
② Y동 대표의 말을 들으니, 소식지에 안내된 의견 수렴에 대하여 Y동의 결과가 언급되었군.
③ Y동 대표의 말을 들으니, 소식지에서 소개한 주민 복지 센터 건립 위치는 Z동의 중장년층 인구 비율을 고려하여 결정되었군.
④ Z동 대표의 말을 들으니, 소식지에서 소개한 공간 활용 방안 중에 도서관 설치를 선호하는 주민들이 Z동에도 있었군.
⑤ Z동 대표의 말을 들으니, 소식지에 언급된 신설 버스 노선에 대하여 조정 방안이 제시되었군.

42

(2022.수능)

(나)의 흐름을 다음과 같이 정리할 때, ㉮에 해당하는 내용으로 적절하지 않은 것은?

문제 인식 및 대안 생성 → ㉮ 대안에 대한 검토 → 최선의 대안 선택

① 동영상 방식의 장점으로, 참가자들이 시간과 장소를 자율적으로 정할 수 있다는 점이 언급되었다.
② 동영상 방식의 장점으로, 대면 토론에 비해 심사자 섭외의 부담을 줄일 수 있다는 점이 언급되었다.
③ 동영상 방식의 단점으로, 참가자가 별도의 촬영 장비를 준비해야 한다는 점이 언급되었다.
④ 토론 개요서 방식의 장점으로, 현행 방식에 비해 더 많은 학생이 예선에 참여할 수 있다는 점이 언급되었다.
⑤ 토론 개요서 방식의 단점으로, 참가자들의 소통 과정을 평가하기 어렵다는 점이 언급되었다.

STEP. 2 기출, 이것은 진리

2023학년도 대학수학능력시험 6월 모평 35~37번(3문항)

[35-37] 다음은 텃밭 가꾸기를 안내하기 위한 사례 발표이다. 물음에 답하시오.

안녕하세요. 텃밭 선배 ○○○입니다. 잘 들리시나요? **(청중의 반응을 살피며 큰 목소리로)** 잘 안 들리시는 것 같으니 좀 더 크게 말씀드릴게요. 저는 텃밭을 처음 가꿀 때 가정에서 필요한 다양한 작물을 심고 싶었어요. 아마 15제곱미터 정도의 좁은 텃밭을 가꾸기 시작하시는 여러분도 비슷한 마음이실 거예요. 그러면 어떻게 해야 할까요? **(잠시 뒤에)** 작물을 심기 전에 효율적인 배치를 위해 작물 배치도를 그려 보면 도움이 됩니다.

(화면에 자료를 제시하며) 왼쪽은 제가 첫해 심은 작물의 배치도이고, 그 옆은 다음 해에 그것을 수정한 배치도입니다. 첫해 배치에는 두 가지 문제가 있었는데요, 우선 작물의 키를 고려하지 않았다는 점이에요. 해는 동쪽에서 떠서 한낮에 남쪽을 지나 서쪽으로 지고 해가 떠 있는 반대 방향으로 그림자가 생기죠. 작물은 광합성이 많이 이루어지는 오전부터 한낮까지 그림자의 영향을 최소한으로 받아야 잘 자랄 수 있어요. 이를 고려해 키가 작은 작물을 동쪽과 남쪽에 배치해야 해요. **(자료를 가리키며)** 그런데 보시는 것처럼 상대적으로 키가 큰 고추와 옥수수를 동쪽에 배치하여 상추와 감자에 그늘이 많이 생겼어요.

두 번째 문제는 작물의 재배 기간을 고려하지 않았다는 점이었어요. **(자료를 가리키며)** 제가 4월부터 텃밭을 가꾸기 시작했는데 8월에 옥수수를 수확한 후 같은 자리에 배추를 심었어요. 그런데 문제는 남쪽에 심은 고추의 재배 기간이었어요. 고추 재배가 10월까지 계속되는 바람에 배추가 광합성을 많이 하지 못했거든요. 그래서 좁은 땅을 효율적으로 사용하기 위해 기존 작물을 수확하고 다른 작물로 교체할 때에는 주변 작물의 재배 기간도 함께 고려하여 배치해야 한다는 것을 알았어요.

(자료를 다시 가리키며) 다음 해에는 이러한 실패를 교훈 삼아 작물의 키 순서에 따라 작은 것부터 상추는 남동쪽, 감자는 북동쪽, 고추는 남서쪽, 옥수수는 북서쪽에 배치했어요. 그리고 감자 수확 이후 재배 기간과 주변 작물의 키를 고려해 감자 위치에 배추를 심었더니 첫해와 동일한 위치임에도 배추가 더 잘 자랐어요.

좁은 텃밭에 다양한 작물을 잘 기르고 싶으신가요? 그렇다면 배치도를 그려 효율적으로 텃밭을 가꿔 보세요. 땀을 흘려 손수 먹거리를 수확하는 기쁨을 누리실 수 있을 겁니다.

35 문항 코드 | 23670-0111

위 발표자의 말하기에 대한 설명으로 적절하지 않은 것은?

① 그림을 그리면서 설명을 하여 청중의 이해를 돕고 있다.
② 준언어적 표현을 조절하여 발표의 전달력을 높이고 있다.
③ 자신의 경험에 비추어 청중의 관심을 짐작하여 말하고 있다.
④ 질문하고 답하는 방식을 사용하여 발표 내용을 전달하고 있다.
⑤ 청중이 얻을 수 있는 효용을 제시하며 실천을 권유하고 있다.

✔ 발표자의 말하기 방식 파악

36 문항 코드 | 23670-0112

발표자의 자료 활용 계획 중 발표에 반영되지 않은 것은? [3점]

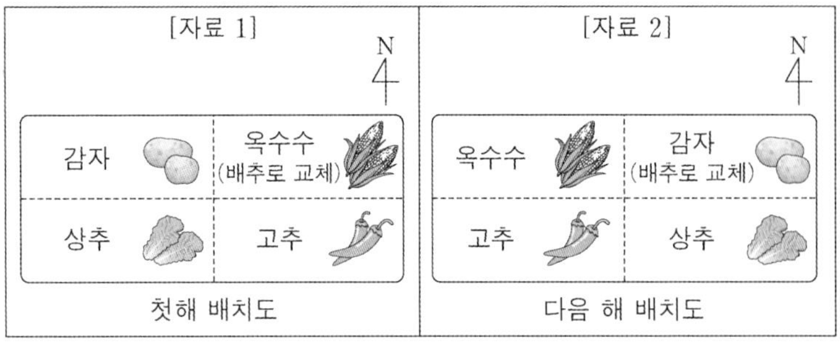

① 상추보다 키가 큰 고추가 상추의 동쪽에 배치되어 상추에 그늘이 많이 생겼음을 [자료 1]을 활용하여 설명해야지.
② 옥수수를 수확하고 나서 심은 배추가 고추 때문에 광합성이 부족했음을 [자료 1]을 활용하여 설명해야지.
③ 작물들의 키 순서를 고려하여 감자를 북동쪽에 배치했음을 [자료 2]를 활용하여 설명해야지.
④ 키가 제일 큰 옥수수는 어느 위치에 심어도 잘 자랄 수 있었음을 [자료 1]과 [자료 2]를 활용하여 설명해야지.
⑤ 동일한 위치에서도 주변 작물에 따라 배추가 자라는 정도가 달랐음을 [자료 1]과 [자료 2]를 활용하여 설명해야지.

∨ 자료 활용 계획 반영 여부 파악

37 문항 코드 | 23670-0113

발표 내용을 참고할 때 <보기>에 제시된 청중의 반응을 이해한 내용으로 가장 적절한 것은?

〈보기〉

청자 1: 작물을 수확하고 난 후 다른 작물로 교체한 이유를 제시하지 않았는데, 작물을 교체한 이유가 뭘까?
청자 2: 브로콜리가 케일보다 키가 크게 자란다고 알고 있어. 이번에 케일과 브로콜리를 심을 계획인데, 들은 것을 활용해 봐야겠어.
청자 3: 작물들의 키 순서만 알려 줘서, 작물들이 다 자랐을 때의 키를 알 수 없었어. 작물들의 키를 구체적으로 알려 주면 좋았겠어.

① 청자 1은 발표 내용의 정확한 이해를 바탕으로 발표 내용에서 보완할 점을 지적하고 있다.
② 청자 2는 자신이 알고 있던 사실과 발표 내용을 비교하며 발표에서 다룬 정보의 문제점을 제시하고 있다.
③ 청자 3은 자신이 필요하다고 생각하는 내용이 다루어지지 않았음을 지적하며 아쉬워하고 있다.
④ 청자 1과 청자 2는 모두 자신의 과거 경험을 떠올리며 발표 내용에 의문을 제기하고 있다.
⑤ 청자 2와 청자 3은 모두 발표 내용이 적용되지 않는 예외적 상황이 있는지 검토하고 있다.

∨ 청중의 반응 이해

태그 체크

○ #화법은 개념보단 패턴
○ #기출문제 분석이 제1의 기본
○ #화법 문제 패턴 및 접근법
○ #문제 풀이 전략으로 시간 단축

38 화법 2

학습 목표

❶ 나만의 화법 영역 **문제 풀이 매뉴얼**을 확립한다.
❷ **화법** 영역의 **문제 패턴**을 알고 문제를 해결한다.
❸ 문제 풀이의 **정확성**을 **높**이고, **시간**을 **단축**한다.

개념 태그

#화법은 개념보단 패턴 #기출문제 분석이 제1의 기본
#화법 문제 패턴 및 접근법 #문제 풀이 전략으로 시간 단축

STEP. 2 기출, 이것은 진리

오늘은 STEP. 2밖에 없어. 최근의 기출문제들로 패턴을 확인하고, 필요한 정보를 근거로 빠르게 정답을 찾는 연습을 반복하자. 수능 날 화법 5~6문제는 반드시 다 맞힌다!

2023학년도 대학수학능력시험 9월 모평 35~37번(3문항)

[35-37] 다음은 학생의 발표이다. 물음에 답하시오.

안녕하세요? 오늘 발표를 맡은 ○○○입니다. 개똥쑥에서 말라리아 치료 성분을 발견했다는 **지난주 특강 내용 기억나시나요? (청중의 대답을 듣고)** 네, 인류를 살리는 식물에 관한 얘기였죠. 이런 식물이 지구상에서 사라진 상황, 상상이 되시나요? (㉠화면을 보여 주며) 나무의 경우 30%에 해당하는 종이 멸종 위기라고 합니다. 또 다른 조사 결과에 따르면 (㉡화면을 보여 주며) 보시는 바와 같이 전체 식물 중 40%에 해당하는 종이 멸종 우려 수준이라고 합니다. 그래서 식물을 품고 있는 씨앗, 즉 종자의 보존은 중요합니다. 오늘 발표는 그 종자 보존과 관련된 내용입니다.

종자를 보존하기 위한 시설로 시드볼트가 있습니다. 종자와 금고를 합친 말인데, 용어가 어려우니 종자 금고라고 할게요. 종자 금고는 기후 변화나 전쟁 등 예기치 못한 재앙으로 인한 식물의 멸종을 막기 위해 지어진 종자 영구 보관 시설입니다. 여기서 잠깐 퀴즈를 내 볼게요. 종자 금고는 전 세계에 몇 군데 있을까요? **(청중의 대답을 듣고)** 아, 정답자가 없네요. 놀라지 마세요. **(손가락 두 개를 펼쳐 보이며)** 단 두 나라, 노르웨이와 우리나라에 있습니다.

인류의 미래를 지키는 데 일조하고자 지은 우리나라 종자 금고는 경북 봉화군에 있습니다. (㉢화면을 보여 주며) 화면 속 건물 아래쪽에 보이는 공간이 저장고가 있는 지하의 모습인데, 외부 영향을 최소화하기 위해 지하에 종자를 보관하고 있습니다. 우리나라뿐만 아니라 외국의 종자도 기탁받아 4천 종 넘게 보관하고 있는데, 저장고 내부는 종자의 발아를 억제해 장기 보관이 가능하도록 적정 온도와 습도를 유지하고 있습니다. 보관된 종자는 특수한 상황이 아니면 반출하지 않는데 식물의 멸종이나 자생지 파괴 등을 대비해 보관하고 있기 때문입니다.

종자를 지키는 일은 미래를 지키는 일입니다. 다음 세대에 물려주어야 할 살아 있는 유산인 씨앗. 씨앗을 보존하기 위한 노력의 일환인 우리나라의 종자 금고는 그런 점에서 의미가 크다고 할 수 있습니다. 제가 준비한 내용은 여기까지인데 **궁금한 점을 질문 받고 발표를 마무리할까 합니다**.

35 문항 코드 | 23670-0114

위 발표자의 말하기 방식으로 가장 적절한 것은?

✓ 발표자의 말하기 방식 파악

① 청중에게 친숙한 사례로 개념 간의 차이를 부각하고 있다.
② 비언어적 표현을 통해 청중의 행동 변화를 촉구하고 있다.
③ 발표 중간중간에 청중의 질문을 받으며 청중과 상호 작용하고 있다.
④ 청중과 공유하고 있는 경험을 언급하여 청중의 주의를 환기하고 있다.
⑤ 발표 내용에 대한 청중의 이해 정도를 확인한 후 이어질 발표의 순서를 안내하고 있다.

36 문항 코드 | 23670-0115

다음은 발표자가 보여 준 화면이다. 발표자의 시각 자료 활용에 대한 설명으로 가장 적절한 것은?

✓ 자료 활용 계획 반영 여부 파악

〈멸종 위기에 처한 나무〉	〈멸종이 우려되는 식물〉	〈우리나라 종자 보관 시설〉
 - 국제 식물원 보존 연맹(2021) -	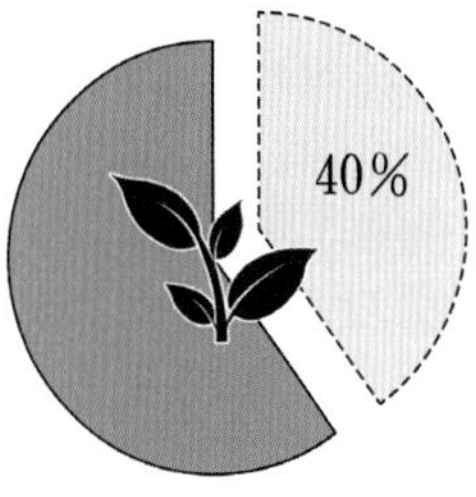 - 영국 왕립 식물원(2020) -	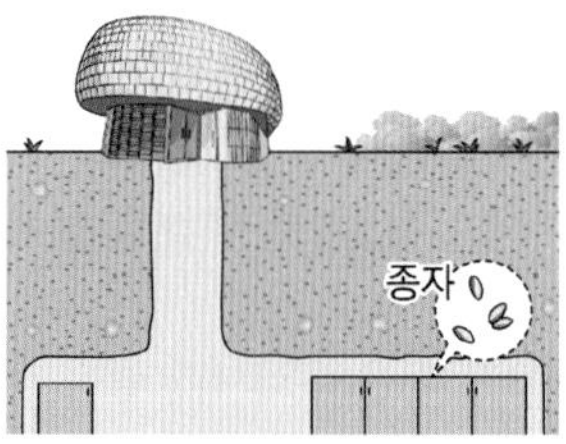
[화면 1]	[화면 2]	[화면 3]

① [화면 1]은 매년 나무 종이 얼마나 감소하고 있는지를 보여 주는 자료로 ㉠에 제시하였다.
② [화면 1]은 멸종 위기의 나무 종 중에서 종자가 보존되고 있는 종의 비율을 보여 주는 자료로 ㉠에 제시하였다.
③ [화면 2]는 전체 멸종 우려 종에서 식물 종이 차지하는 비율을 보여 주는 자료로 ㉡에 제시하였다.
④ [화면 3]은 외부 영향을 최소화하기 위해 종자를 지하에 보관하고 있음을 보여 주는 자료로 ㉢에 제시하였다.
⑤ [화면 3]은 지하 종자 저장고의 위치가 종자의 발아 상태에 따라 달라짐을 보여 주는 자료로 ㉢에 제시하였다.

37 문항 코드 | 23670-0116

다음은 청자와 발표자가 나눈 질의응답의 일부이다. [A]에 들어갈 청자의 질문으로 적절하지 않은 것은?

> **청자**: 발표 잘 들었습니다. 그런데 듣고 나서 궁금한 점이 생겨 질문합니다.
>
> [A]
>
> **발표자**: 그 내용은 발표에 없었네요. 추가로 그 내용에 대해 알려 드릴게요.

① 종자 금고는 현재 두 나라에 있다고 하셨는데, 두 나라의 종자 금고에는 어떤 차이점이 있나요?
② 기탁받은 종자를 보관하고 있다고 하셨는데, 종자를 기탁받는 절차는 어떻게 되나요?
③ 현재 보관 중인 종자 규모를 말씀하셨는데, 종자 금고에는 우리나라 종자만 보관하나요?
④ 적정한 온도를 유지해 종자를 보관한다고 말씀하셨는데, 적정 온도는 어떻게 되나요?
⑤ 종자 금고에 보관된 종자는 특수한 상황이 아니면 반출하지 않는다고 하셨는데, 반출했던 경우가 있나요?

✔ 청자의 질문의 적절성 파악(내용 파악)

[38-42] (가)는 비평문을 쓰기 위해 학생들이 나눈 대화이고, (나)는 이를 바탕으로 작성한 초고이다. 물음에 답하시오.

(가)

학생 1: '디스토피아 작품의 인기 현상'에 대한 글을 쓰기 위해 오늘 함께 이야기하기로 했는데 자료 좀 찾아봤어? 우리 동아리 이름으로 교지에 실을 글이니까 어떤 내용으로 구성하면 좋을지 이야기해 보자.

학생 2: 디스토피아의 정의부터 확인하고 시작하면 어떨까?

학생 1: 내가 그럴 줄 알고 사전을 찾아봤지. 디스토피아는 유토피아랑 반대되는 뜻으로 암울한 미래상을 의미해.

학생 3: 나는 기사를 검색해 봤는데 현실의 문제를 소재로 디스토피아적 세계를 형상화한 영화나 드라마가 요즘 엄청난 인기를 끌고 있다고 하더라고.

학생 2: ㉠**나도 주변 친구들이 디스토피아 작품의 각종 소품을 사는 걸 보고 인기를 실감했어**. 그런데 작품 속 세계를 충격적으로 표현한 자극적인 장면은 문제가 된다던데?

학생 3: 내가 봤던 기사에서도 그 점이 문제가 된다고 하더라고. 사람들이 자극적인 장면에 반복적으로 노출되면 불안감을 느끼고 현실에 대한 회의주의에 빠질 수 있다고.

학생 1: 자극적인 장면이 지금 우리가 사는 세상을 더 부정적으로 보게 만든다는 거구나. 그렇지?

학생 3: 맞아. 자극적인 장면은 메시지를 전달하기 위한 장치일 뿐인데, ㉡**자극적인 장면이 주는 재미에 빠져서 작품이 담고 있는 메시지를 못 보는 게 문제가 되는 거지**.

학생 2: 나는 디스토피아 소설을 찾아 읽어 봤어. 「멋진 신세계」라는 작품인데 과학 기술로 인간의 감정까지 통제하는 사회에 대한 이야기야. 꽤 오래전 작품인데도 작가가 그린 미래상이 대단히 실감 나고 정교하게 표현되어서 놀라웠어.

학생 3: ㉢**어, 나도 그 소설 봤는데, 과학 기술의 발전이 불행을 초래했는데도 사람들이 그걸 깨닫지 못하는 암울한 세상에 대한 이야기야**.

학생 2: 오래전 작품인데 요즘에도 많이 읽히는 것은 디스토피아 작품의 인기 현상과 관련이 있는 것 같아.

학생 1: 아까 디스토피아 작품이 담고 있는 메시지에 대해 이야기하다 말았잖아. 구체적인 메시지가 뭔지 알려 줄래?

학생 3: ㉣**부정적인 미래상을 통해서 현재의 사회상을 비판한다는 거지**.

학생 1: 디스토피아적 미래가 어차피 허구인데 어떻게 현재 사회를 비판한다는 건지 잘 모르겠는데?

학생 3: ㉤**허구적 미래가 현재를 비판한다는 게 이해가 안 되는 거구나**. 디스토피아 작품은 현재의 사회 문제가 극단화되면 미래에 나타날 수 있는 가상의 상황을 실감 나게 표현해. 우리는 그걸 보면서 사회가 지닌 문제의 위험성을 미리 깨달을 수 있는 거야.

학생 1: 아, 그러니까 그런 암울한 세상이 오기 전에 경계하자는 메시지를 담고 있는 거구나.

학생 2: 응, 디스토피아 작품의 메시지에 대해 글에서 자세히 설명하면 독자들의 이해에 도움이 되겠다.

학생 1: 그래, 일단 내가 초고를 쓸 테니 나중에 점검 부탁해. 모두들 고마워.

(나)

디스토피아 작품의 인기 몰이가 심상치 않다. 디스토피아를 다룬 영화와 드라마가 흥행하면서 '디스토피아 작품, 전 세계를 사로잡다'와 같은 제목의 기사가 쏟아지고 있다.

사전적 정의에 따르면 디스토피아는 부정적 측면이 극단화된 암울한 미래상이다. 유토피아와 마찬가지로 현실 어디에도 존재하지 않는 세계를 뜻하지만, 긍정적 의미를 지니는 유토피아와 반대로 디스토피아는 부정적 의미를 담고 있다.

디스토피아 작품의 인기 현상에 대해 부정적인 관점을 지닌 사람들은 작품이 주는 불편함을 이야기한다. 디스토피아 작품에서는 어떤 형태로든 일그러지거나 붕괴된 모습으로 세계가 묘사되기 때문이다. 이와 같이 충격적으로 묘사된 자극적인 장면에 반복적으로 노출되면, 불안 심리가 가중되어 현실을 부정적으로 인식하게 되고 결국 회의주의나 절망에 빠질 수 있다고 우려한다.

그러나 디스토피아 작품은 현실의 문제점이 극단화되면 나타날 수 있는 세계를 통해 현실의 문제를 경계하게 하므로 디스토피아 작품의 인기 현상은 긍정적이다. 디스토피아 작품은 과학 기술의 오남용, 핵전쟁, 환경 파괴 등을 소재로, 작가가 기발한 상상력으로 구현한 디스토피아적 세계를 제시한다. 우리는 그러한 세계에 몰입함으로써 암울한 미래상이 도래해서는 안 된다는 점을 깨닫게 된다.

물론 디스토피아 작품의 인기 현상 때문에 자극적으로 묘사된 장면이 초래하는 문제가 부각되어 보일 수 있지만, 이러한 장면은 오히려 무감각하게 받아들이고 있는 현실의 문제점을 강렬하게 자각하도록 하는 필수적인 장치로 보아야 한다. 그리고 이는 주제 의식을 드러내는 데 효과적으로 기여한다. 가령, 디스토피아 작품의 고전이라 할 수 있는 「멋진 신세계」에서는 사람들이 과학 기술을 지나치게 신뢰하다가 오히려 이에 종속당하는 충격적인 미래상을 암울하게 그리고 있다. 하지만 이를 통해 과학 기술에 대한 맹신이 현재 우리 사회가 점검해야 할 문제라는 점을 깨닫게 한다.

디스토피아 작품의 메시지는 우리가 현실의 문제를 인식하여 그 문제가 극단화되지 않도록 경계하게 한다는 점에서 큰 의미가 있다. 그리고 이러한 디스토피아 작품의 인기 현상은 사회를 개선하는 계기가 될 것이므로 이를 긍정적으로 보아야 한다. 디스토피아 작품들이 인기를 얻고 있는 요즘, 디스토피아 작품을 감상하며 현실의 문제를 성찰해 보는 것은 어떨까.

38 문항 코드 | 23670-0117

위 대화에서 '학생 1'에 대한 설명으로 적절하지 않은 것은?

① 대화 참여자에게 대화의 목적을 밝히며 참여를 유도한다.
② 대화 참여자에게 자신이 조사한 내용이 이해되는지 확인한다.
③ 대화 참여자에게 자신이 이해한 내용이 맞는지 점검한다.
④ 대화 참여자의 발언과 관련해 추가적인 설명을 요청한다.
⑤ 대화 참여자와 대화를 진행하면서 자신의 이해를 심화한다.

✔ 말하기 계획 반영 여부 파악

39 문항 코드 | 23670-0118

대화의 흐름을 고려할 때, ㉠~㉤에 대한 이해로 가장 적절한 것은?

① ㉠: 앞선 발화 내용에 동의하며 디스토피아 작품의 인기 원인을 보여 주는 사례를 언급하고 있다.
② ㉡: 자신의 발언을 부연하며 디스토피아 작품의 메시지가 무엇인지 강조하고 있다.
③ ㉢: 대화의 내용을 상기하며 과학 기술 발전에 대한 반대 입장에 동의함을 드러내고 있다.
④ ㉣: 질문에 답변하며 부정적인 미래상에 대해 대화 참여자가 잘못 파악한 부분을 바로잡고 있다.
⑤ ㉤: 앞선 발화 내용을 재진술하며 디스토피아 작품과 관련하여 상대가 궁금해하는 점을 확인하고 있다.

✔ 말하기 전략 파악

40 문항 코드 | 23670-0119

다음은 '학생 1'이 (가)의 대화 내용을 정리하여 (나)의 글쓰기 계획을 세운 것이다. 글쓰기 계획 중 (나)에 반영되지 않은 것은? [3점]

대화 내용	글쓰기 계획
디스토피아의 정의 →	사전적 정의를 밝히고 반대 개념을 지닌 단어와 비교하기 ······ ①
디스토피아 작품의 소재 ↘	자극적인 표현에 재미를 느끼는 독자의 취향에 문제가 있음을 지적하기 ······ ②
디스토피아 작품의 표현 방식 ↗	과학 기술의 오남용, 핵전쟁, 환경 파괴 등으로 소재의 내용을 구체화하기 ··· ③
디스토피아 작품의 사례 →	특정 작품을 예로 들어 작품이 사회적 문제를 환기함을 언급하기 ······ ④
디스토피아 작품의 메시지 →	디스토피아 작품의 메시지에서 인기 현상의 긍정적 의미를 도출하기 ····· ⑤

✓ 글쓰기 계획 반영 여부 파악

41 문항 코드 | 23670-0120

〈조건〉을 반영하여 (나)의 제목을 작성한 것으로 가장 적절한 것은?

〈조건〉

◦ 디스토피아 작품의 주제 의식을 반영하여 글쓴이의 관점을 드러낼 것.
◦ 부제에서 비유적 표현을 활용할 것.

① 디스토피아란 무엇인가
- 디스토피아 작품의 인기 현상을 진단하다

② 디스토피아, 우리 사회의 자화상
- 디스토피아 작품에 드러난 우리의 모습

③ 말초 신경을 자극하는 디스토피아 작품
- 묵직한 메시지를 가볍게 다루다

④ 디스토피아 작품 열풍, 더 나은 사회를 향한 열망
- 아픈 사회를 들여다보는 거울이 되다

⑤ 어디에도 없지만, 어디에나 있는 디스토피아 세상
- 디스토피아 작품을 통한 새로운 세상과의 대화

✓ 조건에 따른 표현

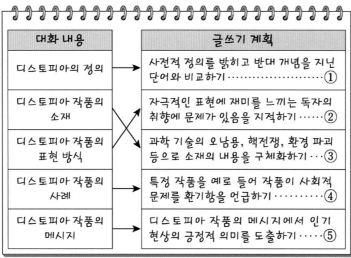

✔ 점검 기준에 따른 적절성 파악

42 문항 코드 | 23670-0121

'학생 2'가 다음의 점검 기준에 따라 (나)를 점검한다고 할 때, 그 내용으로 적절하지 않은 것은?

점검 기준	점검 결과 (예/아니요)
• 사회적으로 관심을 가질 만한 사안임을 드러냈는가?	ⓐ
• 필자가 선택한 관점의 주장을 드러냈는가?	ⓑ
• 필자가 선택한 관점의 약점을 보완했는가?	ⓒ
• 필자가 선택하지 않은 관점의 주장도 다루었는가?	ⓓ
• 필자가 선택하지 않은 관점의 약점을 비판했는가?	ⓔ

① 디스토피아 작품이 흥행하고 이와 관련된 기사가 쏟아지고 있다고 언급한 점을 고려하여 ⓐ에 '예'라고 해야지.
② 디스토피아 작품이 현실의 문제를 경계하게 하므로 작품의 인기 현상이 긍정적이라고 언급한 점을 고려하여 ⓑ에 '예'라고 해야지.
③ 우려에도 불구하고 자극적인 장면이 현실의 문제점을 자각하게 하는 필수적인 장치라고 언급한 점을 고려하여 ⓒ에 '예'라고 해야지.
④ 디스토피아 작품이 회의주의에 빠지게 하므로 작품의 인기 현상이 부정적이라고 언급한 점을 고려하여 ⓓ에 '예'라고 해야지.
⑤ 충격적인 묘사에 반복적으로 노출되면 현실의 문제점을 무감각하게 받아들이게 된다고 언급한 점을 고려하여 ⓔ에 '예'라고 해야지.

태그 체크

○ #화법은 개념보단 패턴　○ #기출문제 분석이 제1의 기본
○ #화법 문제 패턴 및 접근법　○ #문제 풀이 전략으로 시간 단축

39 작문 1

학습 목표

❶ 수능 시험 날 **작문 5~6문제**는 다 맞히기로 약속한다. ❷ **작문** 영역의 **문제 패턴**을 확실히 안다.
❸ 나만의 **작문** 영역 **문제 풀이 매뉴얼**을 확립한다.

개념 태그

#작문은 개념보단 패턴 #기출문제 분석이 제1의 기본
#작문 문제 패턴 및 접근법 #문제 풀이 전략으로 시간 단축

STEP. 1 내 생애 마지막 개념 정리!

선생님, 작문도 개념보다는 패턴인가요?

응, 맞아. '작문'은 글쓰기의 과정을 객관식 문제로 물어보는 영역이야. 문제들이 글쓰기 과정에 따라 딱 유형화돼 있으니 반복되는 문제 유형을 파악하고 기출문제로 반복 연습하면 되는 거야.

개념 058 기출로 공개하는 작문의 문제 패턴

작문 영역의 전체 개념은 수특 작문과 작문 교재에 정리된 내용을 한 번씩 읽어 볼 것.

2023학년도 6월 모평 (화작 88/79)*			오답률
화법(3)	텃밭 가꾸기에 대한 발표	35 발표자의 말하기 방식 파악	
		36 자료 활용 계획 반영 여부 파악	
		37 청중의 반응 이해	
화법+작문(5)	디스토피아 작품의 인기 현상 **(가) 비평문을 쓰기 위한 대화** (나) 초고	38 말하기 계획 반영 여부 파악	
		39 말하기 전략 파악	
		40 글쓰기 계획 반영 여부 파악	
		41 조건에 따른 표현	
		42 점검 기준에 따른 적절성 파악	
작문(3)	청소년 문제와 관련한 글의 초고	43 글쓰기 방식 파악	
		44 자료 활용의 적절성 파악	
		45 고쳐 쓰기 과정에 반영된 내용 파악	49.2%

2023학년도 9월 모평 (화작 93/87)*			오답률
화법(3)	종자 금고에 대한 발표	35 발표자의 말하기 방식 파악	
		36 자료 활용 계획 반영 여부 파악	
		37 청자의 질문의 적절성 파악(내용 파악)	
화법+작문(5)	청소년의 팬 상품 소비 (가) 초고 **(나) 초고를 수정하기 위한 대화**	38 글쓰기 방법 파악	
		39 글쓰기 계획 반영 여부 파악	
		40 참여자의 발화 이해	
		41 설문 조사 자료 인용의 적절성 파악	
		42 고쳐 쓰기 방안의 적절성 파악	53.1%

작문(3)	이름 짓기의 효과와 방법 (가) 학생의 생각 (나) 생각을 바탕으로 쓴 초고	43 글쓰기 전략 파악	
		44 조건에 따른 표현	
		45 자료 활용 방안의 적절성 파악	

*1, 2등급 컷.

작문 패턴 ❶ 글쓰기 전략 파악	**작문 패턴 ❺** 조건에 따른 표현
작문 패턴 ❷ 글쓰기 계획 반영 여부 파악	**작문 패턴 ❻** 자료 활용의 적절성 파악
작문 패턴 ❸ 작문 맥락 파악	**작문 패턴 ❼** 고쳐 쓰기 방안의 적절성 파악
작문 패턴 ❹ 제시된 정보의 글쓰기 반영 여부 파악	**작문 패턴 ❽** 평가 기준에 따른 평가

작문 패턴 ❶ 글쓰기 전략 파악

39

(2022.09)

(가)를 작성할 때 활용한 내용 조직 방법으로 가장 적절한 것은?

① 1문단에서는 시청에서 주민 복지 센터 건립을 위해 수행하는 여러 업무를 유형에 따라 분류한다.
② 2문단에서는 시청에서 주민 복지 센터 신설을 추진하게 된 이유를 나열한다.
③ 2문단에서는 Y동 주민들이 겪는 문제를 Z동 주민들이 겪는 문제와 대조한다.
④ 3문단에서는 주민 복지 센터 건립을 추진하는 과정에서 발생할 수 있는 문제점을 분석한다.
⑤ 4문단에서는 다양한 시설들을 설치가 완료된 순서대로 제시한다.

43

(2022.09)

학생이 보고서의 초고에 사용한 글쓰기 방법으로 가장 적절한 것은?

① 통계 자료를 통해 객관적인 정보를 제시한다.
② 문헌 자료 분석을 통해 결론의 근거를 제시한다.
③ 다양한 해결 방안의 장단점을 비교하여 설명한다.
④ 조사 기간과 방법 및 대상을 항목화하여 제시한다.
⑤ 조사 내용과 관련된 전문 용어의 개념을 설명한다.

43

(2022.06)

다음은 초고를 작성하기 전에 학생이 떠올린 생각이다. ⓐ~ⓔ 중 학생의 초고에 반영되지 않은 것은?

- 손 글씨 쓰기의 개념을 정의하며 글을 시작*해야겠어. ………… ⓐ
- 컴퓨터 자판을 이용한 쓰기가 일상화된 배경을 언급해야겠어. ………… ⓑ
- 손 글씨 쓰기와 컴퓨터 자판을 이용한 쓰기의 차이를 예를 활용하여 설명해야겠어. ………… ⓒ
- 컴퓨터 자판을 이용한 쓰기보다 손 글씨 쓰기의 속도가 느린 데서 오는 효과를 설명해야겠어. ………… ⓓ
- 최근에 주목받는 손 글씨 쓰기의 효과를 언급해야겠어. ………… ⓔ

① ⓐ ② ⓑ ③ ⓒ ④ ⓓ ⑤ ⓔ

42

(2022.09)

〈보기〉는 (나)의 협상을 취재한 기자가 쓴 기사이다. 〈보기〉를 작성할 때 고려한 내용으로 적절하지 않은 것은?

〈보기 생략〉

① 독자들이 협상이 개최된 장소와 시간을 파악할 수 있도록 한다.
② 독자들이 합의가 도출되기까지의 협상의 경과를 확인할 수 있도록 한다.
③ 독자들이 기사의 중심 내용인 협상의 결과를 도입부*에서 파악할 수 있도록 한다.
④ 독자들이 기사에 인용된 내용을 바탕으로 협상에 참여한 두 동 대표의 입장을 파악할 수 있도록 한다.
⑤ 독자들이 기사에 언급된 필자의 의견을 통해 협상의 결과가 Y동과 Z동 주민에게 중요한 사안임을 확인할 수 있도록 한다.

작문 패턴 ❸ 작문 맥락 파악

41

(2022.06)

작문 맥락을 고려할 때 (나), (다)에 대한 이해로 적절하지 않은 것은?

① 글의 유형 면에서, (나)는 구체적이고 실행 가능한 방안을 제시하며 공동체의 문제 해결을 요구하는 형식의 글이다.
② 작문 매체 면에서, (나)는 필자가 언급한 내용을 예상 독자가 확인할 수 있도록 글의 특정 정보가 다른 자료에 연결되게 하고 있다.
③ 예상 독자 면에서, (다)는 문제 해결의 당위성을 강조하기 위해 지역 공동체의 모든 구성원을 독자로 상정하고 있다.
④ 글의 주제 면에서, (다)는 공동의 실천으로 해결할 수 있는 문제 상황과 그 해결 방안을 중심 내용으로 제시하고 있다.
⑤ 작문 목적 면에서, (나)와 (다)는 예상되는 긍정적인 효과를 근거로 제시하며 예상 독자를 설득하고 있다.

38

(2022.수능)

(가)의 작문 맥락을 파악한 내용으로 가장 적절한 것은?

① 공동체의 문제를 해결할 수 있는 주체를 예상 독자로 설정했다.
② 공동체의 문제를 해결하기 위해서는 공동체 구성원 개개인의 인식 개선이 필요함을 글의 주제로 삼았다.
③ 공동체의 문제와 관련하여 가치 있는 경험을 통해 얻은 깨달음을 성찰하는 것을 작문 목적으로 설정했다.
④ 공동체의 문제와 관련하여 자신의 생각을 진솔하게 기록하기 위해 개인적인 성격이 강한 작문 매체를 선택했다.
⑤ 공동체의 문제를 조사하고 분석한 절차와 결과가 잘 드러나도록 보고하는 형식을 갖춘 글의 유형을 선택했다.

작문 패턴 ❹ 제시된 정보의 글쓰기 반영 여부 파악

44

(2022.09)

㉠~㉢이 'Ⅱ. 본론'에 구체화된 내용으로 적절하지 않은 것은?

> Ⅰ. 서론
>
> 우리 학교는 '협력을 통한 나눔 실천'이라는 취지로 학생 조합원으로 구성된 협동조합을 만들어 전교생을 대상으로 협동 매점을 운영하고 있다. 조합 설립 2년 차를 맞이하여 ㉠**협동 조합의 현황**을 살펴보고 문제점을 확인한 후, 그로 인해 ㉡**발생할 수 있는 어려움**을 파악하고, 문제점을 해결할 수 있는 방안을 찾기 위해 이 보고서를 작성하였다. ㉢**문제의 원인**을 파악하기 위해 전교생을 대상으로 한 설문 조사를 진행하였다.

① ㉠: 협동 매점의 운영 시간 및 수익금 사용처
② ㉠: 조합원 비율 및 협동 매점 수익금의 변동 추이
③ ㉡: 협동조합 유지와 설립 취지의 지속적인 실현이 어려움
④ ㉢: 조합원에 대한 혜택이 부족하게 된 과정을 분석하여 파악한 원인
⑤ ㉢: 조합원 비율 및 협동 매점 수익금 감소와 관련된 설문 조사 내용을 분석하여 파악한 원인

작문 패턴 ❺ 조건에 따른 표현

44

(2022.06)

다음은 초고를 읽은 교지 편집부 담당 선생님의 조언이다. 이를 반영하여 [A]를 작성한 내용으로 가장 적절한 것은?

> "이 글에 제시된 손 글씨 쓰기의 주요 효과를 모두 언급하고 비유적 표현을 활용해서 마무리*하면 어떨까요?"

① 손 글씨 쓰기의 다양한 효과를 정확히 알고 이를 상황에 맞게 활용한다면 쓰기의 효율성을 높일 수 있을 것이다.
② 손 글씨 쓰기의 과정, 장점과 한계, 정서적 효과를 통해 손 글씨 쓰기가 동전의 양면과 같음을 기억해야 할 것이다.
③ 손 글씨 쓰기가 우리의 뇌, 이해, 정서에 미치는 긍정적 영향을 고려하여 손 글씨 쓰기의 횟수를 더욱 늘려야 할 것이다.
④ 손 글씨 쓰기는 글을 쓰는 능력을 향상시키고 정서적 효과를 주기에, 그 가치는 시대가 변해도 늘 별처럼 빛날 것이다.
⑤ 손 글씨 쓰기를 통해 뇌의 다양한 영역 활성화, 이해도 향상, 정서적 효과라는 세 가지 빛깔의 진주를 발견할 수 있을 것이다.

작문 패턴 ❻ 자료 활용의 적절성 파악

45

(2022.06)

〈보기〉는 학생이 초고를 보완하기 위해 추가로 수집한 자료이다. 자료의 활용 방안으로 적절하지 않은 것은?

〈보기〉

ㄱ. 전문가 인터뷰

"손으로 글씨를 쓸 때, 전두엽, 후두엽, 측두엽, 두정엽 등의 뇌의 전 영역에 걸쳐 신경 회로가 형성되어 활성화됩니다. 그래서 손 글씨 쓰기는 뇌를 건강하게 해 주는 일종의 뇌 운동이라고 할 수 있습니다."

ㄴ. 연구 자료

65명의 대학생에게 컴퓨터 자판을 이용한 쓰기와 손 글씨 쓰기라는 두 방식으로 강연 내용을 정리하도록 한 후 성취도를 확인했다. 그 결과, 기억 여부를 묻는 '과제 1'에서는 집단 간 차이가 없었으나, 개념의 이해를 묻는 '과제 2'에서는 손 글씨 쓰기 방식으로 정리한 집단이 훨씬 높은 성취를 보였다.

ㄷ. 우리 학교 설문 조사

ㄷ-1. **학습 과제 작성 시 선호하는 쓰기 방식은?**

컴퓨터 자판을 이용한 쓰기 72%, 손 글씨 쓰기 28%

ㄷ-2. **ㄷ-1에서 응답한 쓰기 방식을 선호하는 이유는?**

쓰기 방식 / 순위	컴퓨터 자판을 이용한 쓰기	손 글씨 쓰기
1순위	과제 작성을 빠르게 할 수 있어서	내 과제에 애착이 생겨서
2순위	손으로 쓰면 팔이 아프고 귀찮아서	과제에 정성을 쏟을 수 있어서

① ㄱ을 활용하여, 뇌의 다양한 영역이 활성화된다는 2문단의 내용을 구체화한다.

② ㄴ에서 과제 1의 결과를 활용하여, 손 글씨 쓰기가 특정 상황에서 효과적이라는 3문단의 내용을 보강한다.

③ ㄴ에서 과제 2의 결과를 활용하여, 손 글씨 쓰기가 내용 이해도를 높인다는 3문단의 내용을 뒷받침한다.

④ ㄷ-1을 활용하여, 학생들이 컴퓨터 자판을 이용한 쓰기 방식을 선호한다는 1문단의 내용을 보강한다.

⑤ ㄷ-2를 활용하여, 손 글씨 쓰기가 과제를 수행할 때에도 정서적 효과를 준다는 내용을 4문단에 보충한다.

45

(2022.수능)

다음은 초고를 보완하기 위해 추가로 수집한 자료이다. 자료 활용 방안으로 적절하지 않은 것은?

(가) □□ 의학회 논문 자료

악기 연주자의 근골격계 질환의 전체 부위 유병률은 관악기는 57.6%, 건반 악기는 75.0%, 현악기는 68.1%로 나타났다. 통증 부위에 따른 유병률은 상지 부위의 경우, 관악기 대비 건반 악기가 1.82배, 현악기가 1.57배였고, 하지 부위는 관악기 대비 건반 악기가 1.72배, 현악기가 0.84배로 나타났다.

(나) △△ 연구소 통계 자료

(나-1)

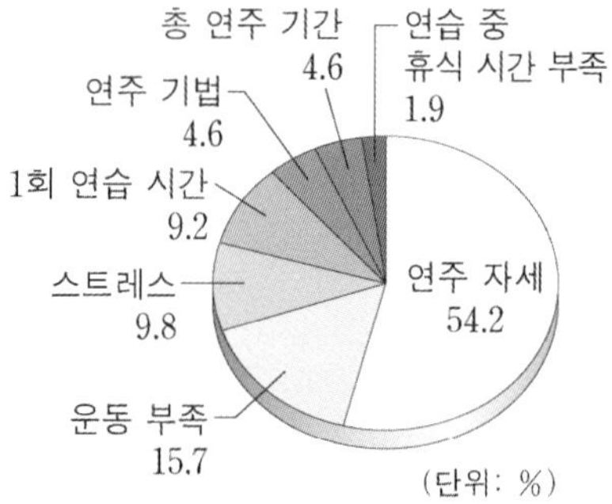

〈근골격계 질환에 영향을 미치는 요인에 대한 악기 연주자들의 인식〉

(나-2)

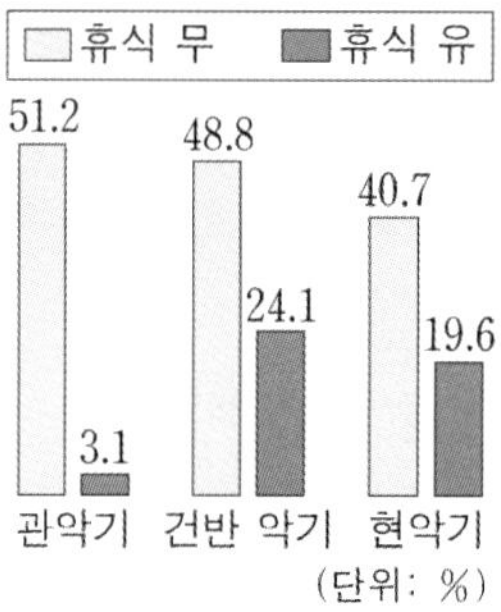

〈연습 중 휴식 유무에 따른 근골격계 질환 유병률〉

(다) ◇◇ 대학교 의대 교수 인터뷰 자료

"스트레칭 운동으로 근육의 긴장을 완화하고, 안정화 운동을 통해 바른 자세로 교정하면 근골격계에 도움이 됩니다."

① (가)를 활용하여, 악기군별 상지 부위의 유병률 차이에 대해, 건반 악기의 유병률이 가장 높고 다음으로 현악기, 관악기 순이라는 내용으로 2문단을 구체화한다.
② (가)를 활용하여, 악기군에 따른 부위별 유병률 순위에 대해, 상지 부위와 달리 하지 부위의 유병률은 전체 부위 유병률과 순위가 일치하지 않는다는 내용으로 2문단을 보강한다.
③ (나-1)을 활용하여, 질환의 유병률을 낮추는 데 도움이 되는 방법에 대해, 근골격계 질환이 연주 자세에 미치는 영향에 대한 인식 개선이 필요하다는 내용으로 3문단을 구체화한다.
④ (나-2)를 활용하여, 연습 중 휴식이 악기군별 유병률에 미치는 영향에 대해, 관악기의 경우가 현악기보다 유병률을 낮추는 데 휴식의 영향이 더 크다는 내용으로 3문단을 구체화한다.
⑤ (다)를 활용하여, 질환 완화에 도움이 되는 운동에 대해, 근골격계에 도움이 되는 운동과 그 효과에 관한 내용으로 3문단을 보강한다.

작문 패턴 ❼ 고쳐 쓰기 방안의 적절성 파악

42
(2022.06)

〈보기〉를 점검 기준으로 할 때 ⓐ, ⓑ를 고쳐 쓰기 위한 방안으로 가장 적절한 것은?

〈보기〉

㉮ 앞뒤 문장 간의 관계는 긴밀한가?
㉯ 주장을 뒷받침하는 논거인가?

① ㉮를 기준으로, ⓐ를 '여전히 다른 사람들이 입던 옷을 재사용하는 일을 꺼리는 사람들이 많기 때문이다'로 수정한다.
② ㉮를 기준으로, ⓑ를 '그러나 배출할 의류가 물에 젖었다면 반드시 말려야 한다'로 수정한다.
③ ㉮를 기준으로, ⓑ를 '의류와 가방, 담요 등은 가능하지만 솜이불과 베개, 신발 등은 넣어서는 안 된다'로 수정한다.
④ ㉯를 기준으로, ⓐ를 '왜냐하면 주변 친구들 중에는 의류 수거함에 쓰레기를 넣는 친구들이 없기 때문이다'로 수정한다.
⑤ ㉯를 기준으로, ⓑ를 '왜냐하면 이용자들이 재활용 가능 여부를 구분하는 일은 어렵기 때문이다'로 수정한다.

작문 패턴 ❽ 평가 기준에 따른 평가

39
(2022.수능)

〈보기〉를 기준으로 하여 (가)를 평가한 내용으로 적절하지 않은 것은?

〈보기〉

ⓐ 해결해야 할 현재의 문제를 제시했는가?
ⓑ 문제를 사실에 근거하여 제시했는가?
ⓒ 문제의 원인을 제시했는가?
ⓓ 문제 해결 방안의 실행 가능성을 점검하여 제시했는가?
ⓔ 문제 해결을 통한 기대 효과를 제시했는가?

① 2문단에서 현행 토론 한마당의 예선 방식으로 인해 발생한 문제를 언급한 내용은, 참가 팀이 늘면서 발생한 운영상의 어려움을 문제로 제시했다는 점에서 ⓐ를 충족하는군.
② 3문단에서 토론 한마당에 대한 설문 조사 결과를 인용한 내용은, 학생들의 불만이 높다는 문제를 사실에 근거하여 제시했다는 점에서 ⓑ를 충족하는군.
③ 3문단에서 현행 예선 방식의 한계를 언급한 내용은, 참가자 제한을 학생들이 불만족한 원인으로 제시했다는 점에서 ⓒ를 충족하는군.
④ 4문단에서 인근 학교의 사례를 언급한 내용은, 유사한 상황에서 문제를 해결한 사례를 통해 기간 연장 및 평가 방법 변경의 실행 가능성을 점검하여 제시했다는 점에서 ⓓ를 충족하는군.
⑤ 5문단에서 토론 한마당의 예선 방식 개선이 가져올 결과를 언급한 내용은, 문제 해결을 통한 기대 효과를 제시했다는 점에서 ⓔ를 충족하는군.

STEP. 2 기출, 이것은 진리

2023학년도 대학수학능력시험 6월 모평 43~45번(3문항)

[43-45] 다음은 작문 상황과 이를 바탕으로 학생이 작성한 초고이다. 물음에 답하시오.

◦ **작문 상황**: ○○ 지역 신문의 독자 기고란에 청소년 문제와 관련해 주장하는 글을 쓰려 함.

◦ **초고**

최근 감염병 유행에 따른 일상의 변화로 인해 무기력이나 우울과 불안 등의 부정적 감정을 겪는 청소년이 늘고 있다. 청소년기는 자아 정체성을 확립해 가는 시기로 부정적인 감정이 계속되면 부정적인 정체성을 형성할 우려가 있다. 그러므로 ㉠**현 상황의 문제 해결**을 위해 청소년을 위한 감정 관리 프로그램을 확대 실시해야 한다.

현재 우리 지역에서는 청소년의 감정 관리를 위해 전문 상담 기관을 운영하고 있다. 이를 근거로 청소년의 감정 관리 프로그램이 실시되고 있어 프로그램 확대 실시는 필요 없다고 주장할 수 있다. 하지만 기존의 감정 관리 프로그램은 소수의 청소년만을 대상으로 하며 전문적인 상담 활동만으로 시행된다는 한계가 있다.

감정 관리 프로그램은 청소년이 자신의 감정을 알아차리고 이해함으로써 상황에 따라 감정을 조절할 수 있도록 돕는 것을 목표로 한다. 청소년을 위한 감정 관리 프로그램의 실질적인 확대 실시를 위해서는 실시 대상의 확대와 활동 내용의 다양화라는 두 가지 방향에서 접근해야 한다. ㉡**실시 대상의 확대**가 필요한 이유는 부정적 감정을 겪는 청소년이 증가했고, 심각한 감정 상태임에도 기존의 전문 상담 기관을 찾지 않는 청소년이 있기 때문이다. 그리고 ㉢**활동 내용의 다양화**가 필요한 이유는 부정적 감정과 관련한 청소년 개개인의 다양성을 고려하여 보다 다양하고 단계적인 활동을 마련해야 청소년의 개인적 특성에 맞는 감정 관리 활동을 선택할 수 있기 때문이다.

[A] 요컨대 청소년 문제에 적극적으로 대응하고 청소년이 심리적으로 건강한 청소년기를 보낼 수 있도록 대상을 모든 청소년으로 확대하여 감정 관리 프로그램을 실시해야 한다. 이를 위해 지역 구성원의 관심이 필요하다.

43 문항 코드 | 23670-0122

'초고'에 대한 설명으로 가장 적절한 것은?

① 문제의 원인을 항목별로 유형화하였다.
② 일반적 통념이 지닌 모순을 지적하였다.
③ 주장에 대해 예상되는 반론을 반박하였다.
④ 자신의 주장이 지닌 한계점을 제시하였다.
⑤ 다양한 문제 해결 방안의 장단점을 비교하였다.

✓ 글쓰기 방식 파악

44 문항 코드 | 23670-0123

〈보기〉는 '초고'를 보완하기 위해 추가로 수집한 자료이다. ㉠~㉢과 관련한 자료 활용 방안으로 적절하지 않은 것은?

✓ 자료 활용의 적절성 파악

〈보기〉

[자료 1] ○○ 지역 청소년 대상 설문 조사

(가) 감염병 유행 이후 부정적 감정을 겪는 청소년의 증가율

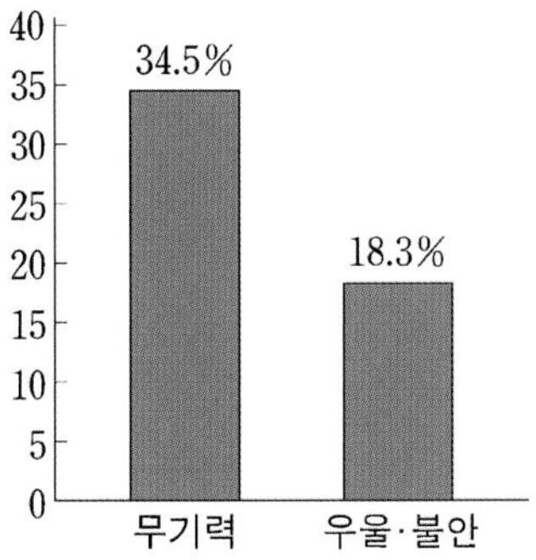

(나) 심리적 고위험군의 심리 상담 경험 여부

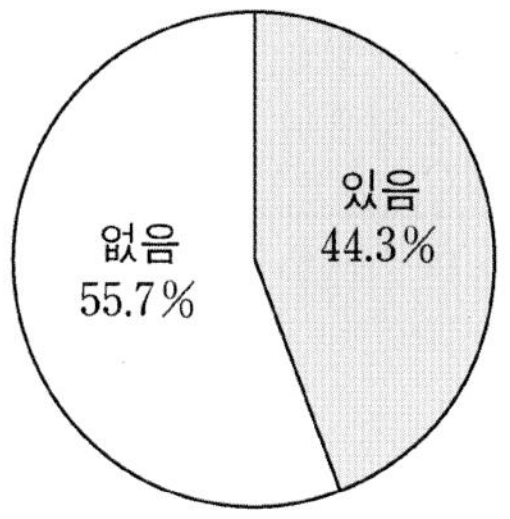

[자료 2] △△ 학술지의 논문

청소년기에 부정적인 감정을 유발하는 환경에 자주 노출되면 뇌 성장이 저해된다. 뇌가 제대로 성장하지 않으면 감정을 과잉 표출하거나 위험한 행동을 하게 된다. 우울, 불안, 짜증 등이 지속되면 뇌의 해마가 손상되어 학습에 어려움이 생기고 학업 능력의 저하도 발생할 수 있다.

[자료 3] ○○ 지역 교육 상담 전문가 면담

"청소년을 대상으로 적용할 수 있는 감정 관리 프로그램으로는 마음 알아차리기, 감정 노트 쓰기, 독서 치료 등이 있습니다. 실제로 전교생을 대상으로 감정 노트 쓰기를 실시한 학교에서는 학생들의 부정적 감정이 감소되고 학교생활을 긍정적으로 인식하게 되었다는 연구 결과가 있습니다."

① [자료 1]의 (가)와 (나)를 활용하여, ㉡이 필요한 이유를 뒷받침하는 자료로 부정적 감정을 겪는 청소년의 증가율과 심리 상담 경험이 없는 고위험군 청소년의 비율을 추가한다.

② [자료 2]를 활용하여, ㉠이 필요한 이유로 청소년기의 부정적 감정이 관리되지 않으면 뇌 성장이 저해될 수 있다는 점을 추가한다.

③ [자료 3]을 활용하여, ㉢의 적용 방법으로 학교에서 학생들의 감정 관리를 돕기 위해 실시할 수 있는 구체적인 활동의 예를 제시한다.

④ [자료 1]의 (가)와 [자료 2]를 활용하여, ㉠이 필요한 이유로 부정적 감정을 겪는 청소년이 늘어난 현상이 학습 및 학업에 곤란을 겪는 청소년의 증가로 이어질 가능성이 있음을 추가한다.

⑤ [자료 1]의 (나)와 [자료 3]을 활용하여, ㉢에 따른 기대 효과를 보여 주는 자료로 전문 상담 기관이 학생들의 부정적 감정 해소에 도움을 주었다는 연구 결과의 사례를 제시한다.

45 문항 코드 | 23670-0124

〈보기〉는 [A]를 고쳐 쓴 것이다. 그 과정에서 반영된 교사의 조언으로 가장 적절한 것은?

> 〈보기〉
>
> 요컨대 부정적 감정을 겪는 청소년이 늘고 있는 상황에 적극적으로 대응하고 청소년이 긍정적 자아 정체성을 형성할 수 있도록 청소년 감정 관리 프로그램의 실시 대상을 확대하고 활동 내용을 다양화해야 한다. 이를 위해 청소년 감정 관리 문제에 지역 구성원 모두의 관심이 필요하다.

① 실행 방법이 나타나지 않았으니 글에서 언급한 실행 방법을 강조하는 게 어때?
② 예상 독자가 언급되지 않았으니 예상 독자에게 호소하며 글을 마무리하는 게 어때?
③ 해결 방안 중 일부만 제시되어 있으니 글에서 다룬 주장을 모두 포함하는 게 어때?
④ 앞서 논의한 내용과 거리가 있는 내용이 제시되어 있으니 이를 지우고 글의 요점을 제시하는 게 어때?
⑤ 해결 방안의 이점을 다루지 않았으니 실행을 통해 기대할 수 있는 변화를 구체적으로 드러내는 게 어때?

✓ 고쳐 쓰기 과정에 반영된 내용 파악

태그 체크

- ◯ #작문은 개념보단 패턴
- ◯ #기출문제 분석이 제1의 기본
- ◯ #작문 문제 패턴 및 접근법
- ◯ #문제 풀이 전략으로 시간 단축

40 작문 2

학습 목표

❶ 나만의 작문 영역 **문제 풀이 매뉴얼**을 확립한다. ❷ **작문** 영역의 **문제 패턴**을 알고 문제를 해결한다.
❸ 문제 풀이의 **정확성**을 **높**이고, **시간**을 **단축**한다.

개념 태그

#작문은 개념보단 패턴 #기출문제 분석이 제1의 기본
#작문 문제 패턴 및 접근법 #문제 풀이 전략으로 시간 단축

STEP. 2 기출, 이것은 진리

오늘은 STEP. 2밖에 없어. 최근의 기출문제들로 패턴을 확인하고, 필요한 정보를 근거로 빠르게 정답을 찾는 연습을 반복하자. 수능 날 작문 5~6문제는 반드시 다 맞힌다!

2023학년도 대학수학능력시험 9월 모평 43~45번(3문항)

[43-45] (가)는 글쓰기를 위한 학생의 생각이고, (나)는 (가)를 바탕으로 쓴 학생의 초고이다. 물음에 답하시오.

(가) [학생의 생각]

학생회에서 체육 대회의 새 이름을 공모하기로 했지. 공모전과 관련해서 이름 짓기에 대한 글을 학교 누리집에 올리려고 해. 그럼 어떻게 구성하면 좋을까? ㉠**공모전을 하는 이유**를 언급하며 글을 시작하자. 그리고 ㉡**이름 짓기의 효과**를 제시해야지. ㉢**이름 짓기의 방법**도 설명하면 좋을 것 같아.

(나) [학생의 초고]

올해 체육 대회는 운동을 잘 못하는 학생들도 즐겁게 참여할 수 있는 새로운 프로그램으로 구성될 예정이다. 그래서 학생회에서는 올해부터 바뀌는 체육 대회의 특징이 잘 드러나는 이름이 필요하다고 판단해서 새 이름을 짓는 공모전을 열기로 했다. 이름이 무슨 영향을 미칠까 생각할 수도 있지만 이름 짓기의 효과는 생각보다 크다.

이름 짓기를 잘하면, 사람들에게 대상에 대한 긍정적인 이미지를 갖게 할 수 있다. 맛과 영양에 문제가 없지만 흠집이 있어 상품성이 떨어진 사과에 '등급 외 사과' 대신 '보조개 사과'라는 이름을 붙여 이미지를 개선한 사례가 있다. 귀여운 보조개가 연상되는 이름으로 대상에 대한 인식을 변화시킨 것이다.

또한 이름 짓기를 잘하면, 사람들의 참여 동기를 이끌어 낼 수 있다. 지하철이나 버스에서 임산부가 우선적으로 앉을 수 있는 좌석의 이름은 '임산부 배려석'이다. 만약에 '임산부 양보석'이라고 하면 자신이 앉을 자리를 남에게 내어 준다는 느낌을 갖게 한다. 하지만 '임산부 배려석'은 자신이 다른 사람을 배려하고 있다는 느낌을 갖게 하여 자발적으로 좌석을 양보할 수 있도록 한다.

그렇다면 이름 짓기는 어떻게 해야 할까? 먼저, 대상의 특성이 잘 드러나도록 표현해야 한다. 그리고 이름을 지나치게 생소하지 않게 지어야 한다. 이름이 지나치게 생소해서 이름의 의미를 이해하기 어려운 경우에는 사람들에게 수용되지 않을 수 있기 때문이다. 따라서 대상의 특성을 잘 드러내고 사람들이 이해하기 쉽도록 이름을 짓는 것이 중요하다. 또한 사람들이 기분 좋게 수용할 수 있도록 표현하는 것도 필요하다.

43 문항 코드 | 23670-0125

(가)의 ㉠~㉢을 (나)에 구체화한 내용으로 적절하지 않은 것은?

① ㉠: 체육 대회라는 이름에 대한 학생들의 부정적인 반응을 제시한다.
② ㉠: 올해부터 바뀌는 체육 대회의 특징이 잘 드러나는 새로운 이름이 필요함을 언급한다.
③ ㉡: 이름 짓기를 통해 이미지를 개선한 '보조개 사과'의 사례를 제시한다.
④ ㉡: '임산부 배려석'이라는 이름이 주는 효과를 '임산부 양보석'과 비교하여 제시한다.
⑤ ㉢: 이름 짓기를 할 때 사람들이 기분 좋게 수용할 수 있는 표현을 사용해야 함을 언급한다.

✓ 글쓰기 전략 파악

44 문항 코드 | 23670-0126

다음은 (나)를 읽은 학생회장의 조언이다. 이를 반영하여 추가할 마지막 문단의 내용으로 가장 적절한 것은?

> **학생회장**: 많은 학생들이 공모전에 참여할 수 있도록, 이름 짓기는 학생들에게 어려운 일이 아님을 밝혀 주면 좋겠어. 또한 2문단에서 언급한 효과와 관련하여 공모전 참여를 권유하면서 마무리하면 좋을 것 같아.

① 이름 짓기는 누구나 어렵지 않게 도전할 수 있는 일이다. 다만 이름을 지을 때 사람들이 이해하기 쉬운 표현을 사용해야 함을 유의하도록 한다.
② 이름 짓기는 지식과 경험이 풍부한 사람만이 할 수 있는 일은 아니다. 원활한 의사소통을 위해 이름 짓기의 효과를 이해하고 그 방법을 활용해 보자.
③ 지나치게 생소한 이름은 사람들에게 수용되지 않을 수 있다. 새로운 체육 대회의 긍정적 이미지를 느낄 수 있는 이름을 지어 이번 공모전에 참여하면 좋지 않을까?
④ 이름 짓기는 대상을 새롭게 바라보게 한다. 올해 새롭게 바뀔 체육 대회에 어울리는 참신한 이름이 지어진다면 체육 대회에 많은 학생들이 적극적으로 참여할 것이다.
⑤ 이름 짓기는 학생들도 충분히 할 수 있다. 새로운 체육 대회는 누구나 즐길 수 있다는 긍정적인 인식을 갖게 하는 좋은 이름을 지어 공모전에 도전해 보는 것은 어떨까?

✓ 조건에 따른 표현

✔ 자료 활용 방안의 적절성 평가

45 문항 코드 | 23670-0127

〈보기〉는 (나)를 보완하기 위해 추가로 수집한 자료이다. 자료 활용 방안으로 적절하지 않은 것은?

[자료 1] 학생의 설문 조사 자료

〈'등급 외 사과'와 '보조개 사과'의 이미지 비교〉

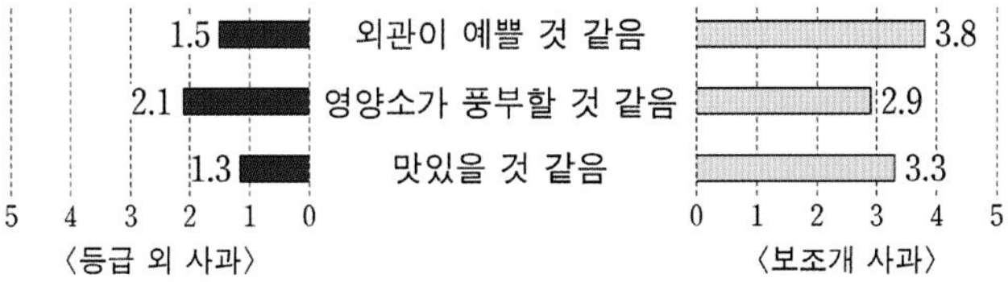

(설문 대상 : 우리 학교 학생 100명, 단위 : 점/5점)

[자료 2] 보고서 자료

〈이름 짓기의 사례〉

구분 \ 이름	대한민국 구석구석	G4C
목적	국내 관광 활성화 캠페인 홍보	각종 정부 민원을 24시간 처리하는 누리집 홍보
의미	국내 구석구석에 가 볼 만한 장소가 많음.	시민을 위한 정부 (Government for Citizen)
결과	국내 관광에 대한 인식을 개선하여 관광객이 증가하는 데 기여함.	이름이 대상의 특성을 잘 드러내지 못하고 지나치게 생소해 의미 파악이 어렵다는 지적에 '민원24'로 바꾸자 인지도가 향상됨.

① [자료 1]: '등급 외 사과'보다 '보조개 사과'가 외관과 맛 항목의 점수가 높다는 점을, 이름 짓기가 대상에 대한 인식을 변화시켰다는 근거로 2문단에 활용해야겠어.

② [자료 1]: '보조개 사과'와 '등급 외 사과'의 영양소 항목에서 점수 차이가 가장 작다는 점을, 이름 짓기가 대상에 대한 긍정적 이미지를 갖게 할 수 있다는 근거로 2문단에 활용해야겠어.

③ [자료 2]: '대한민국 구석구석'이라는 이름이 관광객의 증가에 기여했다는 점을, 잘 지어진 이름이 참여 동기를 이끌어 낼 수 있다는 또 다른 사례로 3문단에 활용해야겠어.

④ [자료 2]: 'G4C'라는 이름의 의미를 파악하기 어렵다는 점을, 이름이 지나치게 생소하여 사람들에게 받아들여지지 않은 사례로 4문단에 활용해야겠어.

⑤ [자료 2]: '민원24'라는 이름이 누리집의 인지도를 향상했다는 점을, 대상의 특성을 잘 드러내면서 이해하기 쉽게 이름을 짓는 것이 중요함을 보여 주는 사례로 4문단에 활용해야겠어.

2023학년도 대학수학능력시험 9월 모평 38~42번(5문항)

[38-42] (가)는 학교 신문에 실을 글의 초고이고, (나)는 (가)를 수정하기 위한 대화이다. 물음에 답하시오.

(가)

청소년의 팬 상품 소비가 우려된다

일요일 오후에 방문해 본 우리 학교 근처의 한 '팬 상품' 판매점. 옷이나 소품 등 연예인과 관련하여 판매되는 상품인 팬 상품을 사려는 청소년들로 북적였다. 최근 청소년들 사이에서 팬 상품의 인기가 뜨겁다. 국내 팬 상품 시장의 규모는 2020년 기준 약 2,200억 원으로 2014년과 비교해 크게 확대되었다.

하지만 청소년의 팬 상품 소비는 여러 가지 우려되는 점들이 있다. 우선 충동적으로 팬 상품을 소비하는 비율이 높다. ㉠**2020년에 실시한 설문 조사에 따르면 약 67%가 충동적으로 팬 상품을 산 적이 있다고 응답했다**. 이러한 일회성 소비는 잘못된 소비 습관의 형성으로 이어질 수 있다.

다음으로 과시적 소비도 문제로 지적된다. 사회학자 유△△ 교수는 "청소년의 과시적인 팬 상품 소비는 남과 차별화하고 싶은 욕구의 그릇된 발현이다."라고 그 원인을 밝혔다. 과시적인 팬 상품 소비는 물질적인 요소로 자신을 드러내야 한다는 잘못된 가치관을 형성하게 할 수 있다.

마지막으로 소외감을 느끼지 않으려고 팬 상품을 소비하는 일 역시 우려된다. 1학년 정○○은 "친구들은 다 갖고 있는데 나만 없으면 소외감을 느낄까 봐 산 적도 많아요."라며 인터뷰 과정에서 속마음을 드러내었다.

따라서 팬 상품 소비에 대한 청소년들의 바람직한 태도가 요구된다. 정신과 전문의 박□□의 저서 『청소년의 팬 상품 소비문화』에서 언급하였듯이 청소년들은 합리적이고 주체적인 소비 태도를 갖출 필요가 있다. 물론 기업이 디자인과 실용성을 갖춘 팬 상품을 판매하는 일이 선행되어야 한다.

(나)

학생 1: 청소년의 팬 상품 소비를 다룬 초고를 검토할 차례지?

학생 2: 응, 초고는 내가 작성했어. 편집부장은 조금 늦는대. 우리부터 의견 나누고 있자.

학생 1: 그래. 그런데 초고에 부정적인 관점의 내용만 제시했던데?

학생 2: 친구들을 보면 우려스럽다는 생각이 들 때가 많아. 학생들이 팬 상품 소비에 대해 바람직한 태도를 지녔으면 해서 그렇게 썼어.

[A]
학생 1: 그런데 긍정적인 면도 분명 있잖아. 즐거움이나 행복과 같은 정서적 만족감을 느낄 수 있고, 관심사가 같은 친구들끼리 더욱 친밀해지기도 하고. 그러니 두 관점의 내용을 균형 있게 제시해야 할 것 같아.

학생 2: 나도 그런 긍정적인 면이 있다는 의견에 동의해. 하지만 주변 친구들을 보면 우려되는 점이 더 커 보여. 팬 상품 소비의 바람직한 태도를 강조하려면 우려되는 면을 부각하는 게 맞지 않을까?

[B]
학생 3: (들어오며) 회의에 늦어서 정말 미안해. 회의 시작 시간을 착각했어.

학생 1: 괜찮아. 이제 막 시작했어.

[C]
학생 2: 너도 두 관점을 모두 제시하는 게 낫다고 생각해?

학생 3: (어리둥절해하며) 두 관점이라니 무슨 말이야?

[D]
학생 1: 방금까지 청소년의 팬 상품 소비에 대해 긍정하는 관점과 우려하는 관점의 내용을 균형 있게 다룰지, 우려하는 관점의 내용만 다룰지 논의 중이었어.

[E]
학생 3: 아, 그랬구나. 판매 수익 기부처럼 팬 상품 소비가 사회에 선한 영향력을 미치기도 하잖아. 학생들이 균형 잡힌 시각에서 바람직한 태도에 대해 생각해 볼 수 있게, 괜찮다면 두 관점의 내용을 모두 글에 담아 줄 수 있어?

학생 2: 듣고 보니 내가 너무 우려되는 점만 강조하려 한 것 같아. 팬 상품 소비의 긍정적인 면에 대한 내용을 추가해 볼게.

학생 1: 좋아. 그러면 제목도 그에 맞게 수정 부탁해.
학생 2: 알겠어.
학생 1: 다음으로 초고의 세부 내용을 검토해 보자.
학생 3: 2문단은 충동적 소비를 다루고 있잖아. 그러니 마지막 문장의 일회성 소비라는 표현은 적절해 보이지 않아.
학생 2: 다시 보니 그렇네. 문단의 중심 내용과 어울리는 표현으로 교체할게.
학생 1: 같은 문단에서 설문 조사 자료를 인용할 때 빠뜨린 게 있어. [Ⓐ]
학생 2: 설문 조사 자료의 내용을 믿기 어려운 문제가 있겠구나. 확인해서 수정할게.
학생 1: 혹시 더 검토할 부분이 있을까?
학생 3: 마지막 문단에 글의 초점에서 벗어나는 내용이 있으니 삭제가 필요해 보여.
학생 1: 아, 그리고 팬 상품 시장의 규모가 확대되었음을 강조하려면 비교 기준이 되는 해의 팬 상품 시장의 규모를 밝혀야 할 것 같아.
학생 2: 둘 다 좋은 의견이야. 반영해서 수정할게.
학생 1: 그럼 오늘 논의한 내용을 모두 잘 반영해서 다음 회의 때 확인하자.
학생 2, 3: 그래. 좋아.

38 문항 코드 | 23670-0128

(가)에 활용된 글쓰기 방법으로 가장 적절한 것은?

① 담화 표지로 문단 간의 연결 관계를 드러낸다.
② 특정 이론을 활용하여 중심 화제의 개념을 제시한다.
③ 다른 나라의 사례와 대조하여 문제 해결의 필요성을 강조한다.
④ 예상되는 반론을 제시하고 이를 반박하여 글의 설득력을 높인다.
⑤ 중심 화제에 대한 인식을 시기별로 제시하여 인식의 변화 과정을 드러낸다.

✓ 글쓰기 방법 파악

39 문항 코드 | 23670-00129

다음은 (가)를 작성하기 위해 쓴 메모이다. ⓐ~ⓔ가 (가)에 반영된 양상으로 적절하지 않은 것은?

∨ 글쓰기 계획 반영 여부 파악

◦ 팬 상품의 인기 ………… ⓐ
◦ 팬 상품 소비에서 우려되는 점
- 충동적 소비 ………… ⓑ
- 과시적 소비 ………… ⓒ
- 소외감을 느끼지 않으려고 하는 소비 ………… ⓓ
◦ 팬 상품 소비의 바람직한 태도 ………… ⓔ

① ⓐ: 현장을 방문하여 목격한 팬 상품 판매점의 분위기를 제시하였다.
② ⓑ: 글쓴이 자신의 경험을 근거로 들어 충동적인 팬 상품 소비 태도가 청소년에 미치는 부정적 영향을 제시하였다.
③ ⓒ: 전문가의 견해를 인용하여 팬 상품을 과시적으로 소비하는 행위의 심리적 원인을 제시하였다.
④ ⓓ: 학생을 인터뷰하여 팬 상품을 소비하는 이유가 소외감과 관련 있음을 제시하였다.
⑤ ⓔ: 관련 저서를 근거로 들어 청소년들은 합리적이고 주체적인 소비 태도를 갖출 필요가 있음을 제시하였다.

40 문항 코드 | 23670-0130

다음 자료를 바탕으로 [A]~[E]의 대화 참여자의 발화를 이해한 내용으로 적절하지 않은 것은? [3점]

∨ 참여자의 발화 이해

[자료 1]
대화 상황에서 자신의 말이 상대방에게 미칠 영향을 고려하며 상대방을 배려하는 태도를 가져야 한다. 이를 위해 ㉮**상대방의 부담을 덜어 주기**, ㉯**문제의 원인을 자신의 탓으로 돌리기**, ㉰**상대방의 의견과 일치되는 점을 언급한 후 자신의 의견 제시하기** 등을 활용할 수 있다.

[자료 2]
대화 참여자들이 ㉱**대화 상황과 관련한 맥락을 공유하는 일**은 중요하다. 맥락이 공유되지 않아 ㉲**대화의 흐름을 이해하지 못한 경우** 의사소통에 어려움을 겪을 수 있다.

① [A]: '학생 2'의 발화는 상대방과 의견이 다름을 제시하기 전에 공통되는 의견부터 말하고 있다는 점에서, ㉰에 해당한다.
② [B]: '학생 1'의 발화는 상대방이 회의에 늦은 것을 상대방의 탓으로 돌리지 않고 있다는 점에서, ㉯에 해당한다.
③ [C]: '학생 3'의 발화는 상대방의 물음에 대한 답변을 하는 대신 되묻고 있다는 점에서, ㉲에 해당한다.
④ [D]: '학생 1'의 발화는 회의에서 논의 중인 내용을 전달하고 있다는 점에서, ㉱에 해당한다.
⑤ [E]: '학생 3'의 발화는 질문의 형식을 활용함으로써 명령형으로 표현했을 때보다 상대방의 부담을 완화한다는 점에서, ㉮에 해당한다.

41 문항 코드 | 23670-0131

㉠과 (나)의 대화 상황을 고려할 때, Ⓐ에 들어갈 말로 가장 적절한 것은?

① 설문 조사가 언제 이루어졌는지를 밝히지 않았어.
② 설문 조사 자료를 인용하고 있음을 밝히지 않았어.
③ 설문 조사의 응답 결과를 순위대로 밝히지 않았어.
④ 설문 조사의 결과가 시사하는 점을 밝히지 않았어.
⑤ 설문 조사를 한 주체와 응답 대상을 밝히지 않았어.

✔ 설문 조사 자료 인용의 적절성 파악

42 문항 코드 | 23670-0132

(나)의 논의 내용을 반영하여, (가)를 고쳐 쓰기 위한 방안으로 가장 적절한 것은?

제목	◦ '청소년의 팬 상품 소비 문제점과 해결 방안'으로 교체한다. ······ ①
처음	◦ 2014년도 국내 팬 상품 시장 규모에 관한 정보를 추가한다. ······ ②
중간	◦ '일회성 소비'를 '과시적 소비'로 교체한다. ······ ③ ◦ 팬 상품 소비가 과소비로 이어진다는 내용을 추가한다. ······ ④
끝	◦ 마지막 문장의 내용은 기업의 사회적 책임에 관한 내용으로 교체한다. ······ ⑤

✔ 고쳐 쓰기 방안의 적절성 파악

태그 체크

○ #작문은 개념보단 패턴
○ #기출문제 분석이 제1의 기본
○ #작문 문제 패턴 및 접근법
○ #문제 풀이 전략으로 시간 단축

정답

20강 | 국어의 9품사 1

4쪽

개념 001 품사

1. 의미를 기준으로 구분하기

① 명사
② 대명사
③ 수사
④ 동사

5쪽

⑤ 형용사
⑥ 관형사
⑦ 부사
⑧ 감탄사
⑨ 조사

2. 형태를 기준으로 구분하기

① 불변어
조사

② 가변어
동사, 형용사, 서술격 조사 '이다'

개념 콕 [예외가 있으니, 바로 서술격 조사 '이다']
불변어, 가변어

3. 기능을 기준으로 구분하기

① 체언
명사, 대명사, 수사

② 용언
동사, 형용사

6쪽

③ 수식언
관형사, 부사

④ 독립언
감탄사

⑤ 관계언
조사

연습 1

품사	기능	형태
명사	체언	불변어
대명사		
수사		
관형사	수식언	
부사		
감탄사	독립언	
조사	관계언	
서술격 조사		가변어
동사	용언	
형용사		

7쪽

연습 2
[2022학년도 3월 고3 전국연합학력평가]
④

개념 002 체언_명사, 대명사, 수사
주어, 명사, 대명사, 수사, 조사

8쪽

1. 명사
이름

[명사의 종류]
① 고유 명사
④ 의존 명사

개념 콕 [고유 명사는 이런 거 안 돼.]
• 들
• 수

9쪽

개념 콕 [의존 명사는 반드시 관형어가 필요해.]

2. 대명사
대신, 지칭

[대명사의 종류]

인칭 대명사	1인칭 대명사
	2인칭 대명사
	3인칭 대명사
	재귀칭 대명사
지시 대명사	사물 지시
	처소 지시
미지칭 대명사	
부정칭 대명사	

3. 수사
수량, 순서

10쪽

[수사의 종류]

양수사
서수사

개념 003 용언_동사, 형용사
서술어, 동사, 형용사

1. 동사
동작, 작용

[동사의 종류]

① 성질에 따라	자동사
	타동사

2. 형용사
성질, 상태

11쪽

개념 콕 [본용언과 보조 용언]
• 있다
• 없다

연습 3
[2017학년도 4월 고3 전국연합학력평가]
③

13쪽

연습 4
[2021학년도 6월 고1 전국연합학력평가]
②

14쪽

기출, 이것은 진리
[2016학년도 6월 고2 전국연합학력평가]
01 ④

[2022학년도 3월 고1 전국연합학력평가]
02 ②

15쪽

기출, 이것은 진리
[2022학년도 7월 고3 전국연합학력평가]
03 ②

21강 | 국어의 9품사 2

16쪽

명사, 대명사, 수사
동사, 형용사

개념 004 수식언_관형사, 부사
관형사, 부사, 불변어

1. 관형사
체언, 꾸며
조사, 활용

17쪽

[관형사의 종류]

성상 관형사	모양, 성질, 상태
지시 관형사	가리키는
수 관형사	수량

연습 5
① 형용사
② 형용사
③ 지시 관형사
④ 지시 대명사
⑤ 수 관형사
⑥ 수사

2. 부사
용언, 활용

18쪽

[부사의 종류]

성분 부사	성상 부사
	지시 부사
	부정 부사
	의성 부사
	의태 부사
문장 부사	양태 부사
	접속 부사

19쪽

연습 6
[2017학년도 11월 고2 전국연합학력평가]
④

연습 7
[2016학년도 9월 고2 전국연합학력평가]
②

20쪽

개념 005 관계언_조사
관계, 조사

[조사]
문법적 관계, 뜻을 도와주는

[조사의 종류]
① 격 조사
자격

㉠ 주격 조사
주어

이/가
께서

㉡ 목적격 조사
목적어

을/를/ㄹ

㉢ 보격 조사
보어

이/가

21쪽

㉣ 관형격 조사
관형어

의

㉤ 부사격 조사
부사어

(으)로(써) (으)로(서)
와/과

㉥ 호격 조사
독립어

㉦ 서술격 조사
서술어

(이)다

22쪽

② 보조사
특별한 의미

㉠ 성분 보조사
특별한 의미

은/는
도
만

㉡ 종결 보조사
종결 어미

㉢ 통용 보조사
두루

③ 접속 조사
같은, 이어 주는

와/과

23쪽

연습 8
[2018학년도 3월 고2 전국연합학력평가]
③

개념 006 독립언_감탄사
감탄사

[감탄사]
놀람, 느낌, 부름, 응답

24쪽
연습 9
[2017학년도 7월 고3 전국연합학력평가]
④

25쪽
개념 007 품사의 통용
통용

연습 10
[2017학년도 7월 고3 전국연합학력평가]
③

26쪽
기출, 이것은 진리
[2022학년도 6월 고2 전국연합학력평가]
04 ② 05 ④

22강 | 형태소 & 단어

28쪽
개념 008 어간과 어미
연습 11

먹	다	짓누르	다
먹	니?	짓누르	니?
먹	고	짓누르	고
먹	는	짓누르	는
먹	지만	짓누르	지만

1. 어간
않는

29쪽
2. 어미
변하는

[어미의 종류]

어말 어미	종결 어미	평서형 ~
		의문형 ~
		명령형 ~
		청유형 ~
		감탄형 ~
	연결 어미	대등적 ~
		종속적 ~
		보조적 ~
	전성 어미	명사형 어미
		관형사형 어미
		부사형 어미
선어말 어미	주체 높임 선어말 어미	
	시제 선어말 어미	
	공손 선어말 어미	
	서법 선어말 어미	

연습 12

어미의 정체
① -시- + -었- + -다
주체 높임 선어말 어미 + 과거 시제 선어말 어미 + 평서형 종결 어미
② -시- + -겠- + 지만
주체 높임 선어말 어미 + 미래 시제 선어말 어미 + 대등적 연결 어미
③ -으시- + -ㄴ
주체 높임 선어말 어미 + 관형사형 어미
④ -ㄴ- + -다
현재 시제 선어말 어미 + 평서형 종결 어미
⑤ -느냐
의문형 종결 어미
⑥ -아라
명령형 종결 어미
⑦ -자
청유형 종결 어미
⑧ -는구나
감탄형 종결 어미
⑨ -고
대등적 연결 어미
⑩ -며
대등적 연결 어미
⑪ -아서
종속적 연결 어미
⑫ -니까
종속적 연결 어미
⑬ -고
보조적 연결 어미
⑭ -어
보조적 연결 어미
⑮ -기
명사형 어미
⑯ -는
관형사형 어미
⑰ -게
부사형 어미

31쪽
연습 13
[2017학년도 대학수학능력시험 9월 모의평가]
③

32쪽
[불규칙 활용의 종류]

어간이 바뀜.
어미가 바뀜.
어간, 어미 모두 바뀜.

33쪽
연습 14
[2020학년도 4월 고3 전국연합학력평가]
④

34쪽

어근⊂어간

연습 15

① 기뻤다

어간	기쁘-	어미	-었-, -다
어근	기쁘-	접사	X

② 새파랗다

어간	새파랗-	어미	-다
어근	파랗-	접사	새-

③ 덧붙다

어간	덧붙-	어미	-다
어근	붙-	접사	덧-

④ 지혜롭구나

어간	지혜롭-	어미	-구나
어근	지혜	접사	-롭-

⑤ 사랑하지

어간	사랑하-	어미	-지
어근	사랑	접사	-하-

[접사의 종류]

접두사	접미사
앞	뒤
동사 → 형용사 동사 → 형용사	동사 → 명사 명사 → 동사 명사 → 형용사

35쪽

개념 콕 [품사를 바꿔 주는 접미사 씨, 자세히 소개하기]

명사 파생 접미사 '-음'이 붙더니
명사 파생 접미사 '-이'가 붙더니

못한다, 명사

연습 16

① 명사형
② 명사형
③ 파생 명사
④ 파생 명사, 명사형
⑤ 명사형
⑥ 파생 명사
⑦ 파생 명사, 명사형
⑧ 파생 명사, 명사형

36쪽

연습 17

[2020학년도 3월 고2 전국연합학력평가]

④

개념 011 형태소와 단어

1. 형태소

소, 의미, 작은, 말

[형태소의 종류]

자립성 유무	자립 형태소	-
	의존 형태소	어간, 어미, 조사, 접사
실질적 의미 유무	실질 형태소	어간
	형식 형태소	어미, 조사, 접사

37쪽

연습 18

나 그대들과 한 해를 여네.								
나	그대	-들	과	한	해	를	열-	-네
어근	어근	접사	조사	어근	어근	조사	어간	어미

대명사	대명사		조사	관형사	명사	조사	동사	
자립	자립	의존	의존	자립	자립	의존	의존	의존
실질	실질	형식	형식	실질	실질	형식	실질	형식

연습 19

[2023학년도 대학수학능력시험 6월 모의고사]

⑤

38쪽

개념 콕 [이형태]

1. 음운론적 이형태

음운

2. 단어

철수, 영희, 일기, 읽은, 같다

가, 의, 를, 것

39쪽

[형태소와 단어]

형태소	단어
의미	자립
-	조사
형태소 ≦ 단어	

40쪽

기출, 이것은 진리

[2022학년도 3월 고3 전국연합학력평가]

06 ④

41쪽

[2023학년도 대학수학능력시험 9월 모의평가]

07 ④

23강 | 단어의 형성 & 의미

42쪽

개념 012 단어의 형성

단일어	어근

복합어	합성어	어근
	파생어	접사, 어근

파생 접사

연습 20
[2018학년도 4월 고3 전국연합학력평가]
③

43쪽
개념 013 합성어
[합성어의 종류]
1. 의미 관계에 따른 분류

대등 합성어
종속 합성어
융합 합성어

2. 국어 문장 구조와의 일치 여부에 따른 분류
① 통사적 합성어
② 비통사적 합성어

44쪽
2. 합성어의 품사에 따른 분류

연습 21
[2022학년도 9월 고2 전국연합학력평가]
④

45쪽
개념 콕 [이게 합성어야, 구야?]

변화	-
띄어쓰기	띄어쓰기

47쪽
연습 22
[2021학년도 3월 고3 전국연합학력평가]
②

개념 콕 [이게 합성어야, 파생어야?]
합성어, 파생어

48쪽
연습 23
[2020학년도 대학수학능력시험 9월 모의평가]
②

개념 015 단어의 의미 관계
1. 의미의 계열 관계
① 유의 관계
같, 비슷, 유의어

49쪽
② 반의 관계
대립, 반의어, 한

[반의어의 종류]

상보 반의어
등급 반의어(정도 반의어)
방향 반의어(관계 반의어)

개념 콕 [한 단어의 반의어는 하나가 아닐 수 도 있다]
1. 다의어라면
- 입다
- 메다
- 지다
- 쓰다

2. 누구랑 어울리느냐에 따라서
- 입다
- 신다
- 끼다
- 쓰다

50쪽
연습 24
[2017학년도 3월 고1 전국연합학력평가]
①

③ 상하 관계
포함, 포함,
상위어(상의어), 하위어(하의어),
일반적, 포괄적, 구체적, 자세한

㉥ 상위어, 하위어

51쪽
④ 부분-전체 관계
구성, 부분어, 전체어

2. 의미의 복합 관계
① 동음이의 관계
소리, 뜻

② 다의 관계
두
- 중심적, 기본적
- 주변적, 파생적

[표준국어대사전]
동음이의, 다의

52쪽
연습 25
[2022학년도 6월 고1 전국연합학력평가]
③

53쪽
개념 016 단어의 의미 변화
2. 의미 변화의 유형

의미의 확대
의미의 축소
의미의 이동

54쪽
연습 26
[2022학년도 9월 고1 전국연합학력평가]
③

55쪽
연습 27
[2020학년도 7월 고3 전국연합학력평가]
④

56쪽
기출, 이것은 진리
[2023학년도 대학수학능력시험 9월 모의평가]
08 ③ 09 ③

24강 | 문장 성분

58쪽

개념 017 어절, 구, 절

1. 어절

띄어쓰기

2. 구

둘, 절, 문장

[구의 종류]

명사
동사
형용사
관형사
부사

3. 절

주어, 서술어, 문장

59쪽

[절의 종류]

명사
서술어
관형어
부사어
따온

[절이 구와 다른 점]

어절, 주어, 서술어

[절이 문장과 다른 점]

주어, 서술어, 문장 성분

연습 28

8

절, 구

개념 018 문장 성분

[문장 성분의 종류]

주성분	부속 성분	독립 성분
주어, 서술어, 목적어, 보어	관형어, 부사어	독립어

60쪽

개념 019 주성분

필수적, 주어, 서술어, 목적어, 보어

1. 주어

주체, 주어

혜정이가

혜정이가

혜정이가

[주어의 특징]

1. 생략
2. 문장 성분

61쪽

2. 서술어

설명, 주어, 설명

공부한다

씩씩하다

선생님이다

[서술어의 특징]

3. 용언

62쪽

개념 콕 [서술어의 자릿수]

필요, 문장 성분

주어와만 관련됨.	한 자리 서술어
필수적 부사어를 요구함.	두 자리 서술어
목적어를 요구함.	두 자리 서술어
보어를 요구함.	두 자리 서술어
필수적 부사어와 목적어를 요구함.	세 자리 서술어

연습 29

[2015학년도 대학수학능력시험 A/B형]

②

63쪽

3. 목적어

대상

국어를, 하식이를

[목적어의 특징]

1. 생략
2. 둘
3. 목적격

64쪽

연습 30

[2020학년도 3월 고1 전국연합학력평가]

①

4. 보어

보충, 되다, 아니다, 이, 가

나비가, 다가

65쪽

[보어의 특징]

1. 주어, 보어
2. 보격, 되다, 아니다

연습 31

[2007학년도 대학수학능력시험 9월 모의평가]

②

개념 020 부속 성분

꾸며, 더하여, 관형어, 부사어

1. 관형어

체언, 명사, 대명사, 수사, 꾸며

66쪽

[관형어의 특징]

1. 없어
2. 의존 명사

연습 32

[2015학년도 6월 고1 전국연합학력평가]

③

67쪽

연습 33
[2017학년도 3월 고2 전국연합학력평가]
②

2. 부사어
동사, 형용사, 꾸며,
관형사, 부사, 문장

68쪽

[부사어의 특징]
2. 보조사
3. 문장, 심리적
4. 필수적 부사어

연습 34
[2014학년도 11월 고2 전국연합학력평가]
①

개념 021 독립 성분
독립어

[독립어]
관계, 독립적

69쪽

[독립어의 특징]
부르는 말, 높임, 종결

71쪽

기출, 이것은 진리
[2022학년도 3월 고1 전국연합학력평가]
10 ⑤ 11 ①

25강 | 문장의 짜임새

72쪽

개념 022 문장의 짜임새
1. 홑문장
주어, 서술어, 하나, 한

2. 겹문장
주어, 서술어, 둘,
안은, 이어진

73쪽

연습 35
1. 홑문장
2. 겹문장
3. 홑문장
4. 홑문장
5. 겹문장
6. 겹문장
7. 겹문장
8. 겹문장
9. 홑문장

개념 023 안은문장

안은문장	절, 가진
안긴문장	절, 포함, 절

74쪽

1. 명사절을 가진 안은문장
[명사절의 특징]
격 조사, 명사

연습 36
[2021학년도 대학수학능력시험 6월 모의평가]
①

75쪽

2. 서술절을 가진 안은문장
[서술절의 특징]
2. 이중

76쪽

3. 관형절을 가진 안은문장
[관형절의 특징]
1. 시간적
2. 관계, 동격

관계 관형절
동격 관형절

연습 37
[2020학년도 11월 고2 전국연합학력평가]
②

78쪽

4. 부사절을 가진 안은문장
[부사절의 특징]
1. 생략
2. 종속적

5. 인용절을 가진 안은문장
[인용절의 특징]
1. 라고
2. 고

연습 38
[2022학년도 7월 고3 전국연합학력평가]
④

79쪽

연습 39
[2022학년도 대학수학능력시험 6월 모의평가]
②

80쪽

개념 024 이어진문장
[이어진문장이란]
연결 어미

1. 대등하게 연결된 이어진문장
대등

2. 종속적으로 연결된 이어진문장
종속적

81쪽

[종속적으로 연결된 이어진문장의 특징]
1. 의미
2. 뒤 절 속

82쪽

연습 40
[2022학년도 4월 고3 전국연합학력평가]
④

연습 41
[2022학년도 4월 고3 전국연합학력평가]
④

83쪽

기출, 이것은 진리
[2022학년도 6월 고1 전국연합학력평가]
12 ④

84쪽

[2021학년도 9월 고2 전국연합학력평가]
13 ③

26강 | 종결 & 높임 & 시간

85쪽

개념 025 종결 표현
종결 어미

86쪽

[종결 표현 방식에 따른 국어 문장의 종류]

평서문
감탄문
의문문
명령문
청유문

[설명 의문문, 판정 의문문, 수사 의문문]
1. 설명, 설명, 의문사, 설명
2. 판정, 대답, 대답

판정, 설명

3. 수사, 물음, 답변

87쪽

연습 42
[2014학년도 대학수학능력시험 9월 모의평가]
①

88쪽

개념 콕 [명령문과 청유문]

① 주어	듣는 이	말하는 이, 듣는 이
② 서술어	• 행동, 동사, 형용사 • 행동, 동사, 형용사	

③ 과거 시제	과거

개념 026 높임 표현
상대, 주체, 객체

[높임법의 종류]

주어
목적어, 부사어

89쪽

연습 43
[2020학년도 6월 고2 전국연합학력평가]
②

1. 상대 높임법
높이거나, 낮추, 종결

[상대 높임법의 문장 종결 표현]

격식체
비격식체

90쪽

2. 주체 높임법
주체, 주어

[문장의 주체를 높이는 방법]

께서
시
님

91쪽

[간접 높임]
시

아프시다.	있으시겠습니다.
있으시다.	머시다.

92쪽

3. 객체 높임법
객체, 부사어, 목적어

[문장의 객체를 높이는 방법]

께
님

연습 44
[2021학년도 6월 고1 전국연합학력평가]
①

93쪽

연습 45
[2021학년도 10월 고3 전국연합학력평가]
①

연습 46
[2022학년도 대학수학능력시험 9월 모의평가]
⑤

94쪽

개념 027 시제
과거, 현재, 미래

발화시	말하는
사건시	일어나는

1. 과거 시제
사건시 ⇒ 발화시

2. 현재 시제
사건시 = 발화시

95쪽

3. 미래 시제
발화시 ⇒ 사건시

[미래 시제 표현하기]

선어말 어미	→ 추측 → 의지 → 가능성, 확신, 능력 → 완곡

96쪽

연습 47
[2022학년도 6월 고2 전국연합학력평가]
①

개념 028 상
지속되고 있는지, 끝났는지

1. 진행상
계속됨

97쪽

2. 완료상
끝났음

연습 48

1.	시제: 과거	상: 진행상
2.	시제: 과거	상: 완료상
3.	시제: 현재	상: 완료상
4.	시제: 현재	상: 진행상

98쪽

연습 49
[2020학년도 11월 고2 전국연합학력평가]
③

100쪽

기출, 이것은 진리
[2020학년도 6월 고1 전국연합학력평가]
14 ④ 15 ⑤

27강 | 피동 & 사동 & 부정

101쪽

개념 029 피동 표현
[능동과 피동]

능동	피동
자기 힘	당하게

줄어들

102쪽

개념 콕 [잘못된 피동 표현]
이중

연습 50
[2020학년도 11월 고1 전국연합학력평가]
③

연습 51
[2021학년도 9월 고2 전국연합학력평가]
④

103쪽

연습 52
[2021학년도 대학수학능력시험 6월 모의평가]
①

104쪽

개념 030 사동 표현
늘어나

[주동과 사동]

주동	사동
하는	시키는

개념 콕 [직접 사동과 간접 사동]

파생적 사동	직접, 간접
통사적 사동	간접

105쪽

연습 53
[2017학년도 대학수학능력시험]
④

연습 54
[2020학년도 11월 고2 전국연합학력평가]
③

106쪽

연습 55
[2020학년도 3월 고2 전국연합학력평가]
②

개념 031 부정 표현
안, 못, 아니하다, 못하다, 말다

107쪽

개념 콕 [부정인 듯 부정 아닌 부정 같은 너]

부정 아니고 확인.

부정 아니고 의심.

개념 콕 [부정 표현의 중의성]
① 문맥
② 강세
③ 보조사

108쪽

연습 56
[2020학년도 3월 고2 전국연합학력평가]
④

연습 57
[2020학년도 4월 고3 전국연합학력평가]
②

109쪽

기출, 이것은 진리
[2023학년도 대학수학능력시험 6월 모의평가]
16 ③ 17 ⑤

28강 | 정확한 문장 표현

111쪽

개념 032 정확한 단어 사용하기

으로서 으로써	으로서 으로써
-데 -대	-데 -대
에게 에	에게, 유정명사 에
아니오 아니요	아니오 아니요
다르다 틀리다	다르다 틀리다
일체 일절	일체 일절
저희 나라 우리나라	저희 나라 우리나라

112쪽

연습 58
[2022학년도 9월 고1 전국연합학력평가]
㉠ 에요 ㉡ 에요 ㉢ 이에요

113쪽

개념 033 문장 성분의 호응
1. 주어와 서술어의 호응

우리 집의 특징은 앞마당이 넓다.
어색한 이유 주어 '특징은'에 호응하는 서술어가 어색함.
⇨ 우리 집의 특징은 앞마당이 넓다는 것이다.

2. 목적어와 서술어의 호응

그는 공연장에서 춤과 노래를 불렀다.
어색한 이유 '춤과'에 호응하는 서술어가 생략되어 어색함.
⇨ 그는 공연장에서 춤을 추고 노래를 불렀다.

3. 부사어와 서술어의 호응

송화는 노래하는 것을 전혀 싫어한다.
어색한 이유 부사어 '전혀'는 부정을 뜻하는 말과 호응함.
⇨ 송화는 노래하는 것을 전혀 싫어하지 않는다. / 매우 싫어한다.

4. 조사와 서술어의 호응

그는 야구 선수치고 공을 잘 던진다.
어색한 이유 조사 '치고'는 '그중에서는 예외적으로'라는 뜻을 가지므로 '야구 선수'의 속성과 대립되는 서술어가 와야 함.
⇨ 그는 야구 선수치고 공을 잘 못 던진다.

114쪽

연습 59
[2015학년도 3월 고3 전국연합학력평가 B형]
⑤

개념 034 잘못된 피동·사동·높임 표현 피하기
1. 피동문, 이중 피동

115쪽

이 위기는 반드시 극복되어야 해.
어색한 이유 불필요한 피동 표현을 사용하였음.
⇨ 이 위기를 반드시 극복해야 해.

2. 사동문, 시키다

좋은 사람 있으면 소개시켜 줘.
어색한 이유 불필요한 사동 표현을 사용하였음.
⇨ 좋은 사람 있으면 소개해 줘.

3. 시

고객님, 그 상품은 품절되셨어요.
어색한 이유 '상품'이 높여야 할 대상이 아닌데도 주체 높임 선어말 어미 '-시-'를 사용하여 '상품'을 높이고 있음.
⇨ 고객님, 그 상품은 품절됐어요.

연습 60
[2015학년도 6월 고1 전국연합학력평가]
①

116쪽

개념 035 중의적 표현 분명히 하기
두

연습 61
[2016학년도 9월 고1 전국연합학력평가]
②

117쪽

연습 62
[2019학년도 9월 고2 전국연합학력평가]
④

개념 036 모호한 표현 피하기
연습 63
[2016학년도 6월 고1 전국연합학력평가]
⑤

118쪽

개념 037 의미의 중복 피하기
생략

119쪽

기출, 이것은 진리
[2014학년도 9월 고2 전국연합학력평가]
18 ②

120쪽

[2014학년도 대학수학능력시험 9월 모의평가 B형]
19 ③

29강 음운의 변동 1

121쪽

개념 038 음운
뜻, 소리, 같은 음,
분절 음운, 비분절 음운

1. 분절 음운(음소)
자음, 모음

122쪽

① 자음
조음 위치, 조음 방법

②모음
㉠ 단모음(10개)
입술 모양, 혀의 위치

㉡ 이중 모음(11개)
입술 모양, 혀의 위치

123쪽

연습 64
[2017학년도 9월 고1 전국연합학력평가]
③

124쪽

연습 65
[2017학년도 9월 고1 전국연합학력평가]
①

125쪽

1. 음절의 끝소리 규칙
ㄱ, ㄴ, ㄷ, ㄹ, ㅁ, ㅂ, ㅇ

	ㅂ
	ㄷ
	ㄱ

126쪽

연습 66
[2017학년도 10월 고3 전국연합학력평가]
①

2. 비음화
비음, 비음

127쪽

3. 유음화
유음

연습 67
[2019학년도 7월 고3 전국연합학력평가]
①

128쪽

연습 68
[2020학년도 9월 고2 전국연합학력평가]
①

4. 구개음화
형식, 형식

129쪽

형식

연습 69
[2011학년도 11월 고2 전국연합학력평가]
④

130쪽

연습 70
[2014학년도 9월 고2 전국연합학력평가 A형]
②

131쪽

6. 두음법칙
첫머리, 반영

132쪽

기출, 이것은 진리
[2022학년도 6월 고1 전국연합학력평가]
20 ①　21 ⑤

30강 | 음운의 변동 2

134쪽

개념 040 탈락
탈락

1. 자음군 단순화
교체, 탈락

탈락, 발음

135쪽

연습 71
[2015학년도 대학수학능력시험 B형]
⑤

2.'ㅎ' 탈락
ㅎ

3.'ㄹ' 탈락
ㄹ

136쪽

연습 72
[2022학년도 6월 고2 전국연합학력평가]
⑤

4. 모음 탈락
탈락

개념 041 첨가
첨가

137쪽

1. 반모음 첨가
ĭ

연습 73
[2021학년도 3월 고2 전국연합학력평가]
②

138쪽

2.'ㄴ' 첨가
ㄴ

연습 74
[2018학년도 대학수학능력시험]
②

139쪽

개념 콕 [사잇소리 현상과 사이시옷]
1. 된소리
2. ㄴ
3. ㄴ

개념 042 축약
하나

1. 자음 축약(거센소리되기)
거센소리

140쪽

2. 모음 축약
두, 한

개념 콕 [모음 축약과 반모음 교체]
교체

사이	새
ㅏ + ㅣ	ㅐ
단모음 + 단모음	단모음

보- + -이- + -다	뵈다
ㅗ + ㅣ	ㅚ
단모음 + 단모음	단모음
쏘- + -아	쏴
ㅗ + ㅏ	ㅘ(ㅗ̆+ㅏ)
단모음 + 단모음	반모음 + 단모음
가리- + -어	가려
ㅣ + ㅓ	ㅕ(ㅣ̆+ㅓ)
단모음 + 단모음	반모음 + 단모음

141쪽

연습 75
[2021학년도 대학수학능력시험 9월 모의평가]
④

연습 76
[2021학년도 6월 고2 전국연합학력평가]
⑤

142쪽

기출, 이것은 진리
[2020학년도 11월 고1 전국연합학력평가]
22 ④

143쪽

[2023학년도 대학수학능력시험 9월 모의평가]
23 ④

31강 | 규정 모여 1

145쪽

[제1부 표준어 사정 원칙]
제9항
'ㅣ' 역행 동화 현상

146쪽

[제2부 표준 발음법]
제4항
단모음
붙임 이중 모음

제5항
이중 모음
다만 3 ㅣ

제6항
첫 음절

제8항
음절의 끝소리 규칙

제9항
음절의 끝소리 규칙

제10항
자음군 단순화

147쪽

제11항
자음군 단순화

제12항
1. 자음 축약,
자음 축약
붙임 1 자음 축약
붙임 2 자음 축약

3. 음절의 끝소리 규칙 → 비음화
붙임 자음군 단순화
자음군 단순화 → 유음화

4. 'ㅎ' 탈락
'ㅎ' 탈락 → 연음

제13항
연음

제14항
연음

제15항
음절의 끝소리 규칙 → 연음
붙임 자음군 단순화 → 연음

148쪽

제17항
구개음화

제18항
비음화
자음군 단순화 → 비음화

제19항
ㄹ, 비음화
붙임 ㄹ, 비음화 → 비음화

제20항
역행적 유음화
순행적 유음화
붙임 자음군 단순화 → 유음화
다만 ㄹ, 비음화

제22항
반모음 첨가

제6장 경음화 → 된소리되기

149쪽

제29항
'ㄴ' 첨가
붙임 1 'ㄴ' 첨가 → 순행적 유음화

150쪽

연습 77
[2022학년도 3월 고2 전국연합학력평가]
①

151쪽

연습 78
[2014학년도 대학수학능력시험 9월 모의평가]
①

연습 79
[2014학년도 3월 고3 전국연합학력평가 B형]
②

153쪽

개념 044 한글 맞춤법의 주요 규정
제5항
다만 된소리되기

제6항
구개음화

제10항
두음 법칙

154쪽

붙임 2 두음 법칙

제11항
두음 법칙
붙임 2 두음 법칙

제12항
두음 법칙
붙임 2 두음 법칙

제15항
붙임 2 오

155쪽

제18항
1. 'ㄹ' 탈락 규칙
2. 'ㅅ' 불규칙
3. 'ㅎ' 불규칙
4. 'ㅜ' 불규칙
'ㅡ' 탈락 규칙
5. 'ㄷ' 불규칙
6. 'ㅂ' 불규칙
7. '여' 불규칙
8. '러' 불규칙
9. '르' 불규칙

제28항
'ㄹ' 탈락

156쪽

제31항
어두 자음군
ㅎ 종성 체언

제35항
반모음화(교체)

제36항
반모음화(교체)

제37항
모음 축약

제41항
붙여

제42항
띄어

제43항
단위성 의존 명사

제47항
띄어, 붙여

158쪽

연습 80
[2015학년도 대학수학능력시험 9월 모의평가 B형]
⑤

159쪽

연습 81
[2022학년도 대학수학능력시험]
⑤

연습 82
[2018학년도 10월 고3 전국연합학력평가]
②

160쪽

기출, 이것은 진리
[2022학년도 4월 고3 전국연합학력평가]
24 ⑤ 25 ②

32강 | 규정 모여 2

162쪽

개념045 외래어 표기법
제1항
24

제2항
1, 1

163쪽

제3항
ㄱ, ㄴ, ㄹ, ㅁ, ㅂ, ㅅ, ㅇ

제4항
된소리

연습 83
[2005학년도 5월 고2 성취도평가]
①

164쪽

연습 84
[2014학년도 3월 고2 전국연합학력평가 B형]
③

165쪽

개념 046 국어의 로마자 표기법
[제2장 표기 일람]
제1항
붙임 1 ui

제2항
1. 파열음

ㄱ	ㄷ	ㅂ
g, k	d, t	b, p

5. 유음

ㄹ
r, l

166쪽

[제3장 표기상의 유의점]
제1항
1. 동화
2. ㄴ, ㄹ
3. 구개음화
4. 거센소리
다만 체언, ㅎ
붙임 1 된소리되기

제3항
대문자

167쪽

연습 85
[2013학년도 4월 고3 전국연합학력평가 B형]

④

168쪽

연습 86
[2018학년도 7월 고3 전국연합학력평가]
①

연습 87
[2012학년도 9월 고2 전국연합학력평가]
①

169쪽

연습 88
[2015학년도 대학수학능력시험 6월 모의평가 B형]
⑤

170쪽

기출, 이것은 진리
[2021학년도 3월 고3 전국연합학력평가]
26 ③ 27 ①

33강 | 담화

172쪽

개념 047 발화
발화, 담화

1. 발화의 기능
행위

2. 직접 발화 행위와 간접 발화 행위
(명령문) 직접
(청유문) 간접
(의문문) 간접
(평서문) 간접

173쪽

개념 048 담화
[담화란?]
발화

1. 담화의 구성 요소
① 담화의 외적 구성 요소
㉠ 화자
㉡ 청자
㉢ 발화
㉣ 장면

174쪽

연습 89
[2015학년도 6월 고2 전국연합학력평가]
④

175쪽

② 담화의 내적 구성 요소
㉠ 내용면
통일성

한

통일성

㉡ 형식면
응집성

긴밀

통일성, 응집성

2. 담화의 표현
① 지시 표현
② 대용 표현
③ 접속 표현
④ 동일 어구의 반복

176쪽

연습 90
[2022학년도 3월 고2 전국연합학력평가]
⑤

177쪽

연습 91
[2016학년도 대학수학능력시험 6월 모의평가 A형]
②

연습 92
[2014학년도 대학수학능력시험]
⑤

178쪽

연습 93
[2022학년도 대학수학능력시험 6월 모의평가]
⑤

개념 049 표준 화법과 언어 예절

호칭어
지칭어
인사말

180쪽

기출, 이것은 진리
[2021학년도 대학수학능력시험 6월 모의평가]
28 ⑤ 29 ④

34강 | 국어의 변천

183쪽

개념 콕 [향찰]

善	化	公	主	主	隱
(선)	(화)	(공)	(주)	주	(은)
착하다	되다	귀인	님	(님)	숨다

• [음 / 뜻
• 음

개념 051 중세 국어
1. 음운과 표기

이어 적기(연철)
8종성법
방점 사용
어두 자음군
모음 조화
ㅎ 종성 체언

185쪽

연습 94
[2022학년도 4월 고3 전국연합학력평가]
③

연습 95

[2022학년도 3월 고3 전국연합학력평가]

①

186쪽

연습 96

[2016학년도 대학수학능력시험 6월 모의평가 B형]

①

187쪽

개념 052 근대 국어

1. 음운과 표기

거듭 적기(중철)
7종성법
방점 사라짐
ㅿ(반치음) 소실
ㆁ(옛이응) 변화
ㆍ(아래아) 소실

2. 문법

주격 조사 '가'
명사형 어미 '-기'

188쪽

연습 97

[2014학년도 3월 고2 전국연합학력평가 B형]

②

189쪽

개념 053 훈민정음 창제의 원리

2. 창제 정신

① 자주

다른, 우리말

② 애민

백성들

③ 실용

쉽게

④ 창조

3. 창제 원리

① 자음

상형자	ㄱ, ㄴ, ㅁ, ㅅ, ㅇ
가획자	획
이체자	-

190쪽

가획자	병서자
ㅋ	ㄲ
ㄷ → ㅌ	ㄸ
ㅂ → ㅍ	ㅃ
ㅈ → ㅊ	ㅆ, ㅉ
ㆆ → ㅎ	ㆅ

② 모음

상형(象形)의 원리	ㆍ, ㅡ, ㅣ
합용(合用)의 원리	ㅗ, ㅏ, ㅜ, ㅓ ㅛ, ㅑ, ㅠ, ㅕ

4. 글자 운용 규정

② 나란히 쓰기[병서]

각자 병서: 같은

합용 병서: 다른

④ 점 찍기

높이, 평성, 거성, 상성

평성	거성	상성
점 없음	점 한 개	점 두 개

191쪽

연습 98

[2021학년도 3월 고1 전국연합학력평가]

②

192쪽

기출, 이것은 진리

[2022학년도 7월 고3 전국연합학력평가]

30 ③

193쪽

[2023학년도 대학수학능력시험 6월 모의평가]

31 ①

35강 | 매체 1

202쪽

기출, 이것은 진리

[2023학년도 대학수학능력시험 6월 모의평가]

40 ② 41 ⑤ 42 ④ 43 ④

36강 | 매체 2

207쪽

[2023학년도 대학수학능력시험 6월 모의평가]

44 ① 45 ③

210쪽

[2023학년도 대학수학능력시험 9월 모의평가]

40 ⑤ 41 ② 42 ②

213쪽

[2023학년도 대학수학능력시험 9월 모의평가]

43 ① 44 ③ 45 ①

37강 | 화법 1

223쪽

기출, 이것은 진리

[2023학년도 대학수학능력시험 6월 모의평가]

35 ① 36 ④ 37 ③

38강 | 화법 2

227쪽

기출, 이것은 진리

[2023학년도 대학수학능력시험 9월 모의평가]

35 ④ 36 ④ 37 ③

228쪽

[2023학년도 대학수학능력시험 6월 모의평가]

38 ② 39 ⑤ 40 ②

41 ④ 42 ⑤

39강 | 작문 1

240쪽

기출, 이것은 진리

[2023학년도 대학수학능력시험 6월 모의평가]

43 ③ 44 ⑤ 45 ③

40강 | 작문 2

243쪽

[2023학년도 대학수학능력시험 9월 모의평가]

43 ① 44 ⑤ 45 ②

246쪽

[2023학년도 대학수학능력시험 9월 모의평가]

38 ① 39 ② 40 ②
41 ⑤ 42 ②

찾아보기

(선택 과목_언매 20DAYS 플랜)

내 공부 시간은 내가 결정하고 내가 지킨다!

1DAY ○ 언어 20강	2DAY ○ 언어 21강	3DAY ○ 언어 22강	4DAY ○ 언어 23강	5DAY ○ 언어 24강	6DAY ○ 언어 25강	7DAY ○ 20~25강 복습
8DAY ○ 언어 26강	9DAY ○ 언어 27강	10DAY ○ 언어 28강	11DAY ○ 언어 29강	12DAY ○ 언어 30강	13DAY ○ 언어 31강	14DAY ○ 언어 32강
15DAY ○ 26~32강 복습	16DAY ○ 언어 33강	17DAY ○ 언어 34강	18DAY ○ 매체 35강	19DAY ○ 매체 36강	20DAY ○ 33~36강 복습	

공부한 날	공부한 내용	꼭 기억해야 할 개념 태그	새롭게 알게 된 Tip	복습
월 일	20 국어의 9품사 1	#		○
월 일	21 국어의 9품사 2	#		○
월 일	22 형태소 & 단어	#		○
월 일	23 단어의 형성 & 의미	#		○
월 일	24 문장 성분	#		○
월 일	25 문장의 짜임새	#		○
월 일	26 종결 & 높임 & 시간	#		○
월 일	27 피동 & 사동 & 부정	#		○
월 일	28 정확한 문장 표현	#		○
월 일	29 음운의 변동 1	#		○
월 일	30 음운의 변동 2	#		○
월 일	31 규정 모여 1	#		○
월 일	32 규정 모여 2	#		○
월 일	33 담화	#		○
월 일	34 국어의 변천	#		○
월 일	35 매체 1	#		○
월 일	36 매체 2	#		○

(선택 과목_화작 5DAYS 플랜)

내 공부 시간은 내가 결정하고 내가 지킨다!

1DAY	2DAY	3DAY	4DAY	5DAY
화법 37강	화법 38강	작문 39강	작문 40강	37~40강 복습

공부한 날	공부한 내용	꼭 기억해야 할 개념 태그	새롭게 알게 된 Tip	복습
월 일	37 화법 1	#		○
월 일	38 화법 2	#		○
월 일	39 작문 1	#		○
월 일	40 작문 2	#		○

고2~N수, 수능 집중

구분: 국어 / 영어 / 수학 / 한국사 사회 / 과학

수능 입문 > 기출/연습 > 연계 + 연계 보완 > 고난도 > 모의고사

수능 입문
- 윤혜정의 개념의 나비효과 수능 편+워크북 패턴 편
- 기본서 수능 빌드업
- 수능특강 Light
- 강의노트 수능 개념
- 수능 감(感)잡기
- 수능 스타트

기출/연습
- 윤혜정의 개념의 나비효과 고난도 기출 편
- 수능 기출의 미래
- 수능 기출의 미래 미니모의고사
- 수능특강Q 미니모의고사

연계 + 연계 보완
- 수능특강 문학 연계 기출
- 수능특강 사용설명서
- 수능완성 사용설명서
- 수능연계교재의 VOCA 1800
- 수능연계 기출 Vaccine VOCA 2200
- 수능 영어 간접연계 서치라이트
- 수능 연계교재: 수능특강 | 수능완성
- eBook 전용: 수능완성R 모의고사 | 수능 등급을 올리는 변별 문항 공략

고난도
- 하루 3개 1등급 국어독서
- 하루 6개 1등급 영어독해
- 수능연계완성 3주 특강
- 박봄의 사회·문화 표 분석의 패턴

모의고사
- FINAL 실전모의고사
- 만점마무리 봉투모의고사 시즌1
- 만점마무리 봉투모의고사 시즌2
- 만점마무리 봉투모의고사 고난도 Hyper
- 수능 직전보강 클리어 봉투모의고사

구분	시리즈명	특징	난이도	영역
수능 입문	윤혜정의 개념의 나비효과 수능/패턴 편	윤혜정 선생님과 함께하는 수능 국어 개념/패턴 학습		국어
	수능 빌드업	개념부터 문항까지 한 권으로 시작하는 수능 특화 기본서		국/수/영
	수능 스타트	2028학년도 수능 예시 문항 분석과 문항 연습		사/과
	수능 감(感) 잡기	동일 소재·유형의 내신과 수능 문항 비교로 수능 입문		국/수/영
	수능특강 Light	수능 연계교재 학습 전 가볍게 시작하는 수능 도전		영어
	수능개념	EBS*i* 대표 강사들과 함께하는 수능 개념 다지기		전 영역
기출/연습	윤혜정의 개념의 나비효과 고난도 기출 편	윤혜정 선생님과 함께하는 까다로운 국어 기출 완전 정복		국어
	수능 기출의 미래	올해 수능에 딱 필요한 문제만 선별한 기출문제집		전 영역
	수능 기출의 미래 미니모의고사	부담 없는 실전 훈련을 위한 기출 미니모의고사		국/수/영
	수능특강Q 미니모의고사	매일 15분 연계교재 우수문항 풀이 미니모의고사		국/수/영/사/과
	수능완성R 모의고사	과년도 수능 연계교재 수능완성 실전편 수록		수학
연계 + 연계 보완	수능특강	최신 수능 경향과 기출 유형을 반영한 종합 개념 학습		전 영역
	수능특강 사용설명서	수능 연계교재 수능특강의 국어·영어 지문 분석		국/영
	수능특강 문학 연계 기출	수능특강 수록 작품과 연관된 기출문제 학습		국어
	수능완성	유형·테마 학습 후 실전 모의고사로 문항 연습		전 영역
	수능완성 사용설명서	수능 연계교재 수능특강의 국어·영어 지문 분석		국/영
	수능 영어 간접연계 서치라이트	출제 가능성이 높은 핵심 간접연계 대비		영어
	수능연계교재의 VOCA 1800	수능특강과 수능완성의 필수 중요 어휘 1800개 수록		영어
	수능연계 기출 Vaccine VOCA 2200	수능-EBS 연계와 평가원 최다 빈출 어휘 선별 수록		영어
고난도	하루 N개 1등급 국어독서/영어독해	매일 꾸준한 기출문제 학습으로 완성하는 1등급 실력		국/영
	수능연계완성 3주 특강	단기간에 끝내는 수능 1등급 변별 문항 대비		국/수/영
	박봄의 사회·문화 표 분석의 패턴	박봄 선생님과 사회·문화 표 분석 문항의 패턴 연습		사회탐구
	수능 등급을 올리는 변별 문항 공략	EBS*i* 선생님이 직접 선별한 고변별 문항 연습		수/영
모의고사	FINAL 실전모의고사	EBS 모의고사 중 최다 분량 최다 과목 모의고사		전 영역
	만점마무리 봉투모의고사 시즌1/시즌2	실제 시험지 형태와 OMR 카드로 실전 연습 모의고사		전 영역
	만점마무리 봉투모의고사 고난도 Hyper	고난도 문항까지 국·수·영 논스톱 훈련 모의고사		국·수·영
	수능 직전보강 클리어 봉투모의고사	수능 직전 성적을 끌어올리는 마지막 모의고사		국/수/영/사/과

네 꿈에 날개 달아 줄

만점 국어의 시작.